政治秩序的起源（上卷）

THE ORIGINS OF POLITICAL ORDER

法蘭西斯・福山
FRANCIS FUKUYAMA

黃中憲、林錦慧 譯

FROM PREHUMAN TIMES TO THE FRENCH REVOLUTION

佳評如潮

「《政治秩序的起源》展現高度的抱負與可讀性。」

——《紐約客》（*The New Yorker*）雜誌

「本書胸懷大志、旁徵博引、具有強烈說服力，無疑的，是我們這個時代的重大成就，福山更是領先群倫的公共知識分子。」

——《紐約時報》（*The New York Times*）

「本書全面審視人類的行為，及產生的政治現象，是一本具有權威性的作品，呈現作者的博學與非常自信的意圖。」

——《華爾街日報》（*The Wall Street Journal*）

「福山的學識淵博，他旅行中國、印度、伊斯蘭世界與歐洲各個地區，尋找優質的政治秩序，分析如何與為何有些國家能出現優質政治秩序，其他國家卻失敗了……曾經提出『歷史的終結』的福山，具有大視野的格局，但對於能啟迪人心的細節也能精準掌握。很少有談政治理論的書能讓人愛不釋卷，但《政治秩序的起源》做到了。」

——《經濟學人》（*The Economist*）

「福山這本新作的重要成就等同於盧梭、洛克等極具影響力思想家的作品，本書在道德哲學與經濟學的地位，與羅爾斯的《正義論》、諾貝爾經濟學獎得主沈恩的作品相較，亦不遑多讓……在弊端連連的政治環境裡，我們可以透過本書得到鼓舞。」

——《克里夫蘭誠報》（*Cleveland Plain Dealer*）

「福山以通俗的語言，透過讀者熟知的歷史、哲學與社會理論，講述複雜、專業的政治制度。他以散文的筆調，佐以深刻的觀察與發人省思的比喻。更重要的，福山這本書可以幫助我們認清：為什麼如此多國家無法形成強權體制，而法治與責任政治才是和平、富裕國家的保障。」

——《舊金山紀事報》（*San Francisco Chronicle*）

「福山證明自己是當代最暢銷的政治學家作者。他這本登上暢銷排行榜的新書：《政治秩序的起源》，試圖解釋人類如何超越宗族政治的緊密關係，進入組織化的政治社會……他的新作論述不僅涵蓋政治與哲學，還包括生物科技和充滿火藥味的概念：人性。」

——《新聞週刊》（*Newsweek*）

「誓言重振失去的傳統的福山，是屬於維多利亞時代的人。在本書，他以全球政治為題，從黑猩猩講起，解釋五萬年前開始發展的社會組織型態。這是一部主題龐大的作品，試圖解釋二十一世紀第二個十年混亂的世界政治……這也是一部具有勇氣的著作，或許因為主題過於大膽、富有想像，許多專家學者都避免碰觸，但是福山不迴避，也不擔心出錯。這部上下兩卷的巨作，其地位不亞於史學家馮．蘭克、G．M．特里維廉與唐納。」

——《華盛頓郵報》（*The Washington Post*）

「《政治秩序的起源》上卷從史前下筆，止於美、法兩國革命前夕。福山行文融入了人類學、考古學、生物學、進化心理學，以及經濟學。當然，他還是以政治學與國際關係的領域，建立一套可理解的政治制度遞變的框架。福山在第一卷點出一個根本的問題：為什麼有些國家勝出，而其他國家卻崩潰瓦解？」

——《高等教育紀事報》（*The Chronicle of Higher Education*）

「在人類歷史上，國家的權威與私人領域之間，一直處於不斷變化與緊張的關係……福山的散文式作品對此關係做出精闢的專業分析，尤其在此時，阿富汗等國紛爭不斷的國際局勢之下，此書更顯難得可貴。」

——《出版人週刊》（*Publishers Weekly*）

謹以此書紀念撒繆爾·杭亭頓（Samual P. Huntington）

目次

第三部 法治

第四部
可問責的政府

第五部
關於政治發展理論

導讀

自由民主國家如何演化而成？

陳思賢
臺大政治學系教授

過去這些年，一如以往，這世界著實歷經動盪；而過去這些年，福山本人的思想也經歷動盪，例如從擁抱新保守主義（宣稱在資本主義民主內的歷史終結論），支持小布希總統，到轉而咒罵他，質疑反恐，反對美國輕率對外用兵以顯示霸權，或美國國內貧富差距不斷擴大惡化。一個專業政治研究者歷經巨大心智轉折，無疑是挫折痛苦的（雖不乏先例），被世態表象欺瞞是忿懟自責的。在卷首他表明了對人類政治發展景況的憂心，看見「政治衰敗」現象的逐漸侵襲，故我傾向把這本書看成是他的「知識之旅」（intellectual odyssey）的最後階段——贖罪式反思，向全人類社會性存有的實際面貌與合理狀態「敬謹朝聖」（pilgrimage），完成政治學者的天職。

福山想完成何事？這本書的書名其實令所有政治學者眼紅：《政治秩序的起源》。而本書只是〈上卷〉，他還要推出關於各個國家如何能成就「政治秩序」的〈下卷〉。而這兩個主題不正就是普世無數政治學者日思夜想的事情？無疑這是艱鉅浩大而野心勃勃的工程，近年來只有宗教研究上凱倫．阿姆斯壯（Karen Armstrong）《神的歷史》（*A History of God*），政治哲學上羅爾斯（John

Rawls）《萬民法》（*The Law of Peoples*）與政治經濟學上法國的皮凱提（Thomas Piketty）《二十一世紀資本論》（*Capital in the Twenty-First Century*）之類性質之著作可比擬。福山想要探究（人民得享較幸福生活的）近世自由民主國家究竟如何演化而成？畢竟，在一、兩千年前，人類不論膚色文化族裔，其政治景況本質上相去不遠，都缺乏自由民主與人性尊嚴之保障，只因降生華胄或百姓家而命運不同，或是身為侵略者或被侵略者國度之成員處境相異而已。人的財產，生命與福祉似乎全繫於統治者之良窳、環境之隨機偶然變化，並無適當之保障。

十七、八世紀後，歐美出現民主自由國家，人類「政治秩序」的典範於焉出現。本書即是要追述法國大革命前人類各式政治發展的歷史（當然是從主要文化或區域各取一些為例），評析其特色與優缺點。而若要比較，自然需有標準，於是福山提出三要素：「國家機器」（the state institutions）的建構程度，行「法治」（rule of law）的程度與「可問責的政府」（political accountability）出現之程度。他從此三方面著手來展開他的龐大歷史比較工程。

然福山的「歷史」研究，竟然是從黑猩猩與茹毛飲血、形成遊團逐水源而居的「史前」原始人類開始，著實令人吃驚。這就是本書的特色：他從人類學與環境、生物學的角度，探究人類形成政治、社會組織的成因與歷史，脫離前此以來對於此問題的主觀或哲學臆想，而用實證與「發展」的角度來看待人類政治的演化，也即是他自己所說的以「描述自然狀態及人類生物學作為起始」。據此，本書有兩個研究方法上的堅持，一乃是學科的整合，把自然科學、社會科學與歷史融於一爐來解釋人的社會組織之演化問題，希望能夠提出最有說服力的演化模型。二就是蒐集大量古代各民族的人口、經濟與典章制度等考證資料，「讓數字說話」。第一點顯示福山的觀念新穎有開創性，勇於嘗試自古以來研究國家起源者未能踏入的（較精緻高階）範疇。第二點大概得歸於他的博覽群籍好學強記，才能處理大量的跨文化資料，很明顯這同第一點一般是高難度的（但此風格或能力有些類似他的老師，已故哈佛大學杭亭頓教授，專門在消化極大量令人眼花撩亂的資料後歸結出重要看法）。

福山對人類「國家機器」史的討論能夠從古代中國開始，這見地令人矚目。近代中國受帝國主義欺凌，於是大家很理所當然會視中國的政治制度「無足可觀」（雖然在文化甚至科技史上也許還對中國存有「敬畏」），否則何以淪落至此？但福山卻堅持討論人類國家機器與政治建制非自中國始不可，因為兩千多年前秦漢時世界第一個複雜「國家機器」即已誕生，只不過其缺乏良好「政治秩序」的另兩項要素：「法治」與「可問責的政府」而已。對福山來說，如以汽車比喻，彷彿兩千年來中國都具備強有力的「引擎」，只不過「駕駛者」不當，因此方向、行動常混亂（沒有「法治」），也沒人追究駕駛失職問題（沒有「可問責政治」）。

福山還有一重要發現，就是對西方「法治」成因的觀察，這也是他優異學術能力的展現之例：他從大量頗專門的中世紀史及教會史的研究成果中，歸結出「在西方，宗教組織所贏得的獨立地位（從十一世紀教宗格列高里七世〔St. Gregory VII〕的改革始），演變為司法部門的獨立地位」。換句話說，西方的「法治」竟受惠於「教會法」的傳統。這解決了長久以來大家的疑問：為何「法治」獨在西方成形？西方古代、中世紀不也有與其他文化一般「君王高於法律」（Kings above the law; regnum legibus solutus）的傳統嗎？本書對此有精采的追述，對我們理解西方這一對人類政治最大的貢獻——rule of law——幫助很大。

此外，福山對於「議會」制度的最終發展出制衡君主之功能與「可問責政治」也做出歷史描繪，他的解釋是：「可問責的政府」需來自於國家各政治單元間的勢均力敵之巧妙平衡，這有可能是一個歷史偶然，首先出現於英國。統治者權力過大或貴族、議會過於強大，都不會形成一個「國家機器」有效能，但同時需負「問責」壓力的政體。我們若有耐心細讀這段歷史，一定頗覺興味。

本書述及之範疇驚人，除了對一些歐洲國家，如英、法、德、丹麥、西班牙、俄羅斯等之政治史作了描繪，也對非西方的回教世界、印度與中國歷史詳加回顧，它的知識性助益自不待言。讀完後我們好像短時間內某種程度鳥瞰了世界文明史，而且又有幾項精采的結論可供反思咀嚼。更刺激的是，這一切都還只是為了本書下卷暖身。

序
政治體制的起源

本書的誕生出於兩個機緣。我的恩師，即哈佛大學的杭亭頓教授在他一九六八年的經典之作《變動社會中的政治秩序》再版時囑託我幫他寫一篇序言，這可說是第一個機緣。在關於政治發展的種種宏觀研究中，這本書是比較晚近的作品，我自己也常將其列為課程的指定參考讀物。[i] 它確立了比較政治學裡的許多關鍵觀念，包括政治衰敗理論、威權式現代化的概念，還有「政治發展現象與現代化的其他層面不相干」的觀點。

替該書寫序時，我覺得該書雖然富有啟發性，在某些方面卻未能與時俱進，需要有所更新。它寫於去殖民化大浪潮席捲戰後世界才十年左右之時，書中許多結論反映了那個政變、內戰頻仍時期的極不穩定特性。該書出版後這麼多年來，已有許多鉅變發生，例如東亞的經濟崛起、全球共產主義的垮臺、全球化的加速、始於一九七〇年代而被杭亭頓本人稱之為「第三波」民主化的現象。在許多地方，政治秩序尚有待建構，但在許多開發中國家，政治秩序已成功誕生。眼前看來，重拾該書主題，將那些主題應用在現今的世界，似乎是合理之舉。

思索可如何修正杭亭頓的觀念時，我又想到，在闡述政治發展、政治衰敗的起源上，仍有基礎工作尚待完成。《變動社會中的政治秩序》一書，把處於人類史上某個相當晚期的政治世界視為理所當然，在那個世界裡，國家、政黨、法律、軍事組織和諸如此類的體制（institution）全都存在。該書正視的問題，都發生在那些想將自身政治制度現代化的開發中國家，但未說明在老早就確立政治體制的社會裡，種種制度的起源到底是什麼。國家不必然會困在過去，停滯不前。但在許多例子裡，數百乃至數千年前所發生的事，仍影響政治的本質。如果想了解當代制度的運作，就有必要審視這些體制的起源，和往往出於偶然而催生出它們的因素。

制度起源的問題，必然牽連另一個重要問題，即衰弱國家與失敗國家所面對的種種現實難題。二〇〇一年九一一事件之後，我把許多時間花在研究政府已瓦解或政府不穩的國家裡，有關國家建造的難題上；而二〇〇四年我所出版的《國家建造：二十一世紀的治理與世界秩序》，正是我在這問題上的初步探索成果。[ii]美國和國際上的諸多捐助國，已投入龐大資金在全球各地的國家建造工程上，受惠國家包括阿富汗、伊拉克、索馬利亞、海地、東帝汶、獅子山、賴比瑞亞。探究美拉尼西亞（Melanesia）地區的國家建造難題時，我親自請教了世界銀行和澳洲援助機構「澳援」（AusAid）。在該地區，包括東帝汶、巴布亞紐幾內亞、印尼巴布亞省、索羅門群島，全都在建造現代國家時碰上嚴重困難。

例如，想想要把現代制度植入巴布亞紐幾內亞、索羅門群島之類美拉尼西亞社會裡時會面臨的難題。美拉尼西亞社會由部落組成，而組成部落的又是人類學家所謂的分支世系（segmentary lineages），也就是各自有不同祖先的不同群體。這些部落的成員人數從數十到數千不等，因地而異，而同一部落的成員，彼此間都具有親屬關係。當地人把這些部落叫做「wantok」（萬托克），

「wantok」是非正規英語「onetalk」之誤，意即說同一語言的人。美拉尼西亞境內的社會分裂現象非常獨特。巴布亞紐幾內亞境內有九百多種彼此不相通的語言，占全球尚存語言的將近六分之一。索羅門群島人口僅五十萬，卻有七十多種語言。巴布亞紐幾內亞高地區域的居民，大部分人從未離開他們出生的小山谷，他們在萬托克內生活，與鄰近的萬托克競爭。

萬托克由一名「頭人」（Big Man）當領袖。沒有人天生是「頭人」，也沒有「頭人」能將這頭銜傳給兒子。在每個世代裡，此職位都得靠爭取而來。贏得這個職位的人不必然是身體最強壯者，但必須是贏得部落居民信任者，而且能夠獲得信任，往往代表他們有能力分配豬隻、貝幣等資源給部落成員。在傳統美拉尼西亞社會裡，「頭人」得時時留意身後，因為隨時可能有人竄出來爭奪大位。一旦沒有資源可分配，他就失去領袖地位。[iii]

一九七〇年代，澳洲同意巴布亞紐幾內亞獨立、英國同意索羅門群島獨立時，在當地建立了西方「西敏式」政府（政黨加選舉）。在這樣的政府裡，公民於定期多黨選舉裡選出國會議員。在澳洲和英國，選民主要在一中間偏左政黨和一保守黨（澳洲自由黨、英國保守黨）之間擇一。大部分選民根據意識形態和政策（例如是否想要更多政府保護或更市場導向的政策）來抉擇。

但這套政治制度移植到美拉尼西亞後，結果卻是一團混亂。原因在於美拉尼西亞大部分的選民投票時不理會政黨黨綱，而只支持自己的「頭人」和自己的萬托克。如果「頭人」（和偶爾一見的「女頭人」）能選上國會議員，這位新科議員會運用其影響力使政府資源投注在其所屬部落上，在學費、喪葬費、營建工程之類事物上滿足支持者的需求。雖有中央政府，且中央政府的表徵（例如國旗、軍隊）一應俱全，卻只有少數美拉尼西亞居民認為自己歸屬於一個更大的民族，或屬於超乎他們部落的一個社會世界。巴布亞紐幾內亞、索羅門群島的國會沒有內部協調整合的政黨，國會裡充斥著各行其是的領袖，每個人都拚命挖中央的資源，以回饋自己那一小群支持者。[iv]

美拉尼西亞的部落社會制限制了經濟發展，因為它使現代產權無緣誕生。在巴布亞紐幾內亞和索羅門群島，超過九成五的土地納入所謂的傳統土地所有制。根據傳統規則，財產屬私有，但由親屬團體非正式擁有（即在沒有法律文件以茲證明下擁有），親屬團體既對不同的帶狀土地擁有個人權利，也擁有集體權利。土地不只具有經濟意義，也具有精神意義，因為死去的親人埋在部落土地上的某些地方，他們的靈繼續住在該地。在萬托克裡，包括「頭人」在內，沒有人擁有將土地所有權轉讓給外人的獨享權利。[v]採礦公司或棕櫚油公司想在當地取得經營特許權，得和數百名地主商談，有時得和數千名地主商談，而在傳統規則下，土地所有權沒有消滅時效。[vi]

在許多外國人眼中，美拉尼西亞政治人物的行為看來和政治貪腐無異。但從該區島嶼的傳統部落社會制來看，「頭人」只是在做歷來「頭人」一直在做的事，即將資源重新分配給他們的親屬。唯一的差別在於他們這時不只有機會取得豬、貝幣，還有機會取得來自採礦、伐木特許權的收入。

從巴布亞紐幾內亞首都莫爾茲比（Moresby）港搭機到澳洲的凱恩斯（Cairns）或布里斯本（Brisbane），只要約兩個小時，但從某個角度來說，飛這一趟卻是一下子跨越了數千年的政治發展。思索美拉尼西亞的政治發展難題時，我開始想知道社會如何從部落制社會轉變為國家制社會，現代產權如何從傳統產權發展出來，還有靠某種第三方的執法（不存在於傳統美拉尼西亞的一種執法）才得以運作的正式法律制度如何問世。但進一步深思後，我覺得若以為現代社會已超前美拉尼西亞，可能太自大了。因為「頭人」，亦即將資源分配給自己親人、支持者的政治人物，在包括美國國會在內的當代世界裡到處可見。如果政治發展意味著超越家產制（patrimonialism）關係和個人影響力政治，那就也得說明為何這些習慣作為仍存於許多地方，為何看似現代的制度常常會走回以前的老路，出現這些作為。

上述諸多疑問的解答，有許多無法在《變動社會中的政治秩序》裡找到，在重新探究杭亭頓的主題時，將需要對這段史前史予以相當程度的釐清。

正因如此，我才寫這本書來探討政治衰敗的過程和政治體制的歷史起源。這是兩卷本的上卷，探討從人類出現以前直到大約法國大革命、美國獨立革命這期間的政治發展。上卷談的是過去。事實上，第一章談的不是見諸記載的人類史，而是人類的靈長目祖先。第一部到第四部探討人類史前史、國家起源、法治、可問責的政府。下卷將探討接下來以迄現今的政治發展，特別著墨於非西方社會追求現代化

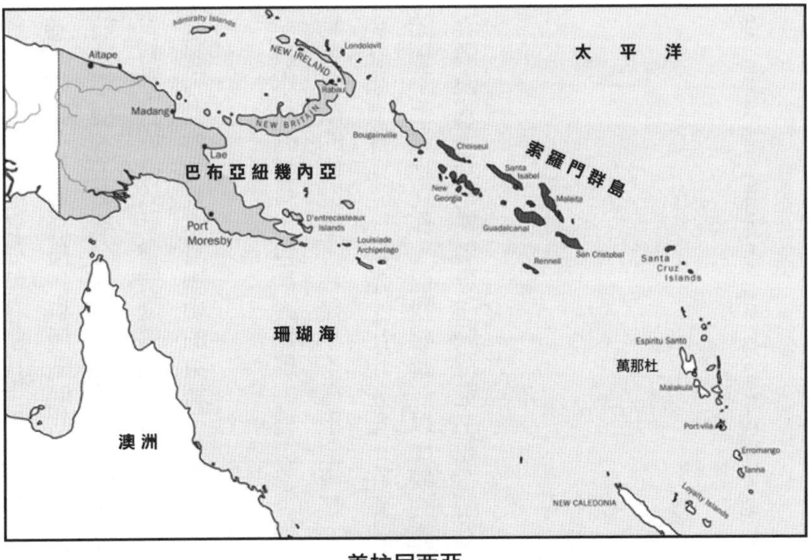

美拉尼西亞

時，西方體制對這些社會本身既有體制造成的衝擊，繼而描述政治發展如何在當代世界裡發生。

閱讀此書時務必要記得，這只是上卷，還會有下卷。如我在本書最後一章所闡明的，現代世界的政治發展，其發生的環境大不同於十八世紀晚期之前的環境。工業革命一發生，人類社會一脫離向來身處的馬爾薩斯式（Malthusian）環境，即有一股新動力加注於社會變遷過程，這會對政治產生重大影響。讀過本卷所述的諸多漫長歷史，也許讓人覺得社會受到本身歷史的束縛，但其實我們現今生活在大不相同且較動態的環境裡。

本書探討了許多社會和其歷史，我也運用了來自非我本科的材料，包括人類學、經濟學、生物學的材料。本書涉及範圍如此之廣，顯而易見的，在動筆之前的研究上，我幾乎不得不全倚賴二手資料。我盡可能請專家幫我審核資料，但還是可能不免在事實陳述上、解讀上出現差錯。在鑽研特定社會、特定歷史時期的人士眼中，本書會有許多章節稱不上嚴謹之作，但我認為，以比較的方式做跨時空的觀照，仍有其好處。有些較大範圍的政治發展模式，乃是狹隘專注於特定主題者所看不到的。

注釋

i Samuel P Huntington, *Political Order in Changing Societies*. (New Haven: Yale University Press, 2006). 由福山為新版撰寫序言。

ii Francis Fukuyama, *State-Building*：*Governance and World Order in the 21st Century* (Ithaca: Cornell University Press, 2004). 編注：中文版《強國論》由時報文化出版，二〇〇五年十一月十七日（已絕版）。

iii 關於再分配經濟體系的討論，參見 Karl Polanyi, "The Economy as an Instituted Process," in Polanyi and C. W. Arensberg, eds, *Trade and Market in the Early Empires* (NewYork: FreePress, 1957).

iv R. J. May, *Disorderly Democracy: Political Turbulence and Institutional Reform in Papua New Guinea* (Canberra: Australian National University State Society and Governance in Melanesia discussion paper 2003/3, 2003); Hank Nelson, *Papua New Guinea: When the Extravagant Exception Is No Longer the Exception* (Canberra: Australian National University, 2003); Benjamin Reilly, "Political Engineering and Party Politics in Papua New Guinea," *Party Politics* 8, no.6 (2002): 701-18.

v 關於傳統土地所有權利弊的討論，參見 Tim Curtin, Hartmut Holzknecht, and Peter Larmour, *Land Registration in Papua New Guinea: Competing Perspectives* (Canberra: State Society and Governance in Melanesia discussion paper 2003/1, 2003).

vi 關於在巴布亞紐幾內亞進行財產權談判的困難度的詳細說明，參見 Kathy Whimp, "Indigenous Land Owners and Representation in PNG and Australia," unpublished paper, March 5, 1998.

PART I

國家誕生之前

Before the state

第一章 政治的必要

第三波民主化以及當代對自由民主之未來的憂慮；左派與右派對廢除政府一事所抱持的幻想；當代開發中國家代表了這些幻想的實現；我們把體制的存在視為理所當然，但其實關於體制從何而來，我們一無所知。

一九七〇年到二〇一〇年這四十年間，全世界的民主國家數量大增。一九七三年時，全世界一百五十一國當中，只有四十五個被自由之家（Freedom House）歸類為「自由」（自由之家是非政府組織，以量化方式衡量世界各地的民權與政治權）。[1]那一年，西班牙、葡萄牙和希臘還在獨裁政權手中；蘇聯和其東歐附庸國看起來還是強大、團結的社會；中國深陷於毛澤東的文化大革命之中；非洲牢牢掌控在一群腐敗的「終身總統」手中；而拉丁美洲大部分地區身陷軍事獨裁統治。接下來的十幾二十年之間，出現重大的政治改變，民主國家和市場導向經濟體在世界各個地區冒出，只有阿拉伯中東地區除外。到了一九九〇年代末期，全世界已有約一百二十個國家（占全世界獨立國家的六成以上）成為舉辦選舉的民主國家。[2]這一轉變就是杭亭頓所謂的第三波民主化：自由民主（liberal democracy）政體成為預設的政體，在二十一世紀初成為世人普遍能接受的政治樣貌的一部分。[3]

大規模的社會轉變，也是促成這些政治制度改變的因素。世界之所以會朝民主轉型，乃是全球數百萬原本順從被動的人組織起來，參與自己社會的政治活動所促成。這場社會動員由幾個因素推動：一、教育大幅普及，使人更認識自己和自己所置身的政治世界；二、資訊科技助長觀念與知識的快速傳播；三、移動與交通的成本低廉，讓人如果不喜歡政府就可以用腳投票，移居他國；四、生活更富裕，使人想讓自己的權利得到更完善的保障。

但第三波民主化在一九九〇年代晚期之後達到高峰，二十一世紀的頭十年出現「民主倒退」的現象。第三波民主化國家當中，有大約五分之一的國家，若非回到威權統治，就是民主體制遭到嚴重侵蝕。[4]自由之家指出，二〇〇九年時全世界各地自由度連續第四年下降，這是自由之家自一九七三年開始衡量自由度以來首見。[5]

令人擔憂的政治景況

二十一世紀第二個十年剛開始，民主世界就出現幾個令人憂心的發展。首先是在俄羅斯、委內瑞拉、伊朗之類的國家，先前取得的民主成就遭遇一百八十度大逆轉，許多領袖在靠選舉上臺後開始忙著操縱選舉、關閉或收購獨立電視臺和報社、嚴厲掃蕩反對運動，藉此拆解民主體制。自由民主不只是多數決投票，它是一套複雜的體制，這些體制透過法律和制衡制度約束權力的行使，將權力的行使規則化。但在許多國家，官方接受民主正當性的同時，卻澈底拿掉對行政權的制約，並毀蝕法治。

在其他例子裡，國家似乎正要從威權政府轉型時，卻困在分析家湯馬斯・卡洛瑟（Thomas Carothers）所稱的「灰色地帶」裡，既不是完全的威權體制，也算不上民主。[6] 前蘇聯解體後所誕生的國家，例如位於中亞的哈薩克和烏茲別克，就處於這樣的景況。一九八九年柏林圍牆倒下之後那幾年，各方普遍認為，幾乎所有國家都將轉變成民主制度，而實行民主過程中的種種挫敗也只要假以時日就會克服。卡洛瑟指出，這種「民主轉型」典範（transition paradigm）是毫無根據的假設，很多威權主義菁英完全無意施行會稀釋他們權力的民主體制。

第三個令人憂心之處，無關乎政治制度未能符合民主或保持民主，而是關於政治制度未能滿足人民要求、政府無法提供各種基本服務。民主體制的存在，並不是評斷某國治理好壞的有力依據；未能兌現承諾，或許才是這類政治制度所面臨最嚴峻的挑戰。

烏克蘭就是一例。二〇〇四年，數萬名烏克蘭人民湧到基輔的獨立廣場，抗議總統大選作弊，令世人大吃一驚。這波抗議（後來名為「橘色革命」）導致重新選舉，促成改革派維克托・尤申科（Viktor Yushchenko）當上總統。然而，尤申科一掌權，「橘色聯盟」的無能即表露無遺，尤申科自己也令支持者失望透頂。烏克蘭政府內部爭吵不休，無力解決嚴重的貪汙問題，二〇〇八年到二〇〇九年全球金融危機期間，經濟崩盤。結果，二〇一〇年初的總統大選，反而換成維克托・亞努科維奇（Viktor Yanukovich）出線——當初之所以會在二〇〇四年爆發「橘色革命」，其實就是因為亞努科維奇遭控大選舞弊。

還有其他許多種治理不善的問題纏擾著各個民主國家。大家都知道，拉丁美洲是全世界貧富最不均的地區，社會階級的分隔線往往和種族、民族的分隔線重疊。委內瑞拉的查維茲（Hugo Chávez）和玻利維亞的莫拉萊斯（Evo Morales）之類民粹領袖的崛起，與其說是社會動盪的結果，不如說反映出貧富不均的問題，還有許多人空具國民的虛名，但內心卻深感遭到社會排斥。無法改善的貧窮常衍生其他社會問題，例如幫派、販毒、瀰漫民間的不安全感。在哥倫比亞、墨西哥、薩爾瓦多，組織犯罪危及國家及其根本體制，而未能有效解決這些問題，已削弱民主的正當性。

再舉印度為例。印度自從一九四七年獨立以來，一直是非常成功的民主國家——鑑於這國家的貧窮、族群與宗教的多元、廣土眾民，這樣的成就更為了不起（從更長遠的歷史角度看來，印度會出現這樣的政治發展實在是不足為奇，這也是本書第十章至第十二章的主題）。儘管如此，印度的民主就像製作香腸一樣，愈近距離審視就愈令人不敢恭維。舉個例子，印度有將近三分之一的議員曾遭刑事起訴，其中有些被控以謀殺或強暴之類的重罪。印度政治人物常公然進行恩庇政治（patronage politics），拿選票來換取政治上的特殊照顧。印度的失控暴走，使政府很難在重大基礎建設投資之類的事務上做出決定。在很多印度城市，耀眼的高科技中心旁邊就是有如非洲般的貧民區。

印度民主予人混亂和腐敗的印象，經常被拿來和中國快速又有效率的決策相比。中國統治者既不受法治約束，也不受政治問責制約束，如果想興建大壩，想用推土機夷平居住區以騰出高速公路和機場建地，想推出經濟快速刺激方案，說做就做，效率遠勝實施民主制的印度。

第四個擔憂來源與經濟有關。事實證明，現代全球資本主義的生產力和財富創造力之高，乃是一八〇〇年以前的人所無法想像的。一九七〇年代石油危機過後那段期間，全球經濟規模成長了幾乎三倍，[7]亞洲因為廣開貿易與投資大門，許多人口得以成為已開發世界的居民。但全球資本主義並未找到方法來避免劇烈波動，特別是金融領域的鉅變。全球經濟成長飽受不時爆發的金融危機困擾，一九九〇年代初襲擊歐洲，一九九七年至一九九八年侵擾亞洲，一九九八年至一九九九年換俄羅斯和巴西受害，二〇〇一年是阿根廷。二〇〇八年至二〇〇九年，換全球資本主義發源地美國遭遇重大金融危機（或許是報應），這一不穩定局面達到最高峰。自由市場是推動長期經濟成長所不可或缺，但自由市場不會進行自我管制，尤其是銀行等大型金融機構。金融體系的不穩定，反映出政治失能，也就是反映出各國國內市場，以及國際市場都未能受到足夠的監督管制。[8]

這些經濟危機累積下來的效應，未必會動搖世人對市場掛帥、經濟和全球化作為經濟成長引擎的信心。中國、印度、巴西和許多所謂的新興市場國家，仍然靠著參與全球資本主義而在經濟上表現亮眼。不過各國的**治理機制**顯然仍未找到正確的管制措施來緩和資本主義的波動。

政治衰敗

上述後一觀點，點出了民主制度的未來，存在一個急迫但常被輕忽的問題。隨著人類社會努力將自己組織化，以駕馭自己所置身的環境，政治體制的發展與時俱進，且往往是緩慢又痛苦的過程。不過，一旦政治制度未能因應變動的環境，就會出現政治衰敗。人類社會有保存既有體制的傾向。人類天生是照著規則走的動物，天生就會遵從存在於自身周遭的社會規範，而且會用一些超驗的意義或價值來確立那些規則。一旦周遭環境改變、新的挑戰出現，現有體制往往無法滿足當前需求，而且有一批根深蒂固、反對任何根本改變的利害關係人支持。

美國的政治體制很可能即將受到重大考驗，考驗其因應變局的能力。美國的制度以一個堅定信念為核心：政治權力的集中會為人民的生活和自由帶來立即的危險。因此，《美國憲法》有各種制衡的設計，以讓政府不同部門免遭其他部門的專斷宰制。至目前為止，這套制度對美國很管用，但完全是因為在處於緊要關頭，需要強勢政府時，美國能透過政治人物的領導形成需建立強勢政府的共識。

令人遺憾的是，這套體制並不保證專制權力能夠時時受到制約，也不保證在有需要時政府可以適時展現國家權威。國家權威的行使，首先有賴於整個社會對政治目的達成共識，而這正是美國這幾年的政治所欠缺的。美國現在面臨一連串重大挑戰，大多與修補長期財政問題有關。過去一個世代，美國人花錢如流水，卻未透過課稅來支應這樣的開銷，又因為多年來預借消費太容易，以及家庭、政府都過度支出，這情況更加惡化。長期財政赤字與外債逐漸危及美國國力的根基，中國等其他國家則相對日漸茁壯。[9]

這些挑戰還不到無力可回天的地步，只要透過雖然痛苦但及時的行動，都能予以解決，但本該有助於共識形成的美國政治制度，如今反倒使問題更嚴重。國會裡的意見對立到了水火不容的程度，使法案通過變得極難。國會裡最保守的民主黨人，比最自由主義的共和黨人，還要自由主義，實在是現代史上頭一遭。以一成或不到一成的得票率差距拿下的國會議員席次（意即民主、共和兩黨都有機會拿下的席次），從十九世紀晚期的將近兩百席，逐步減少為二十一世紀初期的五十幾席。兩黨內部成員的意識形態，同質化程度比以往高了許多，兩黨間的議事辯論品質也惡化。[10]這幾種分裂對立並非今日才有，但過去有強勢總統領導可以予以消弭，如今這樣的領導已不可得。

美國政治的未來不只繫於政治，也繫於社會。國會的兩極化反映了居住區域和地理區域各自皆日益同質化的廣泛趨勢，因為美國人根據國人選擇居住的地方，區別國人的意識形態立場。[11]這種只跟志同道合者往來的趨勢，又被媒體大力強化，訊息傳遞管道大增，卻無法促進公民分享彼此的經驗，導致共識遭到弱化。[12]

使美國政治制度無法放手解決財政難題的因素，除了國會左右兩派的兩極化，還有既得利益團體的增多與勢力壯大。工會、農產企業、藥廠、銀行等等一大群有組織的遊說團體，常阻撓有損他們經濟利益的法案通過。在民主國家，公民捍衛自己的利益絕對正當，也是意料中事，但捍衛到某個程度就逾越分際，變成要求特權，或陷入互不相讓的僵局。這說明了左右兩派的兩極化為何導致民怨日益高漲，而且左右派兩極化反映出的社會現實已經違背了美國的立國精神。

美國人抱怨國家遭菁英與強大利益團體把持一事，反映了從一九七〇年代到二〇〇〇年代初期收入與財富差距日益懸殊的事實。[13]美國的政治文化強調「機會平等」而非「結果平等」，在這種文化之下，不平等從來不是什麼大問題。但只要人民相信，靠著努力工作和竭盡所能，自己和自己的下一代有公平的機會出人頭地，只要相信有錢人是照著規則才致富，這套制度就能繼續保有正當性。

但事實上，美國的跨世代社會流動速率遠慢於許多美國人所認為的，也低於其他許多傳統上被視為僵化、階級嚴明的已開發國家。[14]久而久之，菁英能夠藉由把這套政治體制當賭注賭掉，藉由把錢搬到海外逃稅，藉由透過各種進入菁英體制的優惠管道，把種種優勢轉移給子女，來保護自己的地位。二〇〇八年到二〇〇九年的金融危機發生時，人民痛苦地察覺到，金融機構的薪酬跟他們對經濟的貢獻沒有什麼關聯，上述內幕於是有很一大部分暴露於世人眼前。在此前十年，金融業利用其龐大的政治影響力解除管制與監督，且在金融危機後仍然繼續阻擋管制。經濟學家賽門・強森（Simon Johnson）指出，美國金融界那些少數巨頭的勢力，跟俄羅斯、印尼等新興市場國家的情況相去不遠。[15]

政治體制沒有自動機制可藉以因應環境的改變。未能因應環境改變之事例和因此造成的政治倒退現象，會在本書後面的章節探討。埃及的馬木魯克王朝（Mamluk Sultanate）為何未像最後打敗他們的奧圖曼土耳其人那樣，早一點採用火器來因應日漸升高的外來威脅，其實並沒有必然的理由；明末的中國皇帝未能向人民課徵足夠的稅，建制足以抵禦滿人的軍隊，也不是必然的事。在這兩個例子裡，問題都出在既有體制背後存在龐大的惰性。

一旦社會無法透過認真的體制改革來解決重大財政危機，就會想訴諸種種短期補救措施，但也損壞且最終腐化了自身體制，像是一五五七年法國國王無法清償他向金融聯合會（Grand Parti）借貸的龐大債務，其後續的作為就是這方面的實例。這些補救措施必然會屈服於地位穩固的各種利害關係人和利益團體的要求，而這些人又總是法國社會裡有錢有勢者的代表。國家入不敷出，導致破產和政府失去正當性，最後以法國大革命收場。

美國現在所面臨的道德與財政危機，並不如「舊制度」時的法國（即法國大革命前的法國）那麼嚴峻，但危險在於若繼續缺乏強勢力量來使制度擺脫失靈的體制平衡，情況會日益惡化。

無國家幻想

從俄羅斯退回威權統治，到印度的貪汙，到開發中世界的失敗國家（failed state），到美國當代政治裡地位穩固的既得利益團體，種種事態皆令今人對未來感到憂心。有一條共同的軸線貫穿其中許多令人憂心的事態，與創造、維持一有效政治體制（既強勢又受法律約束，且可問責的政府）很困難有關。或許有人會覺得這是連四年級小學生都看得出來的道理，不過進一步深思會發現，其實許多聰明人都未能理解這個事實。

先從第三波民主化退潮，以及二十一世紀頭十年世界各地出現民主衰退的問題講起。我認為，我們之所以對民主未能擴散感到失望，原因不在於當前的觀念層次。對政治秩序的建構來說，觀念極為重要，就是因為認可政府的正當性，人民才團結為一，才願意接受政府的權威。柏林圍牆倒下，代表了民主勁敵之一的共產主義瓦解，也代表自由民主快速擴散，成為最被廣泛接受的政體。

到目前為止，確是如此。引用阿瑪蒂亞·森（Amartya Sen）的話說，民主仍然是「被視為理所當然」（default）的政治制度：「雖然民主還未施行於全世界，也還未得到世人的普遍接受，但就世人的整體輿論來說，已認為民主大體上是正確的。」[16]世上少有人公開讚揚普丁（Vladimir Putin）的石油國家主義（petronationalism），或查維茲的「二十一世紀社會主義」，或伊朗總統艾哈邁迪內賈德（Mahmoud Ahmadinejad）的伊斯蘭共和國，也沒有重要的國際機構替民主以外的制度背書。中國的快速成長引來羨慕和興趣，但中國的威權資本主義模式，不是其他開發中國家所能輕易理解的，更別提模仿。現代自由民主極受推崇，因而現今想走威權統治路線的領袖，都不得不舉行選舉，幕後操縱媒體以替自己取得正當性。現在不只極權主義已幾乎從世界銷聲匿跡，威權領袖也佯裝是民主主義者，從而肯定了民主。

因此，民主之所以挫敗，問題不在於觀念，而在於執行：若能選擇，全世界大多數人會選擇生活在一個政府接受問責且能發揮政府職能的社會裡，也就是說，政府會以及時且符合成本效益的方式來提供人民所要求之種種服務的社會。不過，很少政府能同時做到可問責且能發揮政府職能，原因是體制脆弱、腐敗、能力不足，甚或在某些情況下根本就沒有能力。從南非到韓國到羅馬尼亞到烏克蘭，全球各地抗議者和民主擁護者的熱情，或許足以促成從威權政府轉為民主政府的「體制轉變」，但若未經過一段冗長、所費不貲、吃力、困難的體制建立過程，民主政府不會成功。

事實上，對於政治體制的重要性，多年來有許多人令人費解地視而不見，而這些人都是對超越政治的世界懷有憧憬者。對這種世界的幻想，並非左派或右派所獨有，兩派各有自己的憧憬。共產主義之父卡爾．馬克思（Karl Marx）有個著名的預言：一旦無產階級革命成功、廢除財產私有，「國家就會式微」。十九世紀無政府主義者以降的左派革命者，認為只要摧毀舊有的權力架構就可以，不需認真思考該拿什麼來取代舊權力架構。這一傳統至今未墜，看看麥可．哈特（Michael Hardt）和安東尼奧．內格利（Antonio Negri）等反全球化作者的提議就知道，他們認為只要削弱國家的主權，代之以網絡化的「諸眾」（multitude），就能消弭經濟不公。[17]

現實世界裡的共產政權，所作所為當然跟馬克思的預言背道而馳，他們建立了龐大又專制的國家架構，迫使人民在未能自發性集體行動時集體行動。結果使東歐境內一代的民主行動主義者產生自己版本的「無國家」（Statelessness）憧憬，認定在「無國家」的世界裡，公民社會一經動員起來，就會取代傳統政黨和中央集權政府。[18]後來這些人幻想破滅，因為了解到沒有體制即無法治理社會，以及在建立體制時遭遇到令人難以接受的妥協。共產主義瓦解數十年後，東歐民主了，但該地的政治或政治人物不必然就令人滿意。[19]

而在右派圈子裡最盛行的「無國家」幻想，乃是市場經濟終會使政府變得沒必要、無足輕重。在一九九〇年代網路商業一片大好時，很多熱中於這類商業模式者，照著花旗銀行前執行長華特・瑞斯頓（Walter Wriston）的思路，認為全世界正走上「主權的黃昏」（twilight of sovereignty），[20]新資訊科技使國界成為虛設，使規則難以執行，從而使國家向來所握有的政治權力遭到削弱。網際網路的興起，使如探索數位領域基金會（Electronic Frontier Foundation）約翰・巴羅（John Perry Barlow）的社運人士發表《網路世界獨立宣言》，正告工業化國家的政府：在這世界裡，「我們不歡迎你們。在我們聚集的地方，你們沒有主權。」[21]全球資本主義經濟會以「市場的主權」取代「民主政府的主權」：如果立法機關投票贊成對貿易施予過度管制或限制貿易，就會遭到債券市場的懲罰，然後不得不改採全球資本市場所認為合理的政策。[22]在美國，「無國家」世界的幻想永遠不乏支持者，因為敵視國家是美國政治文化的主要成分之一。各種立場的自由論者提議，不只應逐步縮減過了頭的福利國做法，還應廢除聯準會（Federal Reserve Board）和食品藥物管理局（Food and Drug Administration）之類更為根本的機構。[23]

有人主張，現代政府已經過度龐大，因而限制了經濟成長和個人自由，這種說法有其正當性。

人民的確可以抱怨政府官僚、政客腐敗、政治不講道德，但已開發世界的人民太把政府的存在視為理所當然，因而有時忘了政府有多重要，忘了打造政府何其困難，忘了要是沒有某些基本的政治體制，世界會變成什麼樣。

我們不只把民主視為理所當然，也把我們的政府能執行某些基本職能一事視為理所當然。我住在華府近郊的維吉尼亞州菲爾法克斯郡（Fairfox County）多年，那裡是美國最富裕的郡之一。每年冬天暴風雪過後，道路因為季節性的封凍和雪融而出現坑洞，可是到春天快結束時，所有坑洞都會神奇地填好，使大家都不必擔心車子駛過坑洞而車軸斷裂。如果沒有填補，郡裡的居民就生氣，抱怨當地政府無能，卻沒有人會停下來想一想每年把洞填好的那個複雜、看不見的社會體制，想想為什麼隔壁哥倫比亞特區的坑洞要花較久時間才填好，為什麼許多開發中國家的坑洞從未填好過。

事實上，左派或右派所憧憬的那種「政府極小化」或甚至「無政府」的社會並非空中樓閣，在現今開發中世界裡就真有這樣的社會。撒哈拉沙漠以南的非洲，有很多地方是自由論者的天堂。那個地區是低稅烏托邦，政府收到的稅，通常未能超過國內生產毛額的一成（相對地，美國超過三成，在歐洲某些地方達五成）。這麼低的稅率未能助長創業，反倒代表醫療、教育、填補馬路坑洞之類的基本公共服務因缺錢而停擺。現代化經濟所倚賴的實體基礎建設，例如馬路、法院體系、警察，付之闕如。在索馬利亞，從一九八〇年代晚期起就一直沒有強大的中央政府，一般老百姓不僅擁有突擊步槍，還有火箭筒、對空飛彈、坦克，人民能以自己想要的方式保護自己家人，事實上也不得不這麼做。奈及利亞的電影業產量不輸印度赫赫有名的寶萊塢，不過電影必須很快賺到錢才行，因為政府無力保障智慧財產權，也無力阻止影片非法盜拷。

已開發國家人民把政治體制視為理所當然的程度，由美國二〇〇三年入侵伊拉克後所提出的善後計畫（或未能提出善後計畫）可見一斑。美國政府似乎認為民主和市場經濟是預設條件，一旦除掉海珊獨裁政權，伊拉克會自然回到那些預設條件，而當伊拉克的國家體制在一陣劫掠、內戰中崩垮時，美國似乎真的很驚訝。美國的盤算在阿富汗也同樣踢到鐵板，十年的努力、數千億美元的投資，並沒有打造出穩定、具正當性的阿富汗政府。[24]

政治體制是必要的，且不能視為理所當然。市場經濟和富裕並不會在你把「礙手礙腳的政府除掉」之後神奇地出現，而是有賴於一個由產權、法治、基本政治秩序所構成、隱而不顯的體制性基礎。自由市場、強健的公民社會、自發性的「群眾智慧」，都是民主的重要成分，但最終都無法取代強勢、等級制政府的功能。晚近，經濟學家已普遍認知到「體制很重要」：窮國之所以窮，不是因為缺乏資源，而是因為缺乏有效能的政治體制。因此，我們必須對政治體制的起源有更深入的了解。

向丹麥看齊

有人用世界銀行兩位社會科學家蘭特・普里切特（Lant Pritchett）、麥可・伍爾卡克（Michael Woolcock）所寫某篇文章的標題，將打造現代政治體制這問題比喻為如何「向丹麥看齊」（Getting to Denmark）。[25]對已開發國家人民來說，丹麥是個神話般的地方，以完善的政治與經濟體制而著稱於世：穩定、民主、和平、繁榮、包容、政治腐敗程度極低。每個人都想知道該如何才能把索馬利亞、海地、奈及利亞、伊拉克、阿富汗變成「丹麥」，國際開發組織也列出長長一串「類丹麥」的特質，並努力協助失敗國家取得這些特質。

這一計畫的落實，存在許多問題。要期待極窮或極混亂的國家在短時間內建立起複雜的體制，似乎是緣木求魚，畢竟，這些體制花了很長時間才發展出來。再說，體制反映了體制所在社會的文化價值觀，丹麥的民主政治秩序能否在大不相同的文化裡生根，不得而知。富裕、安定的已開發國家人民，大多數並不知道丹麥是怎麼走到今日的樣貌（很多丹麥人也不知道）。現代化政治體制的打造過程太漫長、太痛苦，因而工業化國家的人民如今患了歷史健忘症，忘了他們的社會是怎麼走到現在的。

丹麥人是維京人後代，維京人是凶猛的部落民族，從地中海一路到烏克蘭南部的基輔，征服、掠奪歐洲許多地方。最早定居不列顛群島的凱爾特人，以及征服凱爾特人的羅馬人，還有後來取代羅馬人的日耳曼蠻族，最初全都是一些部落組織，很像現在仍存在於阿富汗、伊拉克中部、巴布亞紐幾內亞的部落；中國人、印度人、阿拉伯人、非洲人和地球上絕大多數的民族，最初也都是如此。部落人民善盡義務的首要對象不是國家，而是親族，他們不是透過法院來解決糾紛，而是透過一報還一報式的正義，而且他們死後埋在由親屬群體共同擁有的土地上。

不過，隨著時間推移，這些部落社會逐漸發展出政治體制。首先問世者，是以有效獨攬的軍事權，支配範圍明確的一塊領土的集中式權威來源，也就是我們所謂的國家（state）。和平不再靠親屬關係群體之間的粗略權力平衡來維持，而是靠國家的軍隊與警察來維持，且這時軍隊與警察也是能防止鄰近部落或國家侵犯的常設單位。財產變成不是由親屬關係群體共同持有，而是個人所有，個人逐漸擁有隨意買賣財產的權利。個人的產權不是由親屬執行，而是由有權排解糾紛、彌補冤屈的法院與法律體系來執行。

此外，社會規則最終明文化，成為成文法，不再只是習俗或非正式的傳統。這些正式的規則被用來將制度裡的權力分配方式條理化，使權力分配不再隨著權力行使者的更迭而變動。換句話說，體制取代了個別領袖。這些法律體系最後被賦予支配社會至高無上的權威，且這權威被認為高於只是暫時掌管國家武裝部隊和官僚組織的統治者之權威。法治（rule of law）於焉問世。

最後，某些社會不只透過迫使統治者遵守成文法來限制他們國家的權力，還要統治者接受議會等代表更廣大人民的機構問責。在許多傳統君主制國家裡，曾存有某種程度的可問責制，不過那通常是統治者向一小撮菁英顧問非正式諮詢的產物。當統治者同意遵照正式規定約束自身權力，讓自己的統治權受制於透過選舉表達出來的廣大人民意志，現代民主於焉誕生。

本書欲說明在那些如今把基本政治體制視為理所當然的社會裡，那些政治體制從何而來，藉此填補這段歷史失憶的某些空白。政治體制的三大類就是前面所提過的那三項：

一、國家
二、法治
三、可問責的政府

成功的現代自由民主兼具以上三組體制，且三者間保持穩定的平衡。的確有一些國家取得這樣的平衡，這實在是現代政治的奇蹟，因為要兼顧這三者並非易事。畢竟，國家集中權力且運用權力，使人民遵守其法律，以抵禦威脅和其他國家的侵犯。另一方面，法治和可問責政府限制國家的權力，其做法先是迫使國家根據某些公開透明的規則來運用其權力，然後設法要國家服從人民的意志。

這些體制的誕生，乃是因為人民發現透過它們可以保護自身和家人的利益。但什麼是世人所認定的私利，以及人願意與他人合作的程度，主要取決於賦予政治組織正當性背後的觀念。因此，私利與正當性成為政治秩序的基石。

存在這三類體制的其中之一，不代表另外兩類也存在。以阿富汗為例，阿富汗雖然自二〇〇四年開始民主選舉，但國家極為弱勢，無力在其許多領土上維護法律。反觀俄羅斯有強勢的政府，也實行民主選舉，但俄羅斯的領導人並不覺得應該受法治的約束。新加坡有強勢的政府，也有前英國殖民者留下的法治，但卻只有不健全的民主問責制。

這三類體制從何而來？是什麼力量催生它們？它們在什麼情況下發展出來？它們三者創生的先後順序為何？彼此之間的關聯又是如何？如果能了解這三個基本體制誕生的原因，也許就能更了解阿富汗或索馬利亞與現今丹麥的差別。

要說明政治體制的發展，就不能不了解與之成對而生的政治衰敗過程。人類體制都有其「固著性」，也就是說，歷久不衰，很難改變。為因應某些條件而創立的體制，往往在那些條件已經改變或消失時仍存在於世，而未能妥善因應周遭條件的變化，則會帶來政治衰敗。不只較古老的政治制度是如此，就連具有國家、法治、可問責三個條件的現代自由民主國家也是如此。因為任何民主政體都無法保證會持續兌現其對人民的承諾，也因此無法保證其在人民眼中永遠具有正當性。

此外，人偏袒家人朋友的固有心態——我所謂的家產制——在沒有強勢反制誘因的情形下，會不斷再度抬頭。有組織的團體（往往是有錢有勢者）隨著時日推移建立牢固地位，開始向國家要求特權，特別是在長期的和平穩定結束、陷入金融和／或軍事危機時，這些牢牢盤據的家產制團體擴大其影響力，不然就是使政府無法適切因應危機。

有一種政治發展、衰敗理論，被人宣說了許多次。大部分高中開了「文明的興起」這門課，概括介紹社會體制的演變。一百年前，大多數美國學生所學到的歷史，高度以歐洲為中心，更精確地說，高度以英國為中心，可能從希臘羅馬開始講起，接談著歐洲中世紀、《大憲章》（Magna Carta）、英國內戰和光榮革命（Glorious Revolution），然後或許談一七七六年美國獨立以及《美國憲法》的擬定。如今，這類課程所涵蓋的文化更多元，納入中國、印度等非西方社會的經驗，或者詳細著墨歷史上被邊緣化的群體，例如原住民、女性、窮人等等。

現有探討政治體制發展的著作令人不滿意，有好幾個理由。第一，其中許多著作的比較性探討，範圍不夠廣。唯有比較不同社會的經驗，才能開始梳理出為何某些體制出現在某些地方、卻未出現在其他地方的錯綜複雜因素。有一些說明現代化的理論，從馬克思的大規模研究到道格拉斯·諾思（Douglass North）之類當代經濟史家的理論，都把重點放在英格蘭這個第一個工業化國家的經驗。英格蘭經驗在很多方面確實不凡，但未必是了解不同處境之國家發展的理想指引。

已在最近幾十年取代此種論述的多元文化論述，大部分並未認真從事比較性探討。這些多元文化論述往往若非挑非西方文明如何對人類整體進步做出貢獻的正面例子，就是挑非西方文明如何淪為受害者的負面例子，很少看到這一類論述去進行比較分析，釐清為何某種體制會在某個社會發展出來，卻未見於其他社會。

偉大的社會學家西摩．李普賽（Seymour Martin Lipset）常說：只了解一個國家，就等於什麼國家都不了解。不比較，就沒辦法了解某種做法或行為是否是某個社會所獨有，還是很多社會所共有。唯有透過比較分析，才有可能把肇因（例如地理、氣候、技術、宗教或衝突）跟世上現有的多種結果連結起來。如此一來，或許就能回答以下問題：

- 為什麼阿富汗、印度叢林地區、美拉尼西亞的島國、中東部分地區仍然是部落組織型態？
- 為什麼中國的預設條件是由強勢的中央集權政府統治，而印度過去的三千年歷史裡，卻只有非常短暫的時期出現中國那種程度的中央集權？
- 為什麼威權式現代化國家（例如南韓、臺灣、新加坡、中國）幾乎全集中在東亞，而不是在非洲或中東？
- 為什麼民主和強健法治在斯堪地那維亞（Scandinavia）生根，而地理、氣候條件差不多的俄羅斯，卻出現不受約束的專制統治？
- 為什麼拉丁美洲國家過去一百年一再受苦於高通膨和經濟危機，而美國和加拿大卻沒有？

本書所提出的歷史資料很有意思，完全是因為這些資料釐清現狀，並且解釋了不同的政治秩序如何形成。不過，人類社會並未被自己的過去困住。即使中國和歐洲境內現代國家的誕生，是因為一再需要備戰或需要打仗之類的因素，也未必表示現在非洲那些弱勢政府必須複製這種經驗才能現代化。事實上，我會在下卷裡說明，當今的政治發展環境大不同於上卷所探討的諸多時期裡的環境。如今，經濟成長造成社會階級不斷洗牌，國際因素對個別社會的衝擊也更甚於以往，所以，本書提出的歷史資料或許可以解釋不同的社會如何演變至今，但他們已經走過的路，並未決定他們未來會走的路，或者並非就是其他社會的榜樣。

國家建構要從中國談起

馬克思、涂爾幹（Emile Durkheim）、緬因（Henry Maine）、滕尼斯（Ferdinand Tönnies）、韋伯（Max Weber）等大師撰寫的現代化（modernization）經典理論，往往把西方經驗視為現代化的典範，理由是工業化最早在西方出現。約一八〇〇年之後發生於歐洲與北美的生產力大增、經濟持續成長，前所未見，並且把世界改頭換面成現在的模樣，因而，這種以西方為重心的論述可以理解。

但發展不僅限於經濟層面，政治體制會發展，社會體制亦然。有時候，政治和社會的發展跟經濟轉變息息相關，但有時候彼此不相干。本書鎖定發展的政治層面，亦即政府體制的演變。現代政治體制的出現，早於工業革命和現代資本主義經濟。事實上，現今我們所認知的現代國家的組成元素，有很多早在西元前三世紀的中國就已具備，比歐洲早了約一千八百年。

因此，我在本書第二部說明政府的出現時，選擇以中國作為開端。雖然經典的現代化理論往往把歐洲發展視為常態，然後思索其他社會為何走上與歐洲不同的發展路線，不過我把中國視為政府形成的典範，然後思索為何其他文明未仿效中國路線。這不是說中國優於其他社會。如同後面會提到的，欠缺法治和可問責的現代國家，有能耐建構龐大的專制政府。不過，中國是第一個發展出國家體制的國家，而西方的政治發展論述很少提及中國首開先河的經驗。

因為從中國開始談起，我略過了其他的重要早期社會，例如美索不達米亞、埃及、希臘、羅馬、中美與南美的文明。本卷並未以較長篇幅探討希臘和羅馬一事，則需進一步說明。

上古地中海世界立下了對歐洲文明後來的發展至為重要的先例，從查理曼大帝以降的歐洲統治者，均刻意予以效法。希臘公認是民主的發源地，統治者不是世襲，而由投票選出。大多數部落社會也相對比較平等主義，以選舉產生統治者（見第四章），希臘人的做法不只如此，還提出了以政治標準、而非以親屬關係來判定公民身分的「公民」概念。將西元前五世紀的雅典或羅馬共和國所施行的政體，稱之為「古典共和主義」（classical republicanism），大概比稱之為「民主」更為貼切，因為只有少數公民擁有投票權，且社會階級非常嚴明，使大部分人（包括為數眾多的奴隸）無緣參與政治。此外，它們並不是自由主義國家，而是不尊重公民隱私或自主權的高度公有制社會。

希臘與羅馬所建立的古典共和先例，受到後來許多社會的仿效，其中包括熱那亞、威尼斯、諾夫哥羅德（Novgorod）這些寡頭統治的共和國，還有荷蘭聯合省（Dutch United Provinces）。但是這種政體有個致命的缺陷，且後世許多作家——包括曾經深入思考過這種政體之利弊的多位美國建國先賢——都認知到這缺陷：古典共和主義只適於小國寡民。在小規模、同質的社會，像是西元前五世紀的希臘城邦以及早期的羅馬，古典共和主義最有成效，但是隨著共和國因為征服或經濟成長而日趨龐大，使共和國團結為一的高要求公有制價值觀，就不可能維繫下去。隨著羅馬共和國愈來愈龐大、多元，為了誰該享有公民權、該如何分配戰利品，爆發了無解的衝突。希臘的城邦最後全被君主制國家征服，而羅馬共和國經過漫長的內戰後變成帝國。事實證明，君主制這種政體比較能治理大帝國，羅馬就是在這種政治制度下達到國家權力與版圖的巔峰。

我會在第二卷回頭探討作為現代民主政治先例的古典共和主義。但在探討國家的興起時著墨於中國更甚於希臘和羅馬，有其充分理由，因為當時只有中國創造出韋伯所定義的那個「現代」國家（modern state）。也就是說，中國成功發展出中央集權、一致的官僚行政制度，且這制度有能耐治理比地中海歐洲還要多的人口、還要廣的領土。當時的中國已發明一套不講私人關係、能力掛帥，且遠比羅馬共和國的公共行政有條理的官僚招募制度。西元元年時，中國人口與羅馬帝國的人口約略相當，但在中國，受一套統一規則管理的人口占總人口的比例，遠高於羅馬帝國。羅馬有其他重要的遺產，特別是在法律領域（第十八章會詳述），儘管希臘和羅馬是現代可問責政府的先驅，在這方面扮演重要的角色，但在國家的形成方面，中國更為重要。

本書舉了數個社會來和中國相比較，其中之一是印度。印度約與中國同時期脫離部落制社會，成為國家制社會，但在當時（大約兩千五百年前），由於新婆羅門教的興起，印度兜了一個大圈子。這一宗教限制了印度任何政治實體所能取得的權力，某方面來說，也為印度的現代民主鋪了路。中東在先知穆罕默德的時代也是部落型態，而埃及、土耳其的某些政治實體能把自己打造為政治強權，不只得歸功於新宗教伊斯蘭教的興起，還得歸功於奇特的奴隸軍制。歐洲脫離部落制，並不是統治者從上而下強行促成，而是透過天主教會所制定的規則，在社會層級發生。從這點來看，歐洲跟這些社會大不相同。只有在歐洲，國家級體制不必建立在部落組織的體制之上。

宗教也是法治誕生的重要關鍵（法治是本書第三部的主題）。以宗教為基礎的法律，存在於古代的以色列、印度、穆斯林中東、奉行基督教的西方，不過，發展出最強固的世俗型態獨立法律體制，且此法律體制得以倖存至今者，是西歐。

第四部講述可問責政府的興起，重點也放在歐洲。不過在這方面，歐洲各國的發展並不一致：可問責政府出現於英國和丹麥，但不見於法國和西班牙；俄羅斯發展出權力之大跟中國不相上下的某種專制政體。因此，某些社會能否逼其君主接受可問責制，取決於一堆特定的歷史條件，例如某些封建體制的倖存到近代。

跟世上其他地區相比，西歐境內政治發展的順序非常特別：早在現代國家和資本主義興起之前數百年，社會層級的個人主義就已出現；在政治權力集中於中央集權政府手中之前，法治就已經存在；可問責制的興起，乃是因為現代的、中央集權的國家無法完全擊退或消除代議制代表大會之類的古封建體制。

事實證明，一旦國家、法治、可問責三個條件結合起來，就表明那是非常強勢又吸引人的政體，隨之散播到世界各個角落。但我們不要忘了這種政體的出現，有其歷史的偶然因素影響。中國過去有強勢的政府，但沒有法律和可問責制；印度過去有法律，且現在有可問責政治，但向來欠缺強勢的政府；中東過去有國家和法律，但在阿拉伯世界的許多地方，失去了後一傳統。社會並未被自己的過去困住，會自由襲取其他社會的觀念和體制，但社會現今的面貌也受社會的過去影響，而從過去到現在不是只有一條路。

每隻烏龜都由別隻烏龜馱著

本書的目的，主要不在於陳述政治發展史，而在分析促使某些重要的政治體制出現的部分因素。有些歷史著作被稱作ODTAA（即「one damn thing after another」，意思是只敘述一個又一個事件），指的是未努力找出可套用於其他狀況的通則或因果理論。用這個短語來形容人類學家所寫的民族誌，可能也貼切。民族誌寫得鉅細靡遺，卻刻意不找出通則。那絕不是我要走的路，我把許多文明和時期拿來比較，從中理出通則。

本書提出一個整體基準架構來了解政治發展，而這個架構頗類似生物演化。達爾文的演化論建立在變異和選擇這兩個原則上：生物會經歷隨機的基因突變，最能適應環境者存活並繁衍。政治發展也是如此：政治體制會發生變異，而最能適應自然環境與社會環境的體制就能存活並繁衍。不過，生物演化與政治演變之間也有許多重大差異：一、人類體制經過刻意的設計和選擇，與基因不同。二、人類體制透過文化而不是透過基因傳遞。三、人類透過多種心理機制、社會機制為人類體制賦予內在價值，使體制很難改變。而這種保存人類體制的固有心態，說明為何政治發展常因政治衰敗而倒退，因為外部環境的變化使體制必須有所改變，但社會做出那些改變的意願往往不高。

但本書所提出的大架構，算不上是預測性的政治發展理論。在我看來，根本不可能像經濟學家的經濟成長理論那樣，以寥寥數字提出政治改變理論。[26]任何政治體制的發展，其背後的因素都是多元的、複雜的，且往往取決於意外事件或偶發事件。人針對某一發展所提出的肇因本身，都是更早就存在的條件所造成，於是一因還有前因，可以往過去無限追溯。

舉個例子來說。有個很有名的政治發展理論主張：歐洲的國家建造，乃是發動戰爭的需要所促成。[27]就近代歐洲而言，發動戰爭的需要和現代國家體制的問世兩者間的關係，已得到相當明確的證實，而且如同後面會提到的，用在古代中國身上也同樣貼切。但在宣告這是國家形成的通則之前，得先回答幾個難題：為什麼有些經歷長年戰事的地區，未能發展出國家體制（例如美拉尼西亞）？為什麼在另外某些地區，戰爭似乎只削弱國家，而非強化國家（例如拉丁美洲）？為什麼有些地區的衝突程度低於其他地區（例如跟中國相較之下的印度）？欲回答這些問題，就必須把起因回溯到其他因素，例如人口密度、地理環境、技術、宗教。在人口稠密、交通方便（例如平原或乾草原）、有適當技術（例如馬）的地方，戰爭所帶來的政治影響，大不同於戰爭在人口稀疏的山區、叢林或沙漠地區的影響。所以，戰爭與國家形成相關的理論，又衍生出一連串疑問，令人質疑為何某些型態的戰爭出現於某些地方，而不見於其他地方。

撰寫本書的目的，乃是提出一個能同時免於過度抽象（經濟學家的弊病）和關注範圍過度窄化（很多歷史學家和人類學家都有的問題）這兩種陷阱的中程理論。我希望找回一部分十九世紀歷史社會學或比較人類學的失落傳統。我並未在一開始就端出龐大的理論架構給一般讀者，在敘述歷史那幾章，我運用了幾種理論，但把比較抽象的政治發展探討（包括一些基本術語的定義）放在最後三章（第二十八章到第三十章）。這三章概括性地說明了政治發展如何發生，也探討了政治發展與經濟發展、社會發展的關係。

我認為把理論置於歷史之後，才是正確的分析之道：理論應該推斷自事實，而非反過來。當然，不可能只談事實，而略去更早就存在的理論架構。認為那樣做是奉行經驗主義，乃是在欺騙自己。但社會科學往往先舉出某個漂亮的理論，然後去找出符合那項理論的事實。我不走這樣的路。

物理學家史蒂芬．霍金（Stephen Hawking）重述了一個故事（可能是虛構的）：有個知名科學家以宇宙論為題公開演講，結果被坐在最後頭的一位老太太打斷。她說科學家在胡扯，說宇宙其實是個扁平的圓盤，靠一隻烏龜馱著。科學家問她，那烏龜又是站在什麼東西上面，以為這一問就能讓老太太閉嘴。結果老太太回答：「年輕人，你很聰明，不過烏龜下面是別隻烏龜，如此一路往下。」

這就是任何發展理論所面臨的問題：你所挑選用來做為你說法之起點的那隻烏龜，其實站在另一隻烏龜背上（或說是大象或老虎或鯨魚的背上也行）。那些宣稱是通則的發展理論，大多禁不起考驗，因為它們沒有把發展的多重獨立層面納入考慮。它們屬於化約論，試圖從複雜得多的歷史現實中抽取出單一起因，而且，它們往回追溯得不夠遠，未能溯及到解釋它們自身的起點和前提的歷史環境。

我把起點拉回到極遙遠的過去。在開始探討中國境內的國家形成之前，我們不僅得先了解戰爭的起因，還得了解人類社會的起源。答案出人意料：戰爭和人類社會都不是從哪裡發展出來的，而是自有人類以來就存在的，因為人類天生就是群居且具競爭性的動物。靈長目動物（人類的祖先）就初具政治雛型。而要了解這一點，我們得回頭探討自然狀態和人類生物學（從某個方面來說，人類生物學為了解人類政治活動的全貌打下了基準架構）。生物學為那個層層上疊的龜塔提供了某種程度的堅實支撐，雖然，如下一章會提到的，就連生物學也不是一個全然固定的參照點。

注釋

1 參見“Country Status and Ratings Overview” in the “Freedom in the World” section of Freedom House’s website (freedomhouse.org). Larry Diamond將數字定在大約四十，第三波民主化興起時，數字增加到一百一十七，參見*The Spirit of Democracy: The Struggle to Build Free Societies Throughout the World* (New York: Times Books, 2008), pp. 41, 50.

2 Larry Diamond, “The Democratic Recession: Before and After the Financial Crisis,” in Nancy Birdsall and Francis Fukuyama, eds., *New Ideas in Development After the Financial Crisis* (Baltimore: Johns Hopkins University Press, 2011).

3 Samuel P. Huntington, *The Third Wave: Democratization in the Late Twentieth Century* (Oklahoma City: University of Oklahoma Press, 1991). 編注：中文版《第三波：二十世紀末的民主化浪潮》（四版）由五南文化出版，二〇一九年八月二十八日。

4 Diamond, “The Democratic Recession,” pp.240–59.

5 Freedom House, *Freedom in the World 2010: Erosion of Freedom Intensifies* (Washington, D.C.: Freedom House, 2010).

6 Thomas Carothers, “The End of the Transition Paradigm,” *Journal of Democracy* 13, no. 1 (2002): 5–21.

7 以二〇〇八年的美元幣值為計價單位，世界經濟從一九七〇年的十五．九三兆美元增加為二〇〇八年的六十一．一兆美元。資料來源：World Bank Development Indicators and Global Development Finance; U.S. Bureau of Labor Statistics.

8 Francis Fukuyama and Seth Colby, “What Were They Thinking? The Role of Economists in the Financial Debacle,” *American Interest* 5, no. 1 (2009): 18–25.

9 Fareed Zakaria,*The Post-American World* (NewYork: Norton, 2008)；關於評論，參見Aaron L. Friedberg, “Same Old Songs: What the Declinists (and Triumphalists) Miss,” *American Interest* 5, no. 2 (2009). 編注：*The Post-American World* 中文版《後美國世界：群雄崛起的經濟新秩序時代》由麥田出版，二〇〇八年十月三日（已絕版）。

10 William A. Galston, *Can a Polarized American Party System Be "Healthy"?* (Washington, D.C.: Brookings Institution Issues in Governance Studies No. 34, April 2010).

11 參見 Thomas E. Mann and Gary Jacobson in Pietro S. Nivola and David W. Brady, eds., *Red and Blue Nation?* Vol. 1 (Washington, D.C.: Brookings Institution Press, 2006) 中的章節；以及 James A. Thomson, *A House Divided: Polarization and Its Effect on RAND* (Santa Monica, CA: RAND Corporation, 2010). 美國政治兩極化的程度，未有定論。在許多文化議題上（例如墮胎和槍枝），有一不具強烈信念、涵蓋多類人的廣大中間派團體，而在光譜的兩端，則各有立場更執著而居少數的團體。參見 Morris P. Fiorina et al.. eds., *Culture War? The Myth of a Polarized America*, 3rd ed. (Boston: Longman, 2010).

12 通訊頻寬變寬，導致政治論述日益分割的現象，Ithiel de Sola Pool 在數年前就預料到。*Technologies of Freedom* (Cambridge, MA: Belknap Press, 1983).

13 案例參見 Isabel V. Sawhill and Ron Haskins, *Getting Ahead or Losing Ground: Economic Mobility in America* (Washington, D.C.: Brookings Institution Press, 2008).

14 Organization for Economic Cooperation and Development, "A Family Affair: Intergenerational Social Mobility Across OECD Countries," in *Going for Growth* (Paris: OECD, 2010); Emily Beller and Michael Hout, "Intergeneration Social Mobility: The United States in Comparative Perspective," *Future of Children* 16, no. 2 (2006): 19–36; Chul-In Lee and Gary Solon, "Trends in Intergenerational Income Mobility," *Review of Economics and Statistics* 91, no. 4 (2009): 766–72.

15 Simon Johnson, "The Quiet Coup," *Atlantic*, May 2009.

16 Amartya K. Sen, "Democracy as a Universal Value," *Journal of Democracy* 10 (1999): 3–17.

17 Michael Hardt and Antonio Negri, *Multitude: War and Democracy in the Age of Empire* (New York: Penguin, 2004). 二十世紀下半葉，左派有個重要組成部分行事變成熟，而成熟的表現之一，就是接受義大利社會學家安東尼奧・葛蘭西（Antonio Gramsci）的以下論點：進步主義行動方案要成功，需要一場「穿越重重體制的長征」。德國綠黨想參與德國的民主政治過程時，就採用了這個口號。

18 參見Bronislaw Geremek, "Civil Society, Then and Now," in Larry Diamond and Marc F. Plattner, eds., *The Global Resurgence of Democracy*, 2d ed. (Baltimore: Johns Hopkins University Press, 1996).

19 參見Charles Gati, "Faded Romance," *American Interest* 4,no.2(2008):35–43.

20 Walter B. Wriston, *The Twilight of Sovereignty* (New York: Scribner, 1992).

21 可至此閱覽：http://w2.eff.org/Censorship/Internet_censorship_bills/barlow_0296.declaration.

22 參見"The Golden Straitjacket" in Thomas L. Friedman, *The Lexus and the Olive Tree* (New York: Farrar, Straus and Giroux, 1999), pp. 99–108. 編注：中文版《了解全球化》由商周出版，二〇〇〇年六月十五日（已絕版）。

23 案例參見Ron Paul, *End the Fed* (New York: Grand Central Publishing, 2009); Charles Murray, *What It Means to Be a Libertarian: A Personal Interpretation* (New York: Broadway Books, 1997).

24 參見Francis Fukuyama, ed., *Nation-Building: Beyond Afghanistan and Iraq* (Baltimore: Johns Hopkins University Press, 2006).

25 "Getting to Denmark"其實是普里切特與伍爾卡克所寫"Solutions When the Solution Is the Problem: Arraying the Disarray in Development"一文的原始標題 (Washington, D.C.: Center for Global Development Working Paper 10, 2002).

26 掛上「哈羅德—多馬」（Harrod-Domar）、「梭羅」（Solow）、「內生增長理論」（endogenous growth theory）之類名稱的經濟成長理論，都是極度化約論的理論，在解釋發展中國家的成長如何發生，其效用令人存疑。

27 已有數位觀察家提出這一論點，首先是十九世紀時的史賓塞（Herbert Spencer），接著是宋巴特（Werner Sombart）、內夫（John Nef）、提利（Charles Tilly）。見Herbert Spencer, *The Principles of Sociology* (New York: D. Appleton, 1896); John Ulric Nef, *War and Human Progress: An Essay on the Rise of Industrial Civilization* (Chicago: University of Chicago Press, 1942); Charles Tilly, *Coercion, Capital, and European States, ad 990-1990* (Cambridge, MA: Blackwell, 1990); and Bruce D. Porter, *War and the Rise of the State: The Military Foundations of Modern Politics* (New York: Free Press, 1994).

第二章 自然狀態

對自然狀態的哲學討論；當代生命科學如何闡明人性，進而闡明政治的生物性基礎；黑猩猩等靈長目動物的政治活動；人性的哪些層面構成政治的基礎；世界諸地區何時首度有人定居。

在西方哲學傳統裡，欲理解正義與政治秩序（現代自由民主的基礎），就必然得討論「自然狀態」。古典時代的政治哲學區分自然與習俗（即法律），柏拉圖（Plato）與亞里斯多德（Aristotle）主張，只有符合不變的人性，而非符合短暫存在且變動不居之事，才有公義社會可言。湯瑪斯・霍布斯（Thomas Hobbes）、約翰・洛克（John Locke）、尚—雅克・盧梭（Jean-Jacques Rousseau）進一步闡揚其區別，針對自然狀態問題著述立說，試圖把政治權利的基礎建立在自然狀態上。描述自然狀態是探討人性的手段和探討人性的比喻說法，從中將確立人類善性（政治性社會所理應促進之事）的等級體系。

在某個關鍵方面，亞里斯多德的看法與霍布斯、洛克、盧梭不同。他主張人天生是政治動物，人的天生能力使人想在社會裡出人頭地。相反的，三位近代哲學家主張人並非天生的群居動物，社會是某種人造物，因這人造物，人得以得到無法靠自己之力得到的東西。

霍布斯的《巨靈論》（*Leviathan*），一開頭就洋洋灑灑列出人類種種天生的強烈情感，並主張最深層、最持久不變的強烈情感，乃是害怕死於非命。他從這點引申出基本的天賦權利，即人人為保命所擁有的自由權。人性也提供了三個造成紛爭的原因：競爭、羞怯（恐懼）、光榮：「第一個使人為了利益而侵犯別人；第二個使人為了安全而侵犯別人；第三個使人為了名聲而侵犯別人。」因此，自然狀態的特色，就是「人與人相互鬥爭」。為免於陷入這危險處境，人同意放棄自己隨心所欲的天賦自由權，以換取他人尊重自己的生存權。國家，亦即巨靈，以社會契約的形式執行這些互惠承諾，藉由此社會契約，人能保住自己天生擁有，但因人與人相互鬥爭而無緣在自然狀態下享有的那些權利。政府，亦即巨靈，藉由確保和平來確保生存權。[1]

在《政府論第二篇》（*Second Treatise on Government*），洛克對自然狀態的看法較霍布斯溫和：人忙於鬥爭，更忙於將個人勞動加諸於共有的自然物上，以產生私人財產。洛克的基本自然法，與霍布斯的基本自然法大相逕庭，不是賦予人生存權，而是賦予人「生存、健康、自由或財產」權。[2]自然狀態下未受約束的自由會導致戰爭狀態，因而，一如霍布斯所主張的，必須針對天賦自由權和財產的保障締結社會契約。在洛克眼中，國家是必要之物，但國家本身也可能剝奪人的天賦權利，因此他設想了一個反抗不公義權威的權利。湯瑪斯．傑佛遜（Thomas Jefferson）在《美國獨立宣言》裡揭櫫的生存權、自由權、幸福追求權，其根源經由洛克關於暴政風險的修正主張，可直接追溯到霍布斯的天賦權利。

霍布斯眼中的自然狀態暴力橫行，置身其中者活得「孤單、貧窮、惡劣、殘暴、短暫」，而與盧梭在其《論人類不平等的起源與基礎》（*Discourse on the Origin and the Foundation of Inequality Among Mankind*）所提出較祥和的自然狀態大異其趣。事實上，盧梭在幾個地方旗幟鮮明地批評了霍布斯：「但最重要的，我們要小心，勿和霍布斯一樣，斷言人沒有善的觀念，因而天性本惡；勿斷言人不知何謂美德，因而邪惡；勿斷言人深信誰都不虧欠誰，因而總是不願為自己同類提供任何服務；勿斷言人公允地宣稱有權得到他所想要的任何東西，因而愚蠢地把自己視為全世界的所有者。」[3]盧梭主張霍布斯其實未揭露自然人的真相，《巨靈論》書中所描述的那隻殘暴動物，其實是幾百年社會發展的汙染效應的產物。在盧梭眼中，自然人的確孤單，但也羞怯、膽小，較可能選擇逃避而非彼此大打出手。野蠻人的「慾求從未超過他的生理需求；他不知善性，只知食物、女人等東西」，野蠻人怕痛、怕挨餓，但不怕死這個抽象概念。因此，政治性社會的出現，不代表擺脫「人人相互鬥爭」的狀態，而是代表透過相互依賴的關係，將人與其他人綁在一塊。

盧梭在《論不平等》一書開頭說道：「這一次我們可能做的研究，不是要去找出歷史真相，而只是要去做假設性、條件性的推理，那樣做與其說是適於說明事物的真正起源，還不如說是適於闡明事物的本質。」對盧梭和霍布斯來說，自然狀態與其說是一則歷史陳述，不如說是用以揭露人性的探索工具，亦即在拿掉文明和歷史在人類身上產生的行為後，最深層、最持久不變的人類特質。

但盧梭《論不平等》一書的用意，明顯是為了描述人類行為的發展過程。他談到人的可臻完美性，推敲人類思想、激情、行為在長久歲月裡如何演變。他舉出有關加勒比人等美洲原住民具分量的證據，也舉出得自對動物行為之觀察的論點，以釐清什麼是人天生所具有，什麼又是社會習俗所加諸於人的。大思想家的真正用意，我們不該妄稱已然理解。但鑑於霍布斯、洛克、盧梭對自然狀態的陳述，乃是形塑西方在政治上之自我理解的基礎，重要性非同小可。將這些陳述拿來與我們今日對人類起源的了解相比較，便是允當之事。由於晚近在多種生命學科上的研究進展，我們對人類起源已有不同於當時的理解。

此一理解存在於數種學科裡，包括靈長目動物學、人口遺傳學、考古學、社會人類學，當然也包括貫穿演化生物學的基準架構。如今，我們能利用得自更妥善的觀察資料來重做盧梭的思想實驗，而我們所得到的結果，一方面證實了他的某些深刻見解，一方面也使他的其他見解受到質疑。無論如何，現代生物學對人性的重新發掘，作為任何政治發展理論的基礎，極為重要，因為它提供了讓我們得以了解人類建制晚近演變的基礎材料。

盧梭的某些觀察心得的確是真知灼見，例如他認為人類的不平等源於冶金術、農業上的發展，尤其是私人財產上的發展。但盧梭、霍布斯、洛克在非常重要的一點上都犯了錯。這三位思想家認為置身自然狀態中的人是孤立的個體，且對這樣的人來說，社會不是自然的。據霍布斯的說法，早期人類彼此搭上關係，主要是因為恐懼、妒忌、衝突。盧梭眼中的原始人又更為孤立，性是自然之事，家庭則不是。人類的互相依賴，幾乎是源於偶然，是技術創新（例如需要更大程度合作的農業）所致。對這兩人來說，人類社會完全是隨著歷史歲月的推移而出現，且涉及到遭剝奪的天賦自由。

事實並非如此。在一八六一年著作《古代法》（*Ancient Law*）中，英格蘭法學者亨利·緬因如此批評自然狀態理論家：

（霍布斯、洛克的）這兩個理論，使好深思的英格蘭政治人物長久以來水火不容，但這兩個理論在其對於一不存在於歷史，且無法驗證的人類狀況的基本假設上極為相似。提出這兩個理論者，對於社會誕生前之狀態的特點，對於人藉以將自己抽離該狀態，進入我們現今所唯一熟悉的那個社會組織的那個異常行動的本質，看法南轅北轍，但一致認為原始環境裡的人和社會裡的人，兩者有很大的差別。[4]

我們或許可把這稱作霍布斯謬論：此謬論認為人在原始時代各行其是，認為人之所以在發展的較晚期加入社會，完全出於社會合作乃是讓他們得以實現個人目的的最佳方法的理性考量。理解原始時代各行其是的前提，有助於理解《美國獨立宣言》所揭櫫的那些權利，進而有助於理解宣言所催生出的民主政治社會。此前提也是當代新古典主義經濟學的基礎，這一派經濟學假設人是想追求個人最大幸福或最高收入的理性動物，打造其模型。但在漫長人類歷史裡發展出來之事，其實是個人主義，而非合群。個人主義之所以在今日讓人覺得像是我們經濟、政治行為的堅實核心，完全是因為我們已發展出公有本能的機制。當亞里斯多德說人是天生的政治動物時，他的觀點其實比這些近代自由主義理論家還要真切。因此，從個人主義角度去理解人的動機，或許有助於說明今日美國境內從事大宗商品買賣者和持自由意志論的行動主義者的活動，卻不是理解人類政治早期演變最有利的方式。

在自然狀態這主題上，現代生物學、人類學所告訴我們的，處處都與霍布斯等理論家所主張的背道而馳：在人類演化過程中，人從未有哪個時期是孤立存在的；人類的靈長目祖先已發展出廣泛的社交技能和政治技能；人腦天生就具備了有利於從事多種社會合作的官能。由於暴力橫行，自然狀態或許可稱做戰爭狀態，但行使暴力者，與其說是個人，不如說是結合緊密的社會團體。人之投身社會、展開政治生活，不是有意且理性的決定所致。公有組織自然而然地出現在人類生活裡，儘管人類合作的方式受環境、觀念、文化的影響很大。

事實上，最基本的合作方式，比人類的出現還早了幾百萬年。生物學家已找出合作行為的兩種自然來源：親屬選擇（kin selection）和互利互惠行為（reciprocal altruism）。關於親屬選擇，在生物演化上，最要緊之事不是生物的存活，而是生物之基因的存活。這產生了某種常規現象，即生物學家威廉・漢彌爾頓（William Hamilton）所謂的內含適應性（inclusive fitness）原則，亦即親屬選擇。這原則認為，任何一種有性生殖生物的個體，會根據他們與親屬所共有基因數的多寡，對親屬表現出不同程度的利他行為。[5]父母與孩子之間，嫡親兄弟姊妹之間，彼此擁有一半相同的基因，因此他們對彼此的利他程度，會高於對只有四分之一相同基因的嫡堂兄弟姊妹。已有研究人員在從地松鼠（又稱黃鼠）到人類的多種動物身上觀察到此行為。就地松鼠來說，嫡姊妹和同父異母（或同母異父）姊妹在築穴行為上有差異，而就人類來說，偏袒親屬不只是有社會依據的事實，也有生物學根據。[6]欲將資源傳給親屬的念頭，一直存於人類政治。

與不具血緣關係者合作的能力，被生物學家稱作互利互惠行為。生物學家在許多種動物身上發現社交行為的兩大生物性來源，而這兩大來源，一是親屬選擇，另一就是互利互惠行為。社會合作取決於個人能否解決賽局理論家所謂的「重複囚徒困境賽局」（repeated prisoner's dilemma games）。[7]在這些賽局中，個人有可能因為大家能同心協力而獲益，但如讓其他人去合作，自己不勞而獲享受他們努力的成果，個人往往能獲益更大。一九八〇年代，政治科學家羅伯特．阿克塞爾羅（Robert Axelrod）為找出解決重複囚徒困境的最佳策略，辦了一場電腦程式對抗賽。結果，由平等往來策略勝出。在平等往來（tit-for-tat）策略中，如果一玩家在前一賽局中合作，另一玩家在接下來的賽局中即投桃報李，也和對方合作，但如果一玩家在前一賽局中不肯合作，接下來的賽局裡，另一玩家也跟著拒絕合作。[8]阿克塞爾羅證明，經過諸理性決策者一段時間的互動，從中可自發性發展出某種道德，即使一開始時的行為是出於自私自利。

互利互惠行為除可見於人類身上，也可見於多種動物身上。[9]已有人觀察到吸血蝙蝠和狒狒在非自己的群體裡餵食、保護下一代，[10]而在某些例子裡，例如在「清潔魚」和他們所清潔的魚身上，完全不同的物種間存在著互惠關係。狗與人的互動顯示在這兩種動物身上，存在著一組演化出來的類似行為。[11]

黑猩猩政治和其對人類政治發展的重要意義

演化生物學，為我們了解人類如何從其靈長目先祖演化出來提供了廣泛的基準架構。我們知道人類和現代黑猩猩都源自一類似黑猩猩的先祖，在約五百萬年前人類與黑猩猩分道揚鑣。人類與黑猩猩的基因組約百分之九十九重疊，彼此吻合的程度，高於其他任何兩種靈長目動物[12]（但那百分之一的歧異，表現在語言、宗教、抽象思考等諸如此類的事物上，更別提某些重要的生理結構差異。因而那小小的歧異非常重要！）我們當然無法調查黑猩猩、人類共同先祖的行為。但靈長目學家已花了許多時間觀察黑猩猩等靈長目動物，在其自然棲地和動物園裡的行為，從中發現牠們的行為與人類的行為有明顯的連貫性。

生物人類學家理察．蘭翰（Richard Wrangham）在其所著的《雄性暴力》（*Demonic Males*）一書中，描述了野地的雄黑猩猩群跑出地盤攻擊、殺害來自鄰近聚落的黑猩猩。這些雄黑猩猩以合作方式悄悄跟蹤、包圍、殺害落單的黑猩猩鄰居，接著消滅該鄰近群體裡的其他雄黑猩猩，接著抓走雌黑猩猩，納入自己的黑猩猩群裡。這和人類學家拿破崙．夏尼翁（Napoleon Chagnon），在紐幾內亞（New Guinea）高地之類的地方，或在雅諾馬米（Yanomamö）族印第安人身上所觀察到的那種男人襲掠行為非常類似。據藍翰的說法：「只有極少數動物生活在由雄性結合成的父系群落裡，且群落中的雌性成熟後，遷到鄰近群體交配，以降低近親交配風險。據知只有兩種動物這麼做，且這兩種動物有一套由雄性發動的密集領土侵略制度，包括對鄰近群落發動致命襲掠，尋找弱小敵人進行攻擊、殺害。」[13]這兩種動物是黑猩猩和人類。

據考古學家史蒂芬．勒布朗（Stephen LeBlanc）所述：「非複雜社會的人類戰爭，有許多地方類似黑猩猩的攻擊行為。在那種社會層級的人類群體裡，屠殺其實很罕見，藉由消耗戰來取得勝利，是可行的策略，設置緩衝區、突襲、俘虜女性納入自己群體、對受害者施予嚴重肢體傷害。黑猩猩和人類的行為幾乎一模一樣。」[14]主要差異在於人類取人性命的本事較高，因為人類能運用的武器較多樣、致命力較強。

黑猩猩像人類群體一樣保衛自己地盤，但在其他地方，與人類大不相同。雌、雄黑猩猩不合組家庭養育小孩，而是創造出各自自成一體的雌、雄等級體系。但這些等級體系裡的支配政治，令人想起人類群體裡的政治。黑猩猩群裡的公老大不是生下來就擁有其地位，一如美拉尼西亞社會裡的「頭人」（Big Man），公老大得打造支持者聯盟，藉此取得該地位。體型大小和力氣強弱是重要因素，但支配地位最終是透過能與其他成員合作來取得。靈長目學家法蘭斯·德瓦爾（Fransde Waal）觀察過關在荷蘭安海姆動物園（Arnhem Zoo）裡的黑猩猩群後，描述了一隻年紀較大的公老大如何被兩隻較年輕的黑猩猩奪走老大之位。兩隻年輕黑猩猩奪下老大之位後，其中一隻立即轉頭對付昔日的盟友，最後殺掉牠。[15]

雄黑猩猩或雌黑猩猩一旦在各自的等級體系裡取得支配地位，即開始行使只能稱之為「權威」（authority）之事：以牠們在等級體系裡的地位為基礎的解決衝突、制定規則的能力。黑猩猩透過表示順服的招呼來承認權威，亦即先是一連串簡短的咕嚕聲，接著深深低下頭，向較高級者伸出一隻手，吻腳。[16]德瓦爾描述了一隻名叫瑪瑪（Mama）的雌黑猩猩老大，將牠與西班牙或中國家庭裡的祖母相提並論：「群體裡的緊張達到最高點時，交戰雙方總是找她出面解決，就連成年雄黑猩猩亦然。有好幾次我看到兩隻雄黑猩猩起嚴重衝突，最後在雌老大的擁抱下化解。敵對雙方在衝突最烈時未動用肢體暴力，反倒高聲尖叫著跑去找瑪瑪。」[17]

在黑猩猩社會裡，建立聯盟不容易，還需要類似於識人之明的智慧。一如人類，黑猩猩會欺騙，得評斷有意結盟者是否可靠。在安海姆對黑猩猩行為進行長期觀察者指出，每隻黑猩猩個性不同，有些黑猩猩比其他黑猩猩可靠。德瓦爾描述有隻名叫普伊斯特（Puist）的雌黑猩猩，在同伴最無防備時攻擊同伴，或假意和好，然後趁同伴鬆懈防備時攻擊對方。因為這一行為，低階黑猩猩開始避開她。[18]

黑猩猩似乎理解到有一些社會規則是牠們所該遵守的。當牠們未時時遵守，違反群體規範或反抗權威後，似乎表現出愧疚或難為情的心情。德瓦爾描述了一件事，主角是名叫伊馮（Ynome）的研究生和與她住在一起的幼黑猩猩喬科（Choco）：

> 喬科愈來愈調皮，伊馮覺得該讓牠收斂些。喬科一再把電話筒拿起而未掛上，有一天，喬科又這麼做，伊馮痛罵了牠一頓，同時特別用力地緊抓著牠的手。這一罵似乎收到效果，伊馮在沙發坐下，開始讀書。當喬科突然跳到她大腿上，雙手抱住她脖子，（張著嘴）對著她的嘴脣，給了她一個典型的黑猩猩咂嘴吻時，她已忘記剛剛發生的事。[19]

德瓦爾提醒勿犯了將動物行為擬人化的毛病，但最近距離觀察黑猩猩的人，開始完全相信喬科行為背後隱而不顯的情緒。

就人類政治活動來說，黑猩猩行為所代表的重大意義明顯可見。人類與黑猩猩源自同一隻古類人猿，現代黑猩猩和人類（特別是狩獵採集生活或在其他較原始社會裡生活的人類），都表現出類似形式的社會行為。若要把霍布斯、洛克或盧梭所述的自然狀態認定為真實，我們就得推測在演化為現代人類的過程中，我們的類人猿先祖曾短暫失去其社會行為和情緒，然後在某個更晚的發展階段時再次演化出來。更合理的假設，是人類從未以孤立個體的形式存在，個體與其他個體結合為以親屬為基礎的群體，乃是源於現代人存在之前的人類行為的一部分。人的合群不是後天取得的歷史性或文化性之行為，而是人性天生如此。

人異於禽獸之處

使人類與其類似黑猩猩的先祖有別的那百分之一的DNA裡，還有什麼東西？我們的智力、認知能力，始終被視為是我們能自成一物種的關鍵。我們稱人類為智人（*Homo sapiens*），亦即有智慧的人屬動物。人屬動物與人—黑猩猩先祖分道揚鑣之後的五百萬年，腦容量增加了兩倍，從演化的角度看，這是出奇快速的一項發展。女人產道變寬，勉強符合人類嬰兒出生時，大頭通過產道所需的寬度。此認知能力來自何處？

乍看之下，可能覺得認知能力是後天取得，以讓人類得以適應並支配所置身的地理環境。較高的智力使人類在狩獵、採集、製造工具、捱過嚴酷氣候等方面享有優勢。但這解釋無法令人滿意，因為還有許多種動物也狩獵、採集、使用工具，卻未發展出類似人類認知的能力。

已有許多演化生物學家推測，人腦成長如此快速，出於別的原因：為了能和其他人合作、競爭。心理學家尼古拉斯・韓福瑞（Nicolas Humphrey）和生物學家理察・亞歷山大（Richard Alexander）都表示，人類在實質上展開了人與人間的軍備競賽，而勝出者是能以解讀對方行為的新認知能力為基礎，創造出較複雜社會組織的那些群體。[20]

如前面所指出的，賽局理論暗示，與他人互動的個人，往往一再傾向於和已證明自己誠實可靠者合作，而對已表現投機行為者敬而遠之。但要能有效做到這點，他們得能記住對方過去的行為，得能根據對對方動機的解讀，預期對方未來可能的行為。這不是件易事，因為要判斷對方是否適合合作，依據的是對方誠實的外在表現，而非誠實本身。也就是說，如果根據個人經驗，你讓我覺得你誠實，我會同意和你合作。但如果你在過去刻意打造出可信賴的形象，你就能在未來利用那形象從我身上得到更多好處。因此，自私促使個人在社會團體裡合作，但自私也使人產生說謊、欺騙，做出其他破壞社會團結之行為的念頭。

黑猩猩能組成由幾十個個體組成的游團級（band-level）社會組織，乃是因為牠們擁有解決基本重複囚徒困境所必需的一部分認知技能。例如，安海姆動物園裡的普伊斯特，因為有不可靠的行為前科遭其他黑猩猩排擠，瑪瑪則靠著公正無私排解糾紛的名聲取得首領地位。因此，黑猩猩擁有足夠的記憶力和溝通技能來解讀、預測對方可能的行為，從中演化出領導和合作。

但黑猩猩無法晉升到更高層次的社會組織，因為沒有語言。遠古人類的開始擁有語言，為人類從事更緊密的合作、發展更高的認知能力，開闢了大好的新機會。擁有語言意味著，要了解誰誠實、誰不老實，不必再倚靠親身的體驗，對人這方面的了解，可當作社會知識傳給他人。但語言也可作為說謊、欺騙的工具。任何社會團體，只要是在運用、解讀語言上演化出稍微好一點的認知能力，進而在察覺說謊上演化出稍微好一點的認知能力，就比競爭對手占了優勢。演化心理學家喬佛瑞・米勒（Geoffrey Miller）主張，催生出新大腦皮層者，乃是人所認知到的特定求偶需求，因為男人、女人相異的繁殖策略強烈鼓勵人去欺騙，鼓勵人去發覺表明對方已適合傳宗接代的特質。雄性繁殖策略追求多多益善的性伴侶，藉此獲致最大的繁殖成果，雌性的繁殖策略則要她們找出最合適的雄性來傳宗接代。兩種策略的目的背道而馳，因此該論點主張，有強烈的演化誘因要人發展出某些能力以騙過交配對象，而語言在這方面扮演了很重要的角色。[21]另一位演化心理學家史蒂芬・品克（Steven Pinker）主張，語言、合群、支配環境三者彼此強化，創造出要求進一步發展的演化壓力。[22]這就解釋了人類腦容量為何需要變大，因為行為上現代的人類，其腦部含有新大腦皮層，黑猩猩或古人類的腦部沒有新皮層，而有很大一部分新皮層專司語言。[23]

語言的問世，不只使人得以短期協調行動，還使抽象與理論（人類所獨有的重要認知能力）得以可能出現。言語既能指稱實物，也能指稱抽象的實物種類（狗、樹），指稱用來指稱不可見力量（宙斯、重力）的抽象概念。這兩者合而為一，使心智模型（mental model），亦即關於因果關係的概述（「天氣暖和，因為陽光普照」；「社會逼女孩扮演刻板化的性別角色」），得以可能出現。凡是人都在建構抽象的心智模型，我們以此方式來抽象理解事物的能力，有利於我們的存活。雖有大衛・休謨（David Hume）之類的哲學家和教授大一統計學的無數教授提醒我們，勿把相關聯看成因果關係，人類卻不斷在觀察自己周遭所發生事件之間的關聯性，從中推斷出因果關係。得知上個星期有個堂兄弟誤踩毒蛇或誤食某種根莖植物而喪命後，你對毒蛇或根莖植物都敬而遠之，以免遭到同樣下場，且能迅即將規則告知下一代。

這一創造心智模型的能力，和將因果關係歸因於不可見之抽象概念的能力，又構成宗教誕生的基礎。宗教，亦即深信存有一不可見、超自然秩序的信念，存在於人類所有社會中。努力重建遠古人類家系的古人類學家和考古學家，對於遠古人類的精神生活，可陳述之處相對較少，因為他們所賴以探究的工具，只有化石和露營場的物質紀錄。但我們所知的過去原始社會，無一沒有宗教，且考古線索表明尼安德塔人（Neanderthal）和其他原人群體可能已有宗教信仰，亦即可能深信有控制人之命運的超自然力存在。[24]

如今有些人主張，宗教起初是暴力、衝突、社會失和的來源之一。[25]但放眼歷史，宗教所扮演的角色正好相反：宗教是社會團結的來源之一，而社會團結使人類得以從事廣泛、安穩的合作。這種合作比人類如果如同經濟學家所設想，是理性、自私的行事者的情況下所進行的合作，還更廣泛、安穩。照經濟學家的設想，那些彼此玩著重複囚徒困境的行事者，應能如我們所了解的，達成某種程度的社會合作。但誠如經濟學家曼瑟爾・奧爾森（Mancur Olson）已證明的，隨著合作群體的規模愈來愈大，集體行動開始瓦解。在大型群體裡，愈來愈難監控成員的個別貢獻，坐享其成和其他種投機行為變得更常見。[26]

宗教提供獎懲，在當下強化合作的好處，藉此解決這項集體行動難題。如果我深信我部落的首領也和我一樣遵照私利行事，我就未必服從他的領導。但如果我深信首領能指揮祖先的亡靈來獎賞我或懲罰我，我比較可能會聽他的指示。如果我深信有個祖先在盯著我，那祖先可能比在世的親屬更能看透我真正的動機，我的羞恥心可能就會大得多。與信教者、世俗主義者的觀點都背道而馳的人，不管是想證明哪個宗教信仰為真，還是想證明哪個宗教信仰為偽，都極難辦到。即使我對首領能否和祖先聯繫心存懷疑，我都不想賭他不能。在整個人類歷史裡，一直有人如巴斯卡的賭博式論證（Pascal's wager）那般，認為人該相信上帝的存在，因為可能真是如此。儘管在較早期的人類歷史階段，懷疑上帝存在者大概不多。[27]

宗教在強化規範、支撐社群上所扮演的功能性角色，老早就得到確認。[28]平等往來，即以好意回報好意、以傷害回敬傷害，不只是重複互動的理性產物，也是《聖經》時代道德的基礎，和幾乎普見於所有人類社會的道德規則。基督教的待人處世準則：你想要別人怎麼待你，你就怎麼待別人，也是平等往來的一種，只是稍有變異，強調受惠的一面，而非傷害的一面（基督教的以德報怨原則極為罕見，且如大家會指出的，在基督教社會裡鮮少得到落實。就我所知，沒有哪個社會同意將恩將仇報當作群體內的道德常規）。

事實上，已有一些演化心理學家主張，社會團結提高所帶來的額外好處（survival benefits，審訂注：此舉為保險學概念，意指生存受益金），乃是宗教信仰傾向似乎天生根植於人類腦部的原因。[29]觀念可強化群體團結的現象，不只見於宗教上，如今在民族主義和世俗意識形態（例如馬克思主義）上，也可見到這現象。但在早期社會裡，宗教乃是使較複雜的社會組織得以問世的關鍵因素之一。若沒有宗教，實在很難想像人類如何能發展出比游團級小型社會更高級的社會。[30]

從某個認知觀點來看，任何既有的宗教信仰都可視為是一種對現實世界的心智模型，在這種心智模型裡，因果關係被歸因於不可見力量，而那不可見的力量存在於日常經驗之現象世界以外的形而上領域裡。這產生某些理論來說明如何操控世界：例如乾旱是神憤怒的結果，將嬰兒血灑進土地上的犁溝裡可平息神的怒氣。接著催生出儀式，即重複演出與超自然秩序有關的動作，人類社會希望藉此取得支配環境的力量。

儀式又有助於界定社群，畫出社群的邊界，使社群與社群彼此有別。由於有助於促成社會團結，儀式有時與催生出它的認知理論脫鉤，一如在當代世俗歐洲人持續從事的聖誕節慶祝活動裡所見到的。儀式本身和支持儀式的那些信念，被賦予豐富的內在價值。它們不再是可在有更好的心智模型或理論出現時予以拋棄的東西，反倒本身成為行動的目的（ends of action）。

紅臉頰野獸

有助於人類合作、進而有助於人類存活的心智模型和準則，可能如經濟學家所斷言的，在理性的考量下被人創造出來。但宗教信仰從未被其信徒視為如果遭證明為虛妄，可逕予拋棄的理論，它們被視為絕對正確的事物，且針對斷言它們為虛妄的主張，社會裡存有社會性、心理性懲罰，通常是重罰。現代自然科學在認知研究上所促成的重大進展之一，乃是給了我們一個以觀察為依據、有系統的工具來測試理論，從而使我們得以更成功地操控所處的環境（例如藉由灌溉系統，而非拿人獻祭，來提升農業生產力）。而這引來了人類為何把如此僵固、難以改變的理論性概念強加在自己身上的疑問。

對這疑問，有個大致正確的答案，即人類遵守規則，主要不是個理性的過程，而是建立在情感上的過程。人腦已發展出能促進社會行為而形同自動駕駛機制的某些情感反應。哺乳的母親見到嬰兒時會泌乳，不是因為她心裡有意識地認為她的小孩需要吃東西，而是因為見到她的小孩，就不由自主地啟動她的腦部，使腦子下令產生某些賀爾蒙，從而引發泌乳。對陌生人的善意心懷感謝，對自己莫名其妙受傷害感到憤怒，都既不是刻意的反應，也不是得靠學習才有的情緒（儘管它們可透過練習予以強化或抑制）。同樣的，某人在朋友面前貶低我們，對我們無禮，或批評我們母親或姊妹的德行時，我們未對批評是否屬實、未對為了日後與人交往我們得如何捍衛自己名聲，展開理性評估。我們只是生氣，想狠狠修理那個對我們失禮的人。這些行動：對自己血親的無私關懷、捍衛自己名聲，可從理性的自私算計予以解釋，但它們以情緒狀態表現出來。一般情況下，情緒性反應產生從理性看來正確的反應，這就是為何演化過程使人類天生以此方式反應的原因。但行動較常是情緒的產物，而非理性算計的產物，因此我們往往未搞清楚狀況就痛毆對方，即使對方塊頭比較大，可能報復。

這些情緒性反應使人類成為墨守成規的動物。規範的具體內容取決於文化因素（「勿吃豬肉」；「敬祖」；「晚宴時勿吸菸」），遵守規則的能力卻是建立在遺傳上，一如各種文化體裡語言不同，但語言都根植於人類共有的語言能力。例如，凡是人，違反了同輩所奉行的規範或規則且被人看到時，都感到難堪。難堪顯然不是學來的行為，因為小孩往往比父母更容易因為未守規矩的小過錯而感到難堪。人類能設身處地站在他人處境想，能透過他人眼睛觀察自己的行為。未能以此方式觀看自己的小孩，如今被診斷為患了自閉症。

遵守規範之行為，透過生氣、羞恥、愧疚、驕傲這些特定情緒，深植於人性裡。規範遭違反時，我們生氣，例如陌生人踰越分際貶損我們，或我們群體所共同奉行的宗教儀式遭人嘲弄或忽視。自己未能符合規範時，我們覺得羞恥；自己實現集體所看重的目標而得到群體的肯定時，我們驕傲。人類有時把太多的情感投注在遵行規範上，因而即使有違個人利益，也要討回公道，一如某幫派成員明知為了受辱（真的受辱或自以為受辱）而向另一幫派的成員報仇時，會導致沒完沒了的暴力仇殺，卻仍執意報仇。

人類也投注情感在元規範（metanorm，關於如何正確擬定、執行規範的規範），能在元規範未得到應有的遵行時，展露生物學家羅伯特・特里佛茲（Robert Trivers）所謂的「道德介入」（moralistic aggression）。[31]人類追求「正義伸張」，即使某件事的結果與自己的利益不相干時亦然。這說明了電視上的犯罪節目和法庭劇收視率為何特別高，以及人類為何往往特別關注某些大受矚目的醜聞或罪行。

把合乎規範的行為牢牢建立在情感基礎上，此舉提升社會合作，且隨著人類演化為現今的形態，此舉明顯有利於人的存活。經濟學家主張，從經濟學角度來看，盲目遵行規則有時是合乎理性的，因為要在各種情況下都計算最佳結果，往往費事且反而壞事。如果得不斷在每件事情上和我們的同類商談出新規則，我們會動彈不得，無法完成例行的集體活動。我們恪守某些規則，不是為了短期目標，而是把恪守規則本身當成目的，此舉提升了社會生活的穩定。宗教強化這種穩定，拓寬可能與我們合作者的範圍。

但這導致政治上的問題，即運用在大多數事情上明顯實用的規則，在某些短期情況下未必有用，且往往在催生出這些規則的條件改變時，規則便會失靈。建制性規則具「固著性」，抗拒改變，而這正是政治衰敗的主要原因之一。

爭取認可

規範被賦予內在意義後，規範就成了「爭取認可」（struggle for recognition，哲學家黑格爾〔Georg W. F. Hegel〕語）的目標。[32]對認可的追求，與對物資源的追求（經濟行為的原因），是根本不同的兩回事。認可不是可消費的商品，而是主體間相互（intersubjective）的心態，藉由此心態，某人確認另一人的價值或地位，或確認對方的神、習慣、信念的價值或地位。我或許深信自己是當之無愧的鋼琴家或畫家，但透過獎金或售出畫作來證實自己這一感覺時，我更滿足。人類把自己組織成社會等級體系，因此認可所賦予的價值通常是相對的，而非絕對的。這使爭取認可一事，在根本上不同於經濟交易上的鬥爭，因為爭取認可是零和的衝突，而非正和的衝突。也就是說，某人受到認可時，同時必然有人尊嚴受損，地位永遠是相對的。爭奪地位時，不可能出現做買賣時那種雙贏情況。[33]

對認可的追求有生物性的根源。黑猩猩等靈長目動物在自己的小群體裡爭奪雄老大或雌老大的地位。黑猩猩群的階層式組織賦予其成員繁殖優勢，因為這組織控制了群體內的暴力，使群體得以合力對抗其他群體。取得雄老大地位的個體，也取得較大的交配機會，從而更能繁殖後代。追求地位的行為已成為包括人類在內的多種動物的遺傳習性，且與爭取地位的個體腦內的生化改變密切相關。猴子或人取得崇高地位時，血清素這個重要的神經傳導素之濃度會升高。[34]

但由於人類的認知較複雜，人類的認可有別於靈長目動物的認可。雄黑猩猩老大追求認可只為了自己；人可能為某個抽象的東西（例如神、旗或聖地）追求認可。有許多當代政治活動以要求認可為核心，特別是基於歷史理由而理直氣壯認為自己的價值未得到應有承認的那些群體：少數民族、女人、同性戀、原住民和諸如此類者。這些要求或許帶有經濟成分，例如索求同工同酬，但經濟資源常被視為尊嚴表徵，而非目的本身。[35]

如今，我們把對認可的要求稱作「認同政治」。這是一現代現象，而這現象主要出現於人民能披上多種身分的流動、多元社會裡。[36]但在近代世界崛起之前，認可就是集體行為的重要推手。人不只為個人利益而鬥爭，也為想讓自己的生活方式（習俗、神、傳統），得到他人尊重的群體鬥爭。有時，這表現為對他人的支配，但有許多時候，情況正好相反。人類自由的基本意義之一，乃是群體能自己治理自己，也就是說能避免從屬於不如於己的群體。自三千多年前離開埃及，脫離奴役身分後，猶太人每逢逾越節慶祝之事，就是這種自由。

認可現象的基礎是對其他人之內在價值的判斷，或對人所創造之規範、觀念、規則的判斷。強行取得的認可沒有意義，自由人對你的推崇，遠比奴隸對你的尊重更令人得意。政治領導地位的出現，最初是因為群體的成員推崇某個成員具備了不起的體力、勇氣、智慧或公平裁定糾紛的能力。如果說政治是爭奪領導之位的鬥爭，政治也是追隨行為的展現，是眾多人願意賦予領導者較高的地位、從屬於領導者的心態的展現。在團結和諧從而運作順利的群體裡，這一從屬是出於志願，且建立在相信領導者有權管理眾人的基礎上。

隨著政治制度的發展，認可的對象從個人轉移到體制，也就是長久沿用不衰的規則或行為模式，例如英國君主制或《美國憲法》。但在英國君主制和《美國憲法》這兩個例子裡，政治秩序都建立在正當性和源自**正當支配**（legitimate domination）的**權威**（authority）上。正當性意味著社會的成員承認整個制度基本合理，願意遵守該制度的規則。在當代社會裡，我們深信正當性來自民主選舉和尊重法治。但民主不是歷史上被視為正當的唯一政體。

政治權力最終建立在社會團結上。團結可能出自個人利害的考量，但光是個人利害往往還不足以促使追隨者為所屬群體奉獻、犧牲生命。政治權力不只取決於社會所能掌控的資源和公民人數，還取決於領導人和體制的正當性受到承認的程度。

政治發展的基礎

至此，我們已把可用以建構政治發展理論的重要天然砌石全找齊。人是理性、自私的動物，會如經濟學家所斷言的，基於全然自私的考量開始合作。但除此之外，針對賦予人類政治獨有面貌的合群，人性提供了某些有條不紊的了解路徑。這些路徑包括：

- 內含適應性、親屬選擇、互利互惠行為是預設的合群模式。所有人都傾向於特別照顧、曾給予他們恩惠的親友，除非有強烈的誘因要他們不要這麼做。
- 人具有建立抽象概念和理論，藉此產生因果關係心智模型的能力，也具有根據不可見的或超驗的力量來設想因果關係的傾向。這是宗教信仰的基礎，而宗教信仰是社會團結的重要來源之一。
- 人也有遵守規範的傾向，且遵守規範的行為建立在情感上，而非理智上。因為這傾向，人又有將內在價值灌注於心智模型和源自心智模型之規則的傾向。
- 人追求主體間相互的認可（intersubjective recognition），且若不是對他們自身價值的認可，就是對他們的神、法律、習俗、生活方式之價值的認可。認可一旦被授與，就成為正當性的基礎，而正當性使政治權威的行使得以可能。

這些自然生成的特色，是型態日益複雜的社會組織演進的基礎。內含適應性和互利互惠行為不是人類所獨有，許多種動物也有這些行為，而它們說明了明顯可見於小群體（主要是血親小群體）裡的合作形式。在早期階段，人類政治組織類似在較高等靈長目動物（例如黑猩猩）裡所觀察到的游團級社會。這或許可視為一種預設的社會組織。特別照顧家人、朋友的傾向，可能被新規則和要求雇請能勝任的個人而非雇請家庭成員之類的誘因推翻。但較高級的體制，從某個角度來看是很不自然的，而當這些體制瓦解，人類重拾更早的合群形式。這就是我稱之為家產制（patrimonialism）的基礎。

人建構抽象概念以了解事物的能力，不久就製造出新規則，以支配環境，以管理在黑猩猩身上所看不到的社會行為。特別值得注意的是，關於祖先、亡靈、神等不可見力量的觀念，創造出新規則和要人遵循這些規則的強力誘因。各種宗教信仰提升了人類社會可組成的規模，且不斷引發新式的社會動員。

但與遵行規範有關的那組高度發展的情感，使說明世界如何運行的任何心智模式，都不再被視為一旦與被觀察到的現實牴觸時就可拋棄的簡單理論（甚至在有明確規則來測試假設的現代自然科學領域裡，科學家都對理論眷戀不已，明知得自觀察的證據已指出他們所珍愛的理論是錯的，仍不願接受事實）。將內在價值灌注於心智模型和理論的傾向，提升社會穩定，使社會的規模得以巨幅膨脹。但那也意味著社會是極保守的，會極力抗拒挑戰他們主流觀念的事物。這情形在宗教信仰上最明顯可見，但世俗規則也往往在傳統、儀式、習慣的名義下被賦予強烈情感。

於是，社會對規則所抱持的保守心態，成為政治衰敗的根源之一。為因應某組環境狀況而創立的規則或制度，在狀況改變後變得不管用，但由於世人對它們投注了濃厚情感，導致無法改變。這意味著社會改變往往不是線性的，亦即往往不是不斷小幅調整以因應情況變動的一個過程，而往往是長時間近似滯留、而後出現災難性巨變的路線。

這又解釋了為何暴力在政治發展過程中一直扮演中心角色的原因。誠如霍布斯所指出的，害怕死於非命，是和渴求獲益或經濟誘因大不相同的情感。人很難替自己的命或自己所深愛者的命標出價錢，這就是為什麼恐懼和不安通常會驅使人做出光是物慾無法驅使人做出的事情。政治為控制暴力而誕生，但暴力仍一直是某些種政治改變得以發生的背後條件之一。社會可能困在運作失常的體制裡，而在這種情況下，既有的利害關係人可能否決必要的體制改革。有時使用暴力或是威脅要使用暴力，是從那框架中脫身不得不的作為。

最後，追求認可使政治永遠無法簡化為經濟上單純追求私利的心態。人不斷對其他人或體制的內在價值、長處或尊嚴下評斷，並根據這些評斷將自己的群體組成等級體系。政治權力最終取決於認可：領導人或體制被視為正當的程度和可博取追隨者尊敬的程度。人可能出於自私考量而追隨，但最有力的政治組織乃是根據更廣泛的觀念賦予自己正當性的政治組織。

生物學給了我們建構政治發展的基礎材料。人性大體上不因所處社會的不同而有差異。我們在今日和歷史長河裡所看到的政治型態上的巨大差異，主要是人所居住的地理環境上的差異所造成。隨著社會開枝散葉，填補全球各地不同的環境龕位，社會在名叫殊相演化（specific evolution）的過程裡發展出自己特有的規範和觀念。人類群體與群體間也互動，而在促成改變上，這些互動和地理環境的力量一樣大。

但針對政治秩序問題，相隔遙遠的人類社會提出驚人相似的解決辦法。幾乎每個社會都曾一度以親屬關係為基礎組成，而親屬關係的規則隨著時間日趨複雜。接著，大部分社會發展出國家和不講私人關係的治理型態。從中國、中東到歐洲、印度的諸多農業社會，都曾發展出中央集權的君主制，和日益官僚組織化的政體。但與外界幾無文化接觸的社會，卻發展出彼此類似的制度，由中國、歐洲、南亞的政府都曾創立的鹽專賣制度就可見一斑。在更晚近時，民主問責制和主權在民已成為普及的規範性理想，即使它們在各地落實的程度不一。為達到此目標，不同的社會所走的路線形形色色，但殊途同歸一事，表明人類群體之間存在某種隱而不顯的生物相似性。

演化與移居

古人類學家已能描畫出從靈長目先祖到所謂的「行為上現代之人」這中間的演化過程，而人口遺傳學家則已在人類移居各地時移動軌跡的探索上，取得長足的進展。目前已有廣泛的共識，認為從類人猿演化為人的轉變發生於非洲，但人離開非洲，散居世界其他地方一事，前後有兩波。被稱為遠古人的那些動物：直立人、匠人（*Homo ergaster*）等物種，一百六十萬至兩百萬年前就離開非洲大陸，跋涉到亞洲北部。匠人後裔之一的海德堡人（*Homo heidelbergensis*）有可能在三十萬至四十萬年前就已離開非洲，抵達歐洲，且是居住於歐洲許多地方，著名的尼安德塔人等後來物種的祖先。[37]

生理結構上現代的人類，亦即體型大小、身體特徵和當代人差不多的人，約在二十萬年前出現於地球。但直到約五萬年前，行為上現代的人才問世，能用語言溝通，因而能開始發展較複雜得多的社會組織型態。

根據現今流行的一項理論，今日非洲以外的現代人，幾乎全源自一個個向外遷移的小群體。這個小群體的成員可能只有一百五十人，在約五萬年前離開非洲，越過今日的荷姆茲海峽（Straits of Hormuz），進入阿拉伯半島。由於晚近人口遺傳學上的研究進展，古人類學家能在書面紀錄付諸闕如下掌握其中許多發展。人類的遺傳特性包含Y染色體和粒線體DNA，從中可找到了解人類歷史的線索。只有男人具有Y染色體。Y染色體由父親身上大抵保持原樣地傳給兒子，而與人類DNA的其他部分不同。人類DNA的其他部分由父、母的染色體隨機重組而成，因此代代不同。相反的，粒線體DNA是被困在人類細胞裡的細菌的殘餘，在幾百萬年前開始運作，提供包括細胞活動所需的能量等東西。粒線體有自己的DNA，而該DNA以和Y染色體類似的方式，從母親身上大抵保持原樣地代代傳給女兒，過程中未受到重組。Y染色體和粒線體DNA都傾向於積累隨機的突變，於是這些突變一代代傳給兒子或女兒。藉由計算這些突變的次數和探知各突變的先後順序，人口遺傳學家能重建地球各地不同人類群體的家系。

學者就以這方式推測，非洲以外的各個人類居群全是某個小群體的後代，因為從中國到紐幾內亞到歐洲到南美洲的所有非非洲裔居群，其源頭都可追溯到同樣的男性、女性家系（非洲本身境內有更多家系，因為世界其他地方的居民源自當時存在於非洲的幾個家系之一）。這些現代人從阿拉伯半島開枝散葉。有群人沿著阿拉伯半島、印度的海岸線遷徙，進入巽他（Sunda，由現今東南亞諸島嶼連成一塊的地區）、薩胡爾（Sahul，包括紐幾內亞和澳洲）這兩個現已不存在的古陸塊。他們的遷移受惠於當時出現的冰河時期（使地球上大部分的水化為堅實的冰冠、冰川），和比今日低上數百英呎的海平面。藉由基因斷定年代法，我們知道目前住在巴布亞紐幾內亞、澳洲的美拉尼西亞居群、南島居群，定居當地已將近四萬六千年，意味著他們在那個起源群體離開非洲相當短暫的時間內，就來到這個偏遠的地區。

其他人離開阿拉伯半島，往西北方、東北方遷徙。往西北方遷徙的那群人，穿過近東、中亞，最後抵達歐洲，在那裡遇到遠古人（例如在前一波遷出時離開非洲的尼安德塔人）的後代。往東北遷移的那群人在中國和東北亞其他地方住下，走過連接西伯利亞與北美洲的陸橋，移入美洲，並一路南遷，其中有些人在西元前約一萬兩千年時已抵達智利南部。[38]

因而《聖經》裡提到的巴別塔故事：上帝把原本合為一體的人類驅散，使他們講不同的語言，是對事實非常貼切的比喻。隨著小群人遷徙，適應不同的環境，他們發展出新的社會體制，藉此開始脫離自然狀態。正如下一章會提到的，第一批複雜型態的社會組織仍以親屬關係為基礎，但它們只有在宗教信仰的助力下才得以問世。

注釋

1 這些論點出自湯瑪斯・霍布斯之口。他的第二自然律：「人為了和平與自衛必須共同放棄對一切事物的權力，而當別人願意這樣做時，他也會願意這麼做；且滿足於這麼多不利於他人的自由權，一如他會讓他人擁有這麼多不利於他本人的自由權。」*Leviathan Parts I and II* (Indianapolis: Bobbs-Merrill, 1958), chaps. 13 and 14.

2 John Locke, *Second Treatise on Government* (Indianapolis: Bobbs-Merrill, 1952), chap. 2, sec. 6.

3 Jean-Jacques Rousseau, *Discourse on the Origin and the Foundation of Inequality Among Mankind* (New York: St. Martin's Press, 2010), part 1. 編注：中文版《論人類不平等的起源和基礎》由五南文化出版，二〇一九年十一月二十八日。

4 Henry Maine, *Ancient Law: Its Connection with the Early History of Society and Its Relation to Modern Ideas* (Boston: Beacon Press, 1963), chap. 5. 相似論點來自 Karl Polanyi, *The Great Transformation* (New York: Rinehart, 1944), p. 48. 編注：*The Great Transformation* 中文版《鉅變：當代政治、經濟的起源》由春山出版，二〇二〇年一月十四日。

5 William D. Hamilton, "The Genetic Evolution of Social Behavior," *Journal of Theoretical Biology* 7 (1964): 17–52. This point was elaborated by Richard Dawkins in *The Selfish Gene* (New York: Oxford University Press, 1989). 編注：中文版《自私的基因》（新版）由天下文化出版，二〇二〇年一月二十日。

6 P. W. Sherman, "Nepotism and the Evolution of Alarm Calls," *Science* 197 (1977): 1246–53.

7 關於賽局理論在社會合作上的更多應用，參見 Francis Fukuyama, *The Great Disruption: Human Nature and the Reconstitution of Social Order* (New York: Free Press, 1999), chap. 10; and Matt Ridley, *The Origins of Virtue: Human Instincts and the Evolution of Cooperation* (New York: Viking, 1987). 編注：*The Great Disruption* 中文版《跨越斷層：人性與社會秩序重建》（新版）由時報文化出版，二〇二〇年十一月三日；*The Origins of Virtue* 中文版《德性起源》由時報出版，二〇〇〇年九月二十五日（已絕版）。

8 Robert Axelrod, *The Evolution of Cooperation* (New York: Basic Books,1984).

9 Robert Trivers, "The Evolution of Reciprocal Altruism," *Quarterly Review of Biology* 46 (1971): 35–56.

10 Jerome H. Barkow, Leda Cosmides, and John Tooby, eds., *The Adapted Mind: Evolutionary Psychology and the Generation of Culture* (New York: Oxford University Press, 1992), pp. 167–69.

11 這段敘述來自 Trivers, "Reciprocal Altruism," pp.47–48.

12 Nicholas Wade, *Before the Dawn: Recovering the Lost History of Our Ancestors* (New York: Penguin, 2006), pp. 7, 13–21.

13 Richard Wrangham and Dale Peterson, *Demonic Males: Apesand the Origins of Human Violence* (Boston: Houghton Mifflin, 1996), p. 24.「male bonding」一詞是人類學家 Lionel Tiger 所創，參見 *Men in Groups* (New York: Random House, 1969).

14 Steven A. LeBlanc and Katherine E. Register, *Constant Battles: The Myth of the Noble Savage* (New York: St. Martin's Press, 2003), p. 83.

15 Frans de Waal, *Chimpanzee Politics: Power and Sex Among Apes* (Baltimore: JohnsHopkins University Press, 1989), chap. 2. 另參見他的著作 *Good Natured: The Origins of Right and Wrong in Humans and Other Animals* (Cambridge, MA: Harvard University Press, 1997). 編注：*Chimpanzee Politics* 中文版《猩球攻略：黑猩猩政治學》（新版）由開學文化出版，二〇一九年八月二十二日。

16 de Waal, *Chimpanzee Politics*, p. 87.

17 同前注，頁五六。

18 同前注，頁六六。

19 同前注，頁四二。

20 N. K. Humphrey, "The Social Function of Intellect," in P. P. G. Bateson and R. A. Hinde, *Growing Points in Ethology* (New York: Cambridge University Press, 1976), pp. 303–17; Richard Alexander, *How Did Humans Evolve?: Reflections*

on the Uniquely Unique Species (Ann Arbor: University of Michigan Press, 1990), pp. 4–7; Richard D. Alexander, "The Evolution of Social Behavior," *Annual Review of Ecology and Systematics* 5 (1974): 325–85.

21 Geoffrey Miller, *The Mating Mind: How Sexual Choice Shaped the Evolution of Human Nature* (New York: Doubleday, 2000); Geoffrey Miller and Glenn Geher, *Mating Intelligence: Sex, Relationships, and the Mind's Reproductive System* (New York: Lawrence Erlbaum, 2008).

22 Steven Pinker and Paul Bloom, "Natural Language and Natural Selection," *Behavioral and Brain Sciences* 13 (1990): 707–84.

23 George E. Pugh, *The Biological Origin of Human Values* (New York: Basic Books,1977), pp. 140–43.

24 有關宗教普遍性的證據彙編，參見Nicholas Wade, *The Faith Instinct: How Religion Evolved and Why It Endures* (New York: Penguin, 2009), pp. 18–37.

25 案例參見Christopher Hitchens, *God Is Not Great: How Religion Poisons Everything* (New York: Twelve, 2007); and Richard Dawkins, *The God Delusion* (Boston: Houghton Mifflin, 2006).

26 Mancur Olson, *The Logic of Collective Action: Public Goods and the Theory of Groups* (Cambridge, MA: Harvard University Press, 1965).

27 參見Wade, *Faith Instinct*, chap. 5.

28 此論點與艾米爾．涂爾幹特別相關。參見*The Elementary Forms of Re-ligious Life* (New York: Free Press, 1965). 關於評論，參見the chapter on Durkheim in E. E. Evans-Pritchard, *A History of Anthropological Thought* (New York: Basic Books, 1981).

29 案例參見Steven Pinker, *How the Mind Works* (New York: Norton, 1997), pp. 554–58.

30 根據道格拉斯．諾思的說法：「我們看到人在得多於失時不遵守社會規則，也看到人在照理基於個人利害考量，不會遵守社會規則時遵守規則。人在鄉間為何沒亂丟垃圾？在受罰的機率相較於獲益不足為慮下，人為何不騙、不搶……沒有明確的意識形態理論，或更籠統地說，沒有明確的知識社會學理論，說明目前資源分配或歷史變遷的問題，我們在這方面的說明能力上有許多不足之處。除了無法解決不勞而獲者問題的基本難題，我們也無法解釋，為何每個社會都投注龐大心力在正當性上。」*Structure and Change in Economic History* (New York: Norton, 1981), pp. 46–47. 編注：中文版《經濟史的結構與變遷》由聯經出版，二〇一六年十二月三十日。

31 Trivers, "Reciprocal Altruism."

32 關於此一般主題，參見Francis Fukuyama, *The End of History and the Last Man* (New York: Free Press, 1992), chap. 13–17. 編注：中文版《歷史之終結與最後一人》（新版）由時報文化出版，二〇二〇年十二月十一日。

33 Robert H. Frank, *Choosing the Right Pond: Human Behavior and the Quest for Status* (New York: Oxford University Press, 1985).

34 同前注，頁二一至二五。低地位者常苦於慢性憂鬱，且已被百憂解、Zoloft和其他所謂的選擇性血清素回收抑制劑（提高腦中血清素濃度的藥物）治癒。參見Roger D. Masters and Michael T. McGuire, *The Neurotransmitter Revolution: Serotonin, Social Behavior, and the Law* (Carbondale: Southern Illinois University Press, 1994), p. 10.

35 關於此主題，參見Francis Fukuyama, "Identity, Immigration, and Liberal Democracy," *Journal of Democracy* 17, no. 2 (2006): 5–20.

36 參見Charles Taylor, *Sources of the Self: The Making of the Modern Identity* (Cambridge, MA: Harvard University Press, 1989).

37 Wade, *Before the Dawn*, pp. 16–17.

38 參見R. Spencer Wells et al., "The Eurasian Heartland: A Continental Perspective on Y-Chromosome Diversity," *Proceedings of the National Academy of Sciences* 98, no. 18 (2001): 10244–49.

第三章 血緣枷鎖

人類社會演變的真相和本質所引發的爭執；家族級或游團級的社會組織，以及往部落制的過渡；介紹家系、宗族等基本的人類學概念。

自盧梭的《論不平等的起源》（西元一七五四年）問世以來，已有許多說明早期人類體制之起源的理論問世。十九世紀晚期，人類學這個新學科的開山祖師，例如劉易斯．亨利．摩根（Lewis Henry Morgan）、愛德華．泰勒（Edward Taylor），透過觀察現存原始社會，累積對它們的種種了解，從而成為上述理論建構行動的第一批推手。[1] 摩根針對人口日益稀少的北美原住民展開田野考察，發展出精細的分類體系，以描述他們的親屬關係型態，且將這一體系擴大應用在歐洲史前史上。在個人著作《古代史》（*Ancient History*）中，他擬出一個將人類史分為三階段的演化系統：蒙昧、野蠻、文明，並主張所有人類社會都經過這三個階段。

卡爾．馬克思的奮鬥夥伴佛里德里希．恩格斯（Friedrich Engels），讀了摩根的著作，利用這位美國人類學家的民族誌研究成果，發展出一個說明私有財產制和家庭之起源的理論，後來在共產主義世界被奉為圭臬。[2]馬克思與恩格斯一起宣傳了現代最著名的發展理論：他們推斷存有一連串發展階段：原始共產主義、封建主義、資產階級社會、真正共產主義，且這些階段全是社會階級間隱而不顯的衝突所促成。馬克思主義發展模型的錯誤想法和過度簡化，把後來數代學者帶進死巷，白費力氣尋找「亞洲生產模式」或試圖在印度找到「封建主義」。

第二股推動早期政治發展之理論建構的重要力量，乃是達爾文《物種起源》（*Origin of Species*）一書在一九五九年出版，和他自然選擇理論的詳盡闡述。將生物演化原則運用在社會演進上，因此變得順理成章。二十世紀初期，赫伯特·史賓塞（Herbert Spencer）之類的理論家，就在做這樣的事。[3]史賓塞認為人類社會在從事生存競爭，而在這競爭中，優勢者最終支配劣勢者。非歐洲人的社會，乃是發展受阻或受抑制的社會。事實上，在後達爾文時期剛開始時出現的發展理論，的確證明了當時的殖民世界秩序有其道理：北歐人往下涵蓋各色黃色、棕色人種、直到最底層非洲黑人，在全球等級體系裡占據了最高位。[4]

從演化角度建構的理論，其所帶有的價值判斷、種族歧視特色，引發一九二〇年代一場反革命，時至今日，這場反革命的衝擊，仍可在全球各地的人類學系、文化研究學系裡察覺到。偉大人類學家法蘭茲·鮑亞士（Franz Boas）主張，人類行為不是根源於生物性，而是徹頭徹尾由社會所建構。在某一著名研究中，他使用從分析外來移民的頭部大小得到的實證資料，證明社會達爾文主義者所歸因於種族的事物，許多其實是環境、文化所造成。鮑亞士主張，研究早期社會時，不應摻雜對較高級、較低級社會組織的價值判斷。從方法論來看，民族誌學者應融入他們所探討的社會，評估那些社會的內在邏輯，拋棄建立在學者本身文化背景上的偏見。透過實行克利福德・紀爾茲（Clifford Geertz）後來所謂的「深度描述」（thick description），我們對於不同的社會只能予以描述，而不能拿來比較或將它們分出等級。[5]接下來，鮑亞士的學生艾佛烈・克羅伯（Alfred Kroeber）、瑪格麗特・米德（Margaret Mead）、魯思・班尼迪克特（Ruth Benedict），從不加價值判斷的、相對主義的、明顯非演化的角度出發，將文化人類學這門學科改頭換面。

早期演化理論，包括馬克思、恩格斯的理論，還存有別的問題。它們往往假定存有以相對較線性、僵固的方式排列的一系列社會型態。在這系列中，某一發展階段必然出現在後一發展階段之前，且有一個因素（例如馬克思的「生產模式」）決定了整個階段的特色。隨著愈來愈了解原始社會的真實樣貌，世人也愈來愈清楚政治複雜性的演變並非線性：發展階段往往含有更早幾個階段的特色，且有多種型態機制推動社會從一階段步向另一階段。事實上，正如後面幾章會提到的，早期發展階段從未被後來的階段完全取代。中國在三千多年前，從以親屬關係為基礎的組織，轉變為國家層級的組織，但複雜的親屬關係組織仍是今日中國社會某些領域的特色。

人類社會太多樣，很難從文化的比較研究中得出真正放諸四海皆準的通則。人類學家樂於發掘與普遍適用的社會發展通則牴觸且鮮為人知的社會，但這不表示不同社會間不存在演化型態上的規律與相似之處。

史前史的階段

鮑亞士的文化相對主義，是對十九世紀社會達爾文主義的反動，是可以理解的一項發展。但它已在比較人類學領域留下一歷久不衰的政治正確遺產。道地的文化相對主義與演化理論水火不容，因為後者若要成立，就得找出不同等級的社會組織，找出某一等級被另一等級取代的原因。顯而易見的是，人類社會隨著歲月而演進。生物演化的兩個根本成分：變異與選擇，也適用於人類社會。即使我們極力避免對較早期文明與較晚期文明做出價值判斷，較晚期文明的確較複雜、較富裕、較有權勢。順利適應環境的文明，通常勝過適應不良的文明，一如在個別生物身上所見。我們持續使用「發展中、開發中」（developing）或「開發、發展」（development）之類字眼（例如在「開發中國家」或「美國國際開發署」中所見），正說明一普遍抱持的觀點，即現有的富國是社會經濟型態演化超前的產物，窮國若可以的話，就會投入這一過程。人類政治體制是透過文化而非透過遺傳在歷史長河中轉變，且受到人為意圖的支配，遠勝於受到生物演化的支配。但達爾文的自然選擇原則和人類社會的競爭性演化之間有一顯而易見的相似之處。

此種認知促成從演化角度建構理論的做法，在二十世紀中葉重現江湖，而促成這一復興者是萊斯利・懷特（Leslie White）、[6]朱利安・史都華（Julian Steward）、[7]艾爾曼・瑟維斯（Elman Service）、[8]莫頓・佛里德（Morton Fried）、[9]馬歇爾・薩林斯（Marshall Sahlins）[10]等人類學家。薩林斯主張，在社會的複雜性、規模、能量使用上，明顯存在與時俱進的現象。[11]據薩林斯、瑟維斯的說法，社會型態呈現如此多樣的面貌，乃是在人類群體適應他們所居住的多樣生態龕時，發生了他們所謂的「殊相演化」所致。但毋庸置疑的，由於互不相干的諸社會針對共通的社會組織問題提出相似的解決辦法，也有趨於一致的「共相演化」（general evolution）在進行。[12]

人類學家所面臨的方法論問題，乃是沒有人親眼觀察過人類社會從最早期的社會型態演化為較複雜部落級或國家級社會的過程。他們所能做的，只是假定現存的狩獵採集社會或部落社會是更早期發展層級的例子，觀察它們的行為，就使某種組織型態（例如部落）演化為別種組織型態（例如國家）的因素提出揣測。或許因為這緣故，建構理論說明早期社會演變的任務，已從人類學肩上轉移到考古學肩上。與人類學家不同的是，考古學家能透過不同文明留下的物質紀錄，探索數百年間或數千年間社會內的動態變化。例如藉由探察普埃布洛族（Pueblo）印第安人的居住模式和日常飲食習性上的改變，他們能重現戰爭與環境壓力如何影響社會組織的本質。相較於人類學家，他們的探究方法存有一顯而易見的缺點，即他們缺乏在人種研究裡可取得的詳細背景資料。倚賴考古紀錄也導致對改變的解釋偏重於物質主義角度，因為史前文明的精神、認知世界，已有許多地方實質上佚失。[13]

自泰勒、摩根、恩格斯以來，社會發展演進階段的分類體系本身已有所改變。「蒙昧」、「野蠻」之類帶有濃厚道德意涵的字眼被打入冷宮，改用「舊石器時代」、「新石器時代」、「青銅時代」、「鐵器時代」等詞，因當時主要科技形式而得名，較中性的描述性字眼。另有一類以主要的生產模式為分類依據，例如狩獵採集社會、農業社會、工業社會……演化人類學家根據社會組織或政治組織的型態來劃定階段，而由於這類組織型態是我的探討主題，在本書中我將使用此分類體系。艾爾曼．瑟維斯提出四級分類體系：游團（band）、部落、酋邦（chiefdom）、國家。[14]就游團和部落來說，社會組織建立在親屬關係上，且這些社會相對較平等主義。相反的，酋邦和國家為階層式組織，以領土而非親屬關係為基礎行使權力。

家族與游團級組織

許多人深信，人類最早的社會組織型態是部落。這一觀點濫觴於十九世紀，當時早期的比較人類學家，例如福斯泰爾．德．庫朗日（Numa Denis Fustel de Coulanges）和亨利．緬因爵士，主張得從複雜親屬團體的角度去理解早期社會生活。[15]但部落式組織直到約九千年前定居社會與農業問世才出現。比農業社會還早出現的狩獵採集社會，在數萬年的時間裡，以更簡單得多的方式組成，且組成的基礎是規模上與靈長目游團相當的小型游牧家庭群體。這類社會如今仍存在於位於邊陲的環境龕裡，包括愛斯基摩人、喀拉哈里（Kalahari）沙漠的布希曼人（Bushmen）、澳洲原住民[16]（但在這點上存有一些例外，例如美國西北太平洋區的原住民部落營狩獵採集生活，但住在資源特別豐厚且足以支持複雜社會組織的地區裡）。

盧梭指出政治不平等的根源在於農業的問世，這點他大體上沒說錯。游團級社會處於農業尚未問世的階段，因此沒有現代認知下的私人財產。狩獵採集者，類似黑猩猩游團，住在一塊地盤上，保衛該地盤，且偶爾為保住該地盤而戰。但他們不像農民那麼強烈要標出自己土地的範圍，說「這是我的地」。如果自己領土遭另一個群體入侵，或有危險掠食動物滲入，由於人煙稀疏，游團級社會可能可以選擇乾脆搬到別處。他們對開闢出的土地、住家等物件的投資也往往較少。[17]

在游團級群體中，沒有類似現代經濟交易的活動，也沒有類似現代個人主義之事。在這一政治發展階段，沒有國家來專制統治人民，人所體驗到的，反倒是社會人類學家厄尼斯特・蓋爾納（Ernest Gellner）所謂的「血緣枷鎖」（tyranny of cousins，審訂注：此處 tyranny 非指統治關係，而是對行為之絕對約制）。[18]也就是說，你只和自己周遭的親人有往來，親人決定你做什麼、你和誰結婚、你如何膜拜、你生活中幾乎所有的事物。狩獵與採集都以家庭或數個家庭組成的群體形式一起進行。狩獵尤其促成分享，因為沒有儲存肉的技術，獵得的動物得立即吃掉。演化心理學家大膽推測，分食肉品這個幾乎普見於全世界的習慣作為（聖誕節、感恩節、逾越節），源自行之數千年的分享打獵成果的習慣。[19]在這種社會裡，有許多道德規則並非針對偷竊他人財物的個人而設，而是用來訓誡那些不願與人分享食物等必需品者。在時時都處於匱乏的情況下，未能分享往往會影響群體的存亡。

游團級社會是高度平等的社會。主要的社會區分建立在年齡和性別上，在狩獵採集社會，男人打獵，女人採集，在繁殖事務上採自然分工。但在游團裡，家族間的分化相對較少，沒有人長居領導地位，沒有階層體制。領導地位根據力氣、智力、可靠之類特質交付給個人，但往往在個人之間轉移，未被某家族獨占。除了親子間，可逼迫他人做不願做之事的機會不多。引用佛里德的話說：

在初級平等主義社會的民族誌裡，很難找到某人告訴另一人或另外幾個人「去做這件事！」或說出相當於命令話語的例子。這種著作裡充斥著「如果做了這事會很好」之類意思的話語的例子，且說了這句話後，別人可能去做，也可能沒去做……首領無法逼任何人照他的意思做事，因此我們談到他的角色時，是從權威而非權力的角度去說。[20]

在這種社會裡，首領的誕生建立在群體共識上，首領之職並非出任首領者所理當擁有，他們不能把首領之職傳給自己的下一代。由於沒有集中的強制來源，從現代的第三方執行規則這角度來說，這種社會裡顯然不可能有法律。[21]

游團級社會以核心家庭為中心建立起來，通常採行人類學家所謂的外婚制、婚後住在男方家的習俗。女人嫁給自己所屬社會群體以外的男人，搬到丈夫的住地。這一習俗促進不同群體間的移動和接觸，提高基因多樣性，為跨群體貿易之類事物的出現打好客觀條件。外婚制也有助於平息衝突：不同群體為資源或領土而起紛爭時，可透過交換女人來化解，一如過去歐洲君主國為政治目的而進行策略性聯姻。[22]群體的組成往往比後來的部落社會更易變動：「任何地方的食物供應，不管是派尤特人（Pauite）採集的矮松果或野生禾草籽，或冬春狩獵場的海豹群，還是遷徙穿過中愛斯基摩人（Central Eskimo）的一處內陸山谷的北美馴鹿群，都非常不穩定或分布非常零散，因而任何一代的親屬想組成協調整合的排他性群體，都因為生態情勢迫使個人、家庭不得不走投機主義路線而無法如願。」[23]

從游團到部落

從游團級社會轉變到部落級社會，因農業的問世才得以實現。農業在世界多個相隔遙遠的地方，包括九千到一萬年前的美索不達米亞、中國、大洋洲、中美洲，被人發明出來，而且這些地方往往位在肥沃的河流沖積盆地裡。野生禾草和種籽的馴化是漸進完成，且隨之出現人口的大量增加。或許有人覺得，新食物技術促成人口更稠密乃是合理的推論，但埃斯特·博斯魯普（Ester Boserup）主張因果關係應該倒過來。[24]不管是新食物技術促成人口更稠密，還是人口更稠密催生出新食物技術，社會衝擊都非常大。狩獵採集社會的人口密度在每平方公里〇·一人至一人之間，視氣候狀況而定，另一方面，農業的問世使人口密度得以升高到每平方公里四十至六十人。[25]這時人與人在更廣大得多的範圍裡接觸，這需要大不相同的社會組織才能因應。

「部落」（tribe）、「氏族」（clan）、「親族」（kindred）、「家系」（lineage）這些名詞，全用來描述緊接在游團之後出現的社會組織型態。世人運用這些名詞時往往很不嚴謹，就連以研究它們為業的人類學家亦然。它們的共通特色，乃是首先它們是環節的（segmentary），其次它們建立在共同世系（commond escent）的原則上。

社會學家艾米爾·涂爾幹把建立在一模一樣的小型社會單元之複製上的社會稱作環節社會，那些小單元就和蚯蚓身體裡的環節差不多。這類社會能靠著增加環節來成長，但沒有全面性的中央集權政治結構，且不存在現代的那種分工和他所謂的「有機」團結。在已發展的社會裡，沒有人自給自足，人人都倚賴社會各領域的其他人。在已發展的社會裡，大部分人不懂如何種植作物，或不懂如何修車，或不懂如何製造手機。

相對的，在環節社會裡，每個「環節」是個自給自足的單位，能自行滿足衣食需求，能自己保衛自己，因而具有涂爾幹稱之為「機械」團結的特色。[26]這些環節能為了共同的目的（例如自衛）

而結合在一塊，但在其他情況下，它們自謀生存，只要屬於某個環節，就不可能同時屬於同一層級的另一個環節。

在部落社會，這些單元建立在共同世系的原則上。最基本的單元是家系，即源自同一祖先的一群人，且祖先可能是好幾代之前的人。在人類學界的術語裡，世系（descent）若非單邊繼嗣（unilineal descent），就是併系繼嗣（cognatic descent）。在單邊繼嗣裡，只透過父親這一方追溯的世系叫做父系，只透過母親這一方追溯的世系叫做母系。相對的，在併系繼嗣裡，可透過父母中一方或透過父母兩方來追溯世系。毋須多想就可看出，環節社會只可能在單邊繼嗣的情況下出現。為使環節與環節不重疊，每個小孩都只能劃歸為父系群或母系群的其中之一。

最常見的家系組織型態，即曾在中國、印度、中東、非洲、大洋洲、希臘、羅馬、征服歐洲的蠻族部落裡居主流的型態，乃是宗族（羅馬人稱之為agnatio、人類學家跟著稱之為agnation）。宗族只透過男方追溯共同祖先。女人結婚時，離開自己的世系群，加入丈夫的世系群。在中國、印度的宗族制度裡，這要她與自己的生身家庭幾乎完全斷絕關係。因此結婚往往是令新娘父母傷心的時刻，只透過男方付的嫁妝來得到補償。女人生下男丁後，才在丈夫的家族裡擁有地位，成為丈夫家系裡正式的一員，在丈夫祖墳前祭拜獻供，保佑她兒子未來的繼承權。

宗族是最常見的單邊繼嗣，卻不是唯一一種單邊繼嗣。在母系社會裡，世系和財產繼承透過母方家追溯。母系社會與由女人掌權、支配男人的母權社會不同，似乎沒有證據顯示曾存有真正的母權社會。母系繼嗣只意味著男人結婚後要離開自己的世系群，加入妻子的世系群。權力、資源大體上仍由男人掌控，家裡當家者往往是妻子的兄弟，而非孩子的生身父親。[27]母系社會比父系社會罕見，但仍可見於世界各地：南美洲、美拉尼西亞、東南亞、美國西南部、非洲。艾爾曼·瑟維斯指出，它們通常在特定一組環境條件下出現，例如園藝工作主要由女人負責的看天田栽植（rainfall horticulture），但這說法未能說明為何美國西南部沙漠的霍皮族（Hopi）採母系繼嗣和入贅做法。[28]

家系有一很有意思的特點，即藉由追溯到一更早的祖先，數個家系可往上聚合成規模大上許多的超級家系。例如，我可能是世系只追溯到我祖父的一個小家系的一員，與由不同祖父傳下的另一家系毗鄰而居。但我們這兩個家系在四代前、五代前或更多代前的祖先那一級有親屬關係，使我們得以以親戚相稱，且在合適的情況下我們可能合作。

已有好幾代的人類學者研究過這樣的社會，而對這類社會的最典型描述，乃是伊凡斯普里察（E. E. Evans-Pritchard）對努爾人（Nuer）人的研究結果。努爾人是生活在蘇丹南部的牧牛民族，[29]二十世紀晚期，為了南蘇丹自治問題，努爾人與其宿敵丁卡人（Dinka）聯手長期對抗喀土木中央政府，且有很長時間由約翰·加朗（John Garang）和蘇丹人民解放軍領導這場抗爭。但在一九三〇年代伊凡斯普里察調查該地區時，蘇丹仍是英國的殖民地，努爾人、丁卡人的組成方式則傳統得多。

據伊凡斯普里察的敘述：「努爾人部落分割為數個環節。我們把最大的環節叫做初級部落段（primarytribal section），而初級部落段又再細分為次級部落段，次級部落段又再細分為第三級部落段……第三級部落段由一些村落組成，而每個村落由親屬和家庭群體組成。」[30]

努爾人的家系與家系間爭鬥不斷，通常是因牛而起衝突，牛是他們文化裡最重要的財產。家系與同一級的其他家系爭鬥，但有時也聯合起來對付更高一級的家系。在最頂級，努爾人部落可能聯合起來攻打以類似方式組織起來的丁卡人。誠如伊凡斯普里察所說明的：

每個環節本身都再細分為更小部分，不同部分間相敵對。任一環節的成員聯合起來打相鄰的同級環節，且與這些相鄰的環節聯合起來打更大的「段」。努爾人在表述他們的政治價值觀時，清楚說明了此結構原則。他們說道，如果盧（Lou）部落的稜（Leng）第三級段向尼亞克瓦奇（Nyarkwac）第三級段開戰（事實上這兩段是世仇），構成每個段的那些村落會聯合出戰；但如果尼亞克瓦奇第三級段和盧姆喬克（Rumjok）第二級段起爭執，一如最近為了法丁（Fading）一地用水權而起的爭執，稜和尼亞克瓦奇會聯合起來對付他們的共同敵人盧姆喬克，而盧姆喬克也會聯合它分出的數個段抗敵。[31]

不同的環節能往上聚成更大群體，另一方面，一旦雙方聯合的原因（例如外來威脅）消失，它們很容易就立即分道揚鑣。多層級分割可見於許多不同的部落社會裡，且反映在阿拉伯人的俗語中：「我對付我兄弟，我和兄弟對付我堂兄弟，我和堂兄弟對付外人。」

在努爾社會裡，沒有國家，沒有可執行法律的集中式權威來源，沒有類似等級體系裡的建制化領導階層。就像游團級社會，努爾人高度平等主義。男女間分工，在家系內有將人區分為不同輩分的年齡等級。有所謂的豹皮首領扮演儀式性角色，協助調解衝突，但他們沒辦法逼家系裡的人照他們的意思行事：「整體來講，我們可以說努爾人首領具有崇高地位，但崇高地位未賦予他們普遍權威，他們的權威只適用於特定的社會情況。我從沒見過努爾人尊敬首領甚於尊敬其他人，沒見過努爾人把首領說成是非常重要的人。」[32]

在環節性家系組織裡，世系規則嚴格決定了社會結構和社會地位，而努爾人社會正是發展特別完備且道地的這類組織。有許多部落社會組成較鬆散。共同世系本身，與其說是嚴格的生物規則，不如說是為了便於確立社會義務而虛構之事。就連在努爾人社會裡，都可能把十足的外人納入家系，把他們當親屬看待（人類學家把這叫做擬親族關係〔fictive kinship〕）。生物學往往是事後用來將政治結合合理化的工具，而非社群的推手。中國的家系成員往往有數千人，整個村子都是同姓之人，間接表明中國親屬關係的虛擬、非排他的特質。西西里的黑手黨自稱為「家族」，但入會所發的血誓只是用來象徵彼此親如家人。現代的族群（ethnicity）觀念把共同世系上溯到極古早時，因而極難以追查出真正的系譜。我們以「部落」指稱肯亞境內的卡連津人（Kalenjin）或基庫尤人（Kikuyus）時，是以極含糊的定義使用這名詞，因為這兩個族群由數萬人或數十萬人組成。[33]

祖先與宗教

幾乎每個人類社會都經歷過部落社會這階段，因此許多人不由得相信那是自然而然或受生物性驅動的事。但一般人難以看透的是，為何只因為某個遠親與你共有六十四分之一的基因，你就想和那個與你隔了四層親屬關係的遠親合作，而非和你所熟悉但沒有親屬關係的人合作。沒有哪種動物有如此行為，游團級社會裡的人也沒這麼做。部落這種社會組織之所以在各個人類社會生根發展，原因出在宗教信仰，即對祖先的崇拜。

祖先崇拜濫觴於游團級社會，在每個小群體裡，都可能有專職和那些祖先溝通的薩滿僧或宗教專業人員。但隨著家系的誕生，宗教變得更複雜、更體制化，進而影響了領導地位、財產之類的體制。而使部落社會黏合在一塊者，乃是深信先祖對生者具影響力的觀念，而非某種神祕的生物性本能。

十九世紀法國歷史學家福斯泰爾．德．庫朗日，留下了對祖先崇拜最著名的描述之一。他的《古代社會》（*The Ancient City*）一書，一八六四年出版，讓一想到古希臘羅馬宗教，就只會想到奧林匹亞諸神的數代歐洲人眼界大開。福斯泰爾．德．庫朗日指出，有個古老得多的宗教傳統，乃是其他印歐語系群體（包括住在北印度的印度—雅利安人〔Indo-Aryan〕）所共同擁有的。他主張，在古希臘羅馬人眼中，死者的靈魂未遷入天國，而是繼續住在他們所埋身處的地下。因此，「他們總是拿他們所認為死者需要的東西：衣物、器皿、武器陪葬。他們把葡萄酒倒在死者墓上讓他止渴，把食物擺在墓上讓他止飢。他們拿馬、奴隸陪葬，認為馬和奴隸會在墓裡為他服務，一如他在世時。」[34]亡靈（拉丁語mane）需要在世的親人不斷供養，在世親人得定期供上食物、飲料，以免他們生氣。

福斯泰爾．德．庫朗日是第一批比較人類學家之一，而這類學者的認識範圍極廣，遠不只局限於歐洲史。他指出，在靈魂轉生教義問世和婆羅門教誕生之前，印度人的祖先崇拜方式類似古希臘羅馬人。亨利．緬因也強調這點，主張祖先崇拜「影響了絕大部分印度人民的日常生活。這些人在某個方面自稱印度教徒，其實在其中大部分人眼裡，家神比印度教眾神還要重要。」[35]他若把研究範圍擴及更遠之處，會在古中國發現一模一樣的殯葬習俗。在古中國，達官貴人墓裡，塞了銅鼎、陶罐，還有馬、奴隸、妾的屍體，好讓這些東西陪著死者一起進入死後世界。[36]印度—雅利安人，一如古希臘羅馬人，在家中點著一個代表家庭的聖火，且除非整個家族遭滅，聖火要一直點著。[37]在這些文化裡，聖火都當成神來膜拜，而這神代表家人（不只在世的家人，還有過去好多代的祖先）的健康和福祉。

宗教與親屬關係在部落社會裡密不可分。祖先崇拜是各拜各的：沒有整個社群都拜的神。你只對自己的祖先負有義務，對鄰居或首領的祖先不負有義務。一般來講，祖先不是像羅穆魯斯（Romulus，羅馬人公認的先祖）那樣與生者相隔久遠者，而是與生者相隔只三或四代、家族中較老一輩者可能還對其存有直接記憶的祖先。[38]據福斯泰爾·德·庫朗日的說法，這和基督教的聖徒崇拜完全不能相提並論：「葬禮只可由最親的親人以宗教儀式執行……他們深信祖先只接受他自己家人獻上的供品，祖先只想得到他自己後代的崇拜。」此外，每個人都渴盼擁有男性後代（在併系繼嗣制度裡），因為只有男性後代能在上一代死後照顧其靈魂。因此，成家生男丁是至關緊要的事，在希臘早期和羅馬，獨身在大部分情況下被視為非法。

這些觀念使個人不只與自己在世的小孩緊密相連，也與祖先、尚未出世的後代都緊密相連。誠如休·貝克（Hugh Baker）談到中國親屬關係時所說的，有一條代表世系連綿不斷的繩子，「從『無限』延伸到『無限』，中間跨在一個代表『現在』的剃刀上。繩子如果割斷，就會從中間斷落，繩子就不再是繩子。如果在世的男子至死膝下無子，由祖先和未出世後代構成的整個連續體就會跟著他的去世一起消失……作為個體，他的存在是必要的，但若不能作為整體的代表，他這存在就無關緊要。」[39]

在部落社會裡，以宗教信仰形式呈現的觀念，對社會組織衝擊很大。相信祖先真的存在的觀念，將大量個體結合為一體，且這一結合的規模，遠比在家族級或游團級社會裡可能的結合規模要大得多。構成「社群」（community）者，不只是家系、氏族或部落的現有成員，而是從某人的祖先到某人未出世的後代這連綿的世系。就連親屬關係相隔最遠的兩個親屬，都覺得彼此有某種關聯，彼此負有義務，而運用於整個社群的儀式，又強化了這種感覺。個體不相信自己擁有建立這種社會制度的選擇權，他們還未出生時，周遭的社會就已界定好他們的角色。[40]

宗教與權力

部落社會的軍力遠比游團級社會強大，因為它們能在很短時間內動員數百或數千名親屬。因此，很有可能第一個透過宗教信仰組合出大宗族的社會，會比其對手大占優勢，且會在這種社會組織一問世之後，立即激發其他社會仿效。據此，戰爭不只造就國家，也造就部落。

宗教在促進大規模集體行動上扮演了重要的功能性角色，於是有個疑問自然生起：部落組織是先前所制定之宗教信仰的產物，還是宗教信仰在後來協助強化了某種早就存在的社會組織？許多十九世紀思想家，包括馬克思、涂爾幹，相信後一種說法。馬克思以深信宗教是「人民的鴉片」而著稱，這是菁英為鞏固其階級特權而虛構出來的。就我所知，他未對無階級部落社會裡的祖先崇拜表示過任何看法，但從他既有的觀點，輕易就可延伸出以下看法：父權制家長利用祖先的憤怒來強化其支配在世者的權威，或者，小家族游團的首領，需要鄰近游團的協助以對付共同的敵人，於是乞靈於傳說中或神話中死去已久的一個共同祖先，以贏得他們的支持，從而樹立了一個後來有了自己生命而大為傳播的觀念。

關於觀念與物質利益之間的因果關係，令人遺憾的，我們只能訴諸揣測，因為沒人親眼目睹從游團級社會到部落組織社會的轉變。鑑於宗教觀念在更晚期歷史裡的吃重角色，這兩者若不是互為因果（即宗教創造力促成社會組織，同時，物質利益促成宗教觀念），大概會有人感到驚訝。但在此應該指出的是，部落社會並非那種如果較較高級組織瓦解，所有社會都會回頭採用的「自然的」或預設的社會組織。它們比家族級或游團級組織晚問世，只在特定環境條件下順利發展。部落在特定的歷史時刻被人創造出來，在以某些宗教信仰為基礎下得到維持。如果這些觀念因新宗教的引進而改變，那麼部落式社會組織就可能瓦解。如本書第十九章會提到的，這正是基督教降臨蠻族歐洲後開始發生的事。以弱化型態存在的部落制從未消失，但隨著時日的推移，它被其他更有彈性、更能改變大小的組織型態取代。

注釋

1 Lewis Henry Morgan, *Ancient Society; or, Researches in the Lines of Human Progress from Savagery, through Barbarism to Civilization* (New York: Henry Holt, 1877); Edward B. Tylor, *Primitive Culture: Researches into the Development of Mythology, Philosophy, Religion, Language, Art, and Custom* (New York: G. P. Putnam, 1920).

2 Friedrich Engels, *The Origin of the Family, Private Property, and the State, in Light of the Researches of Lewis H. Morgan* (New York: International Publishers, 1942).

3 Herbert Spencer, *The Principles of Biology* (New York: D. Appleton, 1898); *The Principles of Sociology*.

4 案例參見Madison Grant, *The Passing of the Great Race; or, the Racial Basis of European History*, 4th rev. ed. (New York: Scribner's, 1921).

5 這個經典的說法來自Clifford Geertz, *The Interpretation of Cultures* (New York: Basic Books, 1973).

6 Leslie A. White, *The Evolution of Culture: The Development of Civilization to the Fall of Rome* (New York: McGraw-Hill, 1959).

7 Julian H. Steward, *Theory of Culture Change: The Methodology of Multilinear Evolution* (Urbana: University of Illinois Press, 1963).

8 Elman R. Service, *Primitive Social Organization: An Evolutionary Perspective*. 2d ed. (New York: Random House, 1971). 復興進化思想的早期嘗試之一，是V. Gordon Childe, *Man Makes Himself* (London: Watts and Co., 1936).

9 Morton H. Fried, *The Evolution of Political Society: An Essay in Political Anthropology* (New York: Random House, 1967).

10 Marshall D. Sahlins and Elman R. Service, *Evolution and Culture* (Ann Arbor: University of Michigan Press, 1960).

11 關於進化論的背景，參見Henri J. M. Claessen and Pieter van de Velde, "Social Evolution in General," in Claessen, van de Velde, and M. Estelle Smith, eds., *Development and Decline: The Evolution of Sociopolitical Organization* (South Hadley, MA: Bergin and Garvey, 1985).

12 Sahlins and Service, *Evolution and Culture*, chap. 1.

13 Jonathan Haas, *From Leaders to Rulers* (New York: Kluwer Academic/Plenum Publishers, 2001).

14 Service, *Primitive Social Organization*.

15 Numa Denis Fustel de Coulanges, *The Ancient City* (Garden City, NY: Doubleday, 1965); Henry Summer Maine, *Ancient*

Law (Boston: Beacon Press, 1963).

16 Fried, *Evolution of Political Society*, pp. 47–54. 對這種社會的了解，有很大一部分建立在對阿耳岡昆（Algonkian）、肖肖尼（Shoshone）等早已滅絕的美洲原住民族群的研究上。

17 同前注，頁九四至九八。

18 參見Ernest Gellner, "Nationalism and the Two Forms of Cohesion in Complex Societies," in Gellner, *Culture, Identity, and Politics* (New York: Cambridge University Press, 1987), pp. 6–28.

19 Adam Kuper, *The Chosen Primate: Human Nature and Cultural Diversity* (Cambridge, MA: Harvard University Press, 1994), pp. 227–28.

20 Fried, *Evolution of Political Society*, p. 83.

21 參見前書討論，頁九〇至九四。

22 Fried, *Evolution of Political Society*, p. 69.

23 C. D. Forde, 引自Service, *Primitive Social Organization*, p. 61.

24 Ester Boserup, *Population and Technological Change* (Chicago: University of Chicago Press, 1981), pp. 40–42.

25 Massimo Livi-Bacci, *A Concise History of World Population* (Oxford: Blackwell, 1997), p. 27.

26 Émile Durkheim, *The Division of Labor in Society* (New York: Macmillan, 1933), esp. chap. 6. 涂爾幹筆下的「segmentary」一詞，比我在本書所用的更為廣義得多，事實上，大概因為太廣義而使其用處有所局限。他把這詞用在政治發展水平更高上許多的國家級社會上。關於評論，參見Gellner, "Nationalism and the Two Forms of Cohesion in Complex Societies." 編注：中文版《社會分工論》（新版）由左岸出版，二〇〇六年六月十日（已絕版）。

27 在這類社會裡，兄妹（姊弟）、母女關係往往比夫妻、父子關係來得強。Service, *Primitive Social Organization*, p. 115.

28 在巴布亞紐幾內亞，高地居民是父系社會，許多沿海群體是母系社會，這兩種制度產生同樣牢固的部落認同。同前注，頁一一〇至一一一。

29 E. E. Evans-Pritchard, *The Nuer: A Description of the Modes of Livelihood and Political Institutions of a Nilotic People*

(Oxford: Clarendon Press, 1940); and *Kinship and Marriage Among the Nuer* (Oxford: Clarendon Press, 1951).

30 Evans-Pritchard, *The Nuer*, p. 139.

31 同前注，頁一四二至一四三。

32 同前注，頁一七三。

33 欲透過實際例子了解部落成員的身分認定可能太寬鬆，參見Fried, *Evolution of Political Society*, p. 157。有些父系部落根據母系規則接納他人成為其一分子，特別是在這麼做有政治好處時。羅馬帝國瓦解後的歐洲，常囿於客觀情況發生類似的事。被當時歐洲許多地方奉為圭臬的薩利克法，嚴格規定由複系親屬繼承王位，但當君主沒有嗣子，卻有富男子氣概的女兒時，可能設法曲解規則，以讓女兒繼承王位。

34 Fustel de Coulanges, *The Ancient City*, p. 17.

35 Henry Maine, *Early Law and Custom: Chiefly Selected From Lectures Delivered at Oxford* (Delhi: B. R. Pub. Corp., 1985), p. 56.

36 Kwang-chih Chang et al., *The Formation of Chinese Civilization: An Archaeological Perspective* (New Haven: Yale University Press, 2005), p. 165.

37 Fustel de Coulanges, *The Ancient City*, p. 29.

38 Maine, *Early Law and Custom*, pp. 53–54.

39 Hugh Baker, *Chinese Family and Kinship* (New York: Columbia University Press,1979), p. 26.

40 努爾人等部落社會，使理性選擇政治科學受到挑戰，因為在這類群體裡，有許多行為似乎立基於複雜的社會規範，而非個人選擇。若根據社會成員個人追求最大利益的選擇，而不根據會把社會組織的基礎建立在祖先崇拜等宗教觀念的社會學說法，很難理解努爾人社會組織如何形成。

政治科學家羅伯特．貝茨（Robert Bates）已接下這項挑戰。據他的說法，社會學傳統，不管是涂爾幹理論、馬克思主義，或韋伯理論的社會學傳統，都認為秩序必然產生自道德性規範、強制性規範、權威性規範三者之一。他接著從理性選擇理論（把行為建立在極端個人主義的一個模型）的角度檢視伊凡斯普里察（Evans-Pritchard）的

《努爾人》（*The Nuer*）。他主張努爾人家庭或環節在彼此打交道時所做的許多選擇，反映了理性的利己考量，而且那些考量通常與牛資源的最大化有關。他指出如何運用個人主義，將家族間的糾紛做成模型，努爾人的建置可視為解決協調問題的有效辦法，並可透過博弈理論做成模型。他斷定：「雖然不太中聽，但千真萬確：政治社會學所遭遇的問題，就在它太社會學了。他斷言社會最為重要，也就沒什麼理由去思索有組織的行為，是否可能出自個人的決定。另一個顯示他無力解決這問題的表徵，乃是其極力主張『社會事實的獨立有效性』等方法論假設，或嚴格區分『分析層級』。以社會生活並未帶來問題這一信念為特色的知識界立場，對於那些想探明私人選擇與集體行為之間關係者，並未帶來什麼鼓勵。但社會秩序問題正需要這樣的探明。」(Robert H. Bates, "The Preservation of Order in State- less Societies: A Reinterpretation of Evans-Pritchard's *The Nuer*," in Bates, *Essays on the Political Economy of Rural Africa* [New York: Cambridge University Press, 1983]), p. 19.

但貝茨在經濟學與社會學之間做了錯誤的區分。從社會學或人類學的角度看，沒有人規定得把所有行為視為建立在規範的基礎上，沒有人主張個人的理性選擇對最後結果毫無影響。始終存有某種層級（通常是在聚集強度最高的社會單位層級）的社會互動，用理性選擇來解釋跟互動禮儀社會單位的行為最說得通。因此奧圖曼人雖然與歐洲人有許多文化差異，外交作為仍遵循大家熟悉的規則，也就是未採用宗教選擇，而是採用現實政治（realpolitik）選擇，以促進他們的利益。無法從理性選擇角度如此輕鬆得到解釋者，乃是較低層級社會單位本身的本質。努爾人為何把自己組織成家系群體，而未形成宗教兄弟會，或未像美國年輕人那樣把自己組織成自願性社團？理性選擇未提供社會動員理論，因為它刻意忽視觀念、規範所發揮的作用。觀念、規範可能反映與群體利益有關係的更深層演化理性，而非個人理性。關於基因是否能夠將促進群體適應，而非個人適應的行為編碼，演化生物學界有不少探討，但沒有原因指出為何社會規範無法促進這類行為。自殺炸彈攻擊等現象的存在本身，顯示這並非從未發生。參見David Sloan Wilson and Elliott Sober, *Unto Others: The Evolution and Psychol-ogy of Unselfish Behavior* (Cambridge, MA: Harvard University Press, 1998); and Da-vid Sloan Wilson, "The Group Selection Controversy: History and Current Status," *Annual Review of Ecological Systems* 14 (1983): 159–87.

第四章 部落社會：財產、正義、戰爭

親屬關係與產權的問世之間有何關係；部落社會裡正義的本質；作為軍事組織的部落社會；部落組織的長處、短處。

私人財產問題始終是法國大革命以來左派、右派涇渭分明的關鍵問題之一。盧梭在其《論不平等》中，將不公的源頭歸於第一個以圍籬圈住土地，宣告那片土地是他個人所有的人頭上。馬克思設下了廢除私產的政治計畫，所有受他啟發的共產政權，建政後首批的作為之一，乃是將「生產工具」國有化，特別是土地。相對的，美國國父之一詹姆斯·麥迪遜（James Madison）在《聯邦黨人文集》（*Federalist*）第十篇中表示，政府重要的功能之一，乃是保護個人在取得財產上的不平等能力。[1]現代新古典主義經濟學家一直將牢固的私人產權視為長期經濟成長的來源，用道格拉斯·諾思的話說：「除非現有的經濟組織是有效率的，否則絕不可能出現成長」，而要在這方面有效率，就「必須建立制度性的安排和產權」。[2]自一九七〇年代晚期、八〇年代初期的雷根—柴契爾（Reagan-Thatcher）革命展開以來，市場導向的決策者最重視的施政作為之一，始終是以追求經濟效率的名義將國有企業私有化，亦即一直以來受到左派激烈反對的一項作為。

共產主義失敗的教訓使當代人更強調私有財產的重要。基於對劉易斯・亨利・摩根之類的人類學家的錯誤解讀和其他原因，馬克思與恩格斯主張在剝削性階級關係出現之前，曾存在「原始共產主義」這一早期階段，即共產主義想恢復的理想化狀態。摩根描述了由緊密結合的親屬群體所擁有，按照習俗管理的公有地（customary property）；前蘇聯與中國的共產政權，曾逼數百萬彼此沒有親緣關係的農民進入集體農場。集體化打破個人努力與報酬間的連結，削弱了勞動誘因，導致俄羅斯、中國境內的大饑荒，嚴重降低農業生產力。在前蘇聯，仍歸私人擁有的土地，僅占全國土地的百分之四，卻貢獻了農業總產量的將近四分之一。在中國，改革派的鄧小平掌權後，一九七八年廢除集體農場，農產量在短短四年內就成長了一倍。

有許多欲說明私人產權重要性的理論，關注所謂的共有牧地悲劇（tragedy of the commons）。在傳統英格蘭村落，牧地由村民集體擁有，任何人都可以使用那些牧地，而牧地的資源並非用之不盡，於是牧地遭過度使用，逐漸貧瘠。欲避免資源耗竭，解決之道是將共有牧地轉為私人財產，擁有土地者基於個人利益會努力使它處於良好狀態，會在長期永續的基礎上利用它的資源。在某篇深具影響力的文章裡，加勒特・哈爾丁（Garrett Hardin）主張，在許多全球性資源上，例如乾淨空氣、漁場等資源上，存在共有牧地悲劇，在欠缺私有或嚴格管理下，它們會遭過度使用，逐漸貧瘠。[3]

當代許多以非關時間向度的（ahistorical）純理論性立場展開的產權探討，常予人一個印象，即在欠缺現代個人產權的情況下，人類總是逃不過類似共有牧地悲劇的困境，公有制使人較無意於有效率使用財產。[4]於是，現代產權的興起被推斷為經濟理性的表現（基於經濟理性，人彼此協商，分割公共財產），就和霍布斯筆下巨靈從自然狀態中現身的情況差不多。這一假設情況有兩個問題。第一，在現代產權問世之前，曾存有許多種按照習俗管理的公有地。這些土地的保有方式，未必像現代的土地保有方式那樣鼓勵人有效率使用土地，但導致共有牧地悲劇等情況者卻少之又少。第二個問題是，現代產權透過協商，平和且自然而然誕生的例子並不多。習俗地產權被現代產權取代的方式暴烈得多，而且權力和欺騙在其中扮演了重要角色。[5]

親屬關係與私人財產

最古老的幾種私人財產，不歸個人所有，而是歸家系或其他親屬群體擁有，而催生出這些私人財產者，不只經濟因素，還有宗教、社會因素。二十世紀蘇聯、中國的強制集體化，想把時鐘轉回到從不曾存在的虛構過去，由彼此不具親屬關係的眾人共同擁有財產的過去。

在古希臘羅馬，兩樣東西把家庭拴在特定一塊土地上，即家中燒著聖火的灶和家附近的祖墓。人想擁有土地，不只是為了其生產潛力，還因為那土地是祖先和家中不可搬動的灶的所在地。財產必須私有：外人或國家都不得侵犯個人祖先的長眠之地。另一方面，這種早期的私有財產，缺乏我們今日現代財產觀的一個重要特色：其權利通常是用益物權的（即給人使用權，但不給予所有權），使個人無法賣掉或讓渡土地。[6]擁有者不是個別地主，而是生者與死去親屬所組成的社群。

財產被當作已故祖先與未出世後代的某種信託財產來擁有，而在當代許多社會裡都有類似這樣的做法。誠如二十世紀初期某奈及利亞酋長所說的：「我認為土地屬一大家子所有，那一家子包括許多已死者、少數在世者、不計其數的尚未出生者。」[7]因此，財產與親屬關係變得密不可分：財產不只使你得以照料前代、後代親人，還透過照料能影響你福祉的祖先、後代，照料到你自己。

在未淪為殖民地時的某些非洲地區，親屬群體與土地的關係密不可分，乃是因為祖先葬在那土地上，古希臘羅馬人的情況也差不多。[8]但在西非其他早有人定居的地區，宗教發揮了不同的作用。在那些地區，第一批移居者的後代被指定為土地祭司（Earth Priest），負責掌管地祠（Earth Shrine），主持與土地使用有關的多種儀式性活動。新來者之取得土地所有權，不是透過個人的土地買賣活動，而是透過個人，成為當地儀式性社群一員。這個社群賦予栽種、狩獵、捕魚的權利，但不是永久性給予，而是當作社群成員身分的特權來給予。[9]

在部落社會，財產有時歸部落共同擁有。誠如歷史人類學家保羅．維諾格拉多夫（Paul Vinogradoff）說明凱爾特人部落時提到的：「自由人和非自由人都歸屬於（父系）親族。這些親族的土地公有，他們所擁有的土地，通常不與界標所標出的村子範圍相一致，而是像蜘蛛般擴及不同的聚落。」[10]但公有制絕不意味著如二十世紀蘇聯或中國的集體農場般集體利用土地。個別家庭常獲分配土地。在其他情況下，財產歸個人所有，但個人得負起對親屬（在世、已死、尚未出世的親屬）的社會義務。[11]你的土地與你堂兄弟的土地相連，採收時你們同心協力。把自己的土地賣給外人，乃是不可能之事，如果死時沒有子嗣，土地就交回親屬群體。部落往往有權重新分配所有權。據維諾格拉多夫所述：「我們已知，在印度邊界地區，征服當地的部落，定居在大片土地上，卻未將那些土地改為私有財產，甚至未將它們分給不同氏族或親族當成私有財產。偶爾或定期的重新分割，表明該部落實質上擁有最高支配地位。」[12]

由親屬群體持有的習俗地，仍可見於今日的美拉尼西亞。在巴布亞紐幾內亞和索羅門群島，超過九成五的土地屬於習俗地。採礦或棕櫚油公司想取得土地時，得和整個世系群（萬托克）談。[13]世系群裡的每個人都有權否決該交易，且沒有時效限制。因此，可能會有某個親屬群體決定將自己的土地賣給該公司；但十年後可能會有另一個親屬群體出現，聲稱該土地歸他們所有，主張該土地在前幾代時被人從他們手裡搶走。[14]許多人無論如何都不願賣掉他們的土地所有權，因為他們祖先的靈魂就住在那片土地上。

但親屬群體裡的個人無法擅用他們土地的資源或賣掉土地，不必然意味著他們忽視土地，或以不負責任的心態看待它。在部落社會裡，產權界定非常明確，即使並非正式的界定或形諸法律的界定。[15]部落所擁有的土地是否受到良好的管理，不是取決於是否歸部落所有，而是取決於部落內部的團結。甚至，哈爾丁筆下的共有牧地悲劇，在英格蘭歷史上到底有多嚴重也不清楚。被圈地運動（Parliament Enclosure Movement）終結的露地耕作制（open-field system），並非最有效率的土地利用方式，十八、十九世紀將農民趕離公有地的有錢民間地主，有強烈動機這麼做。但露地耕作制「建立在由相鄰耕作者組成、最初靠親屬關係才得以運作的群體的團結上」，[16]而在此制度下，土地通常未遭過度利用或任其荒蕪。[17]即使遭過度利用或荒蕪，也很可能是因為英格蘭農村裡的社會團結衰落。在世界其他地方，很難在行公有土地制且運作良好的部落社會裡，找到見諸詳細記載的共有牧地悲劇例子。[18]美拉尼西亞無疑沒有這樣的困擾。

像努爾人那樣主要營放牧而非農耕生活的部落社會，靠不同的規則來運作。這類社會不將祖先葬在他們得永久保護的墳墓裡，因為他們趕著牲群在廣大土地上逐水草而居。他們對特定土地的權利，一如古希臘羅馬家庭眼中的土地權，並非獨占權，而是使用權。[19]一如在其他習俗性的安排裡所見的，權利不歸私人完全擁有，不意味著牧地必然遭過度利用。肯亞的圖爾卡納人（Turkana）、馬西人（Masi）和西非的富拉尼（Fulani）牧人，全都發展出由各環節共同擁有牧地同時將外人排除在外的制度。[20]

西方人不理解按照習俗管理的共有地產權的本質，和這種產權牢牢根植於親屬關係群體中，而這種不理解，在某種程度上是今日非洲許多弊病的根源。歐洲殖民地官員深信，在現代產權，即歸個人所有、可讓渡、正式詳載於法律制度裡的權利付諸闕如的情況下，不可能有經濟發展。許多人深信，若任由非洲人自行處理，他們會不懂得如何有效率或永續地管理土地。[21]他們的所作所為也出於自私的考量，若非為了自然資源、農業銷售利益，就是為了歐裔殖民者的利益。他們想取得法定的土地所有權，認為當地酋長的角色就和歐洲的封建領主差不多，「擁有」部落的土地，能把土地轉讓給他們。[22]在其他情況下，他們找酋長當代理人，不只是為了取得土地，還為了要酋長為殖民政府效力。部落社會裡的傳統非洲領袖，覺得自身的權威受到複雜親屬關係制度所加諸的制衡機制嚴重約束。馬哈茂德·曼達尼（Mahmood Mamdani）主張，歐洲人刻意授與一批貪婪的非洲「頭人」權力，而由於歐洲人想創立現代產權制度，這些人可以以完全背離傳統的方式，專制地統治他們的部落同胞。他們因此為獨立後新家產制政府的興起有所貢獻。[23]

法律與正義

部落社會擁有弱勢的集中式權威來源（「頭人」或酋長），因此其強制個人行事的能力不如國家。它們沒有第三方執行法律的制度，即我們認為與現代法律體系密不可分的制度。誠如保羅・維諾格拉多夫指出的，在部落社會裡，正義有點像是當代國際關係中國與國之間的正義：重點擺在實質上等於最高決策者的諸分權單位之間的自力救濟和協商。[24]

伊凡斯普里察如此描述了努爾人眼中的正義：

> 血仇是部落的制度，因為血仇只有在違法之事獲承認的地方才會出現，而這又因為血仇是獲致補償的方式。事實上，擔心血仇上身，乃是部落裡最重要的法律制裁，且是個人性命與財產的最主要保障……人覺得自己受到傷害時，沒有當權者可供他訴苦，助他得到補償，因此他立即向傷害者挑戰，要求決鬥，而對方必須接下這挑戰。[25]

伊凡斯普里察顯然從廣義的角度使用「法律」、「法律制裁」這兩個字眼，因為部落正義和國家級社會裡的法律幾乎不相干。

但針對如何報血仇，存有一些規則。一努爾男子遭殺害後，其親屬可能會追捕凶手，以及凶手任一最親的男性親屬，但沒有權利去找舅舅、姑姑或阿姨的麻煩，因為他們不是凶手所屬家系的成員。紛爭由豹皮酋長調解，凶手去酋長家避難，透過儀式洗掉受害者在他身上留下的血。紛爭雙方接受精心設計的儀式，以防止對立升高，例如將傷害男子的凶器送到受害者的村落，以讓這凶器得到巫術處理，防止傷口惡化奪命。豹皮酋長身為中立的一方，享有某種權威，與被告所屬村子的其他長者一起聆聽紛爭雙方的說詞。但他沒有執行判決的權威，就和聯合國無權執行現代國家間的判決一樣。而且一如國際關係上所見，強勢者、弱勢者受到的待遇不同，弱勢家系較難從強勢家系得到補償。[26]即使討回公道，也是基於糾紛雙方不願仇結得更深、帶來更大傷害的自私考量。

幾乎每個部落社會都有類似的慣例追求正義：男性親屬得為不公義之事報仇或索取賠償的義務；協助以平和方式解決紛爭、不具約束性的仲裁制度；賠償不公義之事的傳統價目表，即北歐的日爾曼族部落所謂的wergeld。《貝奧武夫》（*Beowulf*）傳說是以一樁凶殺案為主軸的英雄敘事長詩，描述受害者的男性親屬如何找凶手報仇或索取賠償。但不同的部落社會，在仲裁的體制化程度上也有所不同。例如，就住在美國太平洋岸卡拉馬思河（Kalamath River）畔的印第安人來說，「如果有個尤羅克人想打官司，他會聘請兩個、三個或四個『跨界者』（crosser），即來自他所屬社群以外的社群且與他無親屬關係者。官司中的被告也會聘請跨界者，雙方所聘請的所有人會扮演中間人，弄清楚告方和被告方的主張，蒐集證據。跨界者會在聽過所有證詞之後，就損害賠償作出裁決。」[27]一如努爾人的豹皮酋長，這些跨界者沒有可讓他們的裁決付諸執行的正式權威。他們得倚賴若不接受跨界者的裁決就予以放逐的威脅來讓被告就範，而部落男性成員常以共同生活的「共浴群體」（sweat house group）為單位，使放逐威脅讓人更不敢輕忽。犯錯者盤算，如果未來自己遭不公平對待，會需要共浴群體的支持，因此基於利害關係，犯錯者會想賠償受害者。[28]

同樣的，六世紀起盛行於克洛維（Clovis）國王當政時之日耳曼族部落的薩利克法（Law of

the Salian Franks），確立了正義的實現規則：如果「法蘭克人薩利克部族的族人想對其鄰人提出要求，得遵照一嚴謹辦法來傳喚對方出庭。他得到對方家裡，在證人面前陳述他的要求，『確定日期』，即指定被傳喚的一方該出席司法大會（Mall）的日期。如果被告未出席，得一再重複這傳喚儀式。」維諾格拉多夫最後說道：「我們非常清楚看到部落司法的內在弱點，因為法律裁定的落實，通常不是由最高權威來促成，而是在很大程度上交給訴訟的個別當事人和其朋友來執行：這幾乎無異於得到部落司法支持、同意的自力救濟。」[29]

由第三方執行司法裁決一事，得等到國家問世才會出現。但部落社會的確發展出日益複雜的建制，以裁決民事、刑事紛爭。部落法通常未形諸文字，但為了運用判例，確立賠償金，它需要監護者。斯堪地那維亞發展出名叫「laghman」的制度，「laghman」是從人民中選出的法律專家，負責就法庭上要宣讀的法律習俗發表談話或演說。

人民大會（popular assembly）的誕生，起於裁定部落紛爭的需求。《伊利亞德》（*Iliad*）描寫阿基里斯之盾的那個段落，描述了該如何為一個遭殺害者報仇所引發的爭辯，辯論在市場的群眾前舉行，然後由部落的長老宣讀最後的裁決。在地方層級，薩利克法由名叫百戶邑會議（Court of the Hundred）的條頓族制度來施行。百戶邑會議由數個當地民會（moot，即村民大會）組成，在戶外召開，法官全是住在該百戶邑轄區內的當地自由民。百戶邑會議的主席（Thingman）由選舉產生，主持性質上屬仲裁法庭的活動。據亨利．緬因的說法：「他們的主要職責，乃是讓激動的情緒有時間降溫，防止當事人自行討回公道，由他們來掌管、規範討公道的方法。對於不服該會議裁決的懲罰，最初大概是剝奪法律保護和法定權利。不願遵守它的裁決者，不再受法律的保護。如果他被殺，他的親屬不准報仇，或受阻於原始意見而不得報仇。若非因為他不遵守會議裁決，他們有義務、有權利替他報仇。」[30]緬因指出，英格蘭國王派了代表出席類似的會議，最初是為了收取該會議所課徵罰金的部分金額。但隨著英格蘭國家的出現，國王漸漸申明他具有做出判決的權威，以及更重要的，具有執行該會議意向的權威（見第十七章）。百戶邑會議和該會議主席失去其司法功能，但如後面會提到的，轉型為地方政府的工具而倖存下來，最後將以現代民主代議單位的身分現身。

戰爭與軍事組織

至目前為止，我對於人類為何從游團級社會轉變為部落社會未多做說明，只表示從歷史來看，那和因為農業問世而得以實現的生產力提升有密切關係。農業使人口密度得以成長，進而創造出得組織出更大規模社會的需求。農業也創造出對私人財產的需求，如前面已提過的，後來，私人財產與複雜親屬關係結構有了密不可分的關係。

但人類轉變為部落社會，還有一個原因：戰爭問題。定居農業社會的興起，意味著人類群體從此生活在彼此距離大為縮短的環境裡。人類群體能製造出足以滿足生存最低需求還綽綽有餘的糧食，從而有更多有待保護或可竊取的具體財物和動產。部落社會的組織規模遠比游團級社會龐大，因而光是從數量上就能壓倒後者。但部落社會還有其他優勢，其中最重要的優勢乃是它們組織的彈性。譬如已在努爾人的例子裡看到的，部落社會能在緊急情況時迅速壯大自己，不同層級的環節能在部落聯盟裡動員起來。凱撒（Caesar）描述他所征服的高盧人（Gaul）時指出，戰爭開打時，諸部落選出一人統領整個聯盟，此人這時才具有主宰其部眾的生殺大權。[31]正因為這理由，人類學家馬歇爾・薩林斯把環節性家系稱作「掠奪性擴張的組織」。[32]

暴力傾向似乎會是從祖猿到人類未曾消失的重要特色之一。霍布斯以主張自然狀態是「人與人相互鬥爭」的狀態而著稱於世。相對的，盧梭直陳霍布斯看法有誤，明確主張原始人是和平、孤立的，直到較晚階段，即社會已開始腐化人類道德的階段，暴力才出現。霍布斯的看法遠較盧梭貼近事實，儘管有一重要缺憾：認為暴力發生於社會群體之間，而非孤立個人之間。人類高度發達的社交技能和合作能力，與黑猩猩社會、人類社會裡普見的暴力並不相牴觸，它們反倒是暴力的先決條件。也就是說，暴力是男性群體和有時女性群體所從事的社會活動。類人猿與人易遭同類暴力傷害一事，反倒催生出更高程度社會合作的需要。孤立的個體，不管是黑猩猩還是人，易遭來自鄰近地盤的成群劫匪抓走，能與同類合力自保者，將得以倖存，並把自己基因傳給下一代。

暴力深植人性這觀點，令許多人難以接受。特別是許多人類學家抱持類似盧梭的觀點，認為暴力是較晚期文明所發明的，一如許多人傾向相信早期社會懂得如何與所處環境和諧共處。令人遺憾的是，不管是哪一個觀點，都沒有多少證據支持。人類學家勞倫斯・基利（Lawrence Keeley）和考古學家史蒂芬・勒布朗已詳盡說明，考古紀錄如何有力證明了史前人類社會不斷在運用暴力。[33]基利指出，在跨文化調查中，有七至九成的原始社會，包括游團級、部落級或酋邦級社會，在過去五年打過仗。相對的，就國家來說，有八成六。只有極少數原始社會表現出低度的劫掠或暴力，而這現象通常是因為環境條件使他們不受鄰近社會侵擾所致。[34]現今仍存的狩獵採集群體，例如喀拉哈里沙漠的布希曼人或加拿大的銅族愛斯基摩人（Copper Eskimos），在不受外力干涉時，殺人率是美國的四倍之多。[35]

對黑猩猩與人來說，戰爭似乎都源自於狩獵。[36]黑猩猩成群獵捕猴子，並用同樣的技巧獵捕其他黑猩猩。人類也是如此，差別在於人類的獵物較大、較危險，需要較高度的社會合作和較好的武器。人類將狩獵技巧轉用在同類身上，清楚可見於見諸歷史記載的群體裡，例如將騎馬和騎馬狩獵技巧用在獵殺人的蒙古人。人類所發展出獵殺大型動物的技巧，說明了為何古人類學家常根據某地區巨型動物的滅絕，推算出人類抵達該地區的時間。乳齒象、劍齒虎、不會飛的巨鴯鶓、大地懶，這幾種動物似乎都是被組織完善的原始人狩獵隊殺光。

但只有在部落社會裡，我們看到自成一體的戰士階級出現，還有領袖和其武裝隨從隊的出現。領袖和其武裝隨從隊後來成為最基本、存在最久的政治組織單位。這類組織在後來的人類歷史裡幾乎到處可見，且仍以軍閥和其追隨者、民兵組織、製毒、販毒組織、街頭幫派的型態存在於今日。他們擅長使用武器，擅長組織作戰，因此開始運用此不存在於游團級組織的強制力。

顯而易見的，發財是部落社會裡發動戰爭的動機之一。針對九世紀後期征服俄羅斯的維京人（即瓦良格人〔Varangian〕）菁英，歷史學家傑羅姆·布魯姆（Jerome Blum）說道：

> 這位王公（維京酋長）供養、保護他的隨從，以回報他們的服務。最初，他們以他家中成員的身分和他一起生活，靠王公征戰贏得的戰利品和他徵收的貢品來維生……佛拉基米爾（Vladimir）王公的隨從心生不滿，因為得用木匙而非銀匙取食。因此，王公立即下令提供銀

匙，「說他無法靠金銀得到大家的追隨，但能靠隨從得到金銀。」[37]

一九九〇年代，由於福戴．桑科（Foday Sankoh）、查爾斯．泰勒（Charles Taylor）建立自己的侍從隊，並用他們去取得血鑽石，導致獅子山、賴比瑞亞兩國陷入軍閥混亂。但戰爭的爆發，不只是因為利慾熏心。戰士或許貪求金銀，但他們英勇作戰，主要不是為了資源，而是為了榮耀。[38]戰士願意為某個目標、為獲得其他戰士的肯定冒生命危險，與榮耀有關。西元一世紀時塔西佗（Tacitus）描寫了日耳曼部落，為現代歐洲人的這些先祖留下出自當時人之筆的少見紀錄。我們不妨看看他筆下的日耳曼部落：

> 於是，隨從為了誰會最得老大賞識而激烈競爭，眾老大則為誰的隨從最多、最能幹而激烈競爭。時時有一大票挑選來的年輕人圍在身邊，意味著地位高和實力強……上了戰場，老大若不如別人英勇，丟人現眼；他的隨從若沒有老大那樣英勇，丟人現眼；但若老大戰死，自己保住性命，離開戰場，這意味著一輩子的臭名和恥辱：保衛、保護老大，全心全意奉獻於他，即使只是為了增添他的榮耀，這是他們效忠的核心精神：老大為勝利而戰，但隨從為老大而戰。[39]

戰士不會改行務農或從商，即使務農或從商的獲利較高，因為他當戰士不只是為了發財。戰士瞧不起務農生活，因為少了危險和志同道合：

他們出生所在的社群若因為多年的平和、寧靜而陷入麻木，會有許多出身高貴的年輕人主動去投奔正在打仗的部落，因為平靜不受這個民族歡迎，他們在不確定的環境裡較容易出人頭地。此外，除非靠戰爭和暴力，你養不了一大批隨從……說服他們去挑戰敵人，贏得傷口，會比說服他們去耕田，等待一年的收成來得容易。此外，把能靠流血得到的東西，改靠額頭流汗來得到，似乎軟弱且懶散。[40]

塔西佗說道，戰爭與戰爭之間的空檔，這些年輕戰士無所事事，因為在他們眼中，從事老百姓的工作有損身分。直到資產階級於十七、十八世紀自歐洲興起，戰士倫理才退位，而由把物質收益與經濟考量看得比作為崇高個人表徵的榮耀還重要的倫理取代。[41]

政治之所以成為一門技藝，而非學問，部分原因出在難以事先判定一群隨從與其主子之間道德連結的強弱。他們的共同利益往往帶有濃濃經濟色彩，因為他們湊在一塊的主要目的是掠奪。但隨從緊緊跟著主子，絕不只是因為這個。一九九一、二〇〇三年美國兩次攻打海珊統治的伊拉克時，都深信戰場上的挫敗會使海珊迅速垮臺，因為美國認為他身邊的心腹會見風轉舵，覺得拋棄他較有利於自己。但由於恐懼，還有牢牢的家庭連結、個人連結，他的心腹不離不棄追隨他。

促成這種緊緊跟隨的數個非經濟性根源中，有一個乃是透過長年的互惠建立起來的個人忠誠。部落社會將宗教意義和超自然獎懲灌注在親屬關係上。此外，民兵組織通常由沒有家人、土地或資產，但擁有使他們愛冒險、愛四處闖蕩之旺盛荷爾蒙的年輕男子組成。對他們來說，經濟資源不是唯一的掠奪目標。我們不該低估性和得到女人的機會在推動政治組織上的重要性，尤以在通常將女人視為交易媒介的環節社會裡為然。在這些相對較小規模的社會裡，人往往可能因為找不到沒有親屬關係的女人，而只能透過對外侵略來奉行外婚制的規則。據說，締造大蒙古帝國的成吉思汗曾說道：「人生最大之樂，即在勝敵、逐敵、奪其所有，見其最親之人以淚洗面，乘其馬，納其妻女也。」[42]而在最後一項抱負上，他的確如其所願。透過檢測，據估計今日亞洲某大片地區的男性，有百分之八是他或他家系的後代。[43]

部落社會裡的領袖和其隨從，和國家級社會裡的將領和其軍隊，並非同一回事，因為領導統御和權威的本質大不相同。在努爾人社會裡，豹皮酋長主要扮演仲裁者角色，沒有指揮權，他的權威也不世襲。今日巴布亞紐幾內亞或索羅門群島上的「頭人」亦然，他們按照傳統由親屬選為領袖，但也可能被親屬拿掉領導地位。塔西佗寫道，在日耳曼族部落，「他們國王的權威並非不受限制或可以任憑己意行使，他們的將領靠以身作則而非靠命令，靠伴隨旺盛活力和身先士卒而來的欽敬，來讓手下聽話。」[44]其他的部落民族，組織更為鬆散：「十九世紀的科曼切人（Comanche）沒有可稱之為擁有強勢領袖領導子民之部落的政治單位……科曼切人分散為許多個組織鬆散、沒有正式作戰組織的自治營居群。『作戰首領』是在殺敵上有豐功偉業的傑出戰士。只要能說動人跟隨，任何人都可以組織戰鬥隊，但這類人只在其他人志願追隨時，只在出外襲掠期間，扮演領導角色。」[45]直到受到歐洲移民進逼的軍事壓力，有些印第安部落，例如沙伊安（Cheyenne），才開始發展常設性部落會議之類較可長可久、較集權的指揮控制組織。[46]

鬆散、分權的組織體系是部落社會既強大又虛弱的根源之一。他們的網絡式組織，有時能產生巨大的打擊力。游牧民部落配備馬之後，能橫越長遠距離，征服廣大領土。柏柏人建立的阿爾摩哈德王朝（Almohads）就是一例。他們於十二世紀時突然冒出來，征服北非全境和西班牙南部的安達魯斯（Andalus）。蒙古人的征服偉業舉世無匹，從位於亞洲內陸的世居地出發，在百餘年間征服了中東許多地區和中亞、俄羅斯、部分東歐地區、北印度、中國全境。但他們缺乏常設性的領導機制、環節與環節間連結鬆散、欠缺明確的王位繼承規則，使部落社會長遠來看注定走上衰弱和衰落。沒有常設性的政治權威和治理能力，他們無法治理打下的江山，得倚賴定居社會幫他們處理例行的行政事務。幾乎每個打天下的部落社會，在一個世代或兩個世代內，就因為兄弟、堂兄弟、孫子爭奪開基建業者遺留的江山而解體，至少就那些未迅速發展成國家級社會的部落社會來說是如此。

國家級社會終於繼部落級社會之後出現時，部落制並未就此消失。在中國、印度、中東、哥倫布到來之前的美洲，國家建制和部落建制仍以上下層關係並存，彼此維持不穩定的平衡很長時期。早期現代化理論所犯的重大錯誤，除了誤以為政治、經濟、文化必須彼此一致之外，還包括誤以為歷史「諸階段」間的轉變是一刀切且不可回復的。環顧世界，只有在一個地區，部落制被較志願、較個人主義式的社會關係完全取代，那就是歐洲。在歐洲，作為社會團結基礎的親屬關係會遭到削弱，基督教居功厥偉。早期的現代化理論家，大部分是歐洲人，因此，他們推測世界其他地方在現代化過程中會有脫離親屬關係的類似轉變。但他們錯了。中國是第一個創造出現代國家的文明，卻從未能壓制住親屬關係在社會層級、文化層級的影響力。因此，接下來中國的兩千年政治史，有許多時候是以試圖阻止親屬關係結構在國家行政機構裡再度呼風喚雨為中心來進行。在印度，親屬關係與宗教相互作用，突變為階級體系，而如今，經過時間的驗證，此階級體系在界定印度社會的本質上比任何國家都有力得多。從美拉尼西亞人的萬托克，到阿拉伯人部落，到臺灣人家系，到玻利維亞人的艾尤（ayllu），複雜的親屬關係結構仍是當世許多人最重要的社會生活場所，且強烈影響了他們與現代政治制度化的互動。

從部落制到恩庇者、侍從者、政治機器

我已從親屬關係的角度界定了部落制。但隨著部落社會本身的演變，環節性家系的嚴格世系基礎，被併系繼嗣部落和同意讓不具親屬關係者加入的部落取代。如果從更廣義的角度界定部落，使部落成員不只包括宣稱出自共同世系的親屬，還包括透過互惠和個人關係連結在一塊的恩庇者（patron）和侍從者（client），那麼部落制就仍是政治發展上不變的主要特色之一。

例如在古羅馬，福斯泰爾・德・庫朗日筆下的那些單邊繼嗣群名叫「gente」（氏族）。但羅馬共和國初期，這些氏族已開始積聚許多不具親屬關係的追隨者，也就是侍從者（cliente）。這些侍從者包含自由民、租戶、家臣，以及在更晚時期出現，願意提供支持以換取現金或其他好處的貧窮平民。從共和國晚期到帝國初期，古羅馬政治都以凱撒、蘇拉（Sulla）或龐貝（Pompey）之類的強權領袖，透過動員自己的侍從者以奪取國家建制的作為為主軸發展。有錢的恩庇者把網絡狀分布的侍從者當私人軍隊動用。檢視共和國末期的古羅馬政治時，歷史學家芬納（S. E. Finer）指出：「如果把個人的鮮活性格拿掉……你會發現成熟老練、大公無私、高貴莊嚴的事，和在拉丁美洲的香蕉共和國裡所見到的一樣少。如果把這國家叫做佛里多尼亞共和國（Freedonia Republic），把時間設定在十九世紀晚期，把蘇拉、龐貝、凱撒想像成賈西亞・洛培斯（Garcia Lopez）、佩德羅・

波德里略（Pedro Podrilla）、哈伊梅・比耶加斯（Jaime Villegas），你會看到講究恩庇侍從關係的派系，看到效忠個人而非效忠國家的軍隊，看到爭奪總統之位的軍事鬥爭，即和古羅馬共和國快瓦解時所出現類似的事物。」[47]

此廣義的部落制仍存在於現今的現實世界。例如，印度自一九四七年建國以來在民主表現上一直非常出色，但印度政治人物競選國會議員時，仍非常倚賴講究效忠主子的恩庇侍從關係。有時，從某個嚴謹的角度看，這些關係是部落式的，因為部落制仍存在於該國較窮、較不發達的某些地區。還有些時候是看階級或宗派來決定是否支持。但不管是在哪種情況下，政治人物與其支持者間隱而不顯的社會關係，和在親屬關係群裡所見到的一模一樣：領導地位建立在領導者和追隨者互蒙其利的基礎上，是爭取來而非繼承來的，要能促進群體利益，才當得上領導。同樣的道理也適用在美國城市的恩庇侍從政治上。在美國城市，政治機器建立在互蒙其利這個基礎上，而非建立在意識形態或公共政策之類的「現代」動力上。因此，二十一世紀仍在上演以較不講私人關係的政治關係取代「部落」政治的鬥爭。

注釋

1「產權源自人類能力的分殊，而在阻止利益趨於一致上，這一分殊是同樣無法克服的障礙。保護這些能力是政府的第一目標。」Madison, Federalist No. 10.

2 Douglass C. Northand Robert P. Thomas, *The Rise of the Western World: A New Economic History* (New York: Cambridge University Press, 1973), pp. 1–2.

3 Garrett Hardin, “The Tragedy of the Commons,” *Science* 162(1968): 1243–48. 另參見 Richard Pipes, *Property and Freedom* (New York: Knopf, 1999), p. 89.

4 案例參見 Yoram Barzel, *Economic Analysis of Property Rights* (New York: Cambridge University Press, 1989).

5 這些權利據說於一八四九至一八五〇年加州淘金熱期間，礦工和平談定如何分配他們所標定的土地時，自然而然出現。參見 Pipes, *Property and Freedom*, p. 91. 此陳述忽略兩個重要的背景因素：首先，礦工全是受過英美文化薰陶者，而在此文化裡，對個人產權的尊重根深蒂固；其次，這些權利是在生活與該地的多個原住民族，喪失其對這些土地的傳統權利下出現，礦工並未尊重他們的這些權利。

6 Charles K. Meek, *Land Law and Custom in the Colonies*, 2d ed. (London: Frank Cass, 1968), p. 26.

7 引自 Elizabeth Colson, “The Impact of the Colonial Period on the Definition of Land Rights,” in Victor Turner, ed., *Colonialism in Africa 1870–1960*. Vol. 3: *Profiles in Change: African Society and Colonial Rule* (New York: Cambridge University Press, 1971), p. 203.

8 Meek, *Land Law and Custom*, p. 6.

9 Colson, “Impact of the Colonial Period,” p.200.

10 Paul Vinogradoff, *Historical Jurisprudence* (London: Oxford University Press, 1923), p. 327.

11 Meek, *Land Law and Custom*, p. 17.

12 Vinogradoff, *Historical Jurisprudence*, p. 322.

13 討論傳統土地所有制的利弊，參見 Curtin, Holzknecht, and Larmour, *Land Registration in Papua New Guinea.*

14 關於巴布亞紐幾內亞產權談判困境的更多細節，參見 Whimp, “Indigenous Land Owners and Representation in PNG and Australia.”

15 現代經濟的產權理論，為具體指定為使制度有效率，個人產權所適用的社會單位。此單位往往被認定為個人，但家庭和公司常被推定為產權的所有者，且其成員被認為在有效率開發他們所共同擁有的資源上，具有共同利益。參見Jennifer Roback, "Exchange, Sovereignty, and Indian-Anglo Relations," in Terry L. Anderson, ed., *Property Rights and Indian Economies* (Lanham, MD: Rowman and Littlefield, 1991).

16 Vinogradoff, *Historical Jurisprudence*, p. 343.

17 Gregory Clark, "Commons Sense: Common Property Rights, Efficiency, and Institutional Change," *Journal of Economic History* 58, no. 1 (1998): 73–102. 另參見Jerome Blum, "Review: English Parliamentary Enclosure," *Journal of Modern History* 53, no. 3 (1981): 477–504.

18 Elinor Ostrom舉出數個例子，說明儘管私人產權付諸闕如，仍有共有財產資源（及非排他性但具競爭性的商品）一直得到社群的永續經營。參見Ostrom, *Governing the Commons: The Evolu- tion of Institutions for Collective Action* (New York: Cambridge University Press, 1990).

19 Meek, *Land Law and Custom*, pp. 13–14.

20 Colson, "Impact of the Colonial Period," p.202.

21 Thomas J. Bassett and Donald E. Crummey, *Land in African Agrarian Systems* (Madison: University of Wisconsin Press, 1993), pp. 9–10.

22 Colson, "Impact of the Colonial Period," pp.196–97; Meek, *Land Law and Custom*,p.12.

23 始於一八七〇年代爭奪非洲時期，歐洲列強以低成本建構行政體系，其方法是利用現成網絡分布的當地領導人，執行規則，強徵民工，收取人頭稅。參見Mahmood Mamdani, *Citizen and Subject: Contemporary Africa and the Legacy of Late Colonialism* (Princeton: Princeton University Press, 1996).

24 Vinogradoff, *Historical Jurisprudence*, p. 351.

25 Evans-Pritchard, *The Nuer*, pp. 150–51.

26 這些例子請參閱前注，頁一五〇至一六九。

27 Bruce L. Benson, "Customary Indian Law: Two Case Studies," in Anderson, *Property Rights and Indian Economies*, pp.

29–30.

28 同前注，頁三一。

29 Vinogradoff, *Historical Jurisprudence*, pp. 353–55.

30 Maine, *Early Law and Custom*, pp. 170–71.

31 Vinogradoff, *Historical Jurisprudence*, p. 345.

32 Marshall D. Sahlins, “The Segmentary Lineage: An Organization of Predatory Expansion,” *American Anthropologist* 63, no. 2 (1961): 322–45.

33 Lawrence H. Keeley, *War Before Civilization* (New York: Oxford University Press, 1996); LeBlanc and Register, *Constant Battles*.

34 Keeley, *War Before Civilization*, pp. 30–31.

35 同前注，頁二九。

36 For Tiger, *Men in Groups*, 此為「male bonding」的起源。參見 Le Blanc and Register, *Constant Battles*, p. 90.

37 Jerome Blum, *Lord and Peasant in Russia, from the Ninth to the Nineteenth Century* (Princeton: Princeton University Press, 1961), pp. 38–39.

38 羅伯特．貝茨等透過經濟學角度看政治的政治科學家，有時把戰士稱作「暴力專家」(specialists in violence)，好似他們的職業和製鞋或賣房地產一樣，都只是眾多行業裡的一種。藉此，他們掩蓋了大批戰士彼此栓在一起、把戰士與其領導人栓在一塊的非經濟性社會團結根源。參見 Robert Bates, *Prosperity and Violence* (Cambridge, MA: Har- vard University Press, 2001).

39 Tacitus, *Agricola Germania Dialogus I*, trans. M. Hutton (Cambridge, MA: Harvard University Press, 1970), 13.3–4, 14.1.

40 同前注，14.2–3.

41 這種轉變的思想史來自 Albert O. Hirschman, *The Passions and the Interests: Political Arguments for Capitalism Before Its Triumph* (Princeton: Princeton University Press, 1977).

42 James Chambers, *The Devil's Horsemen: The Mongol Invasion of Europe* (New York: Atheneum, 1979), p. 6.

43 Tatiana Zerjal et al., "The Genetic Legacy of the Mongols," *American Journal of Human Genetics* 72 (2003): 717–21.

44 Tacitus, *Agricola Germania Dialogus* I,7.1.

45 Benson, "Customary Indian Law," p.33.

46 同前注，頁三六。

47 S. E. Finer, *The History of Government*, Vol. I: *Ancient Monarchies and Empires* (New York: Oxford University Press, 1997), pp. 440–41.

第五章　巨靈的到來

國家級社會與部落社會的相異之處；初發性國家形成VS.競爭性國家形成；各種國家形成理論，包括一些說不通的理論，例如用來說明為何早期國家出現在世上某些地方，而未出現在其他地方的理論。

國家級社會在幾個重要方面不同於部落社會。[1]

首先，它們具有一個集中式權威來源，不管權威來源是以國王、總統或總理的型態呈現。此權威來源擔任由下屬組成的等級體系的代表，而這些下屬能執行（至少原則上能執行）對整個社會的統治。此權威來源高於其所轄領土內的所有權威來源，也就是說它是最高統治者。各行政層級，例如更低一級的首領、省長或行政官員，都從他們與最高統治者的正式關係取得決策權威。

其次，權威來源藉由獨占合法的強制工具（軍隊和／或警察）來維繫。國家的權力足以阻止環節、部落或地區脫離自立（這就是國家與酋邦的不同之處）。

第三，國家的權威建立在領土上，而非親屬上。因此，在梅洛溫王朝（Merovingian）時期，即由法蘭克人（Frank）的諸國王之一，而非獨一無二的法蘭西國王領導的時期，法國其實稱不上是個國家。國家成員的身分認定不是取決於親屬關係，因此國家的規模能比部落大得多。

第四，國家內部遠比部落社會更階層化、更不平等，統治者和其行政官員往往將自己與社會上其他人隔開。在某些情形下，他們成為世襲的菁英。奴隸制與農奴制不見於部落社會，卻在國家的支持下大肆擴張。

最後，國家得到更複雜的宗教信仰來賦予正當性，有一自成一體的祭司階層當它的守護者。有時祭司階層直接掌權，在這情況下，國家就是神權國；有時該階層受世俗統治者控制，在這情況下，國家被稱作政教合一（caesaropapist）國家；有時該階層在某種權力分享方式下與世俗統治者並存。

隨著國家的興起，我們步出親屬關係所主宰的世界，進入道地的政治發展領域。接下來幾章，我們會仔細探討中國、印度、穆斯林世界、歐洲如何脫離親屬關係和部落制，轉入較不講私人關係的國家建制。國家一旦問世，親屬關係就成為政治發展的絆腳石，因為親屬關係似乎可能使政治關係返回部落社會那種小規模、講私人關係的局面。因此，光是發展成國家還不夠，國家得避免再度部落化或避免我所謂的重回家產制。

並非全球所有社會都靠自力轉變為國家。在歐洲殖民強權於十九世紀到來之前，美拉尼西亞的大部分地區，由沒有頭頭（即沒有集中式權威）的部落社會構成，撒哈拉以南非洲地區的約略一半和部分南亞、東南亞地區亦然。[2] 這些地區步入國家階段的歷史不久，此事影響了它們於二十世紀下半葉獲得獨立後的發展前景，特別是拿它們與有根深蒂固的國家傳統且同樣曾遭殖民的東亞地區來比尤其明顯。為何中國在其歷史的最初期就發展出國家，而巴布亞紐幾內亞有人定居的歷史更久，卻未發展出國家？這是我希望解開的疑問之一。

國家形成理論

人類學家與考古學家把國家形成分為初發性（pristine）和競爭性（competitive）。初發性國家形成意指國家（或酋邦）從部落級社會裡的初次誕生。競爭性國家形成只在第一個國家開始運作後才發生。比起周遭的部落級社會，國家通常組織更完善，力量更強大，因而國家不是將它們征服、吸納，就是成為不想被征服的鄰近部落仿效的榜樣。歷史上有許多競爭性國家形成的例子，卻無人觀察過初發性國家形成，因此對於第一個國家或第一批國家如何出現，政治哲學家、人類學家、考古學家只能訴諸揣測，於是而有數種解釋，包括社會契約、灌溉、人口壓力、戰爭與暴力、受地理限定。

國家起源於志願締結的社會契約

霍布斯、洛克、盧梭等社會契約論者，最初並無意對國家如何興起給予經驗主義式的陳述，反倒是想弄清楚政府的正當性基礎。但第一批國家是否可能是透過部落成員間某種欲建立集中式權威的明確協議而誕生，仍是值得深思的議題。

霍布斯闡述了促成國家誕生的基本「協議」：國家（即巨靈）透過獨占武力來保障每個公民的基本安全，公民則放棄隨心所欲的權力作為回報。國家也能提供其他種公共財，例如產權、道路、貨幣、統一的度量衡、國防等公民無法靠自力得到的東西。公民則給予國家課稅、徵兵和以別種方式向他們索求東西的權力作為回報。部落社會能提供某種程度的安全，但能提供的公共財有限，因為這類社會缺乏集中式權威。因此，如果國家是透過社會契約誕生，我們就得假定在歷史的某個時期，有個部落社會主動決定將獨裁權力交給某個人，由那人來統治他們。這種授權不是像選出部落首領那般屬於臨時性的，而是永久的，要讓國王和其所有後代都享有這權力。而且那將得建立在部落所有環節的一致同意上，只要不喜歡這協議，每個環節都有權出走。

如果催生出國家的主要因素純粹是經濟因素，例如保護產權或供應公共財，那麼第一個國家似乎極不可能誕生自明確的社會契約。部落社會是平等主義社會，且在緊密結合的親屬關係群體內，個人非常自由。相對的，國家是強制的、專橫的、階層體制的，因此尼采（Friedrich Nietzsche）把國家稱作「最冷酷的怪物」。可想而知，自由的部落社會只在最強烈的外力壓迫下，例如外敵即將入侵而整個部落可能遭滅絕的情況下，才將權威授與單一獨裁者，或在傳染病似乎要使整個部落滅絕時，將權威授與某個宗教人物。羅馬共和國期間，羅馬獨裁者就是以此方式選出，例如西元前二一六年坎尼之役（Battle of Cannae）後，羅馬城受到漢尼拔（Hannibal）威脅之時。但這意味著國家形成的真正推手是暴力或暴力威脅，社會契約因此只是動力因，而非最終因。

國家源於水利工程需要

有個社會契約論變種，已讓人花了許多沒必要的筆墨探討，就是魏特夫（Karl Wittfogel）的「水利」理論。原信仰馬克思主義後來轉為反共的魏特夫，進一步闡述馬克思的亞細亞生產模式理論，為西方之外獨裁國家的興起提供了經濟性解釋。他主張美索不達米亞、埃及、中國、墨西哥諸地國家的興起，源於大規模灌溉的需求，因為這樣的需求，只有中央集權官僚國家才能予以滿足。[3]

這種水利假設有許多問題。在有國家初萌生的地區，早期的灌溉工程大部分規模小，且由在地人管理。中國大運河之類龐大的工程，乃是在已建立強勢國家之後才開始興築，因而是國家形成的果，而非其因。[4]魏特夫的假設如要屬實，我們就得想像有一天有群部落民聚在一塊，互相表示：「我們如果把自己珍視的自由交給一獨裁者，我們會富裕得多。獨裁者將負責管理龐大、世人從未見過的水利工程。我們將不只在這工程興築期間放棄自由，而是此後將永遠放棄自由，因為後代也會需要一位優秀的工程管理人。」如果這假設情況說得通，歐盟老早以前就已變成一個國家。

人口密度

人口學家埃斯特·博斯魯普主張，人口增加和人口稠密乃是技術創新的重要推手。埃及、美索不達米亞、中國境內大河流域的稠密人口，催生出需要大規模灌溉、較高產量新作物和其他工具的集約式農業體系。人口稠密使專門化和菁英群體、非菁英群體間的分工得以出現，從而推動國家的形成。低密度的游團級或部落級社會，藉由彼此保持距離、在發覺彼此無法並存時將環節分割，就可消解衝突。新興城市裡的稠密人口，沒辦法這樣解決衝突。土地不足或無權取得某些重要的公共資源，更有可能引發衝突，從而可能需要較集中式的政治權威來控制。

但即使較高的人口密度乃是國家形成的必要條件，仍有兩個疑問有待解答：是什麼促成人口密度升高？使稠密人口與國家扯上關係的機制為何？或許有人會覺得，從馬爾薩斯的觀點就可解答第一個疑問：人口增加乃是農業革命之類的技術創新所促成，農業革命大大提升土地的扶養能力，進而使父母生養更多小孩。問題是有一些狩獵採集社會，明知自己所置身環境的長期生產力有多高，卻不善加發揮。紐幾內亞的高地居民和亞馬遜流域的印第安人已發展出農業，且從技術上看，他們能夠生產多餘糧食，卻未這麼做。因此，光是從技術可能提高生產力和產量，進而增加人口切入，不必然能解釋人口為何增加。[5]已有一些人類學家主張，在某些狩獵採集社會，多餘糧食的增加，帶來的是工作量減少，因為這些社會的成員把休閒看得比工作重要。農業社會的居民或許平均來講較富裕，但工作得更辛苦得多，權衡得失之後，似乎未必划算。也或者，情況很單純，就只是狩獵採集者困在經濟學家所謂的低水準平衡陷阱裡而已。也就是說，他們擁有播種、轉型務農的技術，但一想到多餘的產量得拿出來共享，私人欲提升生產力水準的念頭迅即煙消雲散。[6]

在此，因果關係可能要倒過來：在早期社會裡，人原本無意生產多餘糧食，後來有了能支配他們的統治者逼他們，他們才這麼做。統治者本身或許不想更辛苦工作，但樂於逼別人更辛苦工作。於是，等級體系的出現，不是經濟因素所促成，而是軍事征服或強迫之類政治因素所致。我立即想起埃及金字塔的建造。

因此，人口稠密可能不是國家形成的最終因，而是中介變數，其本身是尚未探明的別種因素所促成。

國家源於暴力和強迫

所有主要從經濟角度切入的理論所具有的弱點和缺陷，正點出暴力是顯而易見的國家形成來源。也就是說，從部落轉型為國家的過程中，得喪失很多自由與平等。很難想像會有社會為了獲致未必成真的龐大灌溉益處，就放掉這寶貴東西，肯定有更攸關利害的事物，才使他們願意冒險一搏。而從組織性暴力所帶來的生命威脅切入，更能解釋他們為何做此冒險。

我們知道幾乎每個人類社會都從事暴力活動，特別是部落級社會。等級體系和國家可能誕生於某個部落環節征服另一個環節，並控制其領土之時。為了在征服別的部落後維持對該部落的政治控制，征服者建立了集中式的壓迫制度，隨著歲月推移，該制度發展成原始國家的行政官僚組織。特別是如果部落群與部落群操不同語言或分屬不同族群，勝利者可能會建立對被征服者的支配關係，階層區隔可能就此根深蒂固。甚至光是這種受外族征服的威脅，就會鼓勵部落群建立較常設、較集權的指揮、控制組織，一如在沙伊安、普埃布洛這兩種印第安人社會裡所見到的。[7]

證諸史籍，部落征服定居社會之事，在歷史裡上演過無數次，党項人、契丹人、匈奴人、女真人、雅利安人、蒙古人、維京人、日耳曼人，都是如此打下基礎，建立國家。於是，唯一的疑問是最早期國家是否就是如此起家的。在巴布亞紐幾內亞、南蘇丹之類的地方，數百年的部落戰爭未產生國家級社會。人類學家主張，部落社會有拉平機制，以在衝突過後重新分配權力，努爾人的做法是乾脆將敵人納進來，而非統治他們。因此似乎還需要別的因素，才能解釋國家的興起。直到暴力部落群步出亞洲內陸乾草原或阿拉伯沙漠或阿富汗山區，往外擴張，較集權的政治單位才形成。

受地理限定與其他地理環境因素

人類學家羅伯特・卡內羅（Robert Carneiro）指出，戰爭或許是普遍且必要的國家形成條件，卻不是充分的條件。他主張只有在生產力的提升發生於河谷之類天然區隔出的區域裡時，或在因其他敵對部落的環繞，而在實質上限定某個部落的地盤範圍時，才有可能解釋等級制國家的興起。在活動範圍未受局限、人口密度低的情況下，較弱的部落或個人可乾脆逃走。但在夾處於沙漠、海洋之間的尼羅河谷之類等地方，或在被沙漠、叢林、高山包圍的秘魯山谷裡，不存在這種選項。[8] 受地理限定也將解釋為何較高生產力會推高人口密度，因為人沒有逃走這個選項。

紐幾內亞高地的部落有農業，生活在天然區隔出的谷地裡，卻未形成國家，因此光是這些因素無法解釋國家的興起。絕對規模可能也很重要。美索不達米亞、尼羅河谷、墨西哥盆地，雖然被高山、沙漠、海洋包圍，卻都是較大的農業區。這些地區建立得起較大、較集中的軍事組織，且能將軍力投射到更大區域裡，特別是如果這些軍事組織擁有馴化的馬或駱駝的話。因此，決定國家會不會形成者，不只受地理限定這因素，還有該限定區域的面積和是否進出方便。受地理限定也會給早期的國家建造者另一種益處，即保護他們免受河谷或島嶼之外的外敵侵擾，同時組織出愈來愈龐大的武力。在整個大洋洲，酋邦和原始國家（protostate）只出現於斐濟、東加、夏威夷之類較大的島，而未出現於索羅門群島、萬那杜或特羅布里恩群島（Trobriands）之類較小的島上。紐幾內亞是大島，但山嶺遍布，把島上分割成許多小小的微環境。

國家源自克里斯瑪權威

推測政治起源的考古學家，往往偏重於環境、技術水準之類物質主義解釋，而非宗教之類的文化因素，只因為我們較了解早期社會的物質環境。[9]但宗教觀念似乎很有可能是早期國家形成的關鍵因素，因為它們能賦予往等級體系的轉變和部落社會所擁有之自由的喪失以正當性。馬克斯・韋伯區別了他所謂的克里斯瑪權威和該權威的傳統變體、現代理性變體。[10]希臘語克里斯瑪（charisma）意為「被神碰觸」，克里斯瑪領袖確立權威，不是因為他因具有領導才能而被部落同胞選為領袖，而是因為他被認為是神所指派的人。

宗教權威和軍事威力相輔相成，密不可分。宗教權威使部落領袖得以解決統合不同自治部落這個大規模集體行動難題。比起經濟獲益，宗教權威更能解釋為何自由的部落民會願意將權威永久授予某個人和其親屬群體。接下來，這領袖可運用權威，打造出既能確保國內和平與安全，且能征服不聽話部落，進而反過來進一步強化該領袖宗教權威的集權軍事機器。但唯一的問題是需要一種新宗教，能打破祖先崇拜和其他種排他性崇拜之固有規模局限的宗教。

有個具體的歷史例子可說明此過程，就是第一個阿拉伯國家在父權制伍麥葉（Umayyad）王朝時的興起。部落民族居住於阿拉伯半島千百年，生活在埃及、波斯、羅馬、拜占庭等國家級社會的邊境地帶。環境的惡劣和不適農耕，說明了他們為何從未遭征服，進而說明了他們為何從未感受到該組成集權國家的軍事壓力。他們在鄰近的定居社會之間經商，扮演中間人角色，但未能靠自己之力創造出可觀的盈餘。

但隨著先知穆罕默德於西元五七〇年在阿拉伯半島的麥加誕生，情況驟然改觀。據穆罕默德言行錄所述，穆罕默德於四十歲時第一次得到真主啟示，開始向麥加諸部落傳教。他和他的追隨者在麥加遭迫害，於是在六二二年逃到麥地那（Medina）。有人請他出面調解麥地那部落間的紛爭，他草擬出所謂的「麥地那社團章程」，根據該章程組成一個打破部落藩籬的烏瑪（umma），即信士社團，藉此調解了紛爭。穆罕默德的社團尚未具備真正國家的所有特色，但它揚棄了以親屬關係為基礎的制度，並且不是靠征服，而是靠寫出由先知的克里斯瑪權威來支撐的社會契約達成此舉。經過數年的戰鬥，這個新的穆斯林社會組織有了更多追隨者，攻下麥加，把阿拉伯半島中部統合為一個國家級社會。

在靠征服打出的國家裡，建國部落領袖的家系通常演變為統治王朝。在穆罕默德的例子裡，卻未發生這種事，因為他只有一個女兒法蒂瑪（Fatima），沒有兒子。因此，新國家的領導之位傳給穆罕默德在伍麥葉氏族裡的一個同志。伍麥葉氏族和穆罕默德所屬氏族同屬麥加的古萊氏（Quraysh）部落，兩者同一級環節。伍麥葉氏族的確發展成統治王朝，在奧斯曼（Uthman）、穆阿維亞（Muʿawiya）帶領下，伍麥葉國迅即重啟征服大業，征服了敘利亞、埃及、伊拉克，將這些比他們歷史更悠久的國家級社會納入阿拉伯人治下。[11]

若要找個例子來清楚說明觀念對政治的重要性，阿拉伯國家在先知穆罕默德領導下問世一事，就是最好的例子。在這之前，阿拉伯人部落在世界史裡無足輕重，完全是靠著穆罕默德的克里斯瑪權威，阿拉伯人才得以統合為一，將整個中東、北非納入掌控。這些部落沒有經濟基礎可言，他們透過宗教觀念和軍事組織的相互作用取得經濟力量，得以入主有生產多餘糧食的農業社會。[12]這不是純粹的初發性國家形成例子，因為阿拉伯人部落的周邊有波斯、拜占庭等現成國家可供他們仿效和最後予以接管。此外，部落制的力量仍然很強，因而接下來的阿拉伯國家都未能將其完全消滅，或未能創建不受部落政治強烈左右的國家官僚組織（見第十三章）。這迫使後來的阿拉伯人、突厥人王朝以建立完全以外族為班底的奴隸軍隊和官僚組織的特殊手段，來擺脫親屬關係、部落關係的影響。

第一個阿拉伯國家的創建，特別有力地說明了宗教觀念具有何等的政治影響力，但幾乎其他所有國家都靠宗教來賦予自身的正當性。希臘、羅馬、印度、中國諸國的建國神話，都把政權的始祖追溯到某個神或至少某個半人半神英雄身上。欲了解早期國家裡的政治權力，就必然也得了解統治者所控制且用來賦予自身權力正當性的宗教儀式。例如，看看《詩經》裡歌頌商朝始祖的頌詩〈商頌．玄鳥〉：

> 天命玄鳥，
> 降而生商，
> 宅殷土芒芒。
> 古帝命武湯，
> 正域彼四方……

又有一首詩寫道：

濬哲維商，
長發其祥；
洪水芒芒，
禹敷下土方[13]

走筆至此，對於初發性國家形成的因素，我們似乎更可能掌握其全貌。這需要數個因素的和合。首先，得有足夠豐沛的資源，以便能在填飽肚子之後還有剩餘糧食。此豐沛資源可能是大自然所賦予：美國西北太平洋岸獵物和魚極豐，因而該地的狩獵採集社會即使未能創建國家，也能創建酋邦。但較常見的情況是透過農業之類的技術進步才得到豐沛資源。第二，社會的絕對規模必須大到足以讓粗略分工和統治菁英階層誕生。第三，群體所居的環境必須是因地理因素而與外界往來不便的限定區域，以便技術創新的機會降臨時，人口密度得以升高，且使居民無法在受當權者逼迫時外逃。最後，得有東西促使部落群決意將個人自由讓給國家權威。這東西可能是組織日趨完善的其他部落群所加諸的部落滅絕威脅，也可能是某宗教領袖的克里斯瑪權威。合起來看，這些儼然就是在尼羅河谷之類的地方催生出國家的因素。[14]

霍布斯主張，國家（即巨靈）誕生自想消弭猖獗暴力、終止戰爭狀態的個人與個人所締結的理性社會契約。在本書第二章開頭，我表示此主張和所有自由主義社會契約論都存有一根本的謬誤，因為這主張建立在一項前提上：在社會誕生前的自然狀態裡，人以孤立個體的型態生活。這種原始個人主義狀態從不曾存在，人是天生的群居動物，不需要出於自利動機才決定合組群體。社會組織所採用的型態，在更高發展層級時，往往是理性考慮的結果。但在較低層級，它從人類生物性所創造的基礎材料裡自然形成。

但霍布斯式的謬論存有較不為人知的另一面。一如從無法無天的自然狀態到井然有序的公民社會，絕非一刀切的轉變，人類暴力的問題也沒有一勞永逸的解決辦法。人為競爭而合作，為合作而競爭。巨靈的誕生未一舉解決暴力問題，只是將這問題移到更高層次。國家誕生後，在規模愈來愈大的戰爭裡，主角不是互鬥的部落環節而是國家。第一個誕生的國家能創造由勝利者宰制的和平，但隨著歲月推移，有襲取同樣政治技術的新國家起來挑戰它的主導地位，它碰到競爭對手。

國家為何不是舉世皆有？

至此，我們已能理解為何世界某些地方（例如非洲、大洋洲）沒能有國家出現，為何在阿富汗、印度、東南亞高地之類地區部落社會仍未消失。政治科學家傑佛瑞・赫卜斯特（Jeffrey Herbst）主張，非洲許多地區未出現本土國家，乃是幾個大家所熟悉的因素共同造成：「在非洲，國家建造者，不管是殖民地國王、殖民地總督、還是獨立時期的總統，其所面臨的根本問題，始終都在於如何將權威投射到人煙較稀少的不適人居土地上。」[15]他指出，與一般人的想像相反的是，非洲大陸只有百分之八的土地屬熱帶氣候，有一半的土地，降雨量不足以撐起常規農業。人類雖源於非洲，卻在世界其他地方有較好的發展。在現代農業、醫學踏上非洲之前，這整個大陸的人口密度始終很低，直到一九七五年，非洲的人口密度才來到一五〇〇年歐洲的水準。非洲部分地區，例如肥沃的大湖區和東非大裂谷，不適用上述通則。這些地區的人口密度高了許多，且的確很早就出現中央集權國家。

非洲的地理環境也使權力難以往外投射。這塊大陸上只有少數河流可長段通航（此通則的例外，例如尼羅河下游，又支持此點，因為它是世上最早國家之一的所在地）。與較不乾旱的歐亞大陸乾草原地帶正好相反的是，撒赫勒地區（Sahel，撒哈拉沙漠南沿的寬廣半沙漠地帶）的幾個大沙漠，阻礙了貿易和征服。那些騎著馬、費盡千辛萬苦終於橫越這障礙的穆斯林戰士，很快就發現自己的馬兒死於采采蠅所傳染的腦炎，西非的穆斯林地區為何局限於奈及利亞北部、象牙海岸、迦納等地區，原因正在此。[16]至於非洲大陸上為熱帶森林所覆蓋的那些地區，難以建造、維持道路，大不利於國家的建造。古羅馬人於英國所建的硬路面道路，在羅馬已不再支配該地一千多年後仍在使用；在熱帶地區，能撐過幾季的道路不多。

在非洲，因地理因素形成的受限定區域相對較少。這使統治者特別難以將治權擴及內地，特別難以控制所轄土地上的居民。人口密度低意味著要找到新土地通常不難，面臨遭征服的威脅時，退到灌木地帶更深處就可躲開威脅。靠征服戰爭來鞏固國家之事，在非洲不如在歐洲那麼常見，因為征服的動機和可能性少了、小了許多。[17]據赫卜斯特的說法，這意味著從部落式權力概念轉變為曾存在於歐洲那種具有明確治理範圍的權力概念未曾發生。[18]國家出現於非洲大陸上的受地理限定區域（例如尼羅河谷），雖是例外，卻也完全不牴觸前述那個隱而不顯的規則。

歐洲人入主澳洲之前，澳洲未出現國家，其原因可能和非洲的原因類似。澳洲大體上是個極乾旱、同質的大陸，儘管人類定居該地已久，人口密度始終極低。缺乏農業和缺乏天然形成的受限定地區，或許可說明該地為何未能出現高於部落級的政治結構。

在美拉尼西亞，情況頗有不同。該地區全由島嶼組成，因此存有天然形成的受限地區；此外，在那裡，農業很早就問世。在此，問題在於規模和權力投射的困難，因為大部分島嶼屬多山地形。島嶼分割成一個個自成一體的山谷，而這些山谷面積不大，能供養的人口有限，要將權力投射到遙遠異地極難。如前面已提出的，面積較大、擁有較廣闊肥沃平原的島嶼，例如斐濟、夏威夷，的確出現了酋邦和國家。

高山的存在，也是部落式組織在世上許多高地區，包括阿富汗與土耳其、伊拉克、伊朗、敘利亞四國境內的庫德人（Kurdish）居住區，以及寮國、越南的高地和巴基斯坦的聯邦直轄部落地區，至今未消失的原因。高山使國家難以在這些地區立足，使國家的軍隊難以征服並長久控制這些地區。突厥人、蒙古人、波斯人，繼之以英國人、俄羅斯人和今日的美國人、北約部隊，都試圖征服、平定阿富汗的部落，試圖在該地建立中央集權國家，結果都很不理想。

了解初發性國家形成的條件很有意思，因為有助於闡明國家誕生的某些物質條件。但終究，相互作用的因素太多，因而無法針對國家何時形成、如何形成，發展出有力的預測性理論。用來解釋國家為何存在或不存在的理論，有些漸漸讓人覺得像是吉卜林（Kipling）的兒童文學作品《原來如此》（*Just So Stories*）裡的故事。例如，在美拉尼西亞部分地區，環境條件與未出現國家的斐濟或東加（農業足以供養稠密人口的大島）的環境條件頗類似。或許，原因和宗教有關，或和不可考的歷史裡的特定突發事件有關。

但發展出這樣一個理論的意義有多大，老實說不清楚，因為世界上絕大部分國家是競爭性而非初發性形成的產物。此外，有許多國家形成於有文字記載保存至今的歷史時期。值得一提的是，中國的國家形成，開始得極早，稍後於埃及和美索不達米亞，與地中海周邊和美洲境內國家的興起同時。此外，有許多中國早期歷史的書面紀錄和考古紀錄，可供我們以更貼近當時背景的角度理解中國政治。但最重要的，在中國出現的國家，按照馬克斯·韋伯的定義，遠比當時其他地方的任何國家還要現代。中國人創造了一致的、多層級的行政官僚組織，那從未在古希臘或古羅馬出現過。中國人發展出一個明確反家庭主義的政治信條，其早期統治者致力於削弱扎根已深的家族和親屬群體的勢力，以利於施展不講私人關係的治理。這個國家從事民族國家的建造工程，透過工程創造出強健且一致的文化。這文化經歷多次的政治瓦解和外來入侵，兩千年屹立不搖，體質之強健可見一斑。中國政治、文化範圍裡的人口，遠比古羅馬政治、文化範圍裡的人口來得多。古羅馬人統治帝國，最初只讓義大利半島上相對較少數的人擁有公民身分。帝國的版圖最遼闊時從英國到北非到德國到敘利亞，卻由形形色色的不同民族組成，且給予這些民族相當程度的自治權。相對的，儘管中國君主自稱皇帝而非國王，他所統治的地區看來比較像是個王國，乃至以同一套制度施行全境的國家。

中國是個中央集權、官僚制、高度專制統治的國家。馬克思和魏特夫以「亞洲生產模式」、「東方專制主義」之類的名詞，指稱此中國政治特色。我在接下來幾章裡所力陳的觀點，乃是所謂的東方專制主義其實只是政治上符合現代定義的一個國家的過早問世而已。在中國，在其他社會部門（social actor），例如以領土為基礎的世襲貴族、有組織的農民階層、以商人階層為基礎的城市、教會，或其他自治團體，還未能將自身制度化時，國家就得到鞏固。與古羅馬不同的是，中國軍隊仍受到國家牢牢掌控，從未對其政治權威獨自構成威脅。權力天平從一開始就偏向一邊，且很長時間未有改變，因為強大的國家有辦法防止經濟上、政治上的替代性權力來源冒出頭。直到二十世紀，才出現能打破此權力分配格局的動態現代經濟。強大外敵頻頻征服中國部分地區或全境，但這些外敵往往是文化發展程度較低的部落民族，很快就被他們所征服的子民吸收、漢化。直到十九世紀歐洲人到來之後，中國以國家為中心的發展路線受到外國模式的挑戰，中國才真正得與這樣的模式較量。

在中國，早熟性現代國家的發展，未遭到能逼使它接受法治等其他制度化權力中心的抵消，從這點來看，中國的政治發展模式不同於西方。但在這點上，中國也大不同於印度。馬克思所犯的最大錯誤之一，乃是把中國、印度草草歸屬於同一個「亞洲」模式。在印度，與國家相抗衡的社會部門（親屬關係結構的轉化為階級制度和有組織的祭司階層）的制度化，減緩了國家積聚權力的速度，這點與中國不同，而與歐洲類似。結果是過去兩千兩百年裡，中國的一貫政治模式乃是穿插著內戰期、外敵入侵期、瓦解期的大一統帝國，而印度的一貫模式，乃是由多個小政治單位組成的分裂體系，穿插著為時不久的統一期、帝國期。

中國國家形成的主要推手，不是得建造龐大灌溉工程的需求，不是克里斯瑪宗教領袖的崛起，而是無休無止的戰爭。戰爭和戰爭的要求，使由上萬個政治單位組成的體系，在一千八百年的歲月裡統合為單一國家，並催生出一個受過訓練的常設官僚、行政人員階層，且把偏離親屬關係一事合理化為政治組織的基礎。套用查爾斯・提利（Charles Tilly）談到更後來的歐洲時所說的話，對中國來說，「戰爭製造了國家，國家製造了戰爭。」

注釋

1 有些人類學家，例如Elman Service、Robert Carneiro，在部落和國家之間另外隔出一級社會，即酋邦。酋邦為階層結構，有一中央權威來源，透過建制化的宗教取得正當性，從這方面來看酋邦非常類似國家。但他們通常未維持強大的常備軍隊，沒有權力透過下轄部落或地區的分裂來防止本身瓦解，從這方面來看，酋邦又不同於國家。Service, *Primitive Social Organization*, chap. 5; Robert Carneiro, "The Chiefdom: Precursor of the State," in Grant D. Jones and Robert R. Kautz, eds., *The Transition to Statehood in the New World* (New York: Cambridge University Press, 1981).

2 Meyer Fortes and E. E. Evans-Pritchard, eds. *African Political Systems* (New York: Ox- ford University Press, 1940), pp. 5–6.

3 Karl A. Wittfogel, *Oriental Despotism: A Comparative Study of Total Power* (New Haven: Yale University Press, 1957). 參見Claessen and van de Velde, "The Evolution of Sociopolitical Organization," in Claessen, van de Velde, and Smith, *Development and Decline*, pp. 130–31; Henri J. M. Claessen and Peter Skalnik, eds., *The Early State* (The Hague: Mouton, 1978), p. 11.

4 參見Michael Mann, *The Sources of Social Power*, Vol. I: *A History of Power from the Beginning to* a.d. *1760* (New York: Cambridge University Press, 1986), pp. 94–98的討論。另參見Kwang-chih Chang, *Art, Myth, and Ritual: The Path to Political Authority in Ancient China* (Cambridge, MA: Harvard University Press, 1983), pp. 127–29.

5 參見Kent V. Flannery, "The Cultural Evolution of Civilizations," *Annual Review of Ecology and Systematics* 3 (1972): 399–426的討論。

6 此觀點是與Steven LeBlanc於私下討論時提出。

7 參見Winifred Creamer, "The Origins of Centralization: Changing Features of Local and Regional Control During the Rio Grande Classic Period, a.d. 1325–1540," in Haas, *From Leaders to Rulers*.

8 Robert L. Carneiro, “A Theory of the Origin of the State,” *Science* 169 (1970): 733–38. 另參見Carneiro, “On the Relationship Between Size of Population and Complexity of Social Organization,” *Journal of Anthropological Research* 42, no. 3 (1986): 355–64.

9 此觀點來自Flannery, “Cultural Evolution of Civilizations.”

10 三種統治類型的定義來自Max Weber, *Economy and Society*, Vol. I (Berkeley: University of California Press, 1978), pp. 212–54.

11 關於背景，參見Fred M. Donner, *The Early Islamic Conquests* (Princeton:Princeton University Press, 1981), chap. 2.

12 同前注，chap. 1; Joseph Schacht, ed., *The Legacy of Islam*, 2d ed. (Oxford: Oxford Univer- sity Press, 1979), p. 187.

13 引自F. Max Müller, ed., *The Sacred Books of the East*, Vol. III (Oxford: Clarendon Press, 1879), p. 202.

14 Robert C. Allen, “Agriculture and the Origins of the State in Ancient Egypt,” *Explorations in Economic History* 34 (1997): 135–54.

15 Jeffrey Herbst, *States and Power in Africa* (Princeton: Princeton University Press, 2000), p. 11.

16 Jack Goody, *Technology, Tradition, and the State in Africa* (Oxford: Oxford University Press, 1971), p. 37.

17 Jeffrey Herbst, “War and the State in Africa,” *International Security* 14, no. 4 (1990): 117–39.

18 Herbst, *States and Power in Africa*, chap. 2.

PART II

國家的建造

State building

第六章　中國的部落制

中國文明的起源；古中國部落社會的組織；中國家族與親屬關係的特色；周朝時封建制度的擴散和政治權威的本質。

從中國開始以文字記載歷史，部落制就存在於中國，迄今未消失。環節性家系如今仍存在於華南部分地區和臺灣。史學家談到中國的「family」時，往往指的不是由父母和其小孩組成的核心家庭，而是成員人數可達數百、甚至數千，規模更大得多的父系親屬群體（宗族）。早期中國史留下相對較詳細的記載，因此我們得以有一難得機會觀察國家從部落級社會成形的過程。

中國老早就有人類居住。八十萬年前，該地就有直立人之類的遠古人生活，智人則在出走非洲的幾千年後首度出現於中國。在中國，很早就開始栽種小米（北方）、稻米（南方），冶金和定居聚落於仰韶文化時期（西元前五〇〇〇至三〇〇〇年）首度出現。城牆環繞的城市和社會階層化的明確證據，出現於龍山時期（西元前三〇〇〇至二〇〇〇年）。在這之前，宗教建立在由薩滿僧主持的祭祖或祭靈儀式上，而一如在大部分游團級社會裡所見，薩滿僧不是專職人員，只是社群裡的一般成員。但隨著更階層化的社會在龍山時期出現，統治者開始獨攬對薩滿教的控制，利用薩滿教強化自己的正當性。[1]

農業問世之後，最重要的技術發展或許是馬的馴化。這可能於西元前第四個千年期間在烏克蘭首度發生，西元前第二個千年初期傳播到西亞和中亞。往游牧生活的轉變，完成於西元前第一個千年開始時，即第一批騎馬部落民族推進到中國境內時。[2] 接下來的中國歷史，有許多時期以此現象為主軸。

古中國的歷史時期劃分可能令人困惑（見表一）。[3] 仰韶、龍山是考古上的分類，而非王朝分類，因華北黃河中下游的聚落而得名。王朝中國由夏商周三代揭開序幕。周朝又再分為西周、東周，以西元前七七〇年周朝從陝西鎬京遷都到今河南省西部的洛陽一事，為東、西周的分界，東周又再細分為春秋、戰國兩個時期。

古中國指的是從史前史最初期一直到秦朝開國這段時期。隨著秦朝開國，中國進入大一統單一帝國時期。我們對古中國的了解，倚賴廣泛的考古資料，包括用來占卜的大量甲骨文、帶銘文的青銅器，和宮廷官員用來記載國事的竹簡。[4] 另一個資訊來源是在東周最後幾百年裡編纂的中國古籍。最重要者是五經：《詩經》、《禮記》、《尚書》、《易經》、《春秋》。研讀五經成為後來千百年裡中國官員的教育基礎。五經據說是孔子所編訂、留傳下來，五經和卷帙浩繁的五經注解是形塑中國文化兩千多年的儒家意識形態的基礎。這五部典籍編訂於內戰頻仍、政治崩壞的東周時期，《春秋》記載魯國十二位國君的歷史，在孔子眼中，這段歷史正說明此時期的日益衰敗。五經和孔子、

表一　古中國

年（西元前）	王朝	時期	實體數目
五〇〇〇	仰韶		
三〇〇〇	龍山		
二〇〇〇	夏	三代	三〇〇〇
一五〇〇	商		一八〇〇
一二〇〇	西周		一七〇
七七〇	東周	春秋（七七〇至四七六）	二三
		戰國（四七五至二二一）	七
二二一	秦		一

孟子、墨子、孫子和當時其他人所寫的作品，含有豐富的歷史資訊，儘管這些主要屬文學性質的作品，準確性有待商榷。

但明確的證據顯示，中國境內政治單位的總數大減，從夏初的約一萬個，減為西周初的一千兩百個，到戰國時期的七個。[5]地處西陲的秦國，在秦孝公和其大臣商鞅領導下，為第一個真正現代的國家奠下基礎。隨著秦王征服所有對手，建立大一統帝國，將秦國所首度發展出來的建制，強行推行於華北許多地方，國家統一的過程走到終點。

部落中國

在中國，從部落級社會到國家級社會的轉變是漸進完成，國家建制和以親屬關係為基礎的社會結構以上下層的關係並存。夏、商期間被今人稱之為「國家」，其實稱之為高度階層化、集中式領導的酋邦或部落較為貼切。一直到商朝覆滅時，親屬關係仍是中國社會組織的主要型態。到了周朝才開始改變，有常設軍隊與行政系統的真正國家開始出現。

在中國歷史的早期階段，社會的組成單位是家系，即源自同一祖先的父系親屬群體。基本的軍事單位，由約百戶人家提供的壯丁構成，百戶人家構成一個家系，集結在同一旗幟之下，由家系領袖領導。諸家系能靈活合組成氏族（即更高階的家系），國王是特定區域裡所有家系的最高領袖。[6]

夏商周三代時，家系內的儀式性行為明訂於一連串法律中。儀式以對諸家系之共同祖先的崇拜為核心，在立有祖先牌位的家廟舉行。家廟有數進，視家系或次家系組織的等級而定。家系領袖透過控制這些儀式來強化其權威，未能正確執行這些儀式或未能正確遵守軍事命令，都招來國王或更高階家系領袖的嚴懲。同樣的，如果要澈底擊敗敵人，就得拆掉敵人家廟，洗劫其象徵性寶物，然後殺光敵人的男性後代，以斷其「世系繩」。[7]

一如在其他部落社會，在這時期的中國，社會組織的級數有增有減。一方面，以定居村落為根基的家系，為了打仗、自衛或商業目的而彼此結合。有時結盟是志願，建立在共同的經濟利益上；有時是基於對某領袖禮貌性的尊敬；但常常是受迫而結盟。戰爭變得愈來愈常見，有夯土城牆圍繞的城鎮於龍山時期開始暴增就是明證。[8]

另一方面，由於下一代出去尋找新土地，建立親族分支，家系社會不斷在分裂。這時的中國人煙稀疏，家庭只要遷居他地，就能躲掉某個既有家系的權威。[9]因此，一如國家形成理論所預測的，低人口密度和缺乏受地理限定的地區，不利國家與等級體系的形成。

但在黃河流域的較古老地區，人口密度升高，農業生產力也上升。從領袖可加諸其追隨者身上的嚴懲，從蓄奴和人祭的普及，我們看到商朝時等級級數的增加。甲骨文提到五種刑罰：墨（在額頭上刺字塗墨）、劓（割鼻）、剕（砍腳）、宮（割掉生殖器）、大辟（死刑）。[10]許多這時期的墓葬遺址埋有八到十具俯臥無頭的骸骨，很可能是奴隸或戰俘的骸骨。較高階領袖下葬時，屠殺多達五百人陪葬，在殷墟的殉葬坑已發掘出多達一萬的人牲，還有大量馬匹、馬車、鼎和其他珍貴人工製品。因此，為安撫死去的祖先，生者花掉許多資源、人、動物、物質。[11]顯然的，部落式政治實體正開始轉變為較等級式之政治實體。

中國家族和親屬關係

中國歷史不變的特色之一，乃是家族和親屬關係始終對社會組織很重要。秦國統治者更是如此，努力在自己國內壓制親屬關係，以利於施行較不講私人關係的治理。中國共產黨於一九四九年掌權後，也努力運用其獨裁權力消滅中國傳統家庭主義，以將個人和國家綁在一塊。這些政治工程的成效，卻都令其發動者失望。事實證明，中國家族韌性十足，父系世系群至今仍存在於中國某些地方。[12]短命的秦朝覆滅後，不講私人關係的治理方式，終於在西漢（西元前二〇六至西元九年）期間得到確立。但親屬關係於東漢末年、隋朝、唐朝時大舉反撲。不講私人關係的國家治理，只在西元十世紀結束後的宋、明兩朝期間得到恢復。特別是在華南，家系和氏族的勢力直到二十世紀都很強大。在地方層級，它們發揮準政治功能，在許多事務上局部排擠掉國家，成為權威來源之一。

現存有大量關於中國親屬關係的著作，其中有許多是人類學家所寫，他們研究過臺灣、華南境內的當代社群，且運用了這些地區十九世紀以來的親屬關係紀錄。[13]更早期的中國家族關係，也有人根據個別親屬群體所留下特別詳細的紀錄寫下研究成果。對於古中國的親屬關係，我們的了解就少了許多，而把現代趨勢套用到遙遠的古代存有風險。有些學者主張，當代家系是唐宋過渡期（Tang-Song transition）期間新儒家所主導的刻意政策的產物，主張在十一世紀開始之前的親屬關係不同於此。[14]但親屬關係組織的某些特色，在中國歷史長河裡一直未消失，迄今仍是。

在中國社會裡，親屬關係完全是父系的。有位人類學家把家系界定為「擁有同一祭祀禮儀（ritual unity），且以來自同一祖先的血緣為基礎的團體」。[15]有些現代家系的祖先可追溯到二十代前，但歷史上的家系通常上溯最遠只有五代。相對的，氏族是更具綜合性的親屬群體，由數個家系組成，往往建立在擬親族關係上。氏族和相關的姓氏宗親會往往只為了確立外婚制而存在。[16]

一如在其他父系親屬社會所見，只有男性擁有王位、財產的繼承權。女人不被視為她所出身家系的永久成員，而是家族在與其他重要家族組成聯盟時運用的資源。她出嫁後即斷絕與生身家族的關係，而且在中國歷史的許多時期裡，只有在特別規定的日子能回老家探望家人。妻子不再於生身家族的家廟祭拜，而是在夫家的家廟祭拜。「世系繩」只透過男性傳承，因此在生出男性後代之前，她在她的新家裡沒有地位。兒子會在她死後祭拜她和她丈夫，在有兒子之前，她都沒有安全感。更現實來說，兒子是她老年時社會保障的來源。

年輕媳婦和婆婆關係很緊繃，千百年來有無數中國小說和戲劇詳細鋪陳此主題，因為在媳婦生出兒子之前，婆婆可以蠻橫對待她。但生了兒子後，女人地位大增，成為重要家系之嗣子的母親。在帝制中國，有許多宮廷陰謀以強權寡婦想提升自己兒子政治地位的作為主軸展開。在西漢，皇太后擇定皇位繼承人之事，至少發生了六次。[17]

前現代社會令人難過的事實之一，乃是不易將男性後代養大成人。在現代醫學問世之前，縱有高地位、家財萬貫，在這一方面，境遇也好不了多少。后妃生不出兒子所引發的長期政治危機，由全球諸君主國的歷史，可找到許多實例。日本皇太子德仁親王的王妃小和田雅子於一九九三年嫁入皇室後，努力想生兒子，她分娩時，許多日本人焦慮關心她的分娩過程。但比起之前一連串天皇，德仁親王夫婦的努力是小巫見大巫：仁孝天皇（西元一八〇〇至一八四六年）生了十五個孩子，其中只有三個活逾三歲，明治天皇（西元一八五二至一九一二年）也生了十五個，只有五個長大成人。[18]

在中國，一如在其他社會，此問題歷來都透過納妾來解決，而高身分地位的男人可納一個、兩個，甚至更多的妾。中國發展出一套複雜且成為定制的制度，來決定在這情況下由誰來繼承王位。例如，元配兒子（嫡子）的繼承權高於妾的兒子（庶子）的繼承權，即使他年紀較小亦然，儘管有些皇帝不理會這規則。但即使有明定的規則，王位繼承的不明確，仍使宮廷裡增添了許多陰謀詭詐之事。西元前七一年，大臣霍光的妻子霍顯找人毒死有孕在身的許皇后，由她的女兒繼任皇后。西元一一五年，安帝的皇后閻姬生不出兒子，得知宮人李氏得皇上寵幸後生下一子，閻姬下毒手殺了李氏。[19]

一如福斯泰爾·德·庫朗日所描述的古希臘羅馬情況，中國的親屬關係制度與私有財產制密不可分。周初，宣告土地皆為國家財產，但周王太弱勢，無法落實這道命令，土地漸歸私有，且遭出售或讓渡。[20]家廟或祠堂所在的土地，歸家系全體擁有。此外，較富有的家系可投資於堤壩、橋梁、水井、灌溉系統等共有財產。個別家族擁有自己的土地，但他們讓渡土地的能力，受到家系的禮法規矩嚴格限定。[21]

家系成員的增加，總是帶來財產繼承方面的問題。周初行長嗣繼承制，後來改成由眾兒子均分遺產，而在接下來直迄二十世紀的中國歷史，大部分時候盛行這種均分制。[22]在這制度下，家戶名下的土地往往分割得愈來愈細碎，導致分到土地者無法靠土地養家活口。中國人發展出理想的聯合家庭，在這種家庭裡，數代的男性後代同住一屋簷下。兒子長大後，在分到的土地上蓋自己的房子，或到附近購置新地。但每個後代仍擁有家系共有土地的其中一份，且有祭拜共同祖先的義務，而這可防止他們遷離太遠或隨意賣掉名下土地。[23]

後來，在財產和共居（coresidence）上，出現了地區性的強烈差異。在華北，家系的勢力與時俱降，家系的成員遷居到彼此相隔甚遠的不同村子，失去他們的共同認同感。但在南方，家系、氏族的成員，彼此居住、工作都在附近，有時整個村同姓氏。為何會有這樣的發展差異，歷來有許多種解釋，其中之一認為南方有很長一段時間都是荒無人煙的邊遠地區，使家系在規模變大時仍能聚在一塊，而北方接連不斷的戰爭和流離失所，往往拆散共居的親屬關係群體。

切記，從許多方面來看，家系組織都是只有富人才有幸擁有。只有他們能夠擁有能再分割的大片土地，能夠擁有共有財產，養得起有時得負起傳宗接代之責的眾多妻妾。事實上，家系制度的規則於周朝首度明定於法律上時，只適用於某些上層家庭。窮人家養得起的小孩數量較少，且有時招贅以彌補沒有嗣子的遺憾，入贅者會放棄本姓改從妻姓。此習俗在日本變得常見，但在中國引來反感。[24]

中國的「封建」時期

商人遭定居於西方渭水邊的周族部落征服。此征服過程始於西元前十一世紀初期，花了數年才完成，商人部隊除了得對抗周人，還得同時對付東方山東境內的騎馬游牧民。周王殺掉商朝的王位繼承人，殺掉自己兄弟以奪權，最後建立了新王朝。[25]

許多學者認為，此征服為中國封建時期的到來奠下基礎。在此封建時期，政治權力高度分散，由一連串按等級排序的氏族、世系持有。從西周立朝以迄東周初期，親屬關係一直是主要的社會組織原則。但由於春秋、戰國時期這些親屬關係群體不斷交相伐，中國境內諸國開始合併。由於有愈來愈多來自信史而非考古重建的證據可利用，我們可相當詳細地建構出推動中國境內國家形成的因素。

從比較的角度看，中國境內國家形成的過程尤其令人感興趣，因為它在許多方面為千年後的歐洲立下了先例。一如周族部落征服早已有人定居的土地，建立封建貴族制度，日耳曼蠻族部落也推翻日益腐敗的羅馬帝國，創立一個分權程度相當的政治制度。在中國和歐洲，國家形成的主要動力都是發動戰爭的需要，此需要促成封地漸進合併為有明確疆域的國家，促成政治權力的集中和不講私人關係的現代治理方式問世。[26]

但中國與歐洲間有一些重大差異，而以英語撰寫的中國歷史著作，以「封建」（feudal）、「家族」（family）、「王」（king）、「公」（duke）、「貴族」（nobility）之類詞語談及中國時，掩蓋了這些差異。因此，我們得仔細界定這些詞語，指出兩者的重要相似之處和兩文明的分歧之處。「封建制度」（feudal、feudalism）是最令人困惑、遭誤用最嚴重的詞語，由於學者和論者的濫用，這兩個詞語大體上已變得毫無意義。[27]在由卡爾·馬克思所開創的傳統裡，「feudalism」常用來指稱存在於中世歐洲，以封建領主的領地為核心，領主與農民間的剝削性經濟關係。馬克思主義史學的僵固，已使遵循該傳統的學者把封建時期視為現代資本主義興起不可避免的先兆，於是開始在一些與封建時期這概念毫不相干的社會裡，尋找此發展階段。[28]

史學家馬克·布洛克（Marc Bloch）把焦點擺在存在於中世歐洲時的采邑、封臣制度，為feudalism一詞下了較貼近史實的定義。采邑制是領主與封臣間的契約性協議，封臣藉這協議得到保護和一塊土地，並為領主服兵役作為回報。雙方以隆重儀式訂定這契約：領主將封臣的雙手放在自己手中，以一吻締結這項關係。依賴關係使雙方都負有明確義務，且每年得重新確立這關係。[29]封臣能把自己的采邑再分為數個更小的采邑，自闢他們與自己封臣的關係。這套制度產生一套與榮譽、效忠、騎士風愛情（courtly love）有關的複雜倫理規範。

從政治發展的角度看，歐洲封建制度最重要的層面，不是領主與封臣間的經濟關係，而是該制度所暗示的分權。引用歷史學家約瑟夫·史崔爾（Joseph Strayer）的話：「西歐封建制度基本上是政治性的，它是一種政府……在這種政府裡，政治權威由一小撮軍事領袖獨占，但相當平均地分配給群體裡的眾成員。」[30]這也與馬克斯·韋伯有密切關係的定義，乃是我在本書中一貫使用的定義。此制度的核心乃是授與采邑或封地，即授與讓封臣享有某種程度之政治控制且疆界明確的土地。理論上講，封建契約可撤銷，但歐洲的封臣經過一段時間後，把采邑轉為遺產，即可傳給下一代的財產。他們取得在封地上募集軍隊、向居民課稅、在不受名義上領主干預下執行司法的政治權利。因此他們絕非領主的代理人，而是本身就是不折不扣的領主。馬克·布洛克指出，晚期封建制度的世襲特性，其實反映了該制度的墮落。[31]但正是封建制度內分配政治權力的特點，使該制度變得獨一無二。

從這角度看，中國周朝是個封建社會。[32]它與中央集權國家毫無相似之處。一如此前、此後許多靠征服建立的王朝，周王發覺他缺乏歸他個人掌控的武力或資源來統治他所取得的土地，在有乾草原游牧民侵擾的周朝西疆和後來誕生楚國的南方邊疆地區尤其是如此。因此，周王分封土地給他的隨從和作戰同袍，而由於周族社會的部落本質，這些人都是他的親屬。周王設了七十一塊封地，其中五十三塊由他的親屬統治，其他封地分配給宣誓效忠新王朝的前商朝領主，或其他周族行政官員或軍事將領。獲封土地者在治理封地上有相當大的自主權。[33]

周朝時的中國封建制度與歐洲的封建制度存在一些重大差異。在歐洲，環節性的部落建制在歐洲封建時期開始時遭摧毀，通常摧毀於蠻族部落皈依基督教後的兩代之內。歐洲封建制度是將彼此不具親屬關係的領主、封臣結合在一起的機制，促進了已不存在複雜親屬關係的社會裡的社會合作。相對的，在中國，政治主角不是個別領主，而是領主與他們的親屬關係群體。在歐洲領主的轄地裡，不講私人關係的治理已開始扎根，表現為領主與農民間的封建契約。權威被賦予領主本身，而非領主所屬的氏族。采邑是領主家所擁有，而非規模更大的世系群所擁有。

另一方面，在中國，采邑授與親屬關係群體，親屬關係群體可將采邑再分給次家系或部落的旁系。因此，比起歐洲領主的權威，中國貴族的權威較弱，等級性較薄，因為他本人牢牢固著於使他無法完全自主的更大親屬關係的架構裡。我在前面已指出，在部落社會裡，領導地位常是靠領導人本身的努力贏得，而非靠出身自動獲得。在中國周朝，領導地位朝更為等級制的方向發展，但仍受到親屬網絡的約束，從而顯得比在歐洲的領導地位更為「部落性」。據某觀察家所述，春秋時期，「國類似一個放大的家，統治者統而不治。大臣很重要，不是因為他們握有官職，他們重要且受封官職，乃是因為他們與統治者有親屬關係，或因為他們是豪門望族的首領。」[34]國王是眾多平起平坐者中最資深者，而非真正的最高統治者：「多則故事提到貴族公開責罵統治者，朝他吐口水，卻未受訓斥或懲罰。貴族拒絕統治者索求珍貴物品、在統治者妻妾的圍繞下與統治者下棋、未經統治者邀請即自行取用統治者的菜餚，或貴族到統治者家共進晚餐，赫然發現統治者出外獵鳥回來。」[35]

在以氏族為基礎的周朝社會組織裡，軍隊本身由數個各自為政的單位組成，沒有統歸中央指揮和控制之事。每個家系有自己的武力，（像努爾人環節那般）結合成更大單位。「從對戰役的描述中可看到，在戰場上這些徵集來的軍隊仍聽命於自己的指揮官，主要決定通常由諸領袖間的集體磋商做出，來自各地的部隊只是鬆散集結在一塊，因而指揮官可不管軍隊其他單位的死活，帶著自己的人馬離開。」[36]由於不存在嚴格的指揮、控制等級體系，下屬無視名義領主命令的事屢見不鮮。據第五章所闡述的人類學分類，周初有組織的政治實體是部落或頂多只能算是酋邦，而非國家。

周朝封建社會發展出嚴明的階級區隔和具有如下特色的貴族階層：以榮譽為核心的道德規範，和願意冒生命危險投入暴力鬥爭。就這點來說，周朝封建社會類似歐洲封建社會。早期的部落社會相對較平等主義，有多種拉平機制來防止鮮明地位差異的出現。接下來，某些人開始在狩獵中嶄露頭角。狩獵與戰爭之間存有某種連貫性，如我們已看出的，這連貫性最遠可溯至人類的靈長目祖先。在狩獵和征服中，等級體系自然而然形成，因為就是有某些人、某些群體在打獵、作戰上優於其他人、其他群體。擅於打獵者，往往擅於打仗，打獵所需的合作技能，發展出戰術和戰略。透過打勝仗，某些家系取得高於其他家系的地位，而在每個家系中，能征善戰的戰士成為領袖。

在中國亦然。狩獵、戰爭間的連貫性，保存在用來為戰士貴族階層的社會地位賦予正當性的一連串儀式中。馬克．劉易斯（Mark Lewis）主張，春秋時期，「使統治者與人民大眾有別的作為，乃是對那些祭壇的『大祭』，而這些大祭是透過儀式引導的暴力行動，表現為獻祭、戰爭、打獵」。[37]打獵帶來可獻祭給祖先的動物，戰爭帶來可獻祭給祖先的人牲。商人以人獻祭的習俗，在周朝時沿用不輟，直到西元前四世紀。出征前先在廟裡獻祭、禱告，以確保克敵制勝。儀式期間肉由大家分食，殺戰俘取血以塗鼓行祭，對於特別痛恨的仇敵，則將其剁為肉醬，讓朝中或軍中眾人一起吃掉。[38]

周初的貴族式戰爭變成高度儀式化。打仗是為了使別的氏族承認本族的支配地位，或為了報復自己所受到的輕蔑。軍隊出征以捍衛「祖先所留下的功績」，未能做到這點，將使領袖死後享受不到應有的祭拜儀式。軍隊可透過對實力、榮譽的制式測試來達成此目標，而不必透過拚死拚活的廝殺。貴族遵循一套複雜的規則，戰鬥常常在貴族群體之間事先安排好。敵人出現於戰場，軍隊就得上前迎敵，否則名譽掃地，有時，攻擊敵人時避開敵人最強之處，被視為可恥行徑。相對的，出兵攻打別國時，若對方領主去世，會撤兵以免加重對方服喪的負擔。春秋初期，貴族與敵人廝殺時大部分位在馬拉戰車上，戰車造價高昂，操作、維修都需要高超的技巧。[39]顯然的，兵法家孫子所建議的奇襲、欺敵之類非正面攻擊的戰術，要在中國歷史更晚時才出現。

周初時中國已發展成介於部落級社會、酋邦級社會之間的社會。史書裡通稱為「國家」的那些單位，無一是真正的國家，中國周朝是說明家產制社會的標準範例。也就是說，整個國家由一連串地方領主和他們的親屬關係群體「擁有」。在中國父系親屬關係規則的約束下，土地和生活在該土地上的人民是家產，或可傳給下一代的世襲財產。在這社會裡，公私不分，每個統治家系募集軍隊、課稅，照自己的標準處理司法事務。但這一切不久就改觀。

注釋

1 Kwang-chih Chang et al., *The Formation of Chinese Civilization*, pp. 2–130.

2 Michael Loewe and Edward L. Shaughnessy, eds. *The Cambridge History of Ancient China: From the Origins of Civilization to 221 b.c.* (New York: Cambridge University Press, 1999), pp. 909–11.

3 有關中國早期分期的更多資訊，參見Li Xueqin, *Eastern Zhou and Qin Civilizations* (New Haven: Yale University Press, 1985), pp. 3–5.

4 關於此時期，參見Herrlee G. Creel, *The Birth of China: A Study of the Formative Period of Chinese Civilization* (New York: Ungar, 1954), pp. 21–37; and Edward L. Shaughnessy, *Sources of Western Zhou History: Inscribed Bronze Vessels* (Berkeley: University of California Press, 1991).

5 Chang, *Art, Myth, and Ritual*, pp. 26–27.

6 同前注，頁三五。

7 同前注，頁四一。

8 Chang et al., *Formation of Chinese Civilization*, p. 85.

9 Chang, *Art, Myth, and Ritual*, p. 124.

10 Chang et al., *Formation of Chinese Civilization*, p. 170.

11 同前注，頁一六四至一六五。

12 關於中國世系群的留存，參見Francis Fukuyama, *Trust: The Social Virtues and the Creation of Prosperity* (New York: Free Press, 1996), pp. 69–95. 編注：中文版《信任：社會德性與經濟繁榮》由立緒文化出版，二〇一四年十一月三日。

13 參見Olga Lang, *Chinese Family and Society* (New Haven: Yale University Press, 1946); Maurice Freedman, *Lineage Organization in Southeastern China* (London: Athlone Press, 1958); Freedman, *Chinese Lineage and Society: Fujian and Guangdong* (London: Athlone, 1966); Freedman, *Family and Kinship in Chinese Society* (Stanford, CA: Stanford University Press, 1970); Myron L. Cohen, *House United, House Divided: The Chinese Family in Taiwan* (New York: Columbia University Press, 1976); Arthur P. Wolf and Chiehshan Huang, *Marriage and Adoption in China, 1845–1945* (Stanford, CA: Stanford University Press, 1980).

14 關於當代人類學如何與歷史研究相關的討論，參見James L. Watson, “Chinese Kinship Reconsidered: Anthropological

Perspectives on Historical Research," *China Quarterly* 92 (1982): 589–627.

15 同前注，頁五九四。

16 Paul Chao, *Chinese Kinship* (Boston: Routledge, 1983), pp. 19–26.

17 Michael Loewe, *The Government of the Qin and Han Empires: 221BCE–220CE* (Indianapolis: Hackett, 2006), p. 6.

18 Donald Keene, *Emperor of Japan: Meiji and His World, 1852–1912* (New York: Columbia University Press, 2002), p. 2.

19 Loewe, *Government of the Qin and Han*, p. 6.

20 Ke Changji, "Ancient Chinese Society and the Asiatic Mode of Production," in Timothy Brook, ed., *The Asiatic Mode of Production in China* (Armonk, NY: M. E. Sharpe, 1989).

21 Franz Schurmann, "Traditional Property Concepts in China," *Far Eastern Quarterly* 15, no. 4 (1956): 507–16.

22 Chao, *Chinese Kinship*, p. 25.

23 Baker, *Chinese Family and Kinship*, pp. 55–59.

24 Chao, *Chinese Kinship*, p. 19; Fukuyama, *Trust*, pp. 172–73.

25 關於背景，參見 John A. Harrison, *The Chinese Empire* (New York: Harcourt, 1972), pp. 36–37. On the origin of the Zhou and their conquest of the Shang Dynasty, see Creel, *The Birth of China*, pp. 219–36.

26 關於這樣的比較，參見 Victoria Tinbor Hui, *War and State Formation in Ancient China and Early Modern Europe* (New York: Cambridge University Press, 2005).

27 關於封建制度概念使用的主要批評，參見 Elizabeth A. R. Brown, "The Tyranny of a Construct: Feudalism and Historians of Medieval Europe," *Ameri- can Historical Review* 79, no. 4 (1974): 1063–88. See also Jørgen Møller, "Bringing Feudalism Back In: The Historian's Craft and the Need for Conceptual Tools and Gen- eralization," unpublished paper.

28 相關討論參見 Joseph R. Levenson and Franz Schurmann, *China: An Interpretive History. From the Beginnings to the Fall of Han* (Berkeley: University of California Press, 1969), pp. 34–40.

29 Marc Bloch, *Feudal Society* (Chicago: University of Chicago Press, 1968), p. 161.

30 Joseph R. Strayer, "Feudalism in Western Europe," in Fredric L. Cheyette, ed., *Lordship and Community in Medieval Europe: Selected Readings* (New York: Holt, 1968), p. 13.

31 Bloch, *Feudal Society*, pp. 190ff.

32 關於周朝與歐洲封建制度之關係更全面的討論，參見Feng Li, "'Feudalism' and Western Zhou China: A Criticism," *Harvard Journal of Asiatic Studies* 63, no. 1 (2003): 115–44. 他表示西周立朝之初，政治集權的程度就遠高於「封建制度」一詞所間接表示的程度。

33 Harrison, *The Chinese Empire*, pp.37–41; Hsu, *Ancient Chinain Transition*, p.53; Levenson and Schurmann, *China*, pp. 30–32.

34 Hsu, *Ancient China in Transition*, p. 79.

35 Mark E. Lewis, *Sanctioned Violence in Early China* (Albany: State University of New York Press, 1990), p. 33.

36 同前注，頁三五。

37 同前注，頁十七。

38 同前注，頁二八。

39 同前注，頁二二、三七至三八。

第七章　中國境內國家的興起和戰爭

在中國，國家如何從軍事競爭中誕生；商鞅的現代化改革；法家學說和其對儒家家庭主義的批判；政治發展後為何未跟著出現經濟發展或社會發展。

東周期間（西元前七七〇至前二五六年），中國境內諸多真正的國家開始合併為更大的國家。它們建立了能在疆界明確的整個領土上執行規定的常設軍隊；創立了官僚組織來收稅、執行法律；頒定了統一的度量衡；建造了道路、運河、灌溉系統這些基礎設施。特別是秦國，展開了令人讚賞的現代化計畫，並把改革的矛頭對準周初以親屬關係為基礎的家產制社會秩序。此計畫把戰士貴族擺在一旁，直接從農民、大眾徵兵，藉此將軍隊民主化；拿走家產制地主的土地，直接發給農戶，藉此展開大規模的土地改革；削弱世襲貴族的權力和特權，藉此提高了社會流動。這些改革看來「民主」，但它們唯一的目標乃是富國強兵，創造出殘酷的獨裁政權。這些現代政治建制加強秦國國力，使秦國得以掃平六國，一統中國。

戰爭與國家建造

政治科學家查爾斯．堤利主張，歐洲君主國發動戰爭的需要，乃是歐洲境內國家建造的推手。[1]戰爭與國家建造間的相互關係，並非舉世皆有，大體上不見於拉丁美洲。[2]但戰爭無疑是中國東周期間國家形成最重要的推手。從西元前七七〇年東周開始，到西元前二二一年秦朝締建，中國經歷了一連串不間斷的戰爭，且這些戰爭的規模、耗費、人員死亡數都高於從前。中國從分權封建國家轉變為大一統帝國，完全是透過征服來完成。而且這時期所建立的現代國家建制，幾乎個個與發動戰爭的需要有直接或間接的關係。

與其他的好戰社會相比，東周時期中國的殺戮紀錄大為突出。有位學者計算，春秋兩百九十四年間，兩國間和多國間的戰爭超過一千兩百一十一場。這整個期間，只有三十八年沒有戰事。超過一百一十個政治單位在這個期間遭消滅。接下來兩百五十四年的戰國時期，有四百六十八場戰爭，只有八十九年承平。戰爭總次數變少，完全是因為征伐、兼併已使國家數目大幅減少。春秋期間，有十六國遭這期間倖存下來的七國消滅。但戰爭的規模和持續時間的確大幅增加。春秋時，有些戰爭只打了一仗，一天就結束。戰國末期，攻城可能長達數月，戰爭可能為期數年，而投入的兵力多達五十萬。[3]

與其他軍國主義社會相比，周朝時的中國，暴力程度特別高。據某項估計，秦國成功動員了百分之八至二十的全國人口，相較之下，羅馬共和國只百分之一，希臘提洛聯盟只百分之五．二。在近代歐洲，動員率又更低。[4]戰場死亡人數之高也是前所未見。李維寫道，羅馬共和國於特拉西梅內湖（Lake Trasimene）、坎尼的兩次戰敗，損失了約五萬軍人；中國有位回憶錄作者表示，西元前二九三年的一場戰役，死了二十四萬軍人；西元前二六〇年的另一場戰役，死了四十五萬。據說秦國於西元前三五六至二三六年間，總共殺掉其他國家超過一百五十萬的軍人。這些數據全被歷史學家視為誇大離譜、無法證實，但不可否認的，中國的死亡規模比西方高了一大截。[5]

戰爭不斷所導致的建制創新

密集的戰爭使人有了想摧毀舊建制、代之以新建制的強烈念頭。這樣的變革發生在軍事組織、課稅、官僚組織、民間技術創新與觀念。

軍事組織

如此密集的戰爭所造成的第一個結果，不足為奇的，乃是交戰諸國軍事組織上的改變。如前面所指出的，春秋初期，上戰場廝殺者是駕馬拉戰車的貴族。每輛戰車需要一名御者和至少兩名戰士，後面跟著長長一列包羅廣泛的後勤隊，後勤軍人最多可達七十名。駕戰車和從戰車上攻擊敵人並不容易，需要大量訓練才能駕輕就熟，因此適合作為貴族的職業。[6]在這時期，步兵只充當助手。

從戰車戰爭轉變為步／騎兵戰爭，在春秋末年漸進完成。戰車於多湖泊、沼澤的南方吳、越兩國用處不大，在多山地區則派不上用場。騎兵於戰國初期問世，而與西方乾草原騎馬蠻族交手的經驗，顯然是騎兵問世的推手。隨著鐵製武器、弩、薄片鎧甲的暴增，步兵變得較有用。西秦是最早改組軍隊、淘汰戰車，代之以步騎混合部隊的國家之一，而這有一部分是因為地形，一部分則因為蠻族的不斷侵逼。楚國擊敗陳國，強迫該國農民入伍，成為第一個強徵他國人民入伍的國家。這些部隊不是以親屬關係群體為單位組成，而是由管理單位組成，這些管理單位組成明確的等級體系，每個單位下轄固定數量的次級單位。[7]第一個全步兵軍隊於西元前六世紀中葉部署，接下來兩百年裡，步兵完全取代戰車部隊。到了戰國初期，大量徵召農民入伍已普見於各地。[8]

步兵取代戰車成為中國軍隊打擊力量的核心，與歐洲境內由弓箭手、長矛兵組成的步兵軍隊取代身披重盔甲的騎士，兩者有明確的相似之處。戰車御者和騎士都由貴族充任，而上述發展都未提升貴族的社會地位。在這兩個文明裡，負擔得起較老式戰爭所需裝備者、受到必要的專門訓練而能勝任上述角色者，都只有貴族。此轉變的主要推手似乎在於技術層面，但也可能是因為中國境內貴族愈來愈少，從而受過高度訓練的軍事專業人員也變少。

貴族人數的減少，也有助於推動軍隊內以軍功升遷的制度。周初，軍隊領導職的授與，完全取決於親屬關係和在氏族裡的地位。但隨著時日推移，愈來愈多不具貴族身分者，靠著戰場上的英勇表現，獲提拔為領導人。國家開始提供土地、頭銜、農奴這些具體的誘因來鼓勵軍人英勇殺敵，不久，卑微的老百姓當上將軍，變得司空見慣。[9]在野戰部隊裡，以軍功定升遷不是文化性的準則，而是保命的條件，很有可能在文職官僚組織開始施行功績定升遷的原則之前，這原則就已在軍隊等級體系裡施行。

課稅與人口登記

動員大量強徵來的農民之後，必然得籌得資源來提供他們薪餉和裝備。西元前五九四至五九〇年，魯國開始徵收農地稅，但不是針對親屬關係群體持有的土地課稅，而是根據「丘」（數家農戶組成的群體）所分得的土地來課稅。此變革肇因於鄰國齊國入侵，使魯國得迅速增加徵兵員額以為因應。西元前五四三至五三九年，鄭國子產整治全國田地的疆界、溝渠，重新分配，將農家以五戶為一組重新編組，對他們課以新稅。西元前五四八年，楚國丈量全國土地，登錄鹽池、魚池、沼澤、森林和人口。官方從事這項調查時，已有重組稅基的打算，也欲藉此徵召農民入伍。[10]

官僚組織的問世

現代官僚組織的創立，可以說是由中國人首開先河。所謂的現代官僚組織，即根據能力，而非根據親屬關係（即家產制關係），遴選出的常設行政核心班子。官僚組織在未預期下，從周朝的混亂世局中突然迸現，以因應抽稅來提供軍費的迫切需要。

周初的行政管理，一如埃及、蘇美、波斯、希臘、羅馬之類其他早期國家的行政管理，屬家產制。行政職被視為統治者家中職務的一部分，由統治者授與其親屬。決策不完全透過等級體系，而是建立在諮商和個人效忠上。因此，大臣不同意統治者的意見時，統治者未必能控制大臣或將大臣解職。事實上，就像萬托克裡的「頭人」，周朝時的領主面對周遭要他下臺的強烈共識時，只能黯然接受。他若不接受，唯一的替代辦法，就是像西元前六六九年的秦憲公，殺掉所有陰謀拉下他的親戚。宮廷陰謀的執行者是家系而非個人，因此必須將全家趕盡殺絕，以絕後患。[11]

隨著上場殺敵者從貴族擴及到平民，軍中開始官僚組織化。軍隊等級體系得徵集大批人員，予以裝備和訓練，從而需要人來做記錄，提供後勤服務。接著，籌集軍費的需求，提升了對文職官僚組織的需求，以便收稅，確保國家在大規模動員時運行不輟。軍隊官僚組織也充當文官的訓練場，促進指揮、控制方面的基礎設施問世。[12]在這同時周朝貴族在內鬥中自取滅亡，為「卿」家族社會地位的提升創造了大好機會。卿（即大臣）向來選自貴族階層，但往往來自與統治者、統治者親戚非常疏遠的社會群體。士是地位比貴族稍低的一個階層（包括軍人或其他有功的平民），而他們也被提拔出任要職，取代靠著與統治者的私人關係出任大臣的家產制大臣。因此，隨著貴族成員的減少，靠事功而非靠出身升遷的原則慢慢成為主流。[13]

民間技術創新

西元前第四世紀到第三世紀，集約型經濟成長和粗放型經濟成長雙雙在中國出現。集約型成長得益於技術創新，包括從青銅工具改用鐵製工具，以及接下來發展出以雙動式活塞風箱為基礎的鑄鐵技術；更好的套犁耕田技術；更完善的土地、水管理。中國不同地區間的商業交易增加，人口開始大幅成長。粗放型成長的動力，乃是人口增加和四川之類新偏遠地區的墾殖。

此經濟成長在某種程度上是經濟學家所謂的「外因」式經濟成長，亦即成長肇因於非經濟制度的內在邏輯所促成的偶然性技術創新。重要的外部因素之一是軍事不安全感。戰國時期所有國家都強烈覺得非提高稅收不可，進而覺得非提高農業生產力不可，它們都師法他人的創新，用那些創新來提升本國的相對國力水準。[14]

思想

值得一提的是，春秋晚期和戰國時期這暴力橫行的幾百年，乃是中國歷史上文化創造最輝煌的時期之一。連年戰爭所造成的社會極端混亂，引發對政治、道德的深刻反思，也為才華橫溢的國師、遊士、門客提供了大展身手的機會。這時有多個導師巡迴各地講道，吸引門徒跟隨，其中之一的孔子，出身紳士階層，但得靠當學者、老師來走出自己的路。在戰國初期的百家爭鳴時期，也有許多遊士，包括墨子、孟子、孫子、韓非子、荀子，每個人都留下了影響此後中國政治的著作。這時期的政治動盪，似乎創造出某種知識分子漂泊的現象，當時知識分子從一國遊走到另一國，為有興趣於他們學說的政治權威效力，正反映這現象。[15]

從政治來看，思想如此蓬勃發展，具有雙重意義。首先，它創造了類似意識形態的東西，亦即一套眾所接受，讓後世中國人可藉以評斷政治領袖之表現好壞的正確施政原則。最著名的意識形態是儒家學說，但儒家與其他學派（例如法家）在思辨上激烈交手，反映當時政治鬥爭的一項衝突。學者和文人被推舉為最上流的人士，甚至比戰士或祭司還高。事實上知識分子與官僚兩者的角色，以一種在其他文明裡未見到的方式混融為一（即所謂的士大夫）。

其次，知識分子遊走全中國，助長了愈來愈類似民族文化的出現。此時期編訂的中國偉大典籍，成為菁英教育的根基和後來中國文化的基礎。民族認同漸漸深植於這些典籍的知識裡，它們的地位極高，因而滲透到帝國最偏遠的地區，甚至滲透到帝國疆域之外。邊疆的游牧王國有時軍力強過中國，卻無一能提出與中國相抗衡的知識傳統。攻打中國且屢屢統治中國部分地區的那些異族，從未將他們自身的建制強加在中國身上，反倒用中國的建制和技術來統治中國。

商鞅打擊家族

現代的國家建制於周朝末年漸漸實行於全中國，但最激進的地方莫過於西秦。在大部分情況下，新建制的採用不是出於刻意的安排，而是出於政府的盲目摸索和迫於情勢的不得不為。相對的，秦國制定了一個關於國家建造的意識形態，清楚交代新中央集權國家的邏輯。秦國的國家建造者清楚認知到，過去的親屬關係網絡乃是強化權力的絆腳石，因此他們執行了意在以將個人直接拴在國家上的制度來取代那些親屬網絡的政策。信奉此學說者叫做「法家」。

商鞅的官場生涯始於魏國，後來投奔當時還是較落後的秦國，成為秦孝公的首席顧問。他一來到秦國，即和既有的家產制行政體系相對抗。他攻擊他們的世襲特權，最後成功以二十等爵位制取代世襲官職。二十等爵位的授與取決於事功，就這個邊陲國家來說，亦即取決於軍功。土地、隨從、女奴、衣服，全都由國家根據工作表現來發予。[16]相對的，未能遵守國法者，會遭到多種嚴厲刑罰伺候。最重要的是，在這制度下授與的官職，不能轉為像家產制貴族職位那樣的可繼承財產，而是由國家定期予以重新分配。[17]

商鞅最重要的改革之一，乃是廢除所謂的井田制，在國家主導下將土地重新分配給個別家戶。在井田制下，耕地劃分為九個方塊，整塊耕地就像個「井」字。中間一塊是公田，周邊八塊是私田，每塊由一戶人家耕種。每個貴族擁有幾塊井田，在井田上耕種的農民，有義務向貴族繳稅、服徭役等，就和封建歐洲的農民差不多。井田以垂直相交的小路和灌溉溝渠隔出各方塊，利於管理，而八戶農家則構成受地主保護的某種公社。[18]廢除井田制使農民不必再背負對領主的傳統社會義務，並得以遷居到其他地主所正在開闢的新土地，或得以擁有自己的土地。這使國家得以略過貴族，直接課徵新且一致的土地稅，並由土地所有者以實物繳稅。

此外，商鞅對所有成年男子課徵人頭稅，以迅速籌得軍事作戰經費。國家下令一戶人家如有數個兒子，這些兒子長到特定歲數時得分居，不然就得繳兩倍稅。於是商鞅直接打擊了傳統儒家的聯合家庭理想，鼓勵組成核心家庭。這套制度使沒有大量遺產可分給下一代的窮人家苦不堪言。此改變的目的或許在將誘因個人化，但也有助於提高國家對個人的控制。

這項改革與新戶籍制度密不可分。商鞅揚棄傳統中國漫無節制擴張的親屬網絡，將全國居民五家編成一伍，十家編成一什，然後要他們相互監視，施以連坐法。其他國家也施行類似的改革，例如魯國施行了「丘」制，但在秦國，做法特別殘酷。未舉報伍什內的不法活動者，處以腰斬，而對舉報不法者，則給予與斬敵首級者同樣的賞賜。明朝時，此制度以大同小異的保甲制重出江湖。

政治科學家詹姆斯·史考特（James Scott）在其著作《國家的視角》（*Seeing Like a State*）中主張，凡是國家都有以下特色：它們致力於控制社會，意味著它們首先想使社會「一目瞭然」。[19] 這就是它們為何剷平有著曲折擁擠街巷的自發形成老街區，代之以條理井然棋盤狀街道的原因。十九世紀時奧斯曼男爵（Baron Haussmann）在中世巴黎的碎瓦礫上興築的寬闊林蔭大道，不只是為了市容美觀，且還為了控制人民。

商鞅當權時的秦國，也發生了非常類似的事。除了廢除井田制，他在全國推行縣制。他將既有的村、鎮、地區合併為四十一個縣，縣令非民選，而是由中央政府派任。最初縣設於邊疆，表明它們最初是軍事地區。井田制廢除，代之以等距相隔、沿東西／南北軸線配置而面積大得多的一塊塊長方形土地。現代地形調查發現，當年秦國所在的整片地區，滿是這些直線式的布局。[20]商鞅也下令全國實施統一的度量衡，取代封建制度形形色色的度量標準。[21]

商鞅的龐大社會改造工程，以更不講私人關係且由國家作主的統治方式，取代了傳統以親屬關係為基礎的權威和土地所有制。此改革顯然招來秦國內部家產制貴族的巨大反對。靠山秦孝公死後，商鞅失寵於繼位的秦惠文王，不得不出逃，最後作法自斃。他在任時下令凡窩藏罪犯者都要處以重刑，結果他逃亡時，有個秦國老百姓害怕遭牽連，於是將他告發。據說最後他遭處以車裂，誅全族。

東周時中國境內所施行的每項體制革新，都可以和戰爭需求扯上直接關係。服兵役義務擴及全國男丁、軍職和文職常設官僚組織相繼問世、家產制官員的沒落和他們被以事功取才的新人取代、人口登記、土地改革和將產權從家產制菁英手中拿走並予以重新分配、更良好的通訊、基礎設施的問世、不講私人關係的新等級式行政機關的創立、統一的度量衡，全都源於軍事需要。戰爭不是中國境內推動國家形成的唯一動力，但無疑是中國境內最早一批現代國家問世的主要推手。

儒家 vs. 法家

韓非等後來的思想家，將商鞅在秦國施行的政策合理化，並進一步將它們發展成名叫法家學說、自成一派的意識形態。此後直到一九四九年中國共產黨拿下大陸江山這長長的中國歷史，其中有許多時期都可從法家、儒家緊繃關係的角度來予以理解，而造成緊繃的核心議題，有一部分在於家庭在政治領域應扮演何種角色。[22]

儒家是具有濃濃返古性格的學派，把正當性扎根在古代制度的實踐上。孔子於春秋末年編訂經籍，以懷舊心情回顧因中國境內戰爭不斷而迅速崩毀的周朝社會秩序。家庭和親屬關係位於那個家產制統治秩序的核心，儒家學說在許多方面可視為是個以建立在家庭上的典範為基礎，往外建構一廣泛的國家道德教條的一種意識形態。

所有部落社會都實行某種祖先崇拜，但儒家賦予中國的祖先崇拜特殊的倫理意涵。儒家的綱常觀主張，人對父母，特別是對父親，所應盡的義務，遠大於對妻子或孩子所應盡的義務。未尊敬父母，或未能奉養父母，要受重罰，兒子關心自己妻子兒女更甚於關心自己父母，也要受重罰。如果對父母盡孝和對國家盡忠之間有衝突（若是自己的父親被控犯罪時），盡孝比盡忠還要重要。[23]

家與國之間的緊繃關係，以及儒家對於家庭義務高於政治義務所賦予的道德正當性，在整個中國歷史裡始終未消退。即使今日，中國家庭仍是很有力的建制，小心翼翼維護其自主權，不受政治權威侵擾。家庭力量與國家力量之間始終存有逆相關的關係。十九世紀清朝國力衰落時，華南的有力家系接管了大部分地方事務。[24]在一九七八年鄧小平的家庭責任改革下，中國去集體化，農民家庭猛然回復生機，成為此後中國經濟奇蹟的主要推動者之一。[25]

相對的，法家往前看，認為儒家和其對家庭的推崇，乃是鞏固政治權力的絆腳石。他們厭惡儒家拘謹的道德訓諭和義務，想執行一套嚴明的賞罰（特別是懲罰），使人民乖乖聽話，以取代儒家的做法。《史記．李斯列傳》如此介紹法家代表人物韓非的思想：

慈母有敗子而嚴家無格虜……故商君之法，刑棄灰於道者。夫棄灰，薄罪也，而被刑，重罰也。彼唯明主為能深督輕罪。夫罪輕且督深，而況有重罪乎？故民不敢犯也……

明主聖王之所以能久處尊位，長執重勢，而獨擅天下之利者，非有異道也，能獨斷而審督責，必深罰，故天下不敢犯也。[26]

法家認為，不該把子民視為可透過教育、學習予以教化的道德人，而該把他們視為經濟人（Homo economicus），即會回應正面、負面誘因（特別是懲罰），自私自利的個人。因此，法家思想掛帥的國家，致力於削弱傳統，打破家庭道德義務的束縛，在新的基礎上將公民重新拴在國家上。

法家思想和一九四九年後中國共產黨所嘗試的社會改造工程，彼此間有明顯的相似之處。毛澤東，一如古代的商鞅，把傳統儒家道德規範和中國家庭視為社會進步的障礙。他的批孔運動想拿掉家庭主義道德規範的正當性，黨、國、公社，是此後將使中國公民彼此結合在一起的新結構。因此，商鞅和法家的遺產在毛澤東主義時期重獲重視，被許多共黨學者視為建設現代中國的依歸，也就不足為奇。

引用學者蕭公權的話說：「儒家哲學懷抱聖王理想，因此可視為充滿道德價值觀的專制主義；相對的，法家思想或許可說成是否定道德觀對人世治理之重要性，赤裸裸的專制主義。」[27]儒家未設想到該對帝王權力有何建制性的約束，反倒致力於教育君王，節制君王的強烈愛憎，使君王自覺該對人民負責。

透過對君王的教育來達成賢明政治的觀念，也可見於西方傳統。在柏拉圖《理想國》，蘇格拉底描述一公義社會時所概述的，其實就是這樣的制度。在現實世界裡，中國皇帝會不會只是利用儒家的道德觀來合理化自己的統治利益，對於該向人民負責一事有多大程度的自覺，乃是我在後面幾章會探討的主題之一。但就連道德政府的偽裝，都遭法家硬生生剝掉，因為法家公開主張，被統治者是為了自身而存在，而非為了被統治者而存在。

我們不該因為法家強調法律，就誤以為他們的學說與本書中使用法治一詞時所界定下的法治有關。在西方、印度、穆斯林世界，存有一套先於國家存在、不受國家左右、得到宗教認可、受神職人員守護的法律。這套法律被認為比在位的統治者更古老、更崇高、更具正當性，因而對統治者有約束力。那正是法治的真締：就連國王、皇帝都受法律約束，不能隨心所欲。

這意義下的法治從不存在於中國，特別是不存在於法家人物心中。在他們眼中，法律只是將國王或統治者的命令編集成典，是命令，而非佛里德里希·海耶克（Friedrich Hayek）界定下的法律。法律意在反映統治者一人的利益，而非反映規範整個社群的道德規則共識。[28]法家的法令與現代法治只有一共通之處，即商鞅所主張的，刑罰一旦確立，就該一視同仁適用於社會所有成員，亦即貴族不得豁免於一體適用的法律。[29]

商鞅所創立的國家新制度，使秦國動用資源的程度比以往提高了許多，也比其鄰國更有效率。但這不保證秦國最終必然獲勝，因為戰國時代競爭激烈，各國一發現別國的新制度，迅即予以仿效。因此，秦國稱霸全中國一事，該從國際關係的角度，而非只從發展的角度來探討。

在春秋末年征伐兼併的局勢裡，秦其實是個次要角色，扮演更強大對手之間的平衡者。在戰國七雄中，秦國地處最西陲，且因為此地利得到某種程度的保護。西元前六五六至前三五七年間，秦國與其他大國打了一百六十場戰爭，其中只有十一場是秦國所發動。經過秦孝公當政時商鞅變法，情況改觀：西元前三五六至前二二一年間，秦國打了九十六場大國戰爭，其中有五十二場是它所發動，且贏了四十八場。西元前三九〇年代秦國大敗南方大國楚國，西元前二九三年大敗緊鄰的東邊鄰國魏和韓。一直是秦國最大對手的東方齊國，西元前二八四年敗於秦國之手。到了西元前二五七年，其他國家都已失去大國地位，西元前二三六年的幾場統一戰爭，促成西元前二二一年秦國一統中國，建立秦朝。[30]

交相伐的諸國到底為何而戰？從某種程度上來說，舊貴族秩序的衰落、那些菁英被有了新機會躋身實權職位的平民取代一事，是東周時期諸戰爭裡的一個背景因素。此因素引發儒家與法家爭辯不休的那個意識形態議題。但此意識形態衝突既發生於國與國間，也發生於每個國家之內，既是諸國交相攻伐的因，也是其果。秦國或許以法家的旗手自居，但它採用法家學說主要出於實用考量，而非有意將它當作深層原則。[31]

在此，處於存亡關頭的最重要觀念，是將整個中國統合為一的商周時期舊親屬關係概念為核心的觀念。至這時為止，大一統中國始終是個迷思，而非真實存在，但東周王朝的內部分裂對立，始終被視為已拖得太久的異常現象，而亟需靠將以天命在身之姿出現的家系予以撥亂反正。因此，當時為爭取認可而正上演的鬥爭，乃是想奪取全中國統治者這殊榮的諸家系間的衝突。

為何中國的發展路線有別於歐洲

許田波（Victoria Hui）等學者所處理的重大元歷史（metahistorical）問題之一，乃是為何西元前三世紀中國的多極國家體系，最終合併為單一大帝國，而歐洲的多極國家體系未如此。歐洲的國家體系的確有所縮併，從中世紀末期時可能的四百個主權實體，縮併為一次大戰開始時的約二十五個。但儘管有哈布斯堡王朝（Habsburg）的查理五世（Charles V）、路易十四（Louis XIV）、拿破崙（Napoleon）、希特勒（Hitler）等征服者的努力，歐洲從未出現主宰全歐的單一國家。

對此，有多個可能的解釋。首先是地理角度的解釋。歐洲被大河、森林、大海、高聳山脈（阿爾卑斯山、庇里牛斯山、萊茵河、多瑙河、波羅的海、喀爾巴阡山）分割

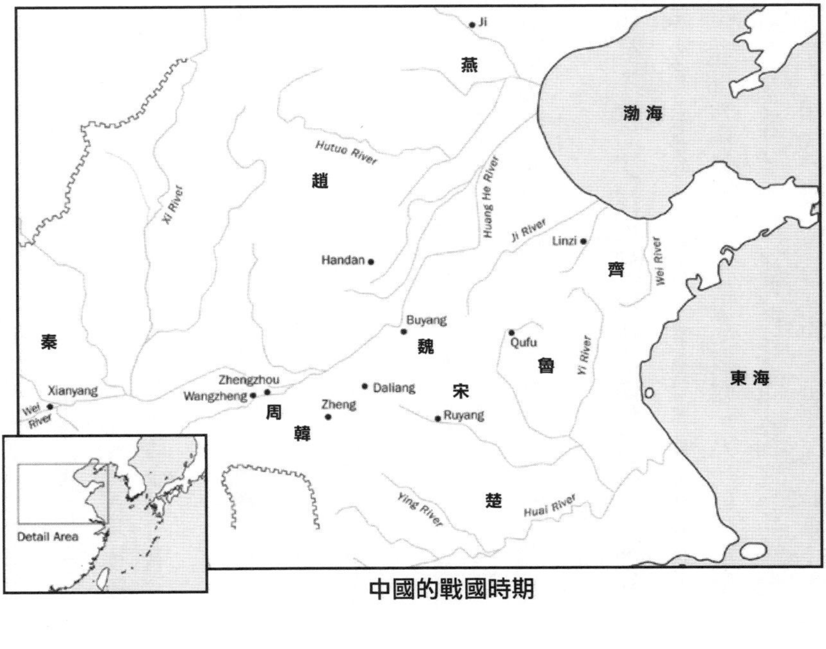

中國的戰國時期

為多個地區。極重要因素之一，乃是在歐洲大陸外海，有不列顛這個大島，在歐洲歷史上的許多時期，不列顛刻意扮演平衡者的角色，致力於打破霸權聯盟。相對的，中國第一個帝國出現於只占今日中國一部分領土的地區，即從渭水流域到山東半島的東西軸線以北地區。當時的軍隊可輕易橫越這整個地區，特別是在戰國時期開鑿了多條道路、運河之後。直到這塊核心地區鞏固為強大的單一國家，它才開始往南、往北、往西南擴張。

第二個因素與文化有關。商族部落和周族部落間存有民族差異，但周朝時出現的諸國家，在民族、語言上的差異程度，未如羅馬人、日耳曼人、凱爾特人、法蘭克人、維京人、斯拉夫人、匈奴人之間的差異那麼大。華北各地流行多種中國方言，但商鞅、孔子之類人士能輕鬆遊走於各國之間，證實文化同質性愈來愈高。

第三個因素是領導，或者說缺乏領導。誠如許田波所指出的，多極體系是個無法維持平衡以防止霸權出現的機械性、自我調節機器。國家由追求個人利益的個別領導人治理。秦國的領導人運用分而治之的策略打破與它為敵的聯盟，展現高超的治國手腕，而與秦國為敵的諸國往往自相殺伐，削弱自身實力，未認知到秦國所帶來的危險。

但最後一個原因與中國、歐洲境內政治發展路線的不同有直接關係。除開莫斯科公國，歐洲從未出現像秦國那樣強大的專制主義國家，而且莫斯科公國出現得晚，在十八世紀下半葉之前都處於歐洲舞臺的邊緣（俄羅斯真的進入歐洲國家體系後，迅即侵占歐洲大片地區，就是一八一四年亞歷山大一世〔Alexander I〕在位時和一九四五年史達林〔Joseph Stalin〕掌政時）。世人稱之為「專制主義」的那些國家，例如十七世紀晚期的法國、西班牙，如我們後面會看到的，在課稅和動員社會的能力上，弱於西元前三世紀的秦國。有意走上專制主義之路的君主國開始其國家建造工程時，受到其他組織完善的社會群體掣肘：地位牢固的世襲貴族、天主教會、有時組織完善的農民、獨立自治的城市，而且這些社會群體全都能跨出所在的王國靈活運作。

在中國，情況大不相同。中國封建貴族建立在外延的親屬關係制度上，因此從未建立歐洲貴族那種在地權威。中國貴族在家系裡的權力基礎分散各地，與其他親屬關係群體緊密交織在一塊，與在歐洲封建制度下發展出來，擁有獨立主權的強大階層化在地政治實體截然相反。此外，中國貴族未受到法律保護，反觀歐洲貴族則受到源遠流長的權利、特權保護。貴族人數因幾百年不斷的部落戰爭而大減，為有心將農民和其他百姓組成強大軍隊，以打破先前幾百年裡以貴族為基礎建構之體制、白手起家的政治人士，騰出了大展身手的空間。因此，後來在歐洲發展出實力強大的世襲有地貴族階層，而周朝時的中國從未發展出與此相當的貴族階層。君主、貴族、第三等級（Third Estate）之間的三方爭鬥，乃是現代歐洲政治建制問世極重要的推手，但這樣的爭鬥從未在中國發生。中國反倒是過早出現現代中央集權國家，早早就收服國家的所有潛在對手。

秦國即使未具備馬克斯．韋伯所界定為體現現代本質的所有特色，至少也具備了其中許多特色。因此，極為了解中國的韋伯，為何仍將帝制中國稱作家產制國家，就令人感到費解。[32]韋伯之所以搞混，原因之一可能是中國政治走上現代時並未隨之出現經濟的現代化，亦即並未伴隨資本主義市場經濟的興起。它也未伴隨社會的現代化：親屬關係未被現代個人主義取代，而是繼續與不講私人關係的行政管理方式並存，直迄今日。一如其他現代化理論家，韋伯深信發展的不同層面：經濟、政治、社會、意識形態上的發展，彼此緊密相關。或許因為其他層面的現代化未在中國出現，韋伯未認知到現代政治秩序的存在。其實，在歐洲的發展過程裡，政治、經濟、社會三者的現代化，在時間上也並未緊密相連，但發展的順序不同，社會的現代化先於現代國家的興起。因此，歐洲的經驗絕無僅有，未必會在其他社會裡重現。

許多層面的現代化

秦一統中國後，為何政治現代化未促成經濟、社會的現代化？現代國家的出現是集約型經濟發展的必要條件之一，但非充分條件。資本主義要興起，還有待其他建制就定位。西方的資本主義革命之前，在近代先發生了認知革命，創造出科學方法、現代大學、技術創新、一套產權制度，而技術創新利用科學觀察製造出新財富，那套產權制則激勵人創新。秦朝中國在許多方面是塊知識沃土，但其主要的學術傳統傾向往過去看，無法得出現代自然科學所需要的抽象概念。

此外，在戰國時期，未發展出獨立的商業資產階級。城市是政治、行政中心，非商業中心，沒有獨立、自治傳統。商人或工匠的社會地位低；地位和擁有土地密切相關。[33]產權存在，但其問世不是為了支持現代市場經濟的發展。秦朝專制政權在打破家產制地主的勢力過程中，除掉許多這類地主，且為了支持其軍事擴張野心，向新的地主課徵重稅。秦國未創造誘因鼓勵民間個人提高名下土地的生產力，反倒訂定產量額度（一如兩千年後共產黨所為），懲罰未達到生產額度的農民。秦國一開始的土地改革，打破限定繼承的土地，創造出土地買賣市場，卻沒有小地主階層出現，釋出的土地反倒被新興的有錢大戶階層吸併，[34]而且沒有法治來限制君主進一步沒收土地。[35]

社會現代化意指以親屬為基礎的關係瓦解和被較自主、較個人主義的關係型態取代。這未在秦國一統中國後發生，出於兩個原因。首先，未能發展出資本主義市場經濟，意味著沒有會鼓動起新社會群體和新社會身分的廣泛分工。其次，削弱親屬關係在中國社會的影響力，乃是由一獨裁國家由上而下強力推行。相對的，在西方，親屬關係被基督教削弱，既透過教義，也透過教會對家庭事務、繼承權的影響力來削弱（見第十六章）。因此，西方社會現代化的根基，在現代國家或資本主義市場經濟興起的幾百年前就已奠下。

由上而下的社會改造工程往往功敗垂成。在中國，父系家系和建立在該種家系上的家產制政府受到嚴重打擊，但沒被消滅。如後面會看到的，它們在曇花一現的秦朝覆滅後大舉東山再起，在接下來的千百年裡，作為權威和情感依附的來源，繼續和國家抗衡。

注釋

1 Tilly, *Coercion, Capital, and European States*; Tilly, "War Making and State Making as Organized Crime," in Peter B. Evans, Dietrich Rueschemeyer, and Theda Skocpol, eds., *Bringing the State Back In* (Cambridge, MA: Cambridge University Press, 1985). 另參見 Porter, *War and the Rise of the State*.

2 參見 Cameron G. Thies, "War, Rivalry, and State Building in Latin America," *American Journal of Political Science* 49, no. 3 (2005): 451–65.

3 Hsu, *Ancient China in Transition*, pp. 56–58.

4 Edgar Kiser and Yong Cai, "War and Bureaucratization in Qin China: Exploring an Anomalous Case," *American Sociological Review* 68, no. 4 (2003): 511–39.

5 Hsu, *Ancient China in Transition*, p. 67; Kiser and Cai, "War and Bureaucratization," (2003), p. 520; Hui, *War and State Formation*, p. 87.

6 概觀論述，參見 Joseph Needham, *Science and Civilisation in China*, Vol. 5, pt. 7: *Military Technology* (Cambridge: Cambridge University Press, 1954).

7 Lewis, *Sanctioned Violence in Early China*, pp. 55–58.

8 同前注，頁六〇；Hsu, *Ancient China in Transition*, p. 71.

9 Hsu, *Ancient China in Transition*, pp. 73–75.

10 Lewis, *Sanctioned Violence in Early China*, pp. 58–59.

11 Hsu, *Ancient China in Transition*, pp. 82–87.

12 Kiser and Cai, "War and Bureaucratization," pp. 516–17.

13 Jacques Gernet, *A History of Chinese Civilization* (Cambridge: Cambridge University Press, 1996), pp. 64–65.

14 同前注，頁六七至七三。

15 同前注，頁八二至一〇〇。

16 Yu-ning Li, *Shang Yang's Reforms and State Control in China* (White Plains, NY: M.E. Sharpe, 1977), pp. 32–38.

17 同前注，頁三八至三九。

18 農家通常太窮而無法維持家系；井田制或許可視為窮人家組成大型親屬關係群體的替代性辦法。

19 James C. Scott, *Seeing Like a State: How Certain Schemes to Improve the Human Condition Have Failed* (New Haven: Yale University Press, 1998).

20 Lewis, *Sanctioned Violence in Early China*, p. 63.

21 Li, *Shang Yang's Reforms*, p. 66.

22 關於背景，參見Burton Watson, trans., *Han Fei Tzu: Basic Writings* (New York: Columbia University Press, 1964), pp. 1–15.

23 Chao, *Chinese Kinship*, pp. 133–34.

24 Baker, *Chinese Family and Kinship*, pp. 152–61.

25 相關討論，參見Fukuyama, *Trust*, pp. 93–94.

26 引自Li, *Shang Yang's Reforms*, p. 127.

27 Kung-chuan Hsiao, "Legalism and Autocracy in Traditional China," 同前注，頁十六。

28 Loewe and Shaughnessy, *Cambridge History of Ancient China*, p. 1003.

29 同前注，頁一〇〇九。

30 Hui, *War and State Formation*, pp. 65–66.

31 商鞅執行馬基維利式外交政策，推翻貴族交戰規則與憲制衝突的準則，做法與他在國內削弱以親屬關係為基礎的傳統秩序的作為相一致。例如，他勸魏惠王稱王取代周王，此舉使魏國與鄰國韓、齊起衝突，從而導致魏國遭韓、齊擊敗，削弱魏國國力。西元前三四〇年秦國攻打魏國時，商鞅邀魏君指揮官公子卬前來和談，結果公子卬一到秦軍營中即遭拿下。這些作為，一如他在秦國國內推行的嚴刑峻罰，全都從純權力政治的角度得到合理化。同前注，頁七〇至七一。

32 韋伯在許多地方寫過中國，尤其可見於*The Religion of China* (New York: Free Press, 1951); 以及*Economy and Society*, Vol. 2 pp. 1047–51.

33 Levenson and Schurmann, *China*, pp. 99–100.

34 Harrison, *The Chinese Empire*, p. 88.

35 Levenson and Schurmann, *China*, pp. 69–70.

第八章 大漢體制

秦始皇和他所創建的王朝為何崩解如此迅速；漢朝如何恢復儒家建制但保留法家原則；秦、漢兩朝如何治理中國。

中國第一個大一統國家的創建者，秦始皇嬴政（西元前二五九至前二一〇年），精力充沛，狂妄自大，運用政治權力改造中國社會。一九七四年出土、世界知名的兵馬俑大軍，就是為了他而製造，埋在巨大的始皇陵墓附近，而陵墓所在的陵園占地超過兩平方英里。漢朝史家司馬遷表示，為建造秦始皇陵，動員了七十萬工人，即使這是誇大之詞，毋庸置疑的，他所創建的國家有充沛的盈餘，能以令人咋舌的規模動用資源。

秦始皇將秦國的建制擴及到全中國，因此，不只創造了一個國家，還為漢朝的單一菁英文化的體制鋪好路。這體制與屬於集體現象的現代民族主義大不相同。但將中國社會的菁英結合為一的新意識強而有力，因此，在某王朝覆滅，經歷過一段內部政治解體時期之後，它總能夠再現生機，重出江湖。中國屢遭外族征服，但外族未能改變中國制度，反倒被中國制度同化，直到十九世紀歐洲人到來才改觀。鄰近的韓國、日本、越南，政治上不受中國管轄，但大量襲取中國的思想。

秦始皇用以統一中國的方法，建立在赤裸裸的政治權力上，運用了在秦國還只是個邊陲國家時由商鞅首度闡述的法家原則。對既有傳統的攻擊和雄心勃勃的社會改造工程，幾近於極權主義作風，激起幾乎全國各層面人民的激烈反對，因而立朝只十四年就瓦解，改朝換代。

秦朝為後世的中國統治者留下複雜的遺產。一方面，被秦朝統治者視為打擊對象的儒士和遵循傳統者，在秦滅後的千百年裡，痛斥秦朝是中國歷史上最不道德、最專制的政權之一。儒士於接下來的漢朝時重登權力核心，努力打消秦朝的許多創新作為，以恢復古制。另一方面，秦朝利用政治權力，成功建立了強勢的現代體制，而且這些體制未在這股復古潮中滅頂，成為後來中國文明許多重要方面的特色。在此後的王朝中國歷史裡，法家思想從未得到正式的認可，但它的影響存在於中國的國家體制中，歷久不衰。

秦國與其滅亡

秦始皇的政策由其丞相李斯實行。李斯曾師從法家代表人物韓非，後來卻詆毀韓非，迫使韓非自殺。新國家的建造者掌權後的首批作為之一，乃是實行郡縣二級行政制度，將整個帝國劃分為三十六郡，每個郡下轄數縣。郡守和縣令由位於京城咸陽的皇帝任命，意在取代地方上家產制菁英的權力。已然式微的封建貴族成為打擊對象，據史書記載，有十二萬戶被迫從全國各地遷居到京城附近的某個地區，以便中央就近嚴加看管。[1]在人類歷史這個初期階段，此種運用集中式政治權力的方式並不多見，說明了中國已遠遠脫離部落社會。秦始皇所承繼的前朝儒臣，抗拒中央集權體制，西元前二一三年建請皇帝再行分封制。此事若成真，他們將在各封地取得新權力基礎。李斯知道這會打亂國家建造大業：

> 如此弗禁，則主勢降乎上，黨與成乎下。禁之便。臣請史官非秦記皆燒之。非博士官所職，天下敢有藏詩、書、百家語者，悉詣守、尉雜燒之。有敢偶語詩書者棄市。以古非今者族。吏見知不舉者與同罪。令下三十日不燒，黥為城旦。[2]

秦始皇同意李斯之議，下令燒毀典籍，並據說下令將四百名抗拒不從的儒生活埋。這些作為可想而知使後世的儒士對他的政權恨之入骨。

度量衡已在商鞅主政秦國時統一，這時則將此統一標準擴及全中國。秦始皇還命人將太史周所創的大篆簡化為小篆，作為全國通行的文字，而這統一文字的作為，同樣是秦國在一統中國之前就已展開的改革的進一步發展。這項改革的目的，只是為了促成官方文書的「書同文」。[3]如今，中國各地仍操不同的方言，但文字的統一對中國人民族認同的形成有無可估量的助益。從此不只有了統一的行政語言，且使中國不同地區可共享一批同樣的文化典籍。

秦朝恪守法家之道，統治手段非常嚴酷，因而在中國各地激起一連串民變，秦始皇於西元前二一〇年去世後，秦朝即瓦解。為秦末的民變盛大揭開序幕者是陳勝、吳廣和他們所率領的九百名戍卒。他們兩人奉命帶戍卒到某軍營戍邊，遇雨誤期。按法令，誤期者當斬首，於是兩人決定既然難逃一死，何不反叛。[4] 隨後民變如野火燎原，迅即擴展到帝國其他地方。許多倖存的前國王和封建貴族，看到秦朝日益衰敗，於是宣布獨立，招兵買馬，建立自己的軍隊。在這同時，丞相李斯與宦官趙高合謀扶立秦始皇的二兒子胡亥繼位，胡亥即位後遭趙高殺害，而趙高則立刻被即位後的子嬰殺害。平民出身的劉邦和前楚國貴族後代項羽，先後率兵占領京城咸陽，消滅秦朝。項羽想分封土地給他的親屬和支持者，藉此恢復周朝的封建制度。劉邦與他反目，經過四年內戰，打敗項羽。西元前二〇二年建立漢王朝，史稱西漢。[5]

漢高祖劉邦創立的政權，代表了項羽所希望全面恢復的封建制，和秦始皇之現代獨裁政權之間的折衷。漢高祖不像秦始皇擁有在前一國家裡的權力基礎，他的正當性完全建立在他率領叛軍，成功推翻可恨暴政的克里斯瑪魅力上。為了奪取政權，他率領不同勢力（包括許多傳統家族和前六國統治王室）組成的聯盟。此外，他得擔心北方游牧民族匈奴的侵犯。因此，他開始改造中國社會時，遠比秦始皇綁手綁腳。

於是，漢高祖創立了二軌制，讓國家一部分回歸周朝封建制。他封幫他打天下的幾個前統治家族和他們的將領為王（異姓王），統治漢朝轄下的諸王國，且以新的封地賜予他的宗室。王國的另一部分繼續施行秦朝的郡縣制，構成漢高祖自身權力的核心。[6] 有幾年時間，漢王朝對轄下新王國的控制頗為薄弱。秦朝從未澈底統一中國，漢朝頭幾年則忙於完成創建統一民族國家的工作。為此，漢高祖首先逐個拔除異姓王的權力。最後一個遭廢除的異姓分封王國是長沙國，廢於西元前一五七年，下一個皇帝（漢文帝）在位時。劉姓宗室掌理的王國存世較久，且變得與長安的中央政府更為疏遠，西元前一五四年其中七國叛亂，要求完全獨立。敉平這場叛亂後，漢景帝宣布剩下的封建諸侯無權管理所轄土地。中央政府對這些王國課徵重稅，藉由將封地分給兄弟，強行分割王國領地。西漢創立百年後，殘存的封建諸侯終於被拿掉權力，地方首長更多由中央政府派任。[7]

在周朝式的封建制度下，獲分封的家族取得不受中央政府管轄的權力，而這種制度在接下來的中國歷史裡一再重現，特別是在改朝換代的混亂時期。但一旦中央政府站穩腳跟，總是能恢復對這些實體的控制。中國歷史上從未出現封建領主勢力大到足以威逼君王在制度上妥協的時期（在英格蘭，由於《大憲章》的簽署，就發生了這樣的事）。地方掌權者從未像封建歐洲境內的地方掌權者那樣，擁有法定的正當性。如後面會提到的，後來中國的世襲貴族想取得權力時，其方法不是建立在地化的權力基礎，而是奪取中央政府。因此，在中國，強勢國家早早的中央集權化，成功使自己歷久不滅。

將中國不同地區內的家產制統治勢力拔除，易之以全國一致的行政治理，可以說是法家和建立強大中央集權國家之秦國傳統的勝利。但在其他方面，儒家的傳統主義重登主流。在意識形態層級尤其是如此。漢武帝在位期間（西元前一四一至前八七年），儒生重獲啟用，出任官職，並創設了一所以儒學為正統的學院，即太學。太學設五個學院，分別教授五經的其中一經。研讀五經被視為任官的途徑，而科舉考試的基本架構也於這時奠定。[8]

觀念層級也有重大改變。商鞅、韓非的法家原則（主張為了統治者的利益冷酷無情地利用被統治者）遭罷黜，更古老的儒家觀點（權力的運用應以被統治者的利益為依歸）重獲重視。這發展談不上是往民主傾斜：沒有哪位儒士認為該設立某種正式的機制來抑制皇帝的權力或權威，更別提普選或個人權利。對皇帝權力的唯一抑制乃是道德性的抑制，亦即應從小就對皇帝灌輸正確的道德觀，以使他們即位後施行仁政，且要不斷勸勉他們努力實現這些道德理想。

早期皇帝的權力，被皇宮周遭的儒家官僚組織束縛，因此權力有限。這官僚組織充當皇帝的代理人，沒有制度化抑制皇帝權力的能力。但因為他們的專才和對帝國實際運行的了解，他們一如所有官僚發揮了相當大的非正式影響力。一如從軍隊到公司到現代國家的種種等級式組織的所有領導人，位居政府最高層的漢朝皇帝靠一批顧問來制定政策，執行命令，審理送到朝廷的案子。這些官員負責教導年幼的皇子，在皇子長大即位行使權力時提供意見。傳統與文化威望強化了漢朝高階官員對皇帝的影響力，史籍裡有不少御史大夫與卿責罵、批評其主子，或要主子撤銷爭議性決定的例子。[9]

對付昏庸皇帝的最終極手段乃是武裝叛亂。這種皇帝被認為已失去天命，因而人民武裝叛亂天經地義。天命觀念的首度被人提出，是為了合理化西元前十世紀中葉周人篡奪商朝王位，後來有人祭出此觀點，以合理化對昏庸或腐敗皇帝的反叛。要確定天命在誰身上，沒有明確的規則可循，往往是叛亂者成功扳倒政府後，天命即歸諸那人（第二十章對此有更完整的探討）。這種抑制王權的做法顯然很極端，且風險很大。

因此，儒家認為統治者施政時應以老百姓的利益為依歸這觀念，把可問責原則帶進了中國政府。如前面已指出的，這種可問責不是正式的或程序性的制度，而是建立在受官僚組織影響的皇帝個人道德感上。李文森和舒爾曼主張，官僚組織所促進的這種道德訓諭，主要反映了官僚本身的利益。也就是說他們強烈反對赤裸裸運用國家權力的法家統治方式，因為儒家官僚是該權力的第一個受害者。他們所追求的，就只是在漢朝王政復辟時期保住自己的地位。這些官僚不是公眾利益的守護者，而是以親屬關係為基礎的階層化社會制度的守護者，他們就位居此社會制度的最頂端。[10]但就一個堅決主張（至少在原則上堅決主張），統治者該受被統治者問責，且試圖保住既有社會建制，不讓國家權力侵擾它們的主導性意識形態來說，儒家思想還是有其可取之處。

漢朝政府的本質

漢朝時出現的政府行政機關，對於秦朝的專制中央集權和周初以親屬關係為基礎的社會制度之間的平衡，有了較理想的拿捏。漢朝的中央政府愈來愈理性化、建制化，一段時日之後，開始壓制家產制統治的地方山頭。但在王莽於西漢末年試圖土地改革之前，漢朝政府從未想用手中的權力從事大規模的社會改造，而把既有的社會網絡和產權大體完好如初地留下來。漢朝政府抽稅，要人民服徭役，以完成公共工程，但未像秦朝那樣橫徵暴斂，令人民苦不堪言。

漢朝時，中國政府的建制化愈來愈完善。在家產制下，不管是在中國周朝或當代非洲、中美洲國家，政府官員的派任，都非根據能力，而是由於他們與統治者的親屬關係或個人關係。權威不在官職，而在當官者身上。隨著政治制度現代化，官僚組織取代了家產制。據馬克斯·韋伯的權威定義，現代官僚組織的特色，包括以具有明確權限的功能性領域來界定職務、官職編組為嚴明的等級體系、以根據能力且不講私人關係的方式選取人才，官員缺乏獨立的政治基礎且受等級體系內的嚴格紀律約束，官職被當作謀生之道。[11]

西漢的中國政府幾乎完全符合上述現代官僚組織的標準。[12]政府內有許多來自前一時代（家產制時代）的官員，特別是在漢高祖在位初期，他需要這些官僚反秦並鞏固其統治地位。但家產制官員漸漸被以較不講私人關係的方式選出的官員取代，尤以中央政府為然。宮廷權貴和奉命執行統治者決定的常設官僚組織之間的差異愈來愈鮮明。

西元前一六五年，漢文帝下詔要求諸侯王、公卿、郡守舉賢良方正、能直言極諫之士進入官僚組織服務。漢武帝在位期間命官員薦舉孝廉之士。西元前一二四年，各省所提名的學生送到京城長安的太學接受考試。優秀者跟隨太學博士、學者學習一年，學習內容以獲官方認可的儒家典籍為基礎，然後再度接受考試，合格者入朝擔任高官。漢朝也發展出其他的徵才管道，例如在帝國各地物色人才的巡迴委員會，或以帝國的道德或物質情況為題，邀民間人士作文章，擇優取才。這種不講私人關係的取才方式，使非漢人的少數民族得以晉升到高位，例如匈奴裔的軍事指揮官公孫渾邪。[13]

西元前五年，中國在籍人口達六千萬人時，已有約十三萬官僚在京城和各省服務。漢朝設置學校訓練滿十七歲的年輕人，以為政府選取人才，在學校裡他們會接受考試，以測試他們認識不同字體、記帳等諸方面的能力（這套文官考試、取才制度到唐朝、明朝時會變得更複雜先進）。漢朝時，家產制的遺習仍很強：高級官員可推薦兒子或兄弟出任高級官職，薦舉制度明顯未能免於個人影響。一如以後的朝代，能力取才制度仍受限於教育條件：只有高地位人家的子弟有幸讀書識字，從而只有他們有幸得到薦舉或參加考試。

家產制遺習未滅，[14]但從韋伯的界定角度看，隨著時日推移，中央政府愈來愈官僚組織化。位階最高的三位官員是三公，即丞相、御史大夫、太尉，其中又以丞相居首，太尉居末。有時丞相之職一分為二，成為左丞相、右丞相，兩者互相監視，平衡彼此權力。三公以下是九卿，每個卿有自己的部屬和預算。九卿包括掌管禮樂社稷和宗廟禮儀的太常；負責皇宮門禁和皇帝安全的衛尉；負責皇帝禁衛、統領京師衛戍部隊的光祿勳；掌管輿馬及牧畜之事的太僕；負責司法的廷尉；負責收稅的大司農等。在漢朝這農業社會裡，大司農無疑特別重要，大司農本人執掌一龐大的官僚組織，將轄下六十五個機關的高級官員派到各省，管理糧倉、農業工作、水的供應。[15]

理性官僚組織不必然為理性目標服務。太常的屬官有太樂、太祝、太宰、太史、太卜、太醫六令丞，分別執掌音樂、祝禱、供奉、天文曆法、卜筮、醫療。太卜就舉行重要活動、儀式的日子吉凶向皇帝提供意見，也執掌文官取才的考試。漢朝政府的規模之大，由光是太祝就有部屬三十五人、太樂掌管三百八十名樂師，可見一斑。[16]

漢朝政府最引人注目的特色之一，乃是文人政府對軍隊的牢固掌控，且這特色從中國歷史的最初期直迄今日始終未變。在這點上，中國不同於有龐貝、凱撒之類野心將領不斷爭取政治權力的古羅馬，亦不同於軍事政變頻仍的當代開發中國家。

這不是因為中國缺乏軍事權威或群眾魅力。中國歷史上多的是得勝的將領和軍功彪炳的事蹟。甚至在戰國時期結束後，中國仍戰爭頻繁，主要是對付乾草原游牧民族，但也為了對付高麗人、藏人和南方的部落民族。幾乎每個王朝的開國皇帝，最初都是靠領軍打仗嶄露頭角。如前面已提到的，劉邦靠軍事組織長才和高明的軍事謀略，從農民之子登上九五之尊，而在中國歷史上，他不會是最後一個如此崛起的人。唐朝安祿山之類的野心將領爭取權力，由於負責防禦北方蠻族的邊塞部隊脫離中央政府掌控，唐朝最終垮臺。

但一般來講，透過征戰崛起而成功建立新王朝者，在取得權力之後都迅即脫下戎裝，以文官治天下。他們和繼任者能使將領不干預政治，能將野心將領放逐到遙遠邊塞，能消滅招兵買馬企圖造反的其他將領。與古羅馬禁衛軍或奧圖曼禁衛軍不同，中國皇帝的御林軍，在中國歷史長河裡，從未扮演左右皇位繼承的重要角色。由於戰爭是中國國家形成的重要因素，文人為何能那麼牢牢掌控政治，也就是該釐清的重要課題。

原因之一，與軍事等級體系的建制化程度低於文官等級體系的建制化有關。太尉一職和前、後、左、右諸軍的將領，理論上位階都高於九卿，但這些職位往往空著。它們主要被視為虛銜，而非具有軍事實權的職位，常由不具軍事背景者出任。這時候，軍隊還未專業化，皇帝派任的官員在軍、文職間輕鬆遊走，且被認為不管出任軍職還是文職都能勝任。王朝伊始，內戰結束，出任軍職往往意味著要被派到遠離文明的西域或荒涼邊塞駐守。雄心勃勃、仕途看好者不想走這樣的路。[17]

但這些因素只引來一個疑問，即在中國體制裡，軍人的社會地位為何如此低。細加探究，那有可能是規範性的觀念使然：在征伐兼併劇烈的春秋、戰國時期，出現了真正的政治權威繫於受教育與能讀書識字，而非繫於能征善戰的觀念。想登上大位的軍人發覺，若想讓自己的命令得到遵從，自己就得披上儒家的外衣，若想讓自己兒子繼承大位，就得要兒子接受博學鴻儒的教導。如果你無法據此接受筆勝於劍的看法，就該思索以下事實：文人權威能順利控制軍隊，最終都倚賴在正當權威方面的規範性觀念。美國軍方若想奪取總統的權力，隔天就可奪走。未這麼做，反映了絕大部分軍官無意推翻《美國憲法》，如果他們有這企圖，絕大部分受他們指揮的士兵都不會遵命。

漢初，中國各方都有心建立強大、統一的中央政府，以免重蹈東周混亂、戰爭的覆轍，全國的地方菁英則想盡可能保住自己的權力和特權，兩者利益的獲致平衡，構成漢初均勢的基礎。秦始皇想把建制平衡往強大中央集權國家的方向推，但推得太遠太過火。這樣的中央集權國家，專制霸道，不只不在乎家產制菁英的利益，也不在乎拿在地領主的暴政換取國家暴政的一般農民的利益。漢朝把這平衡點往回移，以照顧到被秦朝視為眼中釘的那些王族、貴族的利益，同時致力於慢慢削弱他們的勢力。漢朝以暗暗摻雜了法家原則的儒家思想，重新賦予自己正當性。西漢所創建的國家之所以穩定，乃是因為它建立在妥協上。但它也比秦朝弱勢得多，從未想與境內殘存的孤立貴族勢力正面衝突。但此新均勢管用。除了攝政王莽（西元前四五至後二三年）稱帝，建立短命「新朝」，短暫打斷漢朝國祚，漢朝從西元前二〇二年綿延到西元二二〇年，存世超過四百年。這是了不起的政治成就，但令人遺憾的，也是不可能永遠維持的成就。

注釋

1 Harrison, *The Chinese Empire*, pp. 85–86.

2 引自Levenson and Schurmann, *China*, p. 87.

3 Kwang-chih Chang et al., *The Formation of Chinese Civilization*, p. 271.

4 Kiser and Cai, "War and Bureaucratization."

5 Levenson and Schurmann, *China*, pp.80–81; Harrison, *The Chinese Empire*, pp.95–96.

6 Loewe, *The Government of the Qin and Han Empires*, p. 43.

7 Chang et al., *The Formation of Chinese Civilization*, p. 276.

8 Levenson and Schurmann, *China*, p. 83.

9 Loewe, *The Government of the Qin and Han Empires*, pp. 95–97.

10 Levenson and Schurmann, *China*, pp. 88–91.

11 官僚機構特色的完整一覽表：

(1)官僚個人是自由的，只有在範圍明確的某個領域內服從權威。

(2)官僚被組織為界定明確的階層化官職體系。

(3)每個官職有明確職能範圍。

(4)官職裡充塞著自由的契約關係。

(5)根據能力能否勝任來選才。

(6)官僚領取固定薪水為報酬。

(7)官職被視為就任者的唯一職業。

(8)官職可當作謀生之道。

(9)所有者與管理者涇渭分明。

(10)官職受嚴格紀律約束與控制。

Weber, *Economy and Society*, Vol. I, pp. 220–21。已有許多觀察家指出，韋伯的定義用在他所最熟悉的普魯士—德國官僚組織上最貼切，但用來描述今日許多有成效的現代公部門、私部門官僚組織，就不盡然說得通。例如，許多扁平管理的例子，涉及到授與下屬高度的自主權，放寬典型官僚組織的嚴格指揮、控制等級體系，模糊不同官職間的界限。在我看來，現代官僚組織最基本的特色，例如官職的明確職能、官職隸屬於更高層政治權威、公私領域的涇渭分明，仍是現代公共行政體系的特色。Allen Schick 主張，公共管理上較晚近的創新，必須建立在傳統官僚組織的基礎上。見他的文章“Why Most Developing Countries Should Not Try New Zealand Reforms,” *World Bank*

Research Observer 13, no. 8 (1998): 1123–31.

12 此觀點來自Creel, "The Beginning of Bureaucracy in China."

13 Loewe, *The Government of the Qin and Han Empires*, pp. 74–76.

14 家產制主要倖存於原是漢朝最初政治協議之一部分的那些王國和屬國裡。秦朝的郡縣二級制被更複雜的多級制取代。郡與國底下又再劃出縣、侯國、邑、道。到西元二年時，全中國境內的縣、侯國、邑、道，共有一千五百七十七個。侯是家產制官職，可用來收買或安插國王的親屬或倖存的世家大族成員，且可世襲。在某些例子裡，侯未被用來酬賞皇親。但侯國不是像歐洲封建領地那樣，作為獨立世襲貴族的勢力根據地，反倒似乎是中央政府用來安撫或懲罰不同政治行動者，而較易設置或拔除的職位。

15 同前注，頁二二四至三〇。

16 同前注，頁二二四至二二五。

17 同前注，頁五六至六二。

第九章　政治衰敗和家產制政府的重現

四百年漢朝為何覆滅；馬爾薩斯式社會裡出現大莊園、不平等現象所具有的意義；大家族如何把持政府，弱化國家；中國人的民族意識。

我們不該認為政治秩序一旦問世，就都會自持自續。撒繆爾·杭亭頓的《變動社會中的政治秩序》一書，以〈政治秩序和政治衰敗〉一文為開頭，而在此文中，杭亭頓的主張與現代化理論的進步假設截然不同，我們沒理由認定政治發展的機率高於政治衰敗的機率。政治秩序的出現，源於社會裡相抗衡諸勢力達成某種均勢。但隨著時日推移，內外情勢有了改變：建立最初均勢的行動者本身發生改變或消失；新行動者出現；經濟、社會環境改變；社會遭外力入侵或面臨新貿易條件或外來觀念。於是，過去的均勢不再維持，政治開始衰敗，直到現有的行動者提出新一套規則和建制來恢復秩序。

漢朝最終瓦解的原因有數個，且涉及到原初政治均勢在各個方面的轉變。漢朝統治家族的團結和其正當性，因外戚、宦官勢力的介入，在西元二世紀時受到嚴重破壞。宦官扮演重要角色，不只見於中國，也見於多國皇宮：他們被閹掉生殖器，失去性慾或性能力，因而能得到皇帝信任，成為個人幕僚。他們沒有妻子兒女，心理上倚賴他們的主子，且不會想去替自己（不存在的）孩子謀利益。中國皇帝能繞過強大、自治的官僚組織來遂行己意，宦官是一大功臣，但宦官也開始發展他們自身的集體利益。

梁太后所屬氏族的首領成功扶立弱勢皇帝桓帝（西元一四七至一六七年）時，宦官的勢力發展來到決定性階段。扶立桓帝使梁太后的家族得以把持朝政，享有大量特權，但桓帝發動被當今拉丁美洲人稱之為自為政變（autogolpe）的行動，在身邊宦官協助下，對抗自己所領導的政府，結束外戚梁氏的把持。宦官殺光梁太后的氏族，宦官本身變成一大勢力，受到皇帝賞以官職、免稅等好處。宦官的興起威脅到官僚組織和儒士的地位，於是一六五年儒士發動反宦官行動，終於將宦官剷除。[1]

環境條件也是漢朝瓦解的原因。西元一七三、一七九、一八二年有疫病；一七六、一七七、一八二、一八三年有饑荒；一七五年有水災。人民苦難，催生出道教。許多農民和其他百姓信起道教。儒教是道德性宗教，而非天啟性宗教，始終受到菁英的崇奉，從古老民間信仰發展出來的道教，則成為非菁英分子的某種抗議性宗教。道教成為催發黃巾農民叛亂的基本信念。這場爆發於西元一八四年的叛亂，因為過去十年農民所受的種種苦難而燒得更旺，雖然二十年後遭政府平定，造成極大傷亡（據說有五十萬人喪命），但它亦摧毀了帝國的許多官方基礎設施和生產力。[2]這些天災人禍帶來的總影響，乃是西元一五七至二八〇年間，中國人口據記載少了驚人的四千萬，也就是總人口的三分之二。[3]

但從中國政治發展的觀點來看，漢朝衰落最重要的原因之一，乃是國家再度落入家產制菁英之手和隨之而來中央政府的衰弱。秦朝為消滅封建制度、創立不講私人關係之現代國家所付出的努力全付諸流水，親屬關係再度成為中國境內取得權力、地位的首要憑藉，且這情形直持續到九世紀唐朝末年才結束。[4]

但這不是周朝封建制度的復辟。自秦朝以來，客觀環境已改變太多，包括已創立中央集權國家和官僚組織，及透過朝儀取得大量正當性的宮廷。西漢已漸漸消滅掉國內以領土為基礎的家產制勢力，因此，貴族家庭重新確立自己的權威時，不是藉由重建在地權力基礎，而是藉由將自己直接安插進中央政府機關裡來達成。周朝、漢朝貴族的差異，也就有點類似十七世紀晚期英、法兩國貴族的差異：英格蘭領主仍靠自己的莊園過活，且在當地擁有權威，法國領主則不得不前往凡爾賽，藉由親近宮廷和國王來取得權力。在中國，宮廷權力是取得土地的途徑之一：有力的官員能取得土地、隨從、農民、免稅待遇。

富者愈富

隨著時日推移，中國境內出現愈來愈多的大莊園，而大莊園的擁有者，都是在長安中央政府或中央政府的省級分支機構擔任高官的世家大族。這造成全國貧富差距日益懸殊，財富集中在一小撮世家大族手裡，且由於這些地主使國內愈來愈多富生產力的農地免遭官府課稅，政府的稅收持續萎縮。因此，這些世族是今日我們所謂尋租（rent-seeking）菁英的早期翻版，利用個人的政治人脈掌控國家，利用國家權力替自己牟利者。

在農業社會裡，存有一種類似大莊園鐵律的現象，即富者會愈來愈富，直到最後被外力阻擋為止，而外力若非農民叛亂，就是因擔心農民叛亂而思患預防的國家。在近代以前的農業社會裡，貧富差距不必然反映能力或性格上的天生差距。技術是固定不變的，沒有人因富有創業精神或創新而受到獎賞。在農業機械化之前，也沒有規模經濟（economy of scale）這回事，也就是說生產效益不會因為生產規模變大而增加，大莊園不會較有效率。就連大地主都把土地分成數小塊，分別交給雇來的個別農戶耕種。但初期時資源多寡的差異，因為勞役抵債制的施行而更為拉大。較有錢的農民或地主會把錢借給較窮者，接著，單單一季氣候不好或欠收，就會使欠債者成為農奴或奴隸，使他家的財產遭沒收。[5]久而久之，較有錢者自然而然變得更有錢，因為持有土地較多的地主可收買到政治影響力來保護、增加自己的土地。

把當代產權理論硬生生套用在過去情況，會導致根本上的誤解，原因就在此。許多經濟學家認為牢固的產權促進成長，因為它們確保個人收益可用於投資，從而刺激投資和成長。但在中國漢朝，經濟生活比較類似湯瑪斯·馬爾薩斯（Thomas Malthus）在其《人口學原理》（*Essay on the Principle of Population*）一書裡所描述的世界，而非自工業革命開始以來已存在兩百年的世界。[6]如今，我們認為技術創新和改變會促成勞動生產力（每人產出）的增加。但在一八〇〇年之前，生產力的增加比較像是短暫的插曲。農業問世、利用灌溉設施、發明印刷機、火藥、長程航行船隻，都促成生產力提升，[7]但在前後兩次生產力提升之間，存在著人口增加、人均收入降低的漫長時期。許多農業社會是在自己技術生產潛力已達極限的情況下運作，進一步投資不會提高產量。唯一一種可能的經濟成長乃是粗放型成長。在這種成長模式下，新的土地有人定居，得到墾殖，或者從他人手中搶來。因此，馬爾薩斯式世界是零和世界，有一方獲益必有另一方受損。有錢的地主也就不必然比小地主較有生產力，他只是有較多資源可熬過艱困時期。[8]

在不可能出現集約型經濟成長的馬爾薩斯式經濟裡，牢固的產權只強化既有的資源分配狀態。財富分配狀態所反映的，其實比較可能是偶然的起始狀況或資產擁有者獲得政治權力的機會，而非生產力或勤奮（就連在今日富流動性、充滿創業精神的資本主義市場經濟裡，死硬捍衛產權者也往往忘記現有的財富分配狀態不盡然反映有錢人的優越之處，忘記市場不盡然有效率）。

若任由菁英自行其是，他們往往擴大自己大莊園的面積，而面對這狀況時，統治者有兩個選擇。統治者可和農民站在一塊，利用國家權力推動土地改革和均分地權，從而削弱貴族勢力。在斯堪地那維亞，就發生這樣的事：十八世紀末，瑞典、丹麥君主與農民聯合對付相對較弱勢的貴族階層（見第二十八章）。或者，統治者也可和貴族站在一塊，利用國家權力強化地方寡頭統治集團成員對各自農民的掌控。十七世紀起，這樣的事就發生於俄羅斯、普魯士和易北河（Elbe River）以東的其他地區，原本大體上保有自由的農民，在寡頭統治者和國家合謀下淪為農奴。法國大革命之前，法國國王力量太弱，無法除掉貴族或取消貴族的免稅待遇，只好把新稅的負擔擺在農民肩上，直到整個制度毀於法國大革命，這情況才改觀。君主選擇哪條路：強化既有的寡頭統治，或打擊寡頭統治集團，取決於眾多背景因素，例如貴族和農民兩族群內部的團結程度、國家受外來威脅的程度、宮廷內的對立傾軋。

漢朝的中國皇帝最初選擇和農民站在一塊，一起對付勢力愈來愈大的地主。西漢期間，偶有人呼籲重拾被商鞅廢除的井田制。這時井田制已不被視為封建時代的建制，而是土地公有制的象徵，某些人見到被大莊園地主趕出自己土地的貧窮農民的困境，於是要求恢復該制。西元前七年，有人提議以三千畝（一畝約合六．六八公畝）為私有地面積的上限。由於大地主反對，此議未獲採納。篡奪皇位、終結西漢的官員王莽，也試圖藉由將大面積私有地國有化來執行土地改革。但他也遭遇巨大反對，最後因忙於對付赤眉農民暴亂（因起事者把眉毛染紅而得名）而心力交瘁。[9]

王莽的土改失敗，使家產制貴族得以在東漢建立時擴大他們持有的土地，鞏固他們的權力。大地主掌控數百或數千名隨從、佃戶、親屬，還往往握有私人軍隊。他們替自己和自己家屬弄到免稅待遇，使帝國稅基變小，使可供服徭役、兵役的農村人口變少。

軍隊的腐敗進一步削弱中央政府。漢朝軍隊大部分用在與遙遠西北邊的匈奴人作戰，該地的漢軍要塞地處偏遠，靠長長補給線維持。這種艱苦的軍人生活，很難徵得到農民入伍，政府轉而漸漸倚賴從當地蠻族招募來的傭兵，不然就是倚賴奴隸和罪犯。軍人在邊塞附近安家落戶、生活、務農，把職業傳給自己兒子，漸漸成為自成一體的一個群體。在這些情況下，軍人效忠的對象比較可能是軍閥曹操、董卓之類的當地指揮官，而非遙遠的中央政府。[10]

土地持有的差距日益懸殊，加上西元一七〇年代爆發的數場天災和疫病，黃巾叛亂隨之爆發。其後，秩序的瓦解和中央政府在派系鬥爭中解體，使這些權勢家族開始深溝壁壘，厚植實力，成為不受弱勢中央控制的地方之霸。漢朝最後幾十年，中央政府完全解體，大權旁落到一連串地方軍閥的手裡，而這些軍閥原本只是扶植自己中意者當皇帝，後來則篡位，自己當家。[11]

中國解體和家產制重出江湖

漢朝是秦朝一統中國後國祚最久的中國王朝，西元二二〇年終於覆滅，接下來三百年裡，除了有一短暫時期天下一統，中國處於群雄割據局面。從西漢末年到西元二八〇年短命的晉朝建立這段期間，是中國偉大歷史小說《三國演義》鋪陳的主題。這部小說據認出自羅貫中之手，寫於明初(可能是十四世紀晚期，但確切年代不詳)，也就是明朝推翻蒙元，使中國再度一統於漢人政權之後不久。[12]這部小說的基本主題之一，乃是中國的內亂如何招來混亂和外患，它闡明了國家可在什麼條件下恢復一統。有人認為《三國演義》在形塑現代中國人歷史意識上的重要性，和莎士比亞的歷史劇相當，這部小說也已被改編成多款電玩和無數電影。北京欲收復臺灣的主張背後，潛伏著不堪回首的內亂歷史記憶，而這些記憶最遠可溯至此時期。

從中國政治發展的觀點來看，從漢朝覆滅到西元五八一年隋朝建立，使中國恢復一統這段變動劇烈的過渡期，其值得注意的地方，乃是親屬關係和家產制如何重新確立為中國政治的組織原則。中央集權國家的力量和家產制群體的力量，彼此具有逆相關的關係。即使已創立現代國家，部落制仍以多種型態存在，仍是一種被視為理所當然的政治組織方式。

漢滅後那段歷史極為錯綜複雜，但從更大的發展史觀點來看，細節並不重要。漢亡後，中國最初分裂為魏蜀吳三國。把持魏國朝政的司馬氏篡魏建立西晉，一統中國，但不久後帝國再度四分五裂，陷入內戰。西元三一一年，晉朝都城洛陽遭匈奴人洗劫、占領。匈奴王劉淵建立華北諸多外族王朝裡的第一個王朝，西晉倖存者則逃到南方，建立華南數個王朝裡的第一個王朝東晉，定都建康（今南京）。華南、華北各自發展，都動亂未休。在華北，洛陽遭洗劫促成一段混亂的部落戰爭時期問世，史稱五胡十六國時期。接著又有兩次蠻族入侵，先是屬於原始藏族的氐、羌部落，然後是屬於突厥鮮卑人一支的拓跋氏。拓跋氏建立北魏（西元三八六年至五三四年），而北魏愈來愈漢化，部落民取漢姓，與漢人通婚。但拓跋氏內部失和引發內戰，致使北魏於西元六世紀初期分裂為東魏、西魏。在南方，南遷的晉朝王室重新站穩腳跟，史稱東晉，並有大量世族和他們的隨從投奔過來。四世紀中葉，東晉於軍事政變中遭推翻，此後陸續由軍人創建的其他弱勢王朝支配南方。[13]

東漢末年，中國政治出現家產制傾向，而漢朝軍閥曹操和其兒子曹丕於二二〇年所創立的魏國施行九品中正制，更加速此傾向。在此制度下，政府指派一名「中正」到每個州郡，根據性格和能力評比當地人才高下，作為政府授官依據。與先前漢朝的察舉制不同，「中正」不是由中央政府挑選，而是從各州郡裡挑選官員出任，由於地緣關係，他們顯然更易受當地菁英影響。新的取才制度以一套正式體系將所有菁英家族分等級，並以等級作為授官依據。在漢朝，不是官員，仍有可能擁有高地位，但在九品中正制下，官職成為取得高地位的唯一途徑。在這同時，家譜愈來愈受重視，因為此時兒子遠比以前更有可能承繼父親的官職。[14]

中央政府強勢時，施行九品中正制或許可削弱強勢貴族階層，將貴族牢牢拴在國家上。十七世紀和十八世紀初期，法蘭西王室向貴族推銷一複雜精細的頭銜、階級等級制，結果削弱整個貴族階層集體行動的能力。每個貴族家庭都把心思擺在自己底下的人民，因而無法彼此合作捍衛他們更廣大的階層利益。但在三世紀的中國，九品中正制似乎成為可讓貴族階層賴以掌控國家的工具。有能力的平民透過察舉或考試當上高官之事已成絕響，只有目前當官者的子弟有幸當上高官。這時期的皇帝即使自己有中意的人選，也往往因為該人缺乏符合要求的家世而無法出任要職，由此可見實權掌握在世族手裡而非國家手上。[15]

西晉滅亡後，家產制在華北、華南朝不同的方向發展。在南方，東晉朝廷由當地豪族和從洛陽南遷來的世族支配。南遷世族帶來九品中正制和由王、陸、張這些世家大族支配的政府。[16]大莊園的持續成長，強化了貴族支配地位。西元三世紀晚期，西晉已通過一土地法，明令所有農戶都有權擁有某一最低面積的土地，農戶則繳稅、服徭役作為回報。該法還限制世家大族持有土地的面積，限制他們可豁免國家課稅義務的佃戶、隨從數目。但這道法律和東晉時頒布的一道類似法律從未落實，這就和王莽失敗的土地改革一樣，說明了大莊園主的勢力逐日增強，和他們對國家控制能力與資源的威脅程度。[17]

在華北，入主的藏人、突厥人屬於部落社會，官職都由各自的領導家系成員擔任。在爭鬥和部落間戰爭持續不斷的初期，這些外族家庭構成整個地區的領導菁英階層。漢朝時已躋身高位的漢人世族，若非南逃投奔東晉朝廷，就是退回到自己的莊園。他們在地方當老大，但不碰朝廷政治。西元五世紀下半葉北魏建立中央集權政權時，特別是四九〇年代北魏遷都古城洛陽之後，情況開始改變。北魏孝文帝禁止於朝中說鮮卑語、穿鮮卑服，鼓勵鮮卑人、漢人通婚，邀世家大族入朝為官。他成功創造出統一的貴族階層，且以和南方九品中正制差不多的方式，將世家大族分級。結果造成有許多高級官員出自同一個家系，使貴族等級成為出任政府最高階官員的必要條件。[18]土地合併為大莊園和隨之而來貴族權力的擴張，也是北方所面臨的問題。西元四八五年，朝廷下詔限制大莊園、保障農民持有土地的最低面積，就是明證。[19]

強大的中央集權國家

西元六世紀中葉，華北東魏、西魏兩國分別遭北齊、北周取代。西元五七七年，北周攻打、消滅北齊時，鮮卑裔楊堅以軍事指揮官的身分嶄露頭角，他的妻子則出身某個強大的匈奴氏族。經過一番內鬥，楊堅擊敗諸對手，於西元五八一年建立隋朝。他的軍隊接著又於五八七、五八九年分別消滅南方的梁國、陳國。自西元二二〇年漢朝覆滅以來，中國首度再次統一於一中央政府下（雖然隋朝的疆域與秦或漢朝的疆域未完全一致）。史稱隋文帝的新皇帝將京城遷回舊都長安，且仿漢朝制度重建強勢的中央政府。繼承他大位的兒子隋煬帝好大喜功，開鑿運河，輕啟戰端攻打高句麗王國，無功而返，六一八年他去世後，隋朝滅亡。但這一次，過渡期很短：另一個名叫李淵的北方貴族，於六一七年組成一支叛軍，隔年拿下長安，宣告建立新王朝。唐朝是中國最輝煌的朝代之一，國祚持續將近三百年，十世紀初覆滅。

隋、唐重新建立了中央集權國家，但在漢滅隋興這中間幾百年裡掌控各國政府的世族勢力並未隨之消失。如第二十、二十一章會提到的，對家產制的鬥爭又繼續了三百年，直到十一世紀的宋朝，公共行政才回到它在漢朝時堪稱享有較「現代」的基礎上。中國的再度中央集權化最終有助於使考試取才制度、以事功為基礎的官僚制（在過去幾百年裡漸漸被世家大族攻陷的制度）重現活力。

漢滅隋興這中間三百年裡的動盪混亂，引生諸多極有意思的問題，其中之一不是為何中國四分五裂，而是為何中國再度一統。要如何在如此廣大土地上維持政治大一統的局面，絕不是個小問題。古羅馬帝國覆滅後，儘管有查理曼大帝和幾位神聖羅馬帝國皇帝努力欲重現該帝國，但它終究一去不復返。漢亡後數國並立的體系，為何未像歐洲最後的發展那樣，固定為由彼此競爭的諸國組成的準常態性體系？

這問題的答案之一，我們前面已經提到。中國國家體制的過早現代化，使國家成為社會裡最有力的具組織性社會單元。即使中央集權國家瓦解，接下來都有諸多有意建立王朝者，竭盡所能欲在自己所管轄的領土上重現漢朝的中央集權建制，竭盡所能欲在自己領導下重新統一中國。歸根究柢，正當性來自繼承了天命，而非來自統治一地方小國。此外，藉由在自己疆域裡重現漢朝建制，大一統瓦解後分立的諸國防止了自己國家進一步解體為更小的單元。發生於歐洲的領地分封過程，未在中國出現。

中國為何重歸一統的第二個原因，且可能是較重要的原因，頗值得當今發展中國家深思。秦、漢時，中國除創造一強勢國家，還發展出共同的文化。此文化不是任何可被界定為現代民族主義的基礎，因為它只為構成中國統治階級的少數菁英分子而存在，而非為廣大的人民群眾存在。但有一種強烈的看法認為共同的文字、古代典籍、官僚組織傳統、共同的歷史、通行全帝國的教育建制、在政治、社會兩個層次支配菁英行為的價值體系，使中國有別於世上其他國家。國家消失後，此文化一致感仍然存在。

碰到有著不同傳統的外來蠻族時，共同文化的力量最為鮮明外露。所有征服了中國部分地區的入侵者：匈奴人、鮮卑人、拓跋氏或更晚時的女真人（滿人）、蒙古人、党項人、契丹人，幾乎個個都在最初時想保住自己的部落傳統、文化、語言。但他們很快就發覺，不採用中國較先進的政治建制，他們無法治理中國。此外，由於中國文化地位崇高，他們若非漢化，就得退回世居的乾草原或森林，才能保住他們的本土文化認同。

中國重歸一統，乃是因為秦、漢兩朝確立了如下先例：統治全中國比統治中國的任何一個組成部分，還要具正當性。但誰有權統治全中國，卻是個棘手的問題，而且除非更仔細檢視中國人有關政治正當性的概念，我們不可能完全解開這個問題。中國歷史分分合合，分的時期，特別有助於我們看透這問題，因為在這期間，任何人都可以逐鹿中原，十足的政治權力局外人：農民之子、出身可疑的外族、未受過儒家教育的大老粗軍人，有機會爬上最高位，君臨天下。中國人願意將正當性和絕對權力授與他們和他們的後代，而這麼做的理由，在許多方面都令人困惑。後面檢視其他改朝換代的過程時，我會再談這問題。

中國是第一個創建現代國家的世界文明。但它所創建的現代國家，未受法治約束，或未受可問責的建制約束，因而最高統治者的權力未受到限制。在中國制度裡，唯一的可問責機制訴諸道德。沒有法治或可問責的強大國家無異於獨裁國家，這樣的國家愈現代、愈建制化，其獨裁就會愈有效。一統中國的秦國雄心勃勃欲改造中國的社會秩序，其做法無異於某種原始極權主義。此計畫以失敗告終，因為秦朝政府欠缺實現其雄心的工具或技術。秦朝政府沒有激勵大眾追隨它的意識形態來合理化它自身的作為，也未組織政黨來實現其希望。當時的通信技術無法讓它的觸角非常深入中國社會。而在它權力能及的地方，它的獨裁統治太嚴酷，引發叛亂，導致它迅即覆滅。

後來的中國政府懂得節制這些雄心，懂得和既有的社會勢力共存。在這方面，這些政府是威權主義者，而非極權主義者。與其他世界文明相比，中國人集中政治權力的本事很高超。

在這方面，中國政治發展所走的路，全然不同於印度所走的路。這兩個社會常被統稱為「亞洲」文明或「東方」文明。但它們雖在初期表現出某些相似之處，後來的發展路線卻大相逕庭。過去兩千年間，中國政治的理所當然模式，乃是以中央集權官僚制國家為主軸，中間穿插著內戰、腐敗時期；印度的理所當然模式，則是一連串愛爭吵的小王國、小公國，中間穿插著短暫的政治一統期。如果檢視過印度的漫長歷史，印度是民主國家的事實或許就不會那麼令人感到意外。並不是民主觀念在印度歷史初期就興起，建立了先例，而應該說在印度，始終難以建立獨裁統治。如後面幾章會探明的，原因存在於宗教和觀念領域。

注釋

1 Harrison, *The Chinese Empire*, pp. 174–77.

2 同前注，頁一七九至一八一。

3 同前注，頁一八二。有關中國古代人口的數目，爭議不少。Kent Deng利用調整過的官方人口資料，表示中國的人口由西元一五七年的五千六百五十萬減為二八〇年的一千八百五十萬，減幅百分之六十七。Kent G. Deng, "Unveiling China's True Population Statistics for the Pre- Modern Era with Official Census Data," *Population Review* 43, no. 2 (2004): 32–69.

4 參見Patricia B. Ebrey, "Patron-Client Relations in the Later Han," *Journal of the American Oriental Society* 103, no. 3 (1983): 533–42.

5 關於現今墨西哥正在展現此過程的例子，參見Flannery, "The Cultural Evolution of Civilizations."

6 Thomas R. Malthus, *An Essay on the Principle of Population* (NewYork: Penguin, 1982).

7 參見 Angus Maddison, *Growth and Interaction in the World Economy: The Roots of Modernity* (Washington, D.C.: AEI Press, 2001), pp. 21–27.

8 在中國的類似例子被稱為「高度平衡陷阱」（high-level equilibrium trap）。Mark Elvin, *The Pattern of the Chinese Past: A Social and Economic Interpretation* (Stanford, CA: Stanford University Press, 1973).

9 Étienne Balazs, *Chinese Civilization and Bureaucracy: Variations on a Theme* (NewHaven: Yale University Press, 1964), pp. 102–103.

10 Scott Pearce, Audrey Spiro, and Patricia Ebrey, eds., *Culture and Power in the Reconstitution of the Chinese Realm, 200–600* (Cambridge, MA: Harvard University Press, 2001), pp. 8–9.

11 Harrison, *The Chinese Empire*, p. 181.

12 Moss Roberts, "Afterword: About *Three Kingdoms*," in Luo Guanzhong, *Three Kingdoms: A Historical Novel* (Berkeley: University of California Press, 2004), pp. 938–40.

13 J.A.G. Roberts, *A Concise History of China* (Cambridge, MA: Harvard University Press, 1999), pp. 40–44; Patricia B. Ebrey, *The Aristocratic Families of Early Imperial China: A Case Study of the Po-ling Ts'ui Family* (New York: Cambridge University Press, 1978), p. 21.

14 Ebrey, *Aristocratic Families*, pp. 17–18.

15 同前注，頁二一。

16 同前注，頁二二。

17 Balazs, *Chinese Civilization and Bureaucracy*, pp. 104–106.

18 Ebrey, *Aristocratic Families*, pp. 25–26.

19 Balazs, *Chinese Civilization and Bureaucracy*, pp. 108–109.

第十章　印度的迂迴

印度的早期發展如何因婆羅門教的興起而與中國分道揚鑣；瓦爾那與闍提；早期印度的部落社會；印度親屬關係的獨特之處；印度在通往國家之路上兜了個圈子。

印度早期的政治發展與中國早期的政治發展大異其趣。兩個社會都始於環節性、部落型態的社會組織。西元前第一個千年中期，北印度第一批酋邦和國家開始從這些部落式組織裡發展成形，發生時間只比中國稍晚一些。在這兩個文明裡，酋邦和國家最初都透過階層化行政體系，在以領土取代親屬關係的基礎上行使強制性權力。

但在戰爭方面，中印兩地有不同的發展。印度從未經歷像中國春秋、戰國時期那樣長達數百年暴力持續不斷的時期。原因不詳。有可能是印度河、恆河兩流域的人口密度比中國大河流域的人口密度低了許多，且受地理限定的程度較低，因此居民受到壓迫時可乾脆遷居他地，而不必順服於階層化社會秩序。[1]不管原因為何，印度早期的國家從未像中國那樣面臨極端強烈的社會動員要求。

更重要的是，在印度出現一種獨特的社會發展模式，對此後以迄今日的印度政治產生巨大影響。就在國家首度成形的前後，出現了四重式社會分類體系，即瓦爾那（varna）制：婆羅門（Brahmin），即祭司；剎帝利（Kshatriya），即武士；吠舍（Vaishya），即商人；首陀羅（Sudra），即不屬於上述三種瓦爾那的其他所有人（當時大部分是農民）。從政治的角度看，這是極重要的發展，因為它將世俗權威與宗教權威隔開。在中國，有祭司和宗教官員，例如漢時掌管朝廷儀式和皇帝宗廟的太常。但他們全是國家的雇員，完全聽命於皇帝權威。這些祭司並未形成獨立群體，因此，在中國出現的國家，是後世所謂的世俗權威凌駕宗教權威的政教合一國家。另一方面，在印度，婆羅門是自成一體的瓦爾那，與剎帝利不相干，其所擁有的權威被認為高於武士。婆羅門未構成像天主教會那樣組織完善的法人團體，但享有相當程度、不受國家權力左右的道德權威。此外，聖法比政治規則更早存在，且不受政治規則左右，而婆羅門瓦爾那被視為聖法的守護者。因此，國王被認為該服從他人所擬的法律，而不是像在中國那樣作為法律的制定者。於是，在印度，一如在歐洲，存有可稱之為法治之物的雛形，從而將使世俗政治權威的權力受到約束。

第二個重要的社會發展乃是闍提（jati）制的問世，也就是後來所謂的種姓制度。種姓制度將各個瓦爾那細分為數百個種姓，即細分為數百個環節性的內婚（endogamous）職業群體，從不同種類的祭司到商人、製鞋匠、農夫都是種姓之一。它們代表了某位觀察家所謂的職業階序的神聖化。[2]種姓被擺在既有的家系結構之上，對氏族的外婚設下了限制。也就是說，外婚的父系家系得在同一種姓內找對象結婚，因此，製鞋匠女兒得嫁給另一氏族裡的鞋匠的兒子。種姓成員在自成一體的社群內相互合作，且往往生活在一起，從這方面來看，種姓保有其他部落社會的某些環節性特色。但不同種姓也相互依賴，因為它們都是更大範圍分工體系的一環。與工業社會相比，此分工的程度有限，但仍比純粹部落式社會來得複雜。因此，用涂爾幹的用語來說，種姓同時展現了機械團結和有機團結的特色，亦即個人既是一模一樣之自我複製單元的一員，且是更大範圍的互賴社會的一員。

在中國，國家於周朝時出現，取代了環節性或部落式組織，成為社會的最高層。家系仍是重要的社會組織型態，但在國家權力與親屬關係群體的權力之間存有逆相關的關係：一方變強，另一方即變弱。總而言之，形塑中國文明的關鍵力量是國家。而在印度，瓦爾那、闍提這兩種新的社會分類，構成社會的基本組織，且限制了國家滲透、控制社會的力量。以瓦爾那、闍提為特色的印度文明，從開伯爾山口一路擴散到東南亞，將形形色色的語群、族群統合為一。但與中國不同，在印度歷史初期，此片龐大領土從未發展出單一的文字，從未受到單一政治權力的統治。事實上，在二十世紀晚期之前，印度的歷史比較像是政治長期分裂與衰弱的歷史，且最成功的統一者中，有些是把政治權力建立在不同社會基礎上的外族入侵者。

印度的部落社會

我們對部落印度和其轉變為國家之過程的了解，不如我們對同一階段中國的了解。在同樣的社會發展階段，印度的文獻資料比中國少：中國有詳述商朝政治活動的大量甲骨文，有涵蓋長久歷史的東周編年史，而印度沒有類似之物。巴基斯坦旁遮普省（Punjab）西部的摩亨焦達羅（Mohenjo-

Daro）和信德省的哈拉帕（Harapa），乃是最早的印度聚落，只能透過考古資料略窺其貌。[3]我們對早期印度社會組織的了解，有很多得透過吠陀文獻。吠陀文獻是帶有注解的聖歌或禱文，最早形成於西元前第二個或第三個千年期間，但長期透過口述流傳，直到西元前第一個千年中期才形諸文字。[4]孔雀王朝（Mauryas，西元前三二一至前一八五年）是第一個印度帝國，從許多方面來看，也是最偉大的印度本土帝國，關於該王朝的歷史文獻，只有零散分布於南亞次大陸各地的一些石刻詔書和希臘、中國等外國的著作。在此，可能存有一因果關係：缺乏普及的書面文化，特別是在印度統治者、行政官員圈子裡沒有普及的書面文化，成為發展強勢中央集權國家的一大障礙。

印度的政治發展，始於印度—雅利安人部落從俄羅斯南部黑海、裏海之間的某地區往外移。其中一些部落轉向西，成為希臘人、羅馬人、日耳曼人等歐洲族群的祖先。另一批印度—雅利安人往南進入波斯，還有一批轉向東，進入東阿富汗，經過巴基斯坦西北部的史瓦特谷（Swat Valley），進入旁遮普地區和印度河、恆河分水嶺。如今可透過Y染色體和粒線體DNA探明印度—雅利安人的血緣關係，但最早是透過梵語（印度諸部落的語言）和西邊居民所操語言（更大印歐語系的一部分）之間的相似之處，確立此關係。

早期的印度—雅利安人部落是養牛、以牛為食的游牧民族，且已馴化馬。他們初移入印度河—恆河平原時，遇到被他們稱之為達薩（dasa）的其他定居社群。達薩人可能屬於不同種族，操達羅毗荼語（Dravidian）或南亞語。[5]在這時期，這些部落的行為和其他地方的部落行為非常類似。他們忙著襲掠達薩人，偷他們的牛，或與其他部落打仗。打不贏，就轉進到別的地方，因為該地區的人口仍很稀疏。最古老的吠陀文獻《梨俱吠陀》（*Rg Veda*），提到許多場部落間的戰爭、拉闍

（raja，部落酋長）的問世、保佑部落出征凱旋的祭司。印度—雅利安人開始定居恆河平原，但只是從畜牧生活轉為畜牧、農業混合生活。隨著由種小麥改為種稻，農業技術有了改良，使人得以有更多的農產剩餘，從而得以贈出更氣派的禮物和儀式奉獻。就在這時期前後，牛的地位開始改變，從印度—雅利安人的主要蛋白質來源（一如努爾人），變成受人尊敬的圖騰性動物。[6]

在這個發展階段，印度—雅利安社會似乎還未在哪個方面發展出與我們先前探討過的其他環節性社會有別的特點。例如拉闍一詞常被譯為「國王」，其實在這早期時期無異於部落酋長。史學家羅米拉·塔帕爾（Romila Thapar）指出，拉闍一詞源自意為「照耀」或「領導」的動詞性字根，且與意為「使人高興」的另一個動詞性字根有密切關係。這間接表明部落拉闍的權威所具有的更為合意性（consensual）的特質。[7]拉闍是協助保護部落，帶領部落劫掠鄰近部落的軍事領袖。他的權力受到名叫vidatha、sabha、samiti的親屬大會約束，其中vidatha職司部落內戰利品的分配。一如美拉尼西亞的「頭人」，拉闍的地位取決於他在獻祭、盛宴時重新分配資源的能力。拉闍努力展現他們可炫耀和最終浪費掉的財富，深怕在這點上被其他拉闍比下去，作風就和夸扣特爾族（Kwakiutl）等美國西北太平洋岸印第安人的炫財冬宴差不多。[8]

一如在其他部落社會裡，印度部落沒有法律性建制，糾紛透過賠償來解決（一百條牛抵一條人命）。拉闍不擁有課稅權威，也未擁有現代意義下的土地。土地所有權授與家戶，所有權的繼承受到親屬義務的限定。一如在其他環節性社會，印度—雅利安人部落可能結合成更大的聯盟，例如般闍羅族（Panchalas）的部落聯盟，而部落聯盟又可能與其他更高階的環節結合。

印度的家族和親屬關係

印度—雅利安人部落組成父系家系，就和希臘人、羅馬人、中國人差不多。十九世紀的歷史人類學家，包括福斯泰爾·德·庫朗日和亨利·緬因，在古希臘、古羅馬、凱爾特人、條頓人的親屬關係結構和當時印度人的親屬關係結構之間，找到一些相似之處。前面我已指出古希臘、古羅馬的家中祭壇裡和早期印度人家中，都時時點著聖火（見第三章）。西元一八六二至一八六九年，緬因人在印度，擔任印度總督顧問委員會的法律委員，趁此之便，深入研究了印度文明的起源。他深信存有一個將古羅馬人和印度人都包含在內的統一「雅利安」文明，這兩個民族系出同源，因而對財產、財產繼承、王位繼承的法律規定極為相似。他還深信印度完整保留了上古的法律實踐、社會實踐，從印度的現在可看到歐洲的過去。[9]

後來的人類學家嚴厲批評緬因過度簡化印度的親屬關係，批評他將不恰當的演化架構強加在印度的親屬關係上。他似乎很想證明歐洲人、印度人在種族上系出同源，或許因為這可為英國的統治印度提供歷史基礎。但他仍是比較人類學的偉大創建者之一，且運用他淵博的學識說明了不同文明如何發展出非常相似的辦法來解決社會組織問題。當今的人類學家很清楚不同社會的親屬關係結構上所有細微難辨的差異，但他們有時也犯了見樹不見林的錯，未能充分認知到處於類似社會發展層次的不同社會，彼此相似的程度。

我們不能把當今中國的親屬關係組織往回套用在早期中國人身上，同樣也不能把當今印度的親屬關係組織往回套用在早期印度—雅利安人身上。但一如在中國，親屬關係作為社會的基本建構原則，在印度從未像在西方那樣消失。因此，印度社會組織裡有一隱而未顯的連續性，乃是我們若要說明政治發展的動力所必須理解的。

在印度，有三個廣大的親屬關係組織區，分別對應印度次大陸的三大文化語言區：一、北區，居住著操梵語的印度－雅利安人後代；二、南部某區，居住著操達羅毗荼語者；三、東部某區，與緬甸和東南亞其他地方有許多共通之處。[10]印度境內的親屬關係群體，幾乎都形成環節性家系，且絕大部分是父系群體。但在南印度和東印度，存有一些屬於母系、行婚後住在女方家習俗的重要群體，例如馬拉巴爾的納亞爾人（Nayar）。[11]一如在中國，世系群以共同祖先為中心組織起來，且透過擁有某些種聯合財產來擁有法人身分。

但印度的親屬關係上面存有由瓦爾那、闍提構成的等級制，從這點來說，印度的親屬關係不同於中國的親屬關係。此等級制決定了外婚的範圍，也就是說人通常只能以自己瓦爾那或闍提內的人為婚配對象。由於瓦爾那／闍提制的等級體系非常嚴明，針對較低地位的女人「高攀」較高地位的男人，或較不常見的，較高地位的女人下嫁較低地位的男人（即人類學界所謂的高攀婚姻、下嫁婚姻），設有複雜精細的規則。每個瓦爾那、闍提本身都分化為精細複雜的階序體系，因此，連在自己的瓦爾那、闍提內可嫁娶的對象，都有明確的限制規定。例如，婆羅門分為得主持家庭儀式者和不必主持家庭儀式者；得主持葬禮者和不必主持葬禮者。最高階的婆羅門男子絕不會娶最低階婆羅門（亦即主持葬禮者）的女兒。[12]

梵語北部和達羅毗荼語南部在親屬關係規則上的主要差異，與可能對政治組織有所影響的交錯從表婚（cross-cousin marriage）有關。在北印度，男子必須娶父親家系以外的人，不能娶父母之兄弟姊妹的女兒。在南印度，男子也必須娶父親家系以外的人，但男子不只可娶姑姑的女兒，還被積極鼓勵這麼做（此婚俗叫做交錯從表婚。平行從表婚，即娶叔伯的女兒，則不行，因為這違反了氏族外婚規定。男子也可以娶自己大姊的女兒，亦即外甥女）。換句話說，南印度部落，一如許多阿拉伯人部落，傾向於將婚姻（從而將財產繼承）局限在非常窄小的親屬圈子裡。於是，彼此有親屬關係的家系往往住得很近，而在北印度，家庭得在更大的圈子裡替自己小孩尋覓合適的婚配對象。達羅毗荼人的交錯從表婚俗強化了存在於所有部落社會裡那種小格局、往內看的社會關係特色。[13]這些婚俗可能降低了南印度的國王尋覓遠距離聯姻的念頭，例如將亞拉岡（Aragon）、卡斯提爾（Castile）兩王國結合為一，創造出現代西班牙的那場聯姻。

上述對印度親屬關係的簡要說明，只搔到該複雜親屬關係的一點點皮毛。即使能對梵語北部和達羅毗荼語南部的情況擬出通則，每個地區的親屬關係規則仍因次地理區、階級、宗教的不同，顯露出極大的內部差異。[14]

轉變為國家

對於一開始促使印度從部落社會轉變為國家的因素，相較於我們對中國同一問題所擁有的資訊又更少。針對符合人類學家之暴力、社會契約理論的國家形成，我們擁有兩份神話性的敘述。第一份敘述來自較晚期的吠陀文獻《愛達羅氏梵書》（*Aitareya Brahmana*）：「諸神與諸惡魔交戰，諸神遭敵人重創。於是諸神共聚一堂，決定該有一名拉闍來領導他們作戰。他們指定因陀羅（Indra）

當他們的王，他們迅速轉占上風。」此傳說間接表明，世界初始時，王位建立在人的需求和軍事的需要上，國王的首要職責是領導子民作戰。[15]第二份敘述來自佛教原始資料，說道：

隨著人失去太古時的榮耀，階級（瓦爾那）的區隔出現，他們彼此達成協議，接受私人財產與家庭這兩項建制。偷竊、殺人、通姦等罪行隨之開始出現，於是大家共聚一堂，決定從他們之中指定一人來維持秩序，並把他們田地、牲畜的農產品一部分分給他作為回報。他被叫做「被選出的大人」（摩訶三摩多），由於他令眾人歡心，他得到拉闍的頭銜。[16]

佛教與印度教大同小異，但立場始終較慈善祥和，強調非暴力，強調人進入涅槃的更大可能，因而佛教徒會把國家形成視為合意性的，或許不足為奇。但不管是上述哪種說法，都不是歷史性的陳述。

往國家轉變的真正過程裡，很可能具備了在其他社會裡催生出國家的所有條件。第一個條件是征服：《梨俱吠陀》談到印度—雅利安人遭遇達薩人，與他們打仗，最後制伏他們。該書最早提及瓦爾那時，提到的不是大家所熟悉的四種瓦爾那，而是兩種瓦爾那，即雅利安瓦爾那和達薩瓦爾那，因此從平等主義部落社會往階層化國家級社會的轉變，顯然始於軍事征服。一開始，印度—雅利安人可能是依據種族和語言來區別他們所征服之達薩人與他們的不同，但後來「達薩」一詞變成與任何下屬或受奴役者密切掛鉤。此轉變於印度—雅利安人從畜牧社會轉型為農業社會後漸漸完成。[17]剝削受支配階層，也促成農產品剩餘，使印度—雅利安人透過收租，而不必靠自己部落的勞力，就可取得農作物。「拉闍」一詞的意義，則從部落酋長轉變為「享有從土地或村子取得之收入者」。[18]社會的日益階層化，也與西元前約六世紀初期時，永久聚落、初萌芽的城居生活方式、土地所有制的開始出現有密切關係。[19]土地不再由以親屬關係群體的形式齊力幹活的家戶耕種，而是由與地主沒有親屬關係的農民耕種。[20]為了使賤民永遠乖乖聽話，設置常設軍隊，將屈從者可能逃往的地方全納入政治控制，就變得必要。

一如在中國，在印度也有一些技術變革促進了政治的統合。其中之一是西元前八〇〇年後鐵的使用日益普及。鐵可用來製作斧頭以清除濃密森林，製作鋤頭以栽種作物。國家未控制鐵的生產，但鐵製工具的使用帶來威望，增加了可供國家挪用的多餘農產品數量。[21]

一如從部落級社會轉變為國家級社會的中國等社會，酋長的權力，因為一群自成一體的常設祭司（婆羅門）賦予部落酋長愈來愈強的正當性而大為提高。拉闍行使政治權力，並由祭司透過儀式，賦予該政治權力正當性。拉闍支持祭司，提供他們資源，藉此回報他們的服務。祭司賦予早期的拉闍神性，使拉闍得以將他們的地位轉為可透過日益盛行的長嗣繼承制傳給自己兒子的世襲財產。顯而易見的，半人半神者不只是部落長老團裡平起平坐諸成員中的最資深者而已，因此，部落大會無法再決定由誰來當氏族領袖，愈來愈傾向於扮演諮詢的角色。領導人授職儀式發展成長達一年的祝聖儀式，拉闍在這儀式中受到淨化，得到象徵性的重生，儀式的最後由婆羅門授與他職務和神性。[22]

到了西元前六世紀末期，印度河—恆河平原上的社會已脫離部落制，且若非已變成早期國家，就是已變成名叫迦納桑伽（gana-sangha，平等大會）的某種酋邦。北印度國家，例如鴦伽

（Anga）、摩揭陀（Magadha）、居樓（Kuru）、般闍羅（Panchala），都是具有完全主權的實體，控制了疆域明確的領土，統治主要聚居在城市區域而相對較稠密的人口。它們的社會高度階層化，有世襲的王權，菁英階層向農民收租。相對的，迦納桑伽保留了部落級社會的某些特色：較低度的階層化、較分散的領導權、無法像真正的國家那樣強制人民。[23]

迂迴

至此為止，北印度的政治發展模式，與早兩、三百年西周時中國境內的改變沒有重大差異。兩個社會最初都組織為父系親屬氏族聯盟，都崇拜祖先，都在完成往定居農業轉變的時間前後，轉變為更嚴明的等級體系、世襲領導權、統治者與祭司分工。商朝統治者行使的權威可能多於印度的統治者，但差異不顯著。

但就在印度河—恆河平原上出現第一批真正國家前後，印度政治的發展路線驟然與中國模式分道揚鑣。印度諸國未像中國西周早期諸國那樣，經歷了長達五百年戰爭連綿不斷且規模愈來愈大的一個時期。印度諸國交相伐，且在接下來幾百年裡與迦納桑伽交戰，但從未到像中國諸國那樣相互毀滅的慘烈程度。一如先前已提到的，中國境內獨立政治單位的總數持續減少，從東周初的一千多個減為東周結束時的一個。相對的，印度境內戰爭較少，較不慘烈，國與國合併較不頻繁。較原始的迦納桑伽式組織，在印度直存活到西元第一個千年的中期才被較強的國家吞併，此事正透露印度政治發展的特色。戰國時期，中國境內只要有某國發展出現代國家級的建制，沒有哪個鄰國敢於不跟隨效法，因為不跟著做的代價太大，印度的政治實體顯然未感受到這樣的壓力。西元前三世紀時，孔雀王朝已能將南亞次大陸上的一大片地區統一在單一帝國之下，但仍有一些地區從未被他們征服，而且即使在核心區域，孔雀王朝也從未能完全鞏固他們的統治。孔雀帝國只維繫了一百三十六年，此後直到一九四七年印度共和國誕生，未再有本土政權締造疆域像它那樣遼闊的政治實體。

中印分道揚鑣的第二大領域與宗教有關。中國人發展出專職的祭司來主持賦予國王、皇帝正當性的儀式。但在中國，國家宗教的發展從未超過祖先崇拜的層次。祭司主持皇帝的祭祖儀式，但他們未享有普遍管轄權。王朝末年皇帝失去正當性時，或在群雄割據，沒有具正當性的統治者的改朝換代期間，並不是由祭司根據制度宣布天命在誰身上。從農民到軍人到官僚，任何人都可授與此意義下的正當性。

在印度，宗教有了大不相同的發展。印度—雅利安人部落最初的宗教可能和中國一樣建立在祖先崇拜上。但在始於西元前第二個千年期間的時期裡，吠陀本集編成之時，宗教演變為從不可見的天啟世界角度解釋現象界的千殊萬象，到更複雜深奧得多的形而上體系。新的婆羅門宗教把重點從人的血緣祖先和後代，轉移到含攝整個自然界的宇宙論體系。婆羅門守衛進入這天啟世界的入口，該階層的權威不只攸關國王家系的保護，也攸關最低階農民未來生活福祉的保障。

在婆羅門宗教的影響下，由雅利安人、達薩人構成的二瓦爾那分類制，發展成由婆羅門、剎帝利、吠舍、首陀羅構成的四瓦爾那分類制，祭司階層清楚占據這等級體系的最頂端。吠陀本集由祭祀禱文組成，而祭祀禱文就出自祭司之手。此宗教發展時，歷代的婆羅門成員記住這些禱文，記住祭祀禱文成為他們的專長和他們與其他瓦爾那爭奪社會地位時占上風的憑藉。法律從這些儀式中誕生，而法律最初是習慣法，靠口傳，但最後在《摩奴法論》（*Manava-Dharmasastra*）之類的法律書裡形諸文字。因此，在印度傳統裡，法律不是像在中國那樣來自政治權威，而是來自不受政治統治者左右、且位階高於政治統治者的一個來源。事實上，《摩奴法論》非常清楚地表明，國王是為了保護瓦爾那制度而存在，而非瓦爾那制度是為了保護國王而存在。[24]

如果把中國人的情形當作政治發展的基準線，那麼印度社會就是在西元前六〇〇年左右時兜了一個大圈子。印度未經歷可催生出現代、不講私人關係之中央集權國家的那種長期戰爭。[25] 印度未將權威集中於一個皇帝身上，反倒將權威分割給高度分化的祭司階層和武士階層，而這兩個階層需要對方才能保住自己。儘管印度沒在這時期發展出類似中國的現代國家，它的確為限制國家權力、權威的法治立下了開端，而在中國沒有這樣的發展。因此，印度久久未能像中國那樣集中政治權力，根本原因明顯在於印度宗教。對於印度宗教，我們有必要更仔細探討。

注釋

1 Romila Thapar, *From Lineage to State: Social Formations in the Mid-First Millennium b.c. in the Ganga Valley* (Bombay: Oxford University Press, 1984), p. 157.

2 Harold A. Gould, *The Hindu Caste System* (Delhi: Chanakya Publications, 1987), p.12.

3 參見 Stanley Wolpert, *A New History of India* (New York: Oxford University Press, 1977), pp. 14–23.

4 Romila Thapar, *Early India: From the Origins to AD 1300* (Berkeley: University of California Press, 2003), pp. 110–11.

5 同前注，頁一一二至一一三。

6 同前注，頁一一四至一一六。

7 同前注，頁一二〇。

8 同前注，頁一二七。

9 Maine, *Ancient Law*; Maine, *Village-Communities in the East and West* (New York: Arno Press, 1974); Patricia Uberoi, *Family, Kinship and Marriage in India* (Delhi: Oxford University Press, 1993), pp. 8–12. Lewis Henry Morgan 以比較性親屬關係結構為題的著作，也指出印度 Dravidian 部落和北美洲原住民族（例如 Iroquois）在親屬關係用語上有類似之處。Uberoi, pp. 14–15.

10 Irawati Karve, "The Kinship Map of India," in Uberoi, *Family, Kinship and Marriage*, p. 50.

11 同前注，頁六七。

12 同前注，頁五三。

13 同前注，頁六七至六八。

14 今日的東印度住著操蒙達語（Mundari）、孟高棉語（Mon-Khmer）等南亞語系語言的族群，而在整個東南亞，也有人講這些語言。這些族群代表了在印度—雅利安人等征服者到來之前就已居住在南亞次大陸的居民。他們今日倖存於印度境內的森林或不易進入的地區，孤立的小塊土地上，有些族群仍屬部落組織。他們的親屬關係規則差異頗大，代表古代模式與來自周遭社會之較晚近影響的複雜混合。

15 Arthur L. Basham, *The Wonder That Was India: A Survey of the Culture of the Indian Sub-Continent Before the Coming of the Muslims* (London: Sidgwick and Jackson, 1954), p. 81.

16 同前注，頁八二。

17 Thapar, *Early India*, p. 112.

18 Thapar, *From Lineage to State*, p. 155.

19 Thapar, *Early India*, p. 117.

20 Thapar, *From Lineage to State*, p. 158.

21 Thapar, *Early India*, p. 144.

22 同前注，頁一二一至一二二。

23 同前注，頁一三七至一三八。

24 Ram S. Sharma, *Aspects of Political Ideas and Institutions in Ancient India* (Delhi: Motilal Banarsidass, 1968), p. 159.

25 在代表更早之歷史因果關係的那些烏龜上面，馱了層層數隻烏龜，其中一隻烏龜是為何早期印度部落、酋邦、國家彼此交戰的次數少於中國的部落、酋邦、國家。如果在中國東周時期，北印度人口真的不如中國人口稠密，且受地理限定的程度較低，那麼環境可能就是原因之一。但宗教可能也起了某種作用，抑制印度境內國家發動戰爭的能力和動機。

第十一章　瓦爾那與闍提

在促成社會改變上，經濟與宗教扮演了截然不同的角色；從宗教觀念的角度切入，印度社會生活變得可以理解；印度宗教對政治權力的影響。

社會理論界最古老的爭議之一，與經濟利益和觀念誰先促成社會改變一事有關。在從卡爾．馬克思到現代理性選擇（rational-choice）理論經濟學家所一致信持的傳統裡，物質利益被賦予優先地位。馬克思說宗教是「人民的鴉片」，是菁英階層為合理化他們對社會其他人的支配而編造出的虛幻之物。許多現代經濟學家用語雖不像馬克思那麼尖刻，卻主張他們的追求最大效用理性架構已足以詮釋幾乎所有種類的社會行為。諾貝爾得主蓋瑞．貝克（Gary Becker）曾暗示，那些不作如是想的人，只是觀察不夠用心。[1]觀念被認為是內生的（endogenous），亦即觀念是在事後創造出來，用以合理化物質利益，而非社會行為的獨立原因。

站在這場爭辯的另一方者，乃是現代社會學的某些創始人，包括把宗教和宗教觀念視為首要推手（既是激勵人行為的力量，也是社會認同的來源）的馬克斯．韋伯和涂爾幹。韋伯主張，現代經濟學家所賴以探討經濟問題的整個基準架構，把個人視為首要決定者，並將物質利益視為主要動機，而此基準架構本身就是從新教宗教改革產生之宗教觀念的產物。寫出《基督新教倫理與資本主義精神》（*The Protestant Ethic and the Spirit of Capitalism*）之後，韋伯又以中國、印度，其他非西方文明為題寫了幾本書，以說明宗教觀念乃是理解這些文明之經濟生活的組織方式所不可或缺。

如果要找出一個宗教來說明宗教的確如馬克思所認定的那樣，發揮了將小撮菁英支配社會其他人的作為合理化的作用，雀屏中選者不會是隱含眾生平等意涵的基督教或伊斯蘭教，而是在西元前第二個千年期間出現於印度的婆羅門教。據《梨俱吠陀》所述：

> 諸神以「人」為祭品獻祭時……祂們把「人」分割時，把他分割為多少部分？他的嘴、他的臂、他的大腿、他的腳叫做什麼？
>
> 婆羅門是他的嘴，他的臂被造成武士。他的大腿成為吠舍，從他的腳生出首陀羅。這些東西被諸神拿去獻祭，是最早的聖法。這些有力之物上達天，即不朽之靈，諸神，存在的地方。[2]

婆羅門不只把自己放在這個四重社會等級體系的最頂端，還授與自己永遠獨占禱文和經濟的權力，而上從國王授職儀式，下至婚禮或葬禮，所有能體現正當性的儀式，都將不可缺少禱文和經文。但從全然唯物主義的角度來陳述宗教在印度社會中的功用，有嚴重缺憾。首先，它未能說明宗教鴉片論的真正內涵。如前面已提過的，中國社會在轉變為國家的前夕，在結構上具有許多與印度社會相似之處。中國菁英，一如每個已知的人類社會裡的菁英，也利用能展現正當性的儀式來提升自己的權力。但中國人從未想出一個像在印度所出現那樣深奧、複雜的形而上體系。事實上，中國人未利用任何天啟宗教，就能很有效地獲取並維持權力。

此外，在印度，能躋身最高層者，不是握有強制性權力和經濟權力的菁英，而是握有儀式權力的菁英。即使有人相信物質因素是首要因素，仍得解答為何剎帝利（武士）、吠舍（商人）同意屈居婆羅門之下，不只把土地和經濟資源給婆羅門，還把對自己私人生活的控制權交給他們。

最後，從經濟或唯物主義角度解釋印度社會，得回答一個疑問：為何這體系存世如此久。西元前六〇〇年時，婆羅門教符合一小撮菁英的利益，但一段時間後，它就不能滿足印度社會裡其他階層或社會群體的利益。為何未興起與菁英階層相抗衡，宣揚另一套宗教觀念（將眾生平等合理化的觀念）的群體？從某個角度看，佛教和耆那教正是這樣的抗議性宗教。但這兩種宗教仍沿用婆羅門教許多形而上的假設，兩者都未能在南亞次大陸贏得廣泛的信持。婆羅門教獨霸地位所面臨的最大挑戰，乃是由入侵外族強行輸入的宗教和觀念：蒙兀兒人帶來伊斯蘭教，英國人帶來西方的自由、民主思潮。因此，我們必須把宗教與政治視為本身就是行為、改變的推手，而非龐大經濟力量的副產品。

印度宗教的合理性

很難想像還有哪種社會制度，比婆羅門教的種姓制度更不符合現代經濟的需求。現代勞動市場理論主張，應讓個人可以自由透過受教育、學習技能，藉由與任何需要他們服務的人簽約提供該服務，來「改善他們的處境」（亞當．斯密〔Adam Smith〕語）。在靈活且資訊充足的勞動市場，這將使每個人得到最大的福祉，促成資源最佳分配。相對的，在種姓制度下，個人天生就被局限在有限的幾種行業裡，得從事和自己父親一樣的行業，得從與自己同一行業的群體裡找婚配對象。在這情況下，花錢、花時間受教育就沒意義，因為人這輩子絕不可能更上層樓。在種姓制度下，社會流動有可能，但只就整個社群來說成立，個人則沒有社會流動可言。因此，某個種姓或許決定遷到別處或到別處開業，但沒有個人創業的空間。種姓制度為社會合作帶來巨大障礙，對某些婆羅門成員來說，光是看賤民一眼，接下來就需要冗長的儀式來淨化自身。

但如果接受婆羅門教的基本前提，從現代經濟學角度看來不合理之事，就變得完全合理。事實上，這整個社會制度，下至最細微末節的種姓規定，其存在絕對合理，因為那是更大的形而上體系順理成章的產物。現代觀察家常試圖從功能上或經濟上的效用來解釋印度社會規則的存在緣由，例如禁吃牛肉這習俗，最初是作為衛生措施發展起來，以免吃到受汙染的肉。撇開早期印度—雅利安人其實和努爾人一樣吃牛肉這事不談，這類解釋未能看穿印度人本身體驗到的社會整合性，只是反映了觀察者本身的世俗成見。

馬克斯．韋伯認為婆羅門教教義是「極高明創新的觀念」，並認知到神義論（theodicy）背後有高度合理性。[3] 皈依印度教而前往印度修行的西方人，常體會到此高明創新之處。起點在於否認現象界的真實性。引用某位觀察家的話說：

所有印度宗教體系都以解脫（moksha）作為最終目標，因為它們全認為有感知的存在是幻相（maya），是表象，表象背後存在著「獨一之彼」（tatekam），即梵。梵是唯一的真實，無形，且因為無形而永恒存在。凡是透過感官感受到的，凡是我們透過自身肉體存在而執著之物，都是短暫的（會死亡、敗壞的），因此是虛妄的（maya）。存在的「目的」其實不在「達到」與這最終存在的同一，而在拔除掉妨礙我們了悟真相（自我〔atman〕裡真實且永遠存在的東西，只是最終的存在「梵」）的所有障礙。[4]

有生滅的存在必然陷身於物質性、生物性的存在之中，而物質性、生物性的存在與未以實相呈現、位在當下之外的真正存在處於對立面。如早期婆羅門成員所認知的，「分娩使人聯想到血與凝固之血塊，疾病、暴力使人聯想到苦楚和畸形，作嘔感覺使人聯想到人體所排出之廢物，死亡使人聯想到敗壞和腐爛」，全都需要予以超脫。這些與有生滅之生命密切相關，婆羅門即以此為理由，讓自己在社會等級體系裡扮演特權角色：「有生滅的存在充斥著汙染物，而時時控制住汙染物並有計畫地予以減少，乃是找到解脫之道的基本要素，且得靠在人的現世裡由婆羅門主持的儀式，靠長期不斷向上的輪迴（samsara），才能達成。」[5]

種姓制度產生自業的觀念，業是人在此世的所作所為。職業地位的高低，取決於職業與汙染源（生物性生命的血、死、土、敗壞）接近的程度。鞣皮工、屠夫、理髮匠、清掃工、接生婆或負責處理人畜屍體者之類的職業，被視為最不潔。相對的，婆羅門最潔淨，因為凡是得接觸到血、死、土的事，他們都可由別人代勞。這或許可以說明為何婆羅門吃素，因為吃肉就是吃死屍。[6]

社會流動的唯一機會，不存在於現世，而存在於現世與來世之間，因為只有在從一世轉到另一世時，人所造的業能夠改變。因此，人一輩子被困在自己的業裡。但人在種姓制度的等級體系裡升級或降級，取決於人是否忠實履行所屬種姓該遵行的「法」（dharma），亦即指導正當行為的規則。未能遵守這些規則，可能使人在來世的等級體系裡降級，從而與真正存在離得更遠。因此，婆羅門教聖化了既有的社會秩序，使履行人現屬的種姓或職業成為宗教義務。

瓦爾那階序產生自同樣的形而上前提。前三種瓦爾那：婆羅門、剎帝利、吠舍，都被視為「二次降生」，且由於二次降生，得以取得宗教靈性地位（ritual status）。涵蓋絕大多數人口的首陀羅「一次降生」，只能指望在來世得到宗教靈性地位。印度社會脫離其初階段的組織型態（部落式組織）時，瓦爾那與闍提兩者誰先問世，並不清楚。有可能是家系發展成闍提（由於兩者複雜的親屬關係規則，兩者在許多方面類似），但也有可能是瓦爾那先發展出來，為接下來闍提的問世打好基礎架構。[7]

因此，這些宗教信仰所發展出的種姓制度，促成了環節分立、社會互賴兩現象的同時並存。每個種姓都成為修改了既有家系制度且透過繼承取得的地位。種姓局限了氏族外婚的範圍，因此種姓往往成為自給自足的社群，置身於有著無數同樣的環節性單位的環境中。另一方面，每一種職業也是更大分工體系的一環，因此從大祭司到喪葬業者，不同職業彼此依賴。[8] 法國人類學家路易·狄蒙（Louis Dumont）引述布蘭特（E. A. H. Blunt）的話，舉了幾個例子說明：

> 理髮匠抵制那些不願為他們的婚禮跳舞的舞女。

在戈勒克布爾，有個大農場主認定恰馬爾人（Chamar，革製品製造者）在對牛下毒（他們常被懷疑幹這種事）。他想使他們做不了生意，於是要他的佃戶把不明原因死掉的牲畜的皮全割爛。恰馬爾人要他們的女人不再幫人接生作為報復，農場主讓步。在艾哈梅達巴德（古吉拉特），有個想找人替自己房子重蓋屋頂的銀行家與一名甜食商起爭執。甜食業者與製瓦業者達成協議，使製瓦業者拒絕提供瓦給那位銀行家。[9]

這不只是經濟上的互賴，因為每個履行自己職能的種姓，對其他種姓來說，也具有儀式上的重要意義。

觀念和觀念對政治的影響

瓦爾那制度對政治影響甚鉅，因為它使剎帝利（武士）屈居於婆羅門之下。[10]據哈羅德·古爾德（Harold Gould）的說法，有種「共生互賴關係」存在於「婆羅門與剎帝利之間。這關係源於王權需要靠祭司（亦即儀式性）權力予以不斷重新聖化，以使王權得以保住神聖的正當性」。[11]每個統治者都會需要與宮廷祭司（purohita）建立個人關係，而宮廷祭司得將統治者身為世俗領袖的每項作為聖化。

宗教權威與世俗權力在理論上的切割分立，如何在實際上限制了後者，乍看之下並不完全清楚。婆羅門等級體系未組織成像天主教會那樣，具有一正式之中央權威來源的建制。它比較類似一龐大的社會網絡，在這網絡裡，個別婆羅門成員彼此溝通、合作，卻未能行使上述的建制性權威。婆羅門成員個人擁有土地，但作為一項建制，祭司未像天主教會在歐洲那樣控制土地和資源。婆羅門無疑無法像中世紀羅馬教宗那樣招兵買馬，建立自己的軍隊。教宗格列高里七世於一〇七六年開除神聖羅馬帝國皇帝的教籍，迫使該皇帝赤腳來卡諾沙（Canossa）請求教宗手下留情。印度歷史上未發生過這類事。在印度，世俗統治者需要宮廷祭司為他們的政治計畫加持，但統治者收買宮廷祭司以遂行自己的意圖似乎不難。印度的等級性、分割性的宗教、社會制度，還靠其他機制阻礙政治權力的集中，我們得找出這些機制。

其中一個顯而易見的影響途徑，乃是瓦爾那／闍提制度對軍事組織的發展所加諸的限制。剎帝利是四重瓦爾那制的一環，而瓦爾那制本身限制了印度社會所能達成的軍事動員程度。匈奴人、匈人、蒙古人等武裝游牧民族會成為如此強大的軍事強權，原因之一在於他們能幾乎百分之百地動員他們的壯丁。從高超技巧或組織條件的角度看，武裝掠奪和游牧這兩種活動差異不是特別大。印度—雅利安人營游牧生活時可能也是如此，但一旦他們成為行瓦爾那制的定居社會，就不再如此。武士身分成為一小撮貴族菁英的禁臠，要進入這個圈子，得受過專門訓練，具備特殊出身，而且進入這圈子本身還被賦予相當濃厚的宗教意義。

事實上，這套制度並不一定限制其他種姓成為武士。許多印度統治者天生屬於剎帝利階級，但也有許多統治者最初是婆羅門、吠舍，乃至首陀羅。新統治者取得政治權力後，往往獲追贈剎帝利的身分，以此方式成為剎帝利，要比以同樣方式成為婆羅門來得容易。[12] 四種瓦爾那都上戰場與敵廝殺，婆羅門擔任高級軍官，但首陀羅往往以輔助人員的身分參戰。從較低階序者服從較高階序者的角度看，軍事等級體系是社會等級體系的翻版。[13]印度的政治實體從未能像東周晚期秦國等國那樣，全面動員國內大部分農民。[14]由於對血和屍體存有儀式性的厭惡，軍人在戰場上受了傷，可想而知，得不到他們高貴出身的同袍多少救助。這種保守的社會制度，在採用新軍事技術上也明顯拖沓。印度人於基督紀元開始後才不再用馬拉戰車，比中國人揚棄牠們晚了數百年；大象的作戰功用遭質疑許久之後，印度人仍繼續用大象作戰。印度軍隊也未發展出能騎馬射箭的騎兵部隊，從而導致他們於西元前四世紀時和西元十二世紀時陸續敗於入侵的希臘人、穆斯林之手。[15]

緊密結合的小型團體遍布於種姓社會的最高層到最低層，婆羅門教為其提供了推力，從而限制了政治權力。這些單位自我治理，不需要國家來組織它們。事實上，它們抗拒國家的滲透、控制，從而促成政治科學家喬爾．米格達爾（Joel Migdal）所稱之為弱勢國家、強勢社會的現象。[16]此現象至今未消，階級和村落組織仍是印度社會的骨幹。

許多十九世紀西方觀察家，包括卡爾．馬克思和亨利．緬因，都指出印度社會的自我治理特色。馬克思斷言國王擁有所有土地，但又指出在印度，村子往往在經濟上自給自足，且建立在原始形態的共產主義上（一個嚴重自相矛盾的說法）。緬因提到恒常不變、自我管理的印度村落，在維多利亞時期，英國人普遍抱持這種看法。十九世紀初的英國行政官員稱，印度村落是能在帝國覆滅後繼續存在的「小共和國」。[17]

在二十世紀，印度民族主義者利用上述解釋和其他說法，想像出一派祥和的本土村落民主制度：五人長老會（panchayat）據說一直是印度政治秩序源頭，後來遭英國殖民統治削弱。現今印度憲法的第四十條，對於重建五人長老會以促進地方民主有詳細的規定。一九八九年，拉吉夫．甘地（Rajiv Gandhi）政府致力於在印度聯邦體制內進一步下放權力時，特別強調了地方民主。但在古代印度，地方治理的本質其實並非如後來的評論者、民族主義者所宣稱的既民主且不受宗教控制，而是建立在闍提上，也就是種姓上。每個村子往往都有一個獨大種姓，也就是在人數上居各種姓之冠，且擁有過半村子土地的種姓。五人長老會只是那個種姓的傳統領導階層。[18]

各村子擁有本地的治理建制，不靠國家從外面提供服務。五人長老會的主要職能之一乃是司法仲裁，它根據習慣法仲裁同種姓成員間的紛爭。村裡的產權不採行馬克思認知裡的那種共有制。一如在其他以家系為基礎的環節性社會裡所見，財產由複雜的親屬網絡持有，有許多限嗣繼承的土地和對個別家戶讓渡土地之能力的限制。這意味著國王未「擁有」他名義上管轄之村子的土地。如下一章會提到的，印度的政治統治者在課稅或侵吞土地上往往權力極小。

商業活動也建立在種姓上，種姓就像不太需要外來支援的封閉公司。從九世紀到十四世紀，南印度有許多貿易活動由艾伊沃勒（Ayyvole）之類的同業公會控制。這些同業公會有代表派駐印度次大陸各地，在印度之外與阿拉伯商人往來廣泛。古吉拉特（Gujerati）商人，包括穆斯林和印度教徒，長期以來支配從東非、南阿拉伯半島到東南亞的跨印度洋貿易。艾哈梅達巴德的商人組織成一個涵蓋全市的大型社團，各大行業團體在該社團都有一席之地。[19]在中國，貿易網建立在家系上，但組織完善的程度大不如印度的貿易網。

在中國，家系的管轄範圍往往局限在家法、財產繼承，其他家務的管理上（特別是在政府強勢的時期），而與中國家系不同的，印度的種姓除了是在地的社會管理者，還發揮更明顯得多的政治功能。據薩提什・薩伯瓦爾（Satish Saberwal）的說法，「種姓為以下各種動員提供了社會基礎：

為取得支配和統治地位而進行的侵略性動員；為抵抗較大的國家、帝國強行侵入最大種姓之地盤而進行的防禦性動員……為掌控這些較大實體裡的其中一個……利用其權威和地位來促進自己私人利益而進行的顛覆性動員。」[20]種姓為它們的成員提供了遷移和社會流動的機會。例如，泰米爾人的織工階級「凱克拉爾」（Kaikolar），在注輦國（Chola）國王統治期間，有了改行的機會，於是轉而從商從軍；錫克人木匠和鐵匠於十九世紀晚期離開故鄉旁遮普，移往阿薩姆和肯亞。[21]這些決定由家戶群集體做出，而這些家庭在新環境裡將相互扶持以求生存。在北印度，拉其普特（Rajput）種姓擴張地盤特別成功，漸漸掌控大片領土。

婆羅門社會制度藉以限制政治權力的第三個機制，乃是控制讀寫能力。此作為的後果延續到今日未消，使許多印度人陷入貧窮，沒有機會翻身。當今的印度充滿弔詭。一方面，有許多受過極良好教育的印度人，已在從資訊科技到醫學到娛樂業到經濟的多種領域裡，爬到全球頂尖的位置。在印度境外的印度人始終享有高度的向上社會流動性，且在多年以前小說家奈波爾（V. S. Naipaul）就點出此事實。[22]自一九八〇年代晚期和一九九〇年代期間的經濟改革以來，他們在印度境內也發展得非常成功。另一方面，受過教育者在這個文盲率、貧窮率超高的國家裡仍占少數。在邦加羅爾、海德拉巴之類高速成長的城市旁，乃是發展程度在全世界敬陪末座的遼闊鄉村地區。[23]

這些落差的歷史根源，追根究柢，就在瓦爾那、闍提制。婆羅門成員透過他們身為儀式守護者的角色，理所當然控制了取得學問、知識的管道。整個西元前頭一千年期間，他們一直非常不願意將最重要的吠陀文獻形諸文字。據薩伯瓦爾的說法，「熟記儀式用的讚美詩，為自己和為自己的客戶而熟記，一直是婆羅門最典型的學習方式。儀式上的功效和學習過程，不必然要求婆羅門理解他們所熟記之內容的意義……有許多婆羅門成員把大半輩子花在熟記大量東西上，或花在邏輯分析與辯論上。」[24]要讓吠陀文獻發揮它們應有的儀式功用，就得一字不差記住它們，背誦過程中有一丁點小差錯，被認為可能招來禍殃。

或許並非偶然，婆羅門執著於以口述方式傳遞吠陀文獻，為進入他們的瓦爾那增設障礙，從而強化他們自身的最高社會地位。猶太人、基督徒、穆斯林，從他們的宗教傳統初展開時就都是「有經者」（people of the book），而與他們不同的，婆羅門強烈反對引入書寫和與書寫有關的技術。西元五、七世紀為尋找佛教傳統根源而前往印度的中國人，費盡千辛萬苦才找到書面文獻。在中國人、歐洲人已改成在羊皮紙上書寫的許久以後，印度人仍在棕櫚葉、棕櫚樹皮上書寫。厭惡耐久的羊皮紙，源於宗教觀念，因為羊皮紙以獸皮製成。但在十一世紀製紙術已可取得時，婆羅門成員仍遲遲不願採用紙。[25]在馬哈拉什特拉邦（Maharashtra）的鄉村地區，直到十七世紀中葉，才將紙用於行政庶務上，一旦開始用紙，結算、監督的效率立即改善。[26]

直到西元第二個千年，書寫才變得較普及，傳播到婆羅門以外的其他印度社會群體。商人開始記錄下商業活動，個別種姓記錄下家庭的系譜。在喀拉拉邦（Kerala），「國王、貴族家系」的納亞爾人開始學梵文，該邦境內的政治階層開始製作大量的政治、商業活動紀錄（二十世紀晚期，喀拉拉在當地共產政府領導下，成為印度境內治理最完善的邦之一，這不禁令人懷疑此成就是否有其更早的歷史根源，即源於先前幾百年裡該地政治階級的讀書識字傳統）。

與中國人相比，婆羅門的獨占學問和他們不願將典籍形諸文字，對現代國家的發展有無法估量的影響。從商朝起，中國統治者就利用文字來傳達命令，記載法律，記帳，寫下詳細的政治史。

中國官僚受教育的重點在讀書識字，融入一漫長、複雜的文學傳統裡。行政官員的培訓，從現代標準來看有限，但涉及對典籍的長期分析和從歷史事件裡記取教訓。由於採用考試取才制度（始於漢朝），政府官員的招募，以嫻熟文學技能為依歸，招募對象未局限於特定階層的人。中國老百姓要當上政府高官，在現實上受到多種限制，但中國人老早就體認到，教育是爬上更高社會地位的重要途徑。因此，家系和地方社群投入大量心血教育子弟，以讓他們透過考試出人頭地。

在印度，沒有這類制度存在。統治者本身不識字，倚賴一批差不多一樣沒受過教育的家產制官員來治理。讀書識字是婆羅門階層獨享的權利，婆羅門基於強烈的自私心態，極力維護他們在學問和儀式上的獨占地位。一如在軍隊裡所見，瓦爾那、闍提的等級體制，限制了絕大部分人受教育、讀書識字的機會，從而縮小了為印度國家提供行政幹才的人才庫。

宗教為或許可稱之為法治之事奠定基礎，藉此影響政治權力，這就是宗教在印度發展過程中影響政治權力的最後一個方式。法治的基本要素，乃是一套反映社群正義觀且位階高過國王本人之命令的規則。而在印度，正有這樣的規則。在該地，各種法論（Dharmasastra）裡所鋪陳的法律，不是國王所創，而是根據儀式性知識行事的婆羅門所創。這些法律清楚表明，瓦爾那的存在不是為了服務國王，反倒是國王只有藉由擔任瓦爾那的保護者，才能取得正當性。[27]史詩《摩訶婆羅多》（*Mahabharata*）明確表示，如果國王違反聖法，人民當然可以造反，因為該國王根本不是國王，而是隻瘋狗。在《摩奴法論》中，君權的核心在法律，而不在國王個人：「基本上，最高統治者、具有權威者、維持王國秩序並提供領導給王國者，乃是法律（danda）。」（《摩奴法論》第七章第十七節）[28]

數部古代典籍敘述了國王韋納（Vena）的警世故事。韋納下令禁止獻祭，只准向他獻祭，且逼不同種姓通婚。因此，仙人攻擊他，用神草葉變成的矛殺了他。印度歷史上許多王朝，包括難陀（Nandas）、孔雀、巽伽（Sungas）諸王朝，都因婆羅門的陰謀詭計而衰弱。[29]婆羅門這麼做時，是否和中世紀天主教會差不多，純粹在捍衛自己的利益，而非維護聖法，如今當然難以查明。但與歐洲類似而與中國相異的是，在印度，權威一分為二，且此分裂有效抑制了政治權力。因此，產生自印度宗教的社會制度，限制了國家集中權力的能力。統治者無法創造出能動員大量人口的強勢軍事機器；無法穿透存在於每個村子裡，自我治理、高度組織化的種姓；他們和他們的行政官員沒受過教育，不識字；他們面臨一組織完善的祭司階層，祭司階層維護一標準秩序，而統治者在那秩序裡被指定擔任下屬角色。從這每一個方面來看，他們的處境都和中國的統治者大異其趣。

注釋

1 Gary S. Becker, "Nobel Lecture: The Economic Way of Looking at Behavior," *Journal of Political Economy* 101, no. 3 (1993): 385–409.

2 Basham, *The Wonder That Was India*, p. 241.

3 Max Weber, *The Religion of India: The Sociology of Hinduism and Buddhism* (Glencoe, IL: Free Press, 1958), p. 131

4 Gould, *The Hindu Caste System*, p. 15.

5 同前注，頁十五至十六；Martin Doornbos and Sudipta Kaviraj, *Dynamics of State Formation: India and Europe*

Compared (Thousand Oaks, CA: Sage Publications, 1997), p. 37.

6 Louis Dumont, *Homo Hierarchicus: The Caste System and Its Implications* (Chicago: University of Chicago Press, 1980), p. 150. 其他教派，特別是耆那教，對非暴力（ahimsa）、不吃肉的信守程度，高於正統印度教徒，甚至連殺害昆蟲都避之。Dumont認為這是耆那教、婆羅門教想在儀式純正程度上勝過對方的遁世教派之間，出現類似軍備競賽情況所致。

7 Thapar, *Early India*, p. 124.

8 Thapar, *From Lineage to State*, pp. 169–70.

9 Dumont, *Homo Hierarchicus*, p. 176.

10 此主張常被認為與Louis Dumont有密切關係。他主張階級產生自宗教，宗教以潔淨等級建立起的階序為基礎，與世俗的權力領域各不相干。此觀點被人從多種視角猛烈抨擊，特別是受到Ronald Inden的抨擊。Inden主張，Dumont引進西方的二分法，把二分法強加在不適用他們的社會上。其他人則反對婆羅門位階高過剎帝利的觀點，認為這兩者是一整體性宗教／政治制度的兩面。還有人更表示，階級本身在印度歷史上並沒那麼重要，是英國殖民當局為了遂行其政治目的而建構出來。

在現代西方社會裡，政治、宗教領域的分離，或許是較受青睞的規範，但認為政治權威、宗教權威可是為各自獨立的分析範疇這看法，並未反映西方的偏見或成見。這兩種權威在不同社會裡，不是可能被分離，就是可能被結合為一，且分離或結合的方式不一，但若沒有這兩種範疇，就不可能拿印度與中國或中東比較。Dumont的評論，反映了不常拿印度與其他社會比較的印度學家的褊狹成見。參見Ronald B. Inden, *Imagining India* (Bloomington: Indiana University Press, 2000); Gloria Goodwin Raheja, "India: Caste, Kingship, and Dominance Revisited," *Annual Review of Anthropology* 17 (1988): 497–522; V. Kondos, "A Piece on Justice: Some Reactions to Dumont's *Homo Hierarchicus*," *South Asia* 21, no. 1 (1998): 33–47; William S. Sax, "Conquering Quarters: Religion and Politics in Hinduism," *International Journal of Hindu Studies* 4, no. 1 (2000): 39–60; Rohan Bas- tin, "Death of the Indian Social," *Social Analysis* 48, no. 3 (2004): 205–13; Mary Searle- Chatterjee and Ursula Sharma, eds., *Contextualising Caste:*

PostDumontian Approaches (Cambridge, MA: Blackwell, 1994); and Nicholas B. Dirks, *The Invention of Caste: Civil Society in Colonial India* (Ann Arbor: University of Michigan, CSST Working Paper 11, 1988).

11 Gould, *The Hindu Caste System*, p. 19

12 Sharma, *Aspects of Political Ideas and Institutions in Ancient India*, pp. 161–62

13 Basham, *The Wonder That Was India*, p. 128.

14 同前注，頁一二九。

15 同前注，頁一二九至一三〇。

16 Joel Migdal, *Strong Societies and Weak States: State-Society Relations and State Capabilities in the Third World* (Princeton: Princeton University Press, 1988).

17 Dumont, *Homo Hierarchicus*, pp. 158–59.

18 誠如 Louis Dumont 所指出的，那既非民主，也非世俗，而是反映權力、支配兩者在種姓制度裡本有的關係。同前注，頁一五八至一六三；另參見 Thapar, *From Lineage to State*, pp. 164–65.

19 Satish Saberwal, *Wages of Segmentation: Comparative Historical Studies on Europe and India* (New Delhi: Orient Longman, 1995), pp. 27–29.

20 同前注，頁二六。

21 同前注，頁二五。

22 V. S. Naipaul, *India: A Wounded Civilization* (New York: Vintage, 1978). 編注：中文版《印度：受傷的文明》（新版）由馬可孛羅出版，二〇一三年九月十九日。

23 二〇〇四年，超過百分之三十四的印度人口靠一天不到一美元的收入過活。Shaohua Chen and Martin Ravallion, "Absolute Poverty Measures for the Developing World, 1981–2004" (Washington, D.C.: World Bank Policy Research Working Paper WPS4211, 2007), p. 26.

24 Saberwal, *Wages of Segmentation*, p. 113.

25 同前注，頁二一四至二一六。

26 Frank Perlin, "State Formation Reconsidered Part Two," *Modern Asian Studies* 19, no.3 (1985): 434.

27 Sharma, *Aspects of Political Ideas*, pp. 159–60.

28 引自 Sudipta Kaviraj, "On the Enchantment of the State: Indian Thought on the Role of the State in the Narrative of Modernity," *European Journal of Sociology* 46, no. 2 (2005): 263–96.

29 Basham, *The Wonder That Was India*, p. 87.

第十二章　印度政治實體的弱點

孔雀王朝如何成為印度最早、最成功的本土統治者；孔雀王朝時期印度國家的本質；阿育王的性格；笈多王朝時的衰落、內戰、復興；為何印度此後由外族入主。

印度的社會發展早就超前政治、經濟發展。南亞次大陸發展出以一套宗教觀念和社會實踐為準則的共同文化，使該地在有人想將其納入政治一統之前許久，就成為獨樹一格的文明。而當有人想達成政治一統時，社會的力量非常強大，因而社會能抗拒政治權威，防止後者改造社會。因此，中國發展出強勢的國家，且國家能不斷茁壯，使社會長居弱勢，印度卻擁有強勢的社會，且從一開始就阻止強勢國家的出現。

西元前第一個千年開始時，印度次大陸上出現數百個或數千個從部落社會發展出來的小國、酋邦，其中三個王國：迦尸（Kashi）、拘薩羅（Kosala）、摩揭陀，和酋邦（亦即迦納桑伽）佛栗恃（Vrijjis），成為逐鹿印度河、恆河平原的主要大國。核心地區位在今日比哈爾邦境內的摩揭陀，注定扮演類似秦國的角色，將使次大陸許多地區統一在單一王朝下。西元前六世紀下半葉，頻毗娑羅（Bimbisara）成為摩揭陀國王，透過一連串策略性的聯姻、征服，使摩揭陀成為東印度最強的國家。摩揭陀開始對土地、農產品課稅，取代在國家問世之前較低地位家系的志願性上貢。為執行收稅業務，摩揭陀國開始招募人員，建立行政組織。稅額據說是農產量的六分之一，如果屬實，對一個早期農業社會來說，那是極重的稅。[1]這位國王無法將王國內的土地全據為己有，只能擁有未墾地，而在那個人煙稀疏的時期，未墾地想必極廣。

後來頻毗娑羅遭自己兒子阿闍世（Ajatashatru）殺害，阿闍世併吞了西邊的拘薩羅和迦尸，與佛栗恃長久爭鬥，最後靠著離間佛栗恃的領導階層奪取該酋邦。西元前四六一年阿闍世去世時，摩揭陀已控制恆河下游許多地區和恆河三角洲，且都城已遷至華氏城（Pataliputra）。此後由多位國王接掌大位，包括首陀羅出身的短命難陀王朝。亞歷山大大帝與難陀王朝的軍隊相遇，其後他的部隊嘩變，迫使他調頭往旁遮普撤退。希臘文獻聲稱，難陀王朝的軍隊包括二萬騎兵、二十萬步兵、一千輛戰車、三千頭象，但這些數據無疑遭誇大，以合理化希臘人的後撤。[2]

難陀王朝之後統治摩揭陀的是旃陀羅笈多．孔雀（Chandragupta Maurya）。他擴張了摩揭陀國的領土，西元前三二一年建立了印度第一個一統次大陸的大型政治實體孔雀帝國。他是婆羅門作家和政治家考底利耶（Kautilya）的門生，考底利耶的著作《政事論》（*Arthasastra*）被視為論印度為政之道的經典之作。旃陀羅笈多打敗繼承了亞歷山大之亞洲領地的塞琉古一世（Seleucus Nicator），攻占西北地區，將東阿富汗、俾路支的部分地區和旁遮普納入孔雀王朝版圖。他的帝國疆域自此從西邊的波斯往東一路綿延到阿薩姆。

征服達羅毗荼人所居的南印度，由旃陀羅笈多的兒子頻頭娑羅（Bindusara）和孫子偉大帝王阿育王（Ashoka）完成。頻頭娑羅將帝國版圖往南方德干高原擴張，最南達到卡納塔克（Karnataka），阿育王則在西元前二六〇年一場漫長血腥的戰役中，征服了位於東南部的羯陵伽國（Kalinga，涵蓋今日安德拉邦〔Andhra Pradesh〕部分地區和奧里薩邦〔Orissa〕）。由於當時印度文化不重文字記載，阿育王的功績未被以編年方式記載於類似中國《春秋》的史書裡。直到一九一五年，眾多岩石詔書所用的字體得到破譯，考古學家拼湊出阿育王帝國的版圖，他才被後世印度人肯定為偉大君王。[3]

孔雀王朝在三代期間打下的帝國，西起波斯，東到阿薩姆，北抵喜馬拉雅山脈，涵蓋整個北印度，往南達到卡納塔克。南亞次大陸上未被併入其版圖的地方，只有位在最南邊，今日喀拉拉、泰米爾納杜、斯里蘭卡境內那些地區。此後未再有印度本土政權將這片廣大土地統一在一位統治者之下。[4]蒙兀兒人的德里王朝，其版圖比這小了許多。英國人在南亞次大陸統治的帝國則較為遼闊，但這引來一個疑問：說阿育王、阿克巴或英國總督統治過印度，但他們的「統治」究竟是怎麼一回事？

孔雀帝國：哪一種國家？

古印度曾存在哪一種國家？史學家爭辯許久。[5]如果從比較的角度，特別是如果拿印度阿育王的帝國與秦始皇所創建的中華帝國相比，或許更可能解開這問題。這兩個帝國幾乎同時誕生（西元前三世紀中葉到晚期），但從它們政體的本質角度看，兩者的差異無以復加。

兩帝國都有一核心單位，即摩揭陀國和秦國。秦國是貨真價實的國家，具備有馬克斯・韋伯界定下的現代國家行政體系的許多特色。原本治理秦國的家產制菁英，已大部分喪命於此前幾百年秦國與他國的戰爭中，且已被以愈來愈不講私人關係的方式挑選出的新官僚取代。秦國擊敗六國，建立大一統帝國後，試圖將此中央集權行政方式推及全中國。秦國將郡縣制、統一的度量衡，和書寫體擴大實施於它所征服的疆域。如第八章裡已提過的，秦朝的大工程最終失敗，西漢時家產制有了某種程度的恢復。但漢朝統治者繼續進行中央集權工程，逐一翦除剩下的封臣，直到他們已建立可合理稱之為中央集權國家而非帝國時才罷手。

在孔雀帝國治下，幾乎未發生這樣的

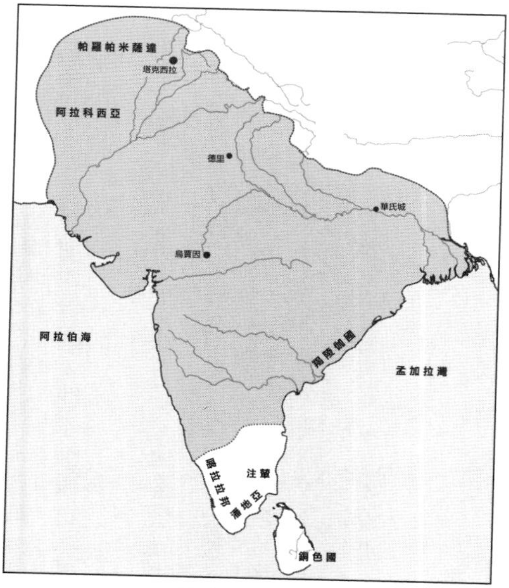

阿育王帝國

事。儘管我們對核心國家摩揭陀的治理本質的了解不如秦國，但摩揭陀似乎完全不具現代國家的特色。國家治理人才的招募完全採家產制方式，且受到種姓制度的嚴格限制。在《政事論》中，考底利耶說道，高階官員應符合的主要條件乃是貴族出身，或者「父親和祖父」就是高級官員（amatya）。這些官員幾乎清一色是婆羅門成員。官僚組織裡的薪水給付級別鮮明，最高薪者的薪水是最低薪者的四千八百倍。[6]沒有證據顯示官員招募以能力為標準，或頭三種瓦爾那以外的人都可以有機會當上官職。古希臘旅行家梅加斯泰內斯（Megasthenes）證實了此事。[7]使摩揭陀稱霸的那幾場戰爭，都不是秦國打過的那種殘酷、漫長的戰爭，舊菁英未喪命，摩揭陀的處境也似乎未慘到得全面動員男丁。就目前所知，孔雀王朝政府未致力於統一度量衡，或將其轄地內的語言統一。事實上，晚至西元十六世紀，印度境內國家還在為統一度量衡而焦頭爛額，一直到英國殖民統治期間，也就是孔雀王朝過了將近兩千年後，才達成此目標。[8]

核心國家摩揭陀與帝國其他地方透過婚姻、征服建立起的關係，也與中國境內的這類關係大相逕庭。在中國，一國征服另一國後，往往將後一國家的整個統治家系殺光或流放，將該國領土併入本國統治王朝底下。中國菁英家系的數目於東周期間銳減。孔雀帝國則以較溫和得多的手段建成。唯一一場似乎造成大量傷亡和焦土政策的戰爭，乃是併吞羯陵伽之役，由於死傷太慘重，親目睹該役的征服者阿育王悔痛不已。在大部分情況下，征服只意味著戰爭落敗一方的統治者接受孔雀王朝的名義統治。《政事論》建議弱國君主識時務，主動向強鄰輸誠。在中國式或歐洲式的「封建制度」裡，一國征服某領土後，會拔掉該地的現任統治者，將領土賜給宗族或家臣，印度沒有這樣的封建制度。印度史家有時談到「附庸」國，但這些王國完全不具歐洲采邑所具有的那種契約意義。[9]說孔雀王朝重新分配權力並不符史實，因為該王朝其實從未中央集權。不用說，孔雀王朝完全未致力於將自己國家的建制強加在帝國核心區域以外的地方。整個帝國境內，地方層級的政府仍是十足家產制的，無意建立常設、專業的行政骨幹。這意味著每有新王上任，效忠對象跟著改變，官員人事也大改組。[10]

孔雀帝國對其名義上統治的地區掌控薄弱，這由該帝國統治期間，部落聯盟或酋邦（即迦納桑伽）並未消失，就可看出。印度史家有時將這些實體叫做「共和國」，因為它們的政治決策方式比階層化王國更著重參與和合意。但這種說法是穿鑿附會，拿現代的觀念來美化仍以親屬關係為基礎的那些純粹倖存的部落實體。[11]

考底利耶在《政事論》中以冗長篇幅探討了財政政策和課稅，但他的建議落實到何種程度並不清楚。與相信存有「東方專制主義」者的認知截然相反，國王未「擁有」他國內的所有土地。他有自己的領地，並主張未開墾地、未開闢的森林等諸如此類的土地歸他直接控制，但他通常不挑戰既有的傳統產權。國家的確主張其有權利向地主課稅，且稅有好多種。課稅標的可能是個人、土地、農產品、村子，或較邊陲地區的統治者，且大體上得以實物或透過徭役來繳納。[12]似乎沒有哪位印度統治者嘗試類似商鞅廢除井田制，或王莽雄心勃勃但功敗垂成的土地改革之類的事。

西元前二三二年阿育王死後，他的帝國迅即衰落。西北部落入大夏國希臘人之手，在西部，諸酋邦強化其在旁遮普、拉迦斯坦的權力，另一方面，南方的羯陵伽、卡納塔克等地脫離帝國，恢復獨立王國的地位。孔雀王朝退回到他們位在恆河平原中央的發跡國摩揭陀，該王朝末代君主巨車王（Brihadratha）於西元前一八五年遭暗殺。此後要再過五百多年才出現另一個王朝，笈多王朝

（Guptas），能以類似孔雀帝國那樣的規模重新一統印度。孔雀帝國只存在了一代，孔雀王朝則持續了一百三十五年。孔雀王朝覆滅後，帝國解體為數百個互不統屬的實體，其中許多實體處於國家問世前的發展水準。

以孔雀帝國國祚如此之短作為推斷它從未牢牢掌控其領土的證據，並不足以令人完全信服。這麼說不只是犯了「發生於其後者必然是其結果」的邏輯謬誤。孔雀王朝從未建立牢固的國家建制，從未揚棄家產制轉為不講私人關係的治理方式。孔雀王朝在帝國全境維持了強大的偵刺網，但沒有證據顯示它曾像早期中國政府那樣建造道路或運河以利於通信。值得注意的，孔雀王朝只在首都華氏城留下表明其權勢的紀念性建築，而這或許是阿育王為何未能以帝國締造者的形象留在後世人民心中的原因之一。[13]

從未有哪位孔雀王朝統治者想到該從事類似國家建造的事，亦即從未想去穿透整個社會，將另一套共同的規範和價值觀灌輸於社會。孔雀王朝未對統治權，即以不講私人關係的方式統治所轄全部領土的權利，有真正的了解。直到英國統治期間，詩人暨政治人物湯瑪斯・麥考利（Thomas Babington Macaulay）推行印度刑法典，南亞次大陸才出現統一的刑法典。[14]孔雀王朝未從事大規模的社會改造工程，反倒保護呈現多樣、複雜風貌的既有社會秩序。

印度從未發展出類似中國法家思想，亦即把赤裸裸積聚權力當作政治目標之學說的一套觀念。《政事論》之類的著作的確為君主提供有時帶有馬基維利式色彩的建議，但那建議始終是為了服務不在政治範圍內的一套價值觀和社會結構。此外，婆羅門的唯靈論催生出相應的非軍事觀念。非暴力（ahimsa）原則源於吠陀文獻，該文獻主張殺生可能造惡業。有些文獻批評吃肉和殺牲獻祭的行徑，但有些文獻贊成。如先前已提過的，耆那教、佛教之類抗議性宗教，更看重非暴力。

孔雀王朝開國君王旃陀羅笈多皈依耆那教，為了專心苦行，把王位讓給兒子頻頭娑羅。他和一群僧侶一起搬到南印度，據說在那裡以耆那教的正統修行方式慢慢絕食而死。[15]他的孫子阿育王最初信奉婆羅門教，後來皈依佛教。羯陵伽戰役期間生靈塗炭，據說有十五萬羯陵伽人遭殺害或流放，使阿育王深感悔恨。據他的某則岩石詔書：「那之後，既已併吞羯陵伽，神聖陛下開始積極實踐『正法』（Law of Piety）。」他宣布：「在羯陵伽有那麼多人遭屠戮、殺害或俘走，如果再有百分之一或千分之一的人遭遇同樣命運，神聖陛下會大感遺憾。此外，若有人惡待他，也必會得到神聖陛下的容忍，盡可能地容忍。」其後阿育王呼籲，帝國邊境地帶未降服的人「不該害怕他，應該信任他，應該從他那兒得到快樂而非悲傷」，他並要他的兒子、孫子不要再事征伐。[16]帝國擴張就此戛然而止，不管阿育王的後代是真的遵從他的意旨，還是只是拙劣的政治家，他們所統有的帝國日益頹敗。這不禁令人思索，如果印度發展出類似中國法家的權力思想，而非婆羅門教、耆那教或佛教，阿育王的帝國會是什麼面貌？但如果如此，那就不是印度了。

社會凌駕政治

印度，特別是北印度，在孔雀帝國滅亡後政治走上衰敗。部落政治重現於西邊的拉迦斯坦、旁遮普，且這兩個地區還受到來自中亞的新部落侵擾。這有一部分肇因於中華帝國較高的政治發展水準。秦朝已開始建造長城，將這些入侵者阻絕在外，迫使游牧的匈奴人退回中亞，而盤踞中亞的其他部落受匈奴壓迫，陸續外移。這引發連鎖反應，導致斯基泰人（Scythians，即薩迦人）、月氏入侵北印度，月氏在今阿富汗境內建立了貴霜（Kushana）王朝。在北印度，各王國的組織都不夠完善，無力從事中國長城之類的大工程，因而這些部落長驅直入，占據北印度平原的一部分。[17]

在更南邊，當地酋邦發展為王國，例如西元前一世紀統治德干高原西部的等乘（Satavahana）王朝。但此政治實體存世不久，其中央集權的程度和孔雀王朝一樣低。為控制德干高原北部，他們與其他小王國衝突，包括注輦、潘地亞（Pandyas）、薩提亞普特拉（Satiyaputras）在內的一連串小王國亦然。這段歷史錯綜複雜且不值得細究，因為很難將這段歷史放進更大的政治發展敘述裡。從中呈現的就只是政治普遍衰弱的現象。南方諸國往往無力執行最基本的政府職能（例如收稅），原因在於它們所統治的社群勢力強大，具有自我組織的特色。[18]這些國家都曾擴張領土和稱霸，但都未能長久保持其成果，也都未能發展出使其得以更有效行使權力的較先進治理建制。此地區處於這種政治四分五裂狀態超過千年。[19]

第二個在印度建立大帝國的王朝是笈多王朝。笈多王朝的開國君主旃陀羅·笈多一世（Chandra Gupta I）於西元三二〇年在摩揭陀稱帝，與孔雀王朝一樣以摩揭陀為權力基地。他和他兒子沙摩陀羅·笈多（Samudra Gupta）成功地將北印度許多地區再度一統。沙摩陀羅併吞了位於拉迦斯坦和印度西北部其他地區的多個迦納桑伽酋邦，使該種政治組織就此畫下句點。他還征服了喀什米爾，迫使貴霜人和薩迦人（Shakas）納貢。沙摩陀羅兒子旃陀羅·笈多二世在位期間（Chandra Gupta II，西元三七五至四一五年），文化昌盛，建造了許多印度教、佛教、耆那教廟宇。笈多王朝又存續了兩代，直到五世紀下半葉塞建陀·笈多（Skanda Gupta）去世為止。這時，來自中亞的新一批部落游牧民族，即匈奴人，已開始入侵印度。這群游牧民趁著印度西北部諸酋邦國力衰弱大肆侵擾。笈多帝國為反制匈奴人侵擾，弄得精疲力竭，到西元五一五年時，已被匈奴人奪走恆河平原許多地方和喀什米爾、旁遮普。[20]

不管笈多王朝在文化上有多高成就，在國家建制方面，他們未有任何政治創新。他們從未試圖將他們所征服的諸多政治單位，整合為一致的治理結構，而是按照印度的一貫作風，讓他們所擊敗的統治者留在原位，向中央納貢，繼續治理他們的土地。笈多王朝的官僚組織，不如先前孔雀王朝的官僚組織那麼中央集權，那麼能幹。笈多王朝課徵農產品稅，擁有製鹽場、礦場之類重要的生產資產，但除此之外未著手干預既有的社會安排。因為從未能征服南印度，笈多帝國的疆域也小了許多。它存續了約兩百年，然後裂解為眾多相互競爭的小國，帶來另一段政治衰敗期。

出自外族之手的國家建造

十世紀後，印度的政治史不再是本土發展史，改由一連串外來征服者支配。先是穆斯林，接著是英國人。這之後的政治發展，變成以外族將自己的建制移植到印度土壤為主軸，而外族在這方面只有局部成功。每個外來入侵者都得與由「諸多小王國」組成，四分五裂但組織緊密的同一個社會鬥爭，這些小王國因為不團結而易於征服，但一旦降服又變得難以治理。外來入侵者留下一層層的新建制和在許多方面起了改造作用的新價值觀。但在許多方面，入主的外族並未更易印度內部的社會秩序。

十世紀末期起，一連串突厥—阿富汗穆斯林入侵北印度。自伊斯蘭於七世紀誕生以來，阿拉伯人、突厥人已先後完成從部落級社會到國家級社會的轉變，且在許多方面發展出比印度本土政治實體更先進的政治建制。其中最重要的建制，乃是使阿拉伯人、突厥人得以超越親屬關係、開始以能力取才的奴隸軍、行政官員制度（後面幾章會探討）。印度諸國的軍隊抵抗來自阿富汗的穆斯林入侵者（特別是拉其普特人）一再攻擊，但由於力量太弱，組織散亂，未能擊退入侵者。到了十三世紀初期，顧特卜—烏德—丁·艾伯克（Qutb-ud-din Aybak）的馬木魯克王朝（奴隸王朝）已經屹立於北印度，成為德里蘇丹國（sultanate of Delhi）的第一個王朝。

德里蘇丹國存世長達三百二十年，比任何印度本土帝國的國祚都長。這些穆斯林雖能創建一可長可久的政治秩序，但他們的國家，在形塑印度社會上，能力一樣有限。一如笈多王朝，他們的統治觸角從未能深入南印度。引用蘇迪普塔·卡維拉吉（Sudipta Kaviraj）的話：「伊斯蘭政治統治者默然接受了政治權威在社會體制方面所受的限制，做法與印度教統治者類似……伊斯蘭國家自認和印度教國家一樣受限，與社會的距離一樣疏遠。」[21] 如今，由巴基斯坦、孟加拉兩國的存在和印度境內超過一億五千萬的穆斯林公民，可看出穆斯林當年統治的影響。但從現存的建制來看，除了札敏達里（zamindari）土地持有制之類的某些習慣作為，穆斯林統治所留下的政治遺產並不是特別多。

英國人的統治則不是如此。英國人對印度的影響更深遠得多。從許多方面來看，現代印度是外人主導的一項國家建造工程的產物。卡維拉吉主張，與印度的民族主義敘述相反，「英國人所征服的，不是一個在他們征服之前就存在的印度，而是一連串的獨立王國，這些獨立王國在英國人統治期間，且部分為回應英國人的統治，成為具有政治意義的印度。」[22]這呼應了蘇尼爾・基爾納尼（Sunil Khilnani）的看法：在英國人統治之前，印度是個社會實體，而非政治實體。[23]將印度結合為一個政治實體的那些重要建制：文職部門、軍隊、共通的行政語言（英語）、追求一體適用且不講私人關係之法律的司法體系，當然還有民主本身，都是印度人與英國殖民政權互動，將西方觀念和價值觀吸收進自身歷史經驗的產物。

另一方面，英國人對社會印度的影響，遠不如對政治印度的影響來得大。英國人的確修改了他們所深深無法接受的某些社會習俗，例如寡婦在丈夫葬禮上殉夫自焚。他們引進西方的人人平等觀念，使印度人開始重新思考種姓制度的哲學前提，催發出要求社會平等的呼聲。於是，高舉自由主義、民族主義旗幟的印度菁英，得以在二十世紀追求獨立的抗爭中，拿英國人的觀念反過來對付英國人。但種姓制度本身、自給自足的村社、高度在地化的社會秩序，大體上仍完好如初，未受到殖民統治的影響。

中國vs.印度

二十一世紀初，出現連篇累牘的文章、著作，比較中國、印度這兩個成長迅速的新興市場國家的發展前景。[24]而此比較性的探討，有很大一部分集中在兩國政治制度的本質上。身為威權統治國家，中國在推動大型基礎建設上，例如機場、公路、電廠、三峽大壩之類的大型水力發電工程上面，一直比印度成功得多。中國儲存的人均可用水量達到印度的五倍之多，而這主要拜大壩和水利工程之賜。[25]中國政府決定夷平某個居住區，以便讓新工廠進駐或興建工寓時，直接逼居民遷走，居民幾乎沒有辦法維護自己的權利或對外表達自己的心聲。相對的，印度是個多元民主社會，可組成極多種社會團體，且這些社會團體可利用政治制度來如自己的意。印度市政府或中央政府想建新電廠或機場時，很可能遇到從非政府環保組織到傳統階級協會等多種團體的反抗。在許多人眼中，這癱瘓了印度的決策，使印度的經濟成長長遠來看較不看好。

但這些比較有個問題，即未能考慮這兩個國家的政治制度受到自身社會結構和歷史的影響有多大。例如許多人認為當前印度的民主制度是相對較晚近，且有點偶然之歷史發展的副產品。例如，許多人根據某些民主理論，對於印度自一九四七年獨立後一直維持成功的民主制度，覺得很訝異。印度完全不符合穩定民主國家的「結構性」條件：它一直極貧窮，且在許多方面仍是如此；從宗教、族群、語言、階級的角度看，它內部極為分裂；它是在肆無忌憚的族群暴力中誕生，且隨著它內部不同的次群體相接觸，族群暴力頻頻再現。在這觀點裡，民主被認為是在文化性質上與印度的高度不平等主義文化相異的外來東西，是殖民強權所帶來，並非從該國的傳統所發展出來。

這種看待當今印度政治的觀點非常膚淺。阿馬提亞·森（Amartya Sen）等觀察家主張，印度現代制度所展現的民主，發展自印度的古老習俗，事實並非如此。[26]印度的政治發展歷程表明，當地從未存有催生出專制國家的社會基礎，因而未能發展出能有效集中權力，使國家得以企圖將影響力深入社會、改變其基本社會建制的專制國家。在中國或俄羅斯興起的那種專制政府，亦即將從菁英階層以降的整個社會人民的財產權、個人權利剝奪掉的制度，從未在印度土壤上存在過，在印度本土政府底下、在蒙兀兒王朝底下、在英國人底下，都未存在。[27]這促成一種弔詭的情況，即社會不公義的事多如牛毛，而對社會不公義的抗議，一般來講未像在歐洲、中國那樣，把矛頭對準印度的政治統治當局，反倒是對準由婆羅門階層支配的社會秩序，且往往以異議宗教運動的形式表達抗議，例如拒斥人間秩序之形而上基礎的耆那教或佛教。政治當局被視為太遙遠、與日常生活太無關，因而毫無緊要。[28]

在早早就發展出具備現代建制之強勢國家的中國，則不是如此。強勢的國家能把多方面干預既有的社會秩序當施政目標，且成功形塑了國家文化觀和國家認同感。而國家在中國早早取得支配地位，使它在有新的社會組織興起、挑戰其霸權地位時占有優勢。今日，由於經濟發展和接觸到更大的全球化世界，中國公民社會已有成形的跡象，但在中國，社會單元的力量始終不如於印度的社會單元，抵抗國家的能力也弱了許多。此對比在西元前三世紀秦始皇、阿育王建造各自的帝國時就明顯可見，且至今未消。

中國強勢且過早誕生的國家，始終能完成印度所無力完成的重大工程，從建長城阻絕游牧民族入侵，到二十一世紀推動龐大的水力發電工程，都是明證。長期來看這未必造福中國人。因為在中國，強勢的國家從未受到法治約束，因而使統治者得以為所欲為。中國的具體成就，從長城到三峽大壩，都是在危害中國老百姓生活的情況下建成，從古至今，大部分中國老百姓無力抗拒國家，只能乖乖接受國家對他們的徵用。

印度人也經歷了某種專制統治，但那種專制，與其說是中國式的政治專制，不如說是我先前所謂的「血緣枷鎖」那種專制。在印度，個人自由因為親屬關係、種姓規定、宗教義務、傳統習俗之類的東西，受到更多的限制。但從某個角度說，正是血緣枷鎖使印度人得以抵抗暴君的專制統治。

社會層級的強勢社會組織，有助於平衡、抑制國家層級的強勢組織。

中國、印度的經驗表明，強勢國家與強勢社會並存時，能長期相互平衡、抵消的兩個權力中心，就會出現較理想的自由。後面我會再探討這主題，也會探究穆斯林世界裡國家的出現和在穆斯林世界裡所發展出來，使阿拉伯人、土耳其人的政治實體得以脫離部落制的獨特建制。

注釋

1 Thapar, *Early India*, p. 152.

2 同前注，頁一五六；Basham, *The Wonder That Was India*, p. 131.

3 Thapar, *Early India*, pp. 178–79.

4 Wolpert, *A New History of India*, pp.55–69. 今日的印度共和國，領土包括不在孔雀帝國版圖內的次大陸最南部地區和阿薩姆等東部諸邦，但不包括占了孔雀帝國更大部分的巴基斯坦、孟加拉。

5 相關概述，參見 Hermann Kulke, "Introduction: The Study of the State in Pre- modern India," in Kulke, ed., *The State in India 1000–1700* (Delhi: Oxford University Press, 1995).

6 Sharma, *Aspects of Political Ideas and Institutions*, pp. 286–87. Sharma 主張，「從合理性這詞的現代意義來說」，孔雀國「或許算上不合理的」，「但它也不是家產制的，因為他不是王室的一部分。」此說法只在最狹義的家產制定義下成立。參見 Thapar 的 *Early India*，他算出工資比例只有一比九十六 (p. 195)。

7 Sharma, *Aspects of Political Ideas*, pp. 165–66.

8 Perlin, "State Formation Reconsidered."

9 Basham, *The Wonder That Was India*, pp. 93–94.

10 Thapar, *Early India*, p. 206.

11 其中有些部落群，例如佛栗恃遭擊敗，被併入摩揭陀地國，而在西部，部落群遭遇亞歷山大大帝，且有較多這類部落群存活下來。在該地國西北邊陲的多山地區（今東阿富汗），這些部落於二十一世紀初時仍存在，且在那裡與北約部隊交戰。Basham, *The Wonder That Was India*, pp. 96–97; Sharma, *Aspects of Political Ideas*, pp. 281–82; *Thapar, Early India*, p. 204.

12 Thapar, Early India, pp. 185–87; Sharma, Aspects of Political Ideas, pp. 288–89.

13 Thapar, *Early India*, p. 189.

14 Doornbos and Kaviraj, *Dynamics of State Formation*, p. 93.

15 Thapar, *Early India*, p. 178.

16 引自Hemchandra Raychaudhuri, *Political History of Ancient India: From the Accession of Parikshit to the Extinction of the Gupta Dynasty* (New Delhi: Oxford Univer- sity Press, 1996), pp. 288–90. See also Thapar, Early India, p. 181.

17 Thapar, *Early India*, p. 219.

18 Burton Stein, "State Formation and Economy Reconsidered," *Modern Asian Studies* 19, no. 3 (1985): 387–413.

19 注輦國的弱度整合，使某位歷史學家稱它是「環節性的」，它以一個由中央治理的小型核心為中心，但對其周邊地區的自治、自主聚落，擁有名義上的支配權。參見Burton Stein, "Integration of the Agrarian System of South India," in Robert E. Frykenberg, ed., *Land Control and Social Structure in Indian History* (Madison: University of Wisconsin Press, 1969)。Stein比較這個南印度國與非洲Alurs人的環節性部落社會。

20 Wolpert, *A New History of India*, pp. 88–94.

21 Kaviraj, "On the Enchantment of the State," p. 270.

22 同前注，頁二七三。

23 Sunil Khilnani, *The Idea of India* (New York: Farrar, Straus and Giroux, 1998).

24 案例參見Bill Emmott, *Rivals: How the Power Struggle Between China, India, and Japan Will Shape Our Next Decade* (New York: Harcourt, 2008); Edward Friedman and Bruce Gilley, eds., *Asia's Giants: Comparing China and India* (New York: Palgrave Macmillan, 2005); Tarun Khanna, *Billions of Entrepreneurs: How China and India Are Reshaping Their Futures—and Yours* (Boston: Harvard Business School Press, 2008).

25 Somini Sengupta, "Often Parched, India Struggles to Tap the Monsoon," *New York Times*, October 1, 2006.

26 Amartya K. Sen, *Development as Freedom* (New York: Knopf, 1999), pp. 234–40.

27 Kaviraj, "On the Enchantment of the State," pp. 227, 230.

28 同前注，頁二三〇。

第十三章　奴隸制與穆斯林的脫離部落制

奧圖曼人的奴隸軍建制；部落制是阿拉伯人政治發展的最大障礙；奴隸軍制度如何在阿巴斯王朝時興起；部落民為何善於征服卻拙於治理；柏拉圖對家產制問題的解決之道。

西元十六世紀初期，奧圖曼帝國國勢臻於巔峰之時，有道極為特別的程序差不多每隔四年就重覆一次。拜占庭首都君士坦丁堡已於一四五三年落入土耳其人之手，奧圖曼軍隊已在一五二六年的莫哈奇之役（Battle of Mohács）征服匈牙利，一五二九年進攻維也納，在維也納城門外遭擊退。奧圖曼帝國會派一群官員到其巴爾幹半島諸省，尋找十二至二十歲之間的男孩。這是所謂的德夫什梅制（devshirme），[1]亦即強徵基督徒少年的制度。這些官員就像足球球探，精於判斷少年的身心潛能，每個官員都得完成帝國首都伊斯坦堡所訂定的額度。官員來到村子時，基督教神父得交出當地受洗的所有男孩名單，凡是符合徵召年齡的少年都會被帶到官員面前受檢。最有發展潛力的少年被帶離父母身邊，以一百到一百五十人為一組帶走。少年被帶離村子時和抵達伊斯坦堡時，官員都將他們的名字細心登錄在名冊裡，接著比對前後兩本名冊，因為偶爾會有父母想用錢讓自己兒子免於強徵。有些人家的兒子，個個都特別強壯、健康，碰到官員來抓丁時，兒子可能全部被帶走，官員會押著抓來的男丁回伊斯坦堡，從此男丁再也見不到自己家人。據估計在此時期，奧圖曼帝國每年有約三千名男孩被這樣抓走。[2]

這些男孩並非就此過著卑下、屈辱的生活，其實正好相反：其中最優秀的一成人服務於伊斯坦堡和埃迪爾內（Edirne）的皇宮，在那兒得到伊斯蘭世界最周全的培訓，為日後出任帝國內高階行政官員作好準備。剩下的九成被養育成說土耳其語的穆斯林，進入著名的土耳其禁衛軍。這支禁衛軍是精銳步兵部隊，在蘇丹於歐洲、亞洲四處征戰時，跟著蘇丹並肩作戰。

進入宮中服務的那批菁英，在宦官督導下接受為期二至八年的訓練。最傑出者再送到托卡比（Topkapi）宮，即位於伊斯坦堡的蘇丹寢宮，接受更進一步的訓練。他們在那裡研讀《古蘭經》，學阿拉伯語、波斯語、土耳其語、音樂、書法、數學。他們接受騎術、射箭、武器使用的嚴格體能訓練，也學習繪畫、書籍裝訂的藝術。但就連在托卡比宮受訓遭淘汰者，都會派到蘇丹直轄精銳騎兵隊（sipahis of the Porte）擔任高職。[3]如果年輕的奴隸軍人身強力壯且能力強，循著軍中階層逐步往上爬，能成為將領、維齊爾（vizier，高級官員）、省長，乃至大維齊爾，即蘇丹一人之下、萬萬人之上的最高階官員。許多奴隸軍人在蘇丹直轄精銳騎兵隊服務後，會定居於莊園，靠向莊園居民抽來的稅過活。

針對女孩也有類似的制度。女孩不是透過德夫什梅制找來，而是在巴爾幹半島和俄羅斯南部的奴隸市場，從劫掠者手中買來。這些女孩成為奧圖曼高階官員的妻妾。類似前述男孩，她們在後宮長大，有高度建制化的規則來規範對她們的撫養和教育。許多蘇丹是奴隸母所生，而這些奴隸母，一如其他太后，能透過兒子發揮極大影響力。[4]

但這些奴隸受到一重大限制：他們所獲賜的官職、土地都不是他們的私產；他們所擁有的土地不能賣，也不能傳給自己小孩。事實上，有許多奴隸軍人被迫終身未娶。其他奴隸軍人與同樣被人從基督教省分抓來的女奴結婚成家，但他們的小孩不能承繼父親的地位或職位。而且不管他們多有權勢，都仍是蘇丹的奴隸，只要蘇丹高興，隨時可以將他們貶職或處死。

奧圖曼帝國的奴隸軍制度，在許多方面都是獨一無二。奧圖曼帝國依法不得將穆斯林納為奴隸，因此，帝國內的穆斯林居民都沒有指望成為政府高官。一如在中國，軍職、文職的官僚組織都極講究以能力取才，針對最優秀軍人、官員的招募、升遷，政府訂定了有系統的程序。但與中國的官僚組織不同，只有外族，即族群身分與他們所治理的社會不同者，才有幸進入奧圖曼的官僚組織。這些奴隸軍人和官僚在官方築起的密閉環境裡長大，與主子和同樣出身者締結深厚關係，但與他們所治理的社會分屬不同世界。就如許多在封閉階級裡工作者所表現出來的，他們發展出高度的內部團結，能以凝聚性團體（cohesive group）的形式行動。在帝國更晚期，他們能操持皇位的廢立，罷黜不中意的蘇丹，扶立他們所挑出的蘇丹。

毫不意外的，被列為德夫什梅制抓丁對象的基督徒歐洲人，和位在更遠處而只聽過這種做法的人，都對此極為害怕。由階層化奴隸體系治理強大帝國的形象，在基督教西方心中漸漸成為東方專制主義的象徵。到了十九世紀奧圖曼帝國一蹶不振時，土耳其禁衛軍在許多觀察家眼中是古怪、落伍、土耳其帝國現代化的阻礙。禁衛軍於一八〇七年罷黜蘇丹塞利姆三世（Selim III），隔年策立馬哈茂德二世（Mahmud II）。接下來幾年裡，馬哈茂德二世鞏固其權位，一八二六年放火燒禁衛軍兵營，將全部禁衛軍約四千多人殺光。拿掉禁衛軍這個絆腳石後，這位奧圖曼統治者可以改革土耳其軍隊，仿現代歐洲的制度組建新軍。[5]

顯而易見的，不管這些奴隸軍人過著如何優渥的特權生活，將小孩強行帶離父母、納為奴隸、逼他們改信伊斯蘭教，乃是與現代民主價值觀格格不入且非常殘酷的制度。在穆斯林世界之外，未曾出現類似的制度，因此之故，丹尼爾·派普斯（Daniel Pipes）之類的觀察家主張，追根究柢，這制度是出於宗教理由而創立，而這些宗教理由又明確地源自伊斯蘭。[6]

但更仔細探究，穆斯林的奴隸軍制度，其實不是產生自哪種宗教需要，而是為了解決在部落性質濃厚的社會環境裡國家建造的難題。奴隸軍制創立於阿拉伯的阿巴斯（Abbasid）王朝時，因為該王朝統治者覺得不能依賴由部落組成的武力來維繫帝國。從部落徵來的兵力能迅速動員、增員，以迅速攻城掠地，在伊斯蘭這個新宗教的統合、鼓舞下，他們攻占中東許多地方和地中海世界的南部。但如先前已提過的，在中國、印度、歐洲，部落級組織遭到揚棄，因為它無法有可長可久的集體行動。部落社會是平等主義掛帥，以合意（consensus）為基礎，且難以駕馭，它們極難長久保住領土，且可能困擾於內部分歧和失和。

奴隸軍制被肯定為高明的因應措施，在世上部落性質最強烈之一的社會裡，創立強勢的國家級建制。它在集中、鞏固國家權力上非常成功，因而在哲學家伊本·赫勒敦（Ibn Khaldun）眼中，它拯救了作為世上主要宗教之一的伊斯蘭教。[7]

一個穆斯林國家的創立

先知穆罕默德生於古萊什（Quraysh）部落，該部落位在阿拉伯半島西部某個不屬任何國家的地區。例如第五章指出的，他靠著社會契約、武力、個人的克里斯瑪權威三管齊下，先是統一了麥地那一地彼此不和的諸部落，接著統一麥加與周邊城鎮彼此不和的諸部落，將它們統合成一個國家級的社會。穆罕默德的教諭，宣告烏瑪（信士社團）的存在，從這一點上看，他的教諭是刻意反部落的，因為凡是烏瑪的成員，都把真主和真主的話，而非把自己的部落當作頭號效忠對象。此意識形態上的發展至關重要，為集體行動空間的大幅擴大，和原本內部分立、不和的社會裡人與人信任範圍的大幅提升創造了基礎。

但在阿拉伯部落制的環境裡，維持政治一統始終非常艱難。西元六三二年穆罕默德去世後，這問題立即浮上檯面。靠著穆罕默德的克里斯瑪權威，他所創建的實體得以不致崩解，但他一死，實體即面臨了各組成單位，例如以麥加為基地的古萊什人、安薩爾人（Ansar，即來自麥地那的支持者）和其他皈依伊斯蘭的部落，各行其是，回復原來分裂狀態的危機。靠著某位穆罕默德同伴高明的政治手腕，諸部落才同意接受阿布·伯克爾（Abu Bakr）為第一位哈里發（繼承人）。阿布·伯克爾熟稔部落系譜，利用其對部落政治的了解贏取共識，以利他的領導。[8]

在頭三位哈里發：阿布·伯克爾（西元六三二至六三四年）、歐麥爾（Umar，西元六三四至六四四年）、奧斯曼（Uthman，西元六四四至六五六年）領導下，穆斯林帝國以驚人的速度擴張，將整個阿拉伯半島和今日黎巴嫩、敘利亞、伊拉克、伊朗、埃及這大片地區的主要地帶併入版圖。[9]最引人注目的勝利，乃是在卡迪西亞之役（Battle of Qadisiyyah）擊敗波斯的薩珊帝國（Sasanian Empire）。一九八〇年代兩伊戰爭時，伊拉克領導人海珊（Saddam Hussein）更大肆頌揚這場勝利。西元六六一年，伍麥葉王朝在大馬士革建立後繼續擴張，在北非、安納托利亞、信德、中亞開拓更多疆土。七一一年時，阿拉伯軍隊已抵達西班牙，並征服該地，他們越過庇里牛斯山，繼續北征，七三二年在法國境內的普瓦捷之役（Battle of Poitiers）敗給查理・馬特（Charles Martel），才停下征服腳步。

阿拉伯部落民族四處攻城掠地，有其宗教動機，但經濟誘因也很重要，因為征服富饒、有人定居已久的農業社會，帶來大量土地、奴隸、女人、馬和動產。治理上的頭一個難題，乃是純掠奪性游牧民族特有的難題：順利分配戰利品，以免不同部落為分配不均而兵戎相向。可搬動的戰利品通常當場瓜分掉，其中五分之一留給哈里發，運回麥地那。征服來的疆土裡，無主土地被國家接管，成為歸哈里發控制的國有地，但有一些這樣的地最後落入參與該征服戰役的不同部落手裡。[10]

不久，阿拉伯部落民族就從征服者轉變為統治者，治理有著定居居民的豐饒農業社會。在國家建制方面，哈里發不需重新創立機構，因為他們周邊多的是發展完備的國家或帝國可供效法。薩珊帝國提供了最方便可用的中央集權治理模式，因為該帝國已在阿拉伯人控制之下。從君士坦丁堡手中奪來的土地上住了許多基督徒，其中許多人為新成立的穆斯林政府效力。透過這些人，阿拉伯人也充分理解了拜占庭的習慣作為。

真正的穆斯林國家誕生於何時？相較於文學性資料，紀實性資料較為缺乏，因而很難精確斷定日期。毋庸置疑的，在伍麥葉王朝的阿布杜・馬立克（Abd al-Malik，西元六八五至七〇五年）

在位時，且可能在伍麥葉王朝第二位哈里發穆阿維葉（Mu'awiya，西元六六一至六八〇年）在位時，就已存在一個具有如下功能的政治實體：維持有常設軍隊和警察、定期向子民徵稅、維持有一負責收稅的官僚組織、掌管司法和解決紛爭、能主導清真大寺之類的公共工程。[11]先知穆罕默德所創建的究竟是國家還是部落聯盟，則更難斷定，因為上述的建制性元素，他在世時無一存在。

波斯人心目中的理想專制君主政體，賦予國王極大的權力，使國王能以強制手段達成和平，約束擁有武力且貪得無厭的菁英階層，即約束農業社會裡帶來衝突、混亂的禍首。從現代民主角度看這類社會，我們往往把農業社會裡的君主看成只是掠奪性菁英階層的成員之一，可能是被其他寡頭統治集團成員派來維護他們的租金與利益者。[12]事實上，這些社會裡幾乎始終在上演一場三方的鬥爭，即國王、貴族菁英或寡頭統治菁英、非菁英的社會單元（例如農民、城市居民）三方。國王往往站在非菁英的社會單元那一邊，一起對付寡頭統治集團，藉此既削弱潛在的政治挑戰，且取得他應得的那份稅收。在此，我們可以把君主制觀念的萌芽，視為是為了體現整體公眾利益。在中國，我們已看到受寡頭統治菁英掌控之大莊園的問世，如何令皇帝感到芒刺在背，看到皇帝如何利用國家的權力來限制他們或瓦解他們。在薩珊王朝亦是如此：不同菁英之間的爭執會危害老百姓的利益，而專制君主統治被視為是壓制菁英、維護秩序的保障。因此，極力強調君主的執法乃是正義的標記。[13]

於是，早期的阿拉伯人統治者得促成幾件事，才能完成從部落級社會到國家級社會的轉變。他們有周邊的國家級社會提供專制君主制和中央集權官僚體系方面的榜樣。更重要的是，他們有一個強調在真主底下眾生平等的宗教性意識形態。從某個角度講，最符合先知穆罕默德教諭真諦的團體乃是哈瓦利吉派（Kharijites）。他們在巴斯拉和阿拉伯半島建立根據地，主張繼承穆罕默德之位者不管是不是阿拉伯人，不管來自哪個部落都沒關係，只要是穆斯林即可。穆罕默德的接班人若根據這理念來行事，可能會致力於創建一個以意識形態為基礎（而非像神聖羅馬帝國那樣以親屬關係為基礎），超國界、多族群的帝國。但事實證明，對伍麥葉王朝來說，維持帝國的一統至為艱鉅，更別提創立將帝國各不同地區都納入直接管轄的單一中央集權行政體系。強勢的效忠部落心態，凌駕純意識形態考量，穆斯林國家持續因為親族間的爭吵、仇恨而削弱。

其中一場最重要的衝突爆發於穆罕默德去世後不久。穆罕默德出身古萊什部落裡的哈希姆家系（Hashemites），與和它相對抗的伍麥葉家系（Umayyads）有親屬關係。兩家系都是穆罕默德曾祖父阿布杜·瑪納夫（Abd Manaf）的後代。穆罕默德在世前和在世期間，兩家系吵得非常厲害，伍麥葉家系以武裝行動反對穆罕默德和他在麥地那的穆斯林追隨者。征服麥加後，伍麥葉家系皈依伊斯蘭，但兩家系間的仇恨未有稍減。

穆罕默德沒有兒子，但有個女兒法蒂瑪（Fatima）。法蒂瑪是他最心愛的妻子阿伊莎（Aisha）所生，嫁給穆罕默德堂弟阿里（Ali）。第三位哈里發奧斯曼出自伍麥葉家系，上任後讓許多他的親戚出任要職。後來，奧斯曼遭暗殺，由阿里接任。阿里被趕出阿拉伯半島，在庫法（今伊拉克境內）做禮拜時遭一名哈瓦利吉派成員殺害。哈希姆家系、哈瓦利吉派、伍麥葉家系三者間爆發一連串內戰（fitna），最後，在阿里兒子侯賽因（Husain）於伊拉克南部的卡巴拉之役戰死後，由伍麥葉家系鞏固了他們的統治和王朝。擁護阿里者，即後來所謂的什葉派（Shiites），認為只有穆罕默德的直系後裔才有資格出任哈里發。[14]伍麥葉王朝哈里發穆阿維葉的追隨者，則發展成遜尼派

（Sunnis），遜尼派自稱是正統理論和實踐的擁護者。[15]遜尼派、什葉派之間的大分裂，源自阿拉伯人的部落對立，直到二十一世紀，仍導致汽車炸彈攻擊和對清真寺的恐怖攻擊。

早期的哈里發試圖創立超越部落忠誠心態的國家結構，特別是在軍中創立了以十人、百人為單位，打破部落藩籬的編制。但引用某史學家的話，新穆斯林菁英階層「理解到部落認同在阿拉伯社會裡太根深蒂固，靠頒布命令無法予以廢除，靠超越部落情誼之措施也無法予以掃除。於是，他們能否順利將部落民整合為一個國家，既取決於能否打破部落關係，且取決於能否利用部落關係來實現自己的目的。」[16]例如二〇〇三年入侵伊拉克後，占領該國安巴爾省（Anbar）的美國人所發覺的，利用部落酋長的傳統權威來控制部落戰士，比創立不講私人關係、不顧及隱而不顯之社會現實的新單位來得容易。部落民與直屬指揮官起爭執時，可能會乾脆溜走，回去找他的親族，但如果指揮官同時也是他的酋長時，就不會這麼做。

建立在部落基礎上的國家，先天就薄弱而不穩。部落領袖是出了名的易怒、難管，往往因為不受尊重或爭吵，就帶著自己的親族消失得無影無蹤。早期的哈里發極不信任他們所招募來的部落領袖，往往不願委以重要的指揮職。此外，這個新國家還不斷受到穆斯林領導階層所瞧不起、未歸順他們的部落游牧民威脅，據說哈里發奧斯曼曾把某重要部落領袖的意見斥為「愚蠢貝都因人（Bedouin）」的看法。[17]

奴隸軍制的起源

奴隸軍制問世於九世紀中葉的阿巴斯王朝時期，旨在克服從部落徵來、作為穆斯林軍力基礎的部隊始終打不了仗的問題。[18]哈希姆家系出身的阿巴斯王朝，靠以波斯為基地的什葉派、呼羅珊（Khorasani）武力之助，七五〇年推翻了伍麥葉王朝，將都城從大馬士革遷到巴格達。[19]早期的阿巴斯王朝統治者，以武力鞏固統治，手段殘酷，竭盡所能剷除伍麥葉家系成員，鎮壓曾是他們盟友的什葉派和呼羅珊人。國家的集權程度提高，權力集中於大維齊爾（即丞相）之手。宮廷的規模和奢華也升高，加劇了習慣於定居、城市生活之帝國與他們所出身的部落區之間的隔閡。[20]

阿巴斯王朝統治者早早就間接表示，奴隸軍制或許能解決政治權力建立在親屬關係上的不穩問題。哈里發馬赫迪（al-Mahdi，西元七七五至七八五年）偏愛用馬瓦里人（mawali，即獲釋的奴隸）當僕人或助手，而較不愛用親族或他的呼羅珊盟友，並解釋道：

> 我接見百姓時，可能會叫一名獲釋的奴隸起身，要他坐在我身邊，於是他的膝蓋和我的膝蓋會碰在一塊。但接見一結束，我可能會要他梳理我的座騎，他會很滿意，不會生氣。但如果我要別人做同樣的事，那人會說：「我是你支持者和密友的兒子」，或「我是你（阿巴斯王朝）宣教大業（da'wa）的資深工作者」，或「我父親是最早加入你（阿巴斯王朝）宣教大業的人士之一」。而我無法要那人改變他（頑固）的立場。[21]

但直到馬蒙（al-Ma'mun，西元八一三至八三三年）、穆塔西姆（al-Mu'tasim，西元八三三至八四二年）兩位哈里發在位期間，征服中亞的河中地區（Transoxania），有大批突厥部落民被併入帝國時，才開始以外族作為國家軍隊的核心。阿拉伯人的擴張腳步，在遇到居住於中亞乾草原的突厥部落時被迫停下，突厥部落高超的作戰本領得到許多阿拉伯作家的肯定。[22]但哈里發無法以部落為單位吸收突厥人替他打仗，因為他們也保有部落組織的缺點。於是哈里發把他們個別納為奴隸，放進不按部落編成的軍隊裡，訓練戰技。馬蒙創建了一支由四千名突厥奴隸組成的衛隊，這些奴隸被稱作馬木魯克（Mamluk）。穆塔西姆在位時，這支精銳部隊擴增到將近七萬人。[23]這些部落民是吃苦耐勞的遊牧民，不久前才皈依伊斯蘭，充滿為伊斯蘭開疆拓土的昂揚熱情。他們成為阿巴斯王朝軍隊的核心，「因為他們在作戰本領、勇武、不怕難、不怕危險上勝過其他民族。」有位看過馬蒙帶兵打仗者寫道：

> 在暫歇處附近的道路兩旁，有兩列騎馬者……位在道路右手邊的那一列，由一百名突厥騎馬者組成。位在道路左手邊的那一列，由一百名「他族」（例如阿拉伯人）騎馬者組成……他們全排成戰鬥隊形，等馬蒙到來……時為正午，天氣很熱。馬蒙抵達時，發現突厥人全騎在馬上，只有三或四人例外，至於「那支雜牌部隊個個」……都已倒在地上。[24]

穆塔西姆將突厥人組成一支馬木魯克軍團，且因為首都巴格達當地居民和突厥戰士爆發暴力衝突，遷都薩邁拉（Samara）。他讓這些戰士在他們自己的學院受特訓，買突厥女奴給他們當妻子，禁止他們與當地人交往，從而創造出一個與所置身社會互不往來的軍事階層。[25]

在西方政治哲學裡，公義社會秩序與效忠家庭兩者存有緊繃關係，這看法存在已久。在柏拉圖的《理想國》（*Republic*）裡，哲學家蘇格拉底（Socrates）與一群年輕人討論「公義城市」的本質。透過蘇格拉底的引導，他們同意公義城市需要一群特別積極的護衛者。這些護衛者是把造福朋友、傷害敵人當成首要原則的戰士，得透過適切運用音樂、體操，將他們訓練成富公益精神的人。

《理想國》第五卷包含了對護衛者共有女人、小孩一事的著名討論。蘇格拉底指出，性慾和擁有小孩的慾望乃是天生，但護衛者與家庭的關係，妨礙護衛者效忠其所保護的城市，因此他主張，必須告訴他們一個「崇高的」謊言，即他們是大地的小孩，而不是親生父母的小孩。他主張他們得營共產生活，不得娶個別女人為妻，但可以和不同女人有性關係，得共同撫養他們的小孩。家庭是公益的敵人：

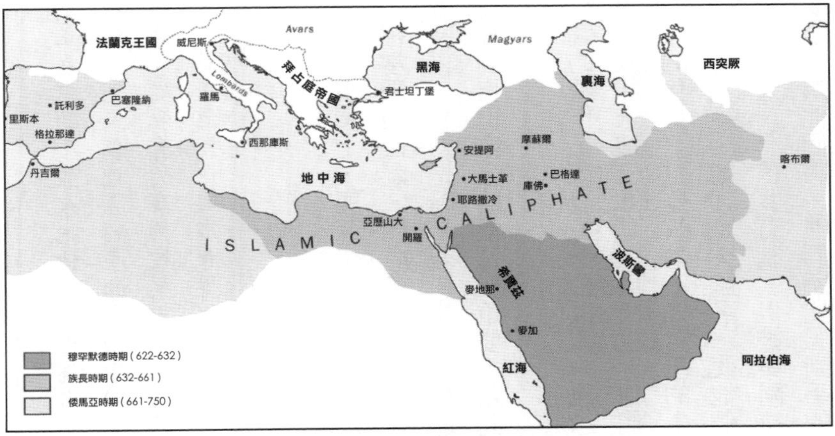

阿拉伯在哈里發早期的擴張

那麼，我想要表達的，就是我們過去所講的和我們此刻正在講的，並未把他們塑造為名副其實的護衛者，那其實使每個人各有自己的財產——有人把他從別人那裡弄到手的東西帶回家，有人待在自己專有的屋子，與自己專有的女人、小孩在一塊，從私有的事物裡生出私人的歡樂與悲苦——而未使他們把同樣的東西都說成是「我的」，從而使他們把城市弄得四分五裂，不是嗎？[26]

蘇格拉底、柏拉圖是否相信這樣的共產制度可行，並不清楚，事實上，與蘇格拉底對話的那些人，後來對「言談裡」那個公義城市是否能真正落實，表達了相當深的懷疑。此討論的目的，在於凸顯私人親族關係和他們對政治秩序之義務兩者間永存的緊繃關係，其乃是暗示若要建立順利運行的秩序，就得透過某種機制，使護衛者把其與國家的關係看得比對自己家人的愛還要重要，藉此壓抑親族關係的影響力。

馬蒙、穆塔西姆或其他早期穆斯林領袖，大概沒讀過柏拉圖的著作，或沒聽過柏拉圖的觀念。但奴隸軍制，一如柏拉圖的公義城市，回應了同樣的要求。這些奴隸未被告知是大地所生，他們出生於遙遠的異地，被告知只能效忠哈里發，哈里發是國家、公益的化身。這些奴隸不知自己的生身父母，只知道他們的主子，強烈效忠他一人。他們被賦予乏味的新名字，通常是突厥名，使他們在以家系為基礎的社會裡，和任何家系都扯不上關係。他們不施行女人、小孩共有制，但被與阿拉伯社會隔開，不得扎根於該社會。特別值得一提的，他們不得成立可讓他們將「他們所能弄到手的東西」帶回去放的私人家庭，傳統阿拉伯社會裡普見的用人唯親、部落忠誠衝突這問題，因此得到解決。

馬木魯克這項軍事建制，在阿巴斯王朝裡問世太晚，來不及穩住該王朝或使其免於衰落。九世紀中葉，該帝國已漸漸解體為一連串獨立主權的國家。解體過程始於七五六年一外逃的伍麥葉王朝親王在西班牙創立獨立伊斯蘭帝國時。八世紀晚期、九世紀初期，摩洛哥、突尼西亞各出現獨立王朝，九世紀晚期、十世紀初期在東伊朗也出現獨立王朝。到了十世紀中葉，又丟掉埃及、敘利亞、阿拉伯半島，使阿巴斯王朝的管轄地只剩伊拉克部分地區。此後未再有阿拉伯人政權，包括王朝制政權或現代政權，一統穆斯林世界或阿拉伯人世界。要等到奧圖曼土耳其人出來，才會再現這一統局面。

但阿巴斯帝國雖滅亡，奴隸軍制卻倖存下來，且成為接下來幾百年裡伊斯蘭得以繼續屹立於世的關鍵憑藉。三個新權力中心出現，各都以健全的奴隸軍制為基礎。第一個是以阿富汗境內的加茲尼（Ghazini）為都城的加茲尼王朝（Ghaznavids），統合了波斯東部和中亞兩地的部分地區。加茲尼王朝打入北印度，為穆斯林支配該次大陸鋪好了道路。第二個是位於埃及的馬木魯克王朝，這個國家在遏制基督教十字軍和蒙古人入侵上居功厥偉，從而堪稱是保住伊斯蘭教世界性宗教之地位的功臣。第三個是改良了奴隸軍制，以該制度為基礎崛起為世界性強權的奧圖曼帝國。在這三個例子裡，奴隸軍制都解決了要在基本上屬部落社會的社會裡，創造可長可久之軍事機器的難題。但在加茲尼王朝和埃及馬木魯克王朝，由於親族關係和家產制在馬木魯克體制的內部重出江湖，奴隸軍制式微。此外，馬木魯克，作為埃及社會裡最有權力的社會建制，最終脫離文人政府掌控，接管了國家，而其做法預示了二十世紀發展中國家的軍事獨裁政權。只有奧圖曼人清楚看出得將家產制趕出國家機器，且這麼做將近三百年。他們也將軍隊納入文人政府的牢牢掌控。但隨著家產制和世襲原則於十七世紀晚期起重新當道，他們也開始衰落。

注釋

1 我使用羅馬拼音，而非現代土耳其語的拼法，因此，用「devshirme」而非「devşirme」，用「sanjak」而非「sancak」。

2 Albert H. Lybyer, *The Government of the Ottoman Empire in the Time of Suleiman the Magnificent* (New York: AMS Press, 1978), pp. 49–53; Norman Itzkowitz, *Ottoman Empire and Islamic Tradition* (New York: Knopf, 1972), pp. 49–50.

3 Itzkowitz, *Ottoman Empire*, pp. 51–52.

4 一五七四年奧圖曼帝國征服突尼斯（Tunis），把北非納入穆斯林統治之後，尤其是如此。參見 William H. McNeill, *Europe's Steppe Frontier, 1500–1800* (Chicago: University of Chicago Press, 1964), p. 29; Halil Inalcik, *The Ot- toman Empire: The Classical Age, 1300–1600* (New Rochelle, NY: Orpheus Publishing Co., 1989), pp. 86–87.

5 Patrick B. Kinross, *The Ottoman Centuries: The Rise and Fall of the Turkish Empire* (New York: William Morrow, 1977), pp. 453–71.

6 Daniel Pipes, *Slave-Soldiers and Islam: The Genesis of a Military System* (New Haven: Yale University Press, 1981), pp. 93–98.

7 Ibn Khaldun, *The Muqaddimah: An Introduction to History*, 引自 Bernard Lewis, ed. and trans., *Islam from the Prophet*

Muhammad to the Capture of Constantinople. I: Politics and War (New York: Oxford University Press, 1987), pp. 97ff.

8 Donner, The Early Islamic Conquests, pp.82–85; Marshall G. S. Hodgson, The Venture of Islam: Conscience and History in a World Civilization (Chicago: University of Chicago Press, 1961), pp. 197–98. 編注：中文版《伊斯蘭文明：中卷：中期伊斯蘭的擴張》由臺灣商務印書館出版，二〇一六年一月一日。

9 關於這些征服的詳細說明，參見Hugh N. Kennedy, T*he Great Arab Conquests: How the Spread of Islam Changed the World We Live In* (Philadelphia: Da Capo, 2007).

10 Donner, *The Early Islamic Conquests*, pp. 239–42; Peter M. Holt, Ann K. S. Lambton, and Bernard Lewis, eds., *The Cambridge History of Islam*. Vol. I: *The Central Islamic Lands* (New York: Cambridge University Press, 1970), pp. 64–65.

11 Fred M. Donner, "The Formation of the Islamic State," *Journal of the American Oriental Society* 106, no. 2 (1986): 283–96.

12 案例參見Douglass C. North, Barry R. Weingast, and John Wallis, *Violence and Social Orders: A Conceptual Framework for Interpreting Recorded Human History* (New York: Cambridge University Press, 2009)。他傾向於將這個狀態視為成員彼此較平等的寡頭統治集團裡的集體行動難題。

13 這在現實上所造成的後果之一，乃是君主往往介入，試圖降低地方菁英加諸他們屬民的掠奪性稅負。Hodgson, *The Venture of Islam*, pp. 281–82; Donner, "The Formation of the Islamic State," pp. 290–91.

14 參見Bernard Lewis, "Politics and War," in Schacht, *The Legacy of Islam*, pp. 164–65.

15 Holt, *Cambridge History of Islam*, p. 72.

16 Donner, *The Early Islamic Conquests*, p. 258.

17 同前注，頁二六三。

18 關於背景，參見David Ayalon, *Islam and the Abode of War: Military Slaves and Islamic Adversaries* (Brookfield, VT: Variorum, 1994).

19 關於阿巴斯的興起，參見Hugh N. Kennedy, *When Baghdad Ruled the Muslim World: The Rise and Fall of Islam's*

Greatest Dynasty (Cambridge, MA: Da Capo Press, 2006); also Hodgson, The Venture of Islam, p. 284.

20 Hodgson, *The Venture of Islam*, p. 286.

21 引自Ayalon, *Islam and the Abode of War*, p. 2.

22 David Ayalon, *Outsiders in the Lands of Islam: Mamluks, Mongols, and Eunuchs* (London: Variorum, 1988), p. 325.

23 Holt, *Cambridge History of Islam*, p. 125.

24 引自Ayalon, *Islam and the Abode of War*, p. 25.

25 同前注，頁二九。Holt, *Cambridge History of Islam*, pp. 125–26.

26 Plato, *Republic*, trans. Allan Bloom (New York: Basic Books, 1968), 464c–d. 編注：中文版《柏拉圖理想國》（二版）由聯經出版，二〇一四年一月二十八日。

第十四章　馬木魯克拯救伊斯蘭

馬木魯克如何掌握埃及大權；在阿拉伯中東地區權力掌控在突厥奴隸之手的怪事；馬木魯克如何抵禦十字軍和蒙古人，拯救了伊斯蘭；馬木魯克王朝在施行奴隸軍制上的缺陷，導致該政權最終衰落。

奴隸軍制穩住埃及、敘利亞的穆斯林政權三百年，從一二五〇年的阿尤布（Ayyubid）王朝起，到一五一七年馬木魯克王朝遭奧圖曼人擊敗為止。如今我們把伊斯蘭和龐大的全球性穆斯林社群（如今為數約十五億）的存在視為理所當然。但伊斯蘭的傳播並非只倚賴其宗教教義的吸引力，還非常倚賴政治力。為將「爭戰地區」（Dar-ul Harb）內的非信士納入「伊斯蘭地區」（Dar al-Islam）內，穆斯林軍隊對他們發起聖戰，伊斯蘭教的版圖就靠發動聖戰的穆斯林軍隊得到初步的確立。穆斯林本身翦除基督教、祆教，使它們不再是中東地區的主要宗教，同樣地，如果基督教十字軍支配中東，或如果蒙古人一路橫掃直抵北非，伊斯蘭也可能淪為次要宗教。奈及利亞北部、象牙海岸、多哥、迦納境內穆斯林社群的疆界，靠穆斯林軍隊打下。巴基斯坦、孟加拉兩國和印度境內為數可觀的穆斯林少數族群，若非有能征善戰的穆斯林軍隊，可能不會存在。而穆斯林之所以如此驍勇善戰，並非只是憑著一股對宗教的狂熱奉獻，而是靠能組織起有效建制來集中權力、使用權力的國家，以及最重要的，靠奴隸軍制。

阿拉伯大史學家暨哲學家伊本·赫勒敦，也認同伊斯蘭能長久屹立，倚賴奴隸軍制的施行之看法。伊本·赫勒敦十四世紀時住在北非，也就是埃及馬木魯克王朝存在時。在《歷史緒論》（*Muqadimmah*）中，他寫道：

> （阿巴斯）國沒頂於墮落和豪奢，披上災難與無能的外衣，遭異教徒韃靼人推翻。信士沉溺於自我放縱，一心想著享樂，縱情於奢侈享受，變得軟弱無力，不願群起防禦，脫掉勇氣的外皮和男子氣概的象徵，因此遭韃靼人廢掉哈里發之位，抹掉這片土地的光輝，使無信仰占上風，取代了信仰。就在這時，真主慈悲，恢復這信仰垂死的氣息，使埃及國度裡的穆斯林重歸統一，保住秩序，守住伊斯蘭的城牆，從而拯救了這信仰。祂從眾多了不起的突厥部落中，派了人去當穆斯林的統治者和忠心耿耿的幫手保衛他們，藉此完成這拯救。在奴隸制的支配下，這些原本的異教徒和忠心耿耿的幫手脫離「爭戰之屋」，被帶到「伊斯蘭之屋」。奴隸制本身隱含著神恩。透過奴隸制，他們認識到榮耀和神恩，受到神意的澤被；他們得到奴隸制治療，懷著真正信士的堅定決心，懷著未被墮落本性玷汙、未被汙穢玩樂弄髒、未被文明生活方式汙損的游牧民族美德，懷著未被奢侈浪費打消的衝勁，加入穆斯林宗教。[1]

馬木魯克建制創立於庫德人阿尤布王朝末年。阿尤布王朝於十二世紀晚期、十三世紀初期短暫統治埃及、敘利亞，其最著名的後代是薩拉丁（Sala hal-Din，即西方所謂的Saladin）。阿尤布王朝原用庫德奴隸軍在巴勒斯坦、敘利亞和十字軍交戰，但最後一位蘇丹薩利赫·阿尤布（al-Salih Ayyub）在位時，創設了伯海里（Bahri）團，該團總部設在尼羅河中某島上的伯海里要塞，因此得名。據說他認為他的庫德軍人不可靠，因此改用突厥人。[2] 伯海里團由八百到一千名騎兵組成，成員全是奴隸，以欽察突厥裔居多。欽察人之類的突厥部落開始在中東扮演日益吃重的角色，源於他們受到另一個強大游牧民族蒙古人壓迫，蒙古人把他們逐步趕出位在中亞的傳統部落地盤。

伯海里團早早就展露其驍勇善戰的本事。法國國王路易九世（Louis IX）率領第七次十字軍東征，一二四九年抵達埃及，隔年遭遇由欽察突厥人拜巴爾（Baybars）率領的伯海里團而戰敗。在這之前，拜巴爾遭蒙古人俘虜，蒙古人把他當奴隸在敘利亞賣掉，後來得到重用，成為新馬木魯克部隊的領袖之一。十字軍遭逐出埃及，遭俘的路易靠付出贖金才獲釋，贖金相當於法國一年的全國產值。

但拜巴爾與伯海里團在一二六〇年的阿音札魯特之役（Battle of Ayn Jalut）擊敗蒙古軍，贏得更重要的一場勝利。這時候，蒙古諸部落在成吉思汗（西元一二二七年歿）的統合下，已征服歐亞大陸許多地方。他們於一二二〇年代初擊敗中亞的花剌子模帝國，一二三〇年代消滅統治中國北邊三分之一地區的金朝，且同樣在一二三〇年代擊敗位於亞塞拜然、喬治亞、亞美尼亞的諸王國；入侵並占領俄羅斯許多地方，一二四〇年洗劫基輔市；一二四〇年代入侵東歐、中歐。他們在歐洲停下攻勢，不是因為遭基督教軍隊擊退，而是因為大汗窩闊臺（成吉思汗兒子）去世，西征統帥撤軍回蒙古參加新大汗的推舉大會。一二五五年，大汗蒙哥（成吉思汗孫子）派兄弟旭烈兀汗西征中東。他占領伊朗，在該地建立伊兒汗國，並往敘利亞推進，意圖征服埃及。巴格達於一二五八年遭占領並澈底摧毀，阿巴斯王朝末代哈里發在該地遭處決。

馬木魯克能打贏阿音札魯特之役，一部分得歸因於敵寡我眾，因為旭烈兀收到蒙哥死訊後，得帶著部隊主力撤回蒙古。但他留下可觀的兵力交給麾下一名很能打的指揮官，要他攻打馬木魯克。蒙古人在戰術、戰略上都一流，利用高度的機動力和精簡的輜重隊繞到敵人身後。相對的，馬木魯克裝備較佳，騎的馬匹比蒙古人的矮種馬高大，盔甲較厚，弓、矛、劍較粗。他們也紀律嚴明。[3]打贏阿音札魯特之役絕非僥倖：為保衛敘利亞，抵抗伊兒汗國的進攻，馬木魯克一連打了數場仗，直到一二八一年這場戰爭結束為止，且在一二九九、一三〇〇、一三〇三年又三次擊退來犯的蒙古軍。[4]

與伊兒汗國的戰爭開打時，馬木魯克已廢掉阿尤布王朝，自己掌權，以拜巴爾為其第一任蘇丹。[5]以馬木魯克勢力為基礎建立的這個政權，比前一個王朝更穩定。薩拉丁帶兵打仗一流，是穆斯林心目中的英雄，但他所組建的實體極為脆弱。那其實是以親族關係為基礎的公國聯盟，而非國家，它的軍隊效忠的對象並非該王朝。薩拉丁一死，他的軍隊就解體為數個相對立的民兵組織。相對的，馬木魯克管理一個真正的國家，有中央集權官僚組織和職業軍隊。事實上，軍隊就是國家，而這有利有弊。[6]馬木魯克未將國家分割，不像阿尤布王朝那樣將領土分封給親族或國王親信。在馬木魯克治下，敘利亞未立即脫離埃及，而在薩拉丁去世後，敘利亞就脫離自立。[7]

在埃及馬木魯克政權下，馬木魯克奴隸軍制得到進一步的強化。該制度成功的關鍵，在於該王朝能從中亞乾草原北邊、西北邊的拜占庭土地找到人，為奴隸軍注入新血。其中有些人本就是穆斯林，有些則是多神教徒，還有些是基督徒。要他們皈依伊斯蘭，乃是改變他們的效忠對象，使他們牢牢跟著新主子不可或缺的手段。另一個關鍵因素，乃是這些人被完全切斷與原生家庭、部落的聯繫。他們在未成年時接受訓練，因而有了新家庭，由蘇丹和馬木魯克兄弟合組的大家庭。[8]

在這制度的運作上，宦官也扮演關鍵角色。與中國或拜占庭帝國的宦官不同，穆斯林宦官幾乎全是生於穆斯林國度之外的外族。引用某觀察家的話說：「他（宦官）不是穆斯林所生，他也未生下穆斯林。」[9]與幾乎清一色是突厥裔或歐裔的馬木魯克不同，宦官可能是從努比亞或該帝國南邊其他地方找來的非洲黑人。他們與馬木魯克一樣被切斷與原生家庭的聯繫，因此全心效忠他們的主子。但失去生殖器官，使他們得以在教育年幼馬木魯克上發揮一大作用。年幼馬木魯克的挑選標準，除了力氣大、打仗驃悍，還有體態俊美，馬木魯克是個對女色有所限制的軍事兄弟會，較年長馬木魯克的同性追求始終是一大困擾，而宦官正可阻擋這方面的騷擾。[10]

馬木魯克能成為成功的政治建制，除了得歸因於他們受教育的方式，還因為他們的貴族身分身歿即止。他們不能把馬木魯克身分傳給下一代，他們的兒子會被打為一般老百姓，他們的孫子將完全不享有特權。此設計背後的考量不難理解：穆斯林不能是奴隸，凡是馬木魯克的小孩都天生是穆斯林。此外，馬木魯克的子弟在城市出生，成長過程中未經受過乾草原游牧生活的嚴苛考驗——在乾草原，體弱者早夭。馬木魯克的身分若可以世襲，將破壞挑選年幼馬木魯克時所嚴格遵循的能力選才標準。[11]

馬木魯克的衰敗

馬木魯克政治建制的設計裡，至少有兩個缺陷，使該建制隨著歲月推移而愈來愈衰弱。第一個缺陷是馬木魯克兄弟會內部沒有充分建制化的治理機制。從蘇丹以降有等級嚴明的指揮鏈，但蘇丹的挑選沒有明確的規則。事實上，存有兩個相對立的原則，一個是由現任蘇丹挑一個兒子繼承其位的王朝原則，一個是不同的馬木魯克派系在奪取權力時所據以達成共識的非世襲性原則。[12]後一原則的影響力較大，蘇丹往往是由領導各派系的高階埃米爾（emir）選出的傀儡。

馬木魯克國家結構裡的第二項重大缺陷，乃是缺乏號令天下的政治權威。馬木魯克問世之初是作為阿尤布王朝的軍事工具，但阿尤布王朝的末代蘇丹死後，馬木魯克篡位，接管國家。這產生某種反向委任

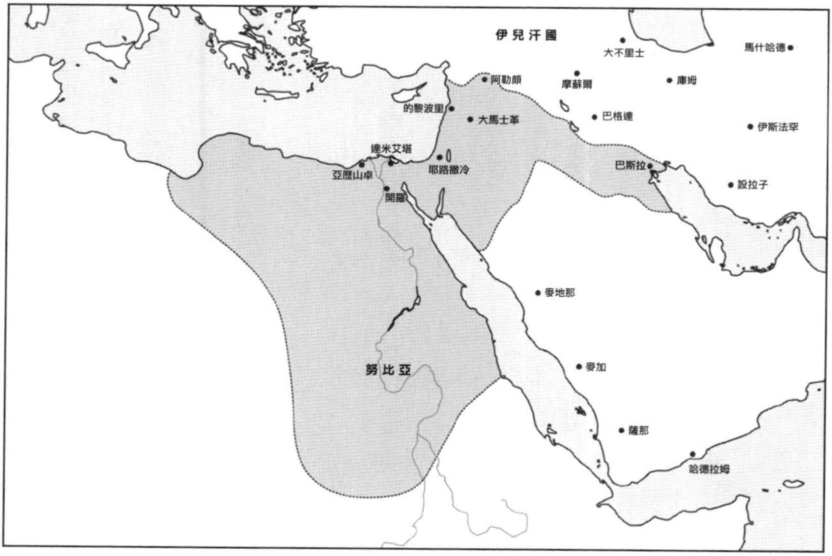

曼路克君王時期（1250-1392）

（reverse agency）問題。在大部分政治等級體系裡，委託人握有權威，將政策交予他們所指定的代理人執行。有許多治理上的弊病，來自代理人與委託人在該處理的重大問題上發生歧見，而制度設計上的問題，與鼓勵代理人照委託人意思行事有關。[13]

相對的，就馬木魯克來說，代理人就是委託人，他們既是為蘇丹效力的軍事等級體系的一環，也是蘇丹大位的角逐者。這意味著他們得善盡軍官的職責，同時又陰謀奪權，削弱敵對馬木魯克的勢力。這自然嚴重傷害紀律和等級體系，與當今由軍事執政團統治的開發中國家的情況沒有兩樣。一三九九年，蒙古人帖木兒入侵敘利亞，洗劫阿勒頗，此問題隨之惡化，馬木魯克忙於派系內鬥，無暇組軍防禦，於是退回開羅。他們也失去上埃及，使其落入當地部落之手，最後因為帖木兒得將注意力轉到新強權奧圖曼人所帶來的威脅上，他們才逃過一劫。[14]當時馬木魯克若受一文人政治權威管轄，一如在奧圖曼帝國所見，文官很可能會著手解決這問題。[15]

最終促成埃及馬木魯克國覆滅者，乃是反世襲原則的式微。隨著時日推移，世襲繼承制不只奉行於蘇丹家族，也受到有心自建王朝的其他馬木魯克奉行。貴族身分身歿即止的原則，一如中國不講私人關係的科考制，與人類的基本生物性要求相牴觸：每個馬木魯克都想保住自己家和後代的社會地位。有錢的馬木魯克發覺，藉由捐出土地、產業，供清真寺、經學院、醫院或其他信託機構利用，同時派自己後代掌管這些機構，可規避貴族身分身歿即止原則。[16]此外，馬木魯克雖沒有直系親屬，但發展出族群關係，作為團結基礎。蘇丹蓋拉溫（Qalawun）開始引進切爾卡西亞人（Circassian）和阿布哈茲人（Abkhaz）奴隸，而非引進欽察人，且將他們組成另一個團，布爾吉（Burji）團。切爾卡西亞這一系最終從欽察人手中奪下王朝統治權。[17]

到了十四世紀中葉，已可見到馬木魯克制度的嚴重敗壞。當時社會承平繁榮，而這樣的時代背景使馬木魯克紀律大壞。聖地巴勒斯坦的基督教勢力，這時已大部分消失，馬木魯克於一三二三年與蒙古人簽了和約。非馬木魯克出身的蘇丹納綏爾．穆罕默德（Nasir Muhammad）開始指派忠於他的非馬木魯克擔任軍事要職，肅清他懷疑有二心的能幹軍官。[18]

一三九〇年，蘇丹巴爾古哥（Barquq）在布爾吉系（即切爾卡西亞系）馬木魯克協助下掌權，恢復從外族招募軍隊新血的舊制，此政權隨之短期重現活力。但當後來的蘇丹利用來自多種國家專賣事業的資源，大幅擴增較年輕馬木魯克的招募員額，製造出世代裂痕，另一種問題隨之出現。較老一輩馬木魯克開始發展成軍事貴族階層，擊退來自較年輕新血的挑戰，且一如今日美國大學裡的終身職教授，牢牢占住他們在等級體系裡的位置。高階埃米爾的平均年齡開始上升，人員更替率明顯變慢，較老一輩貴族階層開始分化為不同氏族。馬木魯克開始提拔自己家人，透過奢華炫富確立自己的身分地位，女人開始在促進自己後代利益上扮演更吃重的角色。於是，原本為了在軍人招募上打破部落制的馬木魯克制，把自己重新部落化。[19]這些新部落不必然以親族關係為基礎，但它們反映了人類一種根深蒂固的傾向，即蔑視不講私人關係的社會制度，想方設法促進、保護後代、友人、侍從者的利益。

隨著時日推移，馬木魯克制從中央集權國家體制，退化為類似軍閥派系之尋租聯盟。較年輕一輩馬木魯克不再受到效忠蘇丹主子的義務束縛，而是照某史學家所說的，成為打起仗不可靠但造反性格強烈的利益團體：

有人根據在這王朝最後幾十年裡開羅所發生事件的每日紀錄編成編年史，而這些編年史提到君主不斷受迫付錢，以換取國內一丁點的平靜。（已故蘇丹）高里（Ghawri）即位那天……就發生他的馬木魯克新兵劫掠的事，這些新兵燒掉五名高階軍官的府邸，宣洩他們對自己薪水微薄、大埃米爾卻照常積聚巨額財富的怒火。[20]

使馬木魯克牢牢追隨較早期蘇丹的那些道德束縛，被純粹經濟性的考量取代。高階馬木魯克靠金錢買得新兵的效忠，接著，後者希望靠著他們向國家或向老百姓抽租的能力，得到他們的恩庇者回報。蘇丹只是平起平坐的一群人裡資歷較深者，有幾位蘇丹遭馬木魯克派系暗殺或拉下臺，較晚期的蘇丹個個都時時提防馬木魯克對他不利。

除了政治不穩定，此政權在十五世紀晚期還碰到財政危機。由於葡萄牙海軍稱霸印度洋，截斷香料貿易，蘇丹的收入於十四世紀末期開始減少，故轉而將稅率愈調愈高。這逼使經濟單元：農民、貿易商、工匠，想方設法隱藏資產和逃稅。負責收稅的文官私自降低稅率以收取回扣，結果是稅率提高，實際稅收卻未相應變多。於是馬木魯克政權將能找到的資產全部沒收，包括馬木魯克權貴名義上捐出來做公益，實際上是藏匿起來留給自己小孩的那些資產。[21]

國家成了黑幫

有些政治科學家把近代的歐洲國家比擬為黑幫，也就是國家統治者尋求利用他們在組織強制武力上的專長，從社會其他人身上抽取資源，即經濟學家所謂的租金（rent）。[22]還有些研究者以「掠奪性國家」來指稱較晚近的多個開發中國家政權，例如莫布杜．塞塞．塞科（Mobutu Sese Seko）統治下的薩伊或查爾斯．泰勒（Charles Taylor）統治下的賴比瑞亞。在掠奪性國家裡，掌權的菁英竭盡所能從社會大眾身上搜括資源，供自己個人使用。這些菁英之所以追求權力，主要是因為取得權力，就擁有獲致經濟租金的管道。[23]

毋庸置疑的，有些國家屬高度掠奪性，且所有國家都存有某種程度的掠奪性。但在理解政治發展時，有個重要疑問要釐清，即是否所有國家都追求將來自掠奪的租金最大化，或是否所有國家都因為其他考量，抽取的租金遠低於理論上所能抽得的最大值租金。此掠奪性、將租金最大化的國家行為模式，不必然是奧圖曼土耳其、中國明朝或十八世紀末大革命前之法國等成熟農業社會的特色，但它無疑是某些政治秩序（例如蒙古人之類部落游牧民所創建的征服政權）的精確寫照，而且它愈來愈成為馬木魯克政權晚期的特色。馬木魯克蘇丹施行的沒收性、專斷性課稅，明顯阻礙了長遠投資，誘使財產擁有者將個人資產投入生產價值極低的用途（例如捐獻土地、產業給社會公益事業）。這不禁令人思索，就在商業資本主義即將於義大利、荷蘭、英格蘭等其他地方迅速開展時，埃及初萌的商業資本主義，是否就因此遭到扼殺。[24]

另一方面，直到埃及馬木魯克政權的三百年統治期進入尾聲，稅賦才變得如此重，此事間接表明較早期蘇丹所加諸的稅率，低於其所能施加的最高稅率。換句話說，租金抽取的最大化，並非近代之前統治農業社會之國家必有的特色。根據阿拉伯人所採用的波斯治國理論，君主的職責之一乃是保護農民免遭地主和其他追求個人租金最大化的菁英之貪婪行為所傷害，維護正義和政治穩定。

因此，國家比較不像是定居的土匪，比較像是初萌公益的護衛者。馬木魯克國家最終被迫走上十足掠奪性之路，但那是內部、外部力量的一起壓迫所促成。

馬木魯克政權的政治衰敗和一五一七年遭奧圖曼人滅亡，可歸於諸多個原因。埃及於一三八八至一五一四年共遭受二十六年瘟疫。奧圖曼人崛起所造成的某些直接後果之一，乃是使馬木魯克愈來愈難招募到年幼的奴隸軍人，因為奧圖曼人直接盤踞在埃及與中亞的貿易路線上。最後，馬木魯克體制太僵化，無法順應時勢採用新軍事科技，特別是不願讓步兵使用火器。面臨歐洲敵人的奧圖曼人於一四二五年，即可能在歐洲人首度利用這新發明的百年之後，開始使用火器。[25]他們迅即掌握這種武器，而火炮是奧圖曼人在一四五三年攻陷君士坦丁堡的大功臣之一。相對的，馬木魯克直到甘素臥．高里（Qansuhal-Ghawri，西元一五一〇至一五一六年）蘇丹在位時，才開始認真摸索火器的使用，而這時距該政權被奧圖曼人滅掉已不遠。馬木魯克騎兵覺得使用火器有損他們的威嚴，而且該政權受制於缺乏鐵礦、銅礦可供開採。經過幾次失敗的測試後（其中一次測試十五門火炮，十五門全在點火後即爆炸），這個王朝終於部署了少許火炮，且招募新兵成立了一支配備滑膛槍、非馬木魯克體系的第五團。[26]但這些科技創新來得太遲，救不了這個國庫空虛、腐敗、受傳統束縛的政權。

創立伯海里團的那位阿尤布王朝蘇丹，想解決的問題和早期中國的國家建造者所欲解決的一模一樣：如何在部落性質濃厚的社會裡，創建一支忠於國家（以統治者為其代表的國家），而非忠於軍人所屬部落的軍隊。他藉由買進年幼的外族人，打破他們對原生家庭的效忠來達到這目的。他們進入馬木魯克奴隸家庭之後，就看個人的事功來決定他們在馬木魯克等級體系裡的升遷，每年都會招募新血充實這支奴隸軍，新進者視個人能力定升遷。以此為基礎建立的軍事機器，戰力驚人。它經歷與蒙古人長達兩個世代的戰爭，將十字軍趕出聖地巴勒斯坦，擊退進犯埃及的帖木兒。誠如伊本·赫勒敦所說的，馬木魯克在伊斯蘭可能遭邊緣化的歷史關頭拯救了伊斯蘭。

另一方面，馬木魯克制度的設計含藏了使它垮臺的因子。馬木魯克直接掌權，而非繼續當國家的代理人。沒有首領來約束他們，每個馬木魯克都能把當上蘇丹當作目標，都能花時間在圖謀奪權上。傳襲原則早早就在最高階領導階層裡重新扎根，不久就擴散到整個馬木魯克上層，後者變成無法撼動的世襲貴族菁英。與此同時，菁英階層未擁有牢固的產權，花許多心力在想如何保住自己的收入，免落入蘇丹之手，以便交給下一代。在布爾吉系馬木魯克政權時期，此菁英階層沿著年齡斷層線分裂，蘇丹引進較年輕的馬木魯克新血，注入較年長馬木魯克的家產制網絡裡。原將年幼馬木魯克與國家牢牢綁在一塊的訓練，讓位給菁英階層內部各派系徹底的尋租行為，菁英階層利用手上的強制性權力，從老百姓和菁英階層裡的其他成員身上抽取資源。馬木魯克菁英階層專注於內部這些權力鬥爭，因而必然得採取極審慎的外交政策。所幸自十五世紀初帖木兒入侵後，它直到奧圖曼人、葡萄牙人於該世紀末出現，才遭遇強大的外來威脅。但由於瘟疫導致人口減少，以及失去對外貿易，它的資源正逐漸減少。缺乏外來威脅，也使軍事現代化失去誘因。因此，西元一五一七年，馬木魯克敗於改良了奴隸軍制、組織成更強大國家之奧圖曼人之手，乃是多種因素所促成。

注釋

1 引自 Lewis, *Islam from the Prophet Muhammad to the Capture of Constantinople*, pp. 97–98.《歷史緒論》技術上而言只是如今乏人問津的巨作之序言。

2 Ayalon, *Outsiders in the Lands of Islam*, p. 328.

3 Reuven Amitai-Preiss, *Mongo lsand Mamluks: The Mamluk-Ilkhanid War: 1260–1281* (New York: Cambridge University Press, 1995), pp. 215–16.

4 同前注，頁三二八。

5 參見 Linda S. Northrup, "The Bahri Mamluk Sultanate, 1250–1390," in Carl F. Petry, ed., *The Cambridge History of Egypt, Vol. 1: Islamic Egypt*, 640–1517 (New York: Cambridge University Press, 1998).

6 R. Stephen Humphreys, "The Emergence of the Mamluk Army," *Studia Islamica* 45 (1977): 67–99.

7 Peter M. Holt, "The Position and Power of the Mamluk Sultan," *Bulletin of the School of Oriental and African Studies* 38, no. 2 (1975): 237–49; Northrup, "Bahri Mamluk Sultanate," p. 263.

8 Ayalon, *Outsiders in the Land of Islam*, p. 328.

9 同前注，頁六九。

10 同前注，頁七二。

11 同前注，頁三二八。Northrup, "Bahri Mamluk Sultanate," pp. 256–57，他表示單代原則從未在任何地方明確提出。

12 Amalia Levanoni, "The Mamluk Conception of the Sultanate," *International Journal of Middle East Studies* 26, no. 3 (1994): 373–92.

13 參見 Fukuyama, *State-Building*, chap. 2.

14 Jean-Claude Garcin, "The Regime of the Circassian Mamluks," in Petry, *Cambridge History of Egypt*, p. 292.

15 在此問題的當代版中，世界銀行勸開發中國家將決策者與服務的提供者分開。服務提供者成為道地的代理人，可因為表現不力受到決策者懲治。參見 World Bank, *World Development Report 2004: Making Services Work for Poor People* (Washington, D.C.: World Bank, 2004), pp. 46–61.

16 Northrup, "Bahri Mamluk Sultanate," p. 257.

17 同前注，頁二五八至二五九。

18 同前注，頁二六一至二六二。

19 Garcin, "The Regime of the Circassian Mamluks," p. 290.

20 Carl F. Petry, "The Military Institution and Innovation in the Late Mamluk Period," in Petry, *Cambridge History of Egypt*, p. 468.

21 同前注，頁四七〇至四七三。

22 Tilly, "War Making and State Making as Organized Crime," in Evans et al., eds.

23 Peter B. Evans, "Predatory, Developmental, and Other Apparatuses: A Comparative Analysis of the Third World State," *Sociological Forum* 4, no. 4 (1989): 561–82.

24 參見 Petry, "The Military Institution and Innovation," p. 478.

25 David Ayalon, *Gunpowder and Firearms in the Mamluk Kingdom: A Challenge to a Mediaeval Society* (London: Vallentine Mitchell, 1956), p. 98.

26 Petry, "The Military Institution and Innovation," pp.479–80; Ayalon, *Gunpowder and Firearms*, pp. 101–105.

第十五章 奧圖曼國的運作與衰落

奧圖曼人如何以歐洲君主所不解的方式集中權力；奧圖曼人如何改良了奴隸軍制；這個土耳其國的不穩定和其對不斷往外擴張的倚賴；奧圖曼體制衰敗的原因；走上死胡同的奴隸軍制。

馬基維利（Niccolò Machiavelli）論政治的名著《君王論》（*The Prince*），寫於一五一三年。當時奧圖曼正達國力的最高峰，就要征服匈牙利，首度進攻哈布斯堡帝國的都城維也納。在該書第四章，馬基維利寫下觀察心得：

當今之世，可以拿土耳其人和法蘭西國王為例說明這兩種政體。整個土耳其君主國由一位君主統治，其他人都是他的僕人。他將其國王分割為數個桑賈克（sanjak，相當於省），指派官員分別治理，他想換掉他們就換，全憑他高興。但法國國王置身於自古即有的眾多領主之中，

> 那些領主在法國受到子民的承認和愛戴：他們享有特權，國王若拿掉那些特權，必會危害到自己。因此，凡是思考過這兩個國家的差異者，都會覺得要拿下這個土耳其國不容易，但一旦予以征服，將很容易就可保住。相對的，在某些方面會覺得要拿下法蘭西國較容易，但要保住會很難。[1]

馬基維利捕捉到奧圖曼國的本質：十六世紀初，它中央集權的程度和治理上不講私人關係的程度都遠高於法國，就這點來說，它比法國更現代。同世紀更晚時，法國君主會攻擊有地貴族的特權，試圖藉此創建中央集權程度相仿、一條鞭治理的政權。一如奧圖曼人派貝伊（bey，省長）治理各桑賈克，法國國王從中央派省督（intendant）治理各省，取代地方的家產制菁英。

奧圖曼國用的是不同的建制，建立在德夫什梅制和奴隸軍制上。但奧圖曼人成功創建出強大、穩定、足以與當時歐洲任何強權相抗衡的國家，帝國版圖比阿拉伯哈里發或蘇丹所創建的任何帝國都要遼闊。奧圖曼社會將強大的中央集權國家，與國家之外、相對較弱、未經組織的社會單元結合在一塊，在這點上，奧圖曼社會類似同時代的中國明朝（但其政治權力受到法律限制，在這點上又不同於中國）。奧圖曼國的建制古怪地混合了現代與家產制元素，而當家產制元素以現代元素為犧牲品而根深蒂固時，該國衰敗了。奧圖曼人改良了馬木魯克的奴隸軍制，但他們最終也敗在菁英想將地位、資源傳給自己下一代的人類天性。

身歿即止的貴族

馬基維利筆下的行政制度：土耳其君主可指派官員治理各省，並可隨意予以撤換，源起於奧圖曼國是個較晚才誕生、未承繼古代建制，可從頭創立新建制的征服王朝之事實。十三世紀蒙古人的西征，把一連串土庫曼人趕離中亞、中東，趕進安納托利亞西部的一個邊疆地區。那地區夾處在西邊的拜占庭帝國和東邊的塞爾柱（Seljuk）王朝之間（西元一二四三年起，塞爾柱王朝成為蒙古伊兒汗國的附庸國）。這些邊疆部落組織起來，對拜占庭帝國發動名叫加札（gaza）的襲掠式戰爭。從事這類戰爭的戰士，人稱加齊（gazi）。其中一位加齊領袖，名叫奧斯曼（Osman），一三〇二年在巴弗斯（Baphaeon）擊敗拜占庭軍隊，一戰成名，地位一舉高於其他的邊疆地區領主，後者隨之群集到他麾下。因此，奧斯曼王朝（即奧圖曼王朝）一開始是個猝然崛起的邊疆國家，且隨著它往東、往西攻占更多土地，它可從周邊屹立已久的國家借用典章制度。[2]

奧圖曼人於十五世紀發展出的分省治理制度，建立在名叫席帕希（sipahi）的騎兵和他所獲賜的封地「蒂馬爾」（timar，為馬梳毛）的基礎上。最小塊的蒂馬爾包含一個村或數個村，村子的稅收足夠供養一名配馬匹、裝備的騎士。較大塊的封地，名叫札米特（zeamet），賜給名叫札姆（zaim）的中階軍官，高階軍官則獲賜名叫哈斯（has）的莊園。每個席帕希或札姆都住在自己的領地上，以實物方式向當地農民收稅，通常是每名農民每年一車的木頭、秣和半車的乾草。拜占庭人施行這套制度，奧圖曼人跟著採用。一如歐洲境內的莊園主，蒂馬爾領主提供保安、司法之類的地方政府職能。將農民上繳的實物轉換為現金，利用那筆現金添置自身裝備，在征戰季到來前及時趕赴前線，乃是席帕希的職責。大莊園的領主得另外供養一名騎兵，還有數名馬伕、裝備。這整套制度名叫迪爾利克（dirlik），其字面意思「生計」正點出其功用：在一個只有局部貨幣化的經濟裡，蘇丹不必增加稅收支付軍隊開銷，就能養活軍隊。[3]

省級政府以桑賈克為中心組織起來，桑賈克是面積廣達數千平方英里的一塊地區，人口可能有十萬。新攻下的領土都組建成桑賈克，且受到詳細的土地丈量，由此建立的土地清冊，詳列每個村的人力、經濟資源。這些丈量的目的，在於建立稅基，分割土地，以便作為蒂馬爾分封出去。最初，運用於各省的規定，因各省的情況而有異，但隨著時日推移，疆土迅速擴增，開始施行較一致的一套法律、規定。[4]擔任桑賈克行政首長的桑賈克貝伊（sanjakbey），並非招募自當地，而是由位於伊斯坦堡的中央政府指派，且類似中國古代的地方行政首長，一任三年，任滿調任新職。[5]桑賈克貝伊是統率所轄地區的騎士作戰的軍官。[6]比桑賈克更高一級的行政區叫做貝拉貝利克（beylerbeyilik），構成帝國各主要地區。

迪爾利克制與歐洲封建制度間最重要的差別，誠如馬基維利所認知到，乃是土耳其的封地不能轉為世襲財產，不能贈與席帕希的後代，與歐洲的采邑不同。奧圖曼帝國內的土地，大部分是在不久前由一猝然興起的王朝所奪得，因此絕大部分土地（西元一五二八年時約百分之八十七）仍屬國有，雖賜予蒂馬爾領主，但領主一死，封地就得收回。領得蒂馬爾者，得服兵役作為回報，若未盡此義務，蒂馬爾可能遭收回，但只有蘇丹本人能予以收回。大莊園領主不能像在歐洲那樣把所持有土地再分封下去。席帕希年紀太大而無法服役或身故時，其土地由國家收回，轉賜給新騎士。事實上，席帕希這身分不可繼承，軍人的小孩得回復平民身分。[7]相對的，為蒂馬爾、札米特領主耕種田地的農民，對其所耕土地只享有用益權，但與他們的領主不同，他們可將這些權利傳給自己下一代。[8]因此，奧圖曼國創造了身歿即止的貴族階層，杜絕了擁有資源基礎和世襲特權的強大有地貴族階層的出現。[9]

奧圖曼帝國未出現有自己根據地的貴族，還出於其他現實因素。奧圖曼人不斷在征戰，每個騎士都得在夏季幾個月期間向中央報到以履行義務。因此，地方領主每年都有幾個月不在自己領地上，從而解除了農民的某些負擔，削弱了席帕希與其領地間的連結。有時騎士得在冬天時住在他處，而非自己的蒂馬爾上。留在家裡的騎士家眷只能自己照料自己，而騎士往往善用羈旅在外所提供的機會討新老婆。這一切都有助於打破貴族與

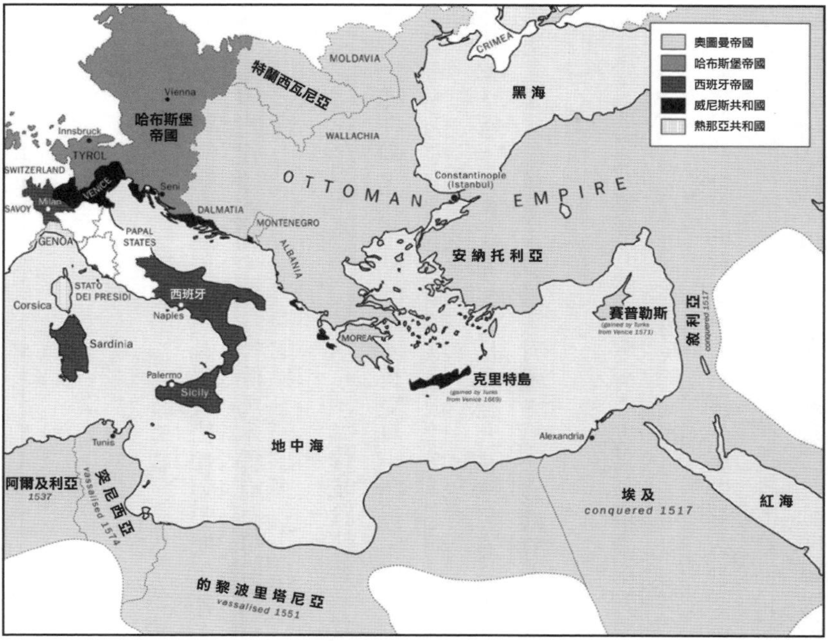

一五〇〇年代的奧圖曼帝國

土地之間的連結——在歐洲發展過程裡非常重要的一項連結。[10]

改良的奴隸軍制

迪爾利克制倚賴奴隸軍制，沒有奴隸軍制，它不可能順利運作。奧圖曼人倚賴阿巴斯王朝、馬木魯克所創建的奴隸軍制和其他土耳其統治者所運用的奴隸軍制，但拿掉使馬木魯克制度弊病叢生的許多特色。

最重要者，乃是這時候文職、軍職權威之間有了分明的區隔，且後者完全聽命於前者。奴隸軍最初是作為蘇丹王室的衍生物自然發展出來，一如在阿尤布王朝的馬木魯克身上所見。但與阿尤布王朝不同，奧圖曼統治王朝在帝國走到更晚期時，仍牢牢掌控這個奴隸等級體系。王朝原則只運用於奧圖曼統治家族內，任何奴隸，不管官階多高、多有才幹，都別想成為蘇丹或奢望在這個軍事建制裡建立自己的小王朝。因此，文職權威能針對軍人的招募、訓練、升遷，設下以建立有效的軍事、行政管理建制為重點的明確規則，不必時時擔心會遭建制奪權。

這種防杜軍中形成王朝的作為，促成有關孩子與財產繼承的嚴格規定，土耳其禁衛軍的兒子不得成為禁衛軍，甚至在帝國初期，禁衛軍不得結婚成家。蘇丹直轄精銳騎兵的兒子可以用實習騎兵的身分進入青年騎兵（sipahi-oghlan）團，但嚴格禁止他們的孫子進入該團。奧圖曼人似乎從一開始就認定，奴隸軍制的存在意在防止尾大不掉的世襲菁英階層出現。奴隸體系裡的新血招募和升遷，都以能力和服務績效為標準，表現好的奴隸即用免稅、賜予土地予以獎勵。[11]神聖羅馬帝國皇帝查理五世派駐蘇萊曼大帝（Suleiman the Magnificent）朝廷的大使布斯貝克（Ogier Ghiselin de Busbecq）指出，名門貴族付諸闕如，使蘇丹得以根據能力挑選奴隸，決定他們的升遷。「這位出人頭地，成為著名大維齊爾的牧羊人，始終令歐洲觀察家大感興趣。」[12]

奧圖曼人維持阿斯克里（askeri）和拉亞（reaya）這兩種人的嚴格區隔，藉此改善了馬木魯克制度。阿斯克里指的是被招募進統治階層、不具穆斯林身分的奴隸，拉亞則是包括穆斯林公民和非穆斯林公民的帝國內其他人民。拉亞的成員可成家，可擁有財產，可遺贈財產和土地權給下一代和此後所有後代。拉亞成員也可組成以宗教屬性為基礎的半自治、自我管理社群，即所謂的米利特（millet）。但凡是拉亞成員，都無望成為統治菁英的一員，無望攜帶武器，無望當軍人或奧圖曼政府官員。阿斯克里的核心班子得每年補充新血，即從基督教族群裡招募來，已切斷和原生家庭的聯繫且效忠於奧圖曼國的新人。阿斯克里裡沒有同業公會、派系或自我管理的協會，他們被認定只能效忠於統治王朝。[13]

作為治理建制的奧圖曼國

證據顯示，在奧圖曼帝國國勢最盛時，奧圖曼人未致力於以最大可能的稅率抽稅，反倒把自己的角色界定為維持某種基本程度的稅率，同時保護農民，使其免遭比較可能像黑幫行事的其他菁英橫徵暴斂。我們知道此事，乃是因為在奧圖曼帝國更晚期，蘇丹因財政困窘，將稅率調高到更沉重的水準。

但奧圖曼國承繼自更早的中東地區政權，其治國理論把節制課稅視為施政要旨。曾有人引述波斯統治者庫思老一世（Chosroes I）的話說：「有了正義和節制，人民生產會提升，稅收會增加，國家會富強。公正是強大國家的基礎。」[14]在這段話裡，「公正」一詞指的是稅率上有節制。[15]我們或許可把這視為拉弗曲線（Laffer curve，雷根當政時成為家喻戶曉之名詞）在中東的早期翻版。根據拉弗曲線，較低的稅率賦予個人較強的生產誘因，從而創造較高的總稅收。同樣的看法出現於一些早期土耳其學者的著作裡，[16]且寫進以八項主張為中心建構起來的所謂公平圓（circle of equity）裡：

一、沒有軍隊就不可能有國王權威。
二、沒有財富，就不可能有軍隊。
三、拉亞製造財富。
四、蘇丹使正義當道，藉此維繫住拉亞。
五、正義有賴於世界和諧。
六、世界是個花園，其圍牆是國家。
七、國家的支柱是宗教法。
八、沒有國王權威，宗教法就失去支撐。

這些主張通常首尾相連寫成一個圓，第八個接回第一個，表明宗教正當性（第八點）乃是支持國王權威（第一點）所必需。[17]就軍力、經濟資源、正義（包括稅率）、宗教正當性四者間的關係來說，這是特別簡明扼要的一項陳述。它顯示土耳其統治者不追求經濟租金的最大化，而把透過權力、資源、正當性三者間的平衡將整體力量最大化，當作個人目標。[18]

奧圖曼體制有個大罩門，使它可能比同時代的歐洲君主國更不穩定，那就是缺乏穩固的長嗣繼承制或決定王位繼承的其他程序。根據古老的中東傳統，統治家族裡的王位繼承操在真主手裡，建立王位繼承規則，乃違背真主旨意的事。[19]在王位繼承期間，各候選人都需要禁衛軍、朝廷官員、烏里瑪（ulama，宗教官僚組織）、行政機構的支持。蘇丹的兒子於青春期時外派到省，歷練省長經驗，並帶著私人教師上任，在最靠近京城的省當省長，較利於爭取禁衛軍和朝廷的支持。這導致蘇丹死後，兒子間隨即爆發內戰的事屢屢出現，偶爾還有兒子在父王仍在世時就先發制人奪權。在這些情況下，即位後殺兄弟幾乎是必然的事。穆罕默德三世（Mehmed III，西元一五九五至一六〇三年）奪得大位時，在宮中處死他的十九個兄弟。他不再將兒子外派到諸省歷練，改將他們關在宮中的特殊區域，使他們形同囚犯。[20]或許會有人說，此制度是為了確保最終由最狠、最殘酷的兒子出線，成為新蘇丹。但缺乏建制化的王位繼承程序，也製造出極大的弊病，使帝國在陷入王位繼承鬥爭時難以抵禦外來威脅，使這體制內原本應該只是蘇丹代理人角色的禁衛軍等單位，取得過大的影響力。

奧圖曼帝國混亂的王位繼承辦法，引來一個疑問：他們的整個體制究竟如何建制化。一如中國的情形，馬克斯・韋伯把奧圖曼體制界定為家產制的，而非現代的。如果將「家產制」界定為所有政府官員都來自統治家族，官員去留看統治者的高興，這樣的說法就成立。顯而易見的，奧圖曼體制就是如此。政府的雇員幾乎全具有奴隸的正式身分，表明蘇丹對官僚組織具有任意予奪的控制。與中國皇帝類似，他可隨意處死從大維齊爾以下的任何官員。蘇丹有權隨意改變重要的建制性規則，例如蘇萊曼大帝決定放寬禁衛軍結婚成家的規定。

另一方面，不管理論上蘇丹有哪些權力，他所一手掌控的體制，在決策方式上，受到規定的高度約束且可預測。首先，奧圖曼蘇丹在理論上和現實上都受沙里亞（sharia，伊斯蘭教法）約束。類似中世紀的基督教君主國，蘇丹正式承認真主和真主之法律的至高無上權威，他的權力完全是透過授權而取得。伊斯蘭教法的守護者是地位崇高且規模龐大的建制「烏里瑪」，也就是解釋法律、管理宗教法院體系的學者，而宗教法院的管轄範圍涵蓋家庭、婚姻、財產繼承，其他許多有關個人身分的事務。蘇丹不敢干涉此層級的日常法律執行。私人產權和國家土地的用益權，受到類似的保護（見第十九章）。就連亂無章法的王位繼承鬥爭，從某個方面而言，都受到伊斯蘭教法的規定：禁止以長嗣繼承制為王位繼承原則。

此外，由於需要授權任事，此體制變得愈來愈受規則約束。顯而易見的，所有專制統治者都得將權力、權威授與代理人，而代理人靠著自己的專才和能力，漸漸行使起自己的權威。當一個人得統治像奧圖曼帝國那樣遼闊、多元、複雜的疆土時，尤其如此。

耐人尋味的是，德夫什梅制和奴隸軍制是奧圖曼體制最具現代性的特色之一。從功能上來講，它達到了和中國官僚組織科考取才一樣的目的：以不講私人關係的方式為國家體系徵才的來源，確保國家可源源不斷取得忠於國家、不受家庭與親屬關係束縛的人才，且它以無情作風，只挑最勝任者出任高階領導位置。它只准外族以此方式進入國家體系，就此而言，它不如中國的制度來得理性。另一方面，此限制的用意，在於使國家不必倚賴會與家庭或地域有牢固連結的地方菁英，藉此防止體制走上家產制。[21]

此體制的現代性程度，也可從行政法和行政程序在帝國全境的一體適用程度看出。中國人早早就創造出驚人一致、在通用規則外只准相對較少例外的行政體制，從而在這方面立下了最高標竿。奧圖曼體制則容許較多元的存在。帝國的中心區，即巴爾幹和安納托利亞，根據一套在土地保有權、課稅、司法等方面相當一致的規則來治理。儘管奧圖曼人強迫其奴隸軍皈依伊斯蘭，他們並未致力於將自己的社會制度強加在各省的治理上。希臘與亞美尼亞的基督徒，還有猶太人，未擁有和穆斯林拉亞一樣的法定權利，卻在米利特制度下享有某種程度的自治。這些社群的宗教領袖負責財政事務、教育、法律執行（特別是與家庭法、個人身分地位有關的法律執行問題）。[22]離帝國中央愈遠的省，其體制就偏離核心愈多。一五一七年擊敗馬木魯克之後，中東的重要區域，包括埃及、敘利亞、希賈茲（Hejaz，今沙烏地阿拉伯西部的紅海沿岸地區），都併入奧圖曼帝國。馬木魯克獲准保有其奴隸軍制度，同時承認奧圖曼人對他們的統治權。希賈茲一地得以根據自成一格的特殊規則來治理，因為該地坐落了麥加、麥地那這兩個穆斯林聖城，而奧圖曼人這時是這兩座聖城的守護者。

再度走上家產制和陷入衰敗

奧圖曼體制的衰敗，肇因於內、外因素。外部因素與帝國疆域有關，也與十六世紀晚期、十七世紀初期不只影響土耳其人領土，且影響當時所有大型農業帝國的人口、環境上的改變有關。內部因素與奴隸軍制瓦解和禁衛軍從國家權力工具轉變為難以撼動的利益團體有關。

如前面已提過的，奧圖曼體制以征服王朝為開端，以不斷擴張領土作為取得稅收，取得新蒂馬爾所需土地的管道之一。到了一五二〇年代末期，奧圖曼人已在相隔將近三千公里的兩大戰線上兩面作戰：一是與東歐的奧地利人，一是與薩法維（Safavids）王朝統治下重振國力的波斯帝國。奧圖曼人能動員極大比例的帝國人力，但無法一整年都讓軍隊在外征戰。他們的確發展出就當時技術水準來說很先進的後勤體系，但仍得等到春季降臨才集結軍隊，且軍隊得行軍數百哩才能抵達前線。奧圖曼人第一次攻打維也納失敗，乃是因為軍隊直到一五二九年九月二十七日才抵達維也納城的外圍，攻城行動不到三星期就得中止，以讓部隊能在冬季降臨前返國與家人團聚。與波斯帝國的戰線，也存有類似的限制。[23]

奧圖曼人的因應之道，乃是在匈牙利全年駐軍，改良他們在地中海作戰的海軍。他們繼續攻城掠地（例如攻占賽普勒斯島、克里特島），直到進入十七世紀許久之後。但到了十六世紀中葉，輕鬆攻占土地的日子已不再，對外的武裝掠奪，不再是該政權獲取經濟租金的理想來源。這影響了內部治理，因為從此之後在資源的抽取上，來自帝國核心區域所占的比重，將得高於來自邊疆地區者。而且由於無法在基督教地區開拓新疆土，靠德夫什梅制取得的新奴隸變少。

另一個重要的外部因素，乃是物價的長期飛漲和人口的增加，而這兩個現象彼此相關。從一四八九至一六一六年，安納托利亞地區的穀物價格上漲了三倍。許多學者將物價上漲歸因於來自西班牙美洲殖民地的金、銀流入奧圖曼帝國，但誠如葛斯通（Jack Goldstone）所主張的，有充分的理由認為奧圖曼帝國的通貨膨脹並非出於貨幣因素。幾無證據證明有新的金銀塊流入奧圖曼帝國，事實上，由於白銀短缺，政府不得不一再將其貨幣貶值。其實，通貨膨脹的推手，乃是人口快速成長所造成的需求增加。在小亞細亞，從一五二〇至一五八〇年，人口成長了五至七成，光是伊斯坦堡一地，一五二〇至一六〇〇年間，就從十萬人增加為七十萬人。此人口成長現象，也見於中國、歐洲，其原因並不清楚。十五世紀時使整個歐亞大陸人口銳減的幾波瘟疫終於退去，肯定是原因之一，葛斯通主張，瘟疫的退去又有可能和人類對疾病的免疫能力提高，以及氣候改變有關。[24]

這些改變為奧圖曼的諸多建制帶來劇烈衝擊。通貨膨脹使蒂馬爾土地保有制愈來愈難以運行。擁有蒂馬爾的騎兵靠土地過活，但他們在土地、軍事裝備方面的開銷得用到錢，而且他們愈來愈無法支應這些開銷。其中許多人不願再出征，其他人放棄領地，開始組成匪幫，劫掠鄉間的農民、地主。以城市為基地的禁衛軍團，獲准從事工匠、商人這些平民行業以打平支出，從而打破阿斯克里、拉亞兩種人之間原本涇渭分明的界線。還有些禁衛軍成員弄到財政官員職務，得以在蒂馬爾登錄作業時動手腳圖利自己，把土地賜給自己，乃至賜給賄賂他們的拉亞。[25]

十六世紀晚期時，中央政府也碰到財政危機。火器的引入，使原是十五世紀奧圖曼軍隊主力的騎兵變得落伍。國家得迅速擴編步兵，同時裁減騎兵，一五二七至一六〇九年禁衛軍兵力由五千增加為三萬八千，再到一六六九年的六萬七千五百。此外，這政權開始招募名叫塞克班（sekban）的無地農民入伍，當短期滑膛槍兵。[26]與自己養活自己的舊式騎兵部隊不同，這些新設的步兵部隊得裝配現代武器，得給付現金薪餉。在整個經濟體內，現金漸漸成為交易的基礎，把稅收從上繳的實物轉為現金，成為政府的當務之急。步兵人數增加，騎兵人數則相應減少，遭棄置的蒂馬爾這時改闢為出租地，轉交給民間私人企業家。使招募自阿斯克里以外的稅款包收人得以收到現金稅。隨著政權開始拚命尋覓財源，對剝削農民的限制放鬆。[27]

鑑於財務上的捉襟見肘，管理奴隸軍制的內部規則變成形同具文，或許也就不可避免。在馬木魯克的例子裡，我們看到用來防止奴隸軍將自己的身分、資源傳給下一代的規則極難落實，因為和人性的某些真實面相牴觸。奧圖曼人的原始制度更為嚴苛，要禁衛軍軍人終身不娶。禁衛軍內部一直有人要求放寬這些規定。隨著政權的財政壓力愈來愈大，終於成真。這過程始於塞利姆一世（Selim the Grim，西元一五一二至一五二〇年）和蘇萊曼大帝（西元一五二〇至一五六六年）在位期間，禁衛軍首度獲准娶妻成家，接著禁衛軍要求朝廷准許他們的兒子從軍。這在塞利姆二世（Selim II，西元一五六六至一五七四年）在位期間實現，確立了禁衛軍軍人兒子從軍的配額。蘇丹穆拉德四世（Murad IV）於一六三八年正式廢除德夫什梅招募制度，而這正證實了禁衛軍以自家子弟填補空額的現實狀況。事實上，這時已有一些拉亞獲准成為軍人。[28]升遷愈來愈根據在國家體制裡的個人關係，而非根據規則。原只存在於較高層宮廷政治的家產制，這時散播到整個體制。[29]

和布爾吉系馬木魯克類似，隨著禁衛軍開始埋頭追求自己和家人的福祉，將他們與蘇丹拴在一起的道德連結遭到削弱，他們的作為開始和其他自私的利益團體沒什麼兩樣。紀律瓦解，禁衛軍開始常常為了欠薪在首都暴動，或抗議政府以貶了值的貨幣支付薪餉。和馬木魯克類似，他們發展出與民間經濟的關係，取得貿易或商業利益，或從他們所掌控的遭棄置蒂馬爾抽取租金。[30]

有人認為奧圖曼人從十七世紀初期起就陷入不可避免的衰落，但有許多史學家反對此說。事實上，這政權又存續了三百年，直到一九〇八年青年土耳其運動興起為止。奧圖曼人展現出人意表的活力，例如十七世紀下半葉柯普律呂家族（Kōprülüs）擔任大維齊爾期間。在這期間，帝國核心諸省的秩序得到穩固的恢復，在地中海地區的擴張重新展開，征服了克里特島，且在一六八三年再一次進攻維也納（再次鎩羽而歸）。[31]但這場復興本身是往倒退方向走。波斯什葉派薩法維王朝的興起，促成一場帶有強烈遜尼派、什葉派對抗意味的長期較量，促使奧圖曼政權將遜尼派教義推行於帝國全境，從而使它自絕於外界的新觀念。奧圖曼人發覺自己愈來愈跟不上鄰近歐洲諸帝國在技術、組織上的創新，且把土地陸續割讓給他們。儘管如此，土耳其仍在加利波里（Gallipoli）擊敗英國人，且直到進入二十世紀為止，一直是歐洲國際政治舞臺上的大國。

奧圖曼遺產

奧圖曼政權曾是穆斯林世界所出現過最成功的政權。他們能以他們所創立的建制為基礎，以該地區前所未見的規模集中權力。他們以出奇短暫的時間完成從部落級社會到國家級社會的轉變，接著發展出具有幾個明顯現代特色的國家建制。他們建立一中央集權的官僚組織和軍隊，且這官僚組織和軍隊雖透過狹窄的外族管道來招募人才，卻根據不講私人關係的能力標準來挑選、晉升人員。這套制度能克服中東社會的部落組織所加諸的限制。

此外，奧圖曼人創建了一個可讓他們從中央掌控的分省治理制度。透過這制度，他們能強制施行一套界定日常經濟運作且相對較一致的規則，使龐大帝國全境保持和平。奧圖曼人從未像在歐洲封建制度下那樣，允許有地方根據地、會裂解政治權力的世襲貴族出現。因此，蘇丹從不需要像近代歐洲君主那樣，要求從貴族手中收回權力。十五世紀奧圖曼的建制，遠比同時代歐洲許多政治實體的建制還要先進。

就集權和支配所轄社會的能力來說，國勢巔峰時期的奧圖曼帝國，比較接近中華帝國，而與當時的歐洲國家或印度次大陸上創建的任何本土印度國家較無共通點。一如在中國所見，組織完善而不受國家左右的社會團體相對較少。誠如馬基維利所指出的，奧圖曼帝國裡沒有淵源久遠的世襲貴族；沒有具有自己的特許狀、民兵組織、法律體系的獨立商業城市。與印度不同的，則是村民未被根據古老的宗教性社會規則組織起來。

奧圖曼帝國與比它更早出現的諸阿拉伯國家，與中國的不同之處，在於存在一個不受國家左右（至少在理論上不受國家左右）的宗教性立法機構。此機構對國家權力集中的限制程度，最終將取決於宗教權威本身建制化的程度（第二十一章探討法治的起源時，我會再談這主題）。

從全球政治發展的角度來看，位於奧圖曼權力核心的奴隸軍制，最後走進死胡同。此制度的問世，和中國的發明科考取仕制度出於同樣的考量。如今，現代歐洲、亞洲官僚組織的取才，以及美國的ＳＡＴ（學術能力測試）或法國的baccalauréate（中學畢業會考）之類的基本能力測試，仍施行與中國科考一樣功能的制度。相對的，奴隸軍制度從全球政治上消失得無影無蹤。在穆斯林世界之外，從未有人認為將外族納為奴隸並提拔他們出任政府高職，是正當合理的事。問題不在奴隸制本身，如大家都曉得的，奴隸制在西方曾長期被視為正當，直到進入十九世紀許久以後才遭禁。歐洲人或美國人所從未有的念頭，乃是讓奴隸當上政府高官。

奴隸軍制是奧圖曼人得以在十四至十六世紀迅速稱雄的基本憑藉，但這制度受到內部矛盾的影響，無法捱過該帝國於十六世紀晚期所遭遇的內部變動衝擊。奧圖曼人從未發展出能長期維持生產力成長的本土資本主義，因此靠粗放式經濟成長來取得財政資源。經濟上、外交上的失策彼此相互激盪，從而使奧圖曼人的本土建制無法持續運行。奧圖曼帝國能存續到二十世紀，乃是因為有心改革的蘇丹和「青年土耳其」採用了西方的建制。但這麼做最終仍不足以保住奧圖曼政權，繼它而起的土耳其共和國，建立在截然不同的建制性原則上。

注釋

1 Niccolò Machiavelli, *The Prince*, trans. Harvey C. Mansfield (Chicago: University of Chicago Press, 1985), pp. 17–18. 編注：中文版《君主論》（或《君王論》）由多個出版社出版。

2 關於早期的奧圖曼歷史，參見 Inalcik, *The Ottoman Empire*, pp. 5–8.

3 同前注，頁一〇七；I. Metin Kunt, *The Sultan's Servants: The Transformation of Ottoman Provincial Government, 1550–1650* (New York: Columbia University Press, 1983), pp. 9–13. 俄羅斯的平行機構稱為 kormlenie，意為餵養。

4 Kunt, *Sultan's Servants*, pp. 14–15.

5 Karen Barkey, *Bandits and Bureaucrats: The Ottoman Route to State Centralization* (Ithaca: Cornell University Press, 1994), p. 36.

6 Kunt, *Sultan's Servants*, p. 24.

7 Barkey, *Bandits and Bureaucrats*, p. 36.

8 Inalcik, *The Ottoman Empire*, p. 109.

9 同前注，頁一一四至一一五。

10 McNeill, *Europe's Steppe Frontier*, pp. 38–40.

11 Lybyer, *The Government of the Ottoman Empire*, pp. 66–70.

12 Kunt, *Sultan's Servants*, pp. 31–32.

13 Itzkowitz, *Ottoman Empire and Islamic Tradition*, pp. 58–59.

14 Inalcik, *The Ottoman Empire*, p. 65.

15 Barkey, *Bandits and Bureaucrats*, p. 28.

16 例如，一〇六九年為喀喇汗國的突厥族統治者寫成的《福樂智慧》（*Kutadgu Bilig*）。這首長詩寫道：「要控制國家，需要龐大軍隊。要養得起軍隊，需要龐大財富。要有這樣的財富，人民得富裕。要人民富裕，法律必須公正。只要漏掉其中之一，國家就會垮掉。」引自Inalcik, *The Ottoman Empire*, p. 66.

17 Itzkowitz, *Ottoman Empire*, p. 88.

18 針對奧圖曼帝國初期，奧圖曼農民為何稅賦較輕，歷史學家William McNeill提出另一個原因。統治菁英本身是透過德夫什梅制，從巴爾幹等地的貧困鄉村招募來，這些軍人兼行政官員了解農民生活的艱苦，同情拉亞人。但他指出，地國核心區域農民較輕的稅賦，只有靠對帝國邊疆地帶不斷地掠奪才得以維持。構成軍隊主力的席帕希騎兵，靠他們的蒂瑪爾養活自己，稅基淺薄，無法支持軍隊擴編，因此，若要擴大兵力，就得征服新土地，以創造新的蒂瑪爾。如後面會提到的，當地國的對外擴張達到極限，不得不提高其核心區域的稅率時，此制度會開始瓦解。參見McNeill, *Europe's Steppe Frontier*, p. 32.

19 Inalcik, *The Ottoman Empire*, p. 59.

20 同前注，頁六〇。

21 馬克斯．韋伯認為奧圖曼制度屬於家產制，事實上，當今的政治科學家使用韋伯筆下的「蘇丹主義」（sultanism）一詞，描述建制化不健全的制度。理由是奧圖曼制度在其最盛時，受規則約束的程度也很低，因而仍屬於家產制。奧圖曼的王位繼承制度（讓該制度的參與者人人都可下場角逐）只是其中一例。一如在波斯、羅馬、中國和其他帝國裡所見的，統治者家族的成員和宮中廷臣往往更容易受到專斷統治的傷害，因為他們是零和權力鬥爭中潛在的參與者。蘇丹能指派兒子和其他親屬擔任省長或軍隊指揮官之類的高職，且的確這麼做。特定個人能爬到維齊爾或大維齊爾之職，關鍵在恩庇網絡和個人影響力。政治權利和個人禍福取決於個人與宮廷、蘇丹的關係。參見 Weber, *Economy and Society*, Vol. 2, pp. 1025–26; 以及 Barkey, *Bandits and Bureaucrats*, pp. 30–32.

22 Itzkowitz, *Ottoman Empire*, p. 59.

23 McNeill, *Europe's Steppe Frontier*, p. 42.

24 Jack A. Goldstone, *Revolution and Rebellion in the Early Modern World* (Berkeley: University of California Press, 1991), pp. 355–62; Barkey, *Bandits and Bureaucrats*, pp. 51–52. 另參見 Omer Lutfi Barkan and Justin McCarthy, "The Price Revolution of the Sixteenth Century: A Turning Point in the Economic History of the Middle East," *International Journal of Middle East Studies* 6, no. 1 (1975): 3–28.

25 Itzkowitz, *Ottoman Empire*, pp.89–90; Goldstone, *Revolution and Rebellion*, pp.363–64.

26 Itzkowitz, *Ottoman Empire*, pp. 92–93.

27 Goldstone, *Revolution and Rebellion*, pp. 365–66.

28 McNeill, *Europe's Steppe Frontier*, pp. 60–61; Itzkowitz, *Ottoman Empire*, p. 91.

29 奧圖曼制度的瓦解有許多徵兆。十六、十七世紀之交，鄉間爆發一連串由土匪幫掀起的暴動，其中許多土匪幫由復員的非正規塞克班組成。這些非正規火槍兵是農民出身，受過軍事技能訓練，但解甲歸田後找不到工作。有些土匪幫壯大到達兩萬兵力，十七世紀頭十年時，中央政府失去其在安納托利亞中部境內所轄土地的控制。Barkey 的 *Bandits and Bureaucrats* 一作，即以這現象為主題。另參見 Itzkowitz, *Ottoman Empire*, pp. 92–93.

30 Itzkowitz, *Ottoman Empire*, pp. 91–92.

31 McNeill, *Europe's Steppe Frontier*, pp. 133–34.

第十六章　基督教削弱了家的影響力

歐洲人如何因為宗教而非因為政治，擺脫親屬關係的影響；對歐洲人家庭本質的普遍誤解；天主教會如何摧毀大型親屬關係團體；英格蘭的個人主義，即使在歐洲的環境裡，仍屬極端。

我到目前為止探討過的世界三個地區中，國家建制都是從部落社會直接建構成。在中國、印度、中東，早期的社會組織建立在父系家系的基礎上，國家的創立是為了打破部落級社會加諸的限制。在這三個地區，國家建造者都得想辦法使個人的效忠對象由在地的親族群體轉變為國家，得將以領土性、集中式法律權威為基礎建立的建制，擺在切割為一個個環節的社會之上。對這問題最極端的因應方式，乃是阿拉伯人、奧圖曼人所採的方式。他們擄走孩童，把他們擺在非原生家庭裡養大，以使他們效忠國家，而非效忠親人。

在這三個地區裡，由上而下的國家建造工程，都未能打掉作為在地社會組織之基礎的親族關係。事實上，這三個社會的建制發展史，許多時候是圍繞著親族群體欲重新打入政治領域的努力而鋪陳，也就是我所謂的恢復家產制的努力。因此，秦朝、西漢時創建的不講私人關係的國家建制，在東漢崩解時遭有權有勢的家系重新占領，這些家系於隋唐時，仍是中國政治圈的重要參與者。在創建不講私人關係的強勢建制上，印度政治實體的成就低了許多，而且在以環節性種姓為中心組織起來的印度村子裡，這些建制大體上仍與社會生活無關緊要。在削弱部落組織的影響力上，奧圖曼土耳其國於其核心地區（安納托利亞、巴爾幹）做得極為成功，但在較為天高皇帝遠的阿拉伯諸省，則大不理想。事實上，奧圖曼國對邊陲的貝都因人社群所行使的管轄權極少，這些社群的部落組織直到今日仍屹立不搖。如今，在中國、印度、中東這三個地區，家與親族關係仍是社會組織與社會認同的強勢來源，相較之下，歐洲或北美在這方面所發揮的作用，遠不如在前述地區。在臺灣和華南仍存有充分發展的環節性家系；印度的婚姻仍主要是兩個家的結合而非男女個人的結合；部落身分仍無所不在於整個阿拉伯中東，特別是在貝都因族群裡。

歐洲的獨特

在歐洲，親族關係以不同的面貌呈現。一九六五年的某篇文章中，人口學家約翰·哈伊納爾（John Hajnal）指出西歐與世上其他每個地區在婚姻模式上的顯著差異。[1]在西歐，男女往往都較晚婚，個人終身不婚的整體比率較高。這兩個因素都與相對較低的粗出生率有關係。在西歐，勞動人口裡的年輕婦女也較多，家中的男女地位較平等，因為女人晚婚，使她們有較多機會獲取財產。這不只是撰寫文章時才有的現象，哈伊納爾認為此模式最早在一四〇〇至一六五〇年這時期就存在。

西歐與世界其他地方之間，還有一些明顯的重要差異。以聲稱源自同一祖先且緊密結合的親族關係群體為中心組織起來的地方社群，其在歐洲消失的時間，比哈伊納爾所表明的還要早上許多。歐洲人看重親族關係與家系，但最看重這兩樣東西者，是有龐大經濟資源可傳給下一代的國王和貴族。他們未像中國貴族那樣牢牢扎根於血緣枷鎖裡，因為財產可分割繼承和長嗣繼承制這兩個原則已牢牢確立。中世紀時，個別歐洲人比其他地方的人更能自己作主處置名下土地、動產，不必事先得到一群親族的許可。

換句話說，從個人，而非個人的家族或親族群體，能在婚姻、財產等個人事務上做出重大決定這角度來看，歐洲社會很早就走上個人主義之路。家裡的個人主義是其他各種個人主義的基礎。個人主義的出現，並非有待於國家宣告個人的法定權利，並使用國家的強制性權力來執行這些權利。國家是在社會裡的個人已享有相當大的自由（不受社會加諸親族之義務束縛的自由）之後緊接著形成。在歐洲，**社會發展早於政治發展**。

但歐洲人何時脫離親族關係的羈絆？如果促成轉變的因素不是政治，那究竟是什麼？答案是打垮羅馬帝國的日耳曼部落皈依基督教不久後完成，而促成這種改變的力量是天主教會。

馬克思的錯誤

構成現代歐洲人之先祖的各個民族，毋庸置疑的，都曾是部落社會。他們的親族關係型態、法律、習俗、宗教儀禮，只要找得到紀錄，都得到十九世紀歷史人類學大師的詳實描述，例如福斯泰爾・德・庫朗日、亨利・緬因、[2]佛雷德里克・波洛克（Frederick Pollock）、佛雷德里克・梅特蘭（Frederic Maitland）、[3]保羅・維諾格拉多夫。這些人全是對不同文化有廣博了解，且運用比較方法來研究的學者，全都驚嘆於印度人、希臘人、德國人這些相隔如此遙遠的社會裡，父系親族關係組織的相似之處。[4]

十九世紀這些歷史人類學家全都認為，親族關係結構與時俱進，從大型法人親族群體到以個別男女的志願結合為基礎建立的較小家庭，人類社會裡存有一種普遍的發展模式。在亨利・緬因的著名概念中，現代化得完成從「身分到契約」的轉變。[5]也就是說，早期社會賦予社會身分給個人，明確說明從婚姻對象到職業到宗教信仰的各種事物。相對的，在現代社會，個人能自由彼此締結契約，以進入別種社會關係，其中最核心的契約是婚姻契約。但緬因未提出有力的理論來說明從身分到契約的轉變何時發生、如何發生。

事實上，關於歐洲親族關係模式轉變的年代斷定和促成這轉變的原因，存有相當大的誤解。許多人認為歐洲人和世上其他民族差不多，原本生活在部落或大型家庭群體裡，直到工業革命時，機器生產的壓力和社會流動的需要，才使它們解體。在此觀點下，經濟變動與工業化密切相關，較小型核心家庭的問世，乃是此過程的一部分。[6]

此看法極有可能產生自早期的現代化理論。卡爾・馬克思在其《共產黨宣言》（*The Communist Manifesto*）中談到資產階級家庭和資產階級如何「扯下家的情感面紗，將家人關係貶為純粹金錢關係」。而資產階級的興起，則是技術與物質生產模式兩者的變動所促成。馬克斯・韋伯認為傳統社會與現代社會之間有涇渭分明的區別。傳統社會的特色是廣泛的親族關係束縛、市場交易因來自宗教或親族關係的約束而受到限制、缺乏個人的社會流動、深受傳統、宗教、克里斯瑪影響的非正式社會規範。相對的，現代社會是個人主義的、平等主義者、能力與市場取向的、流動的、由理性—法律式權威建立的。韋伯主張，這些特色全是某單一封包的一部分：在由祭司制定價格或財產繼承受到親族義務限定的社會裡，不可能發展出有效率、以市場為基礎的經濟。他深信這種理性的現代性只出現於西方，且將此往現代性的轉變歸因於十六、十七世發生的一連串事件，包括宗教改革和啟蒙運動。因此，馬克思主義者往往認為個人主義和核心家庭的興起是經濟變動所促成，而韋伯派學者則認為新教是最大推手。不管是上述哪一種觀點，在他們眼中，此改變都發生於距今不過幾百年之時。

從身分到契約的轉變

二十世紀的社會歷史學家和人類學家，把從身分到契約之轉變的發生年代愈推愈早。我已指出哈伊納爾的觀點：自成一格的歐洲模式在十五、十六世紀時就已存在。艾倫．麥法蘭（Alan MacFarlane）對英格蘭個人主義起源的研究顯示，個人於生前自由讓渡財產和在遺囑裡剝奪下一代財產繼承權的權利，十六世紀初時已牢牢確立於英格蘭的習慣法裡。[7]這意義重大，因為在他所謂的「農民社會」（peasant society，常見於東歐和世界其他許多地方的社會型態），親族關係義務對財產所有人出售名下土地的資格，施加了嚴格的限嗣繼承規定。他所謂的農民社會，乃是以大家庭為特色的社會，而在大家庭裡，產權若非共有，就是被牢牢綁在不同親等之親戚間複雜的互賴關係裡。在這類社會裡，農民被許多非經濟因素（例如祖先埋在他們所耕種的土地）拴在該土地上。

但麥法蘭指出，依法占有權（right of seisin），即可終身保有土地的權利，至少在此前三百年前就已普及於英格蘭各地。有份對十五世紀晚期英格蘭某區域土地轉移的研究顯示，只有百分之十五的土地在所有人在世時轉移給其家人，有百分之十是在所有人死時。[8]但在這之前，一直到十二世紀末、十三世紀初，英格蘭的隸農（被法律拴在土地上的佃農）都是在未經其領主的許可下買賣、出租其土地。[9]

從一個重要層面可看出複雜親族關係結構的衰敗程度，就是女人持有、處置財產的法定權利。在父系社會，女人只有透過嫁入家世系和替該家系生個兒子，才能取得法定的人格地位。寡婦和未出嫁的女兒或許擁有某些財產繼承權，但她們通常得將所屬家系的財產保持在父系裡。但在一〇六六年諾曼第公爵威廉征服英格蘭後不久，英格蘭女人就擁有持有和自由處置財產的權利，和將財產賣給家庭以外個人的權利。事實上，至少從十三世紀起，她們就不只能擁有土地和動產，且還能告人和被告，能在沒有男性監護人許可下立遺囑和契約。在父系社會裡，賦予這類權利將削弱家系控制財產的能力，從而將削弱整個社會制度。[10]因此，女人擁有財產和遺贈財產的資格，乃是部落組織衰落的指標，間接表明嚴格父系制早在這時就已消失。

麥法蘭提到數個彰顯早期英格蘭個人主義的有趣指標，其中一個指標是孩子與父母間的「扶養契約」早在十三世紀就出現一事。以宣稱源自同一祖先的群體為核心組織起來的部落社會，通常崇拜那些祖先。儒家的道德觀，大部分著墨於孩子（特別是兒子）照顧父母的義務上。儒家的道德固守者表明，個人對父母的義務大過對自己孩子的義務，中國的法律嚴懲不孝者。

在英格蘭，情況大不相同。在該地，生前就將法定的財產所有權愚蠢地轉給自己小孩的父母，不擁有對自己財產的傳統剩餘權利。有一首中世紀的詩，提到有個男子將財產轉給兒子，然後兒子開始覺得父親是他的累贅，開始虐待父親。兒子看到父親在寒風中發抖時，要他的年幼兒子拿件麻袋來替爺爺蓋上。「男孩把麻袋割為兩半，把其中一半蓋在爺爺身上，把另一半拿給父親看，以表示等到男孩當家時，他也會像父親虐待爺爺那般虐待年老的父親，在父親覺得冷時，只用一半的麻袋蓋在父親身上。」[11]為避免這樣的情況，父母與孩子簽了扶養契約，要孩子在繼承父母的財產後負起照顧父母的義務。「一二九四年，在貝福德郡，有對夫婦把財產讓與兒媳，兒媳則保證提供食物、飲水和在主屋的住所作為回報，但如果老少兩代夫婦起口角，老夫婦將擁有另一棟房子和六夸特的穀物收成，亦即三夸特的小麥、一夸特半的大麥、一夸特半的菜豆和豌豆、一夸特的燕麥和前述房屋的所有動產及不動產。」[12]

馬克思猛烈抨擊家人關係降為「純粹金錢關係」一事，而此改變似乎不是十八世紀資產階級所發明，反倒在資產階級興起之前幾百年時就出現於英格蘭。把父母送進養老院一事，在西歐淵源久遠。這意味著，與馬克思的認知正相反，資本主義是社會關係、社會習俗改變的果，而非其因。

但即使把歐洲人脫離複雜親族關係羈絆或從身分轉變為契約，斷定為發生在十三世紀，都晚於實際發生年代。法國大史學家馬克．布洛克（Marc Bloch）指出，在封建制度於九、十世紀興起之前，血緣關係是社會組織的基礎。對立部落家系結世仇的現象，在歐洲社會早就存在，大家所熟悉的莎士比亞（Shakspare）《羅密歐與茱麗葉》（*Romeo and Juliet*），就是這類故事。此外，布洛克證實，在這時期，親族群體或大家族共有財產，即使在個人可自由讓渡土地時，仍規定出售者得得到一群親族的同意。[13]

但布洛克指出，在中國、印度、中東所常見的那種源自單一祖先的龐大父系家系，老早就在歐洲消失：「古羅馬氏族（gens）的模式格外牢固，得歸功於男性世系傳承的獨大。在封建時期未有這樣的事。」為說明此點，他指出在部落社會裡，欲維持家系環節間的界限，得透過父親一方單邊追溯血統，而中世紀的歐洲人從未這麼做。整個中世紀期間，女兒冠母姓司空見慣，而在類似中國的父系社會裡，不准冠母姓。在歐洲，個人往往認為自己既是母親家的一份子，也是父親家的一份子，不偏重其中哪種身分，而兩個家世顯赫的家庭聯姻後，會合併兩家的姓當作下一代的姓（例如法國前總統季斯卡 Valéry Giscard d'Estaing，或今日西班牙人同時冠上父母姓氏的習俗）。到了十三世紀，與今日核心家庭非常類似的小家庭，已開始在歐洲各地出現。這時，要報血仇就變得較難，因為報仇的對象圈子愈來愈小，且有許多人自認與爭執雙方都有親族關係。[14]

據布洛克的說法，整個封建制度，從某個角度來看，可以理解為在無法靠親族關係取得社會凝聚的社會裡，為因應社會孤立而做出的孤注一擲作為。從七世紀晚期起，歐洲遭遇一連串外族入侵（來自北方的維京人、從南方經北非和西班牙北侵的阿拉伯人、來自東方的匈牙利人），且因此受到嚴重破壞。阿拉伯人的進攻在受挫於普瓦捷之役後停住，但穆斯林掌控地中海，切斷了歐洲與拜占庭、北非的貿易往來（古羅馬經濟的基礎）。[15]九世紀卡洛林帝國（Carolingian Empire）衰落後，城市開始萎縮，人民受到無數軍閥的侵擾，退回個別村莊自給自足的生活方式。

在歐洲文明處於最低潮的這段期間，由於較大型政治結構體的瓦解，親族關係的確相當成功地反撲。但這時候，歐洲諸民族的父系家系結構已太薄弱，無法作為社會支持的來源。封建制度作為親族關係的替代選項而興起：

但對於面臨暴力氣氛所滋生之種種危險威脅的個人來說，親族關係群體似乎未能提供充分的保護，即使在第一封建時期亦然。以當時存在的親族關係型態來說，親族關係太含糊，其輪廓太易變，且被男性、女性繼嗣的二元並存深深掏空其基礎。因此人不得不尋找或接受其他的紐帶。這時，歷史走到關鍵時刻，因為還倖存有強勢父系群體的地區（北海岸的日耳曼人地區、不列顛群島的凱爾特人地區）都不知何謂封臣、采邑、莊園。親族關係紐帶是封建社會的基本元素之一，其相對的薄弱說明了為何出現封建制度。[16]

在封建制度下，個人志願臣屬於沒有親族關係的另一個人，雙方關係建立在一方提供勞役來換取另一方保護之上：「國家、家庭都不再提供充分的保護。村社的力量勉強足以維持其領域內的秩序，城市社群則幾乎不存在。不管在何處，弱者都覺得有需要得到較強者的庇護。強者若不以勸說或強制方式取得得為他服務的下屬支持，則不可能保住其威望或財富，乃至連他自己的安全都不保。」[17]

但我們仍未掌握歐洲人脫離親族關係束縛的確切年代，也尚未掌握促成此轉變的充分機制。[18]對於此轉變最令人信服的解釋，出自社會人類學家傑克·古迪（Jack Goody）之口。他將轉變的起始年代往前一直推到六世紀，並認為這轉變是基督教所促成，或更具體地說，是天主教會本身的利益考量所促成。[19]

古迪指出，羅馬帝國末期時，西歐獨特的婚姻模式已開始偏離居於主流的地中海模式而自行發展。地中海模式（包括古羅馬氏族）父系性質強烈，產生環節性的社會組織。父系親族群體往往行內婚制，對交錯從表婚有某種偏好（我在第十一章指出盛行於印度南部達羅毘荼文化裡的交錯從表婚，此婚姻制度如今也普見於阿拉伯世界和帕什圖人、庫德人與許多突厥語民族）。男女嚴格分開，女人幾無機會擁有財產或參與公共事務。西歐模式在這些方面都不同於地中海模式：男女都可繼承財產；禁止交錯從表婚，提倡外婚制；女人有較大的財產權和參與公共活動的權利。

此轉變的推手是天主教會。天主教會極力反對以下四種習俗：近親通婚、納已故親人的寡婦為妻（所謂的夫兄弟婚）、收養小孩、離婚。畢德尊者（Venerable Bede）講述六世紀時教宗格列高里一世（Gregory I）如何致力於使信仰多神的盎格魯—撒克遜人皈依基督教時，指出格列高里直言譴責該部落近親通婚、夫兄弟婚的習俗。後來的教會敕令禁止納妾，提倡男女從一而終的一夫一妻制。[20]

古迪主張，《聖經》，或更廣泛地說，整個基督教教義，並未明確主張該禁止這些習俗。這些被禁的習俗，在耶穌的出生地巴勒斯坦曾司空見慣，耶穌的父母可能就是交錯從表婚的結合，夫兄弟婚制也曾普見於猶太人社會。沒錯，四福音書採反家庭主義的立場，在〈馬太福音〉中，耶穌說：「愛父母過於愛我的，不配做我的門徒；愛兒女過於愛我的，不配做我的門徒。」但古迪主張，作為一個千禧年先知，耶穌說出這段話，乃是想要人離開安穩的親族群體，投入新信仰中。支持這些新禁令的神學論點，往往汲取自被猶太人以大不相同角度解讀的《舊約．聖經》資料。

古迪認為，教會之所以採取此立場，其理由和教會的物質利益關係較大，而與神學的關係較少。交錯從表婚（或其他任何一種近親結婚）、夫兄弟婚、納妾、收養小孩、離婚，全是他所謂的「繼承策略」，也就是讓親族關係群體得以在財產代代相傳時，繼續由該群體掌控的策略。當時歐洲和地中海世界的預期壽命不到三十五歲。夫妻生出嗣子，且嗣子長大成人、能延續香火的機率相當低。因此，社會對使個人得以生出嗣子的種種習俗賦予正當性。探討中國時，我們已就這點探討過納妾一事，離婚則可視為一夫一妻制社會裡的某種序列式納妾（serial concubinage）行為。夫兄弟婚指的是丈夫死後妻子改嫁給丈夫兄弟的作為，寡婦改嫁小叔，使她已故丈夫的財產仍與他弟弟的財產合在一塊。交錯從表婚使財產仍留在近親手中。不管出於何種理由，教會有計畫地切斷家庭可藉以將財產轉給下一代的所有管道。在這同時，教會大力鼓吹將土地、財產捐給它。於是，教會大有可能坐享其成，從愈來愈多擁有財產、死時卻沒有嗣子的基督徒裡獲致物質利益。[21]

女人在西歐享有相對較高的地位，乃是教會牟取私利時意外促成的結果。教會使寡婦難以在家族裡改嫁，從而使她的財產難以還給部落，因而她只能自己擁有財產。女人有權利擁有財產，有權利隨心所欲處置財產，很有可能有利於教會，因為那使教會得以得到來自無子女寡婦和未婚婦女的大筆捐贈。而女人有權擁有財產，削弱了單邊繼嗣原則，從而為父系家系敲下了喪鐘。[22]

在這些規則如此更動後的幾百年裡，天主教會的確財源滾滾，但我們不能光是因為如此更動後教會財源滾滾，認為兩者間有因果關係。到了七世紀末期時，法國境內具生產力的土地，有三分之一在教會手中；八、九世紀時，北法國、日耳曼地區、義大利境內，教會持有的土地增加了一倍。[23]這些捐贈使教會成為難以撼動的經濟、政治機構，為格列高里七世的主教敘任權衝突（見

第十八章）備好了條件。這些捐贈與有錢穆斯林對慈善機構的捐贈，即瓦克甫（waqf），有部分類似。但有許多瓦克甫是有錢人為逃避財產課稅、為將財產順利傳給下一代行使的權宜之計，而無子女寡婦與未婚婦女捐贈土地是無條件的誠心奉獻。因此教會坐擁龐大財產，經營莊園，監管歐洲各地農奴的經濟生產。這有助於教會實現其餵養飢者、照顧病者的使命，並讓神職人員人數、隱修院、女修道院得以大幅擴增。但這也使教會裡有必要發展出內部管理等級體系和整套規則，從而使教會成為中世紀政治領域裡的獨立單元。

這些改變破壞了西歐各地的部落組織。日耳曼人、古斯堪地納維亞人、馬札兒人、斯拉夫人的部落，皈依基督教不到兩代或三代，其親族關係結構就消解。沒錯，這些皈依深受政治影響，例如馬札兒君主伊斯特萬（István）於西元一〇〇〇年領受了聖餐。但促使風俗習慣與家庭規則真正改變者，不是政治權威，而是社會、文化層次上的教會。

歐洲境內國家建造的社會背景

在歐洲（和其在海外的殖民地），脫離複雜親族關係束縛一事，先發生在社會、文化層次，而非政治層次，就這點來說，歐洲和其殖民地與其他地方不同。教會改變婚姻、財產繼承的規則，在某個意義上具有政治意涵，且出於經濟動機。但教會不是它所運行地區的最高統治者，反倒是個社會單元，且其影響力繫於它訂定文化規則的能力上。十六世紀在義大利、英格蘭、荷蘭境內興起的資本主義經濟，不必像在印度、中國那樣，得克服有龐大財產要保護的大型法人組織式親族關係群體的抵抗，反倒在已具備個人主義化的所有制傳統，財產常在陌生人之間轉手的社會裡生根立足。

這不表示歐洲的國家建造者面臨一個不受牢不可破之社會建制掣肘，而可任其施展身手的場域。其實正好相反：在第二十一章重談歐洲國家的起源時，我們會了解，有多種強勢的社會單元在運作，且這些單元攸關法治的創立和可問責政府的創立。話說回來，當時的歐洲沒有氏族或部落，但有已在封建時期積累財富、軍力、法定地位的穩固世襲貴族。

這些社會建制以封地為基礎，而非以親族關係為基礎的事實，影響了歐洲後來的政治發展。封臣的封建關係，乃是較強者與較弱者間志願締結的契約，且這關係使雙方都得負起法定義務。此關係使一高度不平等的階層化社會定形，卻為個人主義（因為締結契約者是個人而非親族群體），和拓寬對法定人格身分的理解立下了先例。史學家耶諾・蘇克斯（Jenö Szücs）主張，西元一二〇〇年時，地主、農民間的關係已取得契約性質，從而為人類尊嚴之擴大適用於廣大人民階層創造了基礎。從此之後，「西方的每場農民暴亂，都是人類尊嚴針對地主違反契約所發出的怒吼，都是要求享有『自由』權的呼聲。」[24]這未發生在把土地權建立在親族關係上和習慣上的社會裡，或建立在某親族群體對另一親族群體的人身宰制上的社會裡。

就地方政府的效能來說，揚棄以親族關係為基礎的地方建制，代之以封建建制，帶來另一個重大的政治衝擊。家系和封建建制在不同時候發揮了君權、治理的功能，特別是在中央政府衰弱時。它們使地方安定、司法執行、經濟生活組織得以實現。但封建建制原本就較有彈性（因為它們建立在契約上），且能組織出較有力的集體行動（因為它們的等級性較強）。封建領主的權利一旦經由法律確立，這些權利就不會像家系裡的權威那樣不斷受到重新議定。法定的財產所有權，不管財產的持有者是強者或弱者，都賦予買賣該財產的明確權限，而不受以親族為基礎的社會體制所加諸的那些限制。地方領主能以部落領袖所無緣享有的方式，為他所「代表」的社群堅定地發聲。如前面已提過的，印度、非洲境內的歐洲殖民主義者普遍犯了一個錯誤，即認為部落的領導階層和封建社會地方領主的權威是同一回事，其實兩者大不相同。

馬克斯．韋伯對後世的影響之一，乃是使人傾向於從價值觀的角度，例如從工業革命期間，透過將工作聖化直接影響個別企業家之行為的新教工作倫理角度，思考宗教對政治、經濟的衝擊。價值觀的確重要，基督教的上帝之下眾生平等教義，使欲讓女人享有平等的財產擁有權一事，變得較容易得多。

但這種解釋往往招來一個疑問，即為何某些宗教價值觀得到提倡，並在社會裡扎根。教會對數代同居大家庭的抨擊，就屬於這類價值觀。這些價值觀顯然不是源自基督教教義，畢竟位於君士坦丁堡，基督教屬性同樣純正的東正教會，並未像羅馬教會那樣致力於更改婚姻法、財產繼承法。因此，在拜占庭所統治的大部分地區，組織緊密的親族群體倖存下來。塞爾維亞著名的數代同居社群札德魯加（zadruga），有著錯綜複雜之世仇關係的阿爾巴尼亞氏族，只是其中兩個例子。這些建制在西歐銷聲匿跡一事，與教會的物質利益、權力考量的關係較大得多。對社會價值觀的控制，乃是教會藉以謀取自身利益的工具。因此，從某個觀點看來，經濟烏龜站在宗教烏龜的背上，從另一個觀點來看，宗教烏龜站在經濟烏龜背上。

不管天主教會的動機主要出於宗教考量還是經濟考量，天主教會最後被建制化為獨立的政治單元，且其獨立自主的程度，遠大於我們所探討的其他任何社會裡的宗教權威。中國從未發展出比祖先崇拜或物靈崇拜更複雜的本土宗教。相對的，印度和穆斯林世界從一開始就受到宗教創新的左右。在這兩個地方，宗教都對政治權力起了重要的抑制作用。但在遜尼派伊斯蘭世界和在印度次大陸，宗教權威從未整合為獨立於國家之外的單一中央集權官僚建制，在歐洲則出現這樣的發展。此發展過程與現代歐洲國家的誕生，與我們今日稱之為法治之制度的問世，密切相關。

注釋

1 John Hajnal, "European Marriage Patterns in Perspective," in David V. Glass and D. E. C. Eversley, eds., *Population in History: Essays in Historical Demography* (Chicago: Aldine, 1965).

2 Henry Maine, *Lectures on the Early History of Institutions* (London: John Murray, 1875); and *Early Law and Custom.*

3 Frederick Pollock and Frederic W. Maitland, *The History of English Law Before the Time of Edward I* (Cambridge: Cambridge University Press, 1923).

4 相關文獻概論，請參見此書導言：Lawrence Krader to Krader and Paul Vinogradoff, *Anthropology and Early Law: Selected from the Writings of Paul Vinogradoff* (New York: Basic Books, 1966).

5 Maine, *Ancient Law*, chap. 5.

6 案例參見Peter Laslett, ed., *Household and Family in Past Time* (Cambridge: Cambridge University Press, 1972); and Richard Wall, ed., *Family Forms in Historic Europe* (New York: Cambridge University Press, 1983).

7 Alan MacFarlane, *The Origins of English Individualism* (Oxford: Blackwell, 1978), p.83.

8 同前注，頁九五。

9 同前注，頁一二五。

10 同前注，頁一三一至一三三。

11 同前注，頁一四二。

12 同前注。

13 Bloch, *Feudal Society*, pp. 125–27, 131–32.

14 同前注，頁一三八至一三九。

15 關於貿易中斷的影響，參見 Henri Pirenne, *Medieval Cities: Their Origins and the Revival of Trade* (Princeton: Princeton University Press, 1969), pp. 3–25.

16 Bloch, *Feudal Society*, p. 142.

17 同前注，頁一四八。

18 麥法蘭未解釋為何個人主義在英格蘭如此早就發展出來。布洛克表示，親屬關係的式微與始於十一世紀的貿易成長有關係。布洛克的說法是否屬實有待商榷，因為在中國或中東等世界其他地方，貿易的興衰與家系的穩定並沒有明確相關。

19 Jack Goody, *The Development of the Family and Marriage in Europe* (New York: Cambridge University Press, 1983). See also Goody, *The European Family: An Historico- Anthropological Essay* (Malden, MA: Blackwell, 2000).

20 Goody, *The Development of the Family*, p. 39.

21 同前注，頁九五。

22 同前注，頁四三。

23 同前注，頁一〇五。

24 Jenö Szücs, "Three Historical Regions of Europe: An Outline," in John Keane, ed., *Civil Society and the State: New European Perspectives* (New York: Verso, 1988), p. 302. 感謝 Gordon Bajnai 提供此參考資料。

PART III

法治

The rule of law

第十七章　法治的起源

從國家形成早期階段的法律角色看歐洲的獨特性；法治的定義與關於法治的歧見；海耶克的法律先於成文法論；英格蘭的習慣法如何建立在王權的基礎上，如何強化了英格蘭國家的正當性。

歐洲諸社會早就脫離部落級組織，且是在沒有由上而下的政治權力幫助下完成脫離，從這點來看，歐洲的政治發展的確獨特。歐洲的獨特之處，還在於國家形成主要建立在早期的國家建造者公正裁決糾紛的能力，而非他們調度軍力的能耐。歐洲諸國的國家權力、正當性的提高，最終和法治的興起不可分割。

早期的歐洲國家公正裁決糾紛，但不必然創設法律。法律植根於別處，若非植根於宗教（例如上一章探討的規範婚姻、家庭的敕令），就是植根於部落或其他地方社群的習慣。早期的歐洲國家偶爾立法，也就是創立新法律，但這些國家的權威和正當性，主要建立在不偏不倚執行法律的能力，而且那些法律不必然是它們自己所創立。

法（law）與創制律令（legislation）的差別，攸關能否確實理解法治本身的意涵。一如在「民主」一詞身上所見到的，有時「法治」一詞讓人覺得似乎定義繁多，有多少法學家，就有多少種「法治」定義。[1]在本書中，我根據以下定義來使用這字眼：法是一組將社群結合在一起的抽象正義規則。此界定符合西方思考這現象時的幾大趨勢。在近代以前的社會，法被認為是比任何人間立法者還要高的某個權威所訂定，若非是神的權威，就是遠古的習慣，或自然。[2]另一方面，創制律令相當於今日所謂的頒布實在法（positive law），其制定有賴於政治權力，也就是有賴於國王、貴族、總統、立法機關或軍閥訂定、執行新規則的能力，且這些新律令根本上建立在權力與權威的某種結合。可以說只有在先存在的那組法的地位高於律令的地方，也就是握有政治權力的個人覺得受到法約束的地方，才存在法治。這不表示具有立法權者不能創立新法，但如果他們要在法治的範圍內運作，就得根據先存在的法來制定律令，而非根據他們自己的意志。

前述的認知認為法的訂定者若非神的權威或習慣，就是自然，暗示法不是人所能更易，儘管它能被解讀且必須被解讀，以因應新環境。由於宗教權威和對自然法的信念在現代式微，我們已把法理解為人所創造的東西，但只在一組嚴格的程序規則之下創立，且藉由那些規則，法符合社會對基本價值觀的廣泛共識。法與創制律令的差別，如今相當於憲法、一般法的差別。在後一差別裡，憲法有較嚴格的立法要求，例如絕對多數決。在當今美國，這意味著國會所通過的任何新法，如聯邦最高法院所解釋的，都不能與較早創立、位階較高的一組法律（即憲法）相牴觸。

之前我已從國家建造的角度，從國家集中權力、使用權力之能力的角度，討論過政治發展。法治是組成政治秩序的一個獨立元素，對國家的權力施加限制。最初，對行政權的抑制，不是來自民主議會或選舉，反倒是社會深信統治者得在法律下運作之產物。因此，國家建造和法治以某種緊張的關係並存。一方面，統治者能藉由在法律之內行事、藉由代表法律行事，來提升自己的權威。另一方面，法律能防杜統治者為所欲為，不只防杜出於私利的為所欲為，且防杜出於社群整體利益的為所欲為。因此，產生政治權力的需要，不斷在威脅法治。於是，從十七世紀想在不經議會許可下提高稅收的英格蘭國王，到二十世紀以未有法源依據的殺手小隊打擊恐怖主義的拉丁美洲政府，都構成法治的威脅。

當前對法治看法的混亂

當今的開發中國家，最嚴重的政治缺陷之一，在於法治較為薄弱。當今國家的諸多組成要件中，有效的法律建制或許是最難建構的東西。出於人的掠奪本能，軍事組織和課稅機構自然而然誕生。軍閥組織民兵部隊，利用部隊抽取人民資源，不是難事。在光譜另一端，民主選舉的舉行相對較容易（儘管代價高），而如今有一龐大的國際基礎設施協助推動民主選舉。[3]另一方面，法律建制必須普及整個國家，且必須維持其運行不輟。法律建制的運行，既需要實體設施，也需要在律師、法官和其他法院官員（包括最終執行法律的警察）的培訓上投入龐大資源。但最重要的是，法律建制不只得被一般人，也得被社會中有權有勢的菁英視為正當且具權威性。事實證明，要做到這點絕非易事。今日拉丁美洲大體上民主，但法治卻極薄弱，從收賄的警察到逃稅法官，充斥枉法之徒。俄羅斯聯邦仍舉行民主選舉，但特別是普丁上臺之後，該國的菁英，從總統以降，都能違法而不受懲罰。

有許多著作把法治的建立和經濟發展扯上關係。[4]這些著作基本上反映了一個重要見解，即現代世界的誕生，包括資本主義經濟的興起，有賴於法治的先行存在。缺乏強固的法治，的確是窮國無法達到較高成長的主要原因之一。

但在法治的基本定義和如何評估法治存在與否，這些著作講得極含糊且不一致。此外，將法治的不同組成元素與經濟成長扯上關係的理論，從現實經驗看有待商榷，拿過去存在於馬爾薩斯式經濟環境下的社會驗證，更令人覺得站不住腳。因此，在談過去有關法治起源的種種說法之前，我們得先廓清當代人對這主題的討論所留下的某些包袱。

經濟學家談到法治時，通常指涉現代產權和契約履行。[5]現代產權是由個人持有的產權，個人可自主買賣名下財產，而不受親族群體、宗教權威或國家所加諸的限制。產權、契約兩者與經濟成長有關的理論，其論點不難理解。除非知道自己的產權非常穩固，否則沒有人會長期投資。如果政府突然提高對某項投資的稅，例如烏克蘭在簽定手機基礎設施興建協議之後，突然在一九九〇年代初期提高對該投資的稅，投資人可能會撤資，且會對日後的工程卻步。同樣的，貿易需要一法律機制來履行契約，來裁決簽約各方之間不可避免的糾紛。簽契約的規則愈透明，契約的履行愈公正，就會帶來更多貿易。許多經濟學家強調「可信承諾」的重要，認為那是國家的建制發展的指標，其原因在此。

這一個法治定義，與本章開頭所提出的定義重疊，但只是部分重疊。顯而易見的是，如果政府不覺得受到先存在之法治的約束，而是認為自己在各方面都是最高權威，那麼它若想奪走其公民的財產，或奪走與它做生意的倒楣外國人的財產，將會暢行無阻。如果一般的法定規則，碰到有權有勢者，或者碰到最有權勢的行動者（政府）就形同具文，那麼不管是私人財產還是貿易，都不可能有絕對的保障。誠如政治科學家巴里．溫加斯特（Barry Weingast）所指出的，強大到足以保護產權的國家，也能奪走產權。[6]

另一方面，在不存在真正的法治下（也就是未把法律視為最高權威下），仍絕對有可能出現「夠良好」的產權、契約履行，從而使經濟得以發展。[7]中華人民共和國就是絕佳的例子。今日的中國沒有真正的法治：中國共產黨不接受中國境內其他任何建制的權威高於它或能推翻它的決定。中國雖有憲法，卻是中國共產黨造出憲法，而非憲法造出中國共產黨。如果現今的中國政府想將既有的外人投資全國有化，或將民間個人持有的土地再度收歸國有，使全國走回毛澤東主義的老路，沒有法律架構能阻止。中國政府出於私利考量而選擇不這麼做，而似乎大部分關係人都認為，私利考量是使政府未來合理行事的可靠保障。對「法治」的抽象承諾，一直不是這個國家三十多年來獲致兩位數經濟成長的必要條件。一九七八年，在「包產到戶」的責任制下，中國共產黨解散了人民公社，但未將完整的現代產權（亦即個人讓渡不動產的完整權利）還給中國農民，反倒只是給他們可繼承的土地用益權（長期租借權），類似奧圖曼帝國核心省分農民所擁有的權利。但這種做法「夠有效」，因而在財產規則更動後只四年，農產量就翻了一番。

帝制中國的法治程度和共產中國一樣低。另一方面，正常時期的帝制中國，在地方層級很有可能擁有「夠有效」的產權制，因而足以將農業生產力提升到至少當時技術所能促成的最大值，而當時的產權與今日中國農民所享有的產權差異不大。產權所受到的束縛，主要來自財產與親屬關係間斬不斷的關聯，而非來自貪婪掠奪的國家。父系家系所加諸的形形色色權利、義務，限定了財產的繼承，而直到二十世紀的中華民國，仍承認家庭有權利限制土地的讓渡。[8]

此外，就連界定最明確的現代產權，我們都不清楚，它是否足以大幅提升生產力，或足以從馬爾薩斯式社會創造出現代資本主義經濟世界。在維持技術持續進步所必需的其他建制（例如科學方法、大學、人力資本、研究實驗室、鼓勵冒險與實驗的文化環境等）導入之前，良好產權制本身所能促成的生產力增長種類有限，從而不可能認定技術必會持續進步。[9]

因此，經濟學家對法治下現代產權、契約履行的強調，可能在兩方面被推翻。首先，在技術得以持續創新的當前世界，「夠有效」的產權制，在法律未享有最高權威的情況下，有時仍足以創造出高經濟成長率。其次，在馬爾薩斯式的世界裡，即使假設存在了現代產權和法治，仍不可能達到這樣的高成長，因為限制成長的因素（binding constraint）存在於其他地方。

另有一種法治定義，其對近代以前經濟生活的衝擊，可能和對當今經濟生活的衝擊一樣大。此定義指人身安全有完全保障，人能脫離暴力充斥的自然狀態，能處理自己的日常事務，而不必擔心被殺或被搶。當這種法治存在時，我們可能把它的存在視為理所當然，而在這種法治不存在時，我們往往才比較看重它。

最後，只要是談法治，就必然得詳細說明法律適用的對象，也就是被認為是受法律保護之對象（legal person）的那些人。社會致力於使基本社會規則施行於所有人身上，但保護公民使免遭國家獨斷行為傷害的法治，最初往往只適用於少數、享有特權的人民身上。換句話說，法律保護與國家關係親近的菁英分子的利益，或保護控制國家的菁英分子的利益，從這角度看，法律類似柏拉圖《理想國》書中蘇格拉底所謂的「一幫盜匪的正義」。

以十七世紀法國最偉大的沙龍貴客塞維涅夫人（Mme.de Sévigné）寫給女兒的一封信為例。這位詼諧、敏感的女人，在信中描述布列塔尼地區（Brittany）的軍人如何施行新稅，迫使老人、小孩離家尋找財源。約有六十名鎮民因未繳稅將在隔天被吊死。她接著寫道：「帶頭偷取蓋繳稅章文件的小提琴手遭處以車裂之刑，他被分成四塊，屍塊擺在城裡四個角落示眾。」[10]

顯而易見的是，法蘭西國不會對塞維涅夫人和其交友圈處以如此嚴厲的刑罰。如第二十三章會提到的，該國對平民課以重稅，正因為它太尊重貴族的產權和人身安全。因此，說十七世紀的法國沒有法治並非事實，但法律未把平民視為享有和貴族一樣權利的法律主體。初建國時的美國，亦是如此，它不讓黑人、女人、美洲原住民，和擁有財產的白種男性以外的任何人享有投票權。隨著日漸民主化，法治才漸漸擴大適用於所有人。

法治意涵的混淆不清，帶來諸多後果，其中一個後果乃是由富國所設計，用以改善窮國法治的計畫，鮮少收到成效。[11]有幸生活在法治健全之國家者，通常不知道法治最初如何誕生，誤把法治的外在形式當成其實質內容。舉例來說，「制衡」被視為法治健全社會的標誌，因為政府各分支間彼此制約。但光是存有正式的制約機制，不代表就是健全的民主統治。法院可被拿來挫敗集體行動，例如在當今的印度，曠日廢時的司法上訴可擋下重要的基礎設施工程。法院也可被拿來抵擋政府作為、保護菁英的利益，例如一九〇五年的洛赫納對紐約（Lochner v. New York）一案，美國聯邦最高法院的裁決保護商界利益，使其不致受到議會立法限制工時的傷害。因此，三權分立的政治形式，常未能確保社會具有法治的本質。

在接下來的探討中，我們會以盡可能寬廣的視角來檢視法治的發展：法律本身（也就是一組公共的司法規則），源自何處？與產權、契約履行、商法三者有關的明確規則如何發展出來？最高的政治權威，最後如何臣屬於法律的最高權威？

海耶克的法先於創制律令

奧地利經濟學大師佛里德里希・海耶克發展出一個先進的法律起源理論，為了解法治意涵提供重要見解，且成為今日許多人思考法律時倚賴的基準架構。海耶克以身為當代自由放任主義教父而著稱，但自由放任主義者不反對規則：據海耶克的說法，「有了公共規則，個人才有可能平安存在於社會。」[12]海耶克把矛頭對準他所謂的「理性主義式」或「建構論式」對法律起源的認知，根據此認知，法律來自立法者的意志，而這立法者理性研究過社會的問題，且擬定法律以建立他眼中較理想的社會秩序。海耶克主張，建構論是過去三百年的虛幻想法，特別是包括笛卡兒（Descartes）、伏爾泰（Voltaire）在內的一連串法國思想家，他們認為人類頭腦足以理解人類社會運作。這導致海耶克所認為的幾個重大錯誤，例如以預先認定的社會正義觀為基礎，運用由上而下的政治權力，重整整個社會秩序的法國大革命和布爾什維克（Bolshevik）革命。在海耶克最風光時（二十世紀中葉幾十年），不只社會主義國家（例如倚賴理性計畫和集中式權威的蘇聯）重蹈此錯誤，歐洲的社會民主主義福利國家亦然。

據海耶克的說法，這之所以錯，出於數個理由，而最重要的理由乃是如下事實：歷來的計畫者都未能對社會的真正運作有足夠理解，因而無法合理重整社會的秩序。社會的絕大部分知識，在本質上具有在地性，且分散於社會各處，沒有人能掌握足夠的資訊，因而無法預見計畫性改變法律或規則的效果。[13]

海耶克認為，社會秩序不是由上而下理性計畫的結果，而是透過成千上萬分別的個人自然互動而成，他們試驗規則，保存管用的規則，拒斥不管用的規則。社會秩序產生的過程是漸進的、演化的、去集中化的，只有藉由運用無數個人的在地知識，才有可能出現可行的「大社會」。自發出現的秩序，以達爾文所想定的生物演化方式發展出來：透過去集中化的適應、選擇，而非透過某創造者懷有明確目的的設計。

據海耶克的說法，法律本身構成一自發性秩序，「毋庸置疑的，在人想到自己可製造法律或改變法律之前許久，法律就已存在。」事實上，「在人能以言詞表達行為規則之前許久，個人就開始觀察（和執行）行為規則。」立法（有意識地頒布新規則）「在人類歷史上出現較晚」，而「凡是法律都是、可能是、應該是某立法者自由發明的產物」這看法，「其實不實，是建構論者的理性主義……的乖謬產物。」[14]

在海耶克眼中，自發性秩序的典範是英格蘭的習慣法。在此習慣法裡，法律產生自想將普遍性規則運用在他們所審理特定案件的無數法官積累的諸多決定：

> 十八世紀令歐洲其他地方大為讚賞的英國人自由……產生自以習慣法作為法院裁定之準則的

事實。習慣法獨立存在，不受任何人的意志左右，同時對獨立法院有約束力，且由獨立法院發展出來。議會鮮少干預習慣法，真的干預時，主要只是為了釐清某套法律的疑點。[15]

因此，海耶克鎖定法治的本質：有一套先存在的法律，代表比現任政府的意志更高階的整個社群的意志，限制政府之立法作為的範圍。當時有一些經濟學家和他一樣偏愛英格蘭的習慣法，認為該習慣法比歐陸的民法傳統適應力更強，對市場更友善。[16]

闡明此項法律源起理論時，海耶克既發出以經驗為依據的斷言，也發出規範性的斷言。他主張，在大部分社會，法律以未經計畫、演化的方式發展出來，而這種自發性產生的法律，位階應該高於刻意創立的規則。這個解釋受到英格蘭大法學家愛德華・寇克（Edward Coke）的稱揚（寇克主張習慣法源於久遠無可考的遠古），也被愛德蒙・勃克（Edmund Burke）援引來捍衛他的漸進主義。[17] 海耶克是大政府思想的大敵，不只嚴詞批評蘇聯式共產主義獨裁統治，也嚴詞抨擊想透過重新分配和管理來獲致「社會正義」的歐洲社會民主主義國家。對於法律學者羅伯特・艾利克森（Robert Ellickson）稱之為「法律中間派」、「法律邊陲派」這兩種人之間的長期爭論，海耶克力挺其中一方。法律中間派認為，正式創立的法律創造並左右道德規則，法律邊陲派則主張，正式創立的法律只是將既有的非正式規範法典化。[18]

但海耶克對小政府的偏好，似乎扭曲了他對法律起源的觀察。因為雖然在許多社會，法律的確比創制律令存在更早，但政治權威常插手更動法律，甚至在早期社會就是如此。若沒有強勢的中央集權國家執法，現代法治不可能興起。甚至在海耶克所推崇的英格蘭習慣法的萌發時期，都是如此。

從習俗到習慣法

海耶克的基本見解：法律往往以社會規則的去集中化式演化為基礎發展出來，從廣義的角度看，不管放在古代，還是放在現代，都是對的。但法律發展過程中，有幾個重大的頓挫，並非「自發性秩序」過程的結果，只能以政治權威的干預才能得到解釋。海耶克完全搞錯了某些歷史事實。[19]

英格蘭境內從習俗到習慣法的轉變，乃是一例。習慣法不只是正式化、明文化的一種，還是在根本上不同類的一種法律。如第四章已提過的，法律意涵的一項重大改變，發生於社會從部落級到國家級組織型態的轉變完成之時。在部落社會，人與人之間的正義，有點類似當今的國際關係，也就是說，在沒有更高的第三方來執行規則的世界裡，正義建立在對抗群體的自力救濟上。相對的，國家級社會情況不同，正因為存在一個執行規則者，即國家本身。[20]

羅馬帝國覆滅後的英格蘭是個部落社會，由盎格魯人（Angle）、西撒克遜人（West Saxon）、朱特人（Jute）、凱爾特人等諸群體組成。未建成國家，家戶組成村子，村子組成名叫百戶邑（大到足以供養百戶的地區）或郡的更大單位。更上面是國王，但這些早期君主未獨占武力，無法對部落單位執行規則。它們自認是人民之王，例如盎格魯人國王（Rex Anglorum），而非領土統治者。如上一章提過的，隨著本篤會僧侶奧古斯丁於六世紀末抵達英格蘭，基督教出現於該地區，基督教隨之開始削弱盎格魯－撒克遜人的部落組織。但對部落法律的削弱是漸進的，在六至十世紀混亂的幾百年期間，部落法律仍占上風。親族群體成員彼此信賴，但對立氏族間存有敵意和相互提防之心。因此，正義的核心在於管理親族群體間的關係。

已知最早編成的盎格魯—撒克遜部落法，是六〇〇年左右誕生的《埃塞爾伯特法》（Laws of Ethelbert）。它針對不同傷害訂出不同的賠償金，就這點來說，它類似梅洛溫國王克洛維於稍早時彙編的《薩利克法》：

> 四顆門牙每顆值六先令，它們旁邊的牙齒每顆值四先令，其他牙齒每顆值一先令，拇指、拇指甲、食指、中指、無名指、小指和它們各自的指甲，都分得清清楚楚，且針對它們各訂定不同的價錢（hot）。針對耳朵聽力被毀、耳朵被割掉、耳朵被穿過、耳朵被撕裂；針對骨頭被弄到裸露、骨頭受損、骨頭被打斷、顱骨被打破、肩膀失能、下巴被打斷、鎖骨被打斷、手臂被打斷、大腿骨被打斷、肋骨被打斷；針對衣服外的挫傷、衣服底下的挫傷、未出現淤青的挫傷，也予以類似的區隔處理。[21]

賠償金（wergeld）刑罰的特點之一是不公平。對各種傷害的賠償，因受害者社會地位的不同而有異。因此，殺害一名自由民所要賠的金額，會是殺害僕人或奴隸的賠償金的好多倍。

從本質上看，日耳曼部落法與其他部落社會（從努爾人到今日巴布亞紐幾內亞島上的萬托克）的法律沒有兩樣。如果有人傷害你或你的親屬，你的氏族得報復，以捍衛群體的榮譽和公信力。傷害和報復都是集體的：通常找加害人的近親，而非找加害人本身來報復，就可達到目的。賠償金制度的用意，乃是在糾紛尚未升高為世仇或部落仇殺時解決糾紛。

今日的法院淵源自古代時用以調解族仇的氏族間大會。在盎格魯—撒克遜部落，這類大會叫做

「民會」（moot）。民會聽取原告、被告雙方的證詞，商議適當的賠償方式。但民會沒有現代那種傳喚證人到庭作證的權力，民會的裁決也只能在當事雙方同意下才能執行。法定證據往往透過神判（ordeal）來取得，例如要被告赤腳走過火紅的煤炭或犁鏵，或把被告浸入冷水或熱水裡，看他們會浮起或沉下。[22]

誠如後來尼采所論道，基督教引進日耳曼部落後，對這些部落的道德規範有了深遠影響。基督教英雄是和平的聖徒或殉教者，而非戰士或報復心切的征服者，基督教宣揚眾生平等，而這主張與以榮譽為基礎的部落社會的階層化體系相牴觸。基督教的婚姻、財產繼承規則引進後，不只破壞部落的團結，還創造出以共同信仰而非以親屬效忠為基礎建立社群的觀念。國王的身分由聲稱源自同一祖先之群體的領袖，變為更廣大得多的基督教社群的領袖和保護者。但此轉變是漸進的。

部落制於基督教社會中瓦解，並不表示家產制就此告終。一如在東正教會所見，這時期的神父和主教可以結婚生子。他們實行名叫尼古拉主義（nicolaism）的神父、主教納妾制度。隨著教會透過信徒捐贈取得愈來愈多財產，教會領袖必然會想將自己的聖職傳給自己的下一代，必然會捲進當地的氏族、部落政治。由於牽扯到這麼多的物質財富，教會職務成為可根據聖職買賣（simony）制買賣的有價值財產。

日耳曼多神教徒皈依基督教，類似阿拉伯或土耳其部落社會非信士皈依伊斯蘭教，為海耶克的自發性秩序理論帶來有趣的挑戰。掃視過海耶克列舉之例，可看出他完全未提及宗教，但在猶太教、基督教、印度教、穆斯林社會，宗教顯然是法定規則的重要來源之一。基督教於法律從部落習慣中浮現時引進歐洲，造成法律演化過程中的第一次重大頓挫。婚姻、財產規則，更改為讓女人擁有所有權，但不是某個地方法官或社群的自發性試驗，而是一強勢建制（天主教會）的階層化體系所促成的創新。天主教會不單單反映與它大相逕庭的地方價值觀，東正教會和穆斯林宗教權威都未著手以類似方式改變他們社會既有的親屬關係規則。教會知道，它所要做的不只是認可習慣法而已。誠如教宗烏爾班二世（Urban II）於一〇九二年向法蘭德斯（Flanders）伯爵所說的：「你聲稱至目前為止，你都只做符合該地古老習慣的事？但你應該知道，你的造物主說過：我的名字叫真理。他未說過：我的名字叫習慣。」[23]

英格蘭法律發展過程中的第二個重大頓挫，乃是習慣法本身的引入。習慣法的誕生，不是習慣自發演化的結果。它與早期英格蘭國家的興起密切相關，且靠國家權力才得以在最終取得支配地位。事實上，將一致的習慣法推廣及於整個英格蘭地區，乃是國家權力在「諾曼征服」後那個時期賴以擴張的主要憑藉。大法學家佛雷德里克．梅特蘭，和佛雷德里克．波洛克如此描述習慣法的起源：

> 國王法庭的習俗就是英格蘭的習俗，且成為習慣法。至於地方習俗，國王的法官一般說來會予以尊重。我們看不出處心積慮想拔除它們的跡象。然而，即使未被毀掉，它們的進一步成長也遭到抑制。如今國王的法庭就要澈底控制其他所有法庭，且傾向於把自己的規則視為唯一公正的規則，特別是在所有程序問題上。[24]

要理解此過程，就得充分認識歐洲早期國王的角色才辦得到。十一世紀時，國王不是領土的統治者，其角色仍比較類似於在分權封建秩序裡，諸多平起平坐者中的較資深者。威廉一世（William I）或亨利一世（Henry I）之類的君主，大半人生在奔波，從王國的某處遷移到別處，因為這是在已退化到孤立村落級、莊園級社會的世界裡，他們可藉以申明權威、保持聯繫的唯一方式。國王所能提供的主要服務之一，乃是在子民不滿意在地的莊園法庭所提供的審判時，充當上訴法庭。國王本身有興趣擴大其法庭的管轄範圍，因為他能從提供的服務收取服務費。但向國王的法庭上訴一事，也提高了國王的威信，國王可以藉由推翻某地方領主的司法意見，削弱該領主的權威。[25]

從一開始，不同種類的法庭就在爭奪司法事務的主導權，但一段時日之後，國王的法庭取得支配地位。出於數個理由，國王的法庭比地方的法庭更討人喜歡。巡迴的國王法庭被視為較公正，因為比起莊園法庭，它們與地方的訴訟當事人瓜葛更少，且它們也具有某些程序上的優勢，例如它們能逼人民出任陪審員。[26]久而久之，它們也受益於規模經濟和範疇經濟（economies of scale and scope）。司法的執行需要人力、專門技能、教育。最早招募國家級官僚的機構，是已開始編纂習慣性規則、已開始建立判例體系的國王法庭，而要勝任這樣的工作，書寫能力顯然是必要的先決條件。隨著時日推移，受過訓練而精通判例的法學專家愈來愈多，而這些人被派到各地擔任法官。

共同法（Common Law，習慣法）之所以冠上共同（意為「普遍通行」）之名，乃是因為它不具排他性。也就是說，作為英格蘭不同地區之指導原則的形形色色習慣性規則，被單一習慣法取代，而在共同法裡，國內某地區的判例適用於國內其他地方。法律由彼此相關且同心協力的大批法官來運用，這些法官在統一的法律體系裡運作，而此法律體系比先前盛行、各行其是的習慣性規則，更有系統、更正式。共同法的確倚賴習俗所建立的判例，但國家權力的興起，創立一組非習慣性規則所能充分因應的全新情況。例如，過去由加害者的親族群體透過繳付罰金來補償的那些犯法行為，這時被更高的第三方予以刑事起訴，而這第三方若非在地的莊園主，就是國王本人。國王的法庭也開始充當記錄財產登錄、土地轉移之類，非爭論性問題的場所。[27]

因此，共同法的引入，代表英格蘭法律發展過程中的一個頓挫。它利用更早的判例，但若沒有「諾曼征服」，它絕不會成為該地的法律。「諾曼征服」驅逐了較老的丹麥、盎格魯─撒克遜貴族，建立了單一的、愈來愈強大的集中化權威來源。共同法後來的演變可能是一自發過程，但它作為法律決定的基準架構，得靠集中化政治權力來實現。[28]

史學家約瑟夫・史崔爾（Joseph Strayer）主張，中世紀時，早期國家以法律、財政體系為核心，而非以軍事組織為核心建立起來，儘管在後來的近代期間，軍事動員的要求驅動國家的建造。事實上，從某個角度看，法律建制比財政建制還更早出現，因為國王法庭是國王最重要的收入來源之一。提升國王威信和權威者，是他公正裁決糾紛的能力，而非視受害者在習慣法底下的社會地位來決定賠償金多寡的制度。[29]一如在中東的君主制傳統裡所見，國王不必然被視為最大、掠奪性最強的軍閥。國王也是可能遭地方領主的掠奪行為傷害者之權利的保護者，公正裁決以伸張正義者。

證諸爾後的發展，中央政府這項法律之職能，對後來產權在英格蘭境內的發展，從而對英格蘭國家本身的正當性，至關重要。一直到約一四〇〇年，對於地方領主與其自由佃戶、非自由佃戶的往來事務，莊園法庭都享有排他性的管轄權，而碰到財產糾紛問題時，這就有點像是要狐狸守雞籠。但漸漸的，國王法庭確立了其對這些問題的管轄權。十三世紀初，有人主張國王管轄國內所有世俗的事務，次級法庭只有經由上面的授權才能取得管轄權。原告較喜歡到國王法庭打官司，久而久之，對土地保有權糾紛的管轄權，從莊園法庭流失到國王法庭手中。[30]這種由市場促成的偏好間接表明，國王法庭想必已被視為較公正，較不會偏袒地方領主，較有辦法執行它們的裁定。

在歐洲其他國家，未出現類似的轉變。特別是在法國，莊園法庭保有對土地所有權問題的管轄權，直到法國大革命爆發才中止。從某個角度來說，這頗出人意料，因為被認為削奪貴族權力，確立國王絕對權力者，乃是路易十三（Louis XIII）、十四等十七世紀法國國王，而非英格蘭國王。但這些法國國王仍讓各省貴族保有一項權力，即對各省當地法庭的管轄權。亨利．緬因於其文章〈法蘭西與英格蘭〉（France and England）中指出，法國大革命爆發後，全國各地的莊園主宅邸遭焚毀，而最先被燒掉的是存放有地契的文書貯藏室。與英格蘭農民相反的是，法國農民覺得地主握有地契不具正當性，因為法庭由當地領主控制，立場根本偏頗。[31]

後一例子說明了有關法治本質的一個要點。法治倚賴法律本身，倚賴執行法律的可見建制：法官、律師、法院諸如此類。法治也倚賴這些建制賴以運作的正式程序。但法治的健全與否，既繫於規範，也在同樣程度上繫於建制或程序。在任何承平社會，絕大部分人守法，與其說是因為他們理性考慮過利害，害怕受罰，還不如說是因為他們深信法律基本上公正，且受道德觀念驅使，已習慣於守法。如果認定法律不公，守法的意願就低許多。[32]

如果法律執行不公，如果有錢有勢者被認為不受法律約束，即使是認定公正的法律，都會被視為不公。這似乎會使負擔又回到建制和程序公正裁決糾紛的能力上。但在此仍有一重要的規範性因素在作用。因為如果有錢有勢者未在某種程度上能夠自制，或起碼相信每個人都需要自制，光靠外在的建制如何能約束他們？如果法官、檢察官、警察，如在許多法治薄弱的國家裡所見的，能被收買或會被嚇得不敢恪遵職責，那麼正式建制的存在與否有何差別？

欲建立被老百姓和國王都接受的規範性法律秩序，宗教不可或缺。波洛克和梅特蘭寫道，國王未高於法律：「若有人主張，每個國家都得有某人或數目明確的一群人高於法律，得有不具義務與權利的『最高統治者』，將會遭到駁斥……沒有人認為國王能更改天主教會的習慣法，即使是得到英格蘭高級教士和封臣同意的國王亦然。」[33]子民會武力反抗他們眼中不公義的作為，此事實使國王無法為所欲為。但他們眼中不公義的事，和會鼓動人民起來反抗國王的事，又取決於在他們認知中國王是在法律之內或之外行事。[34]

但公正的規範性秩序也需要權力才能建立。如果國王不願意執行法律，對抗國內菁英的利益，或沒有這樣做的能耐，不管法律的正當性是源自宗教、傳統，還是習慣，這正當性都會遭削弱。這是海耶克和其自由放任主義追隨者所未能看出的一點：習慣法或許是分散各地之法官的傑作，但若沒有強勢的中央集權國家，它根本不可能問世或得到執行。

現代法體系是英格蘭國家本身之正當性的基礎，而英格蘭早早就完成從習慣法體系到現代法體系的了不起轉變。其他歐洲國家於十三世紀完成類似的轉變，但建立在截然不同的法律體系上，即源自《查士丁尼法典》（CorpusIuris Civilis）的大陸法系。歐洲轉變的關鍵是天主教會的行為。此轉變過程和天主教會與印度、穆斯林世界的宗教建制的差異，是下一章的主題。

注釋

1 關於法治定義的討論，參見Judith N. Shklar, "Political Theory and the Rule of Law," in Stanley Hoffmann, ed., *Political Thought and Political Thinkers* (Chicago: University of Chicago Press, 1988).

2 William Blackstone主張世上只有一個自然法，且可透過理性發現，「時時刻刻將地球上所有國家結合在一起，人類法律凡是與自然法牴觸者都無效。」他又主張，宗教法只是普世自然法的另一個版本，「上帝所啟示的法律，比倫理學作家所建構的道德體系真實得多，且賦予自然法名字。」參見Blackstone, *Commentaries on the Laws of England* (Philadelphia: Birch and Small, 1803), pp. 41–42.

3 案例參見Krishna Kumar, ed., *Post conflict Elections, Democratization, and International Assistance* (Boulder, CO: Lynne Rienner, 1998).

4 關於此著作之概述，參見Stephan Haggard, Andrew MacIntyre, and Lydia Tiede, "The Rule of Law and Economic Development," *Annual Review of Political Science* 11 (2008): 205–34. See also Stephen Knack and Philip Keefer, "Institutions and Economic Performance: Cross-Country Tests Using Alternative Measures," *Economics and Politics* 7 (1995): 207–27; Philip Keefer, *A Review of the Political Economy of Governance: From Property Rights to Voice* (Washington, D.C.: World Bank Institute Working Paper 3315, 2004); Daniel Kaufmann, Aart Kraay, and Massimo Mastruzzi, *Governance Matters IV: Governance Indicators for 1996–2004* (Washington, D.C.: World Bank Institute, 2005).

5 Barzel, *Economic Analysis of Property Rights*.

6 Barry Weingast, "The Economic Role of Political Institutions: Market-Preserving Federalism and Economic Development," *Journal of Law, Economics, and Organization* 11 (1995): 1–31.

7「夠良好」一詞出自：Merilee S. Grindle, "Good Enough Governance: Poverty Reduction and Reform in Developing Countries," *Governance* 17, no. 4 (2004): 525–48.

8 Schurmann, "Traditional Property Concepts in China."

9 道格拉斯・諾思主張，產權使來自創新而近似於社會收益的私人收益得以出現，沒有產權，就不會有技術創新。案例參見North, *Structure and Change in Economic History*, pp. 159–60。就把科學知識應用在具體產品的技術來說，這說法或許說得通，但有許多促成技術進步的科學研究，具有得靠公共建制支持的公共財特質。也有可能是土地、動產上的產權所產生的影響，可能大不同於智慧財產權（專利、版權等）所產生的影響。

10 引自Alexis de Tocqueville, *Democracy in America*, trans. Harvey C. Mansfield and Delba Winthrop (Chicago: University of Chicago Press, 2000), Vol. II, part 3, chap. 1, p. 537. 編注：中文版《民主在美國》由左岸文化出版，二〇〇五年十月六日（已絕版）。

11 對現行促進法治方案的評論，參見Thomas Carothers, *Promoting the Rule of Law Abroad: In Search of Knowledge* (Washington, D.C.: Carnegie Endowment, 2006).

12 Friedrich A. Hayek, *Law, Legislation and Liberty* (Chicago: University of Chicago Press, 1976), 1:72.

13 海耶克與經濟學家Ludwig von Mises對一九三〇、四〇年代社會主義中央計畫經濟的抨擊，就以這觀點為基礎。參見Friedrich A. Hayek, "The Use of Knowledge in Society," *American Economic Review* 35, no. 4 (1945): 519–30，另參見*Fatal Conceit: The Errors of Socialism* (Chicago: University of Chicago Press, 1988). 編注：中文版《不要命的自負》由遠流出版，一九九五年三月一日（已絕版）。

14 Hayek, *Law, Legislation and Liberty*, pp. 72–74.

15 同前注，頁八五。

16 案例參見Rafael La Porta, Florencio Lopez-de-Silanes, Andrei Shleifer，和Robert W. Vishny, "Legal Determinants of External Finance," *Journal of Political Economy* 52 (1997): 1131–50; "Law and Finance," Journal of Political Economy 106 (1998): 1113–55，這些著作引起一場大辯論。在推動經濟成長方面，習慣法體系是否明確優於大陸法體系，未有定論。海耶克本人雖然較中意習慣法，仍指出大陸法系所倚為基礎的《查士丁尼法典》，乃是歷來羅馬法學家的裁定不斷積累的產物。總而言之，人很容易過度強調這兩個體系之間的差異。參見Hayek (1976), p. 83.

17 J.G.A. Pocock, "Burke and the Ancient Constitution—A Problem in the History of Ideas," *Historical Journal* 3, no. 2 (1960): 125–43.

18 Robert C. Ellickson, *Order Without Law: How Neighbors Settle Disputes* (Cambridge, MA: Harvard University Press, 1991).

19 關於對海耶克的批評，參見Shklar, "Political Theory and the Rule of Law."

20 欲了解背景，參見Richard E. Messick, "The Origins and Development of Courts," *Judicature* 85, no. 4 (2002): 175–81。有人把法律界定為由第三方執行的規則，在這樣的界定下，法律不存在於部落社會裡，但我仍要繼續提部落法。

21 Harold J. Berman, *Law and Revolution: The Formation of the Western Legal Tradition* (Cambridge, MA: Harvard University Press, 1983), p. 54.

22 同前注，頁五六。

23 引自Bloch, *Feudal Society*, p. 113

24 Pollock and Maitland, *The History of English Law*, p. 184.

25 Joseph R. Strayer, *On the Medieval Origins of the Modern State* (Princeton: Princeton University Press, 1970), pp. 29–30; Martin M. Shapiro, *Courts: A Comparative and Political Analysis* (Chicago: University of Chicago Press, 1981), p. 74.

26 Paul Brand, "The Formation of the English Legal System, 1150–1400," in Antonio Padoa-Schioppa, ed., *Legislation and Justice* (New York: Clarendon Press, 1997), p. 107.

27 同前注，頁一〇八。

28 關於此點，參見Arthur T. von Mehren, *The Civil Law System: Cases and Materials for the Comparative Study of Law* (Boston: Little, Brown, 1957), pp. 7–11.

29 Strayer, *Medieval Origins of the Modern State*, pp. 26–31.

30 Brand, "Formation of the English Legal System," p. 104.

31 Maine, *Early Law and Custom*, pp.296–328. 事實上，十八世紀期間的法蘭西國已愈來愈支持農民的法定權利，愈來愈站在地方領主的對立面，甚至侵蝕貴族的特權。誠如托克維爾所表示的，這導致農民期待心理的相應升高，使他們對尚存的不公平現象更為怒不可遏。參見 Hilton Root, Peasants and King in Burgundy: Agrarian Foundations of French Absolutism (Berkeley: University of California Press, 1987), pp. 20–21.

32 參見 Tom R. Tyler, *Why People Obey the Law* (New Haven: Yale University Press, 1990).

33 Pollock and Maitland, *The History of English Law*, p. 182.

34 Martin Shapiro 主張，英格蘭的司法獨立始終遭到誇大，主張英格蘭人始終相信國王在議會裡擁有統一的最高統治權，且此信念抵銷了司法獨立。參見 Shapiro, *Courts*, pp. 65–67.

第十八章　教會成為國家

天主教會在歐洲境內法治的建立上扮演多關鍵的角色；主教敘任權衝突和其影響；教會本身如何取得類似國家的特色；世俗統治領域的出現；當今的法治受到這些發展多大的影響。

從最根本來說，法治意味著社會內存有「法律是公正」的共識，意味著法律比統治者還早存在，且應約束任何統治者的行為。統治者不是最高權威，法律才是最高權威，而統治者只在從法律獲得其正當權力的情況下，才具有正當性。

在人類走上俗世化的近代之前，政治秩序之外最明顯可見的公正法律之來源是宗教。但以宗教為基礎建立的法律，只在宗教權力不受政治權力左右下存在時可約束統治者。如果宗教權力的體系不健全，如果國家控制了他們的財產和神父的聘用、解雇，宗教法律就比較可能是強化政治權威，而非限制政治權威。因此，欲理解法治的發展，就得不只檢視宗教規則本身的起源和本質，還得檢視宗教權力體系化、建制化的具體方式。

在歐洲，法治深受基督教影響。在歐洲諸國誕生之前許久，在羅馬就有一個能建立權威性教會法律的基督教教宗。歐洲有關婚姻、財產繼承的規則訂定，最初不是由君主主導，而是由教宗格列高里一世個人主導。格列高里一世對奧古斯丁下了明確指示，派他去勸不列顛的多神教國王埃塞爾伯特（Ethelbert）皈依基督教。

不少人強調西方是政教分離，沙烏地阿拉伯等穆斯林國家則是政教合一，特別是在二十世紀末期激進伊斯蘭主義興起之後。但此差別禁不起仔細的檢視。自基督教引進後，西方的政教分離並非常態，反倒是零星出現的現象。

基督教以千禧年教派之姿出現於歷史舞臺，問世後的頭三百年陸續遭到猶太人、羅馬政治權威的大力迫害。但隨著西元三一三年君士坦丁皈依基督教，基督教搖身一變，從異端教派變成羅馬帝國國教。隨著羅馬帝國西部遭多神教蠻族征服，宗教與政治權威再度分道揚鑣。在西方，政治權威的勢弱，使天主教會有較大的機會去確立自己的獨立地位，一如在教宗吉拉希斯一世（Gelasius I，西元四九二至四九六年）的「雙劍論」中所見的。這位教宗主張，高級教士擁有比國王行政權還高的立法權威。[1]但隨著黑暗時代末期政治權力的再度崛起，政教二度合一。

政教合一意指宗教權威完全屈從於王權的一種制度，一如基督教成為羅馬帝國國教時所見。擔任羅馬國教領袖的羅馬皇帝，掛上了「祭司長」（pontifex maximus）的頭銜（這頭銜本來指稱教宗）。過去，中國始終是政教合一（唐朝時，佛教盛行於菁英圈子，可能是例外），在穆斯林世界，什葉派居主流地區以外的地區，大部分也是政教合一。拜占庭的東羅馬帝國，即現代東正教的先祖，就是「政教合一」一詞發明時所指稱的政治實體，直到一四五三年君士坦丁堡遭土耳其人攻陷之後才揚棄此制度。事實上，西方基督教世界的大部分地區，十一世紀初時已實質上變成政教合一，只是今人對此的認知沒那麼普遍。

從實際的角度說，政教合一意指政治權威擁有高於教會的人事任命權，中世紀初期歐洲各地的情況就是如此。皇帝和歐洲各地的國王、封建領主，任命教會的主教。他們也有權召開教會的大公會議，能頒布教會法律。教宗加冕皇帝，但皇帝也立廢教宗。一〇五九至一二四一年間的二十五位教宗，有二十一位是皇帝任命，有五位遭皇帝撤換。歐洲各地的國王對教會權威懲罰世俗權威的資格，享有否決權。[2]

在歐洲大部分國家境內，教會的確擁有四分之一到三分之一的土地，從而賦予教會豐厚的收入、自治權來源。但由於政治權威掌控教會聖職的任命，教會的實質獨立地位受到限制。教會土地常被視為只是國王之聖職任命權的另一個來源而已。統治者常任命自己親人當主教，而由於主教、神父可結婚生子，他們常被捲入所居住轄區的家族政治、宮廷政治。教會土地成為可傳給主教下一代的可繼承財產。教會官員也出任多種政治職務，加深宗教權威與政治權威間的關聯。[3] 教會本身因此是個前現代的的家產制組織。

天主教會宣告獨立

天主教會宣告獨立於政治權威之外一事，發生於十一世紀晚期，領導者是後來成為教宗格列高里七世（西元一〇七三至一〇八五年在位）的修士希爾德布蘭德（Hildebrand）。[4] 教宗派內希爾德布蘭德的團體，包括彼得．達米亞尼（Peter Damiani）、樞機主教渾貝特（Cardinal Humbert）、教宗帕斯夏二世（Paschal II），主張凡是基督徒，包括所有政治權威，都應受教宗管轄，主張教宗有權罷黜皇帝。他主張只有教會有權敘任主教，世俗權威無此權力。這發生於神聖羅馬帝國皇帝亨利三世（Henry III）正密謀控制教權的時刻。他為接受教宗加冕而抵達羅馬之後，一舉廢掉三位互鬥的教宗，挑了他所中意者當新教宗。[5]

但在希爾德布蘭德眼中，教會若不改革自己，不可能獨立於政治權威之外，與之分庭抗禮，而最重要的改革乃是限制神父、主教娶妻生子。他抨擊當時所盛行，使聖職可買賣且可轉為可繼承財產的買賣聖職制度和神父、主教納妾制度。[6] 希爾德布蘭德一派發動宣傳小冊戰爭，呼籲基督徒勿從已婚神父或納妾神父手上領取聖餐，且抨擊教會收錢授與聖職的行為。[7] 當上教宗（格列高里七世）後，他使神父、主教終身不婚成為教會信條，逼已婚神父在為教會盡義務和為家庭盡義務之間做出選擇。這挑戰了根深蒂固的神父、主教習性，在教會內部引爆一場規模龐大且往往訴諸暴力的鬥爭。教宗格列高里的目標，乃是藉由攻擊家產制的根源（主教、神父娶妻生子的資格），終結教會內的腐敗和尋租行為。他這麼做背後的考量，和促使中國人、拜占庭人倚賴宦官，或促使奧圖曼人抓人充軍，將他們拆離原生家庭的考量一模一樣：如果讓人在忠於國家和忠於自己家庭之間做選擇，大部分人基於生物性會選擇後者。因此，減少貪腐的最直接方法，就是根本禁止官員結婚成家。

這個改革自然遭到既有主教的反對，教宗格列高里知道，除非把主教敘任權拿在手上，而非交給皇帝，他打不贏這場仗。在一〇七五年的某個教宗宣言中，他撤銷國王罷黜主教、任命聖職人員的權利。神聖羅馬帝國皇帝亨利四世（Henry IV）的回應，乃是致函格列高里，要「你這個可惡的傢伙，滾下來，滾下來！」試圖將他拉下教宗寶座。[8] 格列高里將亨利四世開除教籍，作為回應。有許多日耳曼諸侯和一些主教支持教宗，迫使亨利四世於一〇七七年來到格列高里位於卡諾薩（Canossa）的寓所請罪。他在冰天雪地中赤腳等了三天，終於得到教宗赦罪。

某些歷史事件是個人所觸發，若不談到他們個人的道德特質，無法充分解釋這些事件的來龍去脈。主教敘任權衝突就是這樣的事件。格列高里個性剛硬，自視甚高，曾被教宗派裡他的某個同志稱做「我神聖的撒旦」。他類似四百年後的馬丁・路德（Martin Luther），對教會改革和教會在社會裡的角色有恢宏的理想。他不屈服於威嚇，樂見其與皇帝的衝突升高為真刀真槍的戰爭。

但光是從個人意志的角度切入此重大衝突，無法盡詮。天主教會能崛起成為獨立自主的政治行動者，受惠於一個重要的客觀條件，即當時歐洲各地的世俗統治者普遍力量薄弱。拜占庭的東正教會和其後繼者俄羅斯東正教會，除了繼續接受它們棲身所在的帝國監護，別無選擇。相對的，西方的教會坐落於政治上四分五裂的義大利半島上。最鄰近該半島的國家，乃是北方同樣四分五裂的日耳曼諸國，神聖羅馬帝國雖統一日耳曼諸國，卻是有名無實的統一。法國十一世紀時的統一程度也只稍好一點，且在這時刻，無力對教會內政治進行決定性的干涉。因此，這時期天主教教會雖沒有自己的武裝力量，卻可輕易挑動周遭政治實體互鬥，從中得利。

亨利四世在卡諾薩接受教宗的權威，卻不承認教宗有權任命主教，繼續駁回格列高里的要求。接著，亨利四世宣布廢黜格列高里，立他中意的人選克雷芒三世（Clement III）為教宗，與他互別苗頭，接著占領羅馬。格列高里求助於南義大利的諾曼人國王，諾曼人的確趕走亨利四世，卻也洗劫了羅馬，使羅馬人民對他們心懷怨恨。格列高里不得不和他的諾曼盟友一起退到南方，一〇八五年在南義的薩萊諾（Salerno）抑鬱而終。敘任權衝突又持續超過一個世代，格列高里之後的幾位教宗再度開除亨利四世教籍，也開除他兒子亨利五世（Henry V）的教籍，皇帝則廢黜幾位教宗，立他所中意的人選為教宗，與羅馬打對臺。直到一一二二年沃爾姆斯宗教協定（Concordat of Worms）出爐，敘任權之爭才落幕。在這協定中，皇帝大體上放棄主教敘任權，教會則承認皇帝在多種世俗事務上的權威。

敘任權爭議在幾個方面影響了後來歐洲的發展。首先，它使天主教會得以演化為現代、等級森嚴、官僚制、受法律指導的建制，而這個建制，誠如法律史學家哈羅德．伯曼（Harold Berman）所主張的，成為日後世俗國家建造者效法的典範。獨立自主是撒繆爾．杭亭頓評估建制發展的標準之一，組織若不能掌控自己官員的任命權，就不可能獨立自主。這就是為什麼敘任權爭議如此重要的原因。沃爾姆斯宗教協定之後，統領教會等級體系的教宗，一時之間成為該體系無可爭議的最高行政官員，能在樞機主教團提供意見下任意任免主教。

教會洗心革面，革除舊弊。神父、主教終身不婚，斷絕了以家產制心態將聖職肥缺授與親人、後代的誘惑，在聖職的出售方面建立了新的道德風氣。教會也能以什一稅的方式自行收稅，而由於神父、主教不再捲入在地的氏族政治，教會能更自主處置自己的財政資源。教會具備了真正國家的許多特色，有時調集軍隊出征，宣告對一塊面積雖小但疆界明確的土地具直接管轄權。

教會捲入世俗事務的現象，當然未隨著敘任權衝突的結束而落幕。世俗統治者仍想操縱羅馬教廷，想扶植自己中意的人當教宗，例如十四世紀的亞維儂（Avignon）教宗。隨著時日推移，新的濫權枉法情事出現，也從而為宗教改革的興起鋪好道路。但從其變通、複雜、自主、整合的角度來看，天主教會的建制化程度，已遠遠超過其他任何世界性宗教的領導集團。

敘任權衝突的第二個重大影響，乃是使精神領域、世俗領域判然兩分，從而為現代世俗國家的興起鋪好道路。如前面指出的，此分離隱伏在基督教裡，一時還未外顯。沃爾姆斯宗教協定，以一種從未見於東正教會和穆斯林地區的方式，決定性地結束西方基督教會史裡的政教合一時期。

格列高里的改革，宣稱教會權力高於一切，所有精神事務、世俗事務，包括廢黜國王、皇帝的權利，都歸教會管轄。這位教宗實質上在宣稱，他擁有和印度婆羅門一開始所擁有的那種權威。但事實上，經過一場漫長的政治、軍事鬥爭，教會不得不妥協。教會劃出一塊範圍明確、可讓它確切無疑掌控的精神領域，藉此承認世俗統治者有權利在他們自己的領域裡行使權力。此分工為接下來世俗國家的興起打下了基礎。[9]

最後，敘任權衝突影響了法律和法治在歐洲的發展。法律體系因教會欲藉由擬出一部有系統的教會法規，來賦予自己正當性而誕生，法治則因教會創造出一個自成一體、充分建制化的精神權威領域而誕生。

羅馬法重出江湖

在與皇帝衝突時，格列高里七世與繼任的諸位教宗未擁有可調度的軍隊，於是轉而透過訴諸正當性來壯大自己的力量。教宗派開始尋找法律源頭，以強化其教會管轄一切主張的說服力。其結果之一，乃是於十一世紀末在北義大利某圖書館裡重新發現《查士丁尼法典》。[10] 時至今日，《查士丁尼法典》仍是整個歐陸境內和曾受歐陸國家殖民或影響的其他國家（從阿根廷到日本），境內所施行的大陸法系的基礎。許多基本的法律概念，例如民法與刑法的差別、公法與私法的差別，都源自該法典。

《查士丁尼法典》是高度先進的羅馬法彙編，六世紀初由查士丁尼皇帝命人在君士坦丁堡編成。[11] 這份重見天日的文獻，包含四個部分：法典（Code）、學說彙纂（Digest）、法學輯要（Institutes）、新律（Novella），其中以學說彙纂最為重要，涵蓋了個人身分地位、侵權行為、不當得利、契約、法律救濟之類問題。學說彙纂匯集了查士丁尼的法學家眼中過去整套羅馬法（現已佚失）最有價值的遺產，成為十二世紀出現的新一代歐洲法學家研究的對象。[12]

羅馬法能重獲重視，乃是因為法學研究已建立在新的建制性基礎上，而這基礎位在新興的現代大學裡。十一世紀末，波隆納大學成為學術重鎮，來自歐洲各地的數千名學生群聚於此，聆聽伊爾內利烏斯（Irnerius）等教授講授學說彙纂。[13] 這堂新設的法學課，讓歐洲人接觸到先進的法律體系，且他們可輕易以其為榜樣建構自己社會的法律。於是，此法典的知識傳播到歐陸最偏遠的角落，而巴黎、牛津、海德堡、克拉科夫、哥本哈根等其他城市則設立法學院。[14] 重新發現羅馬法，帶來和英格蘭習慣法類似的影響，也就是使盛行於歐洲許多地方，具大量特殊性的日耳曼習俗迅速遭揚棄，代之以一套超國界、更為條理清楚的規則。[15]

第一代的《查士丁尼法典》評注者，人稱注釋法學派（glossator），他們把重新建構和重現羅馬法當作主要職責。但後來幾代的學者，例如湯瑪斯·阿奎那（Thomas Aquinas），在尋找法律的知識基礎時，把目光轉向更古老的年代，望向古希臘人。古典時代哲學家，例如亞里斯多德，主張習慣和眾所接受的看法得接受人類理性的推敲，得被以更為普遍的真理標準來評量。阿奎那將此原則用在他對亞里斯多德的研究，而他所創立的哲學傳統，鼓勵後來幾代的法律評注者勿機械式地重現既有法律，而應思索法律的起源和法律如何應用在新情況上。[16]在歐洲諸大學裡重獲勃興的古典時代傳統，不只是訴諸某些死典籍之權威的傳統，還是理性探索這些典籍之意涵的傳統。

這些新大學培養出一批不同的律師，他們學到如何解釋古典時代典籍，精通某一特殊的知識領域。教會權威和世俗權威都漸漸了解，他們做決定時得遵從這些律師的專業知識，特別是在最看重契約、財產權的商業領域裡做決定時。這些律師也開始用心保護自己的領域，使免受非專業人士、自私政黨的侵犯。

在格列高里改革之前，教會法係由教會大公會議（council）、教會團會（synod）頒布的多種敕令、早期基督教教會神父的著作、教宗敕令、國王與皇帝代表教會頒布的敕令組成。教會法裡摻雜了羅馬法殘餘和日耳曼習慣法。[17]隨著教會內建立起統一的層級化體系，教會首度得以透過一群日益職業化的教會法律專家的協助，權威性地賦予這套法律正當性和一致性。修過這門法學課的修士格拉提安（Gratian），分析了過去幾百年頒布的數千條教規，他調和這些教規的歧異，把它們綜合成一套教會法規。這套教會法規於一一四〇年化為一部龐然的法學著作出版，即厚達約一千四百頁的《教會法匯要》（*Decretum*）。格拉提安在神授法、自然法、實在法、習慣法之間建立等級體系，建立了可用以解決它們之間矛盾的理性程序。在格拉提安之後的百年裡，教會法規大幅擴編，涵蓋了包括刑事法、家庭法、財產法、契約法、遺囑法在內的多種主題。[18]

透過編訂出單一教會法規，天主教會取得類似國家的屬性。但更進一步接近國家，則是因為發展出可用以管理其事務的官僚組織。已有法學家主張，韋伯所界定的現代官僚「公署」，其第一個典範創立於十二世紀新問世的教會層級化體系裡。[19]現代官職的標記之一，乃是官職與任官職者的分離；官職不是私人財產；任官職者是得受他所置身之層級化體系的紀律約束的領薪官員；官職從功能的角度來界定；出任官職的資格以能力為準。如前面已提過的，從秦國起，中國的官僚組織就具有這些特色，儘管有許多官職在後來的朝代期間再度走上家產制之路。在教會官僚組織擺脫世俗君主敘任權的約束，以及實施神父、主教終身不婚制之後，它們也愈來愈成為教會官僚組織的特色。例如，十二世紀初，教會開始區隔官職（officium）與聖職（beneficium）。任官職者不再必然獲賜土地，他們從此以後可能只是領薪水的教會雇員，可視其任內的工作表現予以任免。教會新設的機構，例如不久後成為世俗統治者文書院之取法對象的教廷文書院（Papal Chancery），開始雇用這些官僚。[20]

現代國家的興起和法律

格列高里改革時，歐洲的政治秩序開始往與極端分權相反的方向走。極端分權現象發生於卡洛林帝國於九世紀瓦解之後，那時，權力先是流到一連串地區領袖手中，接著在十世紀末地方領主開始建造堅不可破的城堡時，權力又進一步分散。莊園（manor，以領主的城堡和土地為中心，大體上自給自足的生產、軍事單位）成為歐洲各地統治權的來源。緊接在這套制度之後，開始出現一些王朝，例如以法蘭西島為核心的卡佩王朝（Capetians），或征服英格蘭、南義大利的諾曼貴族的王朝。這些王朝的領土比對手大，形成新出現的疆域國家（territorial state）體系的核心。

格列高里改革不只為疆域國家提供官僚組織、法律的榜樣，還鼓勵它們發展自己的建制。世俗統治者有責任維持自己領土內的和平、秩序，提供有利於新興商業活動發展的規則。這促成多個與封建制度、莊園、城市、長距離貿易有關的法律適用領域的形成。哈羅德・伯曼主張，適用不同領域的多種法律的並存，激勵不同管轄範圍間的競爭和創新，從而促進歐洲境內自由權的發展。獨立城市的興起尤其重要，這些城市的自由民和它們對外貿的倚賴，激發出對商業法的新需求。[21]

教會的走向建制性獨立，也激發封建社會其他領域形成法人組織。十一世紀，主教傑拉德・德・坎布賴（Gérard de Cambari）、阿爾達貝隆・德・拉翁（Aldabéron de Laon）提出社會該組成三個等級的原則，這三個等級分別是貴族、神職人員、平民，亦即打仗者、禱告者，以及供養這兩者的工作者。此功能性（而非領土性）組織，為這三個群體日後形成三級會議，提供了意識形態基礎。統治者偶爾召集這三個階層開會以決定徵稅事宜，商議攸關整個國家的重要問題。如後面幾章會提到的，決定歐洲國家發展出可問責政府還是專制政府，就是這三個階層抵抗欲大權獨攬之君主的能力。[22]

歐洲國家建造的特點之一，乃是早期時極度倚賴法律作為國家建制成長的動機和方法。如今，專家已習於認為戰爭、暴力，是歐洲政治發展的主要推手。在近代，專制政體以軍事動員的財務需求為核心興起之時，情況的確如此。但在中世紀，國家靠公正裁決的能力取得正當性和權威，而它們的早期建制以司法事務的執行為核心形成。

在英格蘭最是如此。二十一世紀初，我們習於把英格蘭和由其衍生出的美國，視為盎格魯—撒克遜自由放任經濟自由主義的原鄉，把法國視為統制性中央集權政府的發源地。但一直到十四世紀結束，情況都完全不是如此。當時歐洲諸政治實體中，英格蘭國家最中央集權、最強勢。這個國家產生自國王的法庭，和該法庭在全國各地公正裁決糾紛的能力。一二〇〇年時，這國家已擁有以職業或半職業官員為成員的常設建制，規定凡是與土地權有關的訟案，若沒有國王法庭的敕令都不能提出，同時能對整個王國課稅。[23]從《終極稅冊》（*Domesday Book*）可具體看出中央政府的權力之大。這部稅冊編於「諾曼征服」後不久，王國內每個郡的居民土地都受到調查。[24]

這時，英格蘭的國家認同感已萌現。一二一五年，封建貴族造反，在蘭尼米德（Runnymede）逼國王約翰接受《大憲章》時，這些封建貴族並未抱著想讓自己免除一般規則約束的軍閥心態。他們期待建立統一的全國政府，以透過國王的法庭給予他們的權利更佳的保護，而就這點來說，他們是以更大社群的代表自居。[25]相對的，法國這時的一統程度遠不如英格蘭。法國不同地區之間有明顯的語言、文化差異，國王能課稅的地區，只限於他自己以法蘭西島為核心的小領地。

中世紀教會如何為今日的法治建立先例

天主教會以現代官僚組織的姿態現身，和該教會於十二世紀頒布教會法規，仍遠遠談不上我們今日的法治。在法治健全的已開發國家，賦予政治統治正當性的法律，通常是成文憲法。這種較高階的法律並非源自宗教權威，事實上，有許多憲法在宗教所置喙的眾多道德問題方面，明定政治中立場。現代憲法的正當性毋寧來自某種民主批准程序。此一較高階的法律，或許正如亞伯拉罕・林肯（Abraham Lincoln）對《美國憲法》的認知那般，[26]源自亙古常存或放諸四海皆準的原則，而且大部分現代憲法並未完全清楚交代它們正當性的根本來源。[27]但在現實層面，對這些原則的詮釋，始終受到政治衝突的影響。透過民主程序獲得正當性的行政、立法機關，其權力終究受到也透過民主程序取得正當性的憲法約束，只是憲法比較嚴格，它要求透過絕對多數決來取得社會共識（更晚近時，政府也可能受到歐洲人權法院或國際刑事法院等超國家法律組織的約束，這類法院的正當性基礎，比國家級法院的正當性基礎模糊得多[28]）。包括以色列、印度在內的某些自由民主國家，宗教法院仍對家庭法之類的某些問題行使管轄權。但這些例子被視為通則（宗教權威不得參與法律體系）的例外。

那麼，以宗教為基礎建立的法律，為現代法治打下基礎，為何還說得通？

獨立宗教權威的存在，使統治者習慣了他們不是法律之最終來源的觀念。佛雷德里克・梅特蘭斷言，從沒有哪位英格蘭國王認為自己高於法律，但這說法絕不適用於中國皇帝身上，因為歷來的中國皇帝都認為只有他所創制的法律才是法律。（在這點上，中國君王類似於印度的拉闍、剎帝利，和阿拉伯、土耳其的蘇丹，這些人都會同意自己高於法律。）

在每個具有以宗教為基礎之法律的社會，政治統治者都立法，且試圖侵犯宗教法領域。在許多例子，這侵犯是不得不然，因為有許多生活領域，宗教法未提供適切的規則。但最危險的侵犯是對原則的侵犯。近代歐洲的重大政治鬥爭（將於接下來幾章裡細述），與主張新統治權原則（把他們自己而非上帝放在層級化體系最頂層）的君主興起有關。這些國王，類似中國皇帝，主張只有他們能創制法律，主張他們不受先於他們的法律、習慣或宗教約束。現代法治的興起，與成功抗拒這些主張和法律最高地位的重獲確立脫離不了關係。在有宗教傳統賦予法律神聖性、獨立自主地位，賦予法律它原本未必擁有的整合性時，要抗拒國王的上述主張顯然容易得多。

此外，如果把法律理解為有關正義規則的廣泛社會共識的體現，那麼中世紀法治和現代法治之間銜接的頓挫就只是表象。海耶克說：法先於創制律令，正欲表達這意思。在像十二世紀那樣的宗教時代，或在同時的穆斯林世界或印度世界，社會共識透過宗教表達，因為宗教在人民日常生活裡扮演了遠比今日重要的角色。宗教法不是從外太空掉進社會的東西。即使它們最初是透過暴力和征服強加於社會，它們也與所置身的社會一同演進，被社會接納為本土的道德規範。[29]宗教領域與世俗領域未判然兩分，因此除了透過宗教，別無他法來明確表達社會共識。如今，在宗教所扮演的角色比以往受到更多限制的時代，社會共識得以其他方式（例如透過民主選舉時的投票）來決定，乃不可避免的事。但法律仍是普受認同之正義規則的具體展現，不管法律是從宗教角度還是從世俗角度來表達。

十二世紀浮現的宗教法，協助將法律建制化、理性化，從而影響了現代法治。因為光是確立政治統治者得受法律約束這個理論性原則，還不足以建立法治。除非法律展現在具體可見，且保有某種程度不受國家左右之獨立自主的建制，想約束統治者的獨斷獨行，可能性會低許多。此外，如果法律不是一套條理清楚、表達明確的規則，無法用來限制行政權威。三權分立的憲政觀念，得建立在以下的現實基礎上：法律體系牢牢支配其自身人員的招募、升遷，自行訂定自己的專業標準，自行訓練自己的律師和法官，被真正賦予不受政治權威干預的法律解釋權力。英格蘭國王促成以國王法庭的最終權威為基礎的習慣法問世，但他也把大量權威授與法官，允許不單靠國家來取得其雇員、收入的強勢法律職業出現。在歐陸，查士丁尼大陸法系的盛行，使法律的解釋仍較集中化，但同樣有獨立自主的法律職業發展出來，事實上，出現了因應不同門類法律的多種法律職業。不管是在英格蘭，還是在歐陸，西方法律理性化的程度都大於印度法律或遜尼派穆斯林法律。後兩者的演進過程裡都未出現像格拉提安那樣，分析所有的宗教敕令，調和它們彼此歧異的人。

出現於西歐的法律傳統，明顯不同於存在於東正教勢力範圍裡的法律傳統。決定基督教對後來政治發展之影響者，不是基督教本身，而是西歐基督教會所採取的特殊建制。在東正教會，主教繼續由皇帝或地方政治領袖任命，整個教會從未宣告獨立於國家之外。東正教會從未像西歐教會那樣失去羅馬法的傳統，但也從未像西歐教會那樣以行動表明自己的地位高於皇帝（拜占庭皇帝）。

現代政治由三個政治發展元素構成，而法治的問世是其中第二個。歐洲境內的轉變，一如歐洲脫離部落級或親族關係級社會組織，其發生年代得推回到近代之前許久，就法治來說，得至少推回到十二世紀。這凸顯了本書的諸多中心思想之一，即現代化的不同部分，並非隨著宗教改革、啟蒙運動、工業革命，而一整套到來的。現代商業法規係因應獨立城市和快速成長之貿易之要求而產生，但法治並非經濟力量所促成，而是宗教力量所促成。因此，攸關經濟現代化成敗的兩個基本建制（個人在社會關係和財產關係方面的選擇自由，受透明、可預測法律限制的政治規則），乃是近代之前的建制，即中世紀教會所創造出來。後來，這些建制才在經濟領域裡表現出作用。

注釋

1 Norman F. Cantor, *The Civilization of the Middle Ages*, rev. ed. (New York: Harper, 1993), pp. 86–87.

2 Berman, *Law and Revolution*, p. 91.

3 同前注，頁八八。

4 九世紀晚期時，法蘭克的神職人員已開始主張，基督教軍權建立在神授上，即君主是「上帝代理人」，上帝授與君主以代理人身分統治人民的權利。他們致力於拔除王權於查理曼大帝等統治者在位時所享有的宗教權威，致力於只在教會裡找宗教正當性。神父與主教涉入政治，帶來嚴重貪腐，引發十、十一世紀時一連串改革運動。第一個改革運動是克呂尼（Cluny）運動。此運動因由法國南部的克呂尼隱修院發起而得名，首度將歐洲各地志同道合的修道院統合為一個等級制的修會。克呂尼運動提倡「上帝治下的和平」（Peace of God）觀念，禁止基督徒對神職人員、朝聖者、商人、猶太人、女人或農民施暴或開戰。Wilfred L. Warren, *The Governance of Norman and Angevin England, 1086–1272* (Stanford: Stanford University Press, 1987), pp. 15–16.

5 欲了解背景，參見 Cantor, *Civilization of the Middle Ages*, pp. 249–65.

6 此時弊不只遭到克呂尼運動的痛批，也在《反聖職買賣三書》（*Three Books Against the Simoniacs*）之類著作中遭到強烈譴責。《反聖職買賣三書》出自穆瓦延穆捷的雲貝爾（Humbert of Moyenmoutier）之手，一〇五八年，即格列高里七世即位教宗之前出版，書中痛斥聖職買賣的行徑。James R. Sweeney, "Review of Harold Berman, *Law and Revolution*," *Journal of Law and Religion* 2, no. 1 (1984): 201.

7 Berman, *Law and Revolution*, pp. 89–90.

8 教宗吉拉希斯以君士坦丁堡的最高主教太聽命於皇帝為由將該主教開除教籍時，就發生過這種聖職任免權爭端。參見 Cantor, *Civilization of the Middle Ages*, p. 86.

9 Strayer, *Medieval Origins of the Modern State*, pp. 21–22.

10 Harold J. Berman, *Faith and Order: The Reconciliation of Law and Religion* (Atlanta: Scholars Press, 1993), p. 40.

11 羅馬法濫觴於羅馬共和國晚期，由一群法學家（jurisconsults）發展出來。這些法學家是專職的法律專家，現代法官的前身。《查士丁尼法典》用於拜占庭帝國內，但權威性文本在西歐大部分地方失傳許多世紀。Cantor, *Civilization of the Middle Ages*, pp. 125–26.

12 Mary Ann Glendon, Michael W. Gordon, and Paolo G. Carozza, *Comparative Legal Traditions* (St. Paul, MN: West Publishing, 1999), p. 19.《查士丁尼法典》的成就，在於裁減更早時期龐雜的羅馬法，使其成為脈絡一致的法律。參見Shapiro, *Courts*, pp. 128–30.

13 這所大學建立由較有錢的學生以學費供養教授的新教學模式。有錢學生對教學方法和主題的掌控，應該會讓不滿意於教授的後世學生感到豔羨。Berman, Law and Revolution, pp. 123–27.

14 Strayer, *Medieval Origins of the Modern State*, pp. 25–26; Glendon, Gordon, and Carozza, *Comparative Legal Traditions*, p. 25.

15 Shapiro, *Courts*, p. 131.

16 Glendon, Gordon, and Carozza, *Comparative Legal Traditions*, p. 24.

17 同前注，頁二二至二三。

18 Harold J. Berman, "Religious Foundations of Law in the West: An Historical Perspective," *Journal of Law and Religion* 1, no. 1 (1983): 9.

19 Udo Wolter, "The *officium* in Medieval Ecclesiastical Law as a Prototype of Modern Administration," in Padoa-Schioppa, *Legislation and Justice*, p. 31.

20 Strayer, *Medieval Origins of the Modern State*, p. 34.

21 參見Harold J. Berman, "Some False Premises of Max Weber's Sociology of Law," in Berman, *Faith and Order*, pp. 244–50.

22 Thomas Ertman, *Birth of the Leviathan: Building States and Regimes in Medieval and Early Modern Europe* (New York: Cambridge University Press, 1997), pp. 53–54.

23 Strayer, *Medieval Origins of the Modern State*, pp. 42–43.

24 David Harris Sacks, "The Paradox of Taxation," in Philip T. Hoffman and Kathryn Norberg, eds., *Fiscal Crises, Liberty, and Representative Government* (Stanford: Stanford University Press, 1994), p. 15.

25 Strayer, *Medieval Origins of the Modern State*, p. 46.

26 與史蒂芬・道格拉斯（Stephen Douglas）辯論時，林肯主張憲法建立在《獨立宣言》所揭櫫的公平原則上，而在此公平原則下，就連以正當方式構成的民主大多數，其使某些人成為他人奴隸的能力都受到限制。但道格拉斯主張，沒有比民主更高的原則可決定此類議題。參見 Harry V. Jaffa, *Crisis of the House Divided: An Interpretation of the Lincoln-Douglas Debates* (Seattle: University of Washington Press, 1959).

27 現代憲法提到天賦權利或人類權利之類的普世原則，但這些憲法也需要人民的批准，且未完全正視當這兩者衝突時如何調和的問題。

28 參見 Tom Ginsburg, "Introduction: The Decline and Fall of Parliamentary Sovereignty," in Ginsburg, ed., *Judicial Review in New Democracies: Constitutional Courts in Asian Cases* (New York: Cambridge University Press, 2003).

29 基督教是被人透過征服和暴力強加在西半球的原住民族。在當今墨西哥、秘魯等有龐大原住民人口的國家，天主教是基督教與多神教習俗的綜合體。但把它們視為歷史上屬於天主教的國家，仍說得通。

第十九章 國家成為教會

法治為何從印度、中東發展出來，而不是在中國；在中東，權威如何被實質上分割為世俗權威、宗教權威；近代之前的中東諸政權如何遵守產權；穆斯林烏里瑪為何從未能像基督教會那樣抑制國家權力；為何當今的阿拉伯世界沒有法治；現代幾種法治之比較。

在中國，宗教未反映社會、文化共識，反倒往往成為社會抗議的源頭。從漢朝時的道教、唐朝時的佛教，到十九世紀受基督教影響的太平軍，到今日的法輪功，都是如此。在中國，國家從未承認有比它自己更高的宗教性權威，且輕易控制歷來所出現的神職人員集團。

因此，在中國，以宗教為基礎的法治，沒有歷史根基。在由法家思想支持的傳統觀念裡，中國人眼中的法律主要是實在法。法律就是皇帝所頒布的命令。主要的法典頒布於秦、漢、隋、唐、明朝，其中許多法典只是針對不同違法情事的罰則一覽表。唐律於七、八世紀時頒行了幾種不同版本，其條文中完全未提及該法律的神授來源，而是清楚表明法律由人間統治者創制，以控制會破壞自然與社會之平衡的不當行為者。[1]

在印度，情況又完全不同。與印度國家形成同時或更早時發展出來的婆羅門教，把政治－武士階層（剎帝利）擺在祭司階層（婆羅門）之下，印度宗教以把祭司擺在最高位的四瓦爾那階序體制為核心建立起來，所有印度統治者都從婆羅門那兒取得正當性和社會認可。因此，法律深受宗教影響，而非政治影響，印度最早的法律小冊，即《法論》（*Dharmasastras*），不是像在中國所見的皇帝敕令，而是宗教權威所寫的文件。[2]後來印度法律的發展，有點類似英格蘭的習慣法，並非嚴格建立在這些法律典籍的基礎上，而是建立在判例法和由班智達（pandita，即宗教界的法律專家）所產生的相關判例。[3]他們的裁定往往由婆羅門而非由政治權威來執行，而且他們不允許由世俗界主導的自成一體的裁決領域存在。法律具有海耶克所提及的許多特色：它通常是不可變動的，或只在提出一更古老的判例，且認定現行法律是該判例的倒退的情況下，才可予以更動。[4]據說某保守的印度教徒，在得悉獨立後的印度國會想修訂婚姻法、離婚法時發出的回應：「國會的權威不能推翻『論』（Shastras，神所說的話）的規定。『論』是印度教聖人為利益眾生所寫下的東西。凡是印度教徒都無法接受『論』以外的任何權威。」[5]

但婆羅門階層並未組織成可對國王、皇帝下命令的階層化體系。沒有印度教宗，沒有印度教會。較貼切地說，婆羅門階層是個網絡型組織，該組織的成員散居在眾多村子和城市裡，彼此以平等地位溝通。但婆羅門被分割為數個闍提（種姓），闍提制所確立的階級區隔，分裂了婆羅門本身。主持國王授職儀式的婆羅門成員，可能不願與主持喪禮的婆羅門成員交往。因此，宗教權威在地方層級有很大影響力，在地方，他們的服務乃是幾乎所有重大社會活動所必需。他們從未屈居於國家之下，或從未被國家聘用，但他們也無法透過建制性的階層化體系來集體行動。闍提制所促成的權威分裂，不只影響政治權力，也影響宗教權力。

中東境內的法治

除了印度和歐洲，還有一個世界性文明誕生法治，就是伊斯蘭中東。如今在中東內外，許多人知道，有不少政權，特別是位在阿拉伯世界的政權，是不受任何更高法律或正義觀約束的殘酷獨裁政權。[6]西方人往往認為，政教合一是伊斯蘭教所固有的特質，在基督教歐洲則不常見，且往往認為伊朗於一九七九年革命後建立的那種神權政權，代表傳統穆斯林的統治型態重出江湖。這兩種看法都非事實。

現代穆斯林獨裁政權的出現，乃是該地區與西方對抗，以及後來該地區向現代性轉變這些偶然事件所造成。過去，在基督教歐洲，政治權威與宗教權威常結合為一。在穆斯林世界過去幾個漫長的歷史時期，則是實質上分離。法律在穆斯林地區所發揮的功用，一如其在基督教地區所發揮的功用：約束政治統治者的權力，雖然約束的程度較弱，但使他們無法為所欲為。法治是穆斯林文明的基礎，且事實上在許多方面成為該文明的特色。

我們不妨一一列出穆斯林世界與基督教世界在法治方面的相似之處。在這兩個傳統裡，法律都深受宗教影響：只有一神，神具有普世管轄權，且是所有真理、正義的來源。這兩種傳統，連同猶太教，都深深倚賴聖典，具有很早就法典化的基本社會規則。就伊斯蘭來說，構成這些規則的，不只《古蘭經》，還有聖行（sunna，穆罕默德創教過程中的種種行為）和聖訓（hadith，穆罕默德言行錄）。聖訓集結了可作為行為準則的穆罕默德生前故事和言語。但對這些規則的解釋，在許多情況下莫衷一是，必須交給特別的一群祭司負責，就基督教會來說，就是神職人員（clergy），就伊斯蘭教來說，就是烏里瑪。在基督教和伊斯蘭教，法律都不是像在中國那樣來自政治權力，而是來自對政治權威有支配權的上帝或真主。穆罕默德或許在生前就已成為部落統治者，但他令其阿拉伯同胞言聽計從的權威，不只倚賴他對軍隊的指揮權，還倚賴他作為真主傳話人的角色。

前幾位哈里發，和穆罕默德一樣，將宗教權威和政治權力統合在他們個人身上，而在整個伍麥葉王朝期間，此舉未曾中斷。但在該王朝覆滅時，有位伍麥葉家族親王逃離阿巴斯王朝，在西班牙另建一獨立的哈里發政權，政治權力與哈里發權力隨之開始分道揚鑣。隨著時日推移，帝國內有數省脫離自立，巴格達哈里發的權威大減，管轄範圍只有京畿地區，而即使在京畿地區，他也成為傀儡，實權掌握在軍事指揮官手中。[7]發跡於突尼西亞，後來以埃及為大本營的法蒂瑪王朝（Fatimids），自建哈里發政權，與巴格達分庭抗禮，且巴格達哈里發的權威從未得到什葉派和哈瓦利吉派承認。哈里發或許宣稱在宗教事務上擁有普世權威，但他們的實質管轄範圍只局限於一隅。

到了十一世紀，權力已在實質上被分割，由哈里發和任何在特定領土上掌控政治權力者分別擁有。掌握實權者，亦即世俗君主，掛上「埃米爾中的埃米爾」（emir of emirs）稱號。哈里發玩法律把戲，聲稱已把權威授與掌握實權者，藉以保住他在範圍較窄小之宗教事務上的權威。[8]法學家阿布・哈桑・馬瓦迪（Abu al-Hasan al-Mawardi）解釋，這樣的安排具有正當性，因為哈里發透過其代理人繼續行使世俗權威，但其實正好相反：哈里發已成為這位埃米爾的傀儡。[9]伊斯蘭世界實質上是走政教合一路線，而非神權統治路線：世俗統治者掌權，在其領土上是哈里發和負責執行伊斯蘭教法的烏里瑪兩者的主子。[10]

在遜尼派穆斯林世界，哈里發和烏里瑪被嵌入政治實體裡自成一體的獨特建制裡，有自己明確的階層化體制，能管轄、控制它自己的人員，而在這世界，哈里發和烏里瑪從未正式脫離該政治實體，也就是說，從未有人建立與格列高里改革後，在歐洲出現的天主教會相當的單一穆斯林「教會」。穆斯林知識階層，此點類似主教是由祭司、法官解讀，與運用穆斯林判例法的教法學家組成的分散式網絡。敘任權衝突之前的天主教會，在遜尼派傳統裡，有相互競爭的四大伊斯蘭教法學派，它們的哲學觀點彼此不盡相同，勢力的興衰消長取決於是否得到政治權力的眷顧。烏里瑪從未以一個階層化體系為中心將自己建制化，因此不可能產生單一的法律傳統，也不可能出現像羅馬教宗那樣，爭奪政治權力的穆斯林階層化體系。

清真寺與國家的分離

但這不表示宗教權威與世俗權威沒有功能上的分離。在十五世紀的奧圖曼帝國，圖爾森·貝伊（Tursun Bey）寫道，蘇丹能主動創制實在法，不受伊斯蘭教法約束。這套世俗法律後來被叫做卡農納梅（kanunname，源自歐洲境內使用的「canon law」一詞），運用於傳統伊斯蘭法學所未能建立合用規則的領域，例如公法和行政法。與新征服地區境內的課稅權、產權有關的規則，以及管理貨幣發行與貿易的規則，都屬於卡農納梅範疇。[11]傳統伊斯蘭教法，主要著墨於婚姻、家庭、財產繼承等個人事務，由人數眾多、呈網絡狀分布的卡迪（kadi，伊斯蘭教法執行官）和穆智台希德（mujtahid）運用。穆智台希德是嫻熟穆斯林經典，能將這套鬆散的法律運用於特定案子的法學家，類似印度教的班智達。[12]這需要建立兩個平行的司法機構，一個是世俗性機構，另一個是宗教性機構。卡迪運用伊斯蘭教法，但得倚賴世俗權威來執行他們的判決。[13]

理論上，奧圖曼帝國境內使用的這套規模日增的世俗法律，位階低於伊斯蘭教法，可由宗教權威予以複審。但一如哈里發在理論上對蘇丹行使管轄權，實際上依賴蘇丹，伊斯蘭教法也受到管理日益成長之商業社會的漸增需求擠壓。當奧圖曼創設大穆夫提（grand mufti）這職位時，宗教權威的獨立性受到進一步的限縮。在此之前，政府已從學界找人擔任卡迪，但把法律內容的決定交給他們負責。新設的穆夫提和他所管轄的官僚組織，獲准針對伊斯蘭教法的內容發布不具約束力的看法，即所謂的法特瓦（fatwa）。土耳其與歐洲背道而馳，往提升政治對宗教控制的方向發展。[14]如果羅馬教會呈現國家的屬性，土耳其國家則呈現教會的屬性。

在近代之前的中東，法治真正奉行到什麼程度？如第十七章所指出的，盛行於今日的法治，至少有兩種意涵：第一個意涵和每日所奉行，使商業、投資得以發生的產權、契約法有關，第二則和統治者和統治階層願意遵守法律所加諸限制的心態有關。第二個意涵關係到第一個意涵，因為如果社會上的菁英不遵行法治，會想利用手中的權力，恣意奪取比他們弱勢者的財產。但如先前已指出的，統治者理論上擁有恣意侵犯產權的大權，實際上卻仍時時尊重法治，這樣的情形也不無可能。

就我們已深入探討過的兩個中東政權（埃及馬木魯克和奧圖曼土耳其）來說，存在有第一個意義下的那種法治，且除非受到外力干預，這種法治是本然的存在。也就是說，存有使長期投資和可預測之商業交易得以進行的明確產權、財產繼承規則。第二種意義下的法治也存在，因為馬木魯克蘇丹和奧圖曼蘇丹，都承認以下原則：他們的權力受到由真主創立的先行法律限制。但實際上，他們有相當大的自主空間，可將法律往有利於他們自己的方向解釋，特別是在財務吃緊時，為覓得財源，他們不得不違反奉行已久的法律規範。

在這兩個政權裡，都不存在完整的現代產權，但我們並不清楚它們的付諸闕如，是否就是妨礙穆斯林世界經濟發展的因素。[15]在奧圖曼帝國境內，大部分的土地屬於國家，只在席帕希服兵役期間發給他們，但為席帕希耕種土地的農民，未擁有可傳給下一代的土地用益權。其他的拉亞，例如工匠和商人，有私人產權，如果運氣好且本事夠，能積累龐大財富。所有傳統中東統治者都深知苛捐雜稅會帶來的危險，為了「公義」他們得避免這樣的作為。此外，他們就和其他君主一樣，把自己的角色定位為保護平民，使免受出身名門的菁英分子的掠奪侵犯。就連蘇丹都不能規避法律，恣意而為。即使席帕希奉蘇丹之命去執行懲罰，都得把被告帶到卡迪面前，審判定罪之後才能行罰。個人去世未留下遺囑時，在國家可對其遺產提出要求之前，遺產由遺囑執行人保管。非穆斯林的外國人去世後，其遺產也由卡迪登錄、保管，直到有繼承人出現為止。[16]

從慈善捐贈「瓦克甫」的作用，可清楚看出法律如何限制傳統穆斯林政府的權力。如前面已提過的，奴隸出身、掌理國政的軍人菁英，最初被禁止結婚生子或積聚財產。馬木魯克和土耳其禁衛軍都先是娶妻生子，接著設立由自己小孩或他們所委任的其他人管理的慈善基金會，藉此規避上述規定。而慈善基金會的收入將確保他們下一代生計無虞。由於對遺贈物的更動受到嚴格限制，使這些瓦克甫的經濟效用不大，但有好幾代期間，阿拉伯、土耳其統治者，都讓這其中許多瓦克甫完整保留。[17]

但如果瓦克甫清楚說明國家取得私人財產能力的局限常被當作保住資產的工具，則間接表明其他較不受宗教保護的財產，會受到恣意課稅的侵犯。即使不是每個國家都應該被冠上掠奪者之名，當客觀情況要求國家開始掠奪時，每個國家都會想這麼做。十五世紀，切爾卡西亞裔馬木魯克政權的財政狀況，隨著時日推移而愈來愈窘迫，導致他們的蘇丹開始想方設法籌措財源。一般稅率被任意提高，財產被沒收，促使有錢人尋找更新奇的辦法來隱藏自己的財富，而非把財富拿去投資。同樣的，奧圖曼人於十六世紀下半葉所面臨的財政危機，導致稅率調高，傳統產權受到威脅。禁衛軍雇用方面施行已久的建制規則，和禁止結婚成家的規定遭放寬，國有的蒂瑪爾遭違法賣給出價最高者，而非保留作為服兵役有功的獎賞。馬木魯克甚至侵吞瓦克甫以取得資金，一如基督徒統治者不斷想把修道院名下的龐大土地和其他教會的財產據為己有。

教宗的兵力

據說，史達林曾語帶不屑地問道：「教宗有幾個師的軍隊？」既然法治如我所主張的深受宗教影響，我們可對法官和律師提出類似的問題：在由法律統治的國家，他們能調度多少師的兵力？他們有多大的執行權力可讓統治者按照他們的詮釋遵守法律？

答案當然是一個師都沒有。行政、司法之間的權力分離只是象徵性的。行政部門具有真正的強制性權力，能動用軍隊、警察來落實他們的意志。司法部門的權力，或作為法律監護者的宗教權威的權力，只在他們能賦予統治者正當性，和他們作為廣泛社會共識的角色得到民眾支持的情況下才存在。格列高里七世能迫使亨利四世來卡諾薩請罪，但無法真的廢黜他的皇帝之位。要實現這目的，他得倚賴軍事盟友，例如眼紅亨利的日耳曼諸侯，或南義大利的諾曼人國王。而教宗能否吸收到世俗盟友，又取決於那些盟友是否認為他的目標具正當性，以及他們本身的短期利害考量。主教敘任權衝突的結果，乃是現實利害和道德考量所共同促成。最後，亨利四世這位有軍事、經濟資源可動用的世俗統治者，不得不和具有某些經濟資源，但沒有強制性權力的宗教領袖妥協。因此，教宗的權威是真實存在，但靠的不是他的軍隊。

穆斯林烏里瑪的權力，就像教宗的權力，建立在其能賦予蘇丹正當性上。王位繼承鬥爭時，權力尤其高漲。在穆斯林地區，伊斯蘭、土耳其的部落習俗，都禁止建立類似長嗣繼承制的明確王位繼承規則。蘇丹可指定接班人，但真正的接班過程往往變成蘇丹諸兒子人人皆有機會的競爭，或就馬木魯克來說，成為各大派系領袖人人皆有機會的競爭。在這情況下，烏里瑪身懷給予支持或撤回支持的權力，因而具有相當大的影響力。但如果烏里瑪太公然干預權力鬥爭，一如切爾卡西亞裔馬木魯克當政期間的哈里發所碰到的，反倒可能削弱烏里瑪自身的地位。

但我們不該誇大在近代以前的穆斯林社會裡法治的程度。法律在保護產權和商業上運作得「夠良好」，但尚未構成憲法權利保障之類，也即是可阻止一心欲侵犯權利的統治者恣意妄為的東西。大穆夫提和呈網絡狀分布的卡迪，全由國家挑選、聘用一事，大大削弱他們的獨立自主，而與十二世紀後天主教會雇用的獨立法學家大不相同。奧圖曼國從頭至尾政教合一，且對穆斯林學者的控制程度還與時俱進。

在印度和伊斯蘭，法治為何未能捱過與西方接觸的衝擊

不管是在淪為殖民地之前，或是在受西方深入影響之前，印度和中東兩地的法治都有許多相似之處。在這兩個地方，都有一個受宗教權威保護的傳統成文法，和由宗教法官（印度的班智達、穆斯林地區的卡迪）在千百年歲月裡所創造，以判例形式流傳下來的一套複雜判例法。在這兩個地方，宗教法是正義最根本的來源，政治統治者只獲授權去執行該法律，或只是獲委派為負責執行該法律的代理人，至少在理論上是如此。

在這方面，印度、中東兩地與基督教歐洲近似的程度，大於此三地的其中任何一個近似中國的程度。印度、中東兩地不同於歐洲之處，在於他們的宗教領導集團未從政治秩序抽身。印度從沒有婆羅門教宗之類的角色，而在穆斯林地區，雖有哈里發，但在伍麥葉王朝之後，哈里發大體上已是穆斯林地區最有權勢的政治統治者的俘虜。兩地的宗教領導集團都未能獨立於政府之外，因而都未能把自己塑造為對內部核心班子和人員升遷有自主控制權的階層化現代官僚組織。而沒有獨立自主地位，宗教－法律領導集團就很難有力約束國家。宗教領導集團仍與國家犬牙交錯，因此國家本身無法以自成一體的世俗建制形式發展。

不管在印度或是穆斯林世界，傳統的法治都未捱過現代化的衝擊，而在穆斯林世界，它所帶來的結果特別悲慘。在印度，由華倫．黑斯廷斯（Warren Hastings）領導的東印度公司管轄區，一七七二年決定對印度教徒施行法論，對穆斯林施行伊斯蘭教法，對其他所有子民施行某種版本的英格蘭「正義、衡平、良心」（Justice, Equity, and Good Conscience）原則。[18]施行「印度教」法律

時，英國人完全誤解了法律在印度社會裡的角色。他們認為法論等同於歐洲的教會法規，也就是認為那是已編為明文法典、一體適用於所有印度教徒、有別於世俗法律的宗教法。在歐洲，如我們先前所提過的，經過一段漫長的發展，教會法規已演變為這樣的法律，但印度法律從未經歷過類似的演變。印度法律比較可能是一套活的、不斷在演變的規則，而非以文本為基礎的法律，且這些規則受班智達監督，視客觀環境運用於印度不同地區。[19]統治印度的英國人，受阻於梵文能力有限等諸多因素，未能切實了解該地。英國人把班智達當成精研法論的專家來運用，但不信任他們，隨著更多梵文典籍轉譯為英文，英國人開始想辦法繞過他們。一八六四年英國人完全不再運用班智達，改用想自行解釋傳統印度教法律的英國法官（在印度的穆斯林社會，也發生類似的停用伊斯蘭教法的事[20]），作為活傳統的傳統印度教法律隨之瓦解。印度共和國成立後，傳統印度教法律得到復興，但那時候，此傳統的延續性已被打斷。

在穆斯林的法治傳統裡，則發生更為澈底的斷裂。奧圖曼政府於一八六九至一八七六年命人編成民法典《梅塞勒》（*Mecelle*），想仿照英國人對印度法律的改革方式進行改革。此改革的目的在將伊斯蘭教法編集成典，將它系統化為條理分明的一套法律，實質上就是和一一四〇年格拉提安處理教會法規的目的沒有兩樣。在這過程中，奧圖曼人削弱了烏里瑪的傳統社會角色，因為法官在澈底法典化的法律體系裡的角色，大不同於在較無組織之法律體系裡的角色，且不如後一角色重要。一八七七年的奧圖曼憲法把伊斯蘭教法貶為數種法律裡的其中一種，拿掉其先前作為賦予整個政治統治正當性的基準架構角色。傳統的學者階層，漸漸被受過西方法律訓練的法官取代。

隨著凱末爾（Kemal Ataturk）的崛起和一次大戰後土耳其共和國的建立，哈里發一職遭廢，世俗民族主義取代伊斯蘭，成為土耳其國的基礎。[21]阿拉伯人從未認為《梅塞勒》法典具有完全的正當性，隨著奧圖曼運動與青年土耳其運動的展開，阿拉伯人發展出愈來愈不同於土耳其人的認同感。獨立之後，阿拉伯人發覺自己夾處在遭截頭去尾的傳統伊斯蘭教法體系，和殖民強權帶給他們的西方法律體系之間。

在脫離殖民地身分獨立建國之後，印度人與阿拉伯人走上彼此大不相同的兩條路。印度共和國建立憲政，使行政權威受到法律和議會選舉的雙重限制。獨立後的印度法律一直不怎麼稱頭：由現代法律與傳統法律拼湊而成，以過度講究程序和拖沓而惡名在外，但至少是法律。摒除一九七〇年代英迪拉．甘地（Indira Gandhi）宣布進入緊急狀態的短暫例外，印度領袖始終願意在其約束範圍內運作。

阿拉伯世界則走上大不相同的另一條路。英、法、義這三個殖民政權，在埃及、利比亞、敘利亞、伊拉克諸國策立的傳統君主，迅即遭世俗民族主義軍官取代，而這些軍官接著將權威集中於不受議會，也不受法院限制的強勢行政部門。在這些政權裡，烏里瑪的傳統角色都遭廢除，代之以完全由行政部門制定的「現代化」法律。唯一的例外是沙烏地阿拉伯。該國未遭殖民，維持一個非基本教義派的政權，且有瓦哈比派宗教領袖集團與該政權的行政權威相抗衡。這些行政權掛帥的阿拉伯政權，有許多變成既未能促成經濟成長，也未能讓人民享有個人自由的高壓獨裁政權。

法學者諾亞．費爾德曼（Noah Feldman）主張，伊斯蘭主義在二十一世紀初的興起，和整個阿拉伯世界要求恢復伊斯蘭教法的普遍呼聲，反映了對該地區當今政權無法無天的獨裁統治的嚴重不滿，以及對行政權受到真正尊重法律之心態約束時代的懷念。他認為不該只是把要求恢復伊斯蘭教法的主張，視為欲倒退回中世紀伊斯蘭的反動想法，而應視之為欲建立較平衡政權的希求，在這種政權裡，政治權力會願意在可預測的規則裡運作。許多伊斯蘭主義政黨的黨名裡納入「正義」一詞，此一再索求「正義」的現象，反映的與其說是要求社會平等，不如說是要求法律下的公平對待。未受到法治或可問責制度制衡的強勢現代國家，只是造就出更為完美的暴政。[22]

現代伊斯蘭主義者能否打造出受法治限制的民主政權，是個得小心處理的問題。一九七九年革命後伊朗伊斯蘭共和國的經驗，讓人無法對此樂觀。自十九世紀起，什葉派伊朗的神職階層化體系，始終比遜尼派世界裡存在的任何神職階層化體系，組織更為完善。這個由何梅尼領導的階層化體系，控制伊朗政府，將伊朗改造為由神職階層化體系控制國家機器、不折不扣的神權統治國家。於是國家發展成神職獨裁政權，常常關押、殺害反對者，始終樂於扭曲法律以滿足自身目的。

理論上，伊朗共和國一九七九年的憲法，可以作為建立溫和、民主，受法律指導之國家的基礎。此憲法允許在一位非民選最高領袖，和憲法監督委員會（Guardian Council）所作決定的限制下，舉行議會選舉、總統選舉，該監督委員會由數位身為真主之人間代表的高級神職人員組成。此安排本身未必是「中世紀的」，即未必是前現代的（premodern）。被馬克斯·韋伯認為是現代理性國家之典範的德國統一後憲法，其民選議會權力受到一非民選皇帝的限制。如果最高領袖或憲法監督委員會，把自己的角色單純界定為權力超大的傳統烏里瑪，具有類似最高法院的權力，可定期頒布由民選議會（Majlis）所通過的非伊斯蘭法律，那麼伊朗就可更合理地宣稱它在實行符合時代需求的新版伊斯蘭法治。但一九七九年的憲法不只賦予最高領袖司法權，還賦予其龐大的行政權。他掌控伊斯蘭革命衛隊和準軍事部隊巴斯基（Basij）；他能主動出手，取消公職候選人的競選資格，且顯然能操縱選舉，以產生他所樂見的結果。[23]就像俾斯麥憲法，或仿俾斯麥憲法制定的日本明治憲法。這部伊朗憲法特別闢出一個領域，專門供神職階層化體系（而非皇帝），在其中行使行政權。一如在日本、德國所見，這些行政權易腐化，導致知識階層日益遭武裝部隊控制，而非憲法裡所明確主張的由知識階層控制武裝部隊。

國家的建造使政治權力集中，而法治限制政治權力。光是這原因，法治的發展就會受到政治力的掣肘，且會受到早期英格蘭國王或野心勃勃的教宗等人之干擾的政治利益，或受到要求恢復伊斯蘭教法的反對派伊斯蘭主義團體推動。歐洲法治的基礎建立於十二世紀，但靠後來幾百年政治鬥爭的結果，這基礎才終於穩固。接下來的法治發展過程，開始與可問責政府興起的過程合而為一，因為可問責政府的提倡者最初要求的，不是民主選舉，而是會遵守法律的行政部門。這段過程會在第二十七章再度探討。

為何法治在西歐較為強固

在中世紀歐洲、中東、印度等任何一個地區完成往現代化之前許久，法治就存在於這三地。在這三個社會裡，統治者都承認他們生活在非他們本人所創造的法律之下。但這會真正約束他們的行為到何種程度，不只取決於此理論上的承認，還取決於以法律的制定和執行為核心的制度性條件。在某些特定條件下，法律會對統治者有較大約束力：如果法律編集成權威性的法典；如果法律的內容由法律專家而非由政治權威來決定；如果法律受到獨立於政治階層體系之外的制度保護，有自己的資源和人事權。

法制在西歐建制化的程度，高於在中東或印度建制化的程度。這大概是歐洲發展史上的偶然條件所造成，而非隱而不顯的宗教觀念所致，因為東正教會從未經歷類似的發展。重要因素之一是歐洲境內權力的極端分散，給了教會反覆不定的極大空間。它導致罕見的情況：不只在民主與可問責政府問世之前，而且在現代國家建造過程本身展開之前，法治就牢牢根植於歐洲社會。這明顯可見於建制化法律的所有層面。

編集成典

在印度，吠陀靠口頭傳述，且在相對較晚時才形諸文字，與印度相反的是，猶太教、基督教、伊斯蘭教這三個一神教，都從很早時就建立在具權威性的聖典上。這三種宗教的教徒全是「有聖典之民族」。但只有在西歐，雜亂無章、令人糊塗的文字典籍、敕令、解釋、評注，才得到系統化的整理，成為條理清楚的整體。在穆斯林、印度教或東正教的傳統裡，沒有相當於《查士丁尼法典》或格拉提安《教會法匯要》的東西。

法律專門化

在這點上，基督教基本上和其他宗教沒有兩樣，因為這些宗教都產生一批法律專家來解釋、執行法律。但在西歐，法律教育成為定制的程度，和在先進大學體系裡發展的程度，大概高於其他地方。

機構之獨立性

按照杭亭頓的分類，獨立自主是建制發展的特點，而在西方，法律獨立自主的程度，遠高於其他地方。西方曾出現格列高里改革和主教敘任權衝突，而在此衝突裡，教會統治集團與世俗統治者進行一場漫長的政治衝突，最後將該統治者逼和。在世界其他地方，未經歷這樣的改革和衝突。為這場衝突畫下句點的沃爾姆斯宗教協定，賦予教會獨立自主地位，且大大鼓勵教會發展自己的官僚組織和正式規則。

因此，就近代之前法治抑制世俗統治者權力的程度來說，在西歐，比在中東、印度或東正教會還要強得多。這對後來西歐境內自主建制的發展有重大影響。

在歐洲，往現代性轉變期間，法治的正當性基礎有所改變，而法治就在該改變發生時倖存下來。這是內部的、自然漸進發展過程的結果，因為宗教改革削弱了教會的權威，啟蒙運動的世俗觀念腐蝕了對宗教的信仰。以國王的權威、以民族，或以人為基礎的新主權理論，開始取代上帝的最高統治權，成為法律正當性的基礎。如許多觀察家所指出的，在西方，法治的存在比現代民主早了幾百年，因此得以在人民主權原則獲承認之前許久，就出現一個抑制行政權威的十八世紀法治國（Rechtsstaat）普魯士。但到了十九世紀末期，民主理念已取得正當性，法律愈來愈被視為民主社群的實在法。法治所產生的習慣，這時已深植於西方社會。就在法治的正當性基礎改變時，認為文明生活與法律密不可分的觀念、龐大且自主的法律機構的存在、勃興之資本主義經濟的需求，全都起了強化法治的作用。

我一再強調，唯一不存在法治的主要世界性文明是中國。中國皇帝的確有本事實行暴政，例如以嚴酷的法家刑罰為基礎建立大一統國家的秦始皇。但帝制中國並不以統治的嚴酷而著稱。在中國，產權、課稅、國家主動改造傳統社會習慣的意願高低方面，國家遵守某些明確的限制。如果這些限制不是來自法律，那來自何處？作為成熟農業社會的中國，其統治方式是接下來兩章探討的主題。

注釋

1 John W. Head, "Codes, Cultures, Chaos, and Champions: Common Features of Legal Codification Experiences in China, Europe, and North America," *Duke Journal of Comparative and International Law* 13, no. 1 (2003): 1–38. 另參見Shapiro, *Courts*, pp. 169–81.

2 欲了解背景，參見J. Duncan M. Derrett, *Religion, Law, and the State in India* (London: Faber, 1968), chaps. 3–4.

3 參見Richard W. Lariviere, "Justices and Panditas: Some Ironies in Contemporary Readings of the Hindu Legal Past," *Journal of Asian Studies* 48, no. 4 (1989): 757–69.

4 J. Duncan M. Derrett, *History of Indian Law (Dharmasastra)* (Leiden: E. J. Brill, 1973).

5 Lariviere, "Justices and Panditas," pp. 763–64.

6 Alfred Stepan與Graeme Robertson指出，自由民主制度的實際赤字，在阿拉伯世界，高於在更廣大穆斯林世界。參見Alfred C. Stepan and Graeme B. Robertson, "An 'Arab' More Than a 'Muslim' Democracy Gap," *Journal of Democracy* 14, no. 3 (2003): 30–44.

7 Bernard Lewis, "Politics and War," pp. 165–66.

8 同前注，頁一六八。

9 Noah Feldman, *The Fall and Rise of the Islamic State* (Princeton: Princeton University Press, 2008), pp. 37–38.

10 每當有哈里發太過干預政治，哈里發權威的局限就表露無遺。伯海里系馬木魯克王朝，把阿巴斯王朝的哈里發由巴格達遷到開羅，而在開羅，哈里發賦予馬木魯克蘇丹的正當性上，扮演較不重要的角色。該王朝末年時，哈里發穆台瓦基里三世（al-Mutawakkil III）捲入反切爾卡西亞人的陰謀，因此遭廢黜，後來才復位。他的兒子慕斯台因（al-Mustain）成為埃米爾人遂行個人目的的工具，遭廢哈里發之位，後來的哈里發，參與未遂政變的嘎伊木（al-Qaim），也遭到同樣命運。Jean-Claude Garcin, "The Regime of the Circassian Mamluks," in Petry, ed.

11 Inalcik, *The Ottoman Empire*, p. 70.

12 馬克斯・韋伯斷言，卡迪在市場裡行使職權，且以全然主觀的立場裁定糾紛，完全未引用正式規則或規範。在韋伯眼中，卡迪是他的法律體系分類系統裡實質不合理（substantive irrationality）法律體系的典型。事實上，卡迪根據判例法和判例來裁決，做法類似歐洲法官。問題出在歐洲境內的教會法和世俗法，在格列高里七世改革之後，得到綜合整理和系統化，而穆斯林法律未經歷這種綜合和系統化。基本法的不求嚴謹，增加了個別法官便宜行事的權力。參見 Inalcik, *The Ottoman Empire*, p. 75; and Max Rheinstein, "Introduction," in Max Weber, *Max Weber on Law in Economy and Society* (Cambridge, MA: Harvard University Press, 1954), p. xlviii.

13 Lybyer, *The Government of the Ottoman Empire*, pp. 36–37.

14 Feldman, *The Fall and Rise of the Islamic State*, pp.50–52. 時至今日，土耳其共和國政府對穆斯林宗教機構嚴加控管。

15「binding constraint」一詞取自 Dani Rodrik, Ricardo Hausmann, and Andres Velasco, "Growth Diagnostics," in Narcís Serra and Joseph E. Stiglitz, eds., *The Washing- ton Consensus Reconsidered* (New York: Oxford University Press, 2008)。穆斯林世界之所以無法取得持續性的經濟成長，除了因為產權不完善，還因為其他許多約束。其中最重要的約束，或許是知識界愈來愈不願像西方人那樣投入有關社會制度的公共辯論的心態，特別是在七世紀末期與薩法維王朝衝突之後。欲全面了解伊斯蘭與經濟落後之間關係的種種理論，參見 Timur Kuran, *Islam and Mammon: The Economic Predicaments of Islamism* (Princeton: Princeton University Press, 2004), pp. 128–47.

16 Inalcik, *The Ottoman Empire*, p. 75.

17 Timur Kuran, "The Provision of Public Goods Under Islamic Law: Origins, Impact and Limitations of the Waqf System," *Law and Society* 35 (2001): 841–97.

18 Derrett, *History of Indian Law*, pp. 2–3.

19 Head, "Codes, Cultures, Chaos," pp.758–60.

20 Muhammad Qasim Zaman, *The Ulamain Contemporary Islam: Custodians of Change* (Princeton: Princeton University Press, 2002), pp. 21–31.

21 Feldman, *The Fall and Rise of the Islamic State*, pp. 62–68.

22 參見前注，頁二一一至二一七。

23 Shaul Bakhash, *Reign of the Ayatollahs: Iran and the Islamic Revolution* (New York: Basic Books, 1984).

第二十章　東方專制主義

唐朝之後，現代國家建制如何在中國重獲鞏固；武后的篡位和此事對吾人了解中國政治制度的啟示；何謂天命，以及在帝制中國，政治正當性如何確立。

在中國，從沒有哪個政府接受過真正的法治，只有二十世紀晚期的中華民國可能是個短暫例外。中華人民共和國有成文憲法，但中國共產黨的權威高於憲法。同樣的，在帝制中國，從沒有皇帝承認任何法律權威擁有最高地位，法律是他本人所創制的實在法。換句話說，皇帝的權力未受到司法的抑制，使皇帝有很大空間實行專制統治。

這些現象引發至少四個關於中國政治制度之本質的疑問。第一個與法治付諸闕如對政治的影響有關。在西方，存有把中國歸類為「東方專制主義」的長期傳統。這種思維是無知、自大、歐洲中心心態的表現？或者的確中國皇帝行使比西歐境內君主還要大的權力？

第二，在中國政治制度裡，正當性的來源為何？中國歷史的特色是數不勝數的暴亂、篡位、內戰、試圖建立新王朝的作為，但中國人始終在混亂之後回復到平衡狀態，且在那平衡狀態裡，將龐大的威權授與他們的最高統治者。他們為何願意這樣做？

第三個疑問是，儘管中國皇帝的專制統治不絕於書，為何中國統治者往往未把他們理論上擁有的權力運用到極致？雖然沒有法律，皇帝的權威還是受到抑制，且在中國歷史上，有幾段很長時期，皇帝領導一個穩定、受規則約束的政治實體，同時未大肆侵犯其子民的日常權利和利益。事實上有許多時候，皇帝勢弱，明顯未能迫使頑強的社會遵守其規則。那麼，在傳統中國，國家權力所真正受到的限制來自何處？

最後，中國歷史為我們對了解善治（good governance）的本質，提供了哪些更廣泛的啟示？中國人發明了現代國家建制，但未能阻止國家重新走上家產制之路。接下來的帝制中國史，乃是不斷努力使這些建制不致敗壞的歷史，乃是不斷阻止有權有勢者將權力家產制化的歷史。促成政治敗壞和回歸清明的因素為何？

我會在本章嘗試解答前兩個問題。但首先，得簡短概述從唐至明的中國歷史。

唐宋轉折期後中國的現代性

第九章探討中國時，我們已談到經歷過三至六世紀三百年的政治衰敗，中國如何在隋、唐時恢復大一統局面。我指出秦、漢時所成立的現代國家建制，在這三百年期間大幅崩毀，導致政府再度走上家產制之路。東漢滅後繼起的諸國，大體上由世族統治，這些世族安插親人擔任要職，競相擴張權力。建立隋、唐，使中國復歸一統的楊堅、李淵，都出身自此世族階層。楊堅出身北周某世家大族，李淵是唐國公，是隴西大族李氏的後代。[1] 一如漢滅隋興之間的大部分國家，隋朝與唐初的政治受世族主宰，世族成員充任官僚，統領軍隊，掌握地方權力。這批菁英由已與鮮卑等蠻族家系大量通婚的北方軍事貴族組成。考試取才制度雖於西元六〇五年重新啟用，但在招募非菁英出身的人才進入官僚組織上，卻不是嚴謹、富成效的管道。[2]

唐朝存世將近三百年，但晚期變得極不穩定（見表二所列王朝）。七世紀中葉，「邪惡」武后的掌權，開啟了世族相互殘殺的時代，使許多世族成員喪命。八世紀中葉，坐鎮帝國東北邊疆的粟特—突厥裔軍事指揮官安祿山叛亂，迫使唐玄宗和太子趁夜分頭逃出都城長安。八年後叛亂終於弭平，但這場發生於帝國心臟地帶的內戰導致人口大減、經濟衰退。帝國元氣從此未能恢復，權力旁落到愈來愈不聽中央指揮的一群邊地軍事指揮官。中國政治制度始終將軍人納入文人的牢牢掌控，但在這個時期，它開始類似羅馬帝國，各大軍區的有力將領期盼利用軍區為權力基地，藉以在政治界大展身手。九〇七年，唐朝終於在民變和內戰中滅亡，接下來一連五個由軍人領導的短命王朝在華北掌權，南部則來來去去出現十個王國。

雖有將近五十年的中斷，中央集權國家的正當性在唐末時已廣被接受，因而眾軍事指揮官之一的趙匡胤得以在九六〇年重新統一中國，建立大宋王朝。從許多方面來看，宋朝是知識分子最得意的朝代。隋唐時佛教、道教打入中國平民和菁英階層都極為成功，而在北宋時，儒家復興，佛、道勢力則相應衰退。新儒家是很有力的知識運動，傳播到鄰國日本、高麗，影響了整個東亞地區的知識活動。[3]

表二　隋後的中國王朝

西元年份	王朝	開國皇帝／廟號
六一八	唐	李淵／高祖
九〇七	後梁	朱溫
九二三	後唐	李克用
九三六	後晉	石敬塘
九四七	後漢	劉知遠
九五一	後周	郭威
九六〇	北宋	趙匡胤／太祖
一一二七	南宋	趙構／高宗
一二七二	元	忽必烈汗
一三六八	明	朱元璋／太祖
一六四四	清	

與此同時，中國開始遭受部落民族的一連串入侵，中國失去大片地區，最後整個中國落入他們之手。[4]第一個入侵的部落民族是契丹。這個來自蒙古邊界地區的突厥—蒙古裔群體，在華北建立了遼闊的遼帝國，征服了有漢人居住的華北燕雲十六州。在遼帝國西邊，党項人建立西夏國，國土包括前幾個朝代期間由中國控制的邊疆地區。接下來崛起的部落民族是來自滿洲的女真（滿人的

祖先），他們消滅遼帝國，把契丹人趕回中亞（契丹人被趕到極遠的西邊，最後碰到俄羅斯人，之後，俄羅斯人把中國人都叫做「Kitaiskiy」）。一一二七年，女真劫掠宋朝京城開封，擄走不久前退位的宋徽宗和其兒子欽宗，迫使朝廷整個南遷，開啟南宋朝。女真人建立的金國，在國勢鼎盛時期，占領中國約三分之一土地，但一二三四年也走上敗亡的命運，遭另一個入侵的游牧民族蒙古人消滅。[5]蒙古人拿下華北後，在忽必烈汗領導下，從西南入侵宋朝，最終占領整個中國。一二七九年，蒙古人緊追南宋殘餘勢力到東南邊的崖山島，最後將後者團團包圍，數千名廷臣見大勢已去，從崖上跳海自殺。[6]忽必烈汗成為新王朝元朝的第一個皇帝。最後，這些外族統治者在一場民族主義暴動中被趕出中國，一三六八被新興本土漢人王朝明朝取代。

春秋戰國時期漫長的軍事競爭，啟動一波密集的國家建造潮，而宋朝時的外族入侵，完全未對中國的政治秩序帶來類似的影響。興起於北宋的新儒家，學術成就斐然，但宋朝是個令人沮喪的朝代，朝廷內部的派系鬥爭，使該政權面臨邊界地區明確且立即的危險，卻無法充分準備以茲因應。在解決外患上如此不思進取，原因在於軍事壓力的來源是社會發展程度明顯低於中國的游牧民族。在此人類歷史階段，政治發展不必然使國家級社會，對組織成輕騎兵的部落級民族享有決定性的軍事優勢。中國、中東、歐洲，都與遼闊的中亞乾草原接壤，此地理形勢導致阿拉伯哲學家伊本·赫勒敦所指出的定居民族墮落、遭蠻族征服、文明重生，這個一再周而復始的現象。契丹人、党項人、女真人、蒙古人征服中國土地後，都立即採用中國的建制，卻無一留下重要的政治遺產。要等到發展程度更高上許多的歐洲「蠻族」征服中國，中國政治制度才受到刺激，開始更根本的改革。

從五八一年隋朝創建到十二世紀宋朝晚期，中國境內最廣泛的政治發展現象之一，乃是家產制政府又轉變為類似西漢官僚組織的中央集權式政府。到了此時期末，中國政府已不再由一小撮世族支配，而是由招募自更廣大社會層面的士大夫統治。作為儒家價值觀守護者的官僚組織，其完整性已得到恢復，從而為十四世紀明朝龐然的政府體系打下基礎。這段期間，中國人口也大增，從一〇〇〇年的五千九百萬增加為一三〇〇年時的一億。[7]中國的版圖也擴大到更接近今日版圖的程度，南方數大塊邊遠區域得到墾殖。由於運河、公路的建造，這整個遼闊地區的商業、交通都大增。但儘管疆域遼闊，中國發展出中央集權結構，制定了一體適用於這複雜社會的規則，向各地抽稅。歐洲要再過五百多年，才會有統治的疆土接近如此遼闊程度的國家。

一次世界大戰後，日本記者兼學者內藤湖南首度提出以下觀點：中國不是在十七世紀與西方接觸後才建立（或重建）現代的政治制度，而是在唐宋轉折期就已建立（或重建）這樣的制度。[8]內藤主張，七五〇年後的那段動亂期，唐朝遭遇了數場內部叛亂和戰爭，使一連串非貴族出身的軍事強人趁勢崛起，而貴族統治就在這期間被掃出歷史舞臺。九六〇年宋朝建立後，皇帝的地位不再受到世家大族的威脅，一種更純粹的中央集權專制統治隨之產生。科舉制度成為吸納菁英階層人才更開放的管道，平民不再對貴族地主背負農奴般的義務，從而地位得到改善。在全中國確立了一種普遍、較不倚賴世襲特權的生活模式；高度拘泥於形式的唐朝文學，被白話文學和淺顯易懂的通俗小說、歷史書籍取代。內藤在中國此時期和近代歐洲史之間找到明確的相似之處。歐洲的近代時期，封建特權遭終結，在強勢專制國家的主導下，公民平等得到實現。[9]內藤的假設有許多地方引起爭辯（特別是他將西方的歷史分期套用在東亞史上的作為），但他的宏觀論點，有許多已得到較晚近學者的接受。[10]

接下來，我們就可以處理本章開頭所提中國政治制度的四個問題，先從專制統治，和中國的專制統治程度是否比其他文明嚴厲談起。

邪惡武后

武曌（西元六二四至七〇五年）被後來的中國傳記作者叫做「邪惡武后」，她多彩多姿的一生，除了有助於我們了解中國政治本質，還有其他地方亦值得在此再度陳述。武后是中國歷史上唯一稱制建朝、統治中國的女人。她的興衰史是部充斥著陰謀、殘酷、恐怖、性、神祕、女權昂揚的歷史。她是手腕高超的政治人物，透過剛強意志和狡詐取得大權，而在儒家堅決反女性的意識形態本質下，這樣的成就更顯突出。[11]

先前探討法治時，我指出法治最初往往適用於菁英身上，而非適用於廣大人民，人民不被視為是受法律保護、具完整人格身分者。另一方面，在不存在法治的地方，有時身為菁英階層一員，比身為普通老百姓更危險，因為激烈爭奪上層權力的風險高。武后在位期間正是這樣的情形，她對中國的古老世家大族發動了廣泛的恐怖整肅。

有些歷史學家，特別是馬克思主義歷史學家，從武后的掌權中看到重要的社會意涵。其中有些人主張，她代表了勢力日升的資產階級；有些人認為她是人民群眾的捍衛者；還有些人認為她在翦除隋朝、唐初家產制菁英，代之以非貴族出身的官員上，功勞很大。這些說法是否有哪一個切合史實，並不清楚：她本身擁有無庸置疑的貴族出身，即與隋朝楊姓皇族有親戚關係。她未提拔能幹的平民，反倒曾停掉科舉幾年，以便使官僚組織裡全是她的人。她對更廣闊的唐、宋轉折有某種程度的貢獻，乃是因為她肅清真正反對她和涉嫌反對她的貴族，使貴族人數大減，削弱整個貴族勢力，從而為安祿山叛亂（唐朝由盛轉衰的開端，啟動中國大規模社會轉型的事件）的發生，創造了有利條件。

武曌，一如中國宮廷裡的其他許多女人，靠入宮為妃發跡：唐朝第二個皇帝太宗的妃子（五品才人）。她父親支持李淵（唐高祖）舉兵反隋，唐朝建立後被唐高祖封為高官，她母親則如前面所述出身隋朝皇族楊氏。據說武曌在太宗去世之前，就與太宗兒子高宗有私情。丈夫去世後，她削髮為尼，入寺修行，但新皇帝高宗的元配王皇后，想打擊受他寵愛的蕭淑妃，於是刻意將武曌引入宮中，以讓她與蕭淑妃爭寵。結果反而引狼入室，最後要了王皇后的命。高宗深深著迷於武曌，性格軟弱的他於漫長在位期間受她擺布。武曌與高宗生了一個女兒，為打擊無子的王皇后，她安排人在王皇后探望她女兒後，把女兒悶死。王皇后被控殺害武曌的女兒，與蕭淑妃被貶為庶人，她們的家人流放嶺南。接著武曌晉升為皇后。六五五年被立為皇后之後不久，她即命人將她們斬斷手腳、反綁在背後，丟到大酒甕裡。支持前皇后、反對武曌出頭的朝臣，包括許多忠心耿耿效命前皇帝的官員，一個個被流放、削職免官或失去性命。

中國歷史上有多位女人以攝政身分掌握實權，或以皇太后、皇后的身分在幕後掌權，但武后決心以和皇帝平起平坐的身分共掌朝政，愈來愈公開展露她的自主權。皇帝指控她行巫術，想藉此擺脫跋扈武后的掌控，她得悉後親自來到高宗面前追問此事，迫使高宗殺掉放話指控她的人，將支持他們的朝臣全趕出朝廷。她恢復一些古代儀式，透過這些儀式讓她和丈夫都受到尊崇，做法令朝臣大為驚駭。為躲避她在都城長安所殺掉的許多反對者的鬼魂，她遷都洛陽。武后毒死太子，接著以陰謀篡奪父皇之位的罪名，構陷排在接班第二順位的她親生兒子，使她兒子遭流放，被迫自殺。她丈夫終於在六八三年去世後，她廢黜繼位的中宗（她的第三個兒子），將其軟禁。

毫不意外的是，武后的專政導致遭她貶抑的唐朝世族於六八四年聯合起來公開叛亂。武后迅即派兵平定，隨後設立偵刺、告密網，對整個貴族階層展開恐怖統治，凡是對偵破陰謀有功的偵刺、告密者，均獲重賞。她的祕密警察展開未經司法審判的殺人行動，用今日的話說，就是所謂的「法外處決」（extra judicial）。當恐怖統治上軌道後，她把矛頭指向警察，將他們也處決。這為她六九〇年的宣告廢唐建周、登上帝位鋪下了坦途。

武后推動了一些民粹政策，減輕稅賦和徭役，裁減浪費無度的公共開支，濟助老人與窮人。她也推動撰寫中國婦女史，將為母服喪的時間由一年增加為三年，把自己母親封為皇太后。她殺掉大批曾在前一個政府為官的唐朝貴族和儒家學者，就這點來說，她的確促成一場社會革命。但她替補空下職缺的並非具才能的平民，而是以得她寵信、向她逢迎拍馬的人，為此，她不得不放寬考試、教育規定，以為屬意者廣開仕途之門。她在位末期的特色，是神祕主義、蓄養數名男寵（男寵往往與她的宗教信仰有關聯）、公開行賄賂恩庇（她從未想過制止這類行為）。將近八十歲時，迫於一群想讓她兒子中宗復位、復辟唐朝的大臣壓力，她終於退位。

武后的行為在中國歷來統治者中是個異數，後來的儒家衛道之士痛批她是特別惡劣的統治者。但就行事專制，對菁英分子發動大規模恐怖統治來說，她既不是第一個這麼做的中國皇帝，也不是最後一個。大部分歐洲君主的行事較受規則約束，儘管他們對待農民和其他平民時往往殘酷得多。

這段武后掌權的歷史，也阻礙了日後中國婦女的取得權力，因為後世作家以她為榜樣，說明婦女干政帶來的惡果。明朝皇帝在宮中立了一塊金屬牌，提醒自己和以後的皇帝提防宮中女人的陰謀。此後，宮中女子不得不走回幕後操縱兒子或丈夫的路線。[12]

天命

武后篡位、自建王朝的舉動，令人想到中國君主如何取得正當性的問題。在《巨靈》一書中，霍布斯主張最高統治者的正當性，來自一個未成文的社會契約。根據此契約，每個人放棄自己隨心所欲的天賦自由，以保障自己的天賦生存權，若不如此，生存權會受到「人與人交相戰」的威脅。如果把「個人」換成「群體」，可以清楚看出，有許多近代以前的社會，包括中國社會，都是在這樣的社會契約基礎上運作。各個群體願意放棄大量自由，將相應數量的自主決定權授與願意統治他們、保障社會和平的皇帝。他們發覺比起他們歷史上一再遭遇的戰爭狀態，這更為可取。在戰爭狀態下，有權有勢的軍閥們彼此殺伐，肆無忌憚地剝削他們自己的人民。於是，天命的意義在此：那是中國社會授與特定個人和其後代以獨裁式權威統治他們的正當性。

中國制度令人不解之處，不在天命的存在本身，因為在所有君主統治社會裡，都存有功能相同於它的東西。問題癥結毋寧在程序上：覬覦王位者如何知道他（或就武后的例子來說：她）什麼時候取得天命？而由於當上皇帝後，大權與龐大財富隨之而來，一旦天命落在某人身上之後，為何其他覬覦王位者不再趁機下手奪走天命？

在近代以前的社會，統治者的正當性有多個來源。在狩獵、採集社會與部落社會，正當性通常來自某種選舉，而統治者如果不是由整個社會的人選出，就是由主要家系舉行會議，投票選出領導人。有種存在於封建歐洲的選舉程序，在進入近代後仍然存在，亦即為認可新王朝的掌權而召開法國全國三級會議（Estates-General），或西班牙或葡萄牙的代表大會（Cortes）之類機構。甚至在俄羅斯，也出現這樣的事。一六一三年，為讓羅曼諾夫（Romanov）王朝的掌權取得正當性，召開了全國會議（zemskiy sobor）。

王朝正當性的另一個重要來源是宗教。在基督教歐洲、中東、印度，有能賦予統治者正當性，或有時拿走統治者正當性（例如格列高里七世與神聖羅馬皇帝衝突時）的強勢宗教領導集團。這些宗教領導集團往往受政治權威控制，除了確立統治家族的正當性，幾無其他選擇。但在爭奪領導大位時，這些宗教權威往往能透過他們賦予其中某位角逐者正當性的能力，左右爭奪的結果。

天命既不需要用到選舉，也不需要宗教來賦予正當性，從這方面來說，中國與其他這些文明都不相同。在中國，沒有像法國全國三級會議那樣可讓社會上的菁英分子聚會，正式認可新王朝締造者之正當性的機構，也沒有賦予統治者宗教正當性的宗教統治集團。在中國制度裡，沒有超驗的上帝。天命中的「天」，不是猶太教、基督教、伊斯蘭教這些一神教所理解的，那種制定一套明確成文規則的神，而比較像是可被打亂而需要恢復平衡的「自然」或「萬物大秩序」（grand order of things）。此外，不存在能代表天授與天命的宗教建制，也就是沒有像基督教教宗，或穆斯林哈里發那樣能賦予國王或蘇丹正當性的角色。[13]

王朝更迭總是帶來重大的正當性問題，因為新王朝靠篡位或暴力創建的事屢見不鮮。天命的概念在西元前十二世紀商滅周興之後首度出現，因為周王的確從正當的天命持有者那兒篡奪了大位。在此後四千多年歷史裡，中國經歷多次改朝換代，其中不只有秦、漢、唐、宋、明等主要朝代，還有無數小王朝，例如漢滅後的三國、唐滅後的五代。此外，在中國陷入多國並立的分裂時期，每個國家都由自己的王朝統治。

要成為王朝締造者，沒有社會條件的限制。有些締造者，例如隋、唐朝的締造者，是前一政權的貴族和高官。但其他締造者，例如漢朝締造者劉邦或明朝締造者朱元璋，都是布衣出身。事實上，明朝開國皇帝是農家出身，自幼失去父母，勉強捱過饑荒和瘟疫，後來到佛寺當小和尚。紅巾軍起事後，他成為紅巾軍的一名指揮官。紅巾軍是由農民、土匪、冒險家組成的宗教組織，因不滿地方當局的不公不義而起事。然後，朱元璋繼續往上爬，在聲勢日壯的反元運動中，統率規模愈來愈大的反元軍隊。元末時，中國已淪為群雄割據局面，朱元璋就是其中一位軍閥。一如其他許多王朝締造者，他從某個角度來說是群雄中最精明、最堅忍能吃苦的軍閥，最後脫穎而出，一統中國。

成王敗寇，實力強者就是天命在身者？天命難道只是對軍閥混戰結果的事後認可？在很大程度上，確是如此。有許多中國古籍論及此主題，例如班彪寫於西元一世紀的〈王命論〉，說明為何某些統治者有資格取得天命，其他統治者沒資格。但很難從這些著作推斷出一套明確的天命授與原則或程序。[14]將「王朝」稱號加在某領袖的統治上，往往是許久以後的史學家所為，藉此為在建立之初還被認為前途未卜的政權賦予正當性。史學家牟復禮（Frederick Mote）指出，郭威篡後漢帝位建立鮮為人知的後周，十年後趙匡胤篡後周帝位建立強大宋朝，兩人的篡位行為差異不大。兩人都靠背叛、欺騙取得大位，郭威的王朝早早覆滅，完全是因為他的養子柴榮以三十八歲之齡突然去世。柴榮若活得更久，趙匡胤或許會以叛變不成的傑出指揮官之名流傳於後世。[15]

但皇帝與強大軍閥之間的道德地位落差仍然很大。前者是具有正當性的統治者，人民願意服從他的命令；後者是暴力篡位者。對於哪個領袖有資格持有天命，哪個領袖沒資格，即使無法用一套嚴謹的程序性規則來表述，中國菁英階層自有辦法判定。儒家的正名觀意味著皇帝得符合聖王的理想，皇帝得具有類似馬基維利眼中，成功國君所一貫具備的「善、美德」（virtù）之性。有意當皇帝者顯然得是天生的領袖，得是能激勵他人遵守他的權威、能冒險達成他的目標者。領導權的行使最常見於軍事領域，這也是為何有那麼多王朝的締造者以軍官身分發跡。但中國看重軍事長才的程度大不如其他文明。儒家眼中的理想人格，乃是知書達禮的士大夫，而非粗野的軍閥。覬覦大位者，若既不尊重儒家價值觀，也未展露出某種教育素養，就得不到朝廷裡不同派系的支持。牟復禮比較了明朝開國皇帝朱元璋和另一位逐鹿中原、最後敗在他手上的軍閥張士誠：

> 在政治夥伴和有本事充當謀士的菁英眼中，張世誠的罩門在於他是個走私販和盜匪，是個流氓，而且其過往的作為讓人看出他再怎麼努力，都不可能超越流氓這境界……張士誠早期的某些謀士對主子開的一個文人笑話，讓朱元璋樂不可支。他們替張和他兄弟取體面正式的名字時，替張取了士誠之名，卻未告訴他在《孟子》一書中，這兩個字一前一後出現在某個著名句子中。（譯注：「士，誠小人也」）稍稍更動一下句讀，《孟子》裡的這句話可以改成：「士誠小人也。」」。此不露痕跡表露對張士誠不屑的舉動，令朱大笑，但後來他開始疑心，他的文人謀士也很有可能以類似不露痕跡的方式貶低他。[16]

在中國社會，菁英未以投票方式認可新王朝的成立，但在群雄逐鹿的權力鬥爭中，他們在幕後發揮頗大的影響力。天命並非總是授與最無情、殘酷的軍閥，儘管偶爾有這類人登上中國大位。許多有意創建王朝者，例如武后，執行了取得皇帝權威所需的儀式（為自己選個廟號和年號），但不久後都遭廢黜。然而，中國制度能做到超乎尋常的建制化。一旦社會裡有了某人已持有天命的共識，該皇帝的正當性，除開面臨特殊情況，大體上不會受到質疑。在這點上，中國政治制度的發展程度，遠高於其周邊的部落社會。

皇帝得到天命時，他的權力就幾乎不受限制。但中國皇帝鮮少將手中所能運用的權力發揮到極致。暴政始終有可能，但往往未成為事實。為何如此，就是下一章要探討的主題。

注釋

1 Denis Twitchett, ed., *The Cambridge History of China*, Vol.3: *Sui and T'ang China, 589– 906, Part I* (New York: Cambridge University Press, 1979), pp. 57–58, 150–51.

2 同前注，頁八六至八七。

3 關於宋代的知識發展，參見James T. C. Liu, *China Turning Inward: Intellectual-Political Changes in the Early Twelfth Century* (Cambridge, MA: Harvard Council on East Asian Studies, 1988).

4 相關概述，參見Anatoly M. Khazanov, *Nomads and the Outside World*, 2d ed. (Madison: University of Wisconsin Press, 1994).

5 Frederick W. Mote, *Imperial China 900–1800* (Cambridge, MA: Harvard University Press, 1999), chaps. 2–12, 17–19.

6 Richard L. Davis, *Wind Against the Mountain: The Crisis of Politics and Culture in Thirteenth-Century China* (Cambridge, MA: Harvard Council on East Asian Studies, 1996), p. 4.

7 Angus Maddison, *Chinese Economic Performance in the Long Run.* 2nd. ed., revised and updated: *960–2030* ad (Paris: OECD Development Centre, 2007), p. 24. Kent Deng認為一〇〇六年時有四千三百萬人，一三三〇年時有七千七百萬人。Deng, "Unveiling China's True Population Statistics."

8 Naito Torajiro, "Gaikatsuteki To-So jidai kan," *Rekishi to chiri* 9, no. 5 (1922): 1–12. Joshua A. Fogel, *Politics and Sinology: The Case of Naito Konan (1866–1934)* (Cambridge, MA: Harvard Council on East Asian Studies, 1984). 感謝關西大學（Kansai University）的Demin Tao教授提供關於內藤的背景資訊。

9 Hisayuki Miyakawa, "An Outline of the Naito Hypothesis and Its Effects on Japanese Studies of China," *Far Eastern Quarterly* 14, no. 4 (1955): 533–52.

10 案例參見Robert M. Hartwell, "Demographic, Political, and Social Transformations of China, 750–1550," *Harvard Journal of Asiatic Studies* 42, no. 2 (1982): 365– 442; 以及Patricia B. Ebrey and James L. Watson, *Kinship Organization in Late Imperial China 1000–1940* (Berkeley: University of California Press, 1986). 內藤與日本占領中國之事有密切瓜葛，因而是中國史學研究界的爭議人物。參見Fogel, *Politics and Sinology*, pp. xvii–iii.

11 文中對武后生平的描述，取自Twitchett, *Cambridge History of China*, Vol. 3, chaps. 5 and 6.

12 Denis C. Twitchett and Frederick W. Mote, eds., *The Cambridge History of China,* Vol.8: *The Ming Dynasty, 1368–1644, Part 2* (New York: Cambridge University Press, 1978), p. 18.

13 當然有占卜者、星象學家、解神諭者，在星象或其他天然現象裡尋找吉凶之兆。主要王朝的改朝換代，總是牽涉吉兆或凶兆，例如隋朝時有則預言說，會有姓李之人建立新王朝。神諭本身可能遭政治權利角逐者操縱，例如在某河中所發現，據說預示武后掌權之事的那顆白石頭。參見 Twitchett, *Cambridge History of China*, Vol. 3, p. 302。隋唐時中國境內出現富影響力的佛、道教機構，但它們從未扮演像世界其他地方之宗教機構那樣的角色。

14 參見 Twitchett and Michael Loewe, *The Cambridge History of China*, Vol.1, pp.726–37.

15 Mote, *Imperial China*, p. 97.

16 同前注，頁五六二。

第二十一章　定居的土匪

是否所有國家都具掠奪性，是否中國明朝該被稱作掠奪性國家；來自中國歷史較晚期時的專斷統治例子；在行政權威不受抑制的國家裡，是否能維持好政府。

在某篇具影響力的文章裡，經濟學家曼瑟爾・奧爾森提出一個簡單的政治發展模型。[1] 世界最初由「流動的土匪」統治，二十世紀初期割據中國的軍閥，或二十一世紀初盤據阿富汗、索馬利亞境內的軍閥，都屬於這類統治者。這些土匪掠奪性十足，竭盡所能致力於從居民身上刮取資源，且往往不久就轉到別處，以便找新的獵物下手。一段時間後，會有某個土匪的實力強過其他土匪，稱霸該社會：「這些以暴力為手段的創業家，當然不會叫自己是土匪，反倒還替自己和自己後代封了崇高的稱號，有時甚至聲稱神授與他們統治權利。」換句話說，宣稱擁有正當統治權的國王，只是個「定居的土匪」，其動機和他所取代的「流動的土匪」沒有兩樣。但定居土匪理解到，如果他揚棄短期的掠奪，代之以提供穩定、秩序等公共財給他的社會，從而使社會更富裕，長遠來看能從社會課到較多的稅，那麼他會更富有。從被統治者的觀點來看，這代表流動土匪的進步。但「促使流動土匪定下來，提供治理給他子民的理性私利考量，同樣也使他從社會抽取到最大量資源，納入自己口袋。他會利用他所獨占的強制性權力，抽取最大量的稅和其他資源。」

奧爾森接著假設，在某個稅率下，定居土匪能抽取到最多的稅，那個稅率相當於微觀經濟裡壟斷者的價格。如果稅率調高到超過這個上限，生產誘因就遭削弱，總稅收隨之下跌。奧爾森主張，獨裁統治者必然將稅率定在可獲致最大稅收的水平，但民主政權得拉攏受課稅衝擊最大的「中間選民」，因此稅率定得比獨裁統治者還低。

奧爾森把統治者視為定居的土匪，除非受阻於政治因素，這些土匪會竭盡所能從社會抽稅。這種對政府運作方式的看法，對人性有所懷疑，卻合某些人的意。經濟學家努力欲將他們的理性掛帥、追求最大效益的行為模型，擴大運用於政治領域，努力欲將政治界定為只是經濟的延伸，上述的奧爾森觀點正符合經濟學家的需求。奧爾森的觀點也和美國政治文化的反國家主義傳統（始終對政府和課稅深懷疑慮的傳統）相一致，而且這觀點提供了一個簡要明確的政治經濟、政治發展預測模型，這模型已在晚近得到其他社會科學家予以拓展。[2]

奧爾森的理論只有一個缺陷，就是與事實不合。傳統農業社會的統治者，其向人民施加的稅率，往往與奧爾森所假定之最大可能稅率有一段距離。由於收入、稅收方面的歷史資料貧乏，要估算出未完全貨幣化的社會的最大可能稅率，當然極為困難。但我們知道，近代以前的統治者，為支應軍費之類的特定開支，往往大幅調高稅率，而一旦緊急狀態解除，迅即降低稅率。只有在某些時候，統治者才將社會推向會帶來反效果的斷裂點，而通常是在王朝末年情況危急時才出此下策。在正常時期，統治者所定的稅率想必低於最大可能水平。

欲說明奧爾森模型的缺陷，最好的例子就是中國明朝。今日學界普遍同意，當時中國的稅率低於理論上可定的最大稅率，且還低於提供最基本的公共財（例如國防）以便維持社會順利運行所不可或缺的稅率。中國明朝如此，其他農業社會，例如奧圖曼帝國和歐洲境內諸君主國，也是如此。為何這些傳統政權鮮少以最大可能的稅率向子民課稅？我們可建構一個新理論來說明。[3]

皇帝不只是在稅務上未將其手中的權力發揮到理論上可能的程度，武后之類的專制統治時而發生，但並非持續不斷的現象。有許多中國統治者對其子民表現出或許可稱之為寬厚或寬容的行為，亦即表現出儒家所謂的「仁」。中國有漫長的抗稅歷史，強勢的儒家傳統主張重稅代表國家的失德。《詩經》裡有如下詩句：

> 碩鼠碩鼠，無食我黍！
> 三歲貫女，莫我肯顧。
> 逝將去女，適彼樂土。
> 樂土樂土，爰得我所。[4]

不管明朝時中國統治者的權力受到哪種約束，那些約束都不是建立在法律上。如在武后的事蹟裡所看到的，中國的統治者想調高稅率時不必像歐洲的君主那樣得徵求最高法院（sovereign court）或議會的同意。他們不只可以靠一紙行政命令恣意制定稅率，還可任意沒收財產。近代法國、西班牙的「專制主義」君主，碰到有權有勢的菁英反對時，得小心翼翼行事（見第二十三、二十四章）。與他們不同的是，明朝開國皇帝朱元璋逕自沒收國內最大地主的土地。據說他清算了「無數」有錢人家，特別是他認為反對他最厲害的江南地區的有錢人家。[5]

中國皇權真正受到的約束是別種約束，基本上分成三種。第一種是缺乏執行命令的行政能力，特別是抽取重稅的行政能力。明初時中國就已是個大國，一三六八年有人口六千多萬，十七世紀時成長到一億三千八百萬。[6]要在如此遼闊的地域收稅，絕非易事。十四世紀時，流通的金錢非常少，因此，據稱中國每個居民都得繳交的田賦，乃以實物徵收。[7]上繳的實物通常是穀物，但也可以用絲、棉、木材等商品繳納。當時中國沒有統一的貨幣體系來記錄上繳的實物，或將它們轉為同一種計量單位。有許多上繳的實物在當地消耗掉（也就是「編入預算用掉」）；還有些得循著行政體系層層往上運到各級穀倉，最後運到京城（最初是南京，後來是北京）。納稅人得支付將實物運到政府手裡的費用，而這個額外的費用往往超過所運送貨物的價值。地方、中央的稅收、預算編列沒有明確區隔。有位學者將此體系比擬為老式的電話交換機：電線從不同的孔裡伸出，插進別的孔裡，構成令人眼花撩亂的複雜線路網。[8]戶部人力嚴重不足，無法控制、甚至弄不清楚這體系。明朝把地籍調查視為土地稅的基礎，但明初時地籍調查不澈底，後來也未隨時代更新，因而隨著人口成長、所有權的更動，乃至地貌改變（例如沒入水中的土地或人造新生地），基本的人口紀錄很快就過時地毫無用處。中國人，一如其他民族，極精於對收稅員隱藏資產，極精於從事形同洗錢的勾當。[9]

皇帝所擁有的課稅、充公大權，往往也是可視情況需要束諸高閣的東西。王朝初期，皇帝鞏固權力，與前敵人算舊帳時，這大權可派上用場。但隨著時日推移，皇帝發覺往往需要那些菁英的配合，於是大幅調降他先前大肆沒收財產的那個領域裡的稅率。

行政能力付諸闕如，不只在供給面限制了稅收，不同皇帝所要求的稅收數額也受到限制。奧爾森假設，凡是統治者都會想追求稅收的最大化，這反映了現代經濟的一個共同假設，即最大化是人類行為共有的特色。但這是把現代價值套用在未必認同那些價值的社會上，犯了時空錯置的毛病。明朝開國皇帝朱元璋是個儉樸自持的獨裁者，裁減中央政府的人事，避免對外用兵，在他治下，穀倉滿溢。繼承他皇位的明成祖（西元一三六〇至一四二四年），則不是這樣的人。他大興土木，開鑿運河，修建宮殿。派三寶太監鄭和（西元一三七一至一四三五年）遠航的皇帝也是成祖。鄭和率領龐大船隊下西洋，最遠及於非洲，且有可能抵達比非洲更遠的地方。明成祖時的開支比明太祖時多了一至兩倍。附加稅和徭役相應提高，導致帝國各地爆發抗稅暴動，民心不滿。於是，從第三位皇帝起，稅率降到較接近明太祖時的水平，且對不滿的士大夫階層做出其他政治讓步。[10]明朝期間的土地稅，有許多時候定在只有總產量的百分之五，比其他農業社會的土地稅低許多。[11]

中國皇帝，一如其他近代以前之社會的統治者，常表現出經濟學家赫伯特・賽蒙（Herbert Simon）所謂的「追求滿足」（satisficing）而非追求最大化（maximizing）的行為。[12]也就是說，在沒有迫切需要增加稅收的情況下（例如不需為戰爭籌措軍費時），他們往往樂於讓人民休養生息，只徵收足以滿足統治者正常需求的稅收。[13]真正亟思有番作為的皇帝，可能決意追求最大化，且有些皇帝，例如成祖，就這麼做，但認為凡是獨裁政治領袖都自然會追求最大化的看法，顯然並非事實。

中國皇權所受的第三個限制，遠不只局限於稅務、財政政策，而是授權的需求。凡是大型組織，不管是政府還是私人企業，都得分授權力，而一旦這麼做，位居行政階層化體系最頂端的「領導人」，就失去相當程度對組織的掌控。授權對象可能是編預算官員或軍事後勤人員等功能性專家，也可能是地區，或省級、州級、市級、地方級的當局。沒有統治者有足夠的時間或知識來總攬國內所有重要決策，因而這些授權乃是勢所必然。

但授予權威，也就授與權力。獲授與權力的代理人，在知識上享有高於授權者的專精。這知識可能是掌理專門部會或機構所不可少的技術性知識，或嫻熟某地區之特定情況的在地知識。因為這個理由，赫伯特·賽蒙等組織專家主張，在大型官僚組織裡，權威不只從上而下流動，且還往往由下往上流動。[14]

這問題所帶給中國皇帝的困擾，和現代總統、總理所感受到的差不多，即官僚組織的反應遲鈍和有時公然的反抗。部級大臣反對他們主子所提的政策，或陽奉陰違不予落實。中國統治者的確擁有現代行政首長所沒有的某些工具：他們能令大臣，甚至最資深大臣，褪下褲子，施予廷杖，或恣意將他們下獄或處死。[15]但用這種強制性辦法來解決此委託人／代理人問題，並未解決隱而未顯的資訊問題。官僚往往因為較了解帝國的真實情況，而不照皇帝的意思行事，且有時背著皇帝搞自己的。

要治理中國般的大國，就得把權威授與地方當局，但這些地方當局會濫權枉法，會貪汙腐化，乃至謀反。正常的行政階層化體系不足以解決這問題，因為命令由上往下傳，資訊未必由下往上回報。再怎麼獨裁的皇帝，若不知道有濫權枉法的事，也無法整飭偏差官員。

在近代以前的中國，有人在比較「封建」、「郡縣」兩種治理制度的利弊時，探討了皇權所受的限制。在此，中文的「封建」一詞完全不含歐洲封建制度的複雜意涵，而只意味著權威下放，與把地方官員視為中央政府代理人的郡縣制處於對立面。據明朝學者顧炎武（西元一六一三至一六八二年）的〈郡縣論〉：

封建之失，其專在下；郡縣之失，其專在上。古之聖人以公心待天下之人，胙之土而分之國。今之君人者，盡四海之內為我郡縣猶不足也，人人而疑之，事事而制之，科條文簿日多於一日，而又設之監司，設之督撫，以為如此，守令不得以殘害其民矣。不知有司之官，凜凜焉救過之不給，以得代為幸，而無肯為其民興一日之利者，民烏得而不窮，國烏得而不弱？[16]

為解決行政階層化體系反應遲鈍的問題，中國統治者想出的典型辦法，乃是疊床架屋，在這行政體系之上，加上一個與之平行，由完全不受正規政府體系管轄的偵刺者、告密者，構成的網絡型組織。這說明了宦官為何在明朝政局扮演那麼吃重的角色。與正規官員不同的是，宦官可直達天聽，往往比正規官員更受皇帝信任。因此，皇帝派他們出去偵刺不法，整飭正規階層化體系。明末時，與內廷有關的宦官據估計達十萬人。[17]一四二〇年起，皇帝成立名叫東廠的祕密警察組織，由司禮監太監統領，後來東廠成為「極權恐怖主義機關」。[18]但皇帝發覺他管不住宦官。雖然設了內正司來懲治不法宦官，宦官仍掌理朝政，發動政變，陰謀推翻皇帝。[19]明朝政治制度不具備面對百姓的問責機制，也就是說沒有地方選舉或獨立媒體來防止官員腐化。因此，皇帝得在既有的由上而下集權式控制體系上，加上另一個一樣的控制體系。儘管如此，皇帝仍無法牢牢掌控他的帝國。

明朝不願也無力抽取國家所需的稅，導致它的滅亡。明朝統治頭兩百年期間，中國大抵上沒有外患，但十六世紀末安全情況開始急遽惡化。倭寇開始襲掠富裕的中國東南沿海，幕府將軍豐臣秀吉於一五九二年入侵朝鮮半島。同年，內蒙古境內爆發一場戰爭，南方爆發數場原住民民變。最嚴重的威脅來自北方的滿人。滿人勢力日強，組織更為完善，一再侵擾明朝東北邊境。

明廷對這危機的因應一敗塗地。開支日增，明廷耗盡庫藏的白銀，卻不願調高對士大夫階層的稅率，等到真的調高時已經太遲。十七世紀初期，滿人的軍事威脅變得更為嚴峻，拖欠的稅款卻也愈積愈多。皇帝甚至打消一些欠稅，似乎在追認朝廷不可能收回欠稅的事實。邊境守軍原實行自給自足的屯田制，這時則再也無力養活自己，得倚賴來自中央政府的撥款，而撥款得經過漫長的補給線才能送到邊境。朝廷未能組織出管用的後勤體系，從而未能準時支付薪餉給軍人。一六四四年，造反漢人李自成率軍攻入北京，朝廷元氣大傷，然後，滿人與失望的明軍殘餘部隊聯手入關，明朝滅亡。

好政府、壞政府

明朝是二十世紀前最後一個統治中國的純本土政權，在其統治期間，中國傳統政治制度發揮到極致。明朝的統治特色，在於有些建制事後看來很現代且有效，有些建制則落後，無效到不可思議的程度。

帝國官僚組織的取才制度屬第一類建制。科舉制度可溯至漢朝，但在整個隋、唐和宋初，進入官僚組織的管道往往被一小撮世家大族把持。直到明朝，科舉才成為朝廷取仕的主要管道，且取得某種程度的威信和自主，使它成為後來所有考試制度的典範。

科舉制度與涵蓋更廣的教育制度有密切關係。全國各地廣設儒家學校，供望子成龍的父母送孩子前去就讀。最優秀的學生由老師推薦，到北京、南京的國立大學（國子監）繼續攻讀。學生會在國子監準備接受文官考試（學生若表現不佳，推薦他的老師會受罰，對於今日大學的分數膨脹現象：普遍給學生高分、學生表現其實未相應提高，這倒不失是個對治辦法）。菁英家庭仍能透過捐資入國子監當監生（例監），把子弟送進這體系裡。此做法就和今日哈佛或耶魯大學的有錢校友，藉由捐出巨資給母校把自己小孩送進母校就讀一樣，但例監出身者鮮少爬到官僚組織的最高層，在這樣的層級，用人仍是能力掛帥。[20]最高的榮譽乃是在鄉試、會試、殿試都拿到第一，即所謂的「連中三元」。明朝時只有商輅一人得此殊榮，後來他在十五世紀末期官至吏部尚書、謹身殿大學士，為內閣首輔。[21]

中國官僚組織建立了被現代官僚組織仿效的典範。有一套由中央統管的任命、升遷制度，最高階為一品，最低階為九品。每一品又有正從之分，於是比如說有個官員現為正六品，會希望升為從五品。通過科舉考試者，派到國內不同地區（始終是遠離其本籍的地區）任低階官員。如果碰巧曾有親戚被派到同一職務，輩分較低者通常得退出。任官三年後，由他所屬機關的主管評鑑其表現，主管將評鑑結果上呈中央的人事單位。從外部空降人事，不受許可。捱過這個制度的汰選，爬上等級體系最高層的官員，往往能力出眾，應付其職務游刃有餘。[22]

但這些高度適任且被納入完善組織的官僚，卻是在為一個乾綱獨斷的獨裁者賣命，獨裁者本身完全不受規則約束，大筆一揮就能毀掉大臣精心擬出的政策。面對皇帝沒來由的懲罰、整肅，他們只能接受，只有少數高階官員得以順遂走完仕途，未受到皇帝的羞辱。其中有些最糟糕的決定，出自開國皇帝明太祖之手。明太祖對丞相猜疑日深，因而不只廢掉丞相一職，還敕諭禁止以後的皇帝恢復該職，違者處死。這意味著他之後的明朝皇帝都不准設立丞相之職，皇帝得直接和實際處理朝政的六部打交道。對於像明太祖這樣精力特別充沛、極注重細節的皇帝來說，這套制度勉強能夠運行，但對於後來能力較差的皇帝來說，這就招來災難。明太祖曾得在十天內審批內外諸司奏札共一千六百六十件，計三千三百九十一事，[23]他之後的皇帝會怎麼看待他加在他們身上的工作負擔可想而知。

後來許多明朝皇帝達不到太祖立下的標準。據傳統說法，明神宗（即萬曆皇帝）是其中最糟糕的皇帝之一。他在位甚久（西元一五七二至一六二〇年），在位期間正是明朝逐步衰落的時期。[24]他在位後半期，不肯接見大臣或不上朝，任由數千份報告、奏摺堆在他的辦公室裡，未審閱，未批覆。事實上，他還一連數年未出內廷，在這期間，政府重大決策根本停擺。他也極為貪婪，挪用國庫滿足個人開銷（例如建造宏偉皇陵）。十七世紀初期面臨軍事危機時，國庫只剩約二十七萬兩白銀，神宗個人名下卻有兩百多萬兩銀子。戶部尚書一再請求，他仍只願撥出象徵性的經費，供政府滿足支付軍餉之類的需求。[25]他的作為直接導致滿人勢力的壯大，最後明朝滅在滿人手裡。

「壞皇帝」問題

我們一路探討的政治發展三元素：國家建造、法治、可問責，中國人在其歷史初期就具備其中第一個元素。從某個角度來說，中國人發明了好政府。他們首開先河，設計出理性的、從功能角度組織的、以不講私人關係的取才、升遷標準為基礎的行政體系。或許因為中國社會太家庭主義（譯注：把家庭整體的需求看得比家庭成員個人的需求還要重），中國的國家建造者把使政府擺脫家產制或任人唯親行徑的影響（貪腐的根源），當作他們的使命。

在混亂的戰國時期創立這樣的制度是一回事，在接下來的兩千年裡維持這樣的制度又是另一回事。中國很早就取得官僚組織的現代性，但隨著國家分崩離析，被有錢世族把持，這種現代性日益衰落，家產制再度抬頭。國家的衰敗經歷好幾世紀，而將官僚組織回復到類似秦、漢時期創立官僚組織者的原始設計，也經過幾百年才完成。到了明朝，此古代制度已在許多方面得到改善。明朝更為能力取向，且它所控制的社會，比漢朝時的社會更大、更複雜。

但在其他方面，中國的政治制度落後。它從未產生法治或政治可問責機制。位於國家之外的社會，具備組織化以遂行政治行動的程度，仍和過去一樣低於歐洲或印度境內的社會。沒有轄有土地的獨立貴族階層，沒有獨立自主的城市。分散各地的士人、農民能消極抵抗政府的命令，時而掀起激烈暴動，但最後被殘酷壓制。但他們從未能像斯堪地那維亞的農民那樣，把自己建制化為法人團體，以向國家要求權利。隋、唐時，隨著佛、道教的傳播，出現獨立的宗教修會。在中國歷史的不同時期，這些宗教修會起身反抗國家，從紅巾軍到太平軍都屬之。但囿於宗派之見，宗教仍受到正統儒家當局猜疑，從未能代表如下的強勢社會共識：透過對法律的監護來限制國家權力。

王朝制中國留下的重大遺產之一，乃是高品質的威權政府。世上以威權統治完成現代化的國家，包括南韓、臺灣、新加坡、今日中國，幾乎全是擁有共同中國文化傳統的東亞國家，而這絕非偶然。在非洲、拉丁美洲或中東，很難找到像新加坡的李光耀或南韓的朴正熙這樣的威權統治者。

但明朝的經驗，和中國歷史其他時期的經驗，激起令人困擾的疑問，即在沒有法治或可問責制的情況下，好政府能維持多久？在能幹且強勢皇帝的領導下，這套制度能達到驚人的效率和果斷，但在喜怒無常或昏庸的皇帝領導下，他們手上的大權往往削弱行政體系的效率。武后整肅官僚組織，安插支持她但不適任者為官；明太祖廢相，使他之後的皇帝被困在這個不良的制度裡；明神宗不理朝政，政府垮臺。中國人認為問題出在「壞皇帝」。

中國制度裡有某種可問責制。皇帝從小被教育要以人民為念，而好皇帝努力回應人民的要求和民怨。盡責的統治者代表人民斥責底下的官員，靠宦官偵刺不法，以查明哪個官員盡職，哪個失職。但在這個制度裡，唯一一種正式的可問責制，乃是往上求助於皇帝。地方官員得擔心皇上會如何評價他們的工作表現，但他們完全不在意老百姓的看法，因為老百姓沒有司法程序或選舉程序可用來對付他們。中國老百姓碰到惡官員時，唯一的辦法乃是訴諸最高層，希望皇帝會傾聽他們的心聲。而即使在明君當政下，以如此遼闊的帝國，老百姓要得到統治者的注意，機會也是非常渺茫。

從某些方面來看，今日的中國，情況也改變不大。今日中國沒有皇帝，但有個中國共產黨高踞在行政階層化體系的最上頭，緊盯著統治十餘億人民的龐大、複雜官僚組織。黨的階層化體系，一如由宦官組成的偵刺網，構成一個與政府平行的結構，監控政府，舉報不法。官僚的素質很高，特別是上層官僚，一九七八年後的幾十年裡，中國領導階層引導中國完成奇蹟般的經濟轉型，那是少有政府能辦到的成就。

但不管是法治還是政治可問責制，在今日中國欠缺的程度，都一如王朝制中國。濫權枉法的事，絕大部分不是發生在專制的中央政府裡，而是發生在由地方政府官員組成的分散式階層化體系裡。地方政府官員合謀竊取農民土地，接受開發商的賄賂，漠視環保、安全法規，還有和遠古以來中國地方政府官員沒有兩樣的其他行徑。發生災難時，例如地震曝露出豆腐渣學校建築，或管理不善的公司導致嬰兒奶粉受汙染，中國老百姓的唯一救助之道是找上中央政府。這時，中央政府如皇帝，可能會回應，也可能不會回應；有時中央政府會嚴懲引發眾怒的官員，但有時會因為太忙或專注於其他事而不予理會，或有其他更重要的事要處理。

法治與政治可問責本身有其可取之處。有時，它們不利於建立良好、有效能的政府，例如印度某邦因訴訟、民眾抗爭而無法就某大型基礎建設工程做出決定時，或美國國會因為說客、利益團體的影響，而無法著手處理政府津貼計畫之類的迫切問題時。

但在其他時候，法治與可問責乃是維持好政府所必需。在適切條件下，強勢的威權制度能產生極有效能的政府。政治制度得能承受外部環境的變動和領導人的更迭。法治與可問責制對國家權威的抑制，有助於降低施政品質的變動：它們約束最好的政府，但也防止壞政府變得無法控制。相對的，中國人從未能解決壞皇帝的問題。

光有建制還不夠

無數的著作，探討了關於傳統中國為何未能發展出本土資本主義建制的問題，包括馬克斯・韋伯的《中國的宗教》（*Religion of China*）、李約瑟的《中國的科學與文明》（*Science and Civilisation in China*）。本書的目的不在加入這場辯論發表意見，只想表示使資本主義無法在中國境內發展出來的因素，大概不是因為中國欠缺好的建制。

明朝時的中國，具備了今人視為現代經濟發展所不可或缺的大部分建制。當時中國有一強勢、組織完善、提供穩定，與可預測的國家。雖存在官職買賣和其他赤裸裸的腐敗行為，腐敗程度卻大不如十七世紀的法國和西班牙那麼顯著（見第二十三、二十四章）。[26]暴力受到控制，比起當時許多開發中國家，中國政府文官對軍方的管控程度特別高。缺點的確在於法治的付諸闕如，使產權易受政府善變行為的傷害。但如我在第十七章主張的，從憲法角度界定的法治，不必然是經濟成長所必需。地主時而遭沒收土地，特別是王朝建立之初時，但中國明朝在鄉村施行的稅率格外的低，且有幾十年期間具備「夠良好」的產權。如今，中華人民共和國也未擁有憲法角度界定的法治，財產也未受到完全的保障，但它的確擁有夠良好的產權，因而能支持格外高的成長率。[27]

中國明朝的確實行了許多不合經濟理性的政策。它過度管制商人和商業，它把鹽的生產納歸國家壟斷，使鹽價受到人為的調高，然後一如在法國、奧圖曼帝國所見，導致走私、貪腐猖獗。但政策攸關經濟成長的程度遠不如建制，政策可在一夜之間易轍，制度的建立則難上許多。

中國所欠缺的，乃是經濟學家眼中作為人類共通特性的，追求最大化的精神。濃濃的自滿情緒瀰漫於中國明朝的各行業各階層，認為沒必要竭盡所能抽稅者不只皇帝，其他創新和改變似乎不值得一為。三寶太監鄭和航越印度洋，發現新的貿易路線和文明，但這未激起一探究竟之心，七次西航後未再派人繼續探索。下一任皇帝裁減海軍預算以節省開銷，中國的大發現時代幾乎還未展開就告終。同樣的，宋朝時有位名叫蘇頌的發明家，發明世上第一臺機械鐘（水運儀象臺），那是座體型龐大、多層的機械裝置，靠水輪驅動，但金人攻下宋朝京城開封時，它遭棄置、零件四散，其製造技術乃至其存在，才幾代時間就無人知曉。[28]

不管使明清時期的中國經濟無法迅速成長的約束性限制是什麼，現都不存在了。過去數代，西方觀察家眼中使中國停滯不前的文化性限制，如今已不構成因素。儒家眼中理想的士大夫，留著長指甲，把出仕當成人生唯一值得實現的理想，而在二十世紀初，此理想被普遍斥為現代化的絆腳石。士大夫理想在二十世紀消失，但儒家所遺留下的注重教育、個人成就的觀念保存下來，且有助於中國的經濟成長。全球無數的華人母親，省錢供小孩上最好的學校，盯他們學業，要他們在標準化的考試裡拿到好成績，她們的作為就受了這種觀念的影響。使明成祖之後的皇帝不再派人出海遠航的自滿心態已遭揚棄，取而代之的是中國領導人格外願意吸取外國經驗，願意在那些經驗看來實用時予以採用的心態。打開中國大門，向全世界開放的鄧小平說：「不管黑貓白貓，只要會抓老鼠就是好貓。」中國為何在過去幾百年的全球經濟競賽裡如此落後，如今卻表現如此亮眼，其原因更有可能出自對科學、學習、創新的文化態度，而非政治建制上的什麼根本缺陷。

注釋

1 Mancur Olson, “Dictatorship, Democracy, and Development,” *American Political Science Review* 87, no. 9 (1993): 567–76.

2 案例參見 Bates, *Prosperity and Violence*; Robert Bates, Avner Greif, and Smita Singh, “Organizing Violence,” *Journal of*

Conflict Resolution 46, no. 5 (2002): 599–628; and North, Weingast, and Wallis, *Violence and Social Orders*.

3 奧爾森理論的另一部分，即民主社會所課稅率低於獨裁社會一說，也不符事實。如第二十七章會提到的，代議可問責制在英格蘭的興起，導致稅率大增。

4 引自 William Theodore de Bary and Irene Bloom, eds., *Sources of Chinese Tradition,* 2d ed. (New York: Columbia University Press, 1999), 1:39.

5 Twitchett and Mote, *Cambridge History of China*, Vol. 8, p.110; Ray Huang, "Fiscal Administration During the Ming Dynasty," in Charles O. Hucker and Tilemann Grimm, eds., *Chinese Government in Ming Times: Seven Studies* (New York: Columbia University Press, 1969), p. 105.

6 Maddison, *Chinese Economic Performance in the Long Run*, p. 24.

7 Twitchett and Mote, *Cambridge History of China*, p. 131.

8 Huang, "Fiscal Administration During the Ming," p. 82.

9 Twitchett and Mote, *Cambridge History of China*, pp. 128–29.

10 同前注，頁一〇七至一〇九。

11 Ray Huang, *Taxation and Government Finance in Sixteenth-Century Ming China*(New York: Cambridge University Press, 1974), p. 85.

12 Herbert Simon, "Theories of Decision-Making in Economics and Behavioral Science," *American Economic Review* 49 (1959): 253–83; Simon, "A Behavioral Model of Rational Choice," *Quarterly Journal of Economics* 59 (1955): 98–118.

13 有人說中國統治者是「追求最大稅收者」，此說法把毫無歷史根據的現代行為套用在過去。要追求最大稅收，統治者得付出更多心力，而且可能使反抗朝政、農民叛亂、官員抗議之類事件大增，大大增加他們的統治成本。在明朝更晚期，富饒江南地區的富裕鄉紳強力抗稅，導致驚人的嚴重欠稅。朝廷未盡力修正此問題，反倒宣布調降稅率。Huang, "Fiscal Administration During the Ming," pp. 107–109.

14 Herbert Simon, *Administrative Behavior: A Study of Decision-Making Processes in Administrative Organization* (New

York: Free Press, 1957), pp. 180–85.

15 Twitchett and Mote, *Cambridge History of China*, pp. 52–53.

16 Lien-Sheng Yang, "Local Administration," in Hucker and Grimm, *Chinese Government in Ming Times*, p. 4.

17 Twitchett and Mote, *Cambridge History of China*, p. 21.

18 Charles O. Hucker, "Governmental Organization of the Ming Dynasty," *Harvard Journal of Asiatic Studies* 21 (1958): 25.

19 Twitchett and Mote, *Cambridge History of China*, p. 24.

20 同前注，頁三二至三三。

21 同前注，頁三八。

22 同前注，頁四一至五三。

23 Hucker, "Governmental Organization of the Ming Dynasty," p.28; Twitchett and Mote, *Cambridge History of China*, pp. 104–105.

24 欲更了解萬曆皇帝，參見Ray Huang, *1587, a Year of No Significance: The Ming Dynasty in Decline* (New Haven: Yale University Press, 1981). 編注：即《萬曆十五年》，食貨出版，一九八五年四月十日。

25 Huang, "Fiscal Administration During the Ming," pp. 112–16; Mote, *Imperial China*, pp. 734–35.

26 參見Koenraad W. Swart, *Sale of Offices in the Seventeenth Century* (The Hague: Nijhoff, 1949), chapter on China.

27 North, Weingast, Walli三人提出有利於他們所為之自然秩序，轉變為開放進入（open access）秩序的門檻條件：文人掌控軍隊、菁英階層走上法治、永久存在的組織（也就是其他社會科學家所謂的建制）。如果你認同我的論點，即中國有「夠良好」的產權，那麼中國符合這三個條件的程度，至少和後來成為開放進入秩序的近代歐洲國家一樣高。參見*Violence and Social Orders*.

28 David S. Landes, *Revolution in Time: Clocks and the Making of the Modern World*,rev. ed. (Cambridge, MA: Belknap Press, 2000), pp. 15–16, 根據下述書目：Joseph Needham, Ling Wang, and Derek de Solla Price, *Heavenly Clockwork: The Great Astronomical Clocks of Medieval China* (Cambridge: Cambridge University Press, 1960).

PART IV

可問責的政府

Accountable government

第二十二章　政治可問責制的興起

何謂政治可問責；歐洲較遲才開始建造國家，如何成為後來自由權的根源；「輝格史觀」有什麼缺陷？為何若不比較諸國，不可能理解政治發展；歐洲五國不同的發展結果。

可問責政府意為統治者深信他們該對所統治的人民負責，該把人民的利益看得比自己的利益重要。

可問責可用多種方式來達成。它可能產生自道德教育，中國和受儒家文化影響的國家，就採用此方式。國君被教育該對社會有責任感，且有精於治國之道的老練官僚向國君提供意見。在這樣的政治制度下，統治者宣稱關心民瘼，但自身權力不受法治或選舉之類程序性的約束抑制。如今，西方人往往瞧不起這樣的政治制度。但就威權社會的治理來說，道德可問責仍有其可取之處，哈希姆王朝治下的約旦和薩達姆・海珊治下的伊拉克，兩者間的差別就說明了此點。這兩個國家都不是民主國家，但後者施行殘酷、侵犯性的獨裁統治，把滿足海珊親友這一小撮人的利益當成政權存在的首要目的。相對的，除了透過權力有限的國會，人民無法向約旦國王正式問責，但約旦國王力求照顧到構成約旦社會之不同群體的需求。

正式可問責是程序性的：政府同意服從某些限制其權力、使其無法為所欲為的機制。最後，這些程序（通常明文寫在憲法裡）使社會公民得以因政府違法、無能或濫權予以完全撤換。如今，程序性問責的主流方式是選舉，尤其是讓成人皆有選舉權的多黨選舉。但程序性問責的方式不只選舉。在英格蘭，要求建立可問責政府的心聲，最初是為了法律而發出，公民認為國王該服從法律。最重要的法律，除了非全民普選選出的國會所通過的成文法，就是習慣法，而那時候習慣法深受非選出的法官影響。因此，最早的政治可問責制度，不是向全體人民負責，而是向被視為社會共識之代表的一套傳統法律負責，向寡頭統治的議會負責。這就是為什麼我在此段落用「可問責」而不用「民主」的原因。

久而久之，民主化真的降臨。選舉權擴大適用於更多階層的人，包括女人、少數民族、沒有財產的男人。此外，情勢漸趨向法律本身不再建立於宗教的基礎上，而是得經過民主程序的認可，即使法律的運用仍掌握在職業法官手中。但在英國、美國、西歐，程序性可問責的完全民主化，得在進入二十世紀許久以後才發生。

歐洲的國家建造遲遲才展開

近代時，歐洲的國家建造者致力於和中國、土耳其的國家建造者一模一樣的工程，即建造一個強勢的，把全國領土納入一致治理的，能在各地申明其主權的中央集權國家。這些作為來得頗晚，十五世紀末才開始，且直到十七世紀末才完成。國家主權理論出自胡果．格勞秀斯（Hugo Grotius）、霍布斯等理論家筆下，他們主張真正的最高統治者不是上帝，而是國王。

但歐洲的君主在展開此工程時，全遭到更強力的抵抗，因為他們社會中的其他政治單元，比中國人或土耳其人組織更為完善。國家建造工程繼續進行，但往往受阻於有組織的反對，迫使統治者不得不尋找盟友和妥協。有土地的貴族，地位牢固，住在堅不可破的城堡裡，有獨立的收入來源和自己的軍隊，中國的貴族階層從未擁有這種獨立地位，而奧圖曼人，如先前已指出的，根本不讓這樣的貴族出現。國家建造工程如火如荼展開時，資本主義經濟的諸元素也已出現於西歐。不受國家控制的商人和早期製造商正在生產大量財富。自治市已出現，特別是在西歐，它們有自己的規則，有自己的民兵部隊可調度。

法律在歐洲的早期發展，對於確立對國家權力的限制，也發揮了重要作用。君主不斷侵犯子民的產權，但只有少數統治者認為自己可以不需要法定原因，恣意沒收私人財產。因此，他們並未擁有不受限制的課稅權，為籌措軍費時得向銀行家借款。歐洲貴族的人身安全也較有保障，較不易遭受君主的恣意逮捕或處死。歐洲的君主未對社會中的菁英發動公然的恐怖、威嚇行動，只有在俄羅斯例外。

歐洲的國家建造工程遲遲才展開一事，卻是歐洲人後來所享有之政治自由的根源。因為在法治、可問責都付諸闕如下早早展開國家建造，只是使國家能更有效地對人民行使專制統治。在國家權力不受抑制的情況下，物質福祉和技術上的每項進步，都只是表示國家更能控制社會，更能利用該進步來實現國家本身的目標。

平等的演進

在《民主在美國》（*Democracy in America*）一書開頭，托克維爾（Alexis de Tocqueville）談到一件「萬幸」之事，即過去八百年裡，人人平等的觀念在世界各地日益成為主流。[1]貴族的正當性（認為某些人天生較優秀的觀念），不再被視為理所當然。若沒有奴隸對自己身分的覺悟，或要求其尊嚴得到認可，領主與農奴的關係不可能被推翻。此觀念革命源於多項因素。基督教認為，人與人有先天性和社會性的明顯差異，但人與人在尊嚴或價值上平等，不過中世紀的教會不認為這是當下該予以落實的觀念。十六世紀的宗教改革，加上印刷術的發明，使個人得以自行閱讀《聖經》，自行找出信仰之路，而不受教會等中間人的干預。這使歐洲人愈來愈質疑中世末期和文藝復興時期開始確立的古典權威。現代自然科學（從得自觀察的大量資料抽象出通則的能力，和透過對照實驗來測試因果理論的能力），創造出一種新權威，且這新權威很早就在大學裡被建制化。統治者能運用科學與科學所催生出的技術，但絕無法完全控制它們。

透過日益認識自身價值，奴隸開始掌控自己的命運。此改變在政治上的體現，乃是要求政治權利，亦即堅持享有原存在於部落社會，但隨著國家興起而失去的共同決定權。這個要求促成資產階級、廣大農民、法國大革命的城市「群眾」之類團體的動員，他們過去曾是政治權力之下服從的臣民。

這個要求從普世的角度發出（誠如湯瑪斯・傑佛遜後來在《獨立宣言》裡所說的，這要求建立在「人生而平等」之前提上），乃是現代可問責政府得以興起的關鍵因素。此前人類歷史的各階段，有不同的個人、群體努力爭取得到認可。但他們所追求的認可，是要讓自己，或他們的親屬群體，或他們所屬的社會階層得到認可，他們想自己當家作主，而無意質疑領主、農奴的整個關係。這種對於權利的普世性新理解，意味著接下來的政治革命，不只是以另一個狹窄的菁英群體取代既有的狹窄菁英群體，而將會為選舉權逐步擴及社會所有人打下基礎。

這些觀念性改變所積累的效應極為巨大。在法國，有全國三級會議這個中世紀的建制，全國的代表在此會議上共聚一堂，決定至關緊要的全國性問題。一六一四年三級會議於瑪麗・德・梅迪奇（Marie de Medicis）攝政期間召開時，與會者抱怨政治腐敗和稅務之事，但最後這機構還是接受國王的權威。一七八九年，全國三級會議在啟蒙運動與「人權」（Rights of Man）思潮影響下再度召開，結果激起法國大革命。[2]

但在政治勢力與利益團體未達成根本平衡下，光是觀念本身，不足以產生穩定的自由民主政治，使它成為所有人眼中最不壞的選擇。現代自由民主政治的奇蹟（強勢國家能執行法律，卻也受法律與立法機關的制約），只有在社會的各個政治單元間達成粗略的勢力平衡時才可能出現。如果沒有哪個單元能取得支配地位，他們就會需要妥協。我們眼中的現代立憲政府，乃是這個原本沒人想要、非計畫中的妥協的產物。

自共產主義垮臺，撒繆爾・杭亭頓所謂的第三波民主化興起，我們已見識到這番波瀾壯闊之變局的展開。第三波始於一九七〇年代期間西班牙、葡萄牙、土耳其境內的民主轉變，接著發生於一九七〇、八〇年代拉丁美洲、東亞，最後由一九八九年後共產主義在東歐的垮臺畫下句點。民主是最具正當性，乃至唯一具正當性的政體這觀念，傳播到世界每個角落。在非洲、亞洲、拉丁美洲、前共產世界，民主憲法得到增補，或首度得到創立。但穩定的自由民主政治，只在其中一些進行民主轉型的國家得到鞏固，因為並非每個社會裡的勢力平衡，可迫使不同的政治單元接受憲政妥協。結果是有某個政治單元（通常是已承繼行政權威的政治單元）的勢力大大超過其他，在犧牲其他政治單元的利益下擴張其地盤。

使現代民主政治進一步得到鞏固的啟蒙運動理念，散播到歐洲全境，遠至俄羅斯。但接受它們的程度，因不同的政治單元對這些理念侵犯他們自身利益的認知不同，而有國別上的顯著差異。因此，欲了解可問責政府的興起，就得了解存在於歐洲不同地區的政治勢力，了解為何某些權力布局促進了可問責，其他權力布局卻完全未能阻擋專制統治的出現。

只懂一國者，什麼國都不懂

目前為止，談到歐洲時，我都把歐洲當成與中國或中東相對比的單一社會，事實上，歐洲境內曾存有多種政治發展模式。世人談起現代立憲民主興起的故事時，常從成功者的角度，亦即以英國和其殖民衍生物美國的經驗為基礎去談。在已被稱做「輝格史觀」（Whig history）的看法中，自由、繁榮、代議政體的誕生，被視作人類建制不可阻擋的進展。此進展始於希臘民主和羅馬法，早早就受到《大憲章》的保護，又遭遇早期斯圖亞特王朝（Stuarts）的威脅，但在英格蘭內戰和光榮革命期間受到捍衛，並證明為正確。接著這些建制透過英國的殖民北美洲，傳播到世界其他地方。[3]

輝格史觀的問題不在於它的基本結論必然是錯誤的。事實上，它強調課稅是促成可問責制的主要因素這點，大體上沒錯。問題毋寧在於它和所有國別史一樣，無法解釋為何議會興起於英格蘭，卻未興起於其他處於類似情況的歐洲國家。這種史觀往往使觀察者斷定，發生過的事必然會發生，因為他們不清楚導致某特定結果的所有錯綜複雜原因。

舉個例子。一二二二年，即英格蘭《大憲章》事件發生七年後，匈牙利國王安德魯二世（Andrew II）迫於貴族壓力發布《金璽詔書》（Golden Bull），即東歐版的《大憲章》。這份《金璽詔書》保護某些菁英的權利，使其不受國王獨斷行為的傷害，且賦予主教和領主在國王未能信守承諾時反抗國王的權利。但這份詔書從未成為匈牙利自由權的基礎。這份早期憲法大大限制了匈牙利國王的權力，使得實質統治權落在不受法紀約束的貴族手中。匈牙利貴族強迫國王施行的這份憲法，未發展出使強勢的行政權受到團結立法權制衡的政治制度，反倒阻止了強勢中央行政機關的問世，致使該國無法做好抵禦外敵的準備。在內政上，國王未保護匈牙利農民，使免受貪得無厭之寡頭統治集團的剝削，一五二六年莫哈奇之役敗給奧圖曼人後，匈牙利人失去了自由。

因此，若要解釋可問責政府的興起，不只得檢視成功的例子，也得檢視失敗的例子，從這些例子中找出為何代議制出現於歐洲某地區，專制統治卻盛行於其他地區的原因。已有數人往這方向努力，首先是德國歷史學家奧托・辛策（Otto Hintze），接著是查爾斯・堤利（Charles Tilly）。堤利把外部軍事壓力和抽稅能力視為主要的解釋變數（explanatory variable）。[4] 晚近在這方面最卓然有成者，或許是湯瑪斯·厄特曼（Thomas Ertman），他檢視了比大部分比較性歷史著作還多的例子，為許多已被觀察到的差異提供了看來站得住腳的解釋。[5]

但這些人的著作談不上是真正的政治發展理論，且未來是否能產生這樣的理論，沒人說得準。以社會科學的措詞來說，問題在於變數太多，而例子又不夠。政治發展理論想解釋的政治發展結果，不是只能從代議政治或專制統治兩者擇一。如後面會提到的，至少曾有五種大不相同的國家出現於歐洲，且這五種的源頭都需要我們釐清。例如，出現於法國、西班牙的專制統治，不同於出現在俄羅斯、普魯士的專制統治，且後兩者之間彼此又差異頗大。有些解釋變數可以透過觀察，證明它們是促成這些不同結果的因素，而這樣的解釋變數數量又更多，從提利所使用的外部軍事壓力和課稅能力等眾所熟悉的變數，到內部階級關係的結構，到國際穀價，到宗教與觀念，或宗教、觀念被廣大人民、被個別統治者接受的方式，都屬之。要從這種種起因和結果中得出一個預測性的通論，看來希望非常渺茫。

因此，在後面幾章，我想做的是描述歐洲幾個重要的政治發展路線，和與每條路線有密切關係的起因。從這些例子中，或許可以推斷出哪些因素最重要，哪些因素最不重要，但無法從中得出一個真正的準確預測之理論。

歐洲的東周時期

西元一一〇〇年的封建歐洲，在許多方面類似中國的東周時期。有一名義上的君主或統治王朝，但實權散落在高度分權的一些封建領主手上，這些領主有自己的軍隊，維持秩序，裁決訴訟，大部分在經濟上自給自足。一如在中國，某些王朝靠較高明的組織能力、靠無情或靠運氣成為一方之霸，開始擴張版圖，在明確疆域裡鞏固國家統治。

十五至十七世紀期間，歐洲境內發生一場龐大的政治改變，促成強勢民族國家的興起，情況類似西元前五至前三世紀在中國發生的國家建造。此改變的背景條件之一，乃是人口大增（特別是十六世紀）和人均財富的增加。這是全球現象的一部分，先前討論過的奧圖曼帝國也受到這現象的影響，但其在歐洲的影響大概比在中東的影響來得良性。歐洲的人口從一五〇〇年的六千九百萬增加為一六〇〇年的八千九百萬，成長將近三成。[6] 歐洲經濟的貨幣化大步前進，有大量金銀從西班牙的美洲殖民地輸入。貿易成長速度開始超越整體國內生產毛額的成長速度，一四七〇至十九世紀初，西歐商船船隊的規模成長了十六倍。[7]

這個時期之初，歐洲的政治實體大部分是領地國（domain state）。在這樣的國家裡，國王的收入全來自自己的領地，而在名義上歸他統治的地區裡有許多領地，國王的領地只是其中之一。行政官員人數不多，且都是王室家臣出身。實權分散在諸侯手中，諸侯如同自主的政治實體。他們有自己的軍隊，向自己子民課稅，掌理當地的司法事務。他們得向領主提供服務，如果他們是有權有勢、由國王直接敕封領地的貴族（baron），他們所服務的領主可能是國王；如果他們是較低階的封臣，領主就可能是由國王直接敕封領地的貴族或位階較低的領主。他們以性命而非稅金履行對領主的義務，若非親自上戰場，就是派侍從上戰場，事實上，大部分貴族因此享有免稅待遇。國王自己的領地，可能是分散在廣大地區、彼此不相連的數塊土地，而他的王國可能是由許多不同的附屬領地組成，且在附屬領地裡，可能散落著得向敵對國王提供服務的領主的土地。

此時期末年，歐洲的政治秩序已有一大部分轉型為國家林立的體系。領地國已轉型為課稅國（tax state），而在課稅國裡，君主國的稅收不只來自國王自己的領地，還來自他所轄的國土全境。在這個體系裡，得創立規模更大得多的國家官僚組織才能治理國家，而首先創立的就是負責草擬官方文書的文書院（chancery）和職司收稅與稅收撥用的財政部。地方領主的自主權遭大幅削弱。自此，他們所要提供給國王的不是服務，而是繳稅，中央政府直接向農民課稅，藉此打破地方領主與其領地農民的關係。國家所直接掌控的領地也大增，因為歐洲各地的教會財產遭沒收、接管，成為國有土地。國家所轄的領土，由彼此不相連的許多塊土地變成渾然一體的疆域，例如法國就在這時期形成今日所熟悉的六邊形疆域。國家也透過征服、聯姻或外交手段，吸併較弱、較難獨立生存的政治單位，藉此擴大版圖。國家對社會的滲透也遠比過去深入得多，推行朝廷所用語言，減少方言數目，統一社會習俗，創立通用的法律、商業標準，施行於愈來愈大的轄地。

此轉變的速度和範圍都很驚人，在許多方面和中國東周所發生的相當，儘管在這過程結束時仍有許多國家存在，而非如東周只剩單一帝國。例如課稅。在哈布斯堡帝國，稅收從一五二一至一五五六年的四百三十萬弗羅林（florin），成長為一五五六至一六〇七年的兩千三百三十萬弗羅林。在英格蘭，年均稅收從一四八五至一四九〇年的五萬兩千英鎊，暴增為一五八九至一六〇〇年的三十八萬兩千英鎊。卡斯提爾王國的稅收，一五一五年是一百五十萬杜卡特（ducat），到了一五九八年增加為一千三百萬杜卡特。[8]擴增的稅收被用來支持更大、更專業的公部門。法國一五一五年有七千至八千名官員為國王工作，到了一六六五年國王的行政官員人數達到八萬。巴伐利亞政府的正職官員，一五〇八年有一百六十二名，一五七一年達八百六十六名。[9]

歐洲境內國家建制的早期發展，源於其提供法治的能力，而從十六世紀起，此發展幾乎全靠為戰爭籌措軍費的需求來推動。這時期，戰爭規模愈來愈大，且幾乎沒有中斷。大型戰爭包括法國、西班牙為爭奪義大利而打的長期戰爭；西班牙為平定其荷蘭諸省的戰爭；英格蘭、西班牙、葡萄牙、荷蘭、法國之間為美洲殖民地打的戰爭；西班牙入侵英格蘭未遂的戰爭；宗教改革後德國境內的長期衝突，最終演變為三十年戰爭；瑞典往中歐、東歐、俄羅斯擴張的戰爭；奧圖曼、哈布斯堡、俄羅斯三帝國間不歇止的戰爭。近代時，國家除了提供基本的公共秩序和正義，未提供多少服務，國家的預算絕大部分用在軍事上。荷蘭人與西班牙國王長期鬥爭期間，荷蘭共和國的預算有九成花在戰爭上；十七世紀時，哈布斯堡帝國的預算，有九成八花在其與土耳其、新教諸國的戰爭開銷上。從十七世紀開始到結束，法國的預算成長了四至七倍，英國的預算在一五九〇至一六七〇年間成長了十五倍。[10]法國軍隊的規模相應成長，從十三世紀的一萬兩千人增加為十六世紀的五萬人，一六三〇年代的十五萬人，路易十四在位晚期的四十萬人。[11]

歐洲發展過程中的法治

西元前第一個千年中期，中國境內的戰爭型態，從原本以駕戰車、人數不多的貴族為主力，轉變為以建立在全面徵兵所形成的大型步兵軍隊為主力。十二、十三世紀時，歐洲境內發生了類似的技術性轉變，騎馬、身披重盔的騎士，被配備弓箭、長矛的大型步兵軍隊取代。但與中國早期的國家建造者不同的是，近代的歐洲君主未藉由在自己領土上大規模強徵農民來建立軍隊。查理五世皇帝所投入戰場的大軍，以名叫特爾曉（tercio）的卡斯提爾軍隊為核心，但軍中也包括許多從自己領土和外國管轄區雇來的傭兵。[12]歐洲十八世紀出現集體徵兵軍隊，但直到法國大革命的全國總動員，這類軍隊才真正成為國家權力的基礎。相對的，在中國，秦國之類國家從騎馬貴族戰爭型態直接轉變為集體徵兵，中間未經過雇傭兵階段。[13]

這些近代歐洲君主國為何不像中國的君主國那樣，直接集體強徵國內的農民入伍？為何它們不藉由提高國內全境的直接稅稅率，而是靠借款和出售官職來供養軍隊？

主要原因之一在於歐洲存在法治。第十八章已提到法治如何從宗教法發展出來，如何傳播到其他多種領域。歐洲封建制度的整個階層化結構，實質上將統治權和權力分配給一批下級的政治單位，且這結構受到過去遺留下來的法律保護。農民被各種封建法律和義務拴住，主要被拴在他們的地方領主身上。國王沒有強徵他們入伍的法定權利，事實上，國王甚至可能連強徵在他自己領地上工作的農民的權利都沒有，因為農民的義務寫得清清楚楚，未必包括服兵役。歐洲的君主不認為自己有權利沒收其國內菁英的財產，後者會宣稱自己擁有來自封建契約的古老權利。國家可以抽稅，但得經過組織化的三級會議（例如法國的全國三級會議），為其徵稅作為取得正當性和許可。專制統治君主想削弱這些階級的權力，但是得在他們賴以取得統治正當性的整個法定架構裡這麼做。國王也不覺得自己有權恣意沒收對手的財產或殺害他們，侵犯他們的人身安全（但在此應該指出的是，這些規則用在農民和其他平民之類的非菁英身上時，就沒那麼嚴格，直到許久之後才改觀）。

早期中國君主所行使的那種專制權力，乃是不管在封建歐洲，還是在近代歐洲，都少有君主敢於奢望的權力。他們展開全面土地改革，任意處死為他們賣命的官員，流放整個族群，瘋狂肅清與他們作對的貴族。在歐洲，只有一國的君主有這種行為，那就是俄羅斯的君主。在歐洲，這種不受約束的暴力，直到法國大革命之後，即現代化掃除掉過去舊歐洲秩序遺留的法律約束之後，才變得較為盛行。

我們該知道，歐洲的國家發展必須在國家權力早已受法律限制的背景下進行。歐洲的君主固然想扭曲、違反或避開法律。但他們所做的選擇，受限於一組成形於中世紀而早就存在的法律制約。

國家建造的基準架構

為了打仗，國家得以愈來愈大的規模動用資源。對資源的需求，促成稅率調漲，促使國家找出新方法將課稅國的範圍擴大，亦即將更多人口和更多的社會資源納入其中。財政資源的管理，又促成國家官僚組織的規模變大，使官僚組織愈來愈理性，以便發揮最大功效。國家必須擁有廣大領土以增加稅基，領土必須相連一氣以利於防衛。國內的政治異議地區可能予敵人可乘之機，因此，必須將國家全境都納入一致的治理。

歐洲某些地區（日耳曼、東歐兩地的部分地區和瑞士等地理孤立區域），未面臨早期軍事競爭，因而較晚才組成現代國家。其他的大國（法國、西班牙、英格蘭、荷蘭、瑞典、俄羅斯、哈布斯堡帝國、波蘭、匈牙利等國），全面臨日益高漲的軍事支出需求，從而自十五世紀起面臨日益高漲的集權需求。[14]

從此之後歐洲的政治發展故事，乃是這些日益集權的國家和反抗它們的社會群體之間互動的故事。出現專制政府的地方，其境內反抗的社會群體若非勢力薄弱且組織不善，就是遭國家拉攏，成為國家向不受籠絡的其他社會群體抽取資源的幫手。而出現弱勢專制統治的地方，其境內反抗的社會群體，組織極牢固，致使中央政府無法掌控。可問責政府則興起於國家與反抗群體彼此勢力較平衡之時。反抗群體能逼國家接受「沒代表就不納稅」的原則。他們會供給國家可觀的資源，但前提是他們對於那些資源如何使用有置喙的權利。

這些抗爭的結果，不是國家與整個社會彼此爭奪權利。普遍來講，這場抗爭往往是四方的角力，分別是中央王室、上層貴族、更廣大的仕紳階層（亦即小地主、騎士或其他自由民）與包括城市居民（初興的資產階級）在內的第三等級。在這些社會裡占了人口絕大多數的農民，角色還不吃重，因為他們未被動員為能代表他們利益的法人團體。

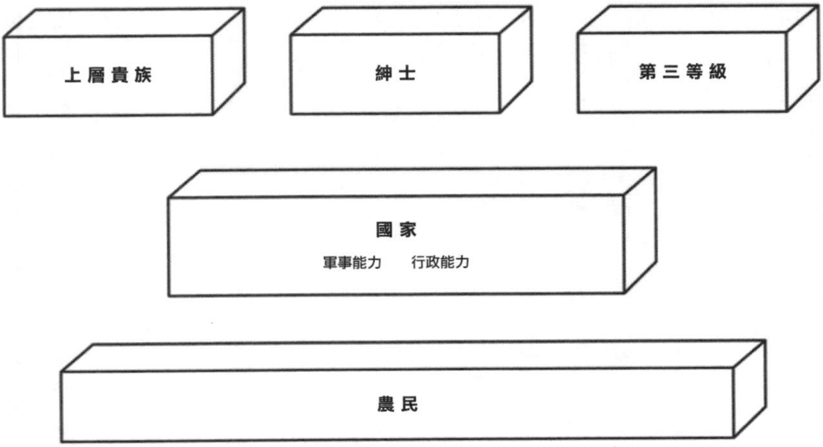

圖一：農業社會裡的政治權力

對國家集權化的反抗程度，視國家以外的三個群體：貴族、紳士、第三等級，為抵抗王權而合作的能力而定，也取決於每個群體所表現出的內部團結程度。最後，還取決於國家本身的內部團結和明確目標、堅定決心。

四條路線

接下來幾章，我會說明在國家建造方面歐洲境內的四個不同結果，以及為何這些結果彼此相異的部分原因。我所挑的結果，從最具代議制精神，到最專制統治，涵蓋了最多樣的例子。包括：

一、弱勢的專制統治。十六、十七世紀法蘭西、西班牙君主國是這類新專制統治國的絕佳例子，而且它們在某些方面比荷蘭、英格蘭的君主國更集權、更獨裁。另一方面，這兩個國家都無法完全支配社會裡具影響力的菁英，且把較重的繳稅賦擔加在最沒辦法抗拒課稅的那些人身上。它們的集權式治理仍走家產制路線，且家產制的程度與日俱增。

二、成功的專制統治。俄羅斯君主國將貴族和紳士成功拉攏過來，使他們成為完全倚賴國家的服役貴族（service nobility）。俄羅斯能做到這點，一部分是因為國家、貴族、紳士這三者都想將農民拴在土地上，都想將最大的課稅賦擔無情地加在農民身上。政府走家產制路線，直到頗晚才改變，但這未阻止俄羅斯君主以法國或西班牙國王望塵莫及的程度來恐嚇、控制其貴族。

三、失敗的寡頭統治。匈牙利、波蘭的貴族，早早就使王權受到憲法限制，從而使國王始終處於弱勢，無法建立現代國家。弱勢君主政體無法保護農民利益，使其免受貴族階層的無情剝削，也無法抽取到足夠的資源，建立足以抵抗外來侵略的強大國家機器。這兩個國家都未能建立非家產制的現代政府。

四、可問責的政府。最後，丹麥、英格蘭既能發展出強固的法治和可問責政府，同時又建造出能動員全國和防禦外侮的強勢集權國家。英格蘭發展出議會的故事，大家最耳熟能詳，但在斯堪地那維亞，透過大不相同的政治過程，也出現同樣的結果。到了十九世紀末期，其中一地有了自由主義國家，另一地則為建立社會民主主義國家打下基礎，但法治、可問責這兩個原則都已牢牢深植於這兩地。

除了這四者之外，還有一些重要的發展結果與前四者略有差異的形變。荷蘭共和國和瑞士邦聯代表了通往可問責政府與法治的另一條共和道路，普魯士君主國發展出缺乏可問責制、強勢的現代國家與法治。我無法將這些例子和其他非主流例子全納入此書探討。但重要的是，我們該弄清楚有助於可問責政府或各類專制政體出現的主要條件。

注釋

1 相關討論，參見Francis Fukuyama, "The March of Equality," *Journal of Democracy* 11, no. 1 (2000): 11–17.

2 托克維爾於*The Old Regime and the Revolution*中，以長篇幅探討十八世紀晚期法國知識界氣氛的改變所帶來的衝擊。參見*The Old Regime and the Revolution*, Vol. One (Chicago: University of Chicago Press, 1998), book III, chap. 1.

編注：中文版《舊制度與大革命》由時報文化出版，二〇一五年十月二十七日。

3 Herbert Butterfield, *The Whig Interpretation of History* (London: G. Bell, 1931).

4 Otto Hintze, *The Historical Essays of Otto Hintze* (New York: Oxford University Press, 1975); Tilly, *Coercion, Capital, and European States*. 關於堤利的理論，更完善的形式涉及戰爭與資本之間的相互作用，且資本是歐洲國家形成的動力。

5 Ertman, *Birth of the Leviathan*.

6 Winfried Schulze, "The Emergence and Consolidation of the 'Tax State,'" in Richard Bonney, ed., *Economic Systems and State Finance* (New York: Oxford University Press, 1995), p. 267.

7 Maddison, *Growth and Interaction in the World Economy*, p. 21.

8 Schulze, "Emergence and Consolidation of the 'Tax State,'" pp. 269–70.

9 同前注，頁二六八。

10 Marjolein't Hart, "The Emergence and Consolidation of the 'Tax State,'" in Bonney, *Economic Systems and State Finance*, p. 282.

11 Philip T. Hoffman, "Early Modern France, 1450–1700," in Hoffman and Norberg, *Fiscal Crises, Liberty, and Representative Government*, p. 282.

12 關於西班牙軍隊組織的概論，參見 Geoffrey Parker, *The Army of Flanders and the Spanish Road, 1567–1598: The Logistics of Spanish Victory and Defeat in the Low Countries' Wars* (London: Cambridge University Press, 1972), pp. 21–41.

13 針對歐洲、中國境內的國家形成，許田波完成學界少有的明確比較，把此差異視為歐洲國家形成過程中的一大弱點。參見 Hui, *War and State Formation in Ancient China and Early Modern Europe*, pp. 32, 36。她一再提到歐洲未能像中國那樣進行國家「自我強化」，卻未說明為何歐洲的統治者無法這麼做。

14 雖然存在此普遍的相關性，它卻不是預示國家建造的重要指標。在這時期有許多歐洲國家覺得有必要動員，卻是與他們所面臨威脅的客觀程度相關性極低的動員。十六世紀時，西班牙國王面臨他轄下志得意滿的荷蘭諸省所帶來的王朝威脅（而非存在威脅），但他依然大舉鎮壓不聽話的荷蘭人，最終徒勞無功，使他的王國破產。相對的，波蘭和匈牙利的確面臨來自強鄰的存在威脅，卻未能在整軍備戰上有應有的付出。

第二十三章 尋租者

財政危機如何導致家產制政府在法國興起；中央集權政府的興起和省督；法國菁英如何把自由理解為特權，他們如何受阻而未能達成集體行動；法國政府的根本弱勢和無法對本身的菁英課稅或無法控制他們。

「舊制度」（ancien régime）下的法國，即一七八九年大革命之前的法國，呈現出既極為強大、骨子裡又虛弱的高度矛盾現象。凡是去過巴黎郊外的凡爾賽（Versailles）者，都懂得為何路易十四時代的歐洲人對法蘭西君主國如此敬畏。相較之下，波茨坦（Potsdam）的腓特烈大帝（Frederick the Great）夏宮無憂宮（Sanssouci），就像間草屋。在十七世紀末期英格蘭、荷蘭君主眼中，路易十四當政下的法國，有點像是冷戰期間美國人眼中的蘇聯，一個國土遼闊、富裕、勢力龐大、野心勃勃、威脅到整個歐洲之自由的陸上強權。法蘭西君主國是歐洲國家建造方面的開路先鋒，為現代的、中央集權的行政國家奠下基礎。托克維爾於一八四〇年代的著作中指出，他那一代的法國人深信若不是法國大革命，不可能出現當下的法蘭西國。但如他著手要證明的，這國家的基礎在兩百年前就已由「舊制度」時代的國王立下，這些國王「與現代法蘭西牽手跨過大革命深淵」。

與此同時，整個宏偉的法蘭西國建立在腐朽、搖搖欲墜的基礎上。路易十四於一七一五年九月去世時，他的國家已徹底破產。國王負債將近二十億里弗赫（livre），還不包括六億里弗赫的短期政府債券。法國的債權人有權要求法國將那之後直到一七二一年的每年稅收全拿來抵債，光是債務就超過可預期未來內預計可得的稅收。[1]如此艱困的財政狀況並非這時才有，但路易十四擴張性的外交政策使其嚴重惡化。在這之前一百多年間，法國國王一直在建造他們的中央集權國家。而該中央集權國家建立在與地方掌權者所達成的一組出奇複雜的協議上，地方掌權者讓出各種特權和豁免權以換取現金。國家逐步侵吞所有子民的自由，但付出了把其未來抵押給一批買官者的代價，因而無法可長可久。它無法發展成更高階、如數百年前中國已達成的那種專制統治國家。最後，它受制於規範，得尊重它所欲納入支配的那些社會階層的利益，且不得不尊重過去遺留下來的法律。只有在這些社會階層遭革命掃除後，真正現代的法蘭西國才誕生。

法蘭西君主國把法治視為實現其目標的惱人障礙，從這角度來看，法蘭西君主國的情況在許多方面與當今某些開發中國家的情況非常類似。這個政府揮霍無度，把大筆經費花在戰爭，而非花在對民間補貼或社會福利。因此造成的預算赤字得想辦法填補，於是這個君主國拚命尋覓財源，從而促使它在只要濫用、歪曲，或違反法律而能平安無事時，就這麼做。但它最終得回頭找同樣一批債權人取得資金，使它無法為所欲為。這個君主國若想擺脫此困境，將只有沒收所有菁英的財產一途可走，而這正是大革命最終所做的事。但在「舊制度」下，國家沒想到這麼做或沒能力這麼做，因而困在持續未消的經濟危機中無法脫身。

與此同時，被政府當作抽取資金對象的社會，無法要政府接受一基本的可問責原則。原因在於不同的經濟階層無法達成社會團結，或這些經濟階層欠缺社會資本。法國的貴族、資產階級、農民三者過去團結在一起，這時則是彼此看不順眼，不像英格蘭的這三種階層那樣認為他們是構成單一民族的一環。這三個階層的每一個階層內部，又細分為數個關心自身利益的等級。每個等級小心守護自己的特權，把維持自己高於下一等級的地位，看得比保護所屬階層或民族不受國家支配來得重要。自由權被視為非人人能享有的特權，於是出現一個在革命前夕「找不到十個人願意合力追求共同目標」（托克維爾語）的社會。

當追求中央集權的國家和反對該作為的群體，都未能在爭奪支配權時把自己適切組織化時，弱勢專制統治誕生。在法國，如此發展的結果是更偏向專制統治，但那是個脆弱的制度，禁不住啟蒙運動所帶來觀念改變（把正當性建立在「人的權利」之上）的衝擊。

家產制的開端

波旁王朝（Bourbon）第一位國王亨利四世於一五九四年即位時，法國即稱不上是統一的民族國家，或是現代國家。他之前的國王，以巴黎周邊地區為根據地往外拓展，這時已兼併其他公國，例如勃艮第、諾曼第、布列塔尼、納瓦爾、朗格多克，打造更大的王國，但這時候的法國，各地區在語言、習俗上有強烈差異。在行政區劃上，這個王國分為財政區行省（pays d'élections）和三級會議行省（pays d'états）。前者是以巴黎為核心的周邊數個地區，構成國土的核心；後者位在邊陲，是較晚近取得的領土，行使不同的法定規則。此外，宗教改革已使國家因教派歧異而分裂。天主教聯盟和胡格諾派（Huguenots）教徒之間的宗教內戰，直到原信奉新教的亨利四世改信天主教，一五九八年頒布《南特詔書》（Edict of Nantes），才畫下句點。亨利四世確立天主教為國教，但讓新教徒享有與天主教徒一樣的權利。

從波旁王朝立朝，直到一七八九年大革命，法國的國家建造工程循著兩條平行的軌道展開。第一條軌道與法蘭西國的日益中央集權化，和存在於封建時期的所有下級單位的政治權利縮減有關。這些下級單位，包括原構成法國政府核心的所有公國和獨立貴族，以及自治市、同業公會、教會，乃至愈來愈受到國家保護與控制的獨立私人商業組織。

第二條軌道與中央集權化的發生方式有關。與中國的早期國家不同，也與後來十八世紀在布蘭登堡—普魯士興起的日耳曼國家不同的是，這個中央集權化的法蘭西國，不是以不講私人關係、能力掛帥、以功能性專業化和教育為取才基準的官僚組織為核心建造起來，反倒是澈底的家產制化。政府職務，從軍事指揮官職到財政部裡的收稅職位，都被時時欠缺現金而亟需收入的國家賣給出價最高者。換句話說，政府的職能遭澈底私有化，連其最核心的職能都未能幸免，官職變成可繼承的私人財產。[2]

如果從委託人—代理人的角度（代理人得受到適切的激勵，才會照委託人的意思行事），來理解善治的問題，那麼法國政府所創立的這個制度絕對會帶來可怕後果。它允許代理人靠官職牟取私利，從而幾乎將尋租（rente seeking）、貪腐行為正當化、建制化。事實上，「rente」一詞源自法國政府出售會帶來源源不斷之收入的公共資產（例如某種稅的收取權）的習慣作為。[3]如果說現代公共行政首重公、私分際，那麼「舊制度」就代表了完全屬於近代以前的一種制度。因此，法蘭西國是集現代元素與家產制元素兩者的不穩定、奇怪結合體。

中央集權行政國家與家產制式的官職掌理，兩者的發展緊密交織，因而無法探明它們各自的發展過程。「舊制度」下的財政制度極為複雜，反映了它所採取的逐步發展方式。有數種稅，其中最重要者是平民稅（taille）。平民稅是針對農產課徵的直接稅，主要落在農民身上。有一種人頭稅和針對貨物（例如從國內一地運到另一地的葡萄酒和商品）課徵的數種間接稅，還有針對國家鹽稅局（gabelle）生產的鹽課徵的一種稅。[4]後來的國王還增加了其他數種稅，包括人口稅（capitaion）和所得稅（vingtième）。

直接財產稅難以徵收，因為法蘭西國未像中國、奧圖曼國、英格蘭國那樣，有一套制度來維持最新的人口普查和人口登錄。[5]對於政府要求誠實申報資產，有錢人家自然心存抗拒，因為這會增加他們的稅賦。[6]由於法國國土遼闊（與英格蘭等國家相比時），數千個地方市場分散各地，收取間接稅不易。十七世紀的法國經濟未完全貨幣化，可用來繳稅的錢幣始終不足。這時期的法國大體上是農業社會，而那些從技術角度看容易收取的稅，例如關稅，未能帶來大量稅收。[7]

但這個稅務制度的真正複雜之處，來自令人眼花撩亂的種種特別豁免和特權。中世紀晚期，封建法國就已發展出兩層式的三級會議制度，即一個全國性三級會議和數個地方或省級的三級會議，又稱高等法院（sovereign courts / parlement）。國王要開徵新稅時，徵求省級三級會議的同意。[8]為使各省同意併入法蘭西王國，國王已給予代表當地菁英發聲的省級三級會議特殊優惠，強化當地菁英所具有的習慣和特權。因此，稅制因地區而異，三級會議行省和財政區行省之間的差異尤其大。貴族利用其對弱勢國王的影響力，替自己爭取到多種免稅待遇，免除了直接稅和在他們自己土地上所生產商品的貨物稅。這些免稅待遇和特權開始擴散到貴族之外，城市中的有錢平民、王室官員、治安官和諸如此類者也雨露均霑。唯一爭取不到這類免稅待遇者是非菁英人士，即構成法國絕大部分人口的農民和工匠。[9]

賣官（venality）之事始於十六世紀。為爭奪對義大利的控制權，法國與西班牙打了漫長的戰爭，國家財政拮据，因此開始出售官職以挹注國庫。這時期的法國國王，光靠來自自己領地的收入無法支應戰爭開銷，於是開始向義大利、瑞士、德國南部境內的新興金融中心借貸大筆金錢。法國的還款信用始終不大好，一五五七年政府拒絕向名叫金融聯合會的銀行家集團清償債務時，信用更是完全破產。法國政府還拖欠替它打仗的外籍傭兵（例如瑞士傭兵）的債務。一六〇二年，它欠了瑞士數個鎮、州，和帶法國部隊打仗的瑞士籍上校、上尉，三千六百萬里弗赫。法國政府不還錢，瑞士人即不再替它打仗。[10]

為解決信用問題，法國政府透過國債（rente）機制出售官職給私人。相較於一般借款，這種國債讓其持有者有權擁有其所買得官職轄下源源不斷的稅收。用錢買得官職者被派去掌管平民稅（土地稅）和其他稅的收取，至少在財政區行省是如此，錢經過他們之手，因此他們較有把握收回利息和本金。內部籌資（inside finance）制度於是誕生，由此，國家的主要財源不從私人銀行家來，而是從某些有錢的個人，他們藉由先前的投資，已成為國家機器的一部分。

事實證明，就連這些國債的可靠度都很低，因為政府很快就把矛頭對準它們的持有者，要求重新議定條件。在亨利四世和其財政大臣敘利（Sully）主導下，法國政府於十六世紀初提出一新做法，即官職稅（paulette）。藉由繳納官職稅，國債持有者可將自己的官職遺贈給後代，藉此使官職變成形同可繼承的財產。[11]家產制的公然復辟，源於先前某個時期的改革，當時天主教會將聖職與官職判然兩分（見第十八章），為現代行政治理立下一個先例。聖職有權利取得經濟租（economic rent），但這個權利的可繼承性，因神職人員的終身不娶而受到限制，官職是在官僚階層化體系控制下不設限持有的功能性職務。一旦非神職人員的平民開始在未獲承認給予封地的情況下充任國家官僚，他們也開始想辦法保障自己的工作、照顧自己的小孩。法國政府則把將這些平民納入國家體系，視為反制舊貴族勢力的有用工具。官職的最大需求者是第三等級的資產階級成員，他們希望透過買官改善自己的情況。於是，十足道地的家產制重出江湖，進入法國公共行政的核心。

法國政府為增加國家收入所搞的花樣，未隨著施行官職稅而終止。國家把收取間接稅的權利賣給稅款包收人，稅款包收人向國家保證會收到某固定數目的稅交給國家，至於超收的稅，他們可納為己有。國家也把新稅「讓渡稅」（droits aliénés）的收取權利賣掉，而此附加稅的收入很快就使傳統的平民稅相形見絀。此外，國家可增設官職出售，而這造成既有的官職價錢貶值，從而使持有那些官職者的產權稀釋。對官職的需求不斷上漲，連該制度的創立者都大吃一驚。路易十四曾問其財務總監朋夏特朗（Pontchartrain），如何替官職找到新買家。朋夏特朗答道：「陛下……國王一設立某職，上帝就創造出會買它的傻瓜。」[12]

此制度所產生的效率不彰和貪腐溫床非常驚人。可用錢買得的財務監督官一職，通常被民間金融家買下，而這職務有時非常值錢，因為它會讓擔任該職者在競標官職時享有優勢，使他得以事先知道法國政府可能的出價。財政大臣定期燒毀匯票和其他金融紀錄，以免他個人的帳目事後遭到詳查。[13]英格蘭發展出先進的公共財政與最佳課稅理論，並在亞當・斯密的《國富論》（*The Wealth of Nations*）裡得到闡明，相對的，法國的課稅是投機主義且功能不彰。[14]例如鹽稅稅率在法國各地並不一致，導致人為的「鹽界」，助長從低成本區往高成本區走私的行為。[15]最重要的是，法國財政制度刻意助長尋租行為。有錢人未把錢投入私人經濟裡能創造經濟價值的資產，而是花在無法創造財富、只會重新分配財富的可繼承官職上。他們未專注於技術創新，反倒把創新心力用在如何規避國家與國家稅制的約束上。就在英吉利海峽彼岸私人市場正迅速發展之際，這削弱了法國的私人創業精神，使新興的私部門倚賴國家的慷慨贈與。

十七世紀晚期已發展出來的法國財政制度，做法非常倒退，向窮人課稅以供養有錢有權者。幾乎每個菁英團體，從高級貴族到同業公會成員到資產階級城鎮，都為自己爭取到免稅待遇，而把最沉重的負擔留給農民。這自然激起一連串農民暴動和叛亂。為滿足路易十四的戰爭開銷而加稅，招來一六六一、一六六二、一六六三、一六六四、一六六五、一六七〇、一六七三、一六七五年的叛亂，而一六七五年那場叛亂是最大規模、最嚴重的「紅帽子」（Bonnets Rouges）暴動。[16]這些叛亂全遭粗暴壓制，例如，一六六二年那場抗稅叛亂，政府軍隊抓了五百八四十名叛亂者。七十歲以上和不滿二十歲者得到赦免，其他人淪為划槳囚犯。[17]政府課稅以供養軍隊，但為了強行抽稅，得將軍隊調離邊境，此舉無異於自拆牆腳。這凸顯了課稅政策的一個重要教訓，即抽稅成本與課稅權威在人民眼中的正當性高低成反比。

省督與中央集權

十七世紀上半葉，在路易十三與其大臣黎希留（Richelieu），以及路易十四與其大臣馬薩林（Mazarin）治下，法國所遭遇的財政危機，促成了在省督（intendant）這個新建制守護下的行政集權。省督通常是政治歷練尚嫩、「非透過選舉、出身或買官來行使權力」（托克維爾語）的年輕官員。重點在於他們不管與地方菁英，還是與靠買官得到官職、職司財政制度施行的官員階層化體系，都沒有瓜葛。省督通常是不久前獲晉升為貴族者，他的直轄下屬，省督代理人（subdelegate），是平民。與靠買官當上官員者不同的是，省督與省督代理人都可被巴黎中央隨意免職。因此，法國人已找到和中國用以任用軍區、郡縣人員一樣的制度，或和土耳其人用以管理桑賈克一樣的制度。托克維爾接著寫道：

> 但這些權力極大的官員，比起殘餘的舊封建貴族又相形見絀，且幾乎埋沒在貴族所仍發出的耀眼光芒中……在政府裡，貴族圍繞國王，構成他的王廷，他們指揮艦隊，統領軍隊。簡而言之，他們是最吸引時人目光者，且往往是唯一受到後人注意者。若建議任命某個大領主當省督，那人會覺得是在侮辱他，顯貴之人再怎麼窮，通常都不願接這職務。[18]

十七世紀中葉之前，省督奉派出去時，心裡並無有系統的計畫。他們只是中央政府專為特定問題派出的臨時代表。[19]政府愈來愈常派他們去收稅，特別是平民稅，而收稅原是地方官員的職權。

他們篡奪此職權，構成十七世紀中葉憲政危機的背景因素。

中央政府與其他地區性及地方要角為權力分配展開的重大鬥爭，與高等法院的角色有關。如前面已指出的，這類傳統機構有上下兩級，一級代表各省，其中最重要者是巴黎高等法院（Parlement de Paris），另一個是全國三級會議。中世紀晚期，法國國王偶爾召開全國三級會議以如英格蘭的議會般通過徵稅案。但國王能甩開全國三級會議逕行統治一事，被視為專制統治的表徵，從一六一四年瑪麗・德・梅迪奇攝政到一七八九年大革命爆發前，從未召開全國三級會議。欲弄清楚為何代議機構在英格蘭發展出來，卻未在法國出現，就得從高等法院之類的機構為何在某國未能發展成強勢的建制，在別國卻可這個問題切入。

代表地方菁英利益的省級高等法院，主要是司法機關。比起全國三級會議，它們的召開頻繁得多，且有潛力扮演抑制王權的角色。國王想開徵新稅時，新稅送交高等法院登錄，獲得登錄後才能開徵。高等法院通常舉行公開辯論，而談到課稅事宜時，辯論往往很激烈，接著該法院可一字不改登錄該新立的法，或修訂其內容，或不予登錄。對於不受歡迎的立法，當地官員會以口頭或書面向國王的法院表達抗議。但在高等法院未能登錄國王想要的法案後，國王可召開所謂的御臨法院（lit de justice），強行通過該法，因而高等法院的權力有其局限。[20]高等法院所能做的，幾乎就只是發出口頭或書面抗議使國王難堪而已。

一六四八年《西發利亞和約》（Peace of Westphalia）之後，這套制度面臨嚴峻危機。當時，法國政府背負了三十年戰爭累積的逾期債款，因而想在戰後沿用戰時的稅率。馬薩林得悉巴黎高等法院拒絕登錄新稅後，最初的反應是放棄原來的主張，撤回大部分省分的省督，但後來逮捕該高等法院的領袖，引發名叫投石黨運動（Fronde）的全面暴動。[21]這場於一六四八至一六五三年分成兩階段展開的暴動，代表了傳統地方菁英與貴族對於君主制的最終約束手段：武裝反抗。這場內戰原本無一方穩操勝券，但不滿於政府政策而匯集各路人馬的反政府一方，最終未能同心協力拿下軍事勝利。

高等法院法官和貴族的失敗，為法國政治制度的更澈底中央集權化鋪平了道路。十七世紀下半葉，路易十四與其財務總監尚－巴蒂斯特．柯爾貝（Jean-Baptiste Colbert），刻意將省督改造為樞密院（Royal Council）賴以將其權威一體適用於法國全境的工具。[22]法國政府再度將他們安插到各省，且提升他們的權力。他們開始招募當地人組織並掌管民兵部隊，並接管公共工程，成為整個公共秩序的維持者。封建貴族老早就放掉濟助當地貧民的義務，這也成為中央政府透過省督發揮影響力的切入口。[23]

在國家建造過程中遭消滅的數種自由之一，是鎮與自治市的自治自由。一直到十七世紀晚期為止，法國城鎮的全體居民一直有權舉行民主選舉選出當地的治安官。城鎮居民所主張的權利，常得到國王的支持，國王藉此削弱當地貴族的勢力。[24]但一六九二年選舉首次遭廢除，治安官變成由中央任免。托克維爾如此評論這個轉變：

> 而理當得到歷史所能給予的所有輕蔑的是，這個了不起的革命，是在未抱持任何政治目標的情況下完成。路易十一世（Louis XI）限制自治市的自由，乃是被它們的民主特質嚇壞了，路易十四摧毀它們，且這麼做時對其毫無顧慮。他把自由還給能買回自由的所有城鎮，就是明

證。事實上，他較想要買下它們的權利再賣掉，而非廢除它們的權利，而如果他真的廢除它們，也非他的本意，純粹因為那合乎財政考量，怪的是這樣的把戲玩了八十年。[25]

托克維爾發出一很有意思的見解，即他大為讚賞，視為美國民主基礎的新英格蘭城鎮禮拜堂區之管理和中世紀法蘭西城鎮兩者，淵源於同樣的地方封建建制，但由於中央政府致力於收買個人的忠誠，兩者於十八世紀時已分道揚鑣。[26]法國的城鎮政府最終被一個寡頭統治的小集團控制，這個集團愈來愈透過買官來保住自己的官職。他們想當官，以使自己有別於同鎮居民，社群的團結遭削弱，官員菁英圈以外的人變得冷漠。

政治集中化影響深遠，產生了我們今日所知的這個同質性較高的民族國家。一六八五年撤銷《南特詔書》，使天主教獨霸宗教界，導致許多富創業精神且有純熟技能的新教徒外移到歐洲其他地方和北美、南非洲等更遙遠的異地。中央政府有更大得多的權力開徵新稅，而不會受到現已噤若寒蟬的高等法院反對，稅制在國內各地施行的落差有所改善。特別是在貴族於投石黨運動中落敗之後失去在鄉間的權力基礎，被聚集在朝廷。在朝中，他們可以直接遊說以爭取補助和免稅，也可被以能否獲得國王接見為要脅來操控。路易十四著名的早晨接見儀式（levée，路易十四清早出恭時接見貴族）就是一例。貴族保住自己的社會地位，但付出喪失實質政治權力與財富的代價。[27]貴族仍保有權力之處是控制莊園法院，如第十七章所見，在英格蘭，莊園法院早早就納歸國王掌控。因此，法國在所有不對的地方都達到一致：地方失去就攸關社群利益之問題做決定的政治自主權，但不公正的司法制度仍歸地方權貴掌控，從而削弱了既有產權制度之公正性的公信力。

中央政府權力的界限和改革的無望

十八世紀初期法蘭西國家權力的提升，促使個人權利受到國家權力的踐踏，頭一個受害者是產權。但仍以歐洲慣有的方式進行，即透過操縱法律體系，而非透過法律外的強制手段。正式廢除傳統權利和約束，必須經過漫長的辯論，且政治人物在爭取其廢除時，必須在舊封建法律秩序所設定的範圍內進行。因此，法國花了超過半世紀的時間才摧毀高等法院的權力。法國國王殘酷對待反抗王權的農民，卻對敵對的菁英相當尊重。投石黨運動失敗之後，帶頭叛亂的兩名造反貴族蒂倫（Turenne）和孔戴（Condé）請求路易十四原諒，結果如願。他們若生在中國，大概會立即被滿門抄斬。

一七一五年路易十四去世，為法國留下還不起的沉重債務。為減輕這負擔，法國政府祭出形同收取保護費的手段。它召集它所掌控的特別法庭（chambres de justice）開會，然後威脅債權人要調查他們的個人財務狀況。幾乎每個債權人都有不法情事，因此同意打消政府積欠他們的部分債務，以換取免遭調查。[28]這種選擇性使用反貪腐調查來提升政府收入、恐嚇政治對手的手段，如今仍非常盛行。

在新任財政大臣約翰．羅（John Law）主導下，法國政府另出新招以甩開其債權人糾纏。它創設了一家國立銀行，且承諾會在該銀行裡以固定匯率用硬幣換取鈔票，然後威脅公民，例如刑事起訴、搜索家裡、沒收財產，逼他們以該匯率將手中硬幣換成鈔票。然後該銀行違背其還款承諾，一再降低鈔票相對於硬幣的價值，想藉此強行降低必須償還之債務的利息。羅主張，個人所持有的財產，只有在以國王眼中有用的方式運用時，才屬於個人所有。孟德斯鳩因此稱羅是「歐洲所出現過最了不起的專制統治鼓吹者之一」。事實證明羅的這套制度並不可行，不久就瓦解。[29]一如更晚近時的許多獨裁政權，法蘭西君主國發覺它無法讓投資者放心，或無法靠政治命令打破經濟的基本法則。

十八世紀期間，法國的諸多社會政治單元間的權力平衡有了一些重大轉變。日益壯大的資本主義世界經濟提高了生產力，促使法國的資產階級愈來愈有錢，成員規模愈來愈大。但這些經濟轉變遠不如這時期的知識發展來得重要，關於「人的權利」、公平的啟蒙運動理念突然蔚為主流，迅即擴散到全歐。一七八〇年代再度召開全國三級會議時，理由完全不同於過去：三個階級限制王權的權利，不是立基於他們在封建習慣上的古老淵源，而是立基於他們代表由具有權利的平等個人組成的廣大公眾之事實。當時普遍認定，「舊制度」的財政制度已複雜、不公到令人無法接受的地步。前幾代財政大臣在建議敲榨債權人、拖欠債務的方法上不斷推陳出新，藉此維持這套制度的運行不輟，到了此時，這些建議已被如下觀點取代：課稅應該一致、公正，且應透過法國人民的代表由法國人民賦予正當性。

法國大革命和民主降臨的故事，大家耳熟能詳，在此就不予詳述。我在這裡提出它，另有目的。那一代受這些新思潮影響的法國政治人物，一七七〇、八〇年代試圖透過和平改革此舊制度時，受制於根深蒂固的利益團體，仍高度把持政治權力而無法如願。

這樣的改革企圖有兩方面。第一個始於一七七一年，路易十五（Louis XV）與其大臣莫頗（Maupeou）治下。莫頗禁止各地的高等法院彼此往來或罷工，而它們不願照辦，他即重整整個司法系統，拿掉巴黎高等法院的許多管轄權。最重要的是，他廢除司法、行政職務的買賣，以由國王直接給付薪水的新治安官取代靠買官取得官職者。較公平的新稅：所得稅，將成為永久稅，且將透過更嚴謹、更公正的資產估價來施行。政府正面攻擊整個官職買賣制度，從而不只威脅到買官官員的政治地位，還威脅到他們所投入的家庭儲蓄。[30]

此舉激起巨大的反對，反對者除了地位穩固的買官官員，還有新興民主大眾裡難得一見投入反政府行列的其他成員，後者集結在寡頭統治集團背後，反對專制統治者這次的擴權。傳統的家產制菁英，能將他們反對這次改革說成是反抗專制統治。路易十五於一七七四年突然去世，很不得民心的繼位國王路易十六（Louis XVI，將會在大革命時人頭落地），最後不得不恢復高等法院的所有舊權利和特權。[31]

第二次的未遂改革發生於一七七〇年代，重農主義者杜爾哥（Anne-Robert-Jacques Turogt）擔任財務總監時。杜爾哥無意於政治改革，但深受自由主義經濟理念的影響，希望將法國經濟合理化改革。就這角度來說，他是一九八〇年代晚期和一九九〇年代期間，在許多開發中國家裡扮演吃重角色的技術官僚型新自由主義財政部長的先驅。杜爾哥廢除穀物出口管制和使麵包價格穩定的複雜市場管理規定，接著下令廢除同業公會，取消徭役，改成對土地所有者課稅。這些全可視為是現代化的、理性的經濟改革，且從某個角度來說是必要的經濟改革。但這些改革遭到激烈反對，反對者除了受到麵包價格上漲傷害的都市窮人，還有同業公會與靠國家所給予的租金生活的其他地位穩固的利益團體。杜爾哥倒臺，第二次改革失敗收場。[32]

「舊制度」的政治制度無力改革自己。國家的權威靠賦予廣大的尋租菁英聯盟權力，和讓他們在傳統、法律裡處於牢固地位來建立。他們在公職裡的產權是不理性的、機能不良的，且往往以不當方法取得的。要到買官制被不講私人關係、能力掛帥的官僚組織取代，現代法國才可能誕生。但這個政權若要正面攻擊這些權利，必然使這政權權力所依恃的整個法律體系跟著失去正當性。在法國，法治——現代政治制度的重要成分——早早就發展出來，比可問責政治建制和資本主義的興起還早了許多。因此，法治所保護的，不是現代政治制度和自由主義市場經濟，而是傳統社會特權和由國家主導、效率不彰的經濟制度。即使位在階層化體系最高層者終於承認舊體制已不符時代需要而須予以根本改革時，他們也沒有權力打破尋租聯盟所建立的均勢。要用更為強勁的力量，即被排除在現存體制之外的非菁英人士的憤怒，才能將它摧毀於革命浪潮之中。

法國境內反抗專制統治的失敗

即使專制政體未能在法國完全得勢，反對它的社會群體也未能迫使國家接受某種政治可問責制度。事實上，社會群體的失敗比專制政體的失敗還要大，且失敗肇因於他們未能齊心協力（見圖二）。反對勢力的核心本該是各個省級高等法院和國家級的三級會議。這些法院抗議、抱怨、辯論、抵抗，且在許多情況下迫使法國國王撤回遭他們反對的提案。但直到大革命前夕最後一次召開全國三級會議之前，各高等法院都未迫使國王接受它們地位高於行政部門之憲政原則。於是，自然而然引來一個疑問：這些從封建時期遺留下來的傳統政治大會，為何無法像英格蘭的政治大會那樣達成集體行動？要解開這問題，不能只從高等法院著手。在英格蘭、法國兩地，自治市也在中世紀時就被組織成獨立自主的政治實體。為何其中一個發展出新英格蘭的城鎮（township），另一個卻發展成被動的行政單位？

要解答這些疑問之前，我們得先從比較的角度探討其他國家的例子。但我們可以把答案歸為幾大類，以便縮小原因的尋找範圍。其中一種解釋會在法國社會的結構裡找答案。法國社會結構據斷定始於封建時期，甚至更早期。政治科學家湯瑪斯．厄特曼主張，家產制在法國、西班牙、南義大利諾曼王國的興起，與羅馬帝國瓦解後在那些地區發生的、由上而下的國家建造有關。在未被卡洛林帝國納入版圖的那些歐洲地區：英格蘭、斯堪地那維亞、部分東歐地區，平民與貴族間的社會團結程度較高，且發展出在近代時仍存在的強勢草根政治建制。拉丁歐洲境內這些在地建制的體質虛弱，加上中世紀起戰爭的激烈，說明了古老的封建社會秩序為何未能在面臨日益壯大的專制政體時集體行動。屬於卡洛林帝國一部

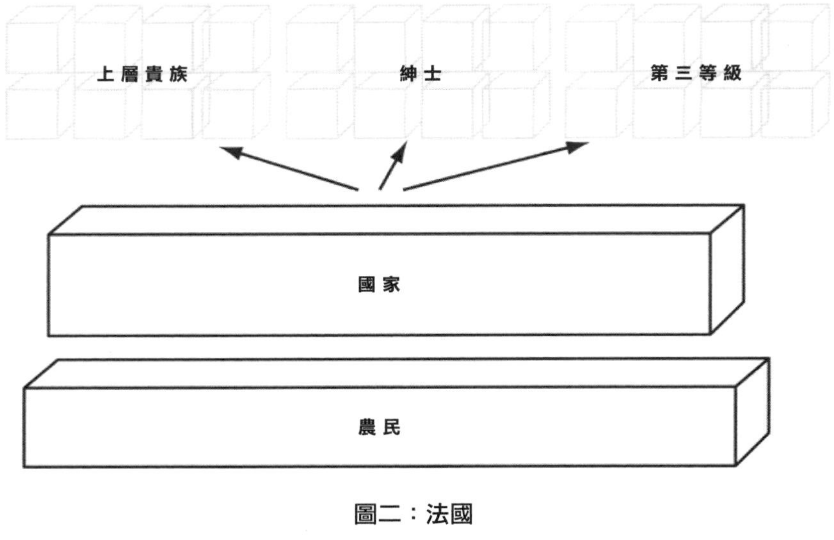

圖二：法國

分的德國，發展出非家產制的專制統治，因為它未像西班牙、法國那麼早就面臨嚴峻的地緣政治競爭，在面臨軍事威脅時，可避免犯下它們的錯誤，創造出較現代的官僚體制國家。[33]

第二種解釋在更晚近的時代裡，找到法國失敗的原因。贊同這種解釋的托克維爾主張，法國貴族和平民缺乏社會團結，乃是國王刻意操作的結果。托克維爾解釋道，就封建制度來說，歐洲各地的差異沒有那麼大：莊園、自治市、農村三者的法律、社會團結型態大同小異。在《舊制度與革命》（*The Old Regime and the Revolution*）第二卷第九、第十章中，他舉了許多例子說明此點。就地方層級來說，法國領主和其平民封臣，每隔兩週被召集到領主的法院裁決訴訟，一如在英格蘭的民會和百戶邑裡所見。十四世紀的資產階級，在省級三級會議和全國三級會議裡都很活躍，比起後來幾百年，他們因顯貴身分而被排除在治理階級之外時角色吃重多了。「沒代表就不納稅」的這個原則，在中世紀法國確立的程度，一如在英格蘭。[34]

在托克維爾眼中，法國社會面對日益壯大的專制政體所表現出的團結不力，並非肇因於古老傳統，而是肇因於家產制本身。「但在將人與階級區隔的所有方法中，課稅不公危害最大，且最常因不公而更加孤立。」這問題濫觴於十四世紀下半葉：

> 我敢說，國民厭煩於隨著國王約翰被俘，和國王查理六世（Charles VI）精神錯亂而來的漫長混亂，於是允許國王不需國民同意就制定一般稅那一天起，以及貴族懦弱地在本身免稅的條件下，同意對第三等級課稅那一天起，所有罪惡和濫權在「舊制度」接下來的生命歷程裡傷害它自己，且最後使它亡於暴力，幾乎都是在那一天種下了禍根。[35]

免稅是最令人痛恨的特權，且隨著十六、十七世紀期間繳稅負擔愈來愈重，變得更令人深惡痛絕。隨著賣官制度的施行，免稅不只是廣大社會階級的特權，還成為個別家庭的特權。只要自身高枕無憂，買官者不在意同胞的權利受損。在英格蘭，享有稅務特權者是窮人；在法國，是有錢人。

稅制不公既腐化貴族，也腐化資產階級。前者失去他們實有的統治權，且更頑強固守他們承繼的社會地位以茲補償。鑑於社會上有許多用錢買得頭銜而新近晉身貴族的平民，較資深的貴族不讓未能證明自己擁有「百分之百」貴族出身的人（即內外祖父母四人都是貴族者）出任許多官職，而從平民一下晉身為貴族者，則努力防杜其他平民跟進成為貴族。資產階級搬到城鎮，取得某種公職，以讓自己的身分地位有別於農民。他們的精力和抱負被引離創業，投入追求官方權威所界定的地位和安穩。[36]

但這則解釋並非到此就結束。英格蘭也有官職買賣和特權，但英格蘭國王從未能像法國國王那樣有效地撕裂有代表參與議會的各群體的團結一致。托克維爾本人承認，英格蘭貴族從一開始就談不上是個世襲階級，而比較像是實踐真正的貴族政治（由最優秀者統治）。出於在更早某個歷史時期裡的不明理由，在英格蘭，有才幹的平民可以比歐洲其他社會裡的同類人更容易加入貴族統治集團。於是我們再度碰到那個烏龜疊烏龜的問題。有可能的是，就在政府以政策刻意助長家產制時，家產制本身仍倚賴一組先前就存在的社會條件。

尋租社會

「舊制度」法國是今日所謂尋租社會的早期原型。在這類社會裡，菁英把所有時間花在謀取官職以為自己取得穩當的租金上，就法國來說，就是取得可挪為私用的特定收入來源的所有權。

這個尋租聯盟穩定嗎？它存續了將近兩百年，為法國稱霸歐洲提供了政治基礎。另一方面，我們知道法國宮廷的堂皇氣派掩飾了重大缺陷。最重要的缺陷，乃是被排除在該聯盟之外者心中強烈的憤怒與不公，而這股怨氣最終爆發為革命。但即使是位在該聯盟裡的人，原則上都無意與該聯盟維持長久關係。國王會樂見完全廢除買官制，且在君主政體將走上末路時朝這方向努力。靠買官當官者，幾乎只關心自己的利益，他們無法容忍改革的主張，因為現行制度的存廢攸關他們的個人利益。於是出現一個不折不扣的集體行動問題：若廢除這制度，整個社會會受惠，但組成該社會的各個群體的自身利益不同，使他們無法同心協力促成此項改變。

就法治在政治發展上的作用來說，法國的例子給了我們一個啟示。在現代國家出現之前就已在中世紀出現的法治，既約束了專制統治，也約束了現代國家的建造，因為它保護著若要建立真正現代的社會，就得予以廢除的舊社會階級和習俗。在近代，合法捍衛自由權，使不受日益集權的國王侵犯，意味著捍衛傳統封建秩序裡和與現代資本主義經濟秩序格格不入，高度限定繼承的封建產權。家產制問世，完全是因為政府覺得他們得尊重傳統菁英的產權。政府不能直接沒收他們的資產，因而得靠借錢和愈來愈光怪陸離的金融詭計。因此，對法治的尊重有助於創造出高度不公平的社會，在這社會裡，政府想奪取寡頭統治菁英的財富，最終未能得手。因此，政府不得不把繳稅重擔放在窮人和政治弱勢者身上，從而加劇社會的不平等，為政府本身的覆滅鋪平道路。

法國舊家產制亡於法國大革命時。但在西班牙，「舊制度」創造出非常類似的體制，且此體制於十八世紀時未遭遇革命和改革，反倒輸出到拉丁美洲，使拉丁美洲在那之後都受到它的影響。

注釋

1 Hoffman, "Early Modern France," p. 276.

2 關於概論，參見Swart, Sale of Offices in the Seventeenth Century.

3 Ertman, *Birth of the Leviathan*, pp. 98–99.

4 Hoffman, "Early Modern France," p. 230; Richard Bonney, *The King's Debts: Finance and Politics in France 1589–1661* (New York: Oxford University Press, 1981), pp. 15–16.

5 十四世紀時進行了「一三二八年的教區和大火狀態」（L'état des paroisses et des feux de 1328）普查。

6 Richard Bonney, "Revenue," in Hoffman and Norberg, *Fiscal Crises, Liberty, and Representative Government*, p. 434. 此問題在今日發展中國家非常普遍。參考哥倫比亞政府在地籍調查和財產評估的作為：Albert O. Hirschman, *Journeys Toward Progress: Studies of Economic Policy-Making in Latin America* (New York: Twentieth Century Fund, 1963), pp. 95–158.

7 Hoffman, "Early Modern France," pp. 231–32.

8 Ertman, *Birth of the Leviathan*, pp. 72–73.

9 Hoffman, "Early Modern France," p. 229.

10 Bonney, *The King's Debts*, p. 55.

11 嚴格來講，舊法規定如果官員死後四十天內未將其職位轉讓給他人，官職得由皇室收回，Charles Paulet所推行的法律，讓官員每年只要付一小筆費用，官職就不必收回。這筆費用後來就稱做「官職稅」（paulette）。Hoffman, "Early Modern France," pp. 243–44.

12 Swart, *Sale of Offices in the Seventeenth Century*, p. 15.

13 Bonney, *The King's Debts*, pp. 7, 12.

14 參見Richard Bonney, "Revenues," in Bonney, *Economic Systems and State Finance*, pp. 424–25; Bonney, *The King's Debts*, p. 14.

15 Bonney, *The King's Debts*, pp. 14–15.

16 Richard Bonney, Political Change in France Under Richelieu and Mazarin, 1624–1661 (New York: Oxford University Press, 1978), p. 434.

17 Bonney, "Revenue," p. 436n.

18 Tocqueville, *The Old Regime and the Revolution*, pp. 120–21.

19 Bonney, *Political Change in France*, pp. 32–33.

20 Hoffman, "Early Modern France," pp. 228, 280; Bonney, *Political Change in France*, pp. 239–40.

21 Bonney, *Political Change in France*, pp. 52–56.

22 François Furet, *Revolutionary France, 1770–1880* (Malden, MA: Blackwell, 1992), p.6.

23 Bonney, Political Change in France, pp.71–74; Tocqueville, The Old Regime, pp.122–24.

24 Root, *Peasants and King in Burgundy*, p. 49.

25 Tocqueville, *The Old Regime*, pp. 124–25.

26 同前注，頁一二九。

27 Bonney, *Political Change in France*, pp. 441–42.

28 Kathryn Norberg, "The French Fiscal Crisis of 1788 and the Financial Origins of the Revolution of 1789," in Hoffman and Norberg, *Fiscal Crises, Liberty, and Representative Government*, p. 277.

29 同前注，頁二七七至二七九。

30 Furet, *Revolutionary France*, pp. 17–18.

31 Ertman, *Birth of the Leviathan*, pp. 143–44.

32 Furet, *Revolutionary France*, pp. 25–26.

33 Ertman, *Birth of the Leviathan*, pp. 224, 237–38.

34 Tocqueville, *The Old Regime*, pp. 154–55.

35 同前注，頁一五七及一六四。

36 同前注，頁一五八至一六三。

第二十四章　家產制越過大西洋

拉丁美洲地區的政府為何具有不見於世界其他地方的特色；近代西班牙和其如何發展出與法國非常類似的家產制專制政體；西班牙的建制及其轉移到美洲殖民地。

拉丁美洲在地理上、種族上、文化上、經濟上，都是非常多元的大陸。但該地區的國家也呈現共通的特性，使拉丁美洲有別於東亞、南亞、中東、非洲的某種政體。

二十一世紀初，拉丁美洲絕大部分人民生活在已晉身世界銀行所謂「中上收入」地位的國家。這些國家的人均年收入在四千美元到一萬兩千美元之間，使他們不只領先非洲絕大部分國家，也領先印度、中國等迅速成長的國家。[1]但自二十世紀中葉起，經濟成長往往是斷斷續續，且平均來講大大低於東亞的成長率。[2]自第三波浪潮開展以來，整個拉丁美洲已成為世上最民主的地區之一，儘管隨著民粹政府在委內瑞拉之類國家興起，民主程度有所倒退。[3]

拉丁美洲在兩個方面表現較差。第一個是公平。該地區在收入不平等和財富不平等，都執世界之牛耳。二十一世紀前十年，某些國家的不平等程度已稍稍下降，但事實證明這種不平等現象極為頑強。[4]第二個表現較差之處在法治。在舉行選舉和運用可問責民主機制來拔除不得民心的領袖上，拉丁美洲諸國的表現相對較佳，但在司法事務的例行執行則落後甚多。這從治安不佳和犯罪率高、待審司法案件壅塞、產權不健全或不受保障、刑罰不及於許多有錢有勢者，就可清楚看出。

不公與法治不健全兩個現象彼此相關。在拉丁美洲，往往只有一小撮人，例如大企業老闆或工會成員，有幸享有法治的保護。在秘魯、玻利維亞、墨西哥，高達六至七成人民生活在世人所謂的非正規經濟（informal sector）裡。這些人往往未擁有所居住宅的法定所有權；從事不受許可的生意；即使找到工作，也不是工會會員，未得到正規的勞動保護。許多巴西窮人住在占地廣闊而公權力管不著的貧民區（favela）裡；正義的伸張往往借助私人手段，有時靠黑幫。執法不公加劇經濟上的不平等，因為窮人居住在大體上未受法律保護的世界裡。對他們來說，把錢花在自家房子上沒有道理，因為他們未擁有明確的法定所有權，受惡徒侵害時也無法靠警方討回公道。[5]

這個不公現象的根源不難找到。其中許多不公根本是繼承自過去。許多較老菁英的有錢人家是大地主，其祖先建立了大莊園，並把家產傳給下一代。在許多拉丁美洲國家裡，財政制度又使不公更為牢固。在組成經濟合作開發組織的富國裡，財政制度的主要作用在於透過財富重分配劫富濟貧。這可以透過累進稅率（一如在美國）來達成，或透過重分配政策，為較窮者提供補貼救濟金和社會福利（一如在歐洲）來達成。相對的，在拉丁美洲，財政制度的重分配效果極低，且在某些例子裡反倒把收入重分配給較享有特權的群體（例如組成工會的公部門工人或大學生）。各種菁英和正規經濟領域裡的工人能保護自己的救濟金和補貼，事實上，其中大部分人是逃稅高手。在個人所得稅率上，美國採取急遽累進制，而與美國不同的是，拉丁美洲諸國從個人徵得的稅收，占整體稅收的比重極低。拉丁美洲的有錢人極善於隱藏真實收入，或把收入移到政府徵不到稅的境外。這意味著，稅收來自消費稅、關稅或加值稅，從而使窮人背負過重的繳稅負擔。

二十一世紀初，拉丁美洲政府已較懂得如何運用宏觀經濟政策。但這是非常晚近的事。在拉丁美洲歷史上，有許多時候，政府以預算赤字、公部門背負重債、高通膨率、拖欠主權債務而著稱於世。[6]最近一次整個拉丁美洲拖欠債務之事發生於一九八〇年代初期。當時墨西哥、巴西、阿根廷、秘魯、玻利維亞和其他國家宣布延期還債，通膨率飆升。一九八〇年代晚期，阿根廷經歷了不折不扣的極度通膨，年利率達百分之一千多，二〇〇一年面臨另一場金融崩潰和債務拖欠。

從政治上來講，拉丁美洲的治理方式也獨樹一格。如前面已指出的，這地區晚近的民主紀錄相對較佳。但所有主要國家在古巴革命後的一九六〇、七〇年代期間都淪入軍事獨裁統治。早在十九世紀初期第一批獨立後的拉丁美洲政權裡，民主就已扎下根，但在這地區，沒有哪個政權擁有綿延不斷的民主政體歷史。這地區的獨裁政權也有個特色。除開卡斯楚（Fidel Castro）治下的古巴這個唯一的例外，拉丁美洲境內，沒有哪個獨裁政權成功建立強勢到堪稱極權主義的國家，也沒有哪個獨裁政權產生足以真正執行社會革命的強制性能力，例如透過奪走有錢菁英的資產和收入。所幸這地區的威權政權從未能完成共產政權下的中國或俄羅斯那樣的集體化，或從未能進行毛澤東文化大革命時那種集體殺戮。以選舉威權主義（electoral authoritarian）政權而言，例如從未能遏制該政權內部之犯罪或貪腐的查維茲治下的委內瑞拉，情況亦是如此。[7]受國家權力衝擊最大者往往是非菁英分子，例如一九八〇年代期間，瓜地馬拉政府對以原住民為勢力基礎的游擊組織發動的可怕平亂戰爭。有錢菁英已懂得如何和非民主政府並存，懂得如何保護自己免受國家權威的侵犯，且往往受惠於建制化的貪腐。

如果各位覺得似曾相識，是因為令人想起在「舊制度」法國興起的那種統治模式。在拉丁美洲，這些先例來自一個非常類似的家產制政權，即近代西班牙。與法國類似的是，專制主義西班牙國於一四九二年後支離破碎勉強組建而成。由於戰爭不斷，西班牙君主國始終入不敷出。它想透過借錢彌補預算赤字，但很快就失去放款人的信任，最終祭出和法蘭西君主國一模一樣的種種技倆，包括一再重定還款時間表、貶值貨幣、靠賣官來籌資。事實上，這個外表上看來強大的國家，把公部門，包括其許多軍事部門，一塊塊賣給民間企業家以籌得現金，而且愈賣愈大塊。結果就是出現同樣的「內部籌資」制度，民間個人藉由這制度順利奪取到國家租稅的所有權。買官制澈底腐蝕掉公私分際，貪腐於是橫行。

與此同時，西班牙境內反專制統治的能力被某些因素削弱，而這些因素與托克維爾筆下在法國境內運行的那些因素一模一樣。本該團結起來反抗王權的貴族、紳士、第三等級，由於國家提供個人分享租稅的機會而遭到分化。西班牙的代表大會（Cortes），中世紀時有權批准新稅（職能類似法國的 sovereign courts、英格蘭的 Parliament），這時已不再對國家權力構成重大約束。西班牙社會關注公職的擁有和枝微末節的階級差異，使其無法展開集體行動。

這就是透過墨西哥、秘魯這兩個殖民地總督轄區傳到美洲的政治制度。此外，這制度坐落在遠比歐洲其他任何社會制度都更不公平的社會之上。一如經歷收復失地運動（Reconquista）之後的西班牙，美洲乃是透過軍事征服取得，但與前摩爾人領土不同的是，美洲住著大量原住民。一五四〇年代在波托西（Potosi，位於今玻利維亞）和薩卡特卡斯（Zacatecas，位於今墨西哥）發現豐富銀礦，催生出一個龐大的榨取性帝國。在這帝國裡，歐洲籍統治者靠採礦的獲利維生，而採礦的粗活由受奴役的原住民工人負責。當時的編年史家指出，航行到美洲的西班牙人，不是為了工作去那裡，而是為了當主子去那裡：這些西班牙人「靠印第安人的勞動和他們雙手的工作來供養，靠他們的汗水來維持。」[8]因此，西班牙美洲的殖民道德面貌，從一開始就不同於北方定居新英格蘭的農場式殖民。拉丁美洲殖民政府的結構，猶如已牢牢確立黑奴制的美國南方諸州的政治建制。

破產的西班牙國

現代西班牙國於一四六九年斐迪南（Ferdinand）、伊莎貝拉（Isabella）聯姻之後，迅速崛起於世界舞臺。他們兩人的聯姻，使亞拉岡、卡斯提爾兩王室合而為一，使亞拉岡轄下的加泰隆尼亞、那不勒斯、西西里都併入西班牙國。這個聯合君主國於一四九二年，也就是哥倫布啟航前往美洲，為西班牙取得西印度群島那一年，攻下摩爾人在伊比利半島上的最後據點格拉那達（Granada）。他們的孫子查理五世，替西班牙的疆土加上勃艮第（Burgundy，包括低地國和佛朗什孔泰〔Franche-Comté〕地區），一五一九年他被選為神聖羅馬皇帝之後，奧地利哈布斯堡的土地，也成為西班牙的一部分。

到了一五二〇年代，查理五世控制了當時最大的世界性帝國。但帝國的建立是靠統治家族的聯姻，而非靠武力征服，其財政收入因此受到限制，從而決定性地影響了國家建制的發展特色。查理和其兒子腓力二世（Philip II），只在卡斯提爾（包括卡斯提爾的值錢美洲殖民地）擁有穩固的稅基，西班牙國王無法為了自己的目的向帝國其他地方抽稅。[9]但哈布斯堡君主國在伊比利半島之外從事數個所費不貲的活動，其中之一是十六世紀為爭奪義大利、特別是米蘭公國的控制權，與法國打的一場漫長戰爭。另一個是與荷蘭打的八十年戰爭。最後是在日耳曼土地上所進行，造成嚴重破壞的三十年戰爭。由於法國在黎希留主導下支持新教徒一方，三十年戰爭變成泛歐戰爭。較能抵禦攻城火炮的星形要塞（traceit alienne）問世，使城市的建設變成耗時耗錢的沉重負擔，從而使這時期的戰爭打來特別耗成本。[10]這些戰爭的開銷，有八成落在卡斯提爾的納稅人身上。[11]

儘管有貴金屬從美洲源源不斷流入，這些昂貴的對外活動還是令西班牙的財政捉襟見肘。整個十六、十七世紀期間政府支出始終超過從美洲殖民地匯回金額的數倍之多。一五三〇、四〇年代，每年輸入的金、銀從二十萬杜卡特成長為三十萬杜卡特，到該世紀末更達到最高數量兩百二十萬杜卡特，但債務成長的速度更快，同一期間債務從一百二十萬杜卡特成長為六百萬杜卡特。[12]

十六世紀初，西班牙國王較熱中於借款而非課稅，不久就發覺自己的借款信用已亮起紅燈。一五二〇年代時，債務就達歲入三分之一以上，到了一五六〇年與法國的漫長戰爭結束時更超過百分之百。[13]未能找到足夠資金彌補赤字，導致西班牙王國政府於一五五七、一五六〇、一五七五、一五九六、一六〇七、一六二七、一六四七、一六五二、一六六〇、一六六二宣告破產。[14]這些破產事件並非完全拒絕清償債務，而比較類似今日所謂的重訂還債期或債務協商。王國政府會以利息過高為理由，宣告延期償付短期利息和流動債務，然後與債權人展開火藥味十足的漫長協商。債權人會不得不接受一紙名叫非永久年金（juro al quitar）的新文件，以取代舊債，依此文件他們有權取得未來的稅收（相當於法國的國債）。非永久年金是無期且可轉讓的債券，最初支付利息百分之七，但在利息和本金的償還上時而遭到政府隨意調整之欺凌。透過非永久年金，王國政府汲取了卡斯提爾社會菁英：神職人員、貴族、紳士、官僚和諸如此類者的儲蓄。較有力的債權人通常能談到較好的條件，若非使自己不適用於延期償付規定，就是把調整還款時程的負擔轉到較弱勢的夥伴身上。當維托利亞的公司未能收到政府付款時，它向其本身的債權人賴帳，而債權人包括「修士、修道院、救濟院、寡婦與孤兒和其他未經商者。」[15]政府長久拒絕履行債務，乃是它向這些菁英直接課稅的替代辦法，因為政府發覺要以政治手段達成課稅乃困難得多。今日拉丁美洲境內的政府也沿用此傳統辦法。例如阿根廷於二〇〇一年經濟危機之後，不只逼外國投資人接受將其主權債務大筆勾銷，也逼自己國內領養老金者和儲

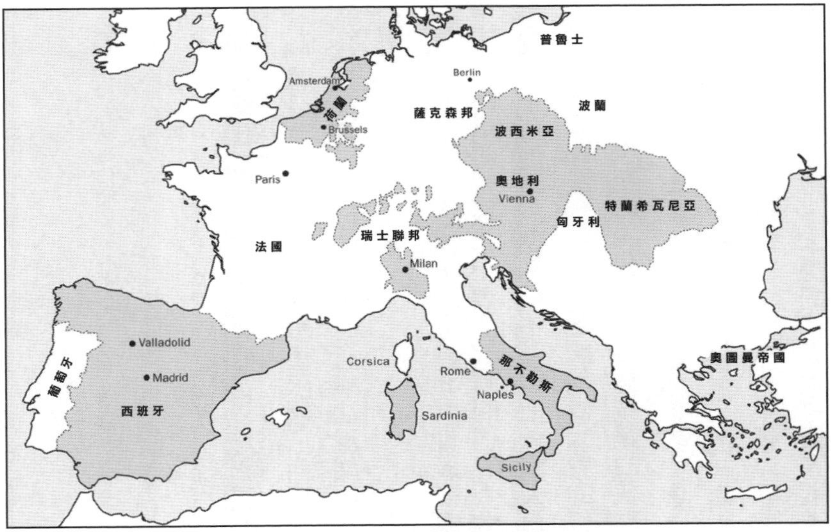

十六世紀中葉哈布斯堡帝國的歐洲版圖

蓄者接受這項做法。

課稅與沒有代表

當時許多受到西班牙國力威脅的歐洲人，特別是英格蘭人，對西班牙王國政府的專制統治權力大為敬畏，認為西班牙國王擁有「類似土耳其人」那種課稅權和君權。但西班牙國力的基礎建立在極端不穩的財政基礎上，該國國王對自己國內菁英的管轄權受到法律與習慣的雙重限制。西班牙專制統治的力量太弱，無法像中國、俄羅斯的專制政權那樣正面迎擊自己的菁英，且無法發展出像日後英格蘭人那樣以同意（consent）為基礎的正當課稅制度。

合組成西班牙的那些王國，一如其他歐洲國家，擁有名叫代表大會（Cortes）的中世紀三級會議機構。萊昂（León）王國的代表大會，是歐洲最早成立的這類機構之一，亞拉岡的代表大會則是組織最完善、權力最大的同類機構。[16]吸併了萊昂王國的卡斯提爾王國，並不一定把神職人員或貴族視為會在單一代表大會裡與平民一同議事的法人團體，就這點來說，該王國代表大會的代表性比英格蘭議會或法國的全國三級會議低，受限制較大。十四世紀時，只有一百個城鎮的代理人（procuradore）會被叫去開代表大會，到了十五世紀則降到十八個城市，每個城市兩名代表與會。這三十六人宣稱代表整個王國發言，事實上他們是統治西班牙每個主要地區的寡頭統治派系的代表。[17]

代表大會的傳統權力也受到限制。它無權立法，立法是國王的特權。一五六七年腓力二世頒行的《新法律匯編》（*Nueva Recopilacion*）寫道：「未召開代表大會，未得到代表大會代表批准，不得將進口稅、特別稅或其他稅強加在整個王國上。」但此權威只適用於新徵的特別稅上，既有的稅，例如一般消費稅（alcabala）、關稅（regalias），對礦、鹽之類產品課徵的稅（quintos），不需要代表大會批准。國王也主張，如果開徵新稅的要求正當，代表大會沒有權利不同意課徵，而何為「正當」由國王決定。

國王與代表大會的相對權力並非突然冒出，而是政治鬥爭的結果。中央政府把一般消費稅的徵收業務包給別人，遭到城市反對，城市較中意採行分攤稅額制（encabezamiento）。在後一制度下，城市負責消費稅的收取、分派，把一定比例的稅收繳給政府。分攤稅額制得到伊莎貝拉女王的批准，一五一九年遭查理五世廢除，結果激起自治市市民（comuneros）叛亂。查理五世在代表大會裡安插了自己人，控制該機構，壓過反對派，強行通過新稅制，反對的原因之一在於他被視為外族國王（他生於法蘭德斯），以及他會把在卡斯提爾徵收的稅用在與卡斯提爾人民沒什麼利害關係的對外戰爭上。卡斯提爾各地的城市爆發暴動，組織民兵部隊，著手建立民選的代表大會，以和被國王控制的代表大會互別苗頭，同時主張以查理母后霍安娜（Joanna）為新國王。若非自治市市民攻擊起貴族，查理五世本很有可能失去對西班牙王國的控制。貴族轉而支持國王，查理五世終於得以重新控制住軍隊。[18]

這場市民暴動所造成的結果，在某些方面類似一百三十年後法國投石黨運動所造成的後果。國王贏得一場決定性的軍事勝利，確立其對各城市的管轄權。要建立民選、獨立代表大會以保護西班牙人民自由權的構想，就此夭折。在這同時，國王理解到他得解決潛伏的民怨根源，且真的透過逐個收買潛在反對者的方式辦到。他恢復分攤稅額制（當初就是因為廢除此制激起這場叛亂），把牲畜稅（servicios）、六大稅（millones，對油、肥皂、蠟燭、肉、醋、酒課的稅）留給地方當局掌管。地方當局往往是家產制官員，可保有他們代表王國政府徵收的稅收中一定比例的稅額。[19]此後代表大會會繼續召開，受到國王的諮詢，但將不再索求或取得影響財政的權力。不過他們的偏好還是能影響公共財政。他們不想付財產稅，因此新稅以商業為課徵標的，這種稅加諸窮人的負擔較重，阻礙西班牙的經濟成長。

西班牙國的家產制化始於一五六〇年代，在腓力四世在位期間（Philip IV，西元一六二一至一六六五年）達到高峰。一如在法國所見，西班牙連年不斷的戰爭和無休無止的預算赤字，乃是推動此過程的推手。該過程始於一五五七年西班牙政府第一次宣告破產時，當時國王派其友人暨廷臣魯伊．戈梅斯（Ruy Gómez）販售自治市官職，且囑咐他賣掉愈多愈好。[20]與在法國不同的是，在西班牙，出售的官職最初往往是城市和地區的官職。這項做法遭到眾人譴責，因為人民認為用金錢買得的官職，除非上任後有公然貪汙的機會，否則不划算。[21]但迫於財政拮据，政府繼續賣官。據某項估計，至一六五〇年為止，政府已創造了三萬個把官職當成私產的官員，從人均角度來看，比例是同一時期法國的兩倍。[22]此外，政府把高達三成的卡斯提爾土地交回給領主管轄，這麼做不是為了什麼政治目的，純粹是王國亟需現金所致。對整個鎮與城市的管轄權，包括收稅權與司法權，賣給民間個人。從某個角度來看，西班牙的國家建造愈走愈回頭，由於財政作為上的輕率短視，中央政府失去對自己許多領土的控制。

家產制作風也影響了軍事組織。西班牙經過數百年的奮鬥才擺脫摩爾人的控制，而當卡斯提爾、亞拉岡兩國王室合而為一時，軍隊被改造成配備長矛（後來還配備火繩槍）的步兵部隊，即所謂的特爾曉。[23]在科爾泰斯（Cortés）、皮薩羅（Pizarro）統領下征服美洲原住民帝國的西班牙軍人，就是受過這種訓練、配備這種武器的軍人。他們也在帝國的其他許多地方服役，特別是在北義大利的幾個基地駐守，而經由所謂的「西班牙路」（Spanish Road），他們能從這些基地抵達低地國。[24]卡斯提爾軍人參與了一五三三年的維也納保衛戰，擊退來犯的奧圖曼軍隊，而在一五三五年攻打突尼斯之役、一五三八年攻占阿爾及爾失敗之役、一五七一年勒班陀海戰中，西班牙水兵只占小部分兵力。但十七世紀時，陸軍、海軍的募集愈來愈外包給利用自己資源招募部隊的民間個人，或自行組建船隊的沿海城鎮。為這些部隊提供食品等必需品的後勤基礎設施落入熱那亞金融家之掌控，因而，到了十七世紀中葉，西班牙王國對於自己的武裝部隊已幾無控制權。[25]

一如在其他西歐國家所見，在限制西班牙王權，使國王無法在產權和公共自由方面為所欲為上，法治扮演了重要角色。在西班牙，羅馬法傳統未像在北部歐洲那樣遭澈底消滅，而在十一世紀《查士丁尼法典》重見天日之後，西班牙發展出非常強固的民法傳統。此民法被視為神授法與自然法的集成。國王能創立實在法，但《新法律匯編》表明國王得遵守既有的法律判例，與那些法律相牴觸的國王敕令沒有效力。天主教會仍是教會法律的守護者，往往質疑君權。與傳統權利或特權相牴觸的國王命令，遭人以「Obédezcase, pero no se cumpla」（可以服從，但法律我不遵守）的成規予以反抗，而在美洲殖民地的西班牙征服者，碰到帝國總督下達他們所不喜歡的命令時，常祭出此成規。不贊成國王命令者有權利向樞密院上訴，而這機構一如英格蘭的同類機構，是西班牙境內最高的司法機構。據史學家湯普森（I. A. A. Thompson）的說法：「卡斯提爾會議（Council of Castile，即樞密院）代表了恪守法律條文的精神和防止專斷行為所應循的過程，而對審判主義者

(judicialist)來說，該會議的存在，則意味著積極抵抗任何訴諸不尋常程序或非正規程序的手段，不斷捍衛已確立的權利和來自契約的義務，以對抗行政掛帥或執行掛帥的政府。」[26]

該法律傳統所帶來的衝擊，可在西班牙國王對付國內敵人、處理國內子民產權的做法上看出。西班牙沒有秦始皇或恐怖伊凡之類，會任意處死朝臣且滿門抄斬的統治者。就像這時期的法國國王，西班牙國王為覓得財源，不斷損害產權，但他們是在既有法律的架構內這麼做。他們未任意沒收資產，反倒透過協商重新敲定利率、本金的償還時程；他們未冒險就更重的直接稅搞對抗，反倒把貨幣貶值，接受較高的通膨率。透過寬鬆貨幣政策促成的通膨，其實就是一種稅，但這種稅不必用立法來實現，且其對一般老百姓的傷害，往往大過對具有不動產（而非金錢資產）之菁英的傷害。

西班牙的建制轉移到美洲

被征服社會發展建制和改革建制的機會，不同於具有古老習俗和長久定居模式的社會，被征服社會可能會展開今日企業行話所謂的「綠地發展」(greenfield development)，亦即在沒有根深蒂固的利害關係人或行為模式掣肘下重新建立建制。奧圖曼人能安排席帕希（騎兵軍官）定居在蒂瑪爾（莊園）上，構成一個身歿即止的貴族階層，乃是因為土地是不久前從前任地主手中搶來的。不足為奇的是，西班牙人征服美洲時，把既有的建制也帶了過去。但他們在那裡所面臨來自根深蒂固利益團體的約束，比起在歐洲所遭遇的少了許多，且也面臨了全新的經濟機會和自然資源。因此，即使在拉丁美洲的統治方式最終類似在「舊制度」西班牙的統治方式，建制也不必然是直接或當下就移植過去的。

西班牙人征服美洲，緊跟在伊比利半島上「國土收復運動」大功告成之後展開：哥倫布目睹了斐迪南、伊莎貝拉勝利地進入格拉那達城，科爾泰斯的叔叔、父親在戰場上與摩爾人廝殺過。科爾泰斯攻打阿茲特克人，猶如在打摩爾人，且運用了類似的分化、征服策略。[27]移民、殖民、政治組織上所用的手法，有許多根本是沿襲在西班牙南部殖民的經驗。事實上，征服美洲的西班牙人，習慣將美洲原住民的神廟叫做清真寺。

這些早期的遠征由西班牙國王贊助，但靠組織這些行動之民間人士的衝勁來推動。拉丁美洲建制的問世，乃是新土地上的個人，和權力愈來愈大、試圖牢牢掌控其殖民地的母國馬德里政府間的互動所促成。美洲所發現之金、銀礦的開採權，特別受到政府重視，賜予民間個人的土地，其地下資源的所有權仍留在政府手裡。但秘魯、墨西哥的新移民，大多數未參與金銀礦的開採，他們更想要自己作主掌控土地和土地所提供的農業資源。他們所面臨的新情況，乃是他們所征服的土地相較於西班牙南部人口更稠密，因而有利於進行另一種剝削。

為獎賞兼控制征服美洲的西班牙人，西班牙政府想出的辦法是恩可米恩達制（encomienda），即將特定地域的原住民封賜給征服有功者的制度。這是賜予人而非賜予土地的制度。一如在奧圖曼人的蒂瑪爾制裡所見，西班牙王國政府的用意在於防止出現盤據地方的貴族，恩可米恩達的賜予有條件限制，且不能傳給下一代。[28]隨科爾泰斯征服阿茲特克首都特諾奇蒂特蘭而得以倖存之軍士，約有四成獲賜恩可米恩達，隨皮薩羅征服秘魯者，亦有許多人得到同樣的賞賜。嚴格來說，恩可米恩達制未將其所賜予的原住民當奴隸對待，但要求原住民獻出勞力，以換取恩可門德羅（encomendero，獲賜恩可米恩達者）對他們的善待和教他們認識基督教。對於原住民工人被他們新主子不當對待，以及由於天花等他們所特別無法抵禦的疾病傳入導致人口銳減的景況，西班牙王國政府抱持家父長主義式的關心。因此，領主與農奴間建立在種族上的等級關係，成為早期拉丁美洲建制的一部分。

西班牙人很快就建立一個現代的，且就當時來說較有效率的行政體系，以統治其美洲殖民地。西班牙美洲帝國的正當性建立在一四九三年教宗亞歷山大六世（Alexander VI）的詔書上，該詔書把（地理範圍未明確畫定的）西印度群島永久劃歸卡斯提爾、萊昂的王國政府。權威屬於西班牙國王和他在馬德里的西印度群島會議（Council of the Indies），並透過已在墨西哥、秘魯設立的總督轄區傳遞出去。用於美洲的法律，乃是卡斯提爾一地的法律，而非帝國其他地方的法律，儘管有許多征服者和移民並非卡斯提爾人。科爾泰斯於一五一九年，即自治市市民大叛亂的前一年，開始征服墨西哥，由於這場政治鬥爭的影響，移植到美洲的政治建制不包括強勢的代表大會或其他種代議機構。早期唯一追求政治獨立的行動，乃是佛朗西斯科・皮薩羅（Francisco Pizarro）的弟弟龔薩洛・皮薩羅（Gonzalo Pizarro）的叛亂。龔薩洛・皮薩羅想自立為秘魯國王，一五四八年遭國王軍隊擊敗、處死，此後直到十九世紀初獨立戰爭爆發，中央權威未再受到美洲西班牙人的挑戰。

西班牙當局的確將他們的羅馬法體系移植到美洲，在包括聖多明哥、墨西哥、秘魯、瓜地馬拉、波哥大在內的十個地方設了高等法院（audiencia）。派去協助治理殖民地的官員，有許多是有長久民法經驗的律師、法官。這些行政官員不得娶當地女子，或不得在所在地區建立家庭關係，就和中國的知州和奧圖曼的桑賈克貝伊差不多。針對整個殖民地行政體系，史學家埃利奧特（J. H. Elliott）寫道：「如果從擁有能將中央權威的指命傳達到偏遠地方之建制性結構的角度，來界定現代國家的『現代性』，那麼殖民時期西班牙美洲的政府就比西班牙政府還更『現代』，或甚至比近代幾乎所有的歐洲國家都還要『現代』。」[29]在這點上，它與英格蘭君主國對其北美新殖民地相當自由放任的態度迥然不同。

大莊園的鐵律

一五七〇年西班牙在美洲的行政體系似乎比當時歐洲的行政體系更為現代，但這個情況不會永久。西班牙自身政治體系的家產制化，在十七世紀就達到巔峰，而不可避免的是，賣官之類的制度會轉移到美洲。但推動此過程的基本動力，實際上是欲增加自己租金與特權的殖民地當地人士的主動作為，以及馬德里中央政府力量太弱、距美洲太遠，而無法阻止他們這麼做。

大莊園（latifundia）的鐵律：在無國家干預下，富者往往愈富，適用於拉丁美洲，就和適用於中國、土耳其之類其他農業社會差不多。身歿即止的恩可米恩達制遭到移民的強力抵抗，移民理所當然想將自己手中的權利傳給下一代，一五四〇年代他們就叛亂，以反對要他們一死就得將手中權利歸還王國政府的規定。人員所有權使某些恩可門德羅得以藉由指揮他們勞動來致富，而且他們開始買進大片土地。與恩可米恩達不同，他們買進的土地可傳給下一代。到了十六世紀晚期，美洲已面臨原住民人口大量減少的危機，在這段時期墨西哥居民從兩千萬減為一百六十萬，[30]意味著突然有一些人煙稀疏的土地可供奪取。

這批新出現的克里奧耳人（creole，譯注：生於當地的歐洲白人與後代）菁英，往往住在城市裡，自己名下的土地則利用雇來的人力進行開發。在拉丁美洲，傳統的土地所有制基本上和其他部落社會裡的土地所有制沒有兩樣，屬於公有，且受到大型親屬關係群體的約束。剩下的印第安人受騙賣掉自己土地，或根本被迫離開自己土地。公有地轉為私人莊園，隨著玉米、木薯之類本土作物被歐洲商品作物取代，環境出現大幅改變。有一些農地被改為牧牛場，往往使土壤沃度大為流失。遠在歐洲的馬德里政府決意保護有地原住民的權利，但距離遙遠，無力控制當地的情況。當地的西班牙當局往往與新興的地主階層狼狽為奸，幫後者逃避規定。這就是拉丁美洲大莊園（hacienda）的起源，且這些大莊園日後會成為不公平與長久內戰的根源。[31]

西班牙的長子繼承制（mayorazgo）阻止大莊園的拆解，使其無法小塊出售，從而促進土地的集中於少數菁英之手。十七世紀，西班牙愈來愈多大片土地，包括整個鎮、整個村子，落入有錢人之手，然後有錢人祭出長子繼承制，以防止土地因不斷分地給下一代，落入外人手中。此做法也引進美洲殖民地。出於與拿回恩可米恩達一樣的考量，西班牙當局想限制長子繼承許可證的發行數量。當地的克里奧耳人或移民則運用梅霍拉（mejora）制來因應。在梅霍拉制下，父母可偏愛某個孩子，以保住本家的權力和地位。[32]

一批有權有地的大戶出現，但他們未能組成協調整合的群體影響政治。一如在「舊制度」時的法國，稅制有助於將個別移民拴在國家身上，有助於打破他們與非歐裔同胞休戚與共的感覺。構成頭幾波移民的大量單身漢，最後娶了原住民女子或與原住民女子生下小孩，創造出名叫梅斯蒂索混血兒（mestizo）的階級。白人與愈來愈多被運到美洲的黑奴所生的穆拉托黑白混血兒（mulatto），則構成另一個階級。西班牙移民的克里奧耳後代，要求擁有上述那些族群都無緣享有的免稅待遇，即在西班牙只有貴族和下層紳士（hidalgo）享有的待遇。一如在北美所見，光是白人身分就使白人的地位高人一等，使他們有別於進貢的印第安人和黑人。[33]

鑑於母國西班牙政府的財政困窘，歐洲的賣官制最終漂洋過海傳到美洲，或許是勢所難免。在十六世紀的西班牙美洲，有許多時候，財政一直非常良好，因為美洲殖民地畢竟是貴金屬的主要來源之一，亦是愈來愈吃重的農產品來源。但十六世紀末期礦產量開始下跌，而隨著三十年戰爭的開打，西班牙國王的稅收需求升高。國王隨之愈來愈無心於阻止美洲貴族階層的出現。埃利奧特描述了這個轉變：

> 城裡的豪族利用他們與王國政府的特殊關係，積聚個人資源，建立符合他們需求的限制繼承制，鞏固他們對城市與城市腹地的支配地位。他們也趁王國政府財政日益拮据之時，以金錢買進官職。私下買賣市政委員會委員（regimiento）之職，老早就是常態，一五九一年起這些職務更拿出來公開標售。一五五九年起，公證人一職開始販售，一六〇六年當地所有職務幾乎個個拿出來販售。腓力二世與腓力三世（Philip III）堅持反對販售財政職務，但一六三三年腓力四世開始將這些職務也拿出來販售。最後，十七世紀下半葉，就連最高職務也待價而沽，一六八七年起高等法院的職務開始有計畫地出售。[34]

一如在法國、西班牙，買官成為商人往上社會流動的途徑。這時商人能以騎士（caballero）自居，並把騎士身分傳給下一代。較有歷史的人家仍能藉由花錢躋身西班牙貴族，保護自己的地位。

十七世紀的西班牙國王廣開大門，允許數百名克里奧耳人進入受尊敬的西班牙軍界，並封另外一些克里奧耳人為侯爵、伯爵。

到了十八世紀，公平與「人的權利」理念開始滲入美洲殖民地時，西班牙的政治、社會制度已在拉丁美洲成功複製。諷刺的是，家產制的轉移，乃是在違背馬德里殖民事務官員的意願下發生。十六世紀的許多時候，他們努力欲在殖民地打造較現代、較不講私人關係的政治秩序，卻因為王國政府的財政日益惡化，使他們無法更牢固控制殖民地，而無法如願。伊比利半島上公、私利益不分的現象，同樣出現於美洲。

在法國，公債持有人和用錢買得官職者奪占政府，削弱了國家公權力，最後產生法國大革命這場社會爆炸。在西班牙，同樣的政治演變造成西班牙國力的長期衰退，但不管是宗主國還是殖民地，都未發生和法國大革命一樣的政治革命。十九世紀起在西班牙美洲殖民地爆發的獨立戰爭，揭櫫來自法國、美國革命的自由、公平理念。但領導這些戰爭者是與「舊制度」的家產制政治制度有複雜瓜葛的克里奧耳人菁英，西蒙·玻利瓦爾（Simón Bolívar）就是個典型例子。

法國大革命透過沒收所有舊買官者的遺產和砍掉不聽話買官者的人頭，就能在公、私利益間重新確立明確的分際。然後，以能力和不講私人關係作為公職取才基準的新政治制度（將近兩千年前中國人就已發現的制度），將由一名騎馬男子帶到歐洲其他地方。一八〇六年拿破崙在耶拿—奧爾斯塔特（Jena-Auerstadt）擊敗家產制型的普魯士軍隊，使施泰因男爵（Baron vom Stein）、卡爾·馮·哈登貝格（Karl August von Hardenberg）之類的新一代改革者相信，普魯士國得遵循現代原則重建。[35]後來成為馬克斯·韋伯眼中現代、理性公共行政典範的十九世紀德國官僚組織，並非發展自家產制型的官職體系，反倒宣稱和該傳統劃清界線。[36]

在拉丁美洲，獨立之前從未發生社會革命。家產制印記牢牢留在許多獨立後的政權裡。即使賣官、貴族頭銜等作為遭廢除，建立正規的民主建制，但同樣的心態未消。在十九世紀的拉丁美洲，只有極少數新成立的國家，強大到足以對抗本身的菁英，或足以向菁英課稅、管理菁英。那些菁英已成功滲透並控制國家，且找到方法將自己的社會、政治特權傳給下一代。一直到二十世紀晚期為止，「舊制度」西班牙的財政惡習，例如年年預算赤字、借款過度、債務重新協商、透過通膨行課稅之實，在阿根廷、墨西哥、秘魯、玻利維亞始終未消失。正規的民主、立憲政體，並非建立在社會階層間的對抗和他們協商得出的共識上，而是菁英從上面賜予，且一旦民主與立憲政體不再符合他們的利益，他們能將其收回。這導致二十世紀時出現高度不平等、兩極化的社會，進而產生革命性十足，透過墨西哥、古巴革命展現出來的社會力量。二十世紀期間，拉丁美洲諸國時而被澈底重新議定整個社會契約的要求搞得動盪不安。

最近幾代期間出現許多新的社會單元，例如工會、國際關係深厚的商業團體、都市知識分子、新近被動員想收回因殖民而被奪走自身地位和權力的原住民團體。拉丁美洲的政治制度，包括民主型與威權型，往往不是透過政治權力的真正重整，而是透過將政治單元一個個併入國家裡的收買方式，讓他們在國內有一席之地。例如，在阿根廷，二十世紀初期勞動階級的興起，遭到傳統有地農業菁英的激烈反抗。在歐洲，出現了以推動重新分配計畫為訴求（為現代福利國體制奠定基礎的計畫），吸納多種立場之人士加入的社會民主主義政黨，勞動階級就透過這類政黨的形成被吸併到國家裡。相對的，在阿根廷，勞動階級的代表是軍事獨裁者胡安．裴隆（Juan Perón），裴隆的政黨

（正義黨，Partido Justicialista）特別照顧其支持者。這個國家從民粹狂熱時期一下子跳到軍事獨裁時期，同時未確立真正歐洲式的福利國制度。在革命制度黨（Partido Revolucionario Institucional）於墨西哥漫長執政期間，類似的情況在墨西哥出現，該黨同樣特別恩庇支持它的組織。墨西哥比阿根廷穩定，但同樣未能解決其社會階層化、貧窮的深層問題。因此，「舊制度」西班牙的家產制，在二十一世紀遺風猶存。

注釋

1 就二〇〇九年而言，人均國民總收入在三千八百五十六美元至一萬一千九百零五美元者，屬於中上階層。屬於此範疇的拉丁美洲、加勒比海國家，包括阿根廷、巴西、智利、哥倫比亞、哥斯大黎加、多明尼加共和國、格瑞那達、牙買加、墨西哥、巴拿馬、秘魯、烏拉圭、委內瑞拉。資料來源：世界銀行網站。

2 參見以下書目之相關章節：James Robinson, Adam Przeworski, and Jorge Dominguez in Francis Fukuyama, ed., *Falling Behind: Explaining the Development Gap Between the United States and Latin America* (New York: Oxford University Press, 2008).

3 不管是在第三波開始之前，還是之後，拉丁美洲的民主程度都明顯高過東亞。參見Francis Fukuyama and Sanjay Marwah, "Comparing East Asia and Latin America: Dimensions of Development," *Journal of Democracy* 11, no. 4 (2000): 80–94.

4 關於拉丁美洲二十一世紀後不平等現象的減少，參見Luis Felipe LopezCalva and Nora Lustig, eds., *Declining Inequality in Latin America: A Decade of Prog- ress?* (Washington, D.C.: Brookings Institution Press, 2010).

5 關於非正規管道的常見問題，參見Hernando De Soto, *The Other Path: The Invisible Revolution in the Third World* (New York: Harper, 1989); 以及Santiago Levy, *Good Intentions, Bad Outcomes: Social Policy, Informality, and Economic Growth in Mexico* (Washington, D.C.: Brookings Institution Press, 2008).

6 案例參見the chapter on Chile in Hirschman, *Journeys Toward Progress,* pp. 161–223。

7 「選舉威權主義」政權透過選舉取得正當性，但選舉過程受到高度操縱，為提供真正功名的民主競爭舞臺。參見Andreas Schedler, "The Menu of Manipulation," *Journal of Democracy* 13, no. 2 (2002): 36–50.

8 引自Henry Kamen, *Spain's Road to Empire: The Making of a World Power 1493– 1763* (London: Penguin, 2003), p. 124.

9 Parker, *The Army of Flanders and the Spanish Road*, pp. 118–31.

10 同前注，頁四至九。

11 I.A.A. Thompson, "Castile: Polity, Fiscality, and Fiscal Crisis," in Hoffman and Norberg, *Fiscal Crises, Liberty, and Representative Government*, p. 141.

12 Ertman, *Birth of the Leviathan*, p. 117.

13 同前注，頁一一六。

14 Thompson, "Castile," p. 160.

15 同前注，頁一六一。

16 Alec R. Myers, *Parliaments and Estates in Europe to 1789* (New York :Harcourt, 1975), pp. 59–65.

17 Thompson, "Castile," pp. 145–46. 亞拉岡王國的代表大會，權力較大，且牢牢扎根於自由市和城鎮，因而此說法並不適用在該代表大會。但西班牙從未發展出涵蓋全半島的全國性代表大會。

18 同前注，頁一八三至一八四。

19 Ertman, *Birth of the Leviathan*, pp. 114–15.

20 Swart, *Sale of Offices in the Seventeenth Century*, p. 23.

21 如某觀察家所說的：「為什麼會有人願意……花數千杜卡特的錢，買一個薪水只有兩、三千馬拉維迪的市鎮政務會委員的職位？」同前注，頁二六。

22 Ertman, *Birth of the Leviathan*, pp. 118–19.

23 Kamen, *Spain's Road to Empire*, p. 28.

24 Parker, *The Army of Flanders*, chap. 3.

25 Ertman, *Birth of the Leviathan*, p. 120.

26 Thompson, "Castile," pp. 148–49.

27 J. H. Elliott, *Empires of the Atlantic World: Britain and Spain in America*, 1492–1830 (New Haven: Yale University Press, 2006), p. 20.

28 同前注，頁四〇。

29 同前注，頁一二七。

30 參見Jared Diamond, *Guns, Germs, and Steel: The Fates of Human Societies* (New York: Norton, 1997), pp. 210–12. 編注：中文版《槍炮、病菌與鋼鐵：人類社會的命運》（新版）由時報文化出版，二〇一九年八月十三日。

31 Kamen, *Spain's Road to Empire*, p. 273. 關於中美洲當地原住民與拉美裔地主階層之間的衝突，以及西班牙政府為保護原住民進行的嘗試，參見David Browning, *El Salvador: Land- scape and Society* (Oxford: Clarendon Press, 1971), pp. 78–125.

32 Elliott, *Empires of the Atlantic World*, p. 169.

33 同前書，頁一七〇。

34 同前書，頁一七五。

35 這也使哲學家黑格爾相信歷史已走到終點。

36 參見Hans Rosenberg, *Bureaucracy, Aristocracy, and Autocracy: The Prussian Experience, 1660–1815* (Cambridge, MA: Harvard University Press, 1958); 以及Hans-Eberhard Mueller, *Bureaucracy, Education, and Monopoly: Civil Service Reforms in Prussia and England* (Berkeley: University of California Press, 1984).

第二十五章　易北河以東

匈牙利走別條路卻同樣未能建立可問責制一事，為何值得探討；在西歐正廢除農奴之際，東歐如何實施起農奴制；立憲政體和貴族掌權在匈牙利的出現；為何如果要讓自由成長茁壯，除了得讓中央政府受到約束，也得具有強勢的中央政府。

近代法國和西班牙是弱勢專制統治和失敗可問責制的例子。十六、十七世紀形成的國家是專制國家，因為王室以一種使議會或其他種代議機構無法向他們正式問責的方式集中權力。雖存有反對國家中央集權計畫的政治、社會力量，例如法國的高等法院和西班牙的代表大會、西班牙的自治市市民叛亂和法國的投石黨運動，但他們最終都落敗。他們遭擊敗的方式，凸顯了專制統治權威的基本弱點。專制國家得把小部分國家權力分給菁英，才能將他們個別拉攏過來。此舉雖削弱了菁英的集體行動能力，卻也限制了國家可對他們行使的權威。他們的財產和特權不斷受到挑戰和侵蝕，卻大體上仍完好如初。

相對的，匈牙利和俄羅斯提供了另外兩種發展道路，這兩種道路彼此不同，亦不同於法國、西班牙的模式。這四個例子最終都未發展出政治可問責制。在匈牙利，專制計畫最初失敗，原因是強勢且組織完善的貴族階層成功使王權受到憲法限制。匈牙利議會（Diet），一如英格蘭議會，使匈牙利國王接受它的問責。追求問責，不是為了整個王國的利益，而是為了狹窄寡頭統治集團的利益，這個寡頭統治集團想利用自身的行動自由，更用力壓榨其轄下農民，避開來自中央政府的重稅。結果是使愈來愈多的非菁英分子陷入愈來愈嚴苛的農奴處境，造就出最終無力抵禦土耳其人攻擊的虛弱國家。換句話說，某階層的自由，造成其他人失去自由，使國家遭更強大的鄰國瓜分。

我們花時間探討匈牙利，理由很簡單：欲說明加諸中央政府權力的憲法限制，本身不必然產生政治可問責。匈牙利貴族階層所追求的「自由」，乃是讓他們更澈底剝削農民的自由，而欠缺強勢的中央政府，使他們得以這樣做。每個人都理解什麼是中國式暴政，由集權獨裁政權施行的暴政，但暴政也可能來自分權的寡頭統治。真正的自由往往出現於社會菁英間的均勢空隙裡，而匈牙利從未能達成這種均勢。

領主與農奴

歐洲史的大謎團之一，乃是十六、十七世紀的近代初期，領主與農奴的關係在東歐、西歐境內走上彼此大不相同的道路。在易北河以西，也就是在西日耳曼諸邦、低地國、法國、英格蘭、義大利，中世紀時強加在農民身上的農奴制逐漸被廢除，西班牙、瑞典、挪威，則從未存在農奴制。

相對的，在易北河以東（波希米亞〔Bohemia〕、西里西亞〔Silesia〕、匈牙利、普魯士、利沃尼亞〔Livonia〕、波蘭、立陶宛、俄羅斯），原本自由的農民卻在幾乎同一個歷史時期，漸漸淪為農奴。[1]

農奴制，一如封建制度，定義不勝枚舉。據史學家傑羅姆·布魯姆的說法：「如果貶低農民的地位，使其失去社會行為能力、只能任憑領主處置，且將加諸的束縛視為法律、社會結構之基本一環，而非產生自領主與農民間的協議或契約，那麼這樣的農民就被視為不自由。」擁有對農民之法定管轄權者是領主，而非國家，詳細的傳統規則或許明確界定了他們彼此的關係，但領主能把規則往不利於農民的方向改。農奴保有某些使其有別於奴隸的最低法定權利，但兩者實際上差別不大。[2]

十二世紀起，西歐的農奴於不同時期爭取不同程度的自由。農奴通常先是升級為領主土地承租人的地位，其土地用益權可能只限於他們在世時，或有時可傳給下一代。有些土地所有權只有在其所有人與孩子同住時可傳給下一代，若膝下無子女，死後就得交回地主。十八世紀，廢除無子女就得交回所有權的制度，成為自由主義改革者奮鬥的主要目標之一。在其他情況下，農民升級為可全權買賣土地、可將土地傳給下一代的地主地位。法國大革命前夕，農民所持有的土地占法國全國土地的一半，比例超過貴族一倍有餘。[3]托克維爾指出，那時候領主實質上老早就管不到自家農民，這也是領主還保有收取多種規費，或強迫農民使用領主的葡萄榨壓機或磨坊的權利，為什麼會令人民那麼痛恨的原因。[4]

在東歐，情況正好相反。中世紀晚期，東歐農民所享有的自由程度，大大高於西歐的農民，原因主要在於東歐許多地區是人煙稀少的邊遠地帶，來自西歐與歐亞乾草原的移民，在此可照自訂的法律生活。但十五世紀起，東歐各地制定了新規則以限制農民的流動。農民不准離開自己土地，否則可能遭罰大筆金額，協助逃亡者會受重罰，城市為逃避莊園義務的農民提供庇護的能力受到限制。

剝奪農民自由最厲害的地方是俄羅斯。早在十二世紀的基輔羅斯（Kievan Rus）就存在奴隸與農奴，但隨著十五世紀莫斯科公國的興起，農民所背負的義務愈來愈重。他們的移動自由愈來愈少，最後被規定每年只能在聖喬治日前後可離開土地一次（前提是已清償債務），然後在下個世紀時，連這個機會都被剝奪。[5]十八世紀晚期，也就是「人的權利」原則正在西方全境散播時，俄羅斯領主對農奴的控制權有增無減。農奴永遠被拴在主人身旁，沒有移動權，甚至可被任意由某塊土地遷移到別塊土地，或被任意流放到西伯利亞，然後被任意送回。俄羅斯的統治階層開始以個人所轄農奴的數量來衡量個人地位的高低。俄羅斯上層貴族的富裕程度驚人：謝列梅托夫（N. P. Sheremetov）伯爵擁有十八萬五千六百一十名農奴，他兒子D・N・謝列梅托夫伯爵則把名下農奴的數量擴增到三十多萬。十八世紀末，沃隆措夫（Vorontsov）伯爵擁有男女農奴共五萬四千七百零三名，繼承其位者，在農奴制於十九世紀中葉廢除前的十年裡，光是男性農奴，就擁有三萬七千七百零二名。[6]

農奴制的發展為何在東、西歐有如此大的差異？答案在於一組交相作用的經濟、人口、政治因素。這些因素使農奴制在西歐無法維持，在東歐則變得極有利可圖。

西歐的人口稠密得多，一三〇〇年時人口是東歐的三倍。在從十一世紀開始的經濟迅速成長期中，西歐的都市化程度也已變得比東歐高上許多。從北義大利往北直到法蘭德斯全境，出現了多個都市，而這些都市的出現，主要是政治衰弱和國王覺得保護城市的獨立地位，有助於削弱與其相抗衡的大領主勢力所造成。城市也受到古老封建權利的保護，而來自古羅馬時代的都市傳統，這時還未完全消失。受到如此保障的城市，發展成獨立的自治市，而自治市透過日益興盛的貿易，發展出不受莊園經濟影響的自身資源。[7]自由城市的存在本身，又使農奴制愈來愈難以維持，它們就像是可讓農奴逃入以贏得自由的內部邊遠地區（因此而有中世紀俗語：Stadtluft macht frei，意為「城市的空氣讓你自由」）。[8]相對的，在人口較稀疏的東歐地區，城市較小，且一如中國、中東境內的城市，主要充當既有政治權力的行政中心。

十四世紀往歐洲一波波襲來的瘟疫和饑荒，西歐受創更重於東歐，且更早於東歐，而這些災禍所導致的人口銳減，助長了西歐往自由邁進和東歐往不自由邁進的趨勢。十五世紀經濟重新成長時，西歐境內城、鎮重現生機，提供了庇護所和經濟機會，使貴族無法更苛刻壓榨轄下農民。事實上，為使農民繼續為領主幹活，領主不得不讓農民在已開始具有現代特質的勞動市場享有更多自由。日益集權的西歐君主國，發覺它們可透過保護城、鎮的權利，削弱與它們相對抗的貴族。為滿足升高的需求，得從東歐、中歐進口食物和貴金屬。但在易北河以東，獨立城市與國王的弱勢，使貴族得以在役使自己農民的情況下發展外銷農業。用史學家耶諾·蘇克斯（Jenö Szücs）的話說：「易北河對岸那些地區，長遠來看，為西歐的復甦買單……『第二農奴制』的立法徵兆，以驚人的同步性，出現在布蘭登堡（一四九四年）、波蘭（一四九六年）、波希米亞（一四九七年）、匈牙利（一四九二和一四九八年），還有俄羅斯（一四九七年）。」[9]

這是對東、西歐農民權利模式的差異，最引人注目的解釋。在西歐，得到權力愈來愈大的國王支持的城市，抵消了貴族權力。在法國、西班牙，國王最終打贏這場漫長的鬥爭，但菁英間的競爭，為農民和不滿當地領主，或與當地領主衝突的其他社會單元開啟了更大的機會。在東歐，城市與王權弱勢，使貴族得以自由支配農民。在國王由貴族選出的匈牙利、波蘭，就出現這個模式。在東歐，有兩個地方國家權力很強，一是十五世紀起的俄羅斯，一是十八世紀後的布蘭登堡－普魯士。但在這兩個地方，國家都未為了平民著手反制貴族，反倒與貴族聯手對付農民和資產階級，透過吸收貴族為其所用，壯大自己的力量。

後來農民得到解放，例如一八六一年沙皇亞歷山大二世（Alexander II）的農奴解放宣言。但非菁英人士（不只農民，還包括工匠和城市資產階級），真正得到自由，取決於既有菁英間陷入權力僵局或走上權力平衡。這些非菁英團體在兩個情況下受到鎮壓：一是分權的寡頭統治集團，權力變得太大時（如在匈牙利、波蘭所見），一是中央政府權力變得太大時（如在俄羅斯所見）。

匈牙利的立憲政體與衰落

今日的匈牙利，比起中世紀遼闊的匈牙利王國，國土是大大縮水。在中世紀的不同時期，匈牙利王國的版圖曾包括今日奧地利、波蘭、羅馬尼亞、克羅埃西亞、波士尼亞、斯洛維尼亞、斯洛伐克、塞爾維亞諸國的局部。匈牙利人是西元第一個千年末期入侵歐洲的游牧民族。這個民族由七個部落組成，其中最大一支部落馬札兒（Megyeri）的領袖，統領這個部落聯盟，建立阿爾帕德（Árpád）王朝。阿爾帕德大公伊斯特萬於西元一〇〇〇年受洗為基督徒，被加冕為匈牙利國王，他在國內推行基督教，後來獲封為聖史蒂芬（St. Stephen），成為匈牙利的守護聖徒。[10]

統治家族的鬥爭，消耗、削弱了匈牙利王國的國力，同時使匈牙利長久陷於寡頭統治。由於部落公共財產的瓦解，國王最初擁有可觀的土地。來自國王礦場的收入，使匈牙利統治者取得與法國、英格蘭國王不相上下的龐大資源。特別是在國王貝拉三世（Béla III，約一一四八至一一九六年）在位晚期，王國政府開始送出王室領地、多個郡內的大片土地、來自關稅與定期集市的收入等等。這些贈送不是像西歐封建制度那樣為換取服務而做的授與，而是讓某個新興的貴族階層擁有具完全保有權的財產。貝拉之後的繼任者爭相賜贈貴族，而國王財產就在他們彼此的權力鬥爭中持續減少。[11]

就是在這樣的背景下，西元一二二二年，國王安德魯二世發布了《金璽詔書》。它其實是一份限制王權的憲章，儘管推動它者是大不相同的一群人（參頁四二七至四二九）。[12]就英格蘭《大憲章》來說，由國王直接敕封領地的強勢英格蘭貴族，以全國福祉的名義，逼國王約翰同意限制其對他們的管轄權。逼匈牙利國王接受《金璽詔書》者，不是由國王直接敕封領地的匈牙利貴族，而是王國軍人與駐守各郡城堡的部隊，他們希望國王保護，以免遭那些貴族的權力侵犯。[13]受到後格列高里時代的強勢教宗支持的匈牙利教會，也是催促國王改變政策的重要政治勢力。教會希望保住自己的土地和特權，使免遭進一步的蠶食，也想把穆斯林、猶太商人趕出匈牙利王國，換成基督徒商人。因此，《金璽詔書》的政治主張，說明了在匈牙利社會裡，國家以外的幾個相互競爭的強勢團體，包括由國王直接敕封領地的貴族（上層貴族）、下層紳士、神職人員，組織化的程度已有多高。[14]

中央權威如此弱勢的第一個結果，就是匈牙利遭蒙古人大肆摧殘。蒙古人於一二四一年征服俄羅斯後進入匈牙利。[15]國王貝拉四世（Béla IV）邀大批信仰多神教的庫曼人（Cuman）進入匈牙利，想藉此強化自身實力，卻激怒貴族，導致貴族不願替他打仗。庫曼人最終未上戰場，匈牙利軍隊於莫希戰役（Battle of Mohi）中遭殲滅。蒙古人占領匈牙利全境，後來因為得悉蒙古大汗去世，才放掉這片土地。

匈牙利軍力薄弱，卻在某種程度上促成國家建造。[16]匈牙利人不知道蒙古人會不會再來，或者不知道會不會受到來自東方的其他入侵者攻擊。後來的國王，例如路易斯一世（Louis I），為防範未來的威脅對外大舉征戰，將巴爾幹半島納入匈牙利的掌控，兵威所及甚至遠至那不勒斯。匈牙利王國進行了多項改革以抵禦外入入侵，包括建造大量石造城堡和築有防禦工事的城市，取代實戰證明根本擋不住蒙古人攻

十四世紀初期的匈牙利

擊的木頭、磚造建築，以及仿照西歐以輕騎兵取代身披較笨重盔甲的騎士。

軍事壓力促使匈牙利國王提升下層紳士的利益。但這個由軍人、官員組成的階層，並未被直接納入國家結構裡。後來，弱勢的國王允許他們為由國王直接敕封領地的大貴族打仗，此舉催生出一個龐大貴族階級。當年推動《金璽詔書》的王室軍人和城堡衛兵，到了十四世紀時，已覺得自己的利益和由國王直接敕封領地的貴族在一塊，而非和國王相關。[17]

結果就是產生極端弱勢的國家，和由擁有土地的寡頭統治利益團體支配的強勢社會。匈牙利貴族，包括晚近晉升為貴族的紳士，完全擁有自己的財產，沒有替國王打仗的義務。到了一三〇一年阿爾帕德王朝末期時，國王雖是民選，基本上是傀儡，對於自己名下的重要兵力或資源完全沒有指揮調度之權，且他沒有強勢集權的官僚組織可用。在接下來的安茹（Angevin）王朝期間，分權過程遭短暫逆轉，但一三八六年安茹王朝覆滅時，貴族立即反撲，恢復原有勢力。

莫斯科公國境內能發展出強勢的國家，大大得益於開國王朝一直到十六世紀結束為止，一直有男性嗣子繼承王位之事實。此點說明了人類建制的偶然性。相對的，因眾王朝國祚不常，且有許多國王是外族出身，匈牙利一再陷入王位繼承鬥爭。[18] 覬覦王位者靠著把資源交還貴族才奪得大位，希吉斯蒙德（Sigismund）在位期間，把國內許多城堡交回給貴族控制。[19]

事實上，在匈牙利，貴族階級成功透過議會將其權力建制化，而議會的權力高過法國的高等法院、西班牙的代表大會或俄羅斯的全國會議（zemskiy sobor）。[20] 匈牙利的貴族階級，比約翰·洛克更早一步的，「宣稱萬一國王想做出有違公共利益的事，即使貴為國王，他們都有權利阻止，以捍衛王國福祉」，甚至曾根據這些理由將某位國王入獄。[21] 議會的召開可溯至《金璽詔書》時代，且到了十五世紀中葉時，已每年召開全國性議會，議會握有選出國王的權利。但與英格蘭議會不同的是，匈牙利議會由貴族大地主支配，只代表貴族階級的利益。引用史學家帕爾·恩格爾（Pal Engel）的話說：「這個新制度的本質在於將決策權的行使者大幅擴大，理論上擴及王國裡的所有地主，實際上擴及其中有參與政治者，亦即貴族。」[22]在這之前城市已獲准參與議會，但隨著城市影響力消退，它們漸漸不再與會（中世紀匈牙利的政治權力結構見圖三）。[23]

在匈牙利，創造較強勢國家的最後機會，出現於十五世紀下半葉奧圖曼人在匈牙利東南方的威脅愈來愈嚴峻之時。一四四六年，貴族地主雅諾什·匈雅提（János Hunyadi）被議會選為攝政，在他運籌帷幄下，匈牙利軍隊接連打贏數場對土耳其人的戰役，包括一四五六年英勇的貝爾格勒（Belgrade）保衛戰，使匈雅提威望大增。[24]於是，匈雅提兒子馬加什·匈雅提

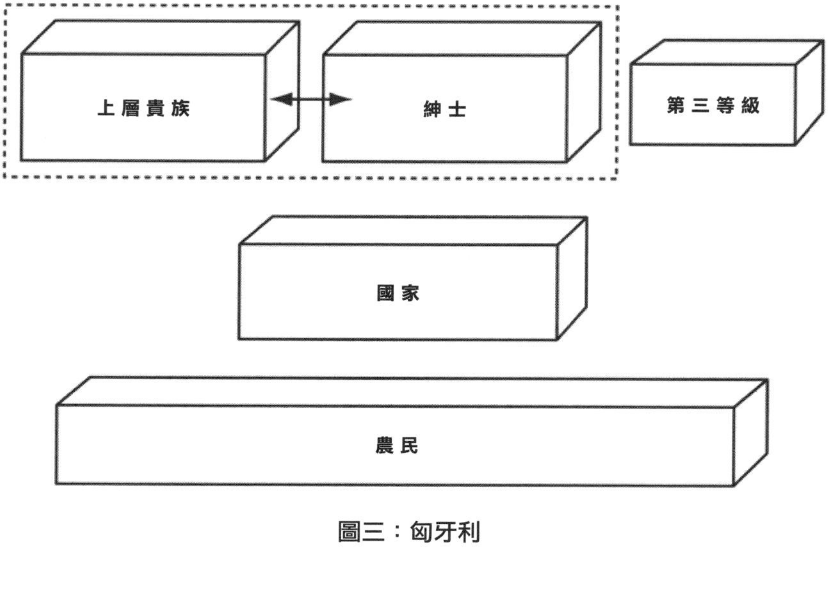

圖三：匈牙利

（Mátyás Hunyadi），即馬提亞．科維努斯（Matthias Corvinus），一四五八年被選為國王。在位三十多年期間，他成功將匈牙利中央政府現代化。這包括創設由國王直接掌控的強大「黑軍」（Black army），以取代原作為軍力基礎的訓練差、半私人的貴族軍隊；設立國王文書院，以上過大學的官員取代具貴族身分的家產制舊官員；施行全國性關稅和直接稅，大幅提高中央政府的稅率。[25]利用這些新的權力工具，馬加什．匈雅提得以打敗奧地利人、波蘭人、西里西亞人，得以在波士尼亞、外西凡尼亞（Transylvania）打敗土耳其人，取得重大軍事勝利。[26]

出於軍事上的需要，馬加什．匈雅提開始做起這時期其他追求現代化之專制君主國也在做的事。但與法國、西班牙的國王不同的是，他仍面對一權力甚大、組織甚完善的貴族階級。他不得不定期向選出他的議會徵詢意見。彪炳戰功迫使貴族給予他相當大的自主空間，但貴族痛恨他所加諸他們愈來愈重的稅賦，痛恨他們在決策上的影響力日益低微。因此，一四九〇年馬加什去世時，貴族拿回中央政府在此前五十年裡所取得的大部分權力。他們憤怒於自身特權的喪失，一心想回復過去的狀況。由國王直接敕封領地的貴族，策立某位弱勢的外國國君接掌王位，不撥經費給「黑軍」，然後派他們上戰場與土耳其人廝殺，結果大敗。貴族階級將稅賦降了七至八成，而使國家無力抵禦外侮。

匈牙利走回分權、貴族統治的中間路線，很快就嘗到苦果：以貴族為班底、訓練不良的軍隊，一五二六年在莫哈奇之役遭奧圖曼的蘇萊曼大帝擊敗，匈牙利國王遇害。那些由國王直接敕封領土且爭執不休的貴族，把如何防範國家權力坐大看得比保衛國家來得重要。蒙古人能夠征服匈牙利，這是原因之一，而同樣的弊病在莫哈奇之役再度顯現。匈牙利失去其獨立國家的地位，被奧地利哈布斯堡王朝、奧圖曼人、位於外西凡尼亞的一個土耳其附庸國三者瓜分。

自由與寡頭統治

以上詳細介紹匈牙利這段歷史，旨在表達一個相對較簡單的觀點：政治自由不必然靠強勢、團結、武器精良、能抵抗中央政府權力的公民社會來達成，也不盡然都是靠使行政權受到嚴格法律限制的憲章來達成。匈牙利就擁有這樣的公民社會和憲章，且成功將中央的權威削弱到使國家無力抵禦明顯且近逼之外敵的程度。類似的情況出現於波蘭，弱勢的波蘭國王受制於貴族會議，波蘭也在匈牙利亡國兩個世紀後步上同樣命運。

匈牙利亡國，不是它唯一失去的自由。畢竟匈牙利面對的是廣土眾民、組織完善、已將東南歐的大部分鄰近王國、公國併入版圖的土耳其帝國。即使是較集權、現代的國家，也未必擋得住土耳其人的猛攻。但在匈牙利，國家的弱勢，也使匈牙利農民和城市淪入受奴役的處境。蒙古入侵帶來混亂和人口減少之後，農民大部分是自由民，特別是在王室大領地上生活的那些農民。他們作為國王的「賓客」，擁有確定的權利和義務，既可選擇從軍服役，也可用納稅代替服兵役。他們所擁有的最重要自由乃是移動自由，以及有權選出自己的法官和神父。[27]

但擁有土地的個人和神職人員，都想把自己的農民拴在土地上，把他們變成可賣的商品。十三世紀起，國王領地開始轉到私人手中，這轉變使愈來愈多農民落入地主的管轄和地主的專斷統治。十六世紀初期開始的食物價格上漲，促使地主調漲農民得以實物上繳的領主稅。農民也被迫服更多的徭役，從上個世紀時的一星期一天，增加為一五二〇年時的三天。農民選出本地法官、神父的權利受到限制，且受領主控制。[28]此外，地主開始阻止農民在不同領主間自由移動，或阻止他們從鄉村移居市鎮。農民處境日益惡化，導致一五一四年一場農民大暴動，結果暴動遭殘酷鎮壓，暴動領袖被綁在木樁上「加冕」，他的同夥則被迫吃他燒焦的肉。[29]這場暴動就發生在土耳其人入侵前夕，成為奧圖曼人獲勝的助力。[30]

如本章開頭所指出的，農民漸漸淪為農奴之事，不只見於匈牙利，也見於波希米亞、波蘭、普魯士、奧地利、俄羅斯。這整個地區的貴族都極力要求增稅，拿走自由，限制依附他們的居民的移動自由。二十世紀的歷史已告訴我們，該把暴政當作強勢集權國家所幹的惡事來思考，但暴政也可能出自地方寡頭統治集團成員之手。在當今中國，最惡劣的侵犯農民權益行為、違反環境法和安全法的行為、嚴重貪腐案件，大部分不是北京中央政府所為，而是地方黨務官員或與他們關係密切的民間企業主所為。執行自身法律以防杜寡頭統治，乃是中央政府的責任，自由的喪失，不在國家太強勢時，而在國家太弱勢時。在美國，《吉姆·克勞法》（Jim Crow law）和種族隔離措施於二次大戰後的二十年裡廢除，完全是在聯邦政府運用其權力對南方諸州執行憲法下才實現。情況看來似乎只有在強勢的國家挺身對抗想限制國家權力且同樣強勢的社會時，而非國家權力受到限制時，才贏得政治自由。

美國開國先賢就理解到有必要達成這樣的平衡。在《聯邦黨人文集》第十七篇文章裡，亞歷山大·漢彌爾頓（Alexander Hamilton）寫到諸州與聯邦政府相對權利的問題時說道：

在那些最終由國王勝出、打敗其封臣的例子裡，國王的勝利主要得歸功於那些封臣對所轄子民的殘暴專制。那些由君主直接敕封領土的貴族，也就是一般所謂的noble，既是君主的敵人，也是百姓的壓迫者，受到君主與百姓兩者的懼怕、厭惡，最後，彼此共有的危險和彼此共有的利益，促成這兩者聯合起來，終結了貴族的權力。如果當初貴族表現得仁慈、公義，保住家臣和追隨者對他們的忠誠和奉獻，他們與國君之間的鬥爭，想必最後幾乎都會由他們占上風，幾乎都會以刪減王權或顛覆王權作結。

漢彌爾頓接著說道，聯邦結構裡的州，相當於封建時代由國王直接敕封領地的貴族。它們能保有不受中央政府左右的獨立到何種程度，取決於它們如何對待自己的公民。強勢的中央政府，既不是本來就好，也不是本來就不好，它對自由最終的影響，取決於它與下級政治當局間的複雜互動。這在美國歷史是如此，在匈牙利、波蘭的歷史也差不多是如此。

另一方面，強勢的國家與強勢的寡頭統治集團站在同一邊時，自由面臨特別嚴峻的威脅。匈牙利亡國那個世紀，隨著莫斯科公國的興起而在俄羅斯出現的情況，就是如此。

注釋

1 Jerome Blum, "The Rise of Serfdom in Eastern Europe," *American Historical Review* 62 (1957).

2 Jerome Blum, *The European Peasantry from the Fifteenth to the Nineteenth Century* (Washington, D.C.: Service Center for Teachers of History, 1960), pp. 12–13.

3 同前書，頁十五至十六。

4 Tocqueville, *The Old Regime and the Revolution*, book II, chaps. 8, 12.

5 Richard Hellie, *Enserfment and Military Change in Muscovy* (Chicago: University of Chicago Press, 1971), pp. 77–92.

6 Blum, *Lord and Peasant in Russia*, p. 370.

7 Pirenne, *Medieval Cities*, pp. 77–105.

8 參見Max Weber, *The City* (Glencoe, IL: Free Press, 1958).

9 Szücs, "Three Historical Regions of Europe," in Keane, ed., pp. 310, 313.

10 參見László Makkai, "The Hungarians' Prehistory, Their Conquest of Hungary and Their Raids to the West to 955," 以及 "The Foundation of the Hungarian Christian State, 950–1196," in Peter F. Sugar, ed., *A History of Hungary* (Bloomington: Indiana University Press, 1990).

11 László Makkai, "Transformation into a Western-type State, 1196–1301," in Sugar, *A History of Hungary*; Ertman, *Birth of the Leviathan*, p. 271.

12 Denis Sinor, *History of Hungary* (New York: Praeger, 1959), pp. 62–63.

13 János M. Bak, "Politics, Society and Defense in Medieval and Early Modern Hungary," in Bak and Béla K. Király, eds., *From Hunyadi to Rakoczi: War and Society in Late Medieval and Early Modern Hungary* (Brooklyn, NY: Brooklyn College Program on Society and Change, 1982).

14 在俄羅斯國，全力建立在國王與下層紳士之間的牢固結盟，而與俄國不同的，匈牙利國王除受到上層貴族、教會的反對，也受到下層紳士的反對。與英格蘭國王不同的，匈牙利國王沒有強勢的會議或初興的御用官僚組織作為權力基礎。Ertman, *Birth of the Levia- than*, pp. 272–73; Makkai, “Transformation to a Western-type State,” pp. 24–25.

15 Sinor, *History of Hungary*, pp. 70–71.

16 Thomas Ertman主張，在奧圖曼人於十五世紀崛起之前，匈牙利位面臨嚴峻的地緣政治壓力，但由於路易和後來幾位國王所打的戰爭，此說法是否屬實有待商榷。Ertman, *Birth of the Leviathan*, pp. 273–76.

17 Pal Engel, “The Age of the Angevins, 1301–1382,” in Sugar, *A History of Hungary*, pp. 43–44.

18 C. A. Macartney, *Hungary: A Short History* (Chicago: Aldine, 1962), pp. 46–47.

19 János Bak, “The Late Medieval Period, 1382–1526,” in Sugar, *A History of Hungary*, pp. 54–55.

20 關於匈牙利議會的制度化，參見György Bonis, “The Hungarian Federal Diet (13th–18th Centuries),” *Recueils de la société Jean Bodin* 25 (1965): 283–96.

21 Martyn Rady, Nobility, Land and Service in Medieval Hungary (New York: Palgrave, 2001), p. 159.

22 Pal Engel, *The Realm of St. Stephen: A History of Medieval Hungary, 895–1526* (London: I. B. Tauris Publishers, 2001), p. 278.

23 Bak, “The Late Medieval Period,” p. 65.

24 關於匈雅提的崛起，參見Engel, *The Realm of St. Stephen*, pp. 288–305.

25 Ertman, *Birth of the Leviathan*, p. 288.

26 Bak, “The Late Medieval Period,” pp. 71–74.

27 Makkai, “Transformation to a Western-type State,” pp. 32–33.

28 Blum, “The Rise of Serfdom.”

29 Bak, “The Late Medieval Period,” pp. 78–79.

30 McNeill, *Europe’s Steppe Frontier*, p. 34.

第二十六章 邁向更完美的專制政體

莫斯科公國的興起和俄羅斯政治發展的特別之處；君主政體依賴貴族，如何使俄羅斯農民漸漸淪為農奴；專制政體在俄羅斯為何比在歐洲其他地方更為大行其道。

俄羅斯聯邦，特別是二〇〇〇年代初期普丁興起後的俄羅斯聯邦，已成為某些政治科學家所謂的「選舉威權主義」政權。[1]這個政府基本上是威權主義的，被一批彼此關係盤根錯節的檯面下政治人物、官員、商業利益團體控制，但這些人舉行民主選舉，以為他們的持續掌權賦予正當性。俄羅斯的民主品質很低：這政權掌控了幾乎所有主要的媒體機構，不允許外界批評它，恐嚇反對黨候選人，取消反對黨候選人的競選資格，恩庇它自己的候選人和支持者。

比起其民主品質，法治方面的表現更糟。揭露官員貪汙或批評該政權的記者被送上黃泉，司法當局並未真正用心查出殺害他們的凶手；遭政權內部人士鎖定為接收對象的公司，受到來自政府機關的誣告，使它們不得不交出自己的資產；重要官員能殺人而不受任何追究。國際透明組織

（Transparency International，有系統調查全球各國貪腐印象指數的非政府組織），在一百八十個受評比國中，把俄羅斯評為第一百四十七名，名次比孟加拉、賴比瑞亞、哈薩克、菲律賓還低，只稍高於敘利亞和中非共和國。[2]

許多人認為二十一世紀俄羅斯與前蘇聯之間有連續性，有些俄羅斯人對史達林與往日蘇聯所頻頻發出的懷念，支持了這個觀點。共產主義於布爾什維克革命之後，在俄羅斯深深扎根七十年，明顯左右了當今俄羅斯人的心態。

但在共產主義底下，藏著一隻疊一隻的許多烏龜。把當今的威權主義統治只歸因於二十世紀的政治，就引來一個疑問，即為何共產主義在俄羅斯，一如其在中國，曾得到這麼多人的追隨。顯然有更悠久得多的專制統治傳統在作祟。布爾什維克革命之前，俄羅斯已發展出中央集權程度很高的國家，在國家裡，行政權所受到的約束，不管是來自法治，還是來自可問責立法機關，都非常薄弱。在布爾什維克革命之前的俄羅斯所達成的專制政體，其本質不同於「舊制度」法國或「舊制度」西班牙的專制本質，而更近似於近代之前的中國式或奧圖曼式專制政體。此現象與俄羅斯的地理環境和位置有很大關係，後者對俄羅斯政治文化的影響始終不減。

俄羅斯專制政體的源頭

俄羅斯國發跡於西元第一個千年末期以基輔為核心的那片地區（烏克蘭），當時它是連結歐洲北部與拜占庭帝國、中亞的重要貿易集散地。但一二三〇年代晚期，拔都汗、速不台率蒙古軍入侵、占領該地，中斷了該國國脈。基輔全毀，教宗派往蒙古帝國的使節若望・柏郎嘉賓（Giovanni da Pian del Carpine）於路經該城時寫道：「我們發現田野裡散落無數死人頭顱和骨頭，這城市原來非常大，住了很多人，如今卻殘破不堪：那裡只剩兩百間房子，那些人過著最慘不忍睹的奴隸生活。」[3]蒙古人占領該國將近兩百五十年。今日的俄羅斯人被問到為何他們的國家和政治文化與西歐有如此大差異時，許多人立即怪罪在蒙古人頭上。長久以來，也有許多西方觀察家，例如居士廷侯爵（Marquis de Custine），堅持把俄羅斯視為「亞洲」強權，且形塑此強權的決定性因素，除了其與蒙古人的互動，還有其與奧圖曼人、庫曼人、其他亞洲人的互動。[4]更晚近，隨著獨立蒙古國的誕生，看法已有所改變，新一波的修正主義觀點浮現，以更正面得多的角度看待蒙古人對俄羅斯的影響。[5]

無論如何，蒙古人的入侵，在數個方面影響了接下來俄羅斯的政治發展，其中大部分是負面影響。[6]首先，拜占庭、中東原是俄羅斯宗教與文化的源頭，但蒙古人入侵切斷了俄羅斯與這兩地的貿易、知識往來。它也妨礙了俄羅斯與歐洲的往來，也就是說使俄羅斯未能參與其西邊地區文藝復興、宗教改革等重大發展。

第二，蒙古人的占領延後了俄羅斯的政治發展。在基輔羅斯（即以今日烏克蘭基輔為核心，作為俄羅斯最早移民區的那片地區）遭毀之後，俄羅斯的政治發展基本上得從頭再來。蒙古人入侵之前許久，俄羅斯國就已開始裂解，但蒙古人的征服確立了政治權威分散各地，眾多小封地（appanage）林立的局面。各個小封地都由小王公統治。俄羅斯的政治重心從黑海北邊的黑海歐洲轉移到東北部，莫斯科大公國在該地區崛起，成為最有分量的政治單元。歐洲的封建制度歷經八百年的演進，而與此不同的是，封地制俄羅斯（appanage Russia）存在了兩百多年，從一二四〇年開始受蒙古人統治，到一五〇〇年代中期瓦西里三世（Basil III）出任莫斯科大公為止。之後，諸王公得面臨一個愈來愈集權化、愈來愈強大的君主國。

最後，蒙古人削弱了傳承自拜占庭的所有法律傳統，使政治生活變得更艱苦、更殘酷。與歐洲的基督教國君大相逕庭的是，蒙古統治者自認是十足的掠奪者，其公開的目標就是從他們所支配的人民身上抽取資源。他們是部落級民族，未發展出可供他們所征服之人民採用的政治建制或司法理論。他們從未惺惺作態，裝出統治者是為了被統治者的福祉而存在的言行；與傳統農業社會的統治者不同的是，他們眼光短淺，樂於以竭澤而漁的方式刮取資源。他們嚴懲反抗者，且會只為表達某個主張，就毫不遲疑殺光全鎮的人。他們招募俄羅斯王公替他們收稅，其中包括後來創立俄羅斯國的莫斯科王公。因此，在蒙古人的教導下，好幾代的俄羅斯領袖學得蒙古人的掠奪本事。事實上，由於通婚，蒙古人與俄羅斯人已在血統上混合。

一如在我們所探討過的幾乎每個政治實體裡都見到的，俄羅斯國家建造的推手是發動戰爭的需要。一如法蘭西島上的卡佩王朝成員，莫斯科的留里克（Rurik）王朝利用其位居中央的地理位置，作為向外擴張的中心，攻打、吸併蒙古人、立陶宛人、其他外國勢力，以及其他封地公國。伊凡三世（Ivan III，西元一四四〇至一五〇五年）在位期間，這個國家成為一大強權。他併吞諾夫哥羅德和特維爾（Tver），披上全俄羅斯最高統治者的稱號。莫斯科公國的面積，從伊凡一世（Ivan I，西元一二八八至一三四〇年）時的六百平方英里，成長為瓦西里二世（Basil II，西元一四一五至一四六二年）時的一萬五千平方英里，再到伊凡三世在位末期時的五萬五千平方英里。[7]

封地制時期俄羅斯的國家形成過程，與中國、奧圖曼兩者的國家形成過程有許多相似之處。一如西周的開國王朝，基輔王公家族的後代繁衍擴散至俄羅斯全境，特別是在蒙古人入侵後，該家族解體為眾多小公國，構成俄羅斯版的封建制度。每個王公都控制領土、經濟資源、軍隊，能透過簽訂契約，讓自由的貴族階層——波雅爾（boyar）——為他們打仗。

莫斯科大公國的權力以中間服兵役階層為核心建立起來，這個階層由騎兵組成，而這些騎兵領取的酬勞不是金錢，而是名叫波梅斯蒂亞（pomest'ia）的封地。每個波梅斯蒂亞靠五或六個農戶來支持。由於土地非常充足，對人的掌控就比對土地的掌控來得重要。騎兵不是常備軍，而是由王公徵召前來服

俄羅斯崛起

役，征戰季結束後得返回各自的封地。俄羅斯的波梅斯蒂亞與奧圖曼的蒂瑪爾有著顯著的相似之處，而這很可能不是偶然，因為在這時期，俄羅斯人與土耳其人的接觸愈來愈頻繁。一如奧圖曼的席帕希，俄羅斯軍隊的核心由一批靠國家來取得土地和資源的軍人組成，即後來歐洲其他地方所謂的下層紳士（lower gentry）。俄羅斯騎兵部隊配備較輕的裝備，倚賴機動來制敵，在這點上他們類似奧圖曼騎兵，而與身披厚重盔甲的西歐騎士大相逕庭。這個莫斯科政權之所以建立這種軍隊，動機和奧圖曼人類似：它創造出完全依賴它來取得地位，同時又不必給付現金的軍事組織。這支軍隊可用來抵消握有土地和資源的王公、波雅爾的權力。[8]

俄羅斯和匈牙利的重大差異之一就在這裡。在俄羅斯，中間服兵役階層受招募為莫斯科大公國直接效力，而在匈牙利，這個階層被併入貴族。此選擇大概就足以決定這兩個社會接下來所走的集權、分權道路。中間服兵役階層直接隸屬於國家，而非分封給有領地的貴族，乃是俄羅斯社會對莫斯科大公國的國家建造工程所構成的障礙，為何遠少於西歐社會所構成的障礙的重要原因之一。

俄羅斯貴族未能限制中央政府權力的另一個原因，與俄羅斯版的封建制度存在不夠久，無法建立穩固根基有關。在俄羅斯的史學著作裡，關於這個國家是否經歷過封建時代的問題，存有長久的爭議，因為俄羅斯的封地並未擁有西歐封地那種自治權。[9]俄羅斯王公和更次級的貴族沒時間建造城堡，地勢平坦的俄羅斯平原和乾草原，讓機動性強的攻方相較於守方占上風。

莫斯科大公國針對波雅爾家庭和那些家庭裡的個別成員，頒行名叫梅斯特尼切斯特沃（mestnichestvo）的等級制度，刻意挑動貴族間的不和。一如法國、西班牙出售所有權和特權的作為，梅斯特尼切斯特沃制使貴族彼此直接競爭，從而削弱貴族的內部團結。[10]結果是俄羅斯貴族階層的團結程度低了許多，只發展出少許讓他們得以集體反抗中央集權國家的建制。他們不斷把精力消耗在雞毛蒜皮的內部爭執上，且以這類爭執著稱於世。

在俄羅斯，法治從一開始就弱於西歐。俄羅斯東正教會從未像天主教會那樣，建立一套獨立於世俗君主權限之外的教會法規。俄羅斯的政教關係師法拜占庭帝國，而拜占庭帝國走政教合一路線，拜占庭皇帝派任君士坦丁堡的最高級主教，干涉教義問題。在拜占庭世界，從未發生主教敘任權衝突、格列高里改革之類的事。東正教會未能發展出讓它得以頒行法律、類似國家的集權官僚組織，未能像天主教會那樣將教宗敕令編集成一套脈絡一致的教會法規。蒙古人入侵，切斷俄羅斯教會與其拜占庭源頭的聯繫時，該教會在莫斯科大公國裡找到新的保護者。教會與國家各取所需，各蒙其利：國家給予教會恩庇和權力，教會則促進國家作為「第三羅馬」所在地的正當性。隨著一六六六年最高級主教尼孔（Nikon）遭罷黜，俄羅斯教會完全臣屬於國家，而在一七二一年彼得大帝頒行「宗務規定」（Spiritual Regulation）後，最高級主教職遭完全廢除，代之以由沙皇直接任命的「聖會議」（Holy Synod）。[11]

如果我們懷疑法治在保護西歐菁英上曾發揮的重要貢獻，只消想想俄羅斯於伊凡四世（Ivan IV，西元一五三〇至一五八四年）在位後半期經歷的一段黑暗時期（他後來被稱作Ivan Grozny，既可譯作恐怖伊凡，也可譯成伊凡大帝）。在西歐歷史上，未曾有過這樣的時期。伊凡摯愛的年輕妻子安娜絲塔西亞（Anastasia）於一五六〇年去世，導致伊凡開始沒來由地懷疑身邊的廷臣。他突然離開莫斯科，一五六五年才返回，同時主張設置特轄區（oprichnina），要波雅爾接受。而在特轄區裡，凡是作奸犯科、叛國之徒，將只有伊凡一人有權處置。波雅爾授與他這項權力，結果伊凡四世卻對他們發動恐怖統治，愈來愈多波雅爾連同他們全家大小，遭逮捕、拷打、處死。伊凡創立名叫特轄軍（oprichniki）的特殊警察部隊，他們一身黑色打扮，騎黑馬，成為他展開無法無天統治的工具。特轄區內的私人土地遭國家沒收，後來又有更多土地納入特轄區，最後特轄區所轄土地占了全國土地的一半。據估計，有四千至一萬名波雅爾遭殺害。只有九戶舊王公家族得以保住性命，而且他們的土地大部分遭沒收。[12]伊凡四世似乎完全發狂，親手打死自己的兒子暨王位接班人，他死後整個國家只能以驚魂未定、餘悸猶存來形容。[13]不禁讓人覺得，一九三〇年代中至晚期史達林肅清蘇聯共產黨的作為，在這段黑暗史裡就已有了先例。當時這位共黨總書記懷疑身邊的人陰謀不利於他，於是殺光曾與他一同搞革命的舊布爾什維克。[14]這段歷史也讓人想起曾整肅貴族菁英的武后等中國統治者。

從俄羅斯政治發展的觀點來看，令人不解的問題是，為何波雅爾同意給予伊凡這些特殊權力來危害他們自己。答案之一似乎是他們自認不能親掌朝政，深怕國家若失去強勢的中央，後果難料。伊凡四世莫名其妙離開莫斯科期間，這樣的可能性就已升高。俄羅斯人擔心中央弱勢會帶來混亂和解體並非杞人憂天，因為伊凡的兒子費奧多爾（Feodor）於一五九八年去世且未留下任何兒子時，就發生這樣的事。他的去世，結束了留里克王朝，使俄羅斯陷入所謂的「混亂時期」（Time of Trouble）。莫斯科大公國政府苦於饑荒和外敵入侵，元氣大傷，然後因為一連串「偽季米特里」（false Dmitris）爭奪大位，國家四分五裂。莫斯科王公所創立的國家機器不夠強固，承受不住漫長的王位繼承鬥爭，而由於王公的權力已被打散，國家機器也不可能重拾較分權的封建治理形式。結果就是無法無天的暴力橫行，外族入主，直到一六一三年羅曼諾夫王朝興起，才結束這段混亂期。

可自由選擇的替代道路

俄羅斯文化的內在邏輯，並未注定俄羅斯必然走上專制統治之路。事實上，在俄羅斯歷史中，曾有西歐式共和建制或代議大會的先例，為俄羅斯未來提供了另外可走的道路。位在最西北邊的諾夫哥羅德市從未遭蒙古人征服，在封地制時期初期始終是個活力十足的商業共和國。它與波羅的海貿易緊密結合，充當歐洲商品進入俄羅斯的門戶。諾夫哥羅德的王公擁有軍權，但權力受到人民大會（veche）限制，市長由人民大會從該市的貴族裡選出。所有自由公民都有投票權。人民大會對稅務、法律、對外事務有支配權，能罷免該市王公。就連在城裡，各居住區在管理自身事務上都享有相當大的自主權。諾夫哥羅德最終遭伊凡三世征服，一四七八年併入莫斯科大公國。他將諾夫哥羅德獨有的共和建制全廢掉，以叛國罪名處死該市許多領袖，將許多波雅爾和商人家庭流放到他公國的其他地區。[15]

第二個代議性建制是全國會議。這是由貴族組成的會議，性質有些類似法國的全國三級會議或西班牙的代表大會。全國會議不定期集會，但在某些時刻，例如批准伊凡四世的一些提案（例如他攻打利沃尼亞）時，它扮演了重要的角色。一五八四年的全國會議批准伊凡四世的兒子費奧多爾繼任為沙皇，一五九八年的全國會議則指派攝政鮑里斯．戈杜諾夫（Boris Godunov）出任沙皇。全國會議最重要的作為，或許是一六一三年批准米哈伊爾．羅曼諾夫（Mikhail Romanov）出任沙皇，結束了「混亂時期」。十七世紀期間，這個機構繼續召開，以批准開戰案和課稅案，直到彼得大帝將它打入冷宮為止。[16]接著，代議性建制從俄羅斯歷史上消失，直到一九〇六年日俄戰爭結束後不久，杜馬（Duma）這個立法機關獲准成立才重見天日。

最後一個潛在的反抗權威來源是俄羅斯教會。基於前面提過的種種理由，俄羅斯教會常被批評者斥為是從沙俄時期到現今莫斯科統治者的聽話工具。但在最高級主教尼孔遭罷黜之前，本有可能走上另一條路。當時，俄羅斯東正教會擁有全俄羅斯將近四分之一的土地，因而擁有獨立自主地位。它擁有源自聖塞爾吉烏斯（St Sergius）改革的強勢隱修傳統，而他所創立的修會常受到世俗統治者的猜忌。有權任命莫斯科都主教者，不是王公，而是君士坦丁堡的最高級主教，至少在一四四一年的佛羅倫斯公會議（Florentine Union）引發危機，該都主教因此由俄羅斯主教公會議任命之前是如此。[17]有些教會領袖英勇對抗專制政權，例如莫斯科都主教腓力湳譴責伊凡四世，遭拔除都主教職，最後因犯上遭絞死。[18]

這些例子說明俄羅斯傳統裡並非始終只有專制統治，而是已出現一些可自由選擇的替代道路，且這些替代道路曾短暫大行其道。共產主義垮臺後，重新出現給予人民更自由社會的承諾，且這承諾未來不無可能實現。

擁有農民的卡特爾

十七世紀末期的俄羅斯國中央集權，但集權程度遠低於歐洲諸國。當時的俄羅斯沒有規畫完善的集權官僚組織，只有一連串名叫普里卡錫（prikazy）的行政機關，且這些機關的職權係根據沙皇所下達的許多亂無章法的命令（prikaz）創設，彼此部分重疊且未協調整合。[19]與法國的省督制不同的是，一直到伊凡四世在位結束，地方政府都建立在名叫科姆列尼（kormlenie）的沙皇任命制上。科姆列尼意為「餵食」，顧名思義，這制度背後兼具監督和掠奪的用意。存在於十六世紀的地方自治形態，在伊凡四世當政時遭廢除，國家靠督軍制（voevody）來執行其命令。軍隊型態同樣原始，仍以騎兵和在都城所組成、戰力可疑的新步兵單位為基礎。[20]

下一波大張旗鼓的俄羅斯國家建造熱潮，發生於彼得大帝（西元一六七二至一七二五年）在位時。他將首都從莫斯科遷到聖彼得堡，從歐洲引進多種建制。彼得身材高大，領導才能不凡，單憑他一人之力，就完成了當時條件下所能達成最出色的、由上而下的社會轉型。戰爭再度成為推動國家建造最大的動機，特別是與瑞典打的大北方戰爭所創造的龐大壓力。一七〇〇年在納爾瓦之役（Battle of Narva）之役敗於瑞典查理十二世（Charles XII）之手後，彼得大帝開始仿照當時歐洲建制徹底改造軍隊，從無到有建立海軍（最初只有一艘船，最後有了一支八百多艘船、能打敗瑞典海軍的艦隊）。他還廢除古老的普里卡錫機關，代之以仿照瑞典的類似建制創立的部會（collegium）。這些新部會以技術知識（當時的技術知識往往來自外國人）為核心建立，辯論、執行政策，行使審議功能。

十五、十六世紀國家建造的第一階段，建立在中間服兵役階層的動員上，這個階層的存在分裂了貴族，且使該階層的許多成員非得直接倚賴國家不可。彼得大帝則更進一步將整個貴族階層都徵召來為國服役。紳士於少年時進入軍隊，依照現代軍功標準晉升，得一輩子都待在軍中。因此在俄羅斯，服兵役貴族的構想，落實方式大不同於歐洲，但存在時間遠比在歐洲久。為國服役的貴族，未帶著自己的封臣和隨員同來，而是受集權官僚組織指派職位。這促成俄羅斯社會的全面軍事化，且強調義務、榮譽、階層化體系、服從這些道德層面的東西。[21]

支持俄羅斯專制政體的諸多內部政治勢力，其彼此關係見圖四說明。

彼得大帝於一七二二年以「階級表」（Table of Ranks）取代舊式梅斯特尼切斯特沃等級制度。在這個新的等級體系裡，他的每個子民都被安插進一個法律定位明確、有相應特權和義務的位階裡。非貴族的僕從，不管是官僚還是軍人，一旦爬到某個位階，就自動躋身世襲貴族之列。這為貴族階層吸收新血提供了管道，由於國家需要龐大人力為其服務，這樣的安排有其必要。「階級表」確立了貴族的法人身分和其集體行動能力。但貴族從未自視為王權的對手，貴族的利益已和國家緊緊綁在一塊，因而不會和王權作對。[22]

貴族服役所得的回報，乃是免稅、個人獨享的擁有土地與人的權利、更嚴苛壓榨所轄農奴的機會。農奴制首度出現在王公賜予其紳士的封地（波

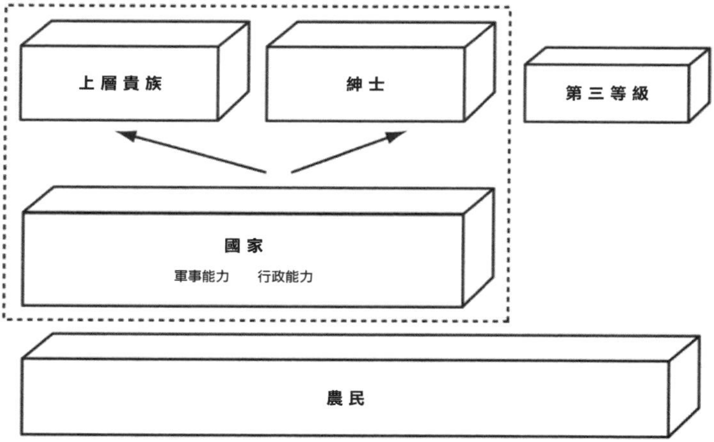

圖四：俄羅斯

梅斯蒂亞）上，說明了農民處境日益惡化和服兵役紳士興起之間的密切關係。這些波梅斯蒂亞往往位在已從鄰國手裡奪得新土地的南部、東南部、西部邊疆地區。在沒有戰事發生的北部遼闊地區，農民的處境好得多，大部分是對國家而非對私人地主負有義務的官方農民。[23]

整個十六、十七世紀期間，農民的稅賦愈來愈重，但最重要的法定限制，乃是移動權上的限制。農民離開土地的權利自古即存在，但愈來愈受限制，最後則遭完全剝奪。[24]對農民移動的限制，攸關團結的俄羅斯貴族階層的形成和其與王國政府的結盟。

諷刺的是，造成這現象的原因，與俄羅斯的地理環境有關。如前面已指出的，俄羅斯的地理環境未受到框限，因而極不利於奴隸制誕生。在俄羅斯，無法橫越的河川或山脈之類阻礙移動的天然屏障很少，而且隨著該國版圖的擴大，邊境地區往外伸展，特別是往南方、東南方伸展。在烏克蘭南部和頓河流域興起的自由哥薩克族群，據說是逃走的農奴所創建。在美國南部，擁有奴隸的土地，毗鄰開闊的邊遠地區，而一如在美國南部所見，農奴制要能實行，只有在眾農奴主就限制農奴移動、遣送回逃跑者、嚴懲農奴和其他違反規定的地主等事談成牢固的協議時才有可能。如果有一重要的單元選擇退出這制度，不管是一小批地主或一群自由市，或為逃跑農奴提供保護的國王，這整套制度就會瓦解。鑑於在這時期勞力較短缺，地主若背叛聯盟，以較好的工作條件吸引農奴投靠，將可獲利甚大。因此，必須透過與地位掛勾的牢固特權和執行阻止農民移動的規定，來強化地主卡特爾（cartel）的團結。俄羅斯的專制政體建立在君主與上層、下層貴族的結盟上，這三者全決意執行以農民權益為犧牲品的約束性規定。

擁有農奴的卡特爾需維持不墜，這有助於我們了解俄羅斯政治發展上的許多現象。針對未擁有農奴之個人其自由擁有土地的權利，政府加諸愈來愈多的限制。為取得土地，得加入貴族行列，一旦加入，就自動取得農奴，自動背負維持該制度的義務，這抑制了獨立商業城市裡資產階級的興起，而在西歐，資產階級對農民自由的提升貢獻很大。因此在俄羅斯帶頭推動資本主義經濟發展者，不是獨立的資產階級，而是貴族。[25]使卡特爾維持不墜的需要，也說明了俄羅斯為何向南及東南方擴張，因為自由哥薩克地區存在於邊境地帶，等於是不斷在誘引農民逃跑、不斷為逃跑農民提供機會，因而有必要予以壓制。

彼得大帝之後

彼得大帝是偉大的現代化舵手，在許多方面將俄羅斯「現代化」，使俄羅斯成為歐洲政治舞臺上的主角之一。但他急促、由上而下的改革方法，遭遇隱而不顯的俄羅斯社會本質所加諸的限制。例如，他透過創立省、區兩級制和新自治市法規，以改革省、市、地方三級的政府，但由於存在今日開發中國家裡會被稱作「動能不足」（lack of capacity）的現象，改革毫無成效。也就是說，在地方層級，受過訓練的行政官員人數不夠，且真的受過訓練的官員又缺乏進取心。中央頒布的法令未獲落實，政權也無法消滅貪汙和專斷統治。[26]

為替軍隊和中央官僚組織建立現代的、能力掛帥的升遷制度，彼得大帝付出很多心血，但這些心血在他死後不久也都付諸流水。他的改革有許多靠他個人的監督和幹勁才得以持續，例如他列席公務人員培訓生的考試現場。他死後，行政體系被宮廷周遭的豪族再度予以家產制化。

在他之後較弱勢的統治者治下，要晉升到軍隊、官僚組織的最高層，變成得倚賴多爾格魯科夫（Dolgorukovs）、納里什金（Naryshkins）、戈利欽（Golitsyns）或薩爾蒂科夫（Saltykovs）之類豪族的恩庇。將國家政策愈來愈掌控在手裡的貴族，成功於一七六二年要中央廢掉他們服兵役的義務，且取得更多不利於農民的權利，例如任意遷移農民或流放農民的能力。[27]家族與其恩庇網絡間的對抗延伸到軍隊裡，這些爭奪控制權的作為削弱了軍隊的戰力。

這些貴族家庭的興起，分散了俄羅斯體制裡的權力，軟化了伊凡四世與彼得大帝所遺留的專制統治傳統。這一點，還有法國文化在俄羅斯菁英圈的大行其道，使托爾斯泰（Tolstoy）《戰爭與和平》（*War and Peace*）書中所描述的十九世紀初期貴族社會，似乎散發出兩百年前不可能看到的明顯歐洲色彩。但分權一事不該與現代行政國家在西方興起混為一談。據史學家約翰・勒東（John Le Donne）的說法：「全國性家族網絡和侍從體系的存在，使不斷追求行政秩序與『規律性』的立法過程中所建立的嚴謹階層化行政體系，徒然惹人訕笑。這說明了為何俄羅斯政府是最最典型的人治政府，而非法治政府。」[28]

專制政體達陣

對俄羅斯的描述，以十九世紀晚期穩固的專制統治國家的問世作結。不管是從十九世紀自由主義實驗的角度，還是從二十世紀極權主義國家興起的角度來看，在那之後都顯然發生了一些事。但在法國大革命爆發時，已有某些治理特色使俄羅斯既迥然有別於法國、西班牙的弱勢專制統治，也截然不同於中國、奧圖曼的專制統治。

俄羅斯國在幾個方面強於法蘭西國或西班牙國。後兩者覺得該遵守法治，至少在與菁英有關時該如此，而在俄羅斯，根本無此認知。法國、西班牙的政府透過拖欠債務、操縱貨幣、以誣告的罪名將目標告上法院，藉勒索金錢的方式蠶食產權。但至少他們覺得必須透過既有的法律體系來運作。相對的，俄羅斯政府絲毫不顧手段是否合法，大剌剌沒收私人財產，強迫所有貴族為政府服役，處置敵人和叛徒時不顧程序正當與否。伊凡四世的推行特轄區制，從某些方面來看，乃是直到二十世紀共產政府成立，才得以同樣規模重現的事件。但該制度的問世，為此後的俄羅斯統治者立下了重要的先例，俄羅斯統治者理解到他們擁有對國內菁英極高的約束力，且那是西方君主所無緣享有的東西。在這方面，俄羅斯政府更近似帝制中國，而非西方政府。俄羅斯政府發展出與奧圖曼類似的專制建制，例如波梅斯蒂亞。但奧圖曼人和馬木魯克人在國力最盛時對法治的尊重，都比俄羅斯統治者還要堅定。

另一方面，俄羅斯專制政體的家產制程度，遠勝過中國或奧圖曼的專制政體。如前面已提過的，中國人發明了現代官僚組織和不講私人關係的集權統治。中國歷史大體上是一部防杜國家再度走上家產制的奮鬥史，在統一的中國於西元前三世紀出現之前，就已存在不講私人關係、能力掛帥的行政治理理想。奧圖曼的奴隸軍制度，成功創造出能力掛帥的行政體系，且在這體系最盛時，以其擺脫家產制影響，贏得來訪歐洲人的欽佩。彼得大帝試圖在俄羅斯創造出這樣的體系，但只成功了一部分。以完全不透明方式在幕後運作以左右政策的家產制勢力，輕易就將俄羅斯政府重新納入其掌控。

當今俄羅斯與彼得大帝去世百年後出現的那個社會，相似之處顯著。現今的俄羅斯雖有正式的憲法和成文法，但這國家由一批行事隱密、類似過去控制帝俄的薩爾蒂科夫、納里什金家族的菁英統治。這些菁英能以既未經法律明定、且未經法定程序界定的方式取得權力。但俄羅斯的最高階菁英，對整個國家民族，未抱持像中國最高階菁英那樣的道德責任感。在中國，隨著人在政治等級體系裡往上爬，施政品質提升，但在俄羅斯，施政品質卻下降。今日的俄羅斯菁英會利用民族主義來賦予自己權力的正當性，但他們的取得權力，最終似乎大部分是為了自己。

俄羅斯絕未被自己的歷史困住。伊凡四世、彼得大帝、史達林立下專制統治先例之後，都出現自由化時期。如今，俄羅斯社會的動員方式，不同於它在「舊制度」時的動員方式，而資本主義的引進使菁英階層的組成得以時而重新洗牌。今日貪腐、亂無章法的選舉威權主義，完全不同於俄羅斯人過去所經歷過的那種殘酷獨裁統治，俄羅斯歷史提供了許多邁向更自由國度的替代道路，而這些替代道路說不定可作為接下來改革依循的先例。

注釋

1 參見 Andreas Schedler, *Electoral Authoritarianism: The Dynamics of Unfree Competition* (Boulder, CO: Lynne Rienner, 2006).

2 來自二〇〇八年清廉印象指數：http://transparency .org/policy_research/surveys_indices/cpi.（編注：二〇一九年的清

廉印象指數中，上述國家排名略有變化，俄羅斯與賴比瑞亞同為為一百三十七名，孟加拉則較二〇〇八年更低，為一百四十六名：https://www.transparency.org/en/cpi/2019）

3 Nicholas V. Riasanovsky, *A History of Russia* (New York: Oxford University Press, 1963), p. 79.

4 Marquis de Custine, *La Russie en 1839* (Paris: Amyot, 1843).

5 在蒙古，成吉思汗如今被尊為民族英雄。但就連在俄羅斯，都有人在尋找這民族的真正根源，且以從中給了蒙古時期更正面的看待。案例參見 Jack Weatherford, *Genghis Khan and the Making of the Modern World* (New York: Crown, 2004). 編注：中文版《成吉思汗：近代世界的創造者》（新版）由時報文化出版，二〇一八年一月三十日。

6 相關概要評論，參見 Riasanovsky, *A History of Russia*, pp. 78–83.

7 同前書，頁一一六；Sergei Fedorovich Platonov, *History of Russia* (Bloomington: University of Indiana Prints and Reprints, 1964), pp. 101–24.

8 參見 Hellie, *Enserfment and Military Change in Muscovy*, chap. 2; John P. LeDonne, *Absolutism and Ruling Class: The Formation of the Russian Political Order 1700–1825* (New York: Oxford University Press, 1991), p. 6; Blum, Lord and Peasant in Russia, pp. 170–71.

9 一如以往，蘇聯許多歷史學家使用非常廣義的經濟性定義來界定封建制度，主張封建制度從基輔時期到十九世紀晚期。若運用布洛克的封建制度定義，很清楚的，不只有相似之處，也有相異之處，且「俄羅斯的社會型態往往是西方模式的早期版本，或至少是較初級、較粗略的版本。」Riasanovsky, *A History of Russia*, pp. 127–28.

10 同前注，頁一六四。

11 同前注，頁二五七。

12 Blum, *Lord and Peasant in Russia*, pp. 144–46.

13 Riasanovsky, *A History of Russia*, pp. 164–70. 據伊凡死後去過莫斯科的英格蘭旅人賈爾斯・佛萊徹（Giles Fletcher）所述，這一「政策和專制作為（雖然如今已不再）」，為該國帶來極大困擾，使其國內自那之後充斥積怨和不共戴天的仇恨，因而（眼前看來）得等到民間怒火再度爆發，才會平息。」引自 Sergei Fedorovich Platonov, *The Time*

of Troubles: A Historical Study of the Internal Crises and Social Struggle in 16th- and 17th- Century Muscovy (Lawrence: University Press of Kansas, 1970), p. 25.

14 Sergei Eisenstein在其電影《恐怖伊凡》（*Ivan the Terrible*）中提出此邏輯關係，史達林本人也曾如此表示。我要感謝Donna Orwin闡明這點。

15 Riasanovsky, *A History of Russia*, pp. 88–93; Platonov, *History of Russia*, pp. 62–63.

16 Riasanovsky, *A History of Russia*, pp. 209–10.

17 Platonov, History of Russia, pp. 100–101.

18 同前注，頁一三二。

19 LeDonne, *Absolutism and Ruling Class*, p. 64.

20 Riasanovsky, *A History of Russia*, pp. 212–13.

21「一八二二年對數省的調查顯示，軍隊的內部結構已被移植進省級行政機關，有代表『戰鬥部隊』（stroi）的憲兵隊、法官、警察、縣治安官，有代表非戰鬥人員（nestroevoi）的文職財政關和會計。」參見LeDonne, *Absolutism and Ruling Class*, p. 19.

22 Blum, *The End of the Old Order in Rural Europe*, pp. 202–203.

23 Riasanovsky, *A History of Russia*, pp. 205–206.

24 Blum, *The End of the Old Order in Rural Europe*, pp. 247–68.

25 LeDonne, *Absolutism and Ruling Class*, p. 6.

26 Riasanovsky, *A History of Russia*, pp. 256–58.

27 Blum, *The End of the Old Order in Rural Europe*, p. 203.

28 LeDonne, *Absolutism and Ruling Class*, p. 20.

第二十七章 課稅與代表

先前的問責失敗的例子，如何有助於了解英格蘭議會制發展；政治團結的來源和在「諾曼征服」之前的英格蘭，這些來源的源頭；法律在賦予英格蘭建制正當性方面發揮的作用；光榮革命真正的成就。

最後一個與政治可問責的發展有關的例子是英格蘭，而在英格蘭，政治發展的三個層面：國家、法治、政治可問責，全被成功建制化。我把英格蘭放在最後一個探討，以避免陷入「輝格史觀」的部分陷阱。以代議政治在英格蘭的興起為主題寫成的著作極多，因而使世人覺得它的問世似乎是從古雅典以降一路走來的西方發展模式，其順理成章、不得不然或不可避免的結果。但這些歷史著作鮮少從比較的角度來鋪陳，因而這些書中所舉出具有因果關係的一連串事件，未能說明對這結果有重大影響的，其他許多未被觀察到的因素、或關係較遠的因素。換句話說，它們未能觀察到藏在烏龜塔最上層附近的烏龜。

我們避談這問題，因為我們已探討過未能發展出可問責政府的四個歐洲國家例子，事實上，如果把已探討過的非西方例子加進去，則不只四個。藉由檢視英格蘭與其他這些例子的相似、相異之處，我們能更深入了解是哪些因素的和合，促成可問責制在英格蘭發展出來。

英格蘭，就像法國、西班牙、匈牙利、俄羅斯，先是部落社會，然後變成封建社會，而十六世紀晚期、十七世紀初期，有個日益集權的國家開始在這封建社會裡積累權力。在這些社會裡，菁英都被組織成三級會議：英格蘭的 Parliament（國會）、法國的 sovereign court（高等法院）、西班牙的 Cortes（代表大會）、匈牙利的 Diet（議會）、俄羅斯的 zemskiy sober（全國會議），追求現代化的君主都向這個會議尋求支持與正當性。在法國、西班牙、俄羅斯，這類會議未能統合成強勢、建制化政治單元，未能挺身要求日益集權的國王接受議會問責的憲政協議。相對的，在英格蘭，議會既強勢且團結一致。

更具體地說，與主要代表卡斯提爾諸城市利益的西班牙代表大會不同，或與被貴族把持的法國或俄羅斯同類機構不同的是，英格蘭議會不只代表貴族和神職人員（俗職議員和神職議員），還代表廣大的紳士、鎮民、財產擁有者，而代表後面這三者之平民議員，乃是該議會的核心和推動力量。英格蘭議會很有力，能封殺國王欲加稅、創立新軍事機構、規避習慣法的計畫。議會自組軍隊，在某場內戰中擊敗、處死國王，然後逼另一位國王詹姆斯二世（James II）退位，以讓覬覦王位的外國人奧蘭治的威廉（William of Orange）接位。在此過程的尾聲，英格蘭國的統治者，不是像歐陸國王那樣的專制君主，而是正式承認議會可問責原則的立憲君主。於是，這自然引來一個疑問：為何英格蘭議會發展成這種機構，而歐洲其他地方的類似機構，在法國大革命爆發之前，卻陷入內部分裂、勢弱、遭統治者拉攏或積極支持君主專制？

另一方面，英格蘭為當今的開發中國家立下一個有趣的先例。在十七世紀伊始，斯圖亞特王朝初期，英格蘭國不只愈來愈威權統治，還非常腐敗。當時出現於法國、西班牙的那幾種公共行政弊病，例如賣官、家產制式的撥款，在英格蘭也出現，儘管情況沒那麼嚴重。但在英格蘭，官員腐敗的問題，即使未得到解決，至少到該世紀末期時已大大改善。英格蘭政治制度根除了賣官制，以提升國家整體權力和效率的方式建立了現代官僚行政機關。這未一勞永逸解決英格蘭官場的腐敗問題，但的確防止該國像法國一樣墮入賣官制泥淖，賣官制使法國的「舊制度」失去正當性，最終削弱了「舊制度」。今日面臨官員貪腐叢生問題的開發中國家，或許可從英格蘭政治制度處理這問題的方法上得到借鑑。

英格蘭政治團結的根源

我們已知道法蘭西、西班牙、俄羅斯的君主如何運用不同手段，拉攏、恐嚇或抑制貴族、紳士、資產階級裡的潛在反對分子。英格蘭國王也曾試圖這麼做，但有代表出席議會的諸社會階層夠團結，頂得住國王的侵逼，最終使國王無法得逞。那麼，問題來了，團結從何而來？

答案至少包含三個關鍵部分，且其中某些部分已在前幾章得到詳述。首先，在英格蘭社會，從很早開始，團結就主要是政治團結而非社會團結。其次，習慣法和英格蘭法律建制普遍被視為正當，且使財產所有人覺得捍衛它們攸關自己利益。最後，在這整個期間，宗教雖使英格蘭人嚴重分裂對立，卻使議會強烈感受到自己身負超然使命。如果議會與國王的爭鬥只是圍繞在財產和資產上，不會有這樣的使命感。

地方政府與團結

第十六章已指出，在現代國家建造工程啟動之前許久，歐洲的部落社會組織就已在基督教的衝擊下瓦解。而最早走完此過程者就是英格蘭。在英格蘭，隨著坎特伯里的聖奧古斯丁於西元六世紀晚期赴該地傳教，外延的親屬關係被更講究個人主義的一種社群取代（但愛爾蘭人、威爾斯人或蘇格蘭人尚未有這樣的改變，他們的部落關係，例如蘇格蘭高地〔Highland〕氏族，更晚許久才消失）。在諾曼人入侵之前的盎格魯—撒克遜時代，由不具親屬關係的鄰人組成的社群就很普遍，且這些社群使該地的農民社會不同於東歐的農民社會，當然更不同於中國、印度的農民社會。[1]

但以親屬為基礎建立的社會組織，其弱點使社會團結完全無緣誕生。結合緊密的親屬關係群體，能在該群體內提供集體行動，同時阻礙了家系或部落之外的合作。正因為以親屬為基礎建立的社會，集體行動的空間普遍受到局限，政治建制因而有其需要。

因此，英格蘭社會早早出現個人主義，不代表沒有社會團結，而是意味著政治上的團結比社會上的團結更為鮮明。在「諾曼征服」之前，英格蘭就已被組織成數個相對較一致的單位——郡（shire），在先前某個時期，郡可能是獨立王國，但到了這時，它們已被統合成一個更大的英格蘭王國。統領一郡的郡長（ealdorman），職位世襲（ealdorman一詞源自意為「老人」的丹麥語根，在美國地方政治裡以alderman〔市政委員會委員〕一詞倖存下來），[2]但由國王派駐各郡且代表國王權威的王室官員，郡保安官（shire reeve），愈來愈具實權。郡保安官組織郡民會（shire moot），郡裡所有自由民（後來是所有自由地主）都必須出席一年召開兩次的民會。[3]「諾曼征服」未毀掉此治理制度，只是將它改名，於是，仿照歐陸法蘭克人的做法，將shire改名county。但國王的代表，郡保安官，其權力大增，世襲郡長的職權相應遭到削弱。郡民會演變為郡法庭（county court），而在郡法庭上，引用佛雷德里克・梅特蘭的話：「國王的直屬封臣（tenant-in-chief，譯注：亦即由國王直接賜予領地者）得在法律平等的立足點上與他們自己的封臣會面；佃戶可能赫然發現自己與其領主平起平坐。」[4]

或許有人會覺得，這些建制的詳情，今日只有研究古史者會感興趣，但在說明英格蘭議會這個政治建制的演變上，它們至為重要。在歐陸，特別是在原屬卡洛林帝國一部分的那些地區裡，封建制度的本質，看來大不同於英格蘭。那些地區的領地貴族，對司法事務的管轄權，遠大於英格蘭的領地貴族。[5]在英格蘭，國王占上風。「諾曼征服」之後，國王利用郡法庭來抑制領主法庭，如果某人覺得無法從領主那兒討到公道，可以訴請郡保安官將案子移到郡法庭審理。一段時日之後，國王的法庭（詳見第十七章）取代郡法庭，成為裁決重大案件的初審法庭，郡法庭則繼續審理與四十先令以下的土地糾紛有關的次要案子。因此，比起歐陸上的非菁英，英格蘭的非菁英有更多的機會利用這些建制。

就在郡法庭開始失去其司法職能時，它們漸漸取得政治職能，成為代表更廣大政治制度的主要機構。誠如梅特蘭所解釋的：

> 我們發現，十三世紀中葉，民選代表受召參加全國代表大會、全國共同會議或議會時，他們是郡法庭的代表。他們不是一群未經組織者的代表，而是，或許幾乎可以說是，法人團體的代表。理論上，整個郡由其郡法庭來代表……國王的巡迴法官偶爾蒞臨郡；整個郡（totus comitatus），也就是所有擁有不動產者，站在他們面前；所有擁有不動產者宣布自巡迴法官上次蒞臨以來該郡一直在做的事；郡可以做出判決；郡可以作證；郡做錯事時，可能被處以罰金和懲罰。[6]

因此，郡是個兼具由上而下、由下而上性質的奇特組織。郡由國王創設，由保安官治理，保安官由國王任命，向國王負責，凡是擁有土地的自由民，不管他們所承繼的階級或社會地位為何，都能參與郡的公共事務。郡的活力乃建立在這個基礎上。保安官的權力，則受到當地民選官員「coroner」（在刑事訴訟中保護王室金錢利益者）的抑制，從而使郡的利益該由當地民選官員來代表的主張獲得正當性。對郡人民的向下問責日益抬頭，使原本偏重對國王向上問責的現象日益得到矯正。

在郡的層級下面，有百戶邑。百戶邑是更小的地方行政單位，相當於卡洛林王朝的「centenae」（百戶邑也傳到美國，成為美國的地方行政單位）。百戶邑有自己的代表大會或法庭，即百戶邑民會或百戶邑法庭（hundred moot or court），而這個組織在司法事務的執行上扮演愈來愈吃重的角色。百戶邑集體承擔拘捕罪犯之類的治安功能，由郡保安官所任命的百戶長（bailiff or constable）管理。百戶邑也是英格蘭陪審制的基礎，因為百戶邑得提出十二人小組裁決刑事案件。[7]因此，在

「諾曼征服」之前，整個英格蘭社會的組織化，就已往下達到村落層級，使社會由一個個參與性很高的政治單位組成。這不是地方社會組織發揮政治功能的草根現象，而是中央政府邀地方參與，而這邀請方式建制化了當地生活，後來根深蒂固，成為社群的來源之一。

習慣法與法律建制的角色

值得注意的是，後來出現的英格蘭代議政治制度，一開始是以郡法庭、百戶邑法庭之類的司法機構為組成元件。在英格蘭歷史上，類似政治可問責的任何設計出現之前許久，就已出現法治，而政治可問責始終與捍衛法律有密不可分的關係。英格蘭司法的參與性本質，還有在習慣法規範下，制定司法規則時納入地方回應，使英格蘭人民比其他歐洲社會的人民更大大覺得法律是自己所有。公共可問責，首先意味著該服從法律，儘管在這時期的判例法和成文法都不是透過民主政治過程產生。

法治的主要功能之一乃是保護產權，而在這方面，習慣法比其他地方的法律做得成功得多。這有一部分得歸因於習慣法，誠如海耶克所論道，乃是高度敏於回應地方情況與地方知識的分權式決策的產物。但弔詭的是，這也歸因於英格蘭國王願意支持非菁英的產權，削弱貴族的產權，而要做到這點，又有賴於強勢集權國家的存在。在英格蘭，很早時，起訴人就可將產權糾紛官司移到國王的法庭審理，或如果牽涉的金額不大，可移到郡法庭或百戶邑法庭審理。中世紀時有許多種傳統產權，例如公簿保有地產權（copyhold），根據此權利，農奴，即非自由的佃戶，實際上可將嚴格來講屬於他領主的土地轉移給他自己的兒子或親人耕種。國王的法庭往往保護使這權利不受他們領主的侵犯，因而這種土地開始演變成較類似可終身保有的不動產，或十足私人財產的東西。[8]

郡、百戶邑層級存在許多具司法功能的機構，以及國王願意在地方產權糾紛上充當中立仲裁者，使英格蘭境內產權的正當性得到大幅強化。[9]到了十五世紀時，英格蘭司法制度的獨立性和中立形象，使它得以扮演愈來愈重要的角色，成為能裁決憲政議題（例如議會廢除國王特許狀的權利）、不折不扣的「第三部門」（third branch）。引用某觀察家的話說：「在中世歐洲，恐怕沒有別的地方會靠講共同職業語言的法官，而非靠政治花招或政黨壓迫，來解決——且是在獨立自主下解決——這類問題。」[10]這種程度的司法能力和獨立，仍是今日許多開發中國家所無緣享有的。

因此，等到十七世紀的憲政大危機爆發時，保護法治使不受國王之扭曲或破壞，已成為號召英格蘭人起身捍衛自由權的重要口號，成為使議會裡反國王的那些團體團結一致的根源。斯圖亞特王朝初期（西元一六〇三至一六四九年），法律所受到的威脅乃是國王的星室法庭（Court of Star Chamber）。這個起源不明、權限不明確的法庭，追求較「有效率」的起訴犯罪行為，規避一般法庭通常的程序保護（包括陪審團制）。在斯圖亞特王朝第二任國王查理一世（Charles I，西元一六〇〇至一六四九年）在位期間，這法庭已成為政治工具，不只用於起訴罪犯，也用於追捕王室眼中的敵人。[11]

最能體現英格蘭法律之獨立性者，乃是愛德華．寇克爵士（Sir Edward Coke，一五五二至一六三四年）。他是法學家、法律學者，最後當上王座法院（King's Bench）的首席法官。他歷任多種法律職位，而不管在哪個職位上，他都剛正不阿，挺身對抗政治權威和國王，阻止法律遭他們侵犯。詹姆斯一世（James I）想把某些案子從習慣法轄下移到教會轄下時，寇克力陳國王沒有足夠的權威來照自己意思解釋法律，因而大大觸怒國王。這位國王斷言，主張國王該服從法律乃是謀反行為，寇克則引用布雷克頓（Bracton）的話：「國王不該服從人，但該服從上帝和法律」（quod Rex non debet esse sub homine set sub deo et lege）予以回應。[12]因為與王權的這場對抗和其他對抗，寇克最終遭撤除法律職務，於是他加入議會，成為反王派的要角。

作為集體行動之基礎的宗教

與法國、西班牙、匈牙利、俄羅斯的情況不同的是，英格蘭人反抗專制統治的行動，具有鮮明的宗教色彩，而議會一方的團結程度因這宗教色彩大大強化。斯圖亞特王朝第一任國王詹姆斯一世，是遭處死的蘇格蘭天主教徒女王瑪麗·斯圖亞特（Mary Stuart）的兒子，而他的兒子查理一世娶了法國國王路易十三（Louis XIII）的妹妹昂莉埃塔·瑪麗亞（Henrietta Maria）。這兩位國王都公開表示信仰新教，但常遭懷疑立場親天主教。坎特伯里大主教洛德（Archbishop Laud）的聖公會，致力於將英格蘭國教拉回到更接近天主教強調儀式的立場，而清教徒激烈反對這樣的轉變。斯圖亞特王朝初期的絕對王權和君權神授主張，與當時法國、西班牙天主教國王的論點一模一樣，而許多新教徒懷疑此現象背後藏有教宗欲剝奪英格蘭人天賦權利的國際大陰謀。一六四一年在天主教愛爾蘭爆發的叛亂，讓新教徒感到切身的危機，許多英格蘭人對於天主教在國際擴張所會帶來的後果大為憂心，而愛爾蘭境內新教徒移民遭施暴的消息，似乎正坐實了他們最不樂見的憂心。而這絕非杞人憂天：西班牙國王在十六世紀末期就派了無敵艦隊對付英格蘭，且投入一場平定荷蘭新教徒聯省的八十年鬥爭。此擴張大旗於十七世紀晚期由法國國王路易十四再度舉起。他入侵荷蘭，且得到英格蘭最後一位天主教國王詹姆斯二世的暗中支持。

歷來有關英格蘭內戰的無數歷史著作裡，一再出現觀點修正，乃因學者對這場戰爭之動機的了解，不斷受知識界的主流思潮變動之影響，以致有些史學家連對獲致共識都已不抱希望。[13]許多出現於二十世紀的解釋，貶低這場戰爭中行動者的宗教動機，認為宗教意識形態是掩飾階級經濟利益或地區經濟利益的幌子，或將這類利益合理化的工具。事實上，在這時期，宗教與階級有複雜的互動，宗教與政治忠誠之間不存在涇渭分明的對應關係。有站在議會一邊的聖公會信徒，有屬於保王派的新教徒；聖公會高教會派中，有許多信徒認為公理會教友、貴格會教徒之類不信奉英國國教的新教徒，比天主教會更嚴重威脅到道德秩序。[14]較激進的新教教派顯然發揮了促進社會動員、經濟進步的作用，因為他們提供了較傳統、較等級式的宗教型態所不可能建立的抗議管道和共同體。

另一方面，儘管有人主張這場戰爭的焦點不在宗教，但顯而易見的是，宗教在動員政治行動者和擴大集體行動空間上發揮了重要作用，在議會派一方和議會所創立的新模範軍（New Model Army）裡尤其是如此。而新模範軍在一段時日之後成為反國王激進主義的溫床，大體上乃是因為許多新模範軍軍官所抱持的宗教信仰。光榮革命期間，議會派接受來自國外的奧蘭治的威廉當英格蘭國王，取代合法國王詹姆斯二世，而若不從奧蘭治的威廉是新教徒、詹姆斯二世是天主教徒的事實切入，大概很難找到更有力的解釋來說明議會派為何接受這安排。

因此，英格蘭存在四處林立的地方自治實體、擁有法律的根深蒂固和產權神聖不可侵犯的信念、受迫於君主政體與天主教全球陰謀間的密切關聯，全是促成議會派一方達成高度團結的推手。

自由市與資產階級

當前的主流觀點認為，若不存在強勢的中產階級，亦即若不存在一群擁有若干財產、且既非菁英也非農村窮人者，民主就不可能出現。此觀點源於英格蘭的政治發展，而在英格蘭，城市和以城市為基礎的資產階級早早就出現，非歐洲其他國家所能及（可能只有荷蘭是例外）。城市中產階級在議會裡扮演重要的角色，在內戰和光榮革命之前許久，就已取得可觀的經濟權力、政治權力。在與大領主、國王三方爭奪權力的過程中，中產階級是與後兩者相抗衡的強大勢力。城市資產階級的興起，乃是西歐更廣大轉變的一部分，除了英格蘭，在低地國、北義大利、德國北部的漢薩同盟（Hanseatic）諸港市，也出現這樣的變化。從卡爾・馬克思，到馬克斯・韋伯，到昂利・皮倫訥（Henri Pirenne），已有多位理論家詳盡描述此重大現象。[15]馬克思把「資產階級的興起」當作他整個現代化理論的核心，所有社會的發展過程裡必須且必然經歷的一個階段。

如第二十五章裡所提到的，自由市的存在，說明了西歐農奴為何能獲得解放。強大、團結一致的資產階級的出現，攸關英格蘭的政治發展和議會取得勝利。但資產階級在英格蘭、西歐歷史上所扮演的角色，從許多方面來看都是個特例，由不存在於歐洲其他國家的若干偶然條件所促成。特別是在易北河以東，遵循自訂的法律且受自己的民兵部隊保護的獨立、自治商業城市，相對較少。那裡的城市比較類似中國的城市，亦即是由當地領主支配的行政中心，同時也充當商業中心。馬克思對後世的影響極大，因而有好幾代的研究者，都把「資產階級的興起」視為伴隨經濟現代化而來的東西，不覺有必要進一步解釋，且都認為該階級的政治影響力來自其經濟影響力。[16]

比馬克思早將近七十五年，亞當・斯密於《國富論》中針對資產階級的起源，提供了更精細入微且最終更令人信服的描述，而在這個描述中，他認為政治既是資產階級興起的果，也是其因。在該書第一卷第三部開頭，他指出，在他所謂的「財富」（opulence）裡，也就是經濟成長裡，應該有一自然進展過程，即先是農業生產力得到改善，促成鄉村與城鎮間的內部貿易增加，最後才促成國際貿易的成長。但他指出，在現代歐洲諸國，發展順序卻相反：國際貿易的發展，早於內部貿易，國際貿易發達之後，大貴族和地主支配政治的地位才瓦解。[17]

據亞當・斯密的說法，這個獨特的發展順序，有數個原因。其中之一是羅馬帝國覆滅後大部分土地落入大貴族之手，而這些貴族把保有自己的政治權力，看得比追求自己土地上的最大收益來得重要。因為這個原因，他們創立長嗣繼承制和限定繼承制，以防止自己的土地四分五裂。此外，他們把農人貶為農奴或奴隸身分，而據亞當・斯密的說法，沒有誘因鼓勵這類勞動者在他們土地上幹活、投資。他們為何未追求最大收益的另一個原因，乃是由於黑暗時代時貿易瓦解，沒有消耗品可供他們花掉盈餘。因此，有錢有勢者除了把盈餘拿出來和大批扈從分享，別無選擇。[18]

亞當・斯密接著指出，中世紀時出現的城、鎮，其居民最初是階級較低或十足奴隸身分，但已逃離其領主掌控，在城裡找到棲身之所的「商人和技工」。過了一段時日之後，國王授與城鎮居民在婚禮上將女兒親手交給新郎的特權、自行成立民兵部隊的特權、以法人實體的身分照自訂法律生活的特權。這就是資產階級的起源，儘管亞當・斯密未以這字眼稱呼他們。但與馬克思不同的是，亞當・斯密指出，獨立城市的興起，有一重要的政治先決條件：

領主瞧不起自治市鎮居民，認為他們不只屬於別種階級，還是一群獲解放的奴隸，與領主本身幾乎不屬同類。自治市鎮居民的財富從未招來他們的羨慕和憤慨，他們一有機會就掠奪他們，毫不留情或覺得懊悔。自治市鎮居民自然痛恨、害怕領主。國王也痛恨、害怕領主，但國王或許瞧不起自治市鎮居民，卻沒有理由痛恨或害怕他們。因此，基於共同利益，他們支持國王，國王則支持他們對抗領主。[19]

亞當．斯密還說，這就是為什麼國王賜予城市獨立特許狀和法律，讓與領主纏鬥不休的他們，能持續與領主相抗衡的原因。

因此，城市和資產階級的出現，並不只是如馬克思所認為，是經濟成長和技術變革的產物。他們最初勢力薄弱，難以抵禦外來侵犯，若未得到政治保護，他們會臣屬於勢力強大的有地領主。在波蘭、匈牙利、俄羅斯和易北河以東的其他地方，就發生這樣的事。在這些地方，存在另一種政治權力結構，此政治結構若非使國王變成弱勢，就是促使國王與某一層貴族合作，一起傷害鎮民利益。出於此因，東歐境內從未出現強勢、獨立的資產階級。技術進步的資本主義市場，不是由鎮民引進，而是由進步的地主或由國家本身引進，因而未能發展到同樣程度。

以城市為基礎的資本主義市場經濟一旦出現，我們即離開馬爾薩斯式的舊世界，開始進入生產力的成長變得平常許多的現代經濟體系。這時，由於出現愈來愈富裕且愈來愈能削弱有地階級勢力的資產階級，促成政治發展的條件也改變。亞當．斯密表示，舊菁英受誘於舊農業經濟所無力生產的錢——只「較適合做為兒童的玩物，而非大人認真追求之物」的鑽石搭扣——放棄了他們的政治權力。[20]真正現代的政治發展制度於焉展開，而在此制度裡，經濟、社會上的改變能促成政治上的改變。但資本家階級的興起，有一政治先決條件，即鎮民與國王都仇視大領主。在該條件未占上風的地方，一如在東歐許多地方，未出現這類階級。

課稅鬥爭

英格蘭議會從十三世紀就開始定期開會，其規律程度遠勝過法國、西班牙或俄羅斯的同類機構。英格蘭議會，如前面所指出的，最初屬於司法機關，但隨著時日演進，它最終扮演了功能更廣泛的政治角色，成為與國王共治的統治者。議會在批准課稅上的角色特別重要，因為議會成員涵蓋了該國大部分地主，而地主的資產、收入是該國的稅基。十四、十五世紀，下議院已與英格蘭國王密切合作，聯手除掉無能或腐敗的官員，且下議院在其撥發金錢的預算執行上，負起監督的角色。[21]一六四二年，即內戰前夕，英格蘭境內諸勢力的平衡，見圖五。

一六二九年，查理一世解散議會，開啟長達十一年的「個人統治」期。在這期間，他致力於削弱議會，擴張國家權力，導致查理一世與議會內反對他的議員在一些議題上展開鬥爭，其中有些議題本書先前已提及。許多議員不喜歡大主教洛德的威權主義聖公會，懷疑查理因有意和法國、西班牙建立外交關係而持親天主教立場。隨著星室法庭、高級專員公署（High Commission）、北部會議（Council of the North，指外理蘇格蘭事務）之類新機構起訴反聖公會的清教徒，宗教議題與捍衛法治合流。星室法庭未循正當程序殘酷逮捕、折磨清教徒傳道士亞歷山大・萊頓（Alexander

Leighton），被視為是濫用宗教權威與國王權威特別離譜的事例。

但這時還有兩個問題同樣隱隱然要引爆衝突。一個是國王無須議會同意逕行課稅的權利。國王開徵新關稅，任意懲罰地主，規避禁止專賣的法令，重新施行多項專賣事業，在承平時期徵收「造船費」以籌措海軍重整軍備的費用。[22]英格蘭稅制的演變大不同於法國的稅制。英格蘭貴族和紳士未像法國人那樣以金錢買得特權和免稅待遇，因此，有代表參與議會的那些較富裕的個人，承擔了最大比重的稅賦。可能和英格蘭境內較強烈的地方團結感有關，較富裕的階層未與王室合謀將稅賦轉移到農民、工匠或新富中產階級身上，從而使他們特別在乎議會的保有權力與獨有某些特權。

第二個衝突與政治腐敗有關。在英格蘭，家產制和賣官行徑猖獗的程度，和法國、西班牙不相上下。從都鐸王朝（Tudor）起，王室職務的取得就愈來愈建立在政治恩庇上，升遷不是看能力，而是

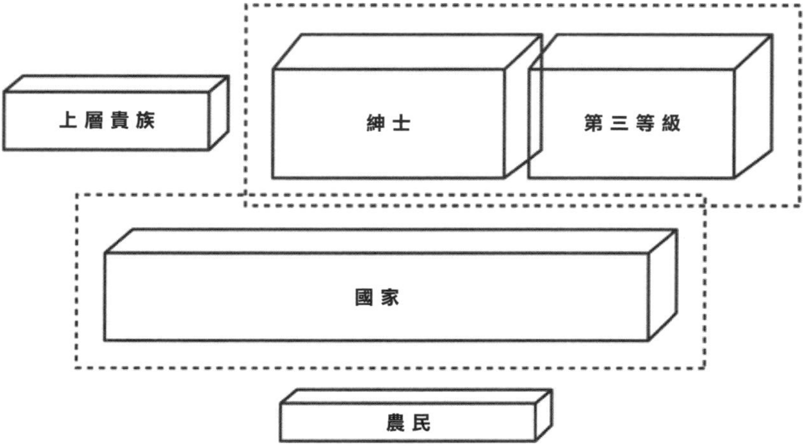

圖五：英格蘭

取決於個人隸屬多種恩庇—侍從團體的身分。[23]官職待價而沽，成為可繼承的財產，而在斯圖亞特王朝初期，法國的稅款包收制（用在關稅上）和內部籌資（向政府官員借錢），引進英格蘭。王室建立類似法國特別法庭（chamber of justice）的皇家調查委員會，用以拿貪腐的把柄勒索有錢的官員。[24]

一六四一年爆發的內戰打了十年，最後於一六四九年以議會派一方獲勝、查理一世遭砍頭收場。但儘管暴力和潛在的暴力威脅乃是左右結果的重要因素，國王與議會間的漫長鬥爭未靠武力得到根本解決。[25]得勝的議會黨人處死國王，壞了他們陣營的名聲，而在奧利佛·克倫威爾護國期間，他們採行愈來愈激進的政策，則縮減了他們的支持基礎。因此，一六六〇年查理一世的兒子復辟，成為查理二世（Charles II）時，人民覺得鬆了口氣。經過二十年的激烈政治衝突，國家恢復常態。

這場內戰肇因於多個問題，而查理二世復辟的確解決了其中一個問題，貪腐。內戰和克倫威爾護國期間，議會已做了許多政治改革，例如創立組織完善的現代「新模範軍」、肅清腐敗的保王派官員。但查理二世的統治恢復許多斯圖亞特王朝初期的腐敗惡習，包括賣官、酬庸式任命和諸如此類者。但一些因素湊在一起，在英格蘭政府內創造了一個最終打退這些惡習的改革聯盟。

第一個因素是第二次英、荷戰爭（西元一六六五至一六六七年）的爆發。這場戰爭，加上瘟疫爆發和倫敦大火，嚴重削弱英格蘭的防禦能力，致使荷蘭人得以駕船循泰晤士河而上，燒掉英格蘭的海軍造船廠。在路易十四治下，法國靠著可能破壞歐陸既有均勢的侵略性外交政策也漸占上風，明眼人都看得出英格蘭的軍事支出將不得不增加。第二個因素是查理二世希望量入為出，以免不得不為額外的收入需求求助於議會。第三個因素是政府內部出現一批極精明幹練的改革者，包括喬治．唐寧爵士（Sir George Downing）和日記作家撒繆爾．佩皮斯（Samuel Pepys）。佩皮斯憂心忡忡於日益升高的外來威脅，認知到財政制度和整體行政需要改革，以大幅提升效率。[26]最後一個因素是議會。經歷過內戰和護國時期的議會，開始懷疑政府浪費、腐敗，把稅收用在無關公眾的用途上。

這些不同壓力紛至沓來，使唐寧所組織的第二財政委員會（Second Treasury Commission）得以建議並執行一套重要改革，從而將英格蘭的公共行政擺在更現代、更不具家產制性格的基礎上。該委員會把自都鐸王朝以來一直是賣官惡行溫床的稅務署（exchequer）的權力拿掉，轉交到改革後的財政部手裡，後來財政部成為政府所有開支部門的會計長。該委員會未從內部人員身上籌募資金，而是發行名叫國庫匯票（Treasury order）的新債券。這種債券向一般大眾銷售，因而受到公共債券市場的約束。最後，該委員會把屬於私人所有的官職變成「閒」差，並杜絕賣官。[27]

一六六七年後展開的這些改革，大大打擊了家產制作風，使英格蘭政府在公共財政的管理上得以遠比法國或西班牙更有效率。與腐敗政府的鬥爭，從來沒有一勞永逸的成功或一敗塗地的失敗，唐寧於一六六〇年代啟動的諸多改革，有許多直到十八世紀初才真正落實。這些早期改革也不代表日後不必再設立委員會和展開調查，因為家產制總是想方設法要東山再起。

但十七世紀晚期的確為如何打破家產制作風，提供了一個可供今日反腐行動借鑑的重要榜樣。一起催生出斯圖亞特王朝晚期改革的那些元素，如今仍很重要：施加財政壓力於政府、逼使政府改善施政的外部環境；一個即使未親自領導改革、至少不阻擋改革的行政首長；擁有足夠政治支持而得以落實自己所倡導之計畫的政府內提倡改革者；最後，不願見到自己所繳的稅遭浪費掉的納稅人民向上方施加的強大政治壓力。

世界銀行或英國國際開發部之類的國際組織，晚近所展開的反貪腐行動功敗垂成，乃是因為其中某個元素未到位。當前世界一個令人頭痛的特色，乃是腐敗政府要弄到錢，往往不必像查理二世那樣得從自己人民身上取得，且往往沒有議會或公民社會來監督公家的錢如何花掉。政府收入來自自然資源或國際捐款者的援助，而捐款者不要求受捐款政府交代錢如何花掉。杭亭頓曾表示，如果說英格蘭議會的戰鬥口號是「沒代表就不納稅」，則今日的口號就該是「沒納稅就沒代表」，因為最能鼓動政治參與的東西是課稅。[28]

光榮革命

國王與議會的漫長鬥爭，以一六八八至一六八九年迫使詹姆斯二世退位的光榮革命收場。奧蘭治的威廉被英格蘭人從荷蘭迎來接任王位，成為國王威廉三世（William III）。這場危機的直接原因，乃是信仰天主教的詹姆斯二世致力於擴充軍隊員額、以天主教徒擔任軍官，使英格蘭人立即懷疑他可能與法國等其他天主教國家結盟，想利用軍隊確立專制統治。但英格蘭人更擔心失去的，乃是和斯圖亞特王朝初期時促使議會與國王對抗、最終導致內戰之原則相同的東西：正當性應當建立在受統治者的同意上，國王沒有權利未經受統治者的同意就強推政策。從這場危機誕生的協議《權利法案》，在憲政、宗教、財政、軍事上都帶來重大影響。憲政上，它確立國王未經議會同意不得徵集軍隊的原則，議會通過一個法案，藉此明確界定了國家所不得侵犯的英格蘭人權利。財政上，它牢牢確立了未經議會明確同意不得開徵新稅的原則。宗教上，它禁止天主教徒當英格蘭國王或女王，且展現寬容精神，增加異議新教徒的權利（但天主教徒、猶太人或索齊尼派教徒不在此列）。[29]最後，這法案允許政府發行較高額度的公債，使英格蘭國得以大幅擴張。議會主權原則要再過數年才會完全確立，但光榮革命的確是現代民主發展史上的一個重大轉捩點。[30]

光榮革命導致政治正當性方面的觀念有了重大轉變。觀察且參與上述所有事件的哲學家約翰・洛克，更充分地闡述了霍布斯的以下觀點：國家是社會契約的產物，而社會契約是為了保障普世存在的天賦權利而締結。[31]他的《政府論第一篇》（*First Treatise of Government*）抨擊羅伯特・費爾默爵士（Sir Robert Filmer）以君權神授為根據替君主制辯解的說詞；他的《政府論第二篇》發出與霍布斯相反的看法，主張侵犯子民天賦權利而成為暴君的君主，子民可將他換下。一六八九年的《權利法案》，其意義重大之處，在於它是從普世的角度陳述這些原則：光榮革命的重點，不在某個統治者或某批菁英從另一個統治者或另一批菁英手中奪下對國家的控制權，而在接下來選出統治者時都得根據一固定的原則。洛克的《政府論第二篇》，與美國革命和美國建國先賢的憲政理論已相去不遠。現代民主政治有許多複雜的面向，但政府統治只有在被統治者同意下才有正當性的根本原則，已透過一六八八至一六八九年的事件得到牢牢確立。

光榮革命將政治可問責和代議政體的原則建制化，但不表示民主就此到來。這時期的英格蘭議會議員，由人口中的極小部分人選出。出席議會者是上層階級、自治市議員、紳士，而紳士是當時英格蘭最重要的政治階級。據彼得・拉斯萊特（Peter Laslett）的說法，可能占全人口的百分四到五。[32]透過陪審和合作推動百戶邑、郡的工作，範圍更大得多的一群人參與了地方政務，其中包括屬於較富裕農民的自耕農階級的大部分成員。將這群人納入的話，政治參與比例將更接近全男性成年人口的兩成。[33]我們今日所理解的民主：不分性別、種族或社會地位，所有成年人都有投票權，不管在英國還是美國，都是進入二十世紀許久以後才實現。但一如美國的《獨立宣言》，光榮革命的確確立了人民同意原則，至於政治意義上的「人民」的組成分子，則有待日後數代人來予以擴充。

光榮革命的重要意義，並非如某些人所主張的，在於它標誌著產權自此在英格蘭得到保障。[34]更早幾百年時，就已確立了牢固的產權。早在十三世紀時，個人，包括女人，就有權利買賣土地（見第十四章）。習慣法和林立的國王法庭、郡法庭、百戶邑法庭，使非菁英的地主得以在當地領主的管轄範圍外打產權官司。十七世紀晚期時已出現強固的資本主義經濟，也出現人數日多且參與對抗斯圖亞特王朝專制統治的中產階級。因此，光榮革命的成就，是強固、可靠產權之存在的果，而非其存在的因。擁有財產的英格蘭人覺得自己有重要東西要守住。

光榮革命也未如曼瑟爾．奧爾森所主張的，帶給新近取得影響力的納稅人削減他們本身稅收的藉口。[35]情況其實正相反：政府支出占英格蘭全國收入的比重，從一六八九至一六九七年的國內生產毛額的百分之十一，成長為一七四一至一七四八年的百分之十七，再到一七七八至一七八三年的將近百分之二十四。[36]在十八世紀最高峰的那幾年，稅收占英國國內生產毛額的比重高達三成。

光榮革命的主要成就之一，乃是使課稅取得正當性，因為在那之後，課稅明確建立在人民的同意上。只要民主大眾認為重稅是實現國防之類重要的公共目標所不可或缺，民主大眾不一定抗拒重稅。他們不喜歡的是以不法手段向他們徵稅，或公款遭浪費、被貪官汙走。光榮革命之後不久，英格蘭與路易十四的法國打了兩場所費不貲的戰爭：九年戰爭（西元一六八九至一六九七年）和西班牙王位繼承戰爭（西元一七〇二至一七一三年）。二十年內幾乎沒停的戰事，耗掉國家龐大財力，光是一六八八至一六九七年，英格蘭艦隊規模就成長了將近一倍。納稅人願意支持這場戰爭和後來戰爭的開銷，因為他們獲徵詢打這些戰爭的意見，且被請求批准政府施加的稅賦。不消說，大幅調漲的英國稅率未阻止資本主義革命。[37]

英格蘭與專制法國的對比非常鮮明。法國未承認同意原則，因此稅收得靠強行徵收。法國政府在同一期間所取得的稅收占國民產出的比重，從未能超過百分十二至十五，且往往低於這個比例甚多。在法國社會，最負擔得起稅賦的菁英，成功為自己買到特殊免稅待遇和特權，使得稅賦落在最弱勢的社會成員身上。因此，人口將近是英國四倍的法國，一七一五年路易十四去世後卻陷入破產境地。

光榮革命和該革命後施行的財政改革、銀行業改革，例如一六九四年英格蘭銀行的成立，的確使財政改頭換面。它們使政府得以以法國或西班牙所無緣享有的方式，在透明的公債市場上舉債。因此，政府舉債的程度在十八世紀時大幅攀升，使英國得以快速提升國力。

談美國、法國革命

本卷談政治發展歷程，只談到十八世紀晚期美、法革命前夕。以這個時刻作為截止點有其道理在。黑格爾思想的詮釋大師，俄裔法籍的亞歷山大・科耶夫（Alexandre Kojève）主張，隨著拿破崙於耶拿—奧爾施塔特之役（Battle of Jena-Auerstadt）打敗普魯士君主國，將自由、平等原則帶到黑格爾身邊的歐洲，歷史本身已在一八〇六年終結。科耶夫以其一貫反諷、開玩笑的口吻表示，一八〇六年起所發生的事，包括發生數場大戰和革命的二十世紀的動亂，都只是在回填已挖出的洞而已。亦即耶拿戰役時，現代政府的基本原則已經得到確立，在那之後的任務不是去找出新原則和更高的政治秩序，而是將那些基本原則落實於世上更多地區。[38]

我認為科耶夫的主張仍值得我們認真看待。十八世紀末期時，現代政治秩序的三個組成部分：強勢且有能力的國家、國家的服從法治、政府能接受所有公民的問責，全已在世上某個地區得到確立。中國老早就發展出強勢的國家；法治存在於印度、中東、歐洲；在英國，可問責政府首度問世。耶拿戰役後的政治發展，涉及這些建制在世界各地的複製，但不包括以基本上嶄新的建制補強這些建制。共產主義於二十世紀時一心想要這麼做，但二十一世紀時，共產主義已幾乎從世界舞臺上完全消失。

英格蘭是世上第一個同時匯聚這三個元素的大國。這三個組成部分彼此高度互賴。若沒有強勢的早期國家，不會有法治和對合法產權的廣泛認知。若沒有牢固法治和合法產權，平民院議員絕不會起心動念開會以使英格蘭國王接受可問責制。若沒有可問責原則，英國絕不會在法國大革命時已崛起成為公認的強權。

還有一些歐洲國家，包括荷蘭、丹麥、瑞典，也在十九世紀時就成功將國家、法治、可問責裝在一個包裹裡。它們賴以獲致這結果的途徑大不同於英國所走的途徑，但不容否認的是，一旦這包裹首度組裝出來，它就產生一個極強勢、極具正當性、對經濟成長極有利的國家，從而使它成為在全世界廣受運用的模式。[39]此模式在那些不具英國那種歷史、社會條件的國家裡的運用成敗，將是本書第二卷的探討主題。

注釋

1 參見Mac Farlane, *The Origins of English Individualism*; Warren, *The Governance o fNorman and Angevin England*, pp. 1–9; Richard Hodges, *The Anglo-Saxon Achievement: Archaeology and the Beginnings of English Society* (Ithaca, NY: Cornell University Press, 1989), pp. 186–202.

2 感謝Jørgen Møller指出此點。

3 Frederic W. Maitland, *The Constitutional History of England* (Cambridge: Cambridge University Press, 1961), p. 40.

4 同前注，頁四二。

5 Ertman, *Birth of the Leviathan*, p. 43.

6 Maitland, *The Constitutional History of England*, p. 43.

7 同前注，頁四六。

8 同前注，頁四九至五〇。

9 針對英格蘭產權的起源，Yoram Barzel提出不同的說法。他表示英格蘭君主最初是專制獨裁者，後來理解到，如果透過建立一獨立的第三方執行者，確立國家的公信力，他可將稅收最大化。理性選擇論經濟學家不顧史實，將有關行為的現代假設強行套用在過去，這就是一例。Yoram Barzel, “Property Rights and the Evolution of the State,” *Economics of Governance* 1 (2000): 25–51.

10 Sacks, "The Paradox of Taxation," in Hoffman and Norberg, eds., p. 16.

11 Maitland, *The Constitutional History of England*, pp. 262–63.

12 同前書，頁二六九。

13 案例參見Christopher Hill, *Puritanism and Revolution: Studies in Interpretation of the English Revolution of the Seventeenth Century* (New York: Schocken, 1958); Lawrence Stone, *The Causes of the English Revolution, 1529–1642* (New York: Harper, 1972).

14 G. E. Aylmer, *Rebellion or Revolution? England, 1640–1660* (New York: Oxford University Press, 1986), pp. 28–32.

15 Weber, *The City*; Pirenne, *Medieval Cities*.

16 在《共產黨宣言》中，馬克思表示：「資產階級的每個發展階段，都伴隨著相應的政治進展。它在封建主統治下是被壓迫的等級，在公社裡是武裝、自治的團體，在一些地方組成獨立的城市共和國，在另一些地方組成君主國中納稅的第三等級；到了工廠手工業時期，它是等級制君主國或專制君主國中同貴族抗衡的勢力，而且是大君主國的主要基礎；最後，從大工業和世界市場建立的時候起，它在現代的代議制國家裡奪得獨占的政治統治。現代的國家政權不過是管理整個資產階級的共同事務委員會罷了。」對他來說，政治權利是資產階級之政治權利的果，而非其因。

17 Adam Smith, *An Inquiry into the Nature and Causes of the Wealth of Nations* (Indianapolis: Liberty Classics, 1981), book III, chap. 1. 編注：中文版《國富論》由先覺出版，二〇〇〇年八月一日。

18 同前注，part III, chap. 2.

19 同前注，part III, chap. 3.

20 同前注，part III, chap. 5.

21 Ertman, *Birth of the Leviathan*, pp. 176–77.

22 Aylmer, *Rebellion or Revolution?*, pp. 5–6.

23 Joel Hurstfield, *Freedom, Corruption and Government in Elizabethan England* (Cambridge, MA: Harvard University

Press, 1973), pp. 137–62.

24 Ertman, *Birth of the Leviathan*, p. 184.

25 一如在所有戰爭所見，這場鬥爭的勝敗，受制於相當大的偶然因素，個人的英勇行徑、誤判、懦弱或無能，都影響鬥爭的結果。有人拿投石黨運動與之相比。投石黨運動約略同時發生於法國，使法國高等法院的支持者起來和路易十四的部隊對抗，性質上與英國內戰一樣。法國君主打贏這場鬥爭，英國君主則敗下陣來，鑑於軍事的勝敗會受機運影響，我們不由得想像若結果相反，接下來會是什麼發展。法蘭西國會因此採取代議制正體，而英格蘭君主國會走向專制國家？

我們應謹記那些事後看來勢所難免的事件，其實具有偶然性質，且這種心態的確有益於了解歷史，但還是有一些理由使我們不得不認為，即使當初議會派一方在英格蘭內戰時落敗，代議制政體在英格蘭仍不會因此畫下句點。比起投石黨，英格蘭議會派內部更團結，且其所代表的英格蘭社會層面更廣泛。事實上，投石黨運動本身分成兩個階段，即最高法院主導下的投石黨運動和貴族主導下的投石黨運動，最高法院和貴族這兩個群體從一開始就未能有效合作。法國高等法院法官謀求保護自己家族特權，彼此為小事就起爭執，未具有英格蘭議會議員那種團隊意識或內部紀律。此外在奧利佛・克倫威爾於一六五八年去世，護國公政體於一六六〇年瓦解之後，議會派最終遭擊敗，但復辟的王室只維持十八個月，就在光榮革命中遭推翻。這意味著，英格蘭政治建制的演進不純粹受制於戰爭的機運因素。

26 G. E. Aylmer, *The Crown's Servants: Government and Civil Service Under Charles II, 1660–1685* (New York: Oxford University Press, 2002), pp. 213–19.

27 Ertman, *Birth of the Leviathan*, pp. 196–97.

28 Huntington, *The Third Wave*, p. 65.

29 這場危機的宗教層面非常錯綜複雜。此時期的英格蘭，根本的分裂對立，不在新教徒、天主教徒之間，而在聖公會中高教會派（High Church Anglicans，內戰之前以大主教洛德為其代表），和不順從國教的新教徒（包括公理會教友和貴格會教徒之間）。高教會派常被不順從國教的新教徒懷疑認同天主教的作為和權益利益，不順從國教的新教徒的權利於王政復辟後多受到限制。這兩個群體之間的平衡，在喀爾文宗的威廉即位後受到改變，高教會派的勢力遭削弱，不順從國教的新教徒地位上升。威廉追求英格蘭王位的動機之一，乃是消弭英法結盟對付荷蘭的可能性。

30 參見John Miller, *The Glorious Revolution*, 2d ed. (New York: Longman, 1997); Eveline Cruickshanks, *The Glorious Revolution* (New York: St. Martin's Press, 2000).

31 洛克於一六八三年後在荷蘭流亡度日，一六八九年時隨奧蘭治的威廉之妻返回英格蘭。《政府論》一、二篇於一六八九年晚期出版，但可能在這之前頗久就已寫成。

32 Sacks, "Paradox of Taxation," p. 33.

33 同前注，頁三四至三五。

34 道格拉斯・諾思和巴里・溫加斯特主張，透過光榮革命，政府設立了一個建制性的體制，使任何一方都不能從悖離這體制中獲利，藉此解決政府如何使其保障產權的承諾得到人民相信的難題。Douglass C. North and Barry R. Weingast, "Constitutions and Commitment: The Evolution of Institutions Governing Public Choice in Seventeenth-Century England," *Journal of Economic History* 49, no. 4 (1989): 803–32。諾思和溫加斯特舉了一些統計數據，以支持其光榮革命對經濟成長有正面效益的論點，而其中大部分論點與公債的成長有關，他們舉出得自觀察的證據，以證明經濟成長率的正成長可歸因於此憲政協議，而這證據又更薄弱。

35 我已在前面提出曼瑟爾・奧爾森的傳統社會「定居土匪」理論：他們竭盡所能抽稅，知道更重的稅法反倒使總稅收減少時，才不再追求最大稅收。奧爾森還主張，光榮革命結束、民主政治展開之後，稅率應該降低，因為得接受全體人民問責的統治者，無法以這麼高的稅率抽稅。Olson, "Dictatorship, Democracy, and Development."

36 數據取自Ertman, *Birth of the Leviathan*, p. 220. 另參見John Brewer, *The Sinews of Power: War, Money, and the English State, 1688–1783* (Cambridge, MA: Harvard University Press, 1990).

37 諾思和溫加斯特主張，一六八八至一六八九年的憲政協議促成牢固的產權，乃是因為這協議創造了一個均勢，而不管是國王還是議會，只要偏離這均勢，都必然會嚴重損傷自己的利益。支持這協議之持久不墜者，與其說是因其形式，不如說是締約雙方的相對力量和利害一致。有許多國家採用了英式憲法，把課稅權、立法權授與與行政機關共享權力的議會，但這未能阻止野心勃勃的統治者破壞協議，侵犯公民的產權。英格蘭憲政協議能持久不墜，靠的是下議院的團結，和有強勢國家與下議院相抗衡的事實。而如本章更早時已指出的，此團結歸功於地方政府、社會結構、法律等更早許多的先例。

38 Alexandre Kojève, *Introduction to the Reading of Hegel*, trans. James H. Nichols Jr. (New York: Basic Books, 1969).

39 參見 Walter Russell Mead, *God and Gold: Britain, America, and the Making of the Modern World* (New York: Knopf, 2007); 以及 Michael Mandelbaum, *The Ideas That Conquered the World: Peace, Democracy, and Free Markets in the Twenty-First Century* (New York: Public Affairs, 2002).

第二十八章　為何可問責？為何專制政體？

比較先前提出的例子；為何英格蘭通往代議政體之路不是唯一可能的路；「向丹麥看齊」；為何歷史討論攸關今日的民主鬥爭。

我們已就可問責和代議制度探討過產生四種不同結果的五個例子。法國和西班牙出現弱勢專制政體，在這個政體裡，議會可問責原則未得到確立。這兩個國家都藉由將自己一小塊一小塊賣給多種菁英，以致出現這樣的結果，而這些菁英所擁有的特權和免稅待遇保護了他們（而非社會上其他人），免受專斷的國家權力傷害。在俄羅斯，確立了更為澈底的中國式專制政體，國王可藉由強徵菁英為國服役來支配他們。在匈牙利，強勢且團結一致的菁英，成功地使王權受到憲章抑制，且建立了可問責原則。但這些抑制太強，使國家綁手綁腳而無法團結一致地運作。最後，只有在英格蘭，強勢的議會成功地讓國王接受可問責原則，但在這過程中未削弱強勢、統一的君權。於是問題來了，為何結果出現這樣的差異？

有個非常簡單的模型可解釋此差異，與我們所討論過的那些農業社會裡的四組政治單元間的均勢有關係。這四組單元分別是由國王代表的國家本身；上層貴族；紳士；我所謂的第三等級。這四重分割雖流於過度簡化，但有助於了解結果。

在歐洲，國家出現於某些貴族家族取得先發者優勢（first-mover advantage），權力大於其他貴族家族之時，法國的卡佩王朝、匈牙利的阿爾帕德王朝、俄羅斯的留里克王朝、「諾曼征服」後的諾曼王室，都是這樣的家族。他們的興起歸功於有利的自然環境、高明的領導、組織上的長才、贏得正當性的能力這幾個因素的複雜結合。一如在引領馬札兒人皈依基督教的伊斯特萬家族身上所見，正當性或許是統治者先發優勢的來源，或者正當性可能在某諸侯以武力消滅與之相對抗的軍閥，使整個社會得到和平與安定後到來。

我們有充分理由將上層貴族稱作擁有自己土地、家臣隊伍、資源的殘餘軍閥。這個群體實質上自行治理自己的領地，且能將領地傳給後代或拿去換取其他資產。

紳士是擁有社會地位，但不必然擁有可觀土地或資源的次級菁英。他們的人數多過貴族，且級別明顯低於貴族。

第三等級由貿易商、批發商、自由農奴，和其他住在城、鎮裡，不受莊園經濟與封建法律體系約束者組成。

除了這四個群體，還有占人口絕大部分的農民。但農民還不是具分量的政治單元，直到十八世紀時在北歐洲某些地區他們才晉身為這樣的角色。分散各地、貧窮、教育程度低的農民，鮮少能達成重大的集體行動。從中國到土耳其到法國的農業社會，都時而爆發農民的暴力叛亂，且最後全遭平定，其手段往往極殘暴。這些叛亂影響了其他政治單元的行為和考量，例如使國家思考調高農業稅時謹慎行事。在其他情況下，農民叛亂能協助推翻中國王朝。但農民鮮少能成為法人團體或強行促成會考慮到農民利益的長期建制性改變。

這五個群體間的關係，以圖一說明（頁四三五）。除了農民，其他四個社會群體都受到程度或大或小的動員，因而能扮演政治行動者的角色，爭奪權力。國家可能想方設法擴大其支配領域，國家之外的諸群體則致力於保護、擴大自己群體既有的特權，使不受國家和其他群體的傷害。這些鬥爭的結果為何，主要取決於這些主要行動者其中的任何一個所能達成的集體行動。連國家本身也有團結的需要。國家虛弱可能是統治王朝內部失和、組織工作失敗、統治家族的正當性不再受到其家臣的信任，乃至國王未能生出嗣子所致。此外，這些不同群體間的結盟有無限可能：國王與紳士間、國王與第三等級間、上層貴族與紳士間、紳士與第三等級

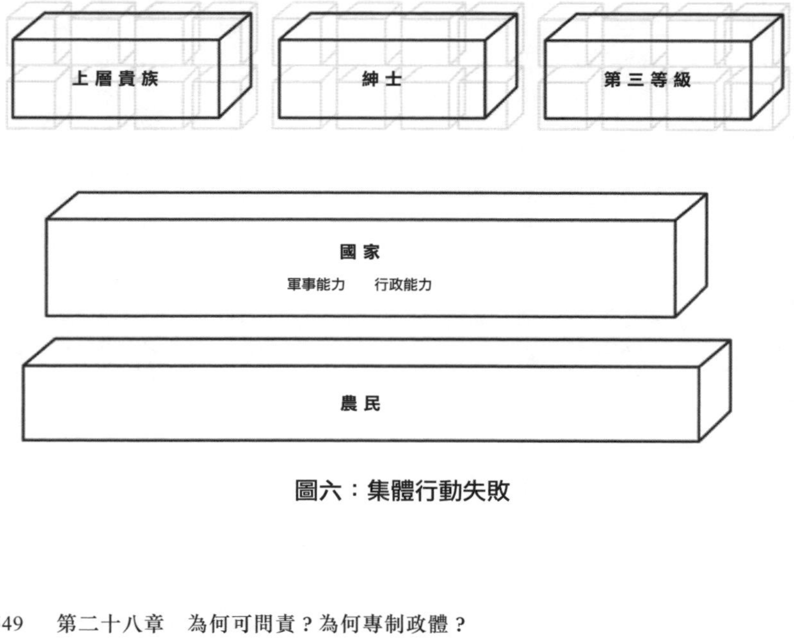

圖六：集體行動失敗

間，諸如此類。

在有專制政體出現的例子裡，不管是強勢的專制政體，還是弱勢的專制政體，抗拒國家的群體都必然遭遇集體行動上的失敗（見圖六）。而在可問責制獲強制施行的地方，國家相對於其他政治群體較弱勢。議會政體出現於團結國家和能捍衛自己利益，且組織同樣完善的社會之間有相對均勢時。

弱勢專制政體

眼下我們已能扼要說明前幾章裡描述過的諸多結果。

在法國和西班牙，弱勢的專制政體出現於較弱勢國家碰到組織完善的社會，但仍成功支配社會時。在這兩個地方，國家的權力基礎都集中在面積不大的土地上，由國家可直接徵稅的數塊王室領地和相關土地組成；就法蘭西君主國來說，就是巴黎周邊地區裡的三級會議行省，就西班牙哈布斯堡王朝來說，就是卡斯提爾。但國家致力於透過拉攏、陰謀、公然征服諸手段，大大擴大其管轄範圍。西歐的自然環境和十六世紀晚期、十七世紀初期的軍事技術，不利於快速軍事擴張。我們不要忘了，星形要塞的問世，使攻城戰變得必要且需付出高昂代價，且法國、西班牙的國王，都因為軍事支出和帝國過度擴張而深陷財務困境。

在這兩個地方，都有位於國家之外、致力抵抗集權工程的各種強勢地方群體。這包括擁有土地和資源的古老貴族、涵蓋多種群體的紳士階級、城市資產階級，且這些群體被組織成正式的三級會議：法國的高等法院、西班牙的代表大會。法國、西班牙兩國國王，都成功地將這些群體逐步拉攏到其陣營。最初這麼做時，似乎不是把此當作刻意的國家建造策略，而是當作欲防止破產而別無他法下孤注一擲的新作為。法蘭西國最初透過賜予財政區行省裡的當地菁英特殊免稅待遇和特權，來買得他們的效忠。一五五七年破產而拒絕向金融聯合會清償債務之後，它開始向有錢人賣官，而這些官職於十七世紀初期時變成可繼承，從此以後不斷被販售、轉賣，直到該世紀末期路易十四當政時為止。西班牙國因投入位於義大利、低地國的漫長王朝戰爭，早早就破產。靠著來自美洲殖民地的稅收，它得以挺到十六世紀結束，但十七世紀時它也靠整批拍賣官職來籌措資金。

在法國、西班牙，比國王更早存在的法治，嚴格限制了兩國君主積聚權力的能力。兩國國王都必須尊重子民的封建權利和特權。他們一有機會就想擴大他們的課稅權和徵兵權，且只要能扭曲、違反或規避法律就想這麼做。他們鼓勵知識分子傳播專制主義、君權原則，以支持他們所提國王是法律最根本來源的主張。但他們未試圖廢掉法律或未致力於忽視法律，最終他們受到規範的約束，無法像某些中國君王，例如血洗貴族對手的武后，或直接沒收各大貴族土地的明太祖，那樣專斷獨行。

逐步拉攏菁英之舉，實質上擴大了尋租聯盟，使傳統貴族菁英和新近得到動員的社會單元（例如城市資產階級）先後被納入這聯盟裡。這些菁英未團結一致保護自己整個階級的利益，反倒拿政治權力換取社會地位和國家稅收的一部分：不是透過議會代表制來取得，而是為了取得國家的課稅權。用托克維爾的話說，自由未被認知為真正的自治，而被認知為特權。這導致一種弱勢的專制政體，因為國家一方面未有正式的憲章約束其權力，另一方面卻已把它的未來抵押給一群有權有勢且它不大管得動的個人。

事實表明，國家的弱勢最終為法國、西班牙帶來禍殃。國家的建造建立在讓菁英免稅的基礎上，因此稅賦落在農民和一般商人身上，但兩國都未能徵收到足夠其統治者實現帝國擴張野心的稅收。英國國土、人口都不如法國，但稅基受到議會可問責原則的保障，在兩國的較量中勝過法國。西班牙則陷入長達數百年的軍事、經濟衰落。兩國的政府都因為一開始以賣官方式組成而失去正當性，而法國的自我改革失敗，為法國大革命鋪好了道路。

強勢專制政體

基於幾個原因，俄國能建立更近似中國的那種強勢的專制政體，而這些原因在以俄羅斯的發展與法國或西班牙相比時就清楚可見。雙方至少有五處重大差異。

第一，俄羅斯的地理條件：平坦、開闊的乾草原，只有少許天然屏障，不利以騎兵為基礎的軍隊移動，使其難以抵禦來自西南方、東南方、西北方的入侵（往往有敵人從數個方向同時來犯）。這使軍事動員受到高度看重，但也意味著搶先一步建立軍事支配地位的軍閥，相對於其對手占了極大的優勢。莫斯科大公國的權力，建立在其徵召中間服役階層（相當於紳士階級）為國直接服役上。它能這麼做，乃是因為它是個邊界不明確的偏遠國家。一如在奧圖曼帝國的席帕希身上所見，中間服役階層成員所得到的獎賞，乃是獲封新土地，成為直接倚賴政府供養者（在西歐，最近似此做法者，乃是西班牙王國政府把美洲境內的大量恩可米恩達賜給征服當地的西班牙人，以獎勵他們的貢獻，而該做法導致類似的階層化政治制度）。莫斯科大公國早早就在對付韃靼人上取得成功，賦予它支配其他封地王公的深厚正當性，使而使該公國取得很大的先發優勢。

第二，從俄羅斯卸除蒙古桎梏到莫斯科展開國家建造工程，中間相隔甚短。在西歐，封建制度花了八百年扎根，產生了盤據在各地之堅不可摧城堡裡的驕傲貴族。相對的，俄羅斯的封地制時期只持續了約兩百年。波雅爾貴族階層組織完善程度遠不如西歐貴族，因而無力抵抗日益集權化的君主權力，且他們不住在城堡裡。他們以及諾夫哥羅德等獨立城市，不如西歐貴族受高山深壑自然環境的保護。

第三，俄羅斯沒有類似西歐的法治傳統。任命俄羅斯最高級主教的拜占庭東正教會，本身從未經歷過和主教敘任權衝突一樣的事件，且直到君士坦丁堡陷落為止都走政教合一路線，教權服從王權。在拜占庭帝國，法律未能轉變成像在西歐那樣受自主法律人保衛的一組協調整合的法律。俄羅斯東正教會（拜占庭教會的精神繼承人），偶爾展現出不受莫斯科統治者左右的政治獨立性，但也受惠於國家的恩庇。在西歐，天主教會能在群雄並立的政治局勢裡挑動不同統治者互鬥，漁翁得利，而與西歐情況不同的是，俄羅斯東正教會除了莫斯科，沒有其他地方可去，最後往往成為國家的聽話支持者。缺乏獨立的教會權威來保衛一套教會法規，意味著受過法律訓練、有集體認同感的專業人士，沒有建制性的機構作為靠山。教會官僚充當西歐早期國家的行政骨幹，但在俄羅斯，國家機器靠軍人和被以家產制作風任命者（往往兩者是同一人）來運作。最後，許多俄羅斯人所能取法的統治榜樣，不是受法律約束的王公，而是十足掠奪性的蒙古征服者。

第四，自然環境使擁有農奴者的組成卡特爾變得必要，且將整個菁英階層（貴族與紳士）的利益與王室的利益牢牢綁在一起。在欠缺地理框限下，農奴之類的制度只有在農奴主人於懲罰、送還逃跑農奴上展現高度自制，才有可能得到維持。沙皇能藉由支持對農奴愈來愈緊縮的限制，將菁英階層與國家綁在一起。相對的，在西歐，自由市為逃跑農奴提供了脫離領主與莊園經濟，覓得自由的避難所。城市所發揮的功能，同於俄羅斯境內的邊遠地區（最後遭封閉的邊境地區）。與俄羅斯君主和東歐其他統治者相反的是，西歐國王覺得自由市可為他們對抗大領主時提供助力，因而保護它們。

最後，某些觀念在俄羅斯滲透的程度，無法像它們在俄羅斯以西的地區滲透那麼深。首先是法治的觀念，後來則包括從宗教改革、啟蒙運動產生的整組錯綜複雜的觀念。幾乎就在丹麥太后蘇菲·瑪格達萊內（Sophie Magdalene）釋放她國內農奴的同一個時候，曾與伏爾泰友好的凱薩琳大帝，對俄羅斯境內農奴的移動施予更為嚴格的限制。彼得大帝等追求現代化的俄羅斯君主，的確採用了許多啟蒙運動理念，且在三個世代後，沙皇亞歷山大二世會解放農奴。但現代理念對俄羅斯的影響，仍慢且弱於對歐洲其他地方的影響。

英格蘭為何未走上匈牙利那樣的結局？

在這些抵抗專制主義國家而統統失敗的例子襯托下，英格蘭的成就似乎更顯得搶眼。在英格蘭，各主要社會群體為保護自身權利使免受國王侵害而團結一致的程度，遠高於其他地方。英格蘭議會包含了全國所有有地階級的代表：上從大貴族，下至自耕農。有兩個群體特別重要，即紳士和第三等級。紳士未像在俄羅斯那樣被整個強徵去為國服役，第三等級則大體上不願意像在法國那樣拿自己的政治權利去換取頭銜和特權。法國、西班牙、俄羅斯的君主都透過出售接見權與頭銜給菁英階層裡的個人，成功削弱了國內不同菁英階層的團結。俄羅斯的梅斯特尼切斯特沃，也就是貴族等級表，發揮了和法國、西班牙賣官制非常類似的功用。英格蘭君主嘗試了類似賣官的手段，但出於前一章裡提出的某些原因：對地方政府的允諾支持（common commitment）、習慣法、宗教，議會仍是個團結一致的建制。

但這還不足以說明，為何英格蘭議會強大到足以迫使君主接受憲政協議。在議會裡擁有席次的匈牙利貴族，勢力也非常大，且組織很完善。與在蘭尼米德逼國王簽署大憲章的英格蘭貴族類似的是，匈牙利的次級貴族迫使其國王於十三世紀時接受了憲政妥協方案（《金璽詔書》），使中央政府在接下來的歲月裡受到嚴格的控制。[1]馬加什·匈雅提於一四九〇去世之後，貴族階級廢除了這位君主在前一個世代裡已施行的集權化改革，把權力拿回自己手裡。

但匈牙利貴族階級未利用自己手中的權力強化整個國家，反倒致力於降低自己的稅賦，在犧牲國家自衛能力下保護自己小小的特權。相對的，在英格蘭，一六八八至一六八九年光榮革命所催生出的憲政協議（《權利法案》），大大強化了國家，使它在下一個世紀時稱霸歐洲。因此，如果英格蘭議會強大到足以約束掠奪性的君主，我們就得問為何該議會未像匈牙利議會那樣自行發展成尋租聯盟，轉而對付自己。

可問責政府在英格蘭為何未墮落為貪婪的寡頭統治集團？原因至少有兩個。第一個與有別於匈牙利社會結構的英格蘭社會結構有關。有代表出席英格蘭議會的那些群體是寡頭統治集團，但他們底下社會的流動程度和對非菁英開放的程度，比匈牙利的社會高許多。在匈牙利，紳士已被吸併入狹窄的貴族階層，而在英格蘭，紳士是個團結一致的大型社會群體，在某些方面比貴族階層更有力。與匈牙利不同的是，英格蘭擁有以百戶邑法庭、郡法庭，其他地方治理建制呈現的草根政治參與傳統。英格蘭領主習慣於和他們的封臣、佃戶平起平坐共聚一堂，決定攸關共同利益的問題。此外，匈牙利沒有和英格蘭自耕農一樣的人，自耕農是擁有自己土地、能參與當地政治生活且較富裕的農民。而在匈牙利，城市受到貴族階級的嚴格控制，未像英格蘭城市那樣產生富裕、有影響力的資產階級。

第二，英格蘭有個人自由的傳統，但集權化的英格蘭政府勢力很大，且受到社會上許多人高度肯定。英格蘭是最早發展出一致的司法體系的國家之一，保護產權，在與歐陸幾個強權的爭鬥中培養出可觀的海軍實力。一六四九年查理一世遭砍頭後，英格蘭的試行共和制和克倫威爾護國公政體的建立，不是段愉快的經驗。似乎就連支持議會者，都覺得此弒君作為不正當、不合法。英格蘭內戰時出現了與後來法國大革命、布爾什維克革命、中國革命期間所經歷的那種激進化一模一樣的現象。較極端的反保王派團體，例如平等黨人（Levellers）和掘地派（diggers），想要的似乎不只是政治可問責，還有範圍更大得多的一場社會革命，致使有代表出席議會的那些有地階級大為驚恐。因此，一六六〇年王政復辟，查理二世即位，令他們鬆了口氣。[2]王政復辟之後，政治可問責議題於信仰天主教的詹姆斯二世在位時重新浮現。詹姆斯二世的陰謀詭計再度引發議會的猜疑和反對，最後導致光榮革命。但這一次沒有人想解散君主政體或國家，他們只想要一個會接受他們問責的國王。然後奧蘭治的威廉雀屏中選。

觀念再度扮演重要角色。十七世紀晚期時，霍布斯、洛克之類的思想家已甩掉以階層、等級為基礎的封建社會秩序觀念，主張國家與公民簽訂社會契約。霍布斯在《巨靈論》裡主張，人在狂暴情感上和暴力相向的能力上基本上平等，他們有權利，純粹因為他們是人。洛克也接受這些前提，抨擊沒有被統治者同意也能取得正當統治的看法。人能推翻國王，但只有在同意原則下可以這麼做。在這些早期自由主義者眼中，權利是抽象且普世的，不能被有權勢的個人合法侵吞。在這類觀念能傳播到匈牙利之前許久，匈牙利就已亡國，成為奧圖曼土耳其、奧地利哈布斯堡王朝的領土。

從這個比較可得出一不難理解的教訓。政治自由，亦即社會管理自己的能力，不只取決於社會可動員反對集權、可將憲章約束強加在國家之上的程度，還得具備一個強大到足以在需要行動時行動的國家。可問責並非只朝一個方向（從國家向社會）運作。如果政府無法團結一致行動，如果沒有更大視野的公共目標意識，就不可能為真正的政治自由奠定基礎。與馬加什·匈雅提去世後的匈牙利相反的是，一六八九年後的英格蘭國仍然強勢且團結，在十八世紀漫長的對外鬥爭中議會願意向自己課稅，願意犧牲奉獻。制衡作用十足的政治制度，有可能和毫無制約機制的政治制度一樣失敗，因為政府時而需要強勢、果斷的行動。因此，可問責政治制度的穩定，有賴於國家與其底下社會之間的廣泛權力平衡。

向丹麥看齊

輝格史觀的問題之一，在於它把英格蘭的發展歷程視為立憲民主興起的典範。但在歐洲，有國家走不同的路線，卻和英格蘭殊途同歸，獲致同樣結果。我們以丹麥如何成為今日丹麥：守法、民主、富裕、治理良善、擁有部分全球最低政治貪腐指數的政治實體，此一提問，作為對政治發展的長篇描述的開場白，因此有必要花點時間說明這個結果。

一五〇〇年時，還看不出來丹麥（或斯堪地那維亞的任一國家）後來會變得和中世晚期歐洲其他社會不一樣。有些觀察家試圖將丹麥的今貌追溯到最早定居斯堪地那維亞的維京人。[3]但除了維京人駕長船而非騎馬之外，實在很難看出這群營部落生活的劫掠者，和羅馬帝國覆滅後定居歐洲的其他日耳曼蠻族有何根本上的不同。

歷史悠久的丹麥君主政體，十三世紀起變得相對較弱勢，當時丹麥國王被迫簽署一份《大憲章》，《大憲章》要求他行事得徵詢貴族議會的意見，並給予教會特權。[4]儘管位居波羅的海入口和鄰近漢薩同盟城市的地理位置，使國際貿易成為丹麥經濟發展裡較重要的因素，但丹麥經濟一如歐洲其他地方，以莊園為基礎。[5]十五世紀中葉，靠著卡爾馬聯盟（Kalmar Union），斯堪地那維亞許多地區曾短暫統合為一，但該聯盟瓦解後，丹麥仍是相當重要的多民族強權，控制挪威、冰島、石勒蘇益格（Schleswig）和荷爾斯泰因（Holstein）這兩個說德語的地區、松德海峽對面今瑞典西部境內諸省。如果說有一個事件使丹麥和斯堪地那維亞的其他地區從此分道揚鑣，走上大不相同的道路，那就是宗教改革。一如在歐洲其他地方，馬丁·路德的理念大大破壞了丹麥社會的穩定，催化對天主教會的長期民怨。在丹麥，一場短期內戰由新教徒一方獲勝，促成路德宗丹麥國家教會於一五三六年成立。[6]促成此結果者，除了道德因素，實利因素也同樣重要：丹麥國王看出這是沒收教會資產的大好機會，而教會資產很可觀，可能占了丹麥約三成的土地。[7]

但宗教改革在丹麥所帶來真正持久的政治影響，乃是透過宗教改革促進農民識字率而發生。路德會教友深信應讓平民百姓透過看懂《聖經》，或如果看不懂《聖經》，也要透過看懂馬丁・路德的《簡明教義問答》（*Lesser Catechism*），直接接觸上帝。十六世紀起，路德會開始在丹麥的每個村子設立學校，由牧師在各學校裡教農民基本的讀寫。因此，到了十八世紀，丹麥境內農民已成為受過較良好教育、組織愈來愈完善的社會階層。[8]

在當今社會，社會動員通常是經濟發展所致。在中世英格蘭亦然，產權在習慣法下的擴大適用，有助於英格蘭最上層農民轉變為政治上活躍的自耕農。相對的，在近代之前的十六世紀丹麥，推動社會動員者是宗教。識字使農民不只得以改善自己的經濟狀況，還有助於他們彼此溝通，以政治代理人的身分形成組織。斯堪地那維亞和俄羅斯地理相鄰，氣候相近，但很難想像會有比十九世紀初期兩地農村差異還大的對比。

在英格蘭，代議制民主是從殘餘的一項封建建制（議會）發展出來，且建制的組織夠完善，能抵抗日益集權化的國家，而丹麥的代議制民主並非如此發展出來。一六六〇年，即在某場戰爭敗給瑞典之後，丹麥就已建立有著日益先進之官僚組織的專制國家。[9]丹麥議會遭廢除，國王要加稅時，無需徵求地主莊園結構所形成的政治機構之許可。

最重要的政治革命發生於一七六〇至一七九二年這段期間。在這期間，開明的丹麥王室先後針對王室領地和所有地主廢除名叫Stavnsbånd的農奴制，限制地主對農民施加有辱人格之懲罰（例如綁在木支架上鞭打）的權力。[10]農民未獲公民權，但獲授與擁有土地和在平等基礎上自由經商的權利。[11]

丹麥國王認為，藉由給予農民自由，可削弱激烈反抗其改革計畫的貴族地主勢力。解放農民將使他得以將他們直接徵召入伍為國服役。觀念也扮演重要角色：亞當・斯密的《國富論》已於一七七六年出版，書中主張有地農民的生產力，最終會遠高於沒自由的農奴。但同樣重要的是，愈來愈多農民受教育，被動員程度愈來愈高，愈來愈願意藉由從事食品加工之類較高附加價值的活動，掌握經濟自由的機會。

第二個使現代丹麥民主制度得以問世的重大事件，同樣來自外力推動。十八世紀末期時丹麥仍是個中等、多民族的歐洲強權。因為拿破崙戰爭，它於一八一四年失去挪威。法國大革命理念於十九世紀頭幾十年的傳播，帶來複雜的政治影響，因為那些理念激勵資產階級和農民都提出以階級為基礎的參政要求，也激勵丹麥境內為數可觀的德裔少數民族要求承認其民族身分。

普魯士人於一八六四年一場短暫但決定性的戰爭中，從丹麥人手裡奪走由德語人口占多數的石勒蘇益格、荷爾斯泰因兩公國，從而解決了這個問題。丹麥於一夜之間成為丹麥語人口占絕大多數的同質性小國，理解到它將得生活於版圖小得多的國度裡。

十九世紀晚期民主政體的興起和二十世紀初期社會民主主義的興起，就是在這樣的背景環境下展開。牧師暨教育家格倫特維（N. F. S. Grundtvig）所促成，以農民為基礎的政治運動，最初偽裝為宗教復興運動。此宗教運動與官方路德會劃清界線，在全國各地廣設學校。[12] 一八四八年立憲君主政體成立後，此農民運動和代表資產階級的民族自由主義人士，開始大力爭取直接參政，促成隔年授與投票權。丹麥福利國於二十世紀興起一事，不在本卷討論範圍。但在福利國真正問世時，它的基礎除了新興的勞動階層，還有農民階層，而在關鍵時刻為農民階層動員推一把的，不是經濟成長，而是宗教。

在丹麥，民主與以市場為基礎的現代經濟，其問世過程中的衝突、暴力程度，遠不如在英格蘭那麼嚴重，當然更不如在法國、西班牙、德國那麼嚴重。丹麥人的確與包括瑞典、普魯士在內的鄰國打了幾場戰爭，且十七、十九世紀時爆發激烈的內戰，才走到現今丹麥的局面。但丹麥沒經歷漫長的內戰，沒有圈地運動，沒有專制暴政，沒有早期工業化所造成的赤貧，階級衝突的影響弱上許多。觀念對丹麥的發展也有重大影響，不只從路德宗意識形態和格倫特維意識形態看是如此，從十八、十九世紀一連串丹麥君主接納有關權利、立憲的啟蒙運動觀念看亦然。丹麥民主興起的過程，充斥了不可能在其他地方複製的歷史意外和偶然條件。丹麥人循著與英格蘭人大不相同的一條路，走到現代的自由民主政體，但最終兩者所達到的結果非常類似。兩國都發展出強勢國家、法治、可問責政府。於是，要「向丹麥看齊」，似乎有數條不同的路線可循。

注釋

1 英國《大憲章》與匈牙利《金璽詔書》之間的差異，反映了涵蓋社會廣大層面的政治參與所催生出更大的國民休戚與共感。推動《金璽詔書》者，不是由國王直接敕封領地的貴族，而是想得到保護，以免受前述貴族傷害的皇家軍人和城堡衛士。英格蘭的這類貴族，聲稱代表包括教會、英格蘭老百姓在內的全體國民發言，要求讓國民的權利受到憲法保護。相對的，推動《金璽詔書》的匈牙利紳士，把保護自己圈子的利益視為首要。他們就像法國、俄羅斯的貴族，把自由理解為一項特權，而非公民身分的普遍條件，當他們保住自己的利益時，對捍衛其他人的權利就興趣缺缺。參見Sacks, “Paradox of Taxation,” p. 15.

2 關於這個時期，參見Ronald Hutton, *The Restoration: A Political and Religious History of England and Wales, 1658–1667* (New York: Oxford University Press, 1985).

3 參見Gert and Gunnar Svendsen, “Social Capital and the Welfare State,” in Michael Böss, ed., *The Nation-State in Transformation* (Aarhus, Denmark: Aarhus University Press, 2010).

4 Kenneth E. Miller, *Government and Politics in Denmark* (Boston: Houghton Mifflin, 1968), p. 23.

5 關於鄰國瑞典中世紀農民經濟的描述，參見Eli F. Heckscher, *An Economic History of Sweden* (Cambridge, MA: Harvard University Press, 1954), pp. 25–29.

6 Thomas K. Derry, *A History of Scandinavia: Norway, Sweden, Denmark, Finland and Iceland* (Minneapolis: University of Minnesota Press, 1979), pp. 90–91.

7 參見Bonney, “Revenues,” p. 452.

8 Ove Korsgaard, *The Struggle for the People: Five Hundred Years of Danish History in Short* (Copenhagen: Danish School of Education Press, 2008), pp. 21–26.

9 Miller, *Government and Politics in Denmark*, p.26; Nils Andren, *Government and Politics in the Nordic Countries* (Stockholm: Almqvist and Wiksell, 1964), p. 29.

10 Uffe Østergård, “Denmark: A Big Small State: The Peasant Roots of Danish Modernity,” in John Campbell, John A. Hall, 以及Ove K. Pedersen, eds., *National Identity and the Varieties of Capitalism: The Danish Experience* (Kingston, Ontario: McGill–Queen’s University Press, 2006).

11 Harald Westergaard, *Economic Development in Denmark: Before and During the World War* (Oxford: Clarendon Press, 1922), pp. 5–6.

12 Østergård, “Denmark,” pp. 76–81; Korsgaard, *The Struggle for the People*, pp. 61–65.

PART V

關於政治發展理論

Toward a theory of political development

第二十九章　政治發展與政治衰敗

政治的生物性基礎；政治秩序賴以演進的機制；何謂政治，政治與經濟的差異何在；建制的定義；政治衰敗的根源；國家、法治、可問責，與這三者間的關係；政治發展的條件隨著時日推移已有何改變。

本卷描述從史前時期直到法國、美國革命前夕這段期間的政治發展歷程。美、法革命前夕是完全現代的政治出現的時刻，從那之後，有一些畢具三大類政治建制（國家、法治、可問責政府）的政治實體問世。

或許會有一些讀者斷定，我筆下的政治發展是歷史決定論的。也就是說，藉由描述建制的起源（錯綜複雜、受限於特定背景的起源），我在主張類似的建制，只有在類似的環境下才有可能出現於今日，主張國家受制於自身獨特的歷史過往，只能走特定一條發展路徑。

這絕非事實。賦予某社會優勢的建制，通常受到其他社會的仿效、改良；久而久之，知識和建制常有跨社會的重疊之處。此外，本卷所談的歷史止於工業革命前夕，而工業革命改變了政治發展發生的環境。這兩點會在最後一章詳述。此外，本書下卷會描述、分析在後馬爾薩斯世界裡政治發展如何發生。

鑑於人類社會在建制方面抱持極濃的保守心態，社會未在每個新世代登場時即把舊有的建制完全清空。較常見的情況是，在已經歷特別長時間而未被淘汰的既有建制上面，搭上新建制。例如，環節性家系是最古老的社會組織型態之一，但它們仍存在於今日世界許多地方。若未理解此遺產和其如何限制今日政治行動者所能擁有的選擇，就不可能理解在今日改變的可能性。

此外，理解建制最初被創立時所處的複雜歷史情況，有助於我們弄清楚為何那些建制即使在現代情況下也難以轉移、模仿。政治建制往往產生自非政治性的原因，經濟學家會說這些因素「外生」（exogenous）於政治制度。我們已見過幾個例子。譬如，私人財產的出現，不只出於經濟理由，也因為家系需要地方來埋葬祖先、安撫亡靈。同樣的，法治的神聖不可侵犯，有賴於法律的宗教根源。在中國和歐洲，國家的問世，乃是無休無止的戰爭（當今國際體系所致力消弭的東西）所創造出的絕望作為誘因的產物。因此，欲在沒有這些外生因素協助下再現這些建制，往往是難上加難。

有一些主題貫穿了本書對建制發展的歷史陳述，我會概括說明其中某些主題，並嘗試從這些主題中得出政治發展、政治衰敗理論的梗概。這可能稱不上真正的預測性理論，因為結果是太多環環相扣的因素所共同促成。此外，有那個龜馱龜的問題：人所選擇來作為解釋性因素的那隻烏龜，總是靠下面另一隻烏龜來支撐。我以描述自然狀態和人類生物學作為本卷的開頭，原因之一在於那是顯而易見的起點，是後來據以在其上疊放烏龜的最底層烏龜（Grund-Schildkröte）。

政治的生物性基礎

人並不能完全自主透過社會建構來決定行為。人共同享有生物性本質。當今非洲以外的大部分人類，都是約五萬年前為數不多的一群非洲人的後代，因而其本質在全球人類身上出奇一致。此共有的本質並未決定政治行為，但框限了可能出現的建制的本質。那也意味著人類政治受到某些亙古存在、超越文化畛域而一再出現的行為模式限制。此共有的本質，可以用如下的命題來描述。

人從未曾存在於前社會（presocial）的狀態裡。有人認為人曾以孤立個體的形式存在，人與人的互動，若非透過脫序的暴力（霍布斯），就是在彼此不打擾對方、一派祥和的情況下互動（盧梭）。但這並非事實。人和人的靈長目祖先始終生活在以親屬為基礎且規模不一的社會群體裡。事實上，人生活在這些社會單元裡的時間夠長，因而，推動社會合作所需要的認知、情感能力得以問世，並深植於人的遺傳基因裡。這意味著理性選擇（rational-choice）集體行動模式（在這模式裡，個人推算彼此合作會對自己較有利），低估了人類社會裡本會發生社會合作的程度，且誤解了促成社會合作的動機。[1]

人天生的合群性，以親屬選擇和互利互惠行為這兩個原則為核心。根據親屬選擇原則，亦即內含適應性原則，人會大致依據自己與血親共有基因的多寡，對血親（或被認為血親的個人）表現出相應程度的利他行為。互利互惠行為原則主張，隨著人與人長久的互動，人往往會發展出互利或互相傷害的關係。與親屬選擇不同的是，互利互惠行為不取決於血親關係，但取決於一再進行的直接個人互動和這類互動所產生的信賴關係。這兩種社會合作，乃是在缺乏誘因鼓勵人去依附較不講私人關係的其他建制的情況下，最起碼存在的人類互動方式。不講私人關係的建制衰敗時，這兩種合作也是始終會重現的合作型態，因為它們順合人的天性。我所謂的家產制，乃是指以上述兩原則的其中之一為基礎進行政治甄補的作為。因此，當漢朝末年官僚組織充斥著統治者的親屬時，當土耳其禁衛軍軍人想讓自己兒子克紹其裘時，或在「舊制度」法國官職當作可繼承財產來販售時，就是家產制原則重新抬頭。

人有創造、遵循規範或規則的固有傾向。建制基本上是限制個人選擇自由的規則，因此同樣可以說人有創造建制的自然傾向。規則可能是追求自己最大利益的個人在理性考量下所創造出來，為了個人最大利益，他們得與其他人締結社會契約。人天生具有一組使他們得以解決囚徒困境類型之社會合作問題的認知能力。人能記住過去的行為，作為未來合作的指引；人透過隨興聊天和其他種資訊分享方式，傳達有關他人可不可靠的訊息；人有敏銳的感知能力，能透過聽到、見到的線索，察覺別人說謊和不可信賴的行為；人有透過語言和非口頭的溝通方式來分享資訊的共通模式。制定、遵守規則的能力，降低了社會互動的成本，使有效率的集體行動得以出現，從這角度來看，該能力是符合經濟效益的行為。

但人遵守規則的本能，往往建立在情感上，而非理智上。愧疚、羞恥、驕傲、生氣、難為情、欽敬等情感，並非如洛克所認知的那樣，是人出生後透過經驗互動取得的後天行為，而是年紀很小的孩童就自然具有的東西，接著孩童以建立在遺傳上但透過文化傳送的規則為核心，組織他們的行為。因此，我們制定規則、遵守規則的能力，非常類似我們的語言能力，規則的內容符合社會習俗且因社會而異，但規則的「深層結構」和獲致規則的能力是天生的。

人喜歡視規則之存在富於意義的傾向，有助於說明社會為何具備強烈的保守心態。規則有可能是為了因應特定一組環境條件而發展出來，但在那些條件已改變，且規則變得無關緊要、乃至沒有用處的許久以後，社會仍死抱那些規則。在歐洲人老早就展現火器的管用之後，馬木魯克仍不願採用這類武器，因為他們情感上執著於某種騎兵戰爭，這直接導致他們慘遭願意配合時代改變的奧圖曼人擊敗。因此，不同的人類社會裡，都有保住舊建制的現象。

人有天生的暴力傾向。從人類誕生那一刻起，人就和其靈長目祖先一樣對自己同類暴力相向。盧梭認為暴力傾向是在人類歷史的某個時期才出現，且是後天習得的行為，但事實並非如此。在這同時，始終有社會建制存在以控制、疏通暴力。事實上，政治建制最重要的功能之一，就是控制、疏導暴力出現的頻率。

人天生不只想要物質資源，還想要得到認可。認可是指承認另一人的尊嚴或價值，亦即一般被認知為地位的東西。爭取認可或地位，往往大不相同於爭奪資源，因為地位是相對的，而非絕對的，或者是經濟學家羅伯特・法蘭克（Robert Frank）所謂的「地位商品」（positional good）。[2]換句話說，人只有在其他所有人地位都較低時，才擁有高地位。合作博奕，或自由貿易的好處，都是正和、雙贏，而對相對地位的爭奪是零和，只要有一人是贏家，必有另一人是輸家。

人類的政治活動，有許多是圍繞著爭取認可之事在打轉。不只那些有意得到天命、建立王朝的中國人是如此，那些高舉黃巾旗或紅巾旗之類的旗幟，想討回公道的卑微叛亂農民，或法國大革命時期的激進分子，也是如此。阿拉伯部落能化解他們部落間的歧異，征服北非許多地區和中東，乃是因為他們想要讓自己的宗教（伊斯蘭教）得到認可，就和高舉基督教大旗征服美洲的歐洲戰士心態差不多。公平的認可是現代民主政治的核心，若撇開此認可的需求，就難以理解現代民主政治為何興起。在英格蘭，認可的需求本質有漸進的轉變，從部落或村子的權利，轉變為英格蘭人的權利，再變為洛克筆下的人的權利。

我們切不可以將人類的動機輕率貶為對資源的經濟欲求。在人類史上，行使暴力者往往不是追求物質財富者，而是追求認可者。從經濟角度看，衝突已老早就不划算，但衝突當事人並未因此歇手。認可有時與物質財富有關，但在其他時候，它是在犧牲物質財富下得到，把認可視為只是另一種「效用」（utility），過度簡化，有害無益。

作為肇因的觀念

若不將觀念視為社會為何彼此不同、為何走上特有發展道路的基本原因，就不可能發展出有意義的政治發展理論。用社會科學的措詞來說，觀念是獨立變數，或者用烏龜塔的比喻來說，觀念是位於烏龜塔極下層，未必由與經濟環境或自然環境有關的烏龜馱著的烏龜。

在所有人類社會裡，人都創造出心智模型來說明外在現實。這些心智模型把原因歸於不同因素，往往是不可見的因素，它們的功用在於使世界更易懂、更可預料、更易操控。在較早期的社會裡，這些不可見的力量是靈、魔、神或自然；如今則是重力、輻射、經濟利己、社會階層和諸如此類的抽象概念。所有宗教信仰都構成對現實的心智模型，且現實裡可觀察到的事件都被歸因於或肇因於看不到或隱約可見的力量。至少從大衛·休謨時代起，我們就知道光靠得自觀察的資料，無法證明因果關係。但隨著現代自然科學的興起，我們已轉而接納至少可被證明為假的因果論：若非透過對照組實驗，就是透過統計數據分析來證明為假。由於有了更好的方法來驗證因果論，人能更有效操控所處環境，例如利用肥料和灌溉，而非拿活祭的血，來提升作物產量。但所有已知的人類社會都已產生某種因果模型來說明現實，表示這是天生而非後天習得的能力。

共通的心智模型，特別是以宗教呈現的心智模型，在促進大規模集動行動上扮演關鍵角色。純粹建立在理性自利上的集體行動，完全不足以說明真正存在於世上的社會合作、利他的程度。[3] 宗教信仰有助於激勵人去做在只追求資源或物質利益的情況下他們不會做的事，這由伊斯蘭在七世紀阿拉伯半島上興起的過程就可看到。共有的信念和文化，提供共同的目標，有利於一起解決共同面臨的問題，從而增進合作。[4]

許多人看到當今世界的宗教衝突後變得敵視宗教，把宗教視為暴力、偏執的根源。[5] 在宗教林立且各教分布範圍彼此部分重疊的世界裡，有時的確是如此。但他們未能從更廣闊的歷史背景來審視宗教，因而未能理解到，宗教是使超越親屬和朋友、成為社會關係來源之一的更大範圍社會合作得以實現的重要因素。此外，非宗教性的意識形態，例如已在當今許多社會裡取代宗教信仰的馬列主義或民族主義，由於產生狂熱信念，其破壞力有時不下於宗教，且已有事實證明此點。

心智模型和規則彼此緊密交織，因為心智模型往往提出明確規則供社會遵循。宗教不只是理論，它們是致力讓信徒接受規則的規範性道德標準。宗教，就和它們所頒定的規則一樣，被賦予了相當濃厚的情感意義，因而人認為其本身存在意義，不只是因為它們正確或有用而使之受到相信。宗教信仰無法證實，但也難以證明為假。這一切強化了人類社會骨子裡的保守心態，因為用來說明現實的心智模型一旦得到採納，即使有了新證據證明它們不管用，也很難改變。

幾乎所有已知的人類社會，都存在某種宗教信仰，意味著宗教信仰是從人性發展出來的東西。一如語言和遵守規則的行為，宗教信仰的內容符合社會習俗且因社會而異，但創造宗教教義的能力卻是人類內在固有的。[6]但我在本書裡針對宗教的政治影響所發表的任何看法，都不是建立在存有或不存有「宗教基因」上。即使那是後天習得的行為，仍對政治行為有很大影響。

馬克思、涂爾幹等思想家，看到宗教信仰在將社群（不管是整個社群還是某個社會階層）團結上扮演了實用的角色，因而認為宗教是為此目的刻意創造出來。如前面已提過的，宗教觀念跟著政治、經濟趨勢一起演變，從薩滿教、巫術演變為祖先崇拜，再演變為有高度發展之教義的多神教、一神教。[7]宗教信仰必然在某方面與維持它們的群體所賴以存在的物質條件有關係。自殺教派或禁止教中成員生育的教派（例如震顫派），往往存世不久。因此，人不由得會想把宗教視為那些物質條件的產物，認為從那些條件的角度就可完全解釋宗教的存在。

但這將是大錯特錯。光從更早存在的物質條件切入，絕無法解釋宗教的存在。拿中國、印度來比較，可最清楚說明這點。從以父系家系為基礎的社會結構和因此產生的政治型態來看，這兩個社會一直到西元前第一個千年結束為止都很類似。但在那之後，印度猛然兜了一個圈子，而這樣的改變只能用婆羅門教的興起予以解釋。構成婆羅門教基礎的那些形而上論點非常複雜且深奧，欲證明它們與當時存在於北印度的特定經濟條件、環境條件之間的必然聯繫，肯定枉然。

我已探究了許多宗教觀念在形塑政治結果上扮演獨立角色的例子。例如天主教會在形塑歐洲兩大建制上扮演了重大角色。西元六世紀起，日耳曼蠻族部落接管了羅馬帝國，這些部落裡親屬關係群體的產權結構受到削弱，乃是促成部落制度式微的關鍵因素，而在此產權結構的削弱上，天主教會貢獻很大。因此，歐洲是透過社會方法而非政治方法，脫離以親屬關係為基礎的社會組織，與中國、印度、中東迥然不同。接著，十一世紀時，天主教會宣布獨立於世俗權威之外，把自己組織成現代階層化體系，並宣揚超越國家藩籬的歐洲法治。印度、中東、拜占庭帝國境內存在類似的獨立宗教建制，但在將獨立的法律秩序予以建制化上，無一能達到天主教會那樣的程度。若沒有主教敘任權衝突和其後的影響，法治絕不可能如此深深扎根於西方。

在這些例子裡，宗教價值觀都未勝過物質利益。天主教會，一如印度的婆羅門階層或穆斯林社會裡的烏里瑪階層，構成一個有自己物質利益要顧的社會群體。格列高里一世更改財產繼承法，似乎不是出於教義考量，而是出於私利，欲藉此將土地從親屬群體手中移到教會手裡。但教會並不是和當時支配歐洲的軍閥一樣的政治單元。它無法輕易將手中資源轉化為軍力，也無法在沒有世俗權威協助下從事掠奪。另一方面，它擁有世俗政治單元所無法自行取得的正當性，能授與後者正當性。經濟學家有時提到「花錢買」正當性的政治單元，好似正當性是個類似土地或機器的單純生產因素。[8]但我們必須從正當性本身的角度，也就是從世人對上帝、正義、人、社會、財富、美德諸如此類者所抱持的觀念的角度，來理解正當性。

價值觀與意識形態中數個最重要的改變，清楚界定了何謂現代世界，而其中一項改變：一視同仁這觀念，就出現在本卷所探討這段時期的結尾。人人平等的觀念淵源久遠；從黑格爾到托克維爾到尼采的諸位作家，把現代的平等觀溯及《聖經》裡上帝照自己形象造人的觀念。但有幸享有平等尊嚴者只占少數，且這個圈子的擴大很緩慢，直到十七世紀後，才終於將較下層的社會階級、女人、種族、宗教、民族上的少數族群和諸如此類者納入其中。

從某個角度看，人類社會從遊團級、部落級轉變到國家級，代表了個人自由的一大倒退。國家比以親屬為基礎的遊團、部落更有錢、更有權力，但這樣的財富和權力促成大量階層化，使一些人成了主人，其他許多人成了奴隸。黑格爾常說，在如此不平等社會裡所獲得的認可是有缺陷，甚至令統治者都覺得不滿意的，因為提供認可者本身未得到尊重。現代民主政體的興起，在彼此認可同類之尊嚴與權利的基礎上，讓所有人有機會自我管理。因此，在大且複雜的社會裡，它致力於恢復堪稱在最初轉變為國家時失去的那個東西。

要談可問責政府的興起，就必得談到這些觀念的擴散。在英格蘭議會的發展過程裡，我們看到議會的團結如何高度倚賴英格蘭人享有權利的觀念，看到光榮革命受到更廣泛洛克式普世天賦權利觀如何的影響。這些正是後來推動美國革命的那些觀念。如果我為可問責制的興起提出的歷史理由，有時讓人覺得根源於這些鬥爭中的行動者的物質利益，那麼我們就得以界定行動者身分和他們集體行動空間的觀念為背景，理解這些理由。

政治發展的普遍機制

政治制度以約略類似生物演化的方式演變。達爾文的演化論建立在變異和選擇這兩個非常簡單的原則上。生物發生變異，肇因於基因的隨機組合；較能適用其特定環境的變異體，成功繁殖的機率較大，因而得以生下後代，而那些適應力較差的變異體則遭淘汰。

從長遠的歷史眼光來看，政治發展遵循與此相同的普遍模式：不同人類群體所運用的政治組織有所不同，而較成功的那些政治組織型態，亦即能產生較強大軍力、經濟力的組織型態，取代了較不成功者。在如此高度的抽象下，很難看出政治發展原本可能會朝別的哪個方向進行。但較重要的是理解政治演變與生物演化的不同之處，而不同之處至少有三。

第一個，在政治演變裡，選擇的單位是規則和體現規則的建制，而非生物演化裡的基因。人類的生物性協助了規則的制定和遵行，但未決定規則的內容，而且內容可能有很大差異。規則是賦予運用建制的社會以優勢建制的基礎，透過行動者（human agent）的互動被選出，較不具優勢的規則在這互動過程中遭淘汰。

第二個，在人類社會裡，建制的變異有時是事先規畫且刻意的，而非隨機的。海耶克極力反對人類社會有意識地設計建制，認為此溯自後笛卡兒時代理性主義的狂妄自大心態。[9] 他主張社會裡的大部分資訊，本質上是在地的，因此不可能被集中坐在辦公室的一群官僚理解。[10] 海耶克論點的缺陷，在於自古以來，各種水平的社會裡，人類始終成功設計出建制。他不喜歡國家由上而下展開的集中化社會改造工程，但願意接受由下而上、去集中化、同樣出自人類設計的建制性創新。大型設計可能不如較小型計畫那麼常管用，但仍偶爾管用。非計畫中的後果和遺失資訊，鮮少是人能事先計畫的，但他們能計畫，意味著他們所創造之建制，其型態上的差異，比單純的隨機更可產生能因應環境變化的解決辦法。但海耶克說得對，建制上的演變並非取決於人類設計成功建制的能力，選擇的原則和隨機變異這兩者能產生可存活的演化結果。[11]

政治發展不同於生物演化的第三個地方，乃是獲選擇的特徵——就政治發展來說是建制，就生物演化來說是基因——透過文化而非遺傳傳遞。就政治制度的適應力來說，這既代表優勢，也代表劣勢。文化特性，不管是規範、習慣、法律、信仰或價值觀，至少在理論上來說，都能在僅僅一代的時間內被人迅速更改，而這從七世紀伊斯蘭的傳播或十六世紀丹麥農民能夠識字，就可看到。另一方面，人往往對建制和建制所從出的心智模型賦予固有價值，導致建制歷經長久歲月仍受保存。相對的，生物性有機體不崇拜自己的基因，或不把自己的基因當成具體有形的東西；如果基因不讓這生物存活、繁殖，選擇原則就將這些基因無情消滅掉。因此，建制的演變可能比生物演化快，也可能比較慢。

與生物演化相反的是，建制可透過模仿擴散。有些有著較弱建制的社會，若非遭較強的社會征服，就是遭較強的社會消滅，但在其他情況下，它們能在名叫「防禦性現代化」的過程中採用競爭對手的建制。[12]十七至十九世紀日本德川幕府時期，封建領主從與葡萄牙人和其他旅人的早期接觸中知道火器。但他們不想放棄以劍、箭為基礎的傳統戰爭型態，於是談成一項形同長期軍備管制協議的東西，一致同意不引進火器。但一八五三年美國海軍准將培里（Matthew Perry）率領他的「黑船」出現於東京灣時，統治菁英理解到，如果不想像中國一樣淪為西方的殖民地，就得廢掉這項自求心安的協議，取得美國人所擁有的那種軍事科技。一八六八年明治維新後，日本不只引進火器，還引進新式政府、集權化官僚組織、新教育制度，其他許多仿自歐美的建制。

生物演化既是殊相的，也是共相的。物種適應特殊環境而分化時，即發生殊相演化，一如在達爾文的著名雀鳥演化例子中所見的。但某些成功的生物繁殖遍布當地環境時，也發生共相演化。於是有從單細胞生物到多細胞生物、從無性生殖到有性生殖、從恐龍到哺乳動物和諸如此類的普遍性大轉變。在政治發展上亦然。行為現代的人類於約五萬年前離開非洲，散布到世界各地，適應了他們所遇到的不同當地環境，發展出不同的語言、文化、建制。在這同時，某些社會在無意中發現可提供優勢的社會組織型態，因而也有從遊團級到部落級到國家級社會的普遍性轉變。就國家級社會來說，能更有效組織自己的社會，擊敗或吸併較無效的社會，從而繁殖了他們那種社會組織。因此，政治建制之間既有分化，也有趨同的現象。

競爭是政治發展過程所不可或缺，一如競爭在生物演化裡扮演的角色。如果不存在競爭，建制就不會受到選擇壓力，從而也就沒有鼓勵人在建制上創新、仿效或改革的誘因。暴力與戰爭，一直是促成建制創新最重要的競爭壓力之一。從遊團級轉變為部落級社會，是因為經濟生產力提高才得以實現，但直接促成此轉變的推手，乃是部落社會更勝一籌的人力動員能力。在第五章，我討論過幾種初發性國家形成理論，包括經濟利己心態、灌溉、人口密度、自然環境、宗教權威、暴力。這些因素都起了某種作用，但人之所以會不顧困難，從自由的部落社會轉變為專制的國家級社會，出於保命的需要，似乎比只是出於經濟利益考量更站得住腳。檢視中國、印度、中東、歐洲境內國家形成的史料，我們發現暴力不只再度於推動國家形成上扮演中心角色，在推動創造我們眼中與現代國家密不可分的特殊建制上，也扮演同樣重要的角色。基於以下詳述的理由，某些合作的難題，若不透過暴力，不可能解決。

處處有拱肩

在一九七九年的一篇文章中，生物學家史蒂芬・傑・古爾德（Stephen Jay Gould）和理察・路翁亭（Richard Lewontin）以拱肩（spandrel）為比喻，說明生物性創新的不可預測。[13]拱肩是相鄰兩拱之間的三角形區域，並非建築師所刻意設計出來，而是無意間附帶產生的東西。但後來拱肩被人予以裝飾美化，隨著時日推移，有了自己的特色和意義。古爾德和路翁亭主張，許多生物性特徵原由某個理由而演化出來，但後來出於截然不同的理由，擁有了合用優點（adaptive benefit）。

我們已在政治演變裡看到許多和拱肩一樣的東西。法人團體（corporation，常設的建制，且其身分不同於組成它的個人），最初是作為宗教組織而興起，而非為了商業目的而興起。[14]天主教會支持女人有權利繼承財產，不是因為它想賦予女性權力（七世紀時女性賦權是和時代脫節之事），而是因為它盯上有權勢氏族手中值錢的不動產，想藉此奪走他們的不動產。當時大概沒有哪個教會領袖，能預見到這會對整個親屬關係帶來什麼影響。最後，主教敘任權衝突是針對天主教會的獨立地位展開的道德性、政治性鬥爭，而參與此衝突的人，心中完全沒有政府受獨立司法機構限制的想法。但在西方，宗教組織所贏得的獨立地位，隨著時日推移，演變為司法部門的獨立地位。法律的宗教基礎被世俗來源取代，但法律的結構仍一如以往。因此，法治本身是某種拱肩。

不同建制真正的歷史根源，往往是絕對無法事先預料到的，一長串糾纏在一起的歷史意外事件所造成。我們不可能指望當今哪個社會在通過同樣的長串事件後，達成類似的建制，因此，上述說法可能令人覺得洩氣。但這忽略了拱肩在政治發展裡的角色。某建制的特定歷史根源，不如該建制的功能來得要緊。其他社會一旦發現該建制，能用完全未預料到的方式予以模仿、運用。

建制

在本書中，我始終採用杭亭頓的定義，把建制界定為「穩定、受看重、一再出現的行為模式」。[15]以被叫做國家（state）的建制而言，我不只用了馬克斯．韋伯對國家的定義（在範圍明確的一塊土地上合法壟斷暴力使用權的組織），還用了他評斷現代國家的標準（國家應有理性的分工，應建立在技術專門化和專門知識上，應該在人才招募和對公民的管轄上都不講私人關係）。不講私人關係的現代國家，乃是既難以建立且難以維持的建制，因為家產制（根據親屬關係或個人互惠來招募人才），是合乎人性的社會關係型態，在沒有其他規範、誘因的情況下，人會自然重拾這種社會關係。

現代組織還有其他特色，杭亭頓列出四個標準來衡量構成國家之諸建制的發展程度：變通／僵固、複雜／簡單、自主／臣屬、整合／分裂。也就是說，建制愈變通、複雜、自主、整合，發展程度就愈高。[16]能變通的組織，能評估變動的外部環境，修正本身的內部程序以茲因應。能變動的建制是能存活的建制，因為環境始終變動不居。英格蘭的習慣法體系，就是能變通建制的典範。在該體系下，法律不斷受到法官的重新解釋和拓展，以因應新情勢。

已發展的建制較複雜，因為它們的分工、專門化程度較高。在酋邦或早期國家，統治者可能身兼軍事將領、大祭司、收稅人、最高法院法官數職。在高度發展的國家裡，這些職能由不同的組織執行，這些組織各有特定的職責，且有高度的技術能力來執行職責。漢朝時，中國官僚組織分枝為中央級、郡級、縣級的無數專門化機構和部門。它不如現代政府複雜，但代表著揚棄更早的政府形態：把政府當作只是皇室的擴大版來經營的政府型態。

誠如杭亭頓所指出的，最後兩個衡量建制化程度的標準，自主與整合，密切相關。自主指的是某建制對自身法人身分的認知程度。這種身分認知使建制不受其他社會力量的影響。在第十七至十九章對法治的陳述中，我們理解到法律約束政府權力的程度，在很大程度上取決於法院擁有建制性自主的程度。在這個範疇裡，自主意味著能在不受政治干預下培訓、雇用、晉升、管束律師、法官。[17]自主與專門化密切相關，因此自主往往是發展程度較高的建制所具有的特色。能自主決定內部升遷的軍隊，在其他條件相同的情況下，往往會比根據政治背景任命將領或把將領職當商品賣的軍隊更有戰力。

另一方面，整合更是衡量政治制度內不同組織的角色和職責受明確界定，與被認同之程度的整體性標準。未整合的政治制度也會有許多組織執行同樣的職能（例如收稅或公共安全），卻未明確指出哪個組織是老大。由許多自主建制組成的國家機器，比具有服從性建制的國家機器更可能達成內部整合。在家產制社會裡，領袖所屬家族或所屬部落的成員，會被賦予掌管不同國家職能而彼此部分重疊或含糊不清的權限，或者會針對特定個人設置特殊的職位。在組織公共行政體系時，忠誠比才幹更受重視，此做法仍存在於今日許多開發中國家和不少已開發國家中。權威雖正式劃分給各部會，實權卻未相應劃分，導致建制的不整合。

在這個針對建制化的四重定義中，有一未言明的意涵，即建制乃是不隨人亡政息的規則，或一再出現的行為模式。先知穆罕默德靠著生前個人的克里斯瑪人格魅力，將麥地那諸部落團結在一起，但未針對哈里發一職的繼承立下制度。下一個世代爆發的領導權鬥爭，差點使這個新成立的宗教滅頂，且如今在許多方面，這個宗教仍在承受早期建制化失敗的苦果：遜尼派、什葉派分裂。後來在穆斯林世界裡卓然有成的政權，正因為建立了奧圖曼奴隸軍制之類的建制才得以成功。在中國，皇帝幾乎被他自己的官僚組織和該組織的精細複雜規則困住。個別領袖能左右建制，但發展程度較高的建制不只在庸劣的個別領袖死後繼續存在，且有一套制度來培訓、招募較優秀的新領袖。

政治衰敗

如果說建制間的競爭透過動態過程產生政治發展，那麼社會也透過相應的政治衰敗過程變得較不建制化。政治衰敗透過兩個過程發生。建制的創立，最初是為因應某環境的競爭性挑戰。環境可能是自然環境，涉及土地、資源、氣候、地理，也可能是社會環境，涉及對手、敵人、競爭者、盟友、諸如此類者。由於前面所述喜歡為規則和心智模型賦予固有意義的生物性傾向，建制一旦形成，往往就被保存下來。事實上，建制若未有強勢社會規範、儀式，及其他種種灌注在它們身上的心理性東西予以進一步強化，建制將不會是建制，亦即「穩定、受看重、一再出現的行為模式」。建制的保存具有明確的維穩價值：如果人沒有遵守規則和行為模式的生物性傾向，一再重新議定規則，將嚴重危害社會穩定。另一方面，社會對於建制有如此強烈的保守心態，意味著當初促使人創立或採用某建制的條件一旦改變，該建制即無法迅速調整以因應新情勢。建制與外部環境兩者改變速度的落差，說明了為何出現政治衰敗或去建制化。

對既有建制的守舊心態，不只使人無法改變已過時的建制，也使人無法看出建制已不符時代需要。社會心理學家把此現象叫做「認知失衡」（cognitive dissonance），而在歷史上，這種例子屢見不鮮。[18] 如果某社會拜較優秀建制之賜變得軍力更強或更富裕，競爭力較差之社會的成員，如果想救亡圖存，就不得不將那些優勢歸因於支撐該社會的建制。但社會結果本來就是多種原因所共同促成，對於社會的衰弱或失敗，始終可能提出看來切合事實、其實錯誤的另一種解釋。從羅馬到中國的諸多社會，都把軍事挫敗歸咎於宗教義務履行不夠澈底，他們未花時間重整、重新裝備軍隊，反倒把資源用在更繁瑣的儀式和獻祭上。在較晚近的社會裡，很容易就把社會失敗歸咎於外人的陰謀詭計（不管是猶太人還是美國的帝國主義），而不願在本土的建制裡找原因。

第二種政治衰敗是再度家產制化。特別照顧和自己有互惠關係的親人或朋友，乃是一種合乎人性的社交行為，理所當然的人類互動方式。人類最普遍的政治互動方式是恩庇—侍從關係。在這種關係裡，領袖特別照顧追隨者，換取他們的支持。在某些政治發展階段，這構成唯一的政治組織型態。但隨著建制演變，根據功能或才幹招募新血的新規則問世：中國的科舉制度、土耳其的德夫什梅制、天主教神職人員的終身不娶制，或當今禁止任人唯親的法令。但欲將制度再度家產制化的壓力始終存在。被透過不講私人關係的方式招募進建制的個人，往往在成為建制一員後試圖將自己的職位傳給自己的小孩或朋友。建制受到壓力時，領導人往往發覺他們得屈服於壓力，才能確保政治權力或滿足財政需求。

這兩種政治衰敗，我們都已見過許多例子。十七世紀上半葉，中國明朝受自北方組織完善的滿人軍事壓力愈來愈重。政權的存亡取決於政府能否調集資源、重建職業軍隊、將軍隊用於東北邊境上。由於朝廷不願意或無能力徵收到足夠支應自衛開銷的稅收，這些事全未能做到。這時候，明朝政權已安於和本該負擔更多稅賦的菁英階層維持和諧關係，對不理朝政的皇帝來說，多一事不如少一事，當然較明智。

再度家產制化的現象一再發生。西漢時所創立不講私人關係的官僚制度，被想保住自己和自己家系在中央政府之特權地位的世家大族逐漸侵蝕。隋唐時這些世族繼續支配中國官僚組織。埃及馬木魯克和土耳其禁衛軍，都先是要求准許他們成家，繼而要求讓他們的子弟進入軍事建制，從而使不講私人關係的奴隸軍招募制度受到削弱。就馬木魯克來說，此現象的發生是為了回應十三世紀晚期時蒙古威脅的消退和一再出現的瘟疫、日益惡化的貿易條件。對奧圖曼人來說，使塞利姆一世和蘇萊曼大帝這兩位蘇丹對禁衛軍做出讓步的原因，乃是物價上漲和嚴峻的預算壓力。天主教會藉由禁止神父、主教成家，創立現代官僚組織，但隨著教會官員致力於將官職與聖職重新掛勾，使官職成為可繼承的財產，又導致該官僚體系的瓦解。在法國、西班牙，這導致不避人耳目的貪腐賣官制，公部門因賣官制而私有化，成為可繼承的財產。

這兩種政治衰敗：建制僵固和再度家產制化，往往隨著與既有制度的存廢有重大利害關係的家產制官員，想阻止制度改革而一起降臨。如果制度完全崩解，留下來收拾殘局者往往都是擁有恩庇網的家產制行動者。

暴力與失靈的平衡

建制為何遲遲才調整自己以因應環境的變化？除了人天生保存建制的傾向，還有更為具體的原因。任何建制或任何一套建制都讓社會裡某些群體受益，且往往有別的群體因此受害，即使整體來講，政治制度提供了國內安定和產權等公共財。受到國家特別照顧的那些群體，可能比其他群體更覺得自己的人身、財產安全有保障，他們可能因較有機會取得權力而能收取利租，或者他們可能得到認可和社會地位。既有的建制性安排，對那些菁英群體有利害關係，只要他們仍團結一致，他們就會捍衛現狀。即使在整個社會將得益於建制改變時（例如調漲土地稅以支應防禦外來威脅的開銷時），組織完善的群體也將能夠否決改變之議，因為對他們來說，弊大於利。

這種未能達成集體行動的現象，經濟學家非常了解。博奕理論家把這種情況稱作穩定平衡，因為沒有哪個參與者會從更動作為基礎的建制性安排中獲益。但從整個社會的觀點來看，此平衡已失靈。曼瑟爾·奧爾森主張，在任何社會裡，根深蒂固的利益團體，往往都會隨著時日推移而愈來愈來壯大，為了捍衛自己小我的特權，聚集成尋租聯盟。[19]他們組織完善的程度，優於社會上人民大眾，後者在政治制度裡往往沒有代表替他們的利益發聲。政治平衡失靈的問題可靠民主來減輕，民主至少在理論上使非菁英得以在政治權力大餅中享有更大比重。但即使如此，菁英與非菁英在組織能力上通常有很大落差，因此使非菁英無法做出決定性行動。

關於尋租聯盟阻止必要的建制性改變，從而引發政治衰敗一事，我們已看過一些例子。「舊制度」法國就是其中的典型例子，也是「利租」一詞的由來。在這樣的法國，經過兩個世紀將許多法國菁英拉攏到王室一邊，王室已變得非常強大。此舉透過將國家一小塊一小塊（即官職）賣掉來進行，後來，買官者更可將買來的官職傳給下一代。莫頗、杜爾哥等改革派大臣想藉由完全廢除賣官制來改變這制度，但既有的利害關係人勢力太強大，使他們無法如願。最後是在法國大革命期間透過暴力才解決賣官問題。

但平衡失靈的問題，在這之前許久就已出現。考古證據顯示，曾有遊團級社會有機會取得農業技術，卻仍維持狩獵採集生活好幾個世代。造成此現象的原因，似乎也是出在既有利害關係人的既得利益上。遊團級社會人人平等，盛行食物共享，一旦採用農業和私產制，就不可能再共享。若有某戶人家定居下來，開始種植作物，其收成將得和遊團的其他成員共享，因此，投資農業的念頭一開始就被打掉。由於農業的生產力高於狩獵採集，生產形態從狩獵採集轉變為農業，會使整個社會更為富裕，但也會要求遊團裡某些成員不得自由享用剩餘農產。考古學家史蒂芬・勒布朗表示，某些採集社會遲遲才採用農業，完全是因為他們無法解決此合作問題。[20]

因此，社會能否在建制上創新，取決於他們能否使既有的政治利害關係人無法反對改革。有時經濟改變削弱既有菁英的地位，而使主張創立新建制的新菁英地位上升。在英格蘭，土地的收益相較於商業或製造業的收益有所下滑，使資產階級得以在十七世紀時壯大其政治勢力，舊貴族階級的政治勢力則相應衰退。有時，新的社會單元因新宗教意識形態的興起而取得權力，一如佛教、耆那教在印度興起時所見。在斯堪地那維亞，宗教改革後，農民識字率提升，非神職人員也能直接閱讀《聖經》，因而農民不再是一盤散沙、任人擺布的群體。另有一些時候，促成改變者，乃是高明的領導統御能力和將無權力的群體組合成獲勝聯盟的能力，教宗格列高里七世於主教敘任權衝突期間集結人馬組成教宗派，就是絕佳例子。這其實就是政治的本質：領導者透過利用權威、正當性、恐嚇、協商、克里斯瑪、理念、組織多管齊下，排除萬難，實現目標。

長久性政治失能，間接說明了暴力為何在建制的創新與改革上扮演如此吃重角色。暴力向來被視為政治所欲解決的難題，[21]但有時暴力是將阻擋建制變革的利害關係人踢開的唯一辦法。害怕死於非命，乃是比渴求物質利益更為強烈的情感，且能促成行為上更深遠的改變。第五章已指出，以經濟動機，例如欲建設大型灌溉體系的念頭，作為初發性國家形成的原因，令人極難以相信。相對的，拿不斷的部落戰爭或擔心遭組織較完善的群體征服的心理，解釋自由、驕傲的部落民為何會同意生活在集權國家裡，就很說得通。

在中國歷史上，家產制菁英在秦國興起期間和他們東山再起的隋唐期間，都是阻礙現代國家建制創立的絆腳石。在前一期間，貴族領軍，投入無休無止的戰爭，使貴族傷亡殆盡，為非菁英的獲招募入軍隊創造了機會。在後一期間，唐初武后的崛起掌權，導致傳統世族遭全面肅清，從而使更大範圍內的菁英得以躋身權力舞臺。兩場世界大戰消滅了容克（Junker）貴族階層，使他們再也無法阻擋建制上的變革，從而為一九四五年後出現的民主德國，發揮了類似的貢獻。

民主社會是否總是能以和平方式解決這類問題，並不清楚。在美國，內戰前那段時期，南方有少數美國人拚命想保住他們「獨特的建制」，蓄奴制。只要國土往西擴張未導致獲准加入的自由州多到足以推翻他們的否決，《美國憲法》下既有的建制規則就允許他們這麼做。衝突最終演變成靠憲法無法解決的局面，只有訴諸戰爭，結果使六十多萬美國人因此喪命。

從許多方面來看，當今世界的規範和建制已破除了用暴力解決政治僵局的作風。沒有人會認為或希望撒哈拉以南的非洲國家，會為了建立強勢、統一的國家，走中國、歐洲已花了數百年走過的路。這意味著建制創新、改革的負擔會落在如上所述的其他、非暴力機制上，不然就是意味著社會會繼續經歷政治衰敗。

所幸，本書所描述的世界，即國家、法治、可問責，這些基本政治建制在其中被打造出來的那個世界，大不同於當今的世界。自美、法革命以來的兩百多年，世界已經歷工業革命，有改變各社會相關聯程度的新科技問世。如今，構成發展的三個部分：政治、經濟、社會，彼此互動的情形，大不同於一八〇六年前它們互動的情形。它們互動的面貌，就是本書最後一章的主題。

注釋

1 關於這一點，請參見以下文章對理性選擇的評論：John J. DiIulio, Jr., "Principled Agents: The Cultural Bases of Behavior in a Federal Government Bureaucracy," *Journal of Public Administration Research and Theory* 4, no. 3 (1994): 277–320.

2 Frank, *Choosing the Right Pond*; and *Luxury Fever* (New York: Free Press, 1999).

3 North, *Structure and Change in Economic History*, pp.45–58; 另參見North and Arthur Denzau, "Shared Mental Models: Ideologies and Institutions," *Kyklos* 47, no. 1 (1994): 3–31.

4 佛里德里希・海耶克或許比其他社會科學家更清楚，使自然科學有別於社會科學者、使社會科學無法成為可以預測結果的物理學或化學那樣的實證學科者，乃是複雜性。參見Bruce Caldwell, *Hayek's Challenge: An Intellectual

Biography of F. A. Hayek (Chicago: University of Chicago Press, 2004).

5 案例參見 Dawkins, *The God Delusion*, and Hitchens, *God Is Not Great*.

6 Wade, *The Faith Instinct*, pp. 43–45.

7 在社會人類學領域分析宗教發展的權威之作，乃是：James G. Frazer, *The Golden Bough: A Study in Magic and Religion* (New York: Oxford University Press, 1998). 編注：中文版《金枝》（上下）由桂冠出版，一九九一年二月一日。

8 案例參見 North, *Structure and Change*, p. 44.

9 Hayek, *Law, Legislation and Liberty*, 1:9–11.

10 Hayek, "The Use of Knowledge in Society."

11 此觀點亦可見於 Armen A. Alchian, "Uncertainty, Evolution, and Economic Theory," *Journal of Political Economy* 58 (1950): 211–21.

12 Huntington, *Political Order in Changing Societies*, p. 123.

13 Stephen Jay Gould and R. C. Lewontin, "The Spandrels of San Marco and the Panglossian Program: A Critique of the Adaptationist Programme," *Proceedings of the Royal Society of London* 205 (1979): 581–98.

14 Oscar Handlin and Mary Handlin, "Origins of the American Business Corporation," *Journal of Economic History* 5, no. 1 (1945): 1–23.

15 Huntington, *Political Order in Changing Societies*, p.12. 新建制經濟學（New Institutional Economics）創辦人道格拉斯．諾思，把建制界定為「人所設計，左右人與人互動的約束性事物」，意味著建制包括正式與非正式的規則。他把建制與組織分別看待，組織是特定一群人所奉行之規則的體現。諾爾思的建制定義，其問題在於定義太廣泛，涵蓋了從《美國憲法》到個人選擇成熟橘子之習慣的各種事物。最重要的，這定義略去了傳統所認為，憲法與法律體系等正式建制和屬於文化領域的非正式規範之間的重大差異。在有關正式建制與非正式建制之相對重要性的社會理論上，已出現許多重大爭議，但對諾思和其追隨者來說，它們全是「建制」。此外，他未提出複雜、變通、自主、整合之類標準來衡量建制化的程度。參見Douglass C. North, *Institutions, Institutional Change, and Economic Performance* (New York: Cambridge University Press, 1990), p. 3. 編注：中文版《制度、制度變遷與經濟成就》由聯經出版，二〇一七年三月二十日。

16 Huntington, *Political Order in Changing Societies*, pp. 12–24.

17 在諸多現代組織中，日本大藏省是從日本最富名望大學招募新血的菁英機構。對於如何管理日本經濟，大藏省有自己一套看法，且有時大藏省操縱其政治上司，而非聽命於上司。因此，它常被視為自主性建制的典型例子。參見Peter B. Evans, *Embedded Autonomy: States and Industrial Transformation* (Princeton: Princeton University Press, 1995).

18 Leon Festinger, *A Theory of Cognitive Dissonance* (Stanford, CA: Stanford University Press, 1962). 另參見Carol Tavris, *Mistakes Were Made (But Not by Me): Why We Justify Foolish Beliefs, Bad Decisions, and Hurtful Acts* (New York: Mariner Books, 2008).

19 這是曼瑟爾・奧爾森在*The Rise and Decline of Nations* (New Haven: Yale University Press, 1982) 一書中，針對二十世紀英國所提出的見解。這本書以他在*The Logic of Collective Action* 一書中所概述的更廣泛性通論為基礎寫成。

20 Steven Le Blanc，私下談話。

21 案例參見Bates, *Prosperity and Violence*; Bates, Greif, and Singh, "Organizing Violence"; North, Weingast, and Wallis, *Violence and Social Orders*.

第三十章 政治發展今昔

自十八世紀以來政治發展的條件有了多大的改變；發展的政治、經濟、社會三層面，以及它們在馬爾薩斯式世界裡如何互動；這些層面今日如何互動；當今世人的期望。

杭亭頓一九六八年著作《變動世界中的政治秩序》一書，其中的新見解乃是政治發展有其自己的邏輯，而且這邏輯與發展的經濟層面、社會層面的邏輯有關聯但又彼此不同。他主張，政治衰敗發生於經濟、社會的現代化速度快過政治發展速度，且既有的政治制度容不下新社會群體的動員時。他主張這就是使一九五〇、六〇年代期間開發中世界的新獨立國家不穩定，政變、革命、內戰不斷的原因。

對於政治發展遵循自己的邏輯，且不必然是發展的整體過程的一部分之主張，我們必須放在經典現代化理論的背景下審視。經典現代化理論源於卡爾・馬克思、艾米爾・涂爾幹、斐迪南・滕尼斯、馬克斯・韋伯等，以分析歐洲社會因工業化而導致之重大轉變為職志的十九世紀思想家。他們之間的觀念有重大歧異，但傾向於主張現代化有一致的內涵：現代化包括資本主義市場經濟的產生和隨之而來的大規模分工；出現強勢、集權、官僚制國家；從緊密結合的村落轉變為不講私人關係的城市；從共有共享的社會關係轉變為個人主義社會關係。馬克思、恩格斯的《共產黨宣言》，主張「資產階級的興起」影響了從勞動條件到全球競爭到最切身之家庭關係的每樣事物。而上述元素畢具於此《宣言》裡。經典現代化理論傾向於斷定這些改變發生於十六世紀初期約莫宗教改革時；接下來的三百年，這些改變以不可置信的高速展開。

現代化理論於二次大戰前幾年傳播到美國，在哈佛的比較政治研究部門、麻省理工學院的國際研究中心、社會科學研究聯合會的比較政治學委員會（Social Science Research Council's Committee on Comparative Politics）等處落腳。由韋伯弟子塔爾科特・帕森斯（Talcott Parsons）領軍的哈佛比較政治研究部門，期望創造一門將經濟學、社會學、政治科學、人類學熔於一爐的整合性、跨學科的社會科學。[1]現代化理論家極看重步入現代（being modern），認為步入現代是應走的路，在他們眼中，凡是具有現代性的好東西，往往都一起到來。經濟發展、變動的社會關係（例如大型親屬關係群體的瓦解和個人主義的出現）、程度較高且較包容性的教育、轉而看重「成就」與理性等價值觀的規範轉變、世俗化、民主政治建制的問世，整個被視為相互依賴的一個整體。經濟發展會促成教育改善，教育改善會促成價值觀改變，價值觀改變會促進現代政治，如此一個推一個，形成良性循環。[2]

杭亭頓的《變動社會中的政治秩序》，主張具有現代性的好東西不必然一起到來，從而在消滅現代化理論上扮演了重要角色。尤其重要的是，民主不盡然總是有利於政治穩定。杭亭頓的政治秩序定義與我們的國家建造類別相一致，他的著作因主張應把政治秩序看得比民主化重要而廣為人知，最後被稱作「威權主義轉型」（authoritarian transition）的一種發展策略。[3]土耳其、南韓、臺灣、印尼就是走這條路，在威權統治者帶領下將經濟現代化，後來才打開政治制度，允許民主競爭。

本卷所提出的史料，證實了杭亭頓的基本見解：發展的不同層面必須予以分開看待。如前面已提過的，中國人於兩千多年前就發展出韋伯定義下的現代國家，卻未伴隨出現法治或民主，更別提出現社會個人主義或現代資本主義。

此外，歐洲的發展，發生方式大不同於馬克思、韋伯所陳述的。歐洲現代性的根源可溯至比宗教改革還更久遠許多的年代。如第十六章所述，隨著日耳曼蠻族皈依基督教，歐洲在黑暗時代時就已開始脫離以親屬關係為基礎的社會組織。個人（包括女人）自由買賣土地的權利，十三世紀時在英格蘭就已牢牢確立。現代法律秩序從十一世紀晚期天主教會對皇帝發動的抗爭中發展出來，歐洲最早的官僚組織是教會為處理自身內部事務而成立。天主教會長久以來被詆毀為現代化的絆腳石，但從此長遠的觀點來看，它在促成現代性的主要面貌上，貢獻至少和宗教改革一樣大。

因此，歐洲通往現代化之路，不是猛然爆發、為時短暫、使發展的三個層面都受影響的改變，而是在將近一千五百年歲月裡一連串零碎的轉變。在這個獨特的事件序列裡，社會層級的個人主義可能早於資本主義；法治可能早於現代國家的形成；以反抗中央權威的強大割據勢力為表現型態的封建制度，可能是現代民主制度的基礎。馬克思主義者認為，封建制度是資產階級興起前普世共有的發展階段，但事實上，與這觀點相反，封建制度是大體上只見於歐洲的建制。它無法被解釋為普遍經濟發展過程的產物，我們不該理所當然地認為非西方社會走同樣的發展序列。

於是我們必須把發展的政治、經濟、社會三個層面拆開，弄清楚各自一體且時而相互作用的三者彼此間有何關係。我們必須這麼做，特別是因為這些關係的本質，在今日大不同於馬爾薩斯式世界的歷史條件下之時。

湯瑪斯・馬爾薩斯

由於工業革命的展開，大約從西元一八〇〇年後，世界有了非常急遽的改變。在那之前，以技術變遷為基礎，不斷提高生產力這種形式的經濟成長，不可能被視為天經地義。事實上，這種經濟成長幾乎不存在。

這不表示一八〇〇年前沒有生產力重大成長這回事。農業、利用灌溉設施、金屬犁、印刷機、長距離帆船，都提升人均產出。[4]例如，西元前第三個、第二個千年期間，新品種玉米的問世，使特奧蒂瓦坎（Teotihuacán，今墨西哥境內）的農業生產力提升了兩倍。[5]當時與一八〇〇年後的差別，在於當下的生產力與去年同期相比未有平穩增長，因而，在人均國內生產毛額上，也沒有這樣的增長。我們推測網路和電腦過個五年就會有大幅進步，而這樣的推測大概沒錯。相對的，基督出生後不久的西漢時期，中國境內的農業技術，與清朝晚期，中國於十九世紀遭殖民化之前，沒多大差別。

圖七呈現西元四〇〇至二〇〇一年間，西歐與中國人均國內生產毛額的估計值。此圖顯示，一〇〇〇至一八〇〇年的八百年間，西歐的收入逐漸成長，但那之後成長陡升。中國的人均收入在同

一時期大抵持平，但一九七八年開始成長後，成長速度高過歐洲。[6]

一八〇〇年後生產力陡增的原因，一直是成長研究的核心。知識環境上的改變，促進現代自然科學的出現，促進科學與技術的應用於生產，促進複式簿記之類的技術問世，推動支持性微觀經濟建制（例如使不斷創新得以成為可能且鼓勵不斷創新的專利法、版權），而生產力陡增的原因與這些改變有關係。[7]不難理解的是，今人把焦點放在過去約兩百年的發展，而此舉使我們無法理解近代以前的社會裡政治經濟的本質。不斷的高速經濟成長乃是可能之事的假設，助長對有利於這類成長的建制與條件（例如政治穩定、產權、技術、科學研究）的投資。另一方面，如果我們認定生產力改善的可能性不大，社會

中國與西歐，400 至 2001 年（以 1990 年國際元計價）

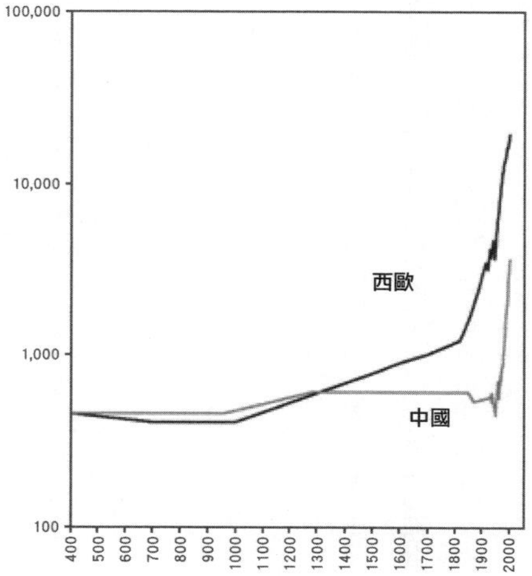

圖七：人均國民生產毛額比較

（本複印已取得華盛頓特區的美國公共政策企業研究院同意）

就陷入一種零和世界，而在這零和世界裡，掠奪他人的資源，以獲得權力和財富，往往令人覺得順理成章。

對低生產力世界最著名的分析，出自英格蘭神職人員湯瑪斯・馬爾薩斯之手。他的《人口學原理》於一七九八年問世，當時他才三十二歲。本身育有八個小孩的馬爾薩斯主張，人口以幾何級數增長（假設每個婦女的「自然」總生育率是十五個小孩），糧食生產卻以等差級數增長，意味著人均糧食產出呈下降趨勢。馬爾薩斯同意農業生產力的確有可能會成長，但認為長遠來看，其成長速度趕不上人口成長速度。雖然可透過「道德性」的抑制手段，例如「限制」婚姻，來抑制人口成長，但人口過多的問題最終將只有透過饑荒、疾病、戰爭來解決。[8]

馬爾薩斯這部著作出版時，正值工業革命前夕，而工業革命促成一八〇〇年後生產力有如上所述的顯著成長，特別是在釋放含藏於煤、石油之類化石燃料裡的能量上。從一八二〇至一九五〇年，全球可取得的能量成長了五倍，人口「只」成長了一倍。[9]隨著現代經濟世界的誕生，把「馬爾薩斯」經濟學貶抑為對技術變遷的前景短視、盲目悲觀，已是司空見慣。[10]但如果馬爾薩斯的模型對一八〇〇至二〇〇〇年這段時期不是很管用，把這模型視為了解這時期之前那個世界的政治經濟的基礎，則看來比較說得通。

若要把馬爾薩斯模型視為對一八〇〇年前經濟生活的歷史描述，就得在某些重要方面予以修正。例如埃斯特・博斯魯普主張人口成長和高人口密度未造成饑荒，反倒偶爾催生出提高生產力的技術創新。例如，埃及、美索不達米亞、中國境內大河流域裡的稠密人口，催生出與大規模灌溉、較高產量新作物與其他工具有關的集約型農業。[11]因此，人口成長本身不必然是件壞事。此外，食物可取得難易度和死亡率之間沒有直接關聯（只有在極嚴重饑荒時例外），從歷史上看，疾病在抑制人口上的作用，始終比飢餓所起的作用大得多。[12]在某地區愈來愈難取得食物時，該地區居民可能不是一個個餓死，而是個體體型變小，從而使維生所需的熱量變少。[13]過去一個世代，為回應普遍的饑荒，北韓境內似乎就發生這樣的事。[14]最後，人均食物產出下降，除了因為人口過多，還應加入當地環境耗竭的因素。在人類社會裡，環境劣變並非新鮮事（儘管今日環境受損的規模前所未有），過去曾經發生巨型動物滅絕，表土侵蝕，微氣候改變等事實。[15]

有了這些修正後，馬爾薩斯模型就為了解工業革命前的經濟發展，提供很好的基準架構。過去一萬年裡，全球人口急遽擴張，從新石器時代開始時全球可能有六百萬人，到二〇〇一年時超過六十億人，成長超過千倍。[16]但絕大部分的人口增加於二十世紀，事實上，其中有不少增加於二十世紀最後幾十年。一八二〇年前，由於人類定居新土地、排乾沼澤、清除森林、開闢海埔新生地和諸如此類的活動，有許多經濟成長屬於粗放型。新土地的墾殖、開發一旦達到既有技術的極限，生活就走上零和之路，也就是說某人得在他人所取得資源變少之下，才可能取得更多資源。人均產出沒有持續成長；絕對成長之後將是停滯和絕對衰退，對整個世界和對在地居民來說都是如此。從全球角度看，世界人口曾因疾病而大幅減少。羅馬帝國末期，蠻族入侵、饑荒、瘟疫橫掃該帝國時，就出現這樣的減少。十三世紀蒙古人入侵歐洲、中東、中國，將瘟疫帶到世上的新地區時，也發生這樣的事。一二〇〇至一四〇〇年，亞洲人口從兩億五千八百萬左右減為兩億一百萬；一三四〇至一四〇〇年，歐洲人口從七千四百萬減為五千兩百萬。[17]

當技術進步終於姍姍來到時，帶來雙重影響。短期來看，它改善生活水平，造福創新者。但資源變多，推升人口成長，隨之降低人均產出，使人的生活平均來講和技術變革發生之前一樣貧困。這就是為什麼許多史學家主張從狩獵採集社會轉變為農業社會後，人在許多方面更為貧困的原因。食物生產的潛力變大了許多，但人食用的食物種類變少，從而對人的健康有不利影響；人花更多心力來生產食物；人住在人口稠密區域，因而易於生病……[18]

馬爾薩斯式世界裡的政治

在零和的馬爾薩斯式世界裡，生活對政治有巨大影響，且看來與今日的情況大不相同。在馬爾薩斯式世界裡，可讓擁有資源的個人，投資在會帶來長期經濟成長的事物，例如工廠、科學研究或教育上的選擇不多。如果他們想增加自身財富，走政治路線，從事掠奪，也就是強行奪取他人的資源，往往是合理得多的選擇。掠奪可能採取兩種方式：擁有強制權者能透過課稅或公然搶奪，取得社會中其他成員所擁有的資源，或者可組織他們的社會，以攻擊、搶奪鄰近社會。因此，透過提升後的軍事能力或行政能力來組織掠奪行動，往往是比投資於生產力更有效率的資源運用方式。

馬爾薩斯本人承認戰爭是抑制人口的因素之一，但典型的馬爾薩斯模型大概淡化了戰爭在抑制過多人口上的作用。戰爭與饑荒、疾病強烈相互作用，同是抑制人口的機制，因為後兩者通常伴隨戰爭而發。但與饑荒、疾病不同的是，掠奪是人為掌控的處理馬爾薩斯壓力的方式。誠如考古學家史蒂芬·勒布朗所指出的，史前社會裡戰爭、暴力的盛行，可用人口超出當地環境的經濟負載能力這一長期存在的問題予以解釋。換言之，大部分人寧可打仗，也不願餓死。[19]

因此，擴大後的馬爾薩斯模型會類似圖八。任何技術上的進步，例如新作物或新收割工具的問世，都會短期增加人均產出，但該增加的產出，在一段時間後若不是被人口成長抵銷，就是被當地環境的惡化抵銷。然後人均產出會下降。日益惡化的貧窮可被以下四大機制中的其中一種抵消：人可能餓死或體型變小，可能死於疾病，可能從事內部掠奪，或者可能與其他社群兵戎相見（對外掠奪）。接著人均產出會成長，而其原因若非因為土地、食物變得更易取得，就是因為掠奪者靠著掠奪他人變得更富有。

我們切不可過度強調，在缺乏技術不斷改良之馬爾薩斯社會特色的世界裡，零和思維的支配程度。人有許多機會是靠合作，而非靠掠奪來獲利。農夫和鎮民能透過彼此貿易互蒙其利；推動綜合性公共財，例如公共秩序、互防的政府，將使政府自己和其子民都獲益。事實上，掠奪本身需要相當大程度的合作才能辦到，此事實是推動

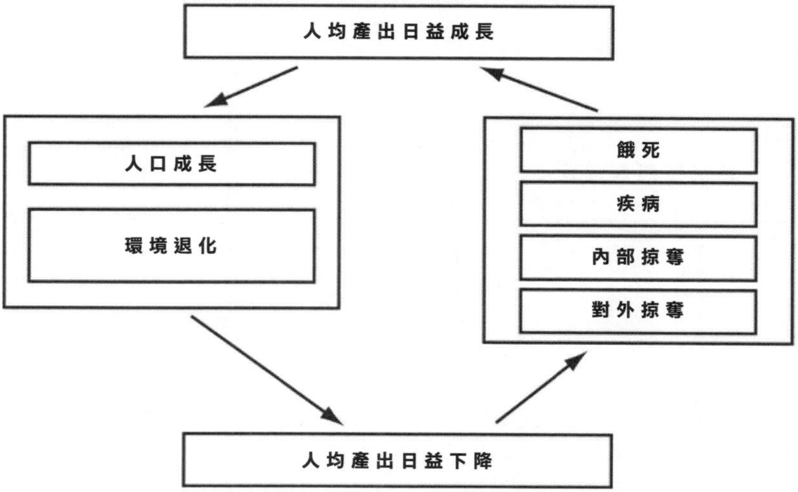

圖八：馬爾薩斯陷阱

政治組織最重要的動機之一。

圖九說明在工業時代之前的馬爾薩斯式世界裡，政治建制與經濟發展的關係。密集經濟成長被困在上方左邊。沒有箭頭指向它。密集成長因偶爾出現的技術進步而發生，但這些進步的出現無法預測，且往往前後兩次進步相隔甚久。那時候的技術創新，乃是經濟學家所謂的外生於制度：它獨立發生，未受到發展的其他任何一層面影響（埃斯特・博斯魯普的假設：日增的人口密度偶爾激發創新和技術改變，把創新和技術改變視為內生的東西，但創新、技術改變與人口日增之間的關係並非可預測或呈線性的）。這時期所出現的經濟成長，大部分是粗放型，而非集約型，意味著總人口和資源隨著時日而增加，但從人均角度看並未增加。

在馬爾薩斯式世界裡，關鍵的政治建制是國家，因為國家是達成粗放型經濟成長的

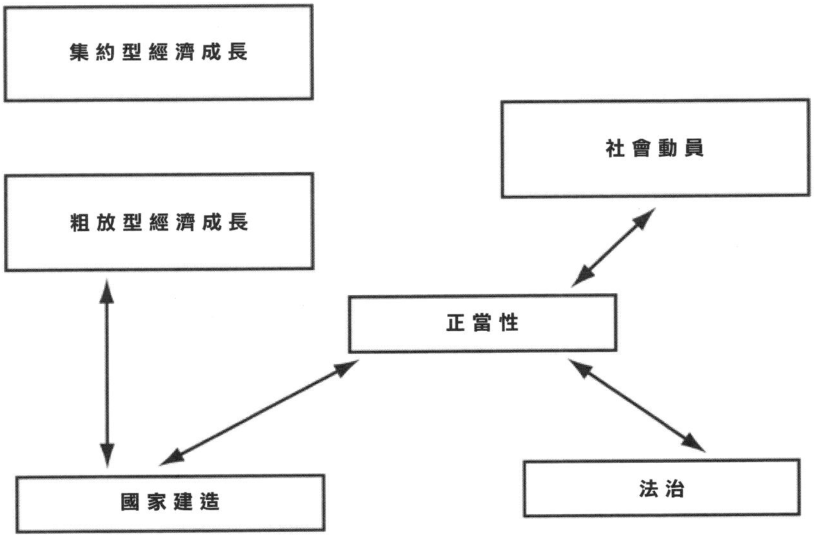

圖九：馬爾薩斯式條件下的發展

首要憑藉。透過對外掠奪（戰爭、征服），能將強制能力（軍隊、警察）轉變為資源。也可將強制能力用在國內居民身上，以維持統治者的權位。相反的，透過征服或課稅收集來的資源，可轉化為強制能力，因此兩者互為因果。國家能透過提供安全、產權之類的基本公共財，一舉改善經濟生產力（奧爾森所謂的從流動土匪轉變為定居土匪），但國家沒辦法促成生產力不斷改善。

正當性是法治和社會動員藉以影響政治的輸送帶，而國家權力本身受到正當性的影響。在大部分馬爾薩斯式社會裡，正當性以宗教形式呈現。中國、拜占庭帝國、其他政教合一國家，都靠他們所控制的宗教權威來直接取得正當性。在存有以宗教為基礎之法治的社會裡，宗教賦予獨自構成的法律秩序正當性，而法律秩序又能給予或拒絕給予國家法律支持。

新社會群體在既有社會裡動員的可能性，比起在今日世界裡有限得多。在動員原本惰性的社會單元，例如七世紀阿拉伯半島上的阿拉伯部落、唐朝時的佛道教派，宗教正當性扮演了很重要的角色。基督教在羅馬帝國期間動員新菁英上也扮演了類似角色。在農業社會裡，宗教往往是社會向既定政治秩序抗議的工具，因而不只是賦予正當性的力量，也是破壞穩定的力量。

在馬爾薩斯式的世界，政治發展主要透過兩種方式來實現。一種以國家建造和粗放型經濟成長的內在邏輯為核心。政治權力產生經濟資源，而經濟資源又反過來產生更大的政治權力。此過程不斷自我推動前進，直到不斷擴張的政治實體受制於地理或可取得技術之類的有形限制，或碰上別的政治實體，或同時遭遇這兩個因素為止。這就是在中國、歐洲境內展開的國家建立、戰爭的邏輯。

另一個政治改變方式與正當性有關，而正當性若非透過建立法治，就是透過賦予新的社會單元權力，來影響國家的權力。我稱為印度的迂迴之現象，其根源乃是婆羅門教的興起，其興起削弱了印度統治者像中國的統治者般積聚國家權力的能力。獲宗教賦予權力的新社會單元，可能像阿拉伯人那樣助長國家權力，不然就是像英格蘭議會那樣限制君主的集權企圖。

在馬爾薩斯式的世界，促成改變的根源相對較少。國家建造的過程非常緩慢，且在中國和歐洲，這個過程花了許多世紀。過程裡也出現數個政治衰敗期，在這期間，政治實體回到較低的發展水平，不得不幾乎是從頭再展開這過程。新宗教或新意識形態偶爾出現，但就像不能指望技術創新為制度不斷注入動力一樣，對它們也不能有這樣的指望。此外，技術限制了人、觀念從世界一地移到另一地的能力。秦始皇在中國創建國家一事，羅馬共和國的領導人始終一無所悉。佛教成功翻過喜馬拉雅山脈，傳到中國和東亞其他地方，但其他建制仍被關在它們各自的發源國裡。基督教歐洲、中東、印度境內各自的法律傳統，全是在彼此影響不大的情況下發展出來。

當今條件下的發展

接下來我們來探討自工業革命以來，發展的諸層面如何相互作用。最重要的改變是持續不斷的密集經濟成長的出現，這種經濟成長影響了發展的絕大多數層面。大幅度經濟成長仍然發生，但在推動政治改變上，其作用大不如日增的人均產出。此外，民主已和國家建造、法治會合，共同構成政治發展的元素。這些層面見圖十。

已有相當多的研究，針對這些不同層面在當今世界裡彼此的實際關聯展開，而這些關聯可以用一連串關係來予以概括。

國家建立與經濟成長間的關係

國家建制是密集經濟成長的基本必要條件。經濟學家保羅・柯利爾（Paul Collier）已證明此命題的反面說法，亦即國家瓦解、內戰、國與國衝突大不利於經濟成長。[20]二十世紀晚期非洲的貧窮，主要與該地的國家非常弱勢、較可能陷入不斷的瓦解和不穩定有關係。與經濟成長有強烈關聯者，除了能提供基本秩序的國家的建立，還有較強的行政能力。在人均國內生產毛額處於低絕對水平（不到一千美元）時，尤其是如此；在較高收入水平時，較強的行政能力仍是重要因素，但其衝擊可能未有相應的增加。也有許多著作將善政與經濟成長掛勾，儘管「善政」的定義並未牢牢確立，且有時（因作者而異）其定義包括政治發展的三個元素。[21]

強勢、內部整合的國家與經濟成長間的相關性已牢牢確立，但兩者何為因、何為果尚不盡然明確。經濟學家傑佛瑞・薩克斯（Jeffrey Sachs）主張，善政

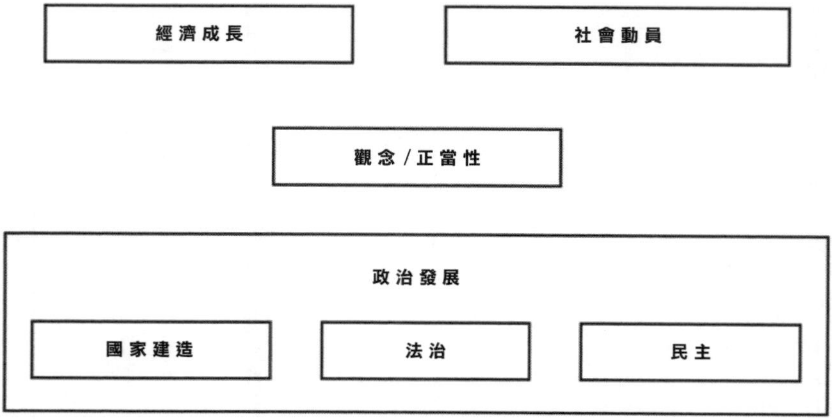

圖十：發展的諸個層面

是內生的：它是經濟成長的果，而非其因。[22]這有其難以反駁的道理：政府的維持很花錢。窮國為何貪腐叢生，原因之一就在這些國家付不起足夠讓公務員養家活口的薪水，因此他們易收受賄賂。花在所有政府服務（從軍隊、道路到學校、街頭警察）的開銷，以人均來說，二〇〇八年時美國是約一萬七千美元，阿富汗只有十九美元。[23]因此，阿富汗的國家權力比美國弱了許多，或大筆援助款流入滋生貪腐，也就不足為奇。

另一方面，有一些例子顯示，經濟成長未產生較良好的治理，反倒良好的治理促成經濟成長。以南韓、奈及利亞為例，經歷韓戰的南韓，一九五四年時的人均國民生毛額低於奈及利亞，而奈國到一九六〇年才得以脫離英國獨立。接下來的五十年，奈及利亞靠石油得到三千多億美元的收入，但其人均收入於一九七五至一九九五年間下滑。相對的，南韓於同一期間以百分之七至九的速率成長，到了一九九七年亞洲金融危機時已成為全球第十二大經濟體。兩國表現有如此差距，幾乎全歸因於南韓政府的治國能力較奈及利亞出色。

法治與經濟成長之間的關係

在學術著作裡，法治有時被視為治理的組成要件，有時被視為發展的一個獨立層面。如第十七章指出的，法治的諸重要層面中，與經濟成長有關聯者是產權和契約履行。有許多著作證明此相關性的存在。大部分經濟學家把此關係視為理所當然，儘管普世、平等的產權是否為其存在的必要條件，並不清楚。在許多社會裡，穩定的產權只有某些菁英有幸享有，而且至少就某些時期來說，這足以推動經濟成長。[24]此外，像當今中國之類有「夠良好」的產權但缺乏傳統法治的社會，仍能達成相當高水平的經濟成長。

經濟成長與穩定民主之間的關係

發展與民主之間的相關性，一九五〇年代晚期由社會學家西摩·李普塞最早注意到，自那之後，已有許多研究將發展與民主掛勾。[25]成長與民主間的關係或許不是線性的，也就是說，愈多的成長不一定促成更民主。經濟學家羅伯特·巴羅（Robert Barro）已證明，此相關性於收入水平較低時較強，中等水平時較弱。[26]針對發展與民主間關係所做的某項極全面性研究顯示，從獨裁往民主的轉變，可能發生於任何發展水平時，但在人均國內生產毛額較高時，往反方向走的機率低了許多。[27]

經濟成長看來有利於穩定的民主，但民主與成長間的逆因果關係，則大不如前者那麼明確。如果我們只考慮到晚近有亮麗經濟成長的威權主義國家的數目：中華人民共和國、新加坡、蘇哈托（Suharto）治下的印尼、奧古斯托·皮諾契特（Augusto Pinochet）治下的智利、受獨裁統治時的南韓和臺灣，上述說法顯然就很有道理。因此，擁有內部協調整合的國家和相當良好的治理，乃是成長的條件之一，但民主是否扮演同樣正面的角色，則不清楚。

經濟成長與社會發展或公民社會誕生之間的關係

有一些權威性的社會理論，把現代公民社會的出現與經濟發展掛勾。[28]亞當·斯密在《國富論》中指出，市場的成長與社會裡的分工有關係：隨著市場擴張和公司利用規模經濟的優勢，社會專門化提升，新社會群體（例如工人勞動階級）出現。現代市場經濟體所要求的流動性和暢通無阻的進入權，削弱了許多傳統的社會權威型態，迫使它們被更靈活、志願的結合型態取代。日益擴大的分工所起的改造作用，乃是卡爾·馬克思、馬克斯·韋伯、艾米爾·涂爾幹等十九世紀思想家之著作的中心主題。

社會動員與自由民主之間的關係

從托克維爾以來，已有許多民主理論主張若沒有強健的公民社會，就不可能有現代的自由民主。[29]社會群體的動員使弱勢者得以集結起來為自己利益發聲，得以進入政治制度，即使在社會群體未懷有政治目標時，志願性結合都間接助長了個人在新情況下彼此合作的能力，這能力即所謂的社會資本。

上述將經濟成長與穩定自由民主制度掛勾的相關性，大概是透過社會動員的管道出現：成長促成新社會單元的出現，而新的社會單元要求在較開放的政治制度裡有人代表他們，極力主張往民主轉變。政治制度得到充分建制化，能滿足這些新單元的需求時，就能成功轉變為完全民主。這樣的改變，發生於二十世紀頭幾十年農民運動組織和社會黨興起後的英國、瑞典，發生於一九八七年軍事獨裁政權垮臺後的南韓。

高度發展的公民社會也可能危及民主，甚至可能導致政治衰敗。以種族或民族沙文主義為基礎建立的群體，散播褊狹心態；利益團體能投注心力於零和的尋租活動；經濟、社會衝突遭過度政治化，可能癱瘓社會，削弱民主建制的正當性。[30]社會動員可能導致政治衰敗。杭亭頓筆下政治建制未能滿足新社會單元之參與要求的過程，可以說就發生在一九九〇、二〇〇〇年代一再有民選總統遭高度動員的社會群體拉下臺的玻利維亞、厄瓜多。[31]

民主與法治之間的關係

民主的興起和自由法治的興起，兩者間始終存有密切的歷史關係。[32]如第二十七章提到的，可問責政府在英格蘭的興起，與捍衛習慣法一事有密不可分的關係。將法治擴大適用於更廣大的公民身上，始終被視為民主本身的關鍵要素。在一九七五年後的第三波民主轉變裡，共產獨裁政權的垮臺促成選舉民主制度的興起，和保護個人權利之立憲政體的創立，而在這一波改變裡，始終存在著上述的密切關係。

觀念、正當性、發展的其他所有層面之間的關係

與正當性有關的觀念，按它們自己的邏輯發展，但它們也深受經濟、政治、社會三層面之發展的影響。卡爾·馬克思在大英圖書館裡默默埋頭寫作，將對早期資本主義的批判系統化，若沒有他的著作，二十世紀的歷史大概會是大不相同的面貌。同樣的，共產主義一九八九年的垮臺，主要是因為只剩少數人還相信馬列主義的基本觀念。

相反的，經濟、政治領域的發展，影響了世人所視為正當的觀念種類。十八世紀時，法國人民比其他人更覺得「人的權利」有其道理，乃是因為該世紀時，法國階級結構裡已發生的變化，和該世紀更晚時新興中產階級日益升高的期待。某些資本主義建制，使國家更強力控制經濟的作為取得

正當性，而一九二九至一九三一年的重大金融危機和經濟衰退，削弱了這些建制的正當性。接下來大型福利國的興起和福利國體制所似乎助長的經濟停滯和通膨，為一九八〇年代雷根／柴契爾的保守主義革命奠下基礎。同樣的，社會主義未能實現其現代化、公平的承諾，導致它受到許多生活在共產主義下的人民唾棄。

經濟成長也可能為成功促進經濟成長的政府創造正當性。許多發展迅速的東亞國家，例如新加坡、馬來西亞，雖因這理由而未具備自由民主，卻仍受到廣大人民支持。相對的，因經濟危機或處理不當導致經濟衰退，可能破壞穩定，一九九七至一九九八年金融危機後印尼獨裁政權的遭遇就是明證。[33]

正當性也仰賴成長果實的分享。成長的好處只歸社會最上層的一小撮寡頭統治者享有，而未讓大眾雨露均霑，往往促使社會群體起來反抗政治制度。波費里奧・狄亞士（Porfirio Diaz）獨裁統治下的墨西哥，就發生這樣的事。他於一八七六至一八八〇年和一八八四至一九一一年兩度統治該國。國民收入於他統治期間迅速成長，但只有有錢菁英有幸享有產權，從而為一九一一年的墨西哥革命，和隨著貧困弱勢者爭奪他們應享有的國民收入而爆發的長期內戰和不穩定，創造了有利條件。更晚近時，委內瑞拉、玻利維亞境內民主制度的正當性，遭遇政治基礎薄弱、原本屬於邊緣化群體的民粹領袖挑戰。[34]

現代發展典範

發展的不同層面之間所具有的多種關聯，意味著在今日條件下有許多可能達成現代化的道路可依循，而其中大部分道路在馬爾薩斯式的條件下不可能取得。我們不妨以南韓為例作說明。在南韓，諸多發展要素以特別有利的方式會合（見圖十一）。

韓戰結束時，南韓擁有相對較強勢的政府。它承襲了來自中國的儒家國家傳統，在一九〇五至一九四五年遭日本殖民時期已具備許多現代建制。[35]這個國家，在一九六一年某場政變中掌權的朴正熙將軍領導下，利用工業政策推動經濟的快速成長（箭頭一）。南韓的工業化，以一代的時間，就把國家從落後的農業社會改造為工業大國，啟動了新力量的社會動員：工會、教會團體、大學生，以及其他原不存在於傳統韓國裡的公民社會單元（箭頭二）。一九八〇年光州屠殺事件後，全斗煥將領的軍政府失去正當性，然後這些新社會群體開始激動地要求軍方交出執政權。在盟國美國的溫和催促下終於實現，同年宣布舉行第

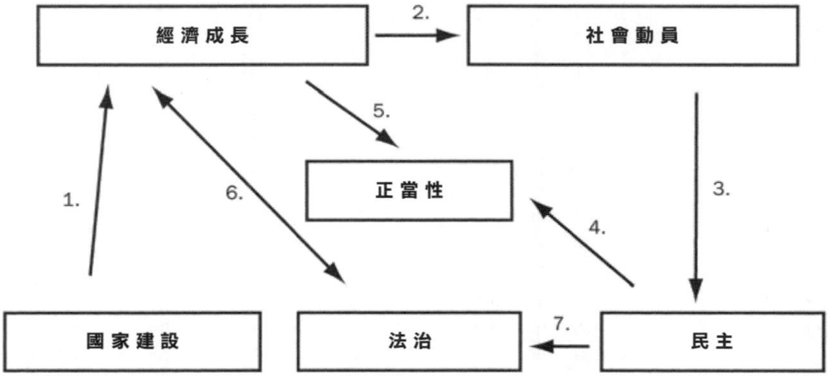

圖十一：南韓（一九五四至一九九年）

一次的總統民選（箭頭三）。南韓的經濟快速成長和其往民主轉變，有助於強化政權的正當性，進而有助於強化政權撐過一九九七至一九九八年亞洲嚴重金融危機的能力（箭頭四、五）。最後，經濟成長和民主誕生有助於強化南韓的法治（箭頭六、七）。

就南韓的情況來說，發展的所有層面，往往如現代化理論所主張的相互強化。儘管把選舉民主、法治拖到工業化之後才發生的那些階段，具有明確的先後順序。但南韓的模式不必然是普世通用的模式，通往現代化還有其他許多可能的道路。在歐、美，法治在國家鞏固之前就存在，在英格蘭和美國，某種民主問責制比工業化、經濟成長更早存在。中國至目前為止一直走和南韓一樣的路，但略去箭頭三、四、七。一九七八年鄧小平開始推動經濟自由化時，中華人民共和國承繼了來自毛澤東主義時期的相當幹練的國家。開放的經濟政策為接下來三十年的快速經濟成長提供了動力，隨著千百萬農民離開農村前往城裡工廠工作，促成中國社會的重大社會性轉型。經濟成長協助國家取得正當性，創造了新生的中國公民社會，但成長既未破壞政治制度的穩定，也未使政治制度受到要求民主化的強大壓力。此外，隨著中國致力於使本國的法律體系符合世貿組織所訂的標準，成長已促成法治方面有所改善。關於中國的未來，最大的疑問乃是快速發展所產生的龐大社會動員，最終會不會催發出要求更大政治參與且無法抗拒的聲浪。

什麼東西已改變

如果我們用自工業革命以來一直存在的情況，來思考以馬爾薩斯式經濟條件為特點之歷史時期裡的政治發展前景，立刻就看出有許多差異。關鍵之處，在於持續保持密集經濟成長的可能性。人均產出的成長，的確不只是把較多資源交到國家手上而已。這成長促進社會的廣泛轉型，動員一些在一段時日後也設法成為政治行動者的新社會力量。相對的，在馬爾薩斯式世界裡，社會動員較罕見得多，主要因正當性、觀念領域裡的改變刺激而發生。

欲擺脫以被困在尋租聯盟裡的傳統菁英為象徵的統治失效，社會動員是重大關鍵之一。一七八〇年代時丹麥國王能削弱牢牢盤據的貴族勢力，乃是因為出現了受過教育、組織完善的農民階層：至此只出現過無法無天、組織渙散的農民叛亂的世界史裡，這是頭一遭。因為這時的丹麥屬於工業時代之前的社會，動員的來源是宗教，特別是以宗教改革和該改革堅持人人識字之主張為表現型態的宗教。在一九八〇年代的南韓，一群新社會單元的出現，打破了彼此盤根錯結的軍方、商界菁英的勢力，而在二次大戰後南韓經濟成長期開始時，這些新單元幾乎無一存在。因此，丹麥、南韓都有了政治改變。但丹麥的動員似乎幾可說是一場歷史的偶然（丹麥國王選擇路德主義一事），而南韓的動員則是在馬爾薩斯式世界裡更可預料到的經濟成長結果。在這兩個例子裡，社會動員就民主傳播方面來說帶來正面的影響，但在其他方面則導致政治不穩定。

今昔政治發展的另一個重大差異，在於國際因素影響本國建制演變的程度。本書所講述的所有故事，幾乎個個涉及到單一社會和社會裡不同國內政治單元間的互動。國際影響的出現，大部分肇因於戰爭、征服或征服威脅、偶爾出現的宗教教義的跨國散播。這時期存有天主教會、伊斯蘭哈里發之類的「跨國」建制，而天主教會和哈里發在促進包括《查士丁尼法典》或伊斯蘭教法在內的諸多建制的跨國散播上，貢獻很大。此外，在近代歐洲人想找回他們的古希臘羅馬遺產時，也向遙遠的古人取經。但從全球視野來看，發展往往被地理和宗教高度區隔開。

如今，在這方面，情況大不相同。我們今日所謂的全球化，只是對過去幾百年裡隨著與運輸、通訊、資訊有關的技術的傳播而未曾中斷的一個過程的最近一次重述。如今，社會要在來自外界的投入相對較少的情況下自力發展，極不可能。甚至就世上最孤立、最艱困的地區來說，例如有受邀而來或不請自來的國際行動者，例如外籍部隊、中國伐木公司或世界銀行，阿富汗或巴布亞紐幾內亞，也是一樣。就連在這些地區，與熟悉的過往分道揚鑣的腳步也愈來愈快。

全球各地諸社會的統合程度提高，已加劇這些社會間的競爭，且因此使政治改變、政治型態趨同的速度加快。殊相演化，亦即物種演化和生物愈來愈多樣性，發生於有機體增殖為自成一體的微環境；且彼此失去接觸之時，與殊相演化相反的生物全球化，則隨著物種因有意或無意間置身船底汙水艙，被從某生態區運到另一個生態區而持續發生。斑馬貝（Zebra mussels）、葛、非洲化殺人蜂（Africanized killer bees）如今和原生物種爭奪地盤。這些生物，加上最大的競爭者人類，已導致全球各地物種數目銳減。

政治上亦然。如今，任何發展中國家，不管有什麼本土傳統或文化，都能自由採用它所想用的發展模式。美、蘇兩強曾致力於輸出自己的政治、經濟模式，且美國透過其民主推動計畫，如今仍在這麼做。此外還有由國家主導發展的東亞模式和中國所提供的威權資本主義道路。世界銀行、國際貨幣基金會、聯合國之類的國際建制，隨時願提供建制建構方面的意見和能力建構方面所需的資源和技術支援。如今較晚走上發展之路的國家，在建制或政策方面，不必然得走別人走過的路。[36]

另一方面，跨國移動的東西也有不好的，毒品、犯罪、恐怖主義、各類武器、非法金錢和諸如此類者。已有人將全球化稱作「主權的黃昏」。[37]這無疑是誇大之詞，但流動性的提高和技術，已使國家欲在自己土地上執法、收稅、管理人民行為、或做其他許多與傳統政治秩序有關之事的難度增加。在大部分財富以土地形式持有的年代，國家比較管得住有錢的菁英；如今，財富可輕易逃到國外的銀行帳戶。[38]

因此，如今光談「國家發展」已不可能。在政治科學上，比較政治學和國際關係向來被視為各成一體的學科分支，前者探討國內發生的事，後者探討國與國間的關係。漸漸的，這兩個領域將不得不當作不可分割的整體來研究。我們如何得出這論點，政治發展在當今世界裡如何發生，將是本書第二卷的主題。

總而言之，社會不會被自己的歷史過往困住。經濟發展、新社會單元的動員、不同國家之社會的整合、競爭與外國模式的大行其道，全為完全不存在或以弱化的形式存在於工業革命前的政治改變，提供了入口。

但不管在哪個世代，社會都無法完全自由改造自己。今人很容易過度強調全球化將全球各地社會整合的程度。社會交換、學習的程度高於三百年前，但大部分人仍生活在大體上受自己傳統文化和習慣左右的空間裡。社會的惰性仍很強，外國的建制模式比過去更容易取得，但外國模式輸入後仍得擺在本土模式上面，而非取代本土模式。

現今對政治建制起源的歷史描述，有必要予以合理客觀的審視。沒有人會認為當今的發展中國家，得採取中國或歐洲境內諸社會所曾採取的所有暴力手段才能建立現代國家；沒有人會認為現代法治得建立在宗教基礎上。我們已了解建制如何肇因於不可能被複製的偶然歷史情況和意外事件。

建制起源的偶然性，還有建制的建立需要經過漫長的歷史鬥爭，應會讓我們在處理當前的建制建構工作時懷有一定程度的謙卑。若不顧及既有的規則和支持那些規則的政治勢力，不可能將現代建制移植到別的社會。建構建制不同於建水壩或公路網。它需要花費相當多的心力讓人相信建制上的改變絕對有其必要，需要打造一個贊成改變的聯盟，以打消舊制度裡既有利害關係人的抵抗，然後還需要使人認同一套新行為是稀鬆平常且應該的，才能竟其全功。正式的建制往往需要靠文化轉移來輔助，例如如果沒有獨立的媒體和自我組織的公民社會來維持政府的誠實，選舉民主無法順利運行。

民主誕生所依恃的那些環境條件、社會條件，乃是歐洲所獨有。但立憲政體一旦從看來偶然的一連串相互聯繫的事件中誕生，它即產生一種極有力，且在最後普被世界各地仿效的政治、經濟制度。作為自由民主之基礎的普世認可原則，其出現可追溯到更早的政治發展階段，且在那些階段裡，社會較平等、較接受廣泛參與。我前面已提過，狩獵採集社會和部落社會，在公平和參與程度上高於取代它們的國家級社會。一視同仁的原則一旦揭櫫，就很難阻止人替自己爭取這樣的待遇。這或許有助於說明人人平等的觀念在現代世界的傳播，為何如托克維爾在《民主在美國》一書中所指出的，看來勢不可擋的原因。

可問責制在今日

如第一章裡指出的，民主未能在世上許多地方站穩腳跟，原因可能較不是出在觀念本身的吸引力不足，而是出在使可問責政府得以出現的那些物質條件、社會條件付諸闕如。換句話說，成功的自由民主制度，既需要強勢、統一、能在自己領土上執法的國家，還需要強勢、團結、能逼國家接受可問責制的社會。強勢國家與強勢社會之間取得平衡，民主才得以運行，不只在十七世紀的英格蘭是如此，在當今的已開發國家亦是如此。

近代歐洲的這些例子，與二十一世紀開始時的情況有許多相似之處。自第三波展開以來，已有多場鬥爭展開：在想鞏固自己權力、有心成為專制統治者的領導人，和社會裡想擁有民主制度的群體之間。

在蘇聯解體後分裂出的許多國家裡，就出現這情況。在這些國家，後共產時代的領導人（往往出身於前共黨機器），開始重建國家，開始將大權集於一身。但在委內瑞拉、伊朗、盧安達、衣索匹亞，亦出現這樣的鬥爭。在某些地方，例如二〇〇〇年後普丁當政下的俄羅斯，或二〇〇九年總統大選後的伊朗，領導人實現威權主義國家建造計畫，政治反對團體未能聯合起來阻擋。但在喬治亞和烏克蘭，政治反對勢力的動員，成功抵抗了國家權威，至少短期來說是如此。而在前南斯拉夫，國家澈底瓦解。

近代歐洲的情況顯然大不同於二十一世紀初的情況，但仍然上演了同樣一齣集權、抵抗的大戲。如今沒有貴族、紳士、第三等級、農民，但有工會、商業團體、學生、非政府組織、宗教組織，以及其他一些社會單元（見圖十二）。比起我們一路探究來的農業社會，在當今社會裡，社會單元的組成更廣泛得多、種類更為多樣。對這場鬥爭的任何政治分析，都必須以了解國內外不同社會單元的本質和他們的團結程度作開頭。公民社會會表現出牢固的團結，或者聯盟裡有裂隙？軍方和情報單位仍會效忠於政權，或其內是否有願意和反對勢力談判的溫和派？政權的社會基礎為何，該政權贏得哪種正當性？

如今，國際體系影響這些鬥爭的程度，高於在我們所研究過的那些近代例子裡的程度。反對團體能從國外得到資金、訓練，偶爾還能從國外得到武器，政權則能向氣味相投的國家求援。此外，全球經濟提供了使政府得以不必仰賴其公民的替代性財務來源，例如國家資源租金或外援。國王與議會圍繞著課稅展開的鬥爭，在富產石油的國家不可能發生，而這或許就是這類國家絕大部分是非民主國家的原因。

未來之課題

展望未來，我們能提出兩個有關未來政治發展而在此刻尚未能得到解答的疑問。第一個疑問與中國有關。從一開始我就申明，現代政治制度由強勢國家、法治、可問責三者構成。畢具這三者的西方社會，發展出強健的資本主義經濟，稱

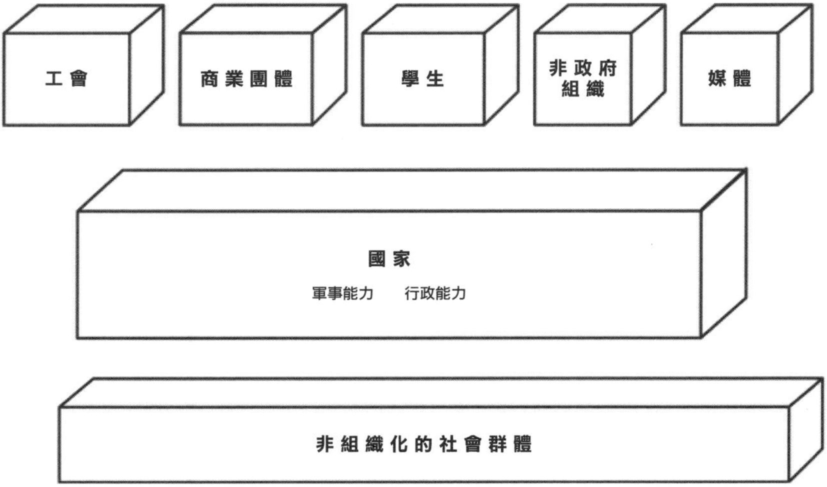

圖十二：今日的政治權力

霸全球。但中國在只具備強勢國家的情況下，如今成長迅速。這種情況是否可長可久？中國能在既無法治也無可問責制的情況下，繼續成長經濟，維持政治穩定？成長所啟動的社會動員會受到強勢威權主義國家的控制，或會導致沛然莫之能禦的民主問責要求？在國家—社會的平衡已倒向國家一側如此久的社會裡，民主可能降臨嗎？在沒有西式產權或個人自由的情況下，中國科學、技術能持續進展嗎？或者中國人會以民主、法治社會所未見的方式，繼續利用政治權力促進發展？

第二個疑問與自由民主政體的未來有關。鑑於政治衰敗現象，在某個歷史時期順利成功的社會，不必然會永保成功。在今日，自由民主政體可能被視為最具正當性的政體，但其正當性依績效而定。而績效又取決於它能否在必要時，在採取強勢國家行動和構成其正當性且促進私部門成長的個人自由之間，維持適當的平衡。現代民主國家的弊病不少，但在二十一世紀初，最大的弊病大概是國家的弱勢：當代的民主國家太容易陷入癱瘓、僵化，因而無法做出有利於長遠政治、經濟發展的艱難決定。民主印度想修繕其老朽不堪的公路、機場、自來水與汙水系統等公共基礎設施，卻綁手綁腳難以放手施為，因為既有的利害關係人能利用法律體系、選舉體系來阻擋。歐洲聯盟的重要成員發覺福利國體制顯然已超出財政負荷，卻無法裁減福利支出。日本所背負的公債之高，在已開發國家圈子裡名列前茅，卻未著手消除其經濟裡阻礙未來成長的僵固死板之處。

然後，美國也有麻煩，一直未能認真處理與健康、社會福利、能源等有關的長期財政問題。美國似乎日益深陷於失能的政治僵勢中，人人都同意有必要處理長期財政問題，但有影響力的利益團體能攔下欲減少赤字所必須做的削減支出或增稅作為。美國制度的設計，講究不同部門間的有力制衡，因而較不易找到解決方案。意識形態上的僵化，使美國人在尋找問題的解決辦法上畫地自限，或許也是原因。面對這些挑戰，美國不可能像「舊制度」法國那樣將公職赤裸裸地家產制化，但它的確像當年法國政府那樣，明知短期權宜措施可能只是將金融危機的爆發延後，卻無法避開該危機的發生，仍推出這樣的措施。

最初，建制的出現出於某些原因，而這些原因的出現，事後來看，乃是歷史的偶然。但有些建制未被淘汰且向外傳播，因為它們滿足了從某個角度看來是普世共有的需求。這就是為什麼隨著時日推移建制趨同的原因，以及為什麼我們能概括陳述政治發展的原因所在。但建制的未遭淘汰也涉及一些偶然因素：在經濟快速成長，且人口的中位數年齡是二十多歲的國家運作非常平順的政治制度，搬到成長停滯且三分之一人口在退休年齡的社會，運作就未必這麼平順。如果建制未能適應新環境，社會會面臨危機或瓦解的危險，而可能不得不採用別種建制。對自由民主政體和非民主的政治制度來說，這說法同樣真切。

但認為具有政治可問責制的社會，最終會勝過沒有可問責制的社會，來自一個重要理由。政治可問責提供了讓建制和平適應新環境的方式。帝制時期的中國，其政治制度所從未能解決的問題，就是像武后或萬曆皇帝之類的「壞皇帝」。威權主義制度的成就，偶爾能勝過優秀領導人帶領下的自由民主制度，因為威權主義制度能在沒有法律質疑或議會事後糾正的掣肘下迅速做出決定。另一方面，這種制度的成功，有賴於優秀領導人的源源不斷；壞皇帝當政時，政府所擁有不受制約的權力可能導致災難。在可問責只向上交代，未向下看的今日中國，這仍是不容輕忽的大問題。

我在一開頭指出，閱讀本卷對建制發展的歷史描述時，務必要有工業革命後各種不同情況曾併行的認知。為能較直接處理、更新《變動社會中的政治秩序》一書所提出的問題，我不提這些情況。隨著工業化的展開，經濟成長和社會動員以快上許多的速度進行，且大幅改變了政治秩序三要素的發展前景。下卷我會在這個基準架構下繼續談政治發展。

注釋

1 關於背景，參見Nils Gilman, *Mandarins of the Future: Modernization Theory in Cold War America* (Baltimore: Johns Hopkins University Press, 2003), chap. 1. See also Vernon Ruttan, "What Happened to Political Development?" *Economic Development and Cultural Change* 39, no. 2 (1991): 265–92.

2 案例參見David C. McClelland, *The Achieving Society* (Princeton: Van Nostrand, 1961); Talcott Parsons and Edward A. Shils, eds., *Toward a General Theory of Action* (Cambridge, MA: Harvard University Press, 1951).

3 杭亭頓的學生Fareed Zakaria，針對此一觀點提出更切合時事的修正說法。他強調，除了國家建造，法治也是政治秩序的組成元素。參見*The Future of Freedom: Illiberal Democracy at Home and Abroad* (New York: Norton, 2003).

4 參見Maddison, *Growth and Interaction in the World Economy*, pp.12–30。Gregory Clark斷言，從狩獵採集時期到一八〇〇年，生產力毫無成長，此說看來極不可信。Clark, *A Farewell to Alms*.

5 Livi-Bacci, *A Concise History of World Population*.

6 Maddison, *Growth and Interaction in the World Economy*, p. 9.

7 案例參見David S. Landes, *The Unbound Prometheus: Technological Change and Industrial Development* (New York: Cambridge University Press, 1969); 以及Landes, *The Wealth and Poverty of Nations: Why Some Are So Rich and Some So Poor* (New York: Norton, 1998); Nathan Rosenberg and L. E. Birdzell, *How the West Grew Rich* (New York: Basic Books,

1986); North and Thomas, *The Growth of the Western World*; Philippe Aghion and Steven N. Durlauf, eds., *Handbook of Economic Growth*, Vol. 1 (Amsterdam: Elsevier/North Holland, 2005), 特別是以下章節：Oded Galor, "From Stagnation to Growth: Unified Growth Theory"; Oded Galor and David N. Weil, "Population, Technology, and Growth: From Malthusian Stagnation to the Demographic Transition and Beyond," *American Economic Review* 90 (2000): 806–28.

8 Massimo Livi-Bacci, *Population and Nutrition: An Essay on European Demographic History* (New York: Cambridge University Press, 1991), p. 12.

9 Livi-Bacci, *Concise History of World Population*, p. 28.

10 參見 Alan Macfarlane, "The Malthusian Trap," in William A. Darrity Jr., ed., *International Encyclopedia of the Social Sciences*, 2d ed. (New York: Macmillan, 2007).

11 Boserup, *Population and Technological Change*, pp.63–65. 另參見 Boserup, *Economic and Demographic Relationships in Development* (Baltimore: Johns Hopkins University Press, 1990).

12 Livi-Bacci, *Population and Nutrition*, p. 119.

13 Livi-Bacci, *Concise History of World Population*, p. 36.

14 參見 Marcus Noland and Stephan Haggard, *Famine in North Korea: Markets, Aid, and Reform* (New York: Columbia University Press, 2007).

15 此為以下書目的主題之一：Jared Diamond, *Collapse: How Societies Choose to Fail or Succeed* (New York: Viking, 2005). 編注：中文版《大崩壞：人類社會的明天？》（新版）由時報文化出版，二〇一九年十月二十九日。

16 Livi-Bacci, *Concise History of World Population*, p. 31; Maddison, *Growth and Interaction in the World Economy*, p. 7.

17 Livi-Bacci, *Concise History of World Population*, p. 31.

18 Livi-Bacci, *Population and Nutrition*, p. 20; Diamond, *Guns, Germs, and Steel*; Boserup, Population and Technological Change, pp. 35–36.

19 LeBlanc and Register, *Constant Battles*, pp. 68–71.

20 參見 Paul Collier, *The Bottom Billion: Why the Poorest Countries Are Failing and What Can Be Done About It* (New York: Oxford University Press, 2007).

21 Knack and Keefer, "Institutions and Economic Performance"; Dani Rodrik and Arvind Subramanian, "The Primacy of Institutions (and what this does and does not mean)," *Finance and Development* 40, no. 2 (2003): 31–34; Kaufmann, Kraay, and Mastruzzi, *Governance Matters IV*.

22 Jeffrey Sachs, *The End of Poverty: Economic Possibilities for Our Time* (New York: Penguin, 2005).

23 參見 Melissa Thomas, "Great Expectations: Rich Donors and Poor Country Governments," Social Science Research Network working paper, January 27, 2009.

24 Stephen Haber, Noel Maurer, and Armando Razo, *The Politics of Property Rights* (New York: Cambridge University Press, 2003); 以及 Mushtaq H. Khan and Jomo Kwame Sundaram, eds., *Rents, Rent-Seeking and Economic Development: Theory and Evidence in Asia* (New York: Cambridge University Press, 2000).

25 Seymour Martin Lipset, "Some Social Requisites of Democracy: Economic Development and Political Legitimacy," *American Political Science Review* 53 (1959): 69–105; 相關文獻概論，參見 Larry Diamond, "Economic Development and De- mocracy Reconsidered," *American Behavioral Scientist* 15, nos. 4–5 (1992): 450–99.

26 Robert J. Barro, *Determinants of Economic Growth: A Cross-Country Survey* (Cambridge, MA: MIT Press, 1997).

27 Adam Przeworski et al., *Democracy and Development: Political Institutions and Material Well-Being in the World, 1950–1990* (Cambridge: Cambridge University Press, 2000).

28 Ernest Gellner, Conditions of Liberty: Civil Society and Its Rivals (New York: Penguin, 1994).

29 同前注。

30 案例參見 Sheri Berman, "Civil Society and the Collapse of the Weimar Republic," *World Politics* 49, no. 3 (1997): 401–29.

31 George Gray Molina, "The Offspring of 1952: Poverty, Exclusion and the Promise of Popular Participation," 以及 H.

Klein, "Social Change in Bolivia since 1952," in Merilee S. Grindle, ed., *Proclaiming Revolution: Bolivia in Comparative Perspective* (London: Institute of Latin American Studies, 2003).

32 此一論點來自Thomas Carothers, "The 'Sequencing' Fallacy," *Journal of Democracy* 18, no. 1 (2007): 12–27; 以及Marc F. Plattner, "Liberalism and Democracy," *Foreign Affairs* 77, no. 2 (1998): 171–80.

33 uan J. Linz and Alfred Stepan, eds., *The Breakdown of Democratic Regimes: Europe* (Baltimore: Johns Hopkins University Press, 1978).

34 關於拉丁美洲不平等的普遍問題及其與民主穩定的關係，參見Fukuyama, *Falling Behind*.

35 參見Jung-En Woo, Race to the Swift: State and Finance in Korean Industrialization (New York: Columbia University Press, 1991).

36 參見Alexander Gerschenkron, *Economic Backwardness in Historical Perspective* (Cam bridge, MA: Harvard University Press, 1962).

37 Wriston, *The Twilight of Sovereignty*.

38 參見Moses Naim, Illicit: How Smugglers, Traffickers, and Copycats Are Hijacking the Global Economy (New York: Doubleday, 2005).

謝辭

若沒有多位人士和機構的慷慨協助，本書不可能寫成。我是在任教於約翰霍普金斯高級國際關係研究學院，擔任該學院國際發展計畫室主任時，構想出此書，並寫成草稿。該學院為這個主題的撰寫、思索提供了愜意的環境，我很感激該學院和其院長 Jessica Einhorn 給我的支持。我在學院撰寫此書時，曾就此書的主題，在丹麥的奧胡斯大學、密西根州立大學，以及在給了我許多寶貴意見的史丹福大學演講。

我很感謝 Farrar, Straus, and Giroux 出版社的出版人 Jonathan Galassi 支持此出書計畫，感謝該社編輯 Eric Chinski 的協助。Eric 是位極體貼周到的讀者，助我深入思索內文中的許多重大問題。一如以往，我非常感激我的兩位寫作經紀人，International Creative Management 公司的 Esther Newberg 和 Curtis Brown 公司的 Betsy Robbins，兩人的龐大付出，使本書和我的其他著作得以問世。

我要感謝助我寫成此書的以下人士：Seth Colby, Mark Cordover, Charles Davidson, Larry Diamond, Nicolas Eberstadt, Adam Garfinkle, Saurabh Garg, Charles Gati, Mary Ann Glendon,

Francisco Gonzalez, George Holmgren, Steve Kautz, Sunil Khilnani, Pravin Krishna, Ove Korsgaard, Steven LeBlanc, Brian Levy, Peter Lewis, Arthur Melzer, Rick Messick, Jorgen Moller, Mitchell Orenstein, Donna Orwin, Uffe Ostergard, Bruce Parrott, Steven Phillips, Marc Plattner, Jeremy Rabkin, Hilton Root, Nadav Samin, Abe Shulsky, Georg Sorensen, Melissa Thomas, Avi Tuschman, Justin Vaisse, Jerry Weinberger, Jason Wu, and Dick Zinman。

還要感擔任研究助理的以下諸位：Khalid Nadiri, Kevin Croke, Michael Leung, Matt Scharf, Bryan Prior, Purun Cheong, and Kamil Dada. Mark Nugent為本書地圖的製作付出很多心血。我還要感謝我在約翰霍普金斯高級國際關係研究學院的助理Robin Washington，為本書和其他計畫所給予的協助。

最後，內人Laura Holmgren和孩子Julia, David, John，在我撰寫此書時看過書中部分內容，且始終在旁支持我。

——寫於加州帕洛奧托

NEXT叢書 0277

政治秩序的起源（上卷）：從史前到法國大革命（全新修訂校對版）

The Origins of Political Order : From Prehuman Times to the French Revolution

作　者—法蘭西斯・福山（Francis Fukuyama）
譯　者—黃中憲（第二章之後）、林錦慧（第一章之前）
特約編輯—沈如瑩
資深編輯—張擎
責任企畫—林進韋
封面設計—許晉維
內文排版—極翔企業有限公司

總編輯—胡金倫
董事長—趙政岷
出版者—時報文化出版企業股份有限公司
一〇八〇一九台北市萬華區和平西路三段二四〇號七樓
發行專線—（〇二）二三〇六六八四二
讀者服務專線—〇八〇〇二三一七〇五・（〇二）二三〇四七一〇三
讀者服務傳真—（〇二）二三〇二七八四四
郵撥—一九三四四七二四時報文化出版公司
信箱—一〇八九九臺北華江橋郵政第九十九信箱

時報悅讀網—www.readingtimes.com.tw
電子郵件信箱—ctliving@readingtimes.com.tw
人文科學線臉書—http://www.facebook.com/jinbunkagaku
法律顧問—理律法律事務所　陳長文律師、李念祖律師
印　刷—綋億印刷有限公司
二版一刷—二〇二〇年十二月十一日
定　價—新台幣七二〇元

時報文化出版公司成立於一九七五年，並於一九九九年股票上櫃公開發行，
於二〇〇八年脫離中時集團非屬旺中，
以「尊重智慧與創意的文化事業」為信念。

政治秩序的起源・上卷, 從史前到法國大革命 / 法蘭西斯・福山（Francis Fukuyama）作；黃中憲, 林錦慧譯. -- 二版. -- 臺北市：時報文化出版企業股份有限公司, 2020.12
面；　公分. --（Next叢書；277）
譯自：The origins of political order : from prehuman times to the French Revolution.
ISBN 978-957-13-8403-0（平裝）
1.政治學 2.比較政治 3.歷史
570.9　　109017605

ISBN 978-957-13-8403-0
Printed in Taiwan